陕西师范大学史学丛书

挥戈集

王玉华 著

社会科学文献出版社
SOCIAL SCIENCES ACADEMIC PRESS (CHINA)

本书由陕西师范大学学历史学重点学科建设经费
资助出版

丛书总序

在高等院校，教学科研是一般教师关注的主要对象，教师们不仅关注自身的教学科研，也关注他人的教学科研，但对于学校和学院，高度关注的则是学科，即我们通常讲的学科建设。所谓学科建设，一般包含学科平台建设、师资队伍建设、科学研究和人才培养四个方面。学科平台建设，主要指硕士学位授权点和博士学位授权点的设置和建设、博士后科学流动站的设置和建设，另外也包括教育部人文社会科学重点研究基地的设置和建设，以及其他各类研究平台的设置和建设。师资队伍建设，主要指师资队伍的规模、职称结构、学历结构、年龄结构、学缘结构等方面。科学研究，主要指师资队伍成员从事学术研究所产出并公开发表和出版的学术论文、著作以及研究报告等。人才培养，主要指硕士学位授权点和博士学位授权点所培养的硕士研究生和博士研究生的数量、质量及其在学术界的影响和社会各行业的影响。学科建设的四个方面相互依托，相互促进，相辅相成，共同构成了学科建设的有机整体。其中，学科平台是基础，有了学科平台，有利于引进人才和加强队伍建设；有了学科平台，才能招收研究生，进行人才培养。师资队伍是核心，拥有一支合理的师资队伍，才能支撑和维持学科平台，才能有进行科学研究和人才培养的主体。科学研究是关键，科学研究的成果体现学科平台的力量，也是培养人才的前提和基础；没有较强的科学研究能力，就不可能培养出合格的人才。人才培养是目标，人才培养必须依托学科平台，同时，人才培养不但必须要有师资队伍，而且必须要有具备科学研究能力的师资队伍，才能完成合格的人才培养。

与国内大多数高校一样，陕西师范大学的历史学科建设在 2012 年之前，主要进行的是学科的外延建设。所谓外延建设，就是指增加学科的数量和规模，如拥有几个一级博士学位授权点，几个国家重点学科以及几个教育部人文社会科学重点研究基地等。随着我国改革开放的深化和综合国力的增强，民众对高等教育有更高期待，党的十八大明确提出推动高等教育的内涵发展，走以质量提升为核心的内涵发展道路，高校学科建设进入了一个新的时期，学科建设的重点由外延建设转向内涵建设。外延建设主要强调量，而内涵建设则更加注重质，外延建设为内涵建设奠定了坚实的基础。也就是说，在已有学科平台的基础上，凝练高水平的队伍，产出高水平的成果，培养高质量的人才，将成为学科发展的关键所在，而统领这三方面的正是学科特色。凡大学都应该有自己的特色，大学的特色集中体现在学科特色上。所谓学科特色，主要指在某一学科的某一领域，凝练一支高水平的研究团队，产出一系列有影响的研究成果，同时培养出一批在学术界和相关行业有影响的人才。说学科特色是学科内涵建设的灵魂，原因有三：一是从人力资源配置看，很难有一个高校有能力支撑一个学科（一级学科）所包含的所有学科领域。二是从财物资源配置看，很难有一个高校有能力支持一个学科（一级学科）所包含的所有学科领域发展所需要的财力和物力。支持学科建设不仅必须要有研究团队，而且必须要为研究团队提供从事科学研究所必需的财力和物力，如从事历史学研究所必需的场所设施、网络环境和图书资料等，只有完成人财物的合理配置，才能进行科学研究。三是只有发展学科特色，实现资源配置才能成本最低、效率最高。如果学科领域广泛，需要配置的文献资源也必然广泛，相应地如果学科领域相对集中，需要配置的文献资源也相对集中，成本低而利用率高。另外，发展学科特色，易于传承学术传统，易于形成内部合作，易于产出系列成果，易于培养团队人才，易于形成学术影响，也易于保持学术影响。

发展学科特色需要考虑诸多因素。作为历史学科建设，要充分考虑地方历史文化，形成自己的学科优势，这种优势既能更好地服务地方，也能充分彰显自己的学科特色。要注重已有学术传统，顺应国家长期发展的重大战略目标，着眼未来，长远规划学科特色。要充分考虑学校的实力地位，谋划学校能够实现的规划，因为学科建设规划只有在人财物的可持续投入基础上才能实现。

陕西师范大学的历史学科，依托地处周秦汉唐历史文化中心、考古资源丰富、出土文物规格高和数量大的特点，经过 70 多年和几代历史人的不懈努力，逐步形成了以周秦汉唐历史为主要研究领域的学科特色，中国古代史国家重点学科的获批也是对这一学科特色的充分肯定。随着国家对历史学科精细化分类管理，原来既是门类也是一级学科的历史学一分为三，调整为中国史、世界史、考古学三个一级学科。根据学校地位的变化和学校对历史学科人财物的持续投入状况，面对三个一级学科的评估和建设，在国家一流大学和一流学科建设中，我们面临着前所未有的巨大挑战。在严峻的挑战面前，思路必须明确，决策必须正确，行动必须快捷。环顾国内外高等院校学科建设成功者，无不具有显著特色。我们在学科内涵建设中，特色发展是唯一选择。中国史作为一级学科，我校的中国古代史和历史地理学作为两个国家重点学科，是我校的特色学科，也是我校的优势学科。在国内学科建设的激烈竞争中，只有加大建设力度，才能保持优势地位；而要保持传统优势学科的地位，除了加大已有建设的力度，还必须不断探索新的学科增长点，才能进一步强化学科优势，彰显学科特色。中央提出的“一带一路”建设，为地处丝绸之路起点的我校历史学科发展迎来了难得的发展机遇，学院“丝绸之路历史文化研究中心”的建立，不仅顺应了国家重大战略需求，也是我院探索新的学科增长点的体现。中国史升格为一级学科后，发展中国近现代史学科势在必行，而从时间和空间上看，中国近现代史学科的研究领域同样极为广泛，我们也必须选择某一领域，重点建设，特色发展。西北地区的近现代史研究是中国近现代史研究的重要组成部分，把西北地区的近现代史作为我校中国近现代史学科的发展方向，同样具有明显的地域优势，也必将成为我校的学科特色和新亮点。

此外，文物博物馆学也是学院谋求学科建设发展特色的一大发力点。2008 年 1 月 23 日，中宣部、财政部、文化部和国家文物局联合下发《关于全国博物馆、纪念馆免费开放的通知》，根据该通知，全国各级文化文物部门归口管理的公共博物馆、纪念馆，全国爱国主义教育示范基地将全部实行免费开放，博物馆已成为国民素质教育的重要基地。在全国范围内，博物馆如雨后春笋，发展迅猛，但博物馆学的专业人才明显不足，这就为高等院校博物馆学人才培养提出了新的要求。陕西是考古大省、文物大省，更是博物馆大省，博物馆的人才需求也相对较大。基于地缘优势和省内学科建设差异化发展的思路，我校在考古学学科下重点发展博物馆学，经过十多年的发展，取得了一定成就，陕西省文物局与我校签订战略合作框架协议，国家文物局在我校设立“国家文物局人才培训示范基地”，充分说明我校重点发展博物馆学符合陕西省和国家对博物馆人才培养的需求，特色建设博物馆学的思路得到了肯定和支持。我们将在国内博物馆学研究的基础上，学习、借鉴、吸收国外博物馆学的理论和方法，深入探索努力构建我国博物馆学的学科理论体系，彰显我校博物馆学的学科特色。

彰显学科特色的要素很多，但产出颇具影响的系列研究成果尤为重要。为此，学院设计出版“陕西师范大学史学丛书”。丛书的内容广泛，涉及中国古代史、中国近现代史、俄国古代史、中西史学比较、中东历史与国际关系等。希望通过出版本套丛书，集中展现学院教师近年来学术关注的领域和成就。鉴于本丛书是在我校大力推进一流学科建设的开启之年规划的，故以一流学科建设的思路代为本套丛书之总序。

何志龙
陕西师范大学长安校区文汇楼
2019 年 3 月

目　录

卷之三

卷之四

卷之五

附　录

序

与玉华先生相识已经十好几年了。初睹其颜是在2002年，一日接学院通知，一位兄弟高校的近代史教师有意加盟我们的队伍，请几位同事一起先与他见见面。玉华先生外观普通，穿着随意，个头不高，黑而瘦，戴着眼镜，一双眼睛十分有神。他生性内向，寡言少语，简单地交谈了几句，得知他是南京大学的博士，是茅家琦先生的高足。我上大学时，一次茅先生来校，为我们做了一场关于太平天国的学术报告。时在20世纪80年代初，学术交流活动远不如今日活跃，每每有这样的机会，偌大的讲堂，往往人满为患。其时茅先生正值盛年，他身材高大，仪表堂堂，口若悬河，其精彩的报告，给我留下了深刻的印象，由此对玉华先生顿生好感。得知他的博士论文是关于章太炎先生的研究，这越发令我敬佩。太炎先生是清末民初学问大家，名副其实的一代宗师，近世学术界文化界诸多大学者大名士如钱玄同、刘半农、许寿裳、朱希祖、黄侃、刘文典、沈兼士、周树人周作人兄弟、吴承仕、徐复等皆出其门下，称之为其时最有成就的教育家诔非虚言。其精于经史之学，名满天下，而臻于极致的小学功力，尤非常人可以企及。若干年前，一位从事旧书业的朋友，带来一部太炎先生著作的清末民初石印本，内容为小学，以手稿上版，开本不大，细行密字。可贵之处为书眉行间留有大量未落名款的朱笔批语，而字体与原文毫无二致，友人因之疑是此著刊行后章氏本人的修订增补，冀我能够确定。因我才疏学浅，素于小学知之寥寥，无以从批语内容观照比较，终未敢断之，致友人抱憾而去。而早年上学时文选课选有太炎先生的名篇《驳康有为论革命书》，又加深了我对太炎先生作为激进革命家的认识，篇中“载湉小丑，未辨菽麦”的名句至今记忆犹新。时值80年代初“文革”结束未久，由于“极左”路线的影响，禁忌颇多，因此读到太炎先生在清季光绪时，公然于报刊上指斥当朝天子此语，联想刚刚过去的经历，真有石破天惊的感受。

玉华先生生性淡泊沉静，成为同事以后，虽仍与他的交往无多，可是在一些小事上对他渐有了更深的认识。他讷于言，为人质朴，专注于学，而日常生活方面似不太经意。记得入职不久，一日他来找我，说学院给配的便携式电脑 USB 口有故障，U 盘无法使用，让我帮忙看看。一看我不禁哑然，原来是他竟将 U 盘错插进网线口了。在工作方面他却一丝不苟，极为认真。因工作关系，我有幸旁听过玉华先生的授课，在面对学生时，他判若两人，目光如炬，声若洪钟，激情四射，极富感染力。此外，只要通知，他是有会必到，一般情况下只是静坐倾听，发言不多，但一张口往往言简意赅，切中肯綮，令我感到这是一位很有责任感很有担当意识的读书人。

2004 年玉华先生的大著《多元视野与传统的合理化——章太炎思想的阐释》刊行，在第一时间有幸获赠一部。章学艰深繁难，人所共知，加之又非我的专业所在，故所知有限。玉华先生此著皇皇数十万言，内容精卓，不仅使我对太炎先生其人其学有了新的认识，一项出乎预料的收获，是通过此书后记，又令我对玉华先生有了进一步的了解。

我比玉华先生年长，可是在平时的接触中感到他更为传统、更为老成持重。交谈时凡提及太炎先生，他如及门弟子般言必尊称先生，这让我略感意外，因我对于太老师辈则不甚在意，时或直呼其名。在此书后记中我似乎有了答案，他写道："每当我在披阅章太炎深奥难懂的著作，或者沉思章太炎深邃绵邈的哲思时，总是觉得身边或立或坐着一位留着几根泥鳅须的和蔼老者，时则讥嘲，时则微笑，时则侃侃而语，而我则始则折服，继乃抗争，终则又折服，并获得一种大欢欣。庄子云：无听之以耳，听之以气，不以目遇，但以神交。"作为研究者，对于隔代的研究对象能够产生如此之深谊诚为难得，而后学有此宏构，太炎先生亦幸甚至哉！文末并附玉华先生自作绝句七首，记录其求学觅道之艰辛历程，谨录其一："章门浩荡长风舞，层阪叠障藏豹虎。搜索隐踪洵踟躅，名山还觅良弓弩。"又有《咏怀》一首："寂寞长安道，长吉怀长卿。萋萋茂陵草，结意一何深。著书惊霜落，无忿亦无嗔。坐对小儿女，还识白鸥心。"这可真是令人刮目相看了！我在读研究生时，业师黄永年先生为了强化对我辈的学术训练，专门开设有关旧体诗的课程。惜乎驽钝若我等，通过课程虽对诗韵格律略知皮毛，然以不具其材，于此道终不得其门而入。当今有此修养之史学学人可谓寥若晨星，殊为少见，宜乎玉华先生之恂恂然似古之君子，腹有诗书气自华耳！之后他又相继出版了《梅溪存稿》、《蓝心玉屑集》两部诗集，古体近体诗、长短句咸备，兼及新体诗和联语等，充分展露出其文学方面的过人才华，而作为当今高校的历史教师，出版诗集，也应可称为壮举了。缘此，随后学院有关专业专门请玉华先生为学生讲授了诗词方面的课程。

玉华先生的新著《挥戈集》（下称《集》），再度令我惊喜有加。这是他近些年所写各类文字的选编，依前人的传统结集方式分为正编五卷，附录一卷。卷一、卷二是其专精擅长的近代思想研究，即学术论文；卷三为自撰序跋及师友为其著作所作的序言；卷四为记、书札以及与友人酬唱篇什；卷五汇其部分咏学诗词；附录部分为辑录诗友的评论文字。《集》之编排，亦可见先贤之流风遗韵，然套用当今所谓科研成果的评价体系，此一体例则未免不伦不类，无法进入体制，而这也再次表明了玉华先生不随流俗的超然器度格局，令人肃然起敬。

近代思想史是玉华先生长期关注的学术领域，太炎先生为其治学的重点所在，这类文字置于《集》之第一部分，无疑是玉华先生最为看重的内容。清季民初为吾国数千年来未有之大变局，加之各种西方政治理论和社会发展学说的传播，造成思想界的异常活跃和繁荣。作为导夫先河的近代思想界前驱，太炎先生及其时的学人，面对时代的要求，也进行了艰辛而认真的思考和探求。《集》中这一部分就太炎先生的变法思想、政治思想、民族思想、人文思想、经济思想、法律思想、地方政治思想、道德宗教思想、民族语文思想及历史观、政制观、礼俗文化观等进行了全方位的勾稽和梳理，即便是对太炎先生《齐物论释》的疏解研究，其主旨仍不离先贤关于文化重构见解的阐发。关于严复、李鸿章等人之文，亦是对当时宪政思想、国防思想的探讨。毋庸讳言，时历百年，先哲面临的这些问题大多依旧摆在我们面前，而有待于进行时代的再审视和解答。其他文字，则是玉华先生对文化属性、传统价值转换及晚清民族主义思潮的深入思考。不难看出，玉华先生治学的一大特点：时时以相去未远的那个时代反观于今，希冀从先哲的思想库中寻求解决当今社会发展诸多问题的借鉴。历史研究紧密结合现实，这种处江湖之远而忧及天下的家国情怀，我以为正是作为人文学者最为可贵的一种品质。

如今的学术著作，除了作者简介之类文字，很少令读者生出直面作者的感受。此《集》的诗文，则使我们可以一窥一位学者敞开的心扉。兹略举数例。

《闽峤日记》是玉华先生供职福州某高校时留下的文字。其中讲到某次组织学生学术讨论会的感慨：“国人之理性精神尚待培育也。大学生乃吾国之精英，窃以为大学教育不但应使学生掌握专门知识，更应使学生懂得如何成为一名合格之共和国公民。”由此则深悟玉华先生在面对学生何以如此之意气风发昂扬。又如其中讲述获动员加入中共组织而他婉拒的缘故：“吾之信仰有二：其一，无论在何种情况下，决不背叛自己的祖国；其二，做一个合格的共和国公民。其他若入党、入仕之流，皆非所欲也。十余年来，吾所见之朋友、同学、同事亦云多矣，然却鲜见其有牢抱高尚之主义者，所见热衷于入党者，多为一己私利之所驱，很少有出于政治之信仰者，此等之徒入党，非但不能扩大党势，实其党之蠹虫，一遭危厄，必成叛党之人。吾以研究思想史为专业，吾愿生活于吾自己所得之思想里，入党之于吾，不啻思想之地震也。”看似表面的淡泊，实则怀藏高洁，洵非蝇营狗苟之徒可比也。

咏学诗词内有多篇赠学子之作，诸作不乏期许、奖掖、答疑和指拨，亦有恨铁不成钢的焦灼，师者之心溢于言表。今高校任教者皆知，由于急功近利的体制因素，目前普遍存在着惟科研是崇的导向，其危害则表现为普遍存在的轻视教学。而玉华先生恪守教师的本分，始终坚持育人的基准，除尽心于常规的教学和指导学生以外，在学生成才方面亦付出难以度量的心血，不愧行高为师的典范。比较而言，我自叹相去甚远，虽同居人师之位，然于此用心之专则难及什一，不觉心生歉意。

虽与玉华教授少有深谈，读其诗作中有对于当今学界及高等教育若干人与事的评议与讥刺，目睹近若干年之怪现状，顿生夫子之言于我心有戚戚焉之慨。

集名以《挥戈》，读后略会其意。其《诗说》有句：“我诗学陶李，庄骚匣中陈。”知其或以陶渊明自况。鲁迅先生评陶诗曰：“论客所佩服的‘悠然见南山’之外，也还有‘精卫衔微木，将以填沧海，刑天舞干戚，猛志固常在’之类的‘金刚怒目’式，在证明着他并非整天整夜的飘飘然。”信哉！玉华教授谦谦君子然，其温淳的外表之下，亦时时涌动着一位刚正知识分子天下兴亡匹夫有责的胸怀。

书成蒙玉华先生不弃，嘱我以序。其人其学其才高邈幽深，以我之才力不逮远甚，勉为其难，所言不及万一，尚祈玉华先生和方家赐正！

贾二强

2018 年初秋

“偏师争与撼长城”

——戊戌时期章太炎变法思想研究

十九世纪末，中华民族灾难深重，随着甲午战争的惨败，中国的思想界被进一步唤醒了，中国社会正酝酿着一场巨大的政治变革。时中国政治改进的进路主要有两条：一是主张以西方资产阶级的宪政政制作为中国政治改进的参照系，致力于设议院、致宪政，维新派持此主张；一是主张继续在传统政制的范围内寻找出路，顽固派与洋务派均持此观点，他们是“中体”的坚决拥护者。戊戌时期，章太炎虽积极投身于维新运动，但他并不赞同维新派设议院、致宪政的政治主张，他也主张在传统政制的范围内谋求中国政治的改进；但他又不同于顽固派与洋务派，他并不反对将设议院、致宪政作为中国政治改进的最终目标，并不顽固地维护“中体”。他是一个特殊的人物。当时，他只是作为“偏师”在为维新变法摇旗呐喊，但他对中国政治改进的思考，这时却已具足了一个系统，并一直影响到他辛亥时期。关于戊戌时期章太炎的变法思想，论者向来是将其当作康有为改良主义思想的翻版来看待的，[①] 这其实是一个重大的误解，本文即试图对这一向来为人们所曲解的问题重新作一探讨。

一

设议院、致宪政，是十九世纪八十年代以来渐渐形成的一股政治改良思潮，最早提倡者为早期改良派，后为康、梁为代表的维新派所接受。从早期改良派到维新派，均将设议院、致宪政当作振兴中国的不二法门。如早期改良主义者郑观应曾经说道：“中国……果能设立议院，联络众情，

---

① 请参阅赵金钰《论章炳麟的政治思想》，《历史研究》1964年第1期；唐文权《戊戌变法时期的章太炎》，《中国哲学》1980年第8期；朱维铮先生1982年10月为《章太炎全集》（三）（上海人民出版社，1984）写的“本卷前言”。

如身使臂，合四万万之众如一人，虽以并吞四海无难也，何至坐视彼族越九万里而群逞披猖，……动辄称戈？"[①] 戊戌时期，康有为等维新志士则将设立议院、建立君主立宪政体确立为自己的当下政治奋斗目标。康有为曾明确表示过要"设议院以通下情"[②]，"国事付国会议行"，"采择万国律例，定宪法公私之分"。[③] 设议院、致宪政，实际上成了戊戌时期判别维新与守旧的一个重要标志。

章太炎是戊戌时期宣传维新变法的重要人物之一。他曾说过："化有进退，时有险易，其世不同者，其法未可以一也。"[④] 他是主张变法的。他又说道："法者，制度之大名。"[⑤] 变法，当然是指政治制度的变革。怎样变法呢？康有为认为："方经外患之来，天下亦知旧法之敝，思变计图存矣，然变其甲不变其乙，举其一而遗其二，枝枝节节而为之，逐末偏端而举之，无其本原，……必至无功。"[⑥] 康氏主张"全变"，[⑦] 主张对传统的中国政制作一次全面的革新，他的政制改进路向则是以西方资产阶级的宪政政制作为参照系，致力于设议院、致宪政。然而，章太炎却对这种变法主张持激烈的批评态度，认为这种变法主张是犯了"猝暴之病"。章氏云："彼见西法之效，以为驰骋上下，无曲折可以径行也。……若夫后王之政，未遭百六阳九，而于今日望之，一则晞民主，一则张议院，此无异于行未三十里而责其行百里也。"[⑧] 认为当时的中国"不可苟效宪政而迎致之"。[⑨] 章氏反对"全变"、骤变，主张政治制度的变革应该"积渐行之"[⑩]、"随俗雅化"[⑪]。

那么，戊戌时期，章太炎为什么要反对设立议院、反对建立资产阶级的君主立宪政体呢？究其原因，主要有以下两个方面。

---

① 郑观应：《议院上》，夏东元编《郑观应集》（上），上海人民出版社，1982。

② 《戊戌变法》，中国史学会编《中国近代史资料丛刊》（二），上海人民出版社，1961，第176页。

③ 《戊戌变法》，《中国近代史资料丛刊》（二），第194页。

④ 章太炎：《藩镇论》，汤志钧编《章太炎政论选集》（上），中华书局，1977。

⑤ 章太炎：《商鞅》，《訄书》（初刻本），《章太炎全集》（三），上海人民出版社，1984。

⑥ 《戊戌变法》，《中国近代史资料丛刊》（二），第215页。

⑦ 《戊戌变法》，《中国近代史资料丛刊》（二），第197页。

⑧ 章太炎：《变法箴言》，《章太炎政论选集》（上）。

⑨ 章太炎：《对二宋》，《检论》《章太炎全集》（三）。

⑩ 章太炎：《变法箴言》，《章太炎政论选集》（上）。

⑪ 章太炎：《论亚洲宜自为唇齿》，《章太炎政论选集》（上）。

第一，章太炎认为：政治制度的变革，应该符合历史发展之“势”的要求，也即要符合历史本身发展的内在逻辑，不能人为斩断，从旁楔入。

众所周知，康有为的变法理论主要来自传统的今文经学，康有为当时打着“托古改制”的旗号，主要是以今文经学作为变法的理论依据而进行变法的。这一学派将人类社会的历史视为据乱、升平、太平的三世相迁，经康有为加工改造，结合西方资产阶级的进化论学说，它成了君主专制、君主立宪与民主共和的三世相迁。康有为认为：“人道进化皆有定位，……由君主而渐为立宪，由立宪而渐为共和”；“盖自据乱进为升平，升平进为太平，……验之万国，莫不同风。”[①] 显然，他将这种进化视为一种铁则，是世界各国历史发展的一致进路。在此，康氏更多地强调了世界各国历史发展的“同一性”原则。而章太炎则似乎更加强调了历史发展的“民族性”特性，认为政治制度的变革应该系于本国的历史来展开。章氏曾经说道：“昔墨子之作经，履端而道曰：‘故，所得而后成也’，‘小故，有之不必然，无之必不然；大故，有之必然，无之必不然。’今之国命，亦杂大小故而已。”[②] 很明显，章太炎认为政治制度的变革不能与本国历史发展的因果联系相脱节。这一时期，他提出了一个“势”的概念，这是一个古老的哲学名词，指的是历史发展的客观规律，它有“推迁”与“相因”两种属性。因之，章太炎的政治变革主张便含有两层意思：一是因袭，一是变革。他反对康有为的“全变”论，主张应该随着历史发展之“势”的要求对政治制度进行“因革损益”。这种主张，我们可称为“因革损益”论。章太炎说：“汉因于秦，唐因于周、隋，宋因于周，因之，日以其法为金锡，而己形范之，或益而宜，或损而宜。损益曰变，因之曰不变。仲尼、荀卿之于周法，视此矣。”[③] 这种主张，一方面注重传统的承继性，讲因袭；另一方面，它又赋予传统以开张的能力，讲变革（或损或益）。在他看来，政制的变革恰如一辆战车，而“因”与“革”则是车的两轮，缺一不可。他主张政制的变革应该基于传统、接着传统来进行，既不能胶于传统，又不能斩断传统。胶于传统的是“泥古”，斩断传统、以他国之法横行楔入的是“骛新”，这两者他都是要反对的。而以上两个方面，在当时中国政制的变革中，恰恰就是顽固派、洋务派与维新派两极对立的主张。

---

① 康有为：《论语注》卷二，楼宇烈整理，中华书局，1984，第28页。

② 章太炎：《播种》，《訄书》（初刻本）。

③ 章太炎：《尊荀》，《訄书》（初刻本）。

章太炎处在他们中间，重古但不泥古，开新但不骛新，所以，他的这种主张我们实又可称为“重古开新”论。

“重古开新”论，也即“渐变”论，它与顽固派、洋务派的“不变”论、维新派的“全变”论主要区别为何？“不变”论与“全变”论有一个共通的地方，即均将历史的发展定位化、静态化：“不变”论无须多言，“全变”论者将历史发展划为井然相序的三个阶梯，每一阶梯都是固定、静止的。章太炎的“渐变”论，虽讲因袭，但历史发展之“势”却永远处于变动之中，所以，他所说的“因袭”、“不变”，实际上便具有相对性，“变”是绝对的，也是主要的。这样，他所设计的那辆中国政制变革的战车，虽然是建立在“因”与“革”的两轮之上，但“革”却是主动轮，“因”只是从动轮，这也就使他的变法理论突破了顽固派、洋务派与维新派将社会发展定位化、静态化的倾向，给他的变法理论注入了一种指向未来的无限张力。因此，他的“渐变”论便获得了一种流动的属性，成为一种动态的政治变革理论。

议院、宪政不是中国传统所固有的东西，现在要对中国政制进行全面革新，以宪政政制来代替它，这便斩断了中国历史本身发展的内在逻辑，在章氏看来即是“骛新”，所以他要反对。“顾势也，浸久而浸文明。”[①]章太炎承认历史的发展是进化的，议院、宪政虽非中国传统所固有，但不等于说未来的中国就不能建立宪政政制。章太炎说：“事势之决塞，必有先后，皆出于几。自有地球三十九期以来，石刀铜刀铁刀之变，非由政令发征，而民靡然从之，其几迫也。”[②] 历史的发展是有规律的，但人在历史发展之“势”面前又不是丝毫不能有所作为的，“圣人”的伟大之处，即在于他能把握历史发展的规律，“因其几而导之入”。[③] 所以，章氏认为中国的政制变革，虽不能将设议院、致宪政确立为当下的奋斗目标，但在中国的大政维新开始后，可将其确立为未来政治发展的进路，可将其确立为长远的奋斗目标。维新派的任务应该是把握历史发展之“势”，“因其几而导之入”，以使未来的宪政大业顺利完成。

第二，章太炎认为，将设议院、致宪政确立为当下的政治奋斗目标，不利于大政的维新，又容易造成社会秩序的混乱，并且还会延误变法的

---

① 章太炎：《喻侈靡》，《訄书》（初刻本）。
② 章太炎：《变法箴言》，《章太炎政论选集》（上）。
③ 章太炎：《变法箴言》，《章太炎政论选集》（上）。

机遇。

首先，他认为宪政的推行，应该与国民开化的程度相适应。当时中国国民开化的程度又是如何呢？章太炎认为当时社会上虽然有人要求维新、要求设议院、致宪政，但那只是极少数人的愿望，国民水准就其总体来说还处在未开化、未觉醒的状态。“中国自互市以来，更岁五十而羸矣，召彼故老而询之开矿治道，犹愀然以为伤地脉，其他曲制时举，有造于二十二行省，独不利于数万千人者，握觚而不可计也，是其推行也，又非直伤地脉之比也。”[①] 国民尚大多停留在“开矿治道”会“伤地脉”的水平，连枝枝节节的变革都会遇到阻扰、反对，遑论设议院、致宪政呢？

其次，当时中国人口总数约有四亿，但大多数国人不识字，没有受过教育。根据章太炎的估算，当时中国受过教育的所谓读书人“其知文义者，上逮举贡，下至学校”，大约有六十万人，[②] 但他们都是由传统的科举制培养出来的，尚大多“拘于成俗”。[③] 其中，“诵习史传，通达古今者，百人而一；审谛时务，深识形便者，千人而一”。[④] 若按这种估算加以统计，则可知当时能赞成维新变法的至多有六千人，其数目当是极少的。在这样的情况下便开设议院，那么经选举而产生的“议员”，一定大多数是“守故之士”。[⑤] 按照宪政政制的要求，国家政治权力的中心是在“议院”，若以这些“守故之士”充当议员，组成议院，由他们来议决国家大政，就会“噂沓纷起”，[⑥] 就会使大政的维新“益濡缓无期会”，[⑦] 显然，这是很不利于维新大政的推行的，它很可能还会导致对中国政制变革的延误。所以，章太炎认为这种设议院、致宪政的主张，“其傃新也，禔以害新也”，[⑧] 不但达不到建立宪政政制的目的，反而还会妨害它。

再次，宪政政制，以议院为国家政治权力的中心，它又与政党政治相为表里。对于这一点，章太炎也给予了足够的关注。他认为“一国有两

① 章太炎：《明群》，《訄书》（初刻本）。
② 章太炎：《论学会大有益于黄人亟宜保护》，《章太炎政论选集》（上）。
③ 章太炎：《答学究》，《章太炎政论选集》（上）。
④ 章太炎：《论学会大有益于黄人亟宜保护》，《章太炎政论选集》（上）。
⑤ 章太炎：《明群》，《訄书》（初刻本）。
⑥ 章太炎：《明群》，《訄书》（初刻本）。
⑦ 章太炎：《明群》，《訄书》（初刻本）。
⑧ 章太炎：《尊荀》，《訄书》（初刻本）。

群，则不可以出政令”，[①] 对政党政治明确表示反对，这反映了章氏的政治思想一开始便受到了传统法家学说的影响。章氏认为：“士登九流，议政于廷，言各从其党，……徒长乱以为民害。”[②] 这样，它不但不能保证大政维新的顺利推行，反而容易使社会秩序发生混乱，甚至还会导致“域内抢攘、漂血流橹”[③] 的可怕局面。

基于以上两个方面原因，章氏以为中国历史发展之“势”还未达到设议院、致宪政的阶段，在这样的历史条件下便要将设议院、致宪政确立为当下的政治奋斗目标，在他看来是不适时宜的。“议院者，定法之后之所尚，而非取于法之始变也。”[④] 所以，他认为如果将设议院、致宪政确立为当下的政治奋斗目标，无异于“取夫后王之政而暴施之于百年以前也”。[⑤]

二

“今夫民主，至公也。”[⑥] 章太炎也将西方资产阶级的宪政政制视为理想的政治模式，但他并不主张立即搬来中国实行。相反，他认为要想在中国建立宪政政制，眼下只能建立一个高度集权的权威政府以作过渡。章氏云：“政平而无威，则不行。”[⑦] 对“权威”的追求，主张集权，建立一个有权威的政府来推行大政的维新，可谓是他戊戌时期最重要的政治主张。

按照章太炎的创设，新的权威政府将主要由两种人组成：一是“国君”，一是“秀才”（或曰“俊民”）。“国君”是推行维新大政权威政府的首脑，由“睿哲仁强”者充任；[⑧]“秀才”指的是“通达古今”、“审谛时务、深识形便”的知识分子，当时主要是指维新志士或赞成维新变法的人。在此，章太炎所创设的权威政府的首脑，虽然仍沿用了“国君”这一旧的名称，但它与封建政体下的国君已有着巨大差别：首先，“国君”已不能声称“朕之言即是法律”，不再拥有至高无上的绝对王权，他必须要

① 章太炎：《明群》，《訄书》（初刻本）。
② 《章太炎年谱长编》（上），中华书局，1979，第 55 页。
③ 章太炎：《变法箴言》，《章太炎政论选集》（上）。
④ 章太炎：《明群》，《訄书》（初刻本）。
⑤ 章太炎：《变法箴言》，《章太炎政论选集》（上）。
⑥ 章太炎：《变法箴言》，《章太炎政论选集》（上）。
⑦ 章太炎：《平等难》，《訄书》（初刻本）。
⑧ 章太炎：《明群》，《訄书》（初刻本）。

遵守国家的法律，在国家的法律体系中进行政治的运作；第二，“国君”与“辅相”的关系也不同于旧式的君臣关系，“犹县令之于臣尉，非敻高无等，如天之不可以阶级升也”[①]；第三，“国君”不是世及的，而是由“会推”或“拥戴”产生。[②] 此时，章太炎还是一个具有浓厚种族主义思想的人，从他的种族主义出发，他认为满族无统治中国的资格。但当时他对光绪帝仍抱有希望，认为光绪帝“椎胸啮臂，以悔二百五十年之过矣”，[③] 是一个“圣明”的君主。这种思想与他的权威政治主张相结合，便产生了他的“客帝”论。他主张奉孔子的后代“衍圣公”为中国的“共主”，以光绪帝为“客帝”：“客帝诚圣明，则必取谟于陆贽，引咎降名，以方伯自处，禘郊之祭，鸡次之典，天智之玉，东序之宝，一切受之于孔氏；彤弓黄钺，纳陛矩鬯，一切受之于孔氏；……大政即定，奏一尺书，以告成于孔氏。”[④] 奉“衍圣公”为中国的“共主”，也仅仅将他当作国家的象征，国家政权其实仍掌握在“客帝”手里。章太炎的意思很明显，即是要以光绪帝（“国君”）及维新志士（“秀才”）组成新的权威政府来雷厉风行地推行大政的维新。经他重新创设之后，光绪帝虽仍为权威政府的首脑，但已不再是世代相传的封建帝王了。

“秀才”除了“通达古今”、“审谛时务、深识形便”外，章太炎理想的“秀才”还具备以下两种品质。一是要有“大独”的精神。“夫大独必群，不群非独也。”“大独，大群之母也。”[⑤] 这种“独”，同一般离群索居的“独”不一样，它要求人们特立独行，以天下为己任，为了天下事公而忘身，“夫至性恫天下，博爱尚同，輷录以任之，虽贾怨不悔，其群至矣，岂可谓独欤？”[⑥] 这很类于孟子所说的“大丈夫”人格。二是要有务实的精神。章太炎说：“空不足持世，惟实乃可以持世。”[⑦] 当时中国的知识分子，大多数仍沉浸在“时文小楷”的务虚空气里，即使是一部分新学之士也大多数“鼯梧鼠，非螣蛇，涉猎五枝，不忍攻苦”，[⑧] 仅骛新炫奇；“闻格至

---

① 章太炎：《冥契》，《訄书》（初刻本）。
② 章太炎：《客帝》，《訄书》（初刻本）。
③ 章太炎：《客帝》，《訄书》（初刻本）。
④ 章太炎：《客帝》，《訄书》（初刻本）。
⑤ 章太炎：《明独》，《訄书》（初刻本）。
⑥ 章太炎：《明独》，《訄书》（初刻本）。
⑦ 章太炎：《实学报序》，《章太炎政论选集》（上）。
⑧ 章太炎：《实学报序》，《章太炎政论选集》（上）。

矣，以希腊、巴比伦之古教炫之，闻古教矣，以佛说炫之”，[①] 大多数仍效晚明谈禅之风，对此，章太炎曾著文给予了诚恳的针砭。“国君”是由“会推”或“拥戴”产生的，“秀才”则主要是通过荐引的方式来征集的，“夫遭时阽危，则薮泽之才者，又盛于平世”，[②] 章太炎估计这样的人全国有六百至六千人。[③]

那么，在章氏看来，权威政府怎样推行大政的维新呢？

第一，通过对历史发展之“势”的把握，对现行政制进行“因革损益”。

章太炎将历史的发展分为“太古”与“近古”两个阶段，这种划分仅仅是指时间的前后相承，是一时间上的逻辑关系，并不确指某个具体的历史时期，它是相对而言的。根据他的“因革损益”论，他虽讲变革、开新，但他又注重对传统的因袭，“因”于什么？又怎样变革呢？他曾说道：“近古曰古，太古曰新，綦文理于新，不能无因近古。”[④] 因为变革不能斩断历史发展的内在逻辑，现在的历史是承接“近古”而来的，所以，现在的变法，就要“因”于“近古”来进行。但传统之法已弊窦重重，有些已经不能适应时代之需要了，对此，就需要加以变革，或损或益。此外，因为章太炎反对以西方资产阶级的宪政政制作为参照系，所以，这就决定了他只能在传统政制的范围内回旋。既然变法要“因”于“近古”来进行，那么变革只能取资于“近古”以前，也即要取资于“太古”了。[⑤] 因此，章太炎主张以“太古”的政制作为参照系，以更旧法之弊，创制新法。

第二，大政的维新要循法治的轨道进行运作，并且还要顺从民意。

如前所说，章太炎赋予领导维新变法的中央政府以权威，但这种权威并不像传统的绝对王权，它不是至高无上的，在推行新法时，必须以“宪度而为治本”，[⑥] 即要循法治的精神进行政治的运作，不可干犯国家的宪典。为此，他根据西方资产阶级的分权学说，另辟一套独立的司法系统，在权威政府之外设立独立的“刑官”，“刑官独与政府抗衡，苟傅于辟，虽人主得行其罚”，[⑦] 以监督政府。除此之外，大政的维新还要顺从民意。其

---

① 章太炎：《实学报序》，《章太炎政论选集》（上）。

② 章太炎：《官统》，《訄书》（初刻本）。

③ 章太炎：《论学会大有益于黄人亟宜保护》，《章太炎政论选集》（上）。

④ 章太炎：《尊荀》，《訄书》（初刻本）。

⑤ 章太炎：《尊荀》，《訄书》（初刻本）。

⑥ 章太炎：《商鞅》，《訄书》（初刻本）。

⑦ 章太炎：《刑官》，《訄书》（初刻本）

云：“上不酌民言，而酌其意，曲制时举，润之如夏云，使无顿萃，则抱钟陈茅蕝而治。”① 民意可通过上书等方式达于政府。这一时期，他虽然反对设立议院、反对政党政治，但他主张应广开言路，让在野的士人自由议政，他们可通过上书等方式，表达对大政维新的看法，以供当政的“国君”及“秀才”们甄择行之。②

以上即是戊戌时期章太炎的主要政治主张，关于大政维新的节目，他在《訄书》（初刻本）里作了具体的规划，内容涉及政治、经济、刑律、教育及军事等各个方面，此不备述。通过前面的论述，我们可以看出，这一时期章太炎的政治思想有以下几个显著特色。

第一，这一时期章太炎的政治思想，就其实质来说并未脱出传统贤人政治思想的窠臼，并留有传统法家学说的深刻烙印。章太炎曾经说过：“时余所操儒术，以孙卿为宗，不熹持空论言捷径者。……余所持论，不出《通典》、《通考》、《资治通鉴》诸书，归宿则在孙卿、韩非。”③ 此时他反对设议院、致宪政，反对政党政治，崇尚权威，强调政令的统一，以及政制的变革讲“因革损益”等，这些都是传统政治思想的精华；并且，位于他政制创设核心的“国君”及“秀才”，都是德才兼备的人，这正是贤人政治的理想模式。但这一时期，章太炎也开始采入一些西方资产阶级宪政政制的内容，如“刑官”的创设及“国君”由“会推”产生等，这些虽然不能从根本上改变他思想的属性，但毕竟使他的思想多少染上了近代的色彩，使他的创设不完全等同于传统的贤人政治。

第二，这一时期，章太炎虽然比较重视政制结构的合理性，但从他的政制创设来看，他更加关注的毋宁是政治运作效率的提高。当时他虽然主张对政制结构或益或损，作某些适时的调整，但他政制创设的中心却放在权威政府的建立上。他反对设议院、致宪政，主张集权于权威政府，即是为了保证维新大政得到有效推行。他认为如果有了一个“议院”，就会“噂沓纷起”，使“发政益濡缓无期会”。他之反对政党政治，认为“一国有两群，则不可以出政令”，主张政令的统一，也是为了保证使权威政府发布的政令得到有效推行。过去王朝时代，高踞权力之巅的帝王为了能够牢牢地控制国家的政权，往往通过建立叠床架屋式的行政机构，靠牺牲行

① 《章太炎年谱长编》（上），第 55 页。

② 章太炎：《官统》，《訄书》（初刻本）。

③ 章太炎：《章太炎先生自定年谱》，光绪二十三年，香港龙门书店，1965。

政效率来换取国家政治稳定。这种状况，发展到十九世纪末，已到了无以复加的地步。时清制已非常混乱，冗衙冗官充斥，政治的运作已毫无效率可言，它在西方的挑战面前，已经完全失去了更张适应的能力。在此，章太炎企图重新唤醒已经濒于死亡的儒家政治理想，以实现中国政制的更张。从这一点来看，他似乎是一个保守的儒家政治思想家；但他之注重对政治运作效率的追求，目的是使维新大政能够顺利地推行，并且，最终他还是将宪政政制作为奋斗目标。由此看来，章太炎虽然受传统思想濡染过重，非常注重传统的承续性，但他并不归于保守。他是一个过渡时代的人物，他是在为过渡时代创设一个过渡时代的政制。

第三，章太炎强调政制的变革，应该基于传统，接着传统来进行。主张“积渐行之”、“随俗雅化”，反对“全变”、骤变，反对一下手即以西方的宪政政制代替中国的传统政制；他强调政制的变革应该根据历史发展之“势”的要求进行“因革损益”，且其变革的参照系又主要取资于国人比较熟悉的古代政制；同时，他还要求权威政府在推行大政革新时，要“酌民意”而行之。这些说明，他在考虑怎样进行政制的变革时，已将国人的承受能力纳入了他的视野。几千年来，中国人民一直在传统政制下面生活，其行为范式、风俗习惯、价值观念等无不与之密切相连。宪政政制非中国传统所固有，现在要实现传统政制向宪政政制的转换，无疑会对国人的行为范式、风俗习惯、价值观念等构成剧烈冲击。而一个民族在它的变革过程中，这一层次又是最难以变动的。所以，采取快刀斩乱麻，“全变”、骤变的方式来完成这种转换，国人的心理是很难承受的。章太炎主张“渐变”，将政制的变革同国民素质及国人对变革的承受能力联系起来考虑，笔者认为，这是一种比较稳健的做法。

三

戊戌时期，章太炎主要是想建立一个权威政府，对传统政制进行“因革损益”，以实行大政的维新，但他并没有局限于此。“议院者，定法之后之所尚”，[①] 他也将宪政政制当作中国未来政制改进的路向。当时中国历史发展之“势”，虽然还没有达到设议院、致宪政的阶段，但在历史发展之

---

① 章太炎：《明群》，《訄书》（初刻本）。

“势”面前，人们又不是完全束手无为的，人们可以充分地发挥主观能动性，以加速这一“势”的发展进程。所以，戊戌时期，章太炎除了极力主张建立权威政府外，还特别强调启民智：一方面减轻国人对政治变革的抵拒心理，增强国人对变革的承受能力；另一方面也为未来创建宪政政制做好准备。关于如何开启民智，他的主张主要有以下三个方面。

第一，立学会。传统政制下，除了为官作吏者外，国人很少参与国家政治。并且，中国历代的封建统治者，奉行文化专制主义，推行愚民政策，“钳语烧书，坑杀学士”，[①] 造成了国人对国家政治的普遍麻木状态。“皋门有政，庶人所不议，疆易有事，乡校所不闻，虽有豪杰，不在官位，则娖娖无所长短。”[②] 章太炎认为这是导致中国衰弱，“小雅尽废，四夷交侵”[③] 的重要原因。因此，这一时期他便极力呼吁国人参与国家的政治生活。“人之乐群，其天性然也”，[④] 不合群，无论人类，就是动物界也难以在天演之中生存下去。他曾举例说：“物不知群，益州之金马、碧鸡，太古有其畜矣，沾沾以自喜，踽踽以丧其群，而亡其种，今仅征其枯腊。”[⑤] 今中国“卷勇股肱之力，经画取与之智，不及俄罗斯；居奇操赢，使天下敛袂，不及英吉利；弭兵善邻，折冲樽俎，不及美利坚”，[⑥] 并不是中国的“六艺之学、四术之数，无益于生民”，[⑦] 其原因即在于“不能合群以张吾学故”。[⑧] 所以，他呼吁聚集各种人才，广立学会，“处农就田野，处商就市井，处工就官府，处士就间燕，……政府不能任，而士民任之。于是奔走展转，搜徒索偶，以立学会。……凡民有丧，匍匐救之，所谓以绳墨自矫，而备世之急者。此诚豪俊成学之任，而非童龀彪蒙所与能也，宜有以纠之合之礼之养之宣之布之，使比于宾萌，上说下教，以昌吾学，以强吾类”。[⑨]

第二，建学堂。时国家主要是靠科举制得人才，科举制在中国历史上

① 章太炎：《论学会大有益于黄人亟宜保护》，《章太炎政论选集》（上）。
② 章太炎：《论学会大有益于黄人亟宜保护》，《章太炎政论选集》（上）。
③ 章太炎：《论学会大有益于黄人亟宜保护》，《章太炎政论选集》（上）。
④ 章太炎：《论学会大有益于黄人亟宜保护》，《章太炎政论选集》（上）。
⑤ 章太炎：《原变》，《訄书》（初刻本）。
⑥ 章太炎：《论学会大有益于黄人亟宜保护》，《章太炎政论选集》（上）。
⑦ 章太炎：《论学会大有益于黄人亟宜保护》，《章太炎政论选集》（上）。
⑧ 章太炎：《论学会大有益于黄人亟宜保护》，《章太炎政论选集》（上）。
⑨ 章太炎：《论学会大有益于黄人亟宜保护》，《章太炎政论选集》（上）。

虽起过积极作用，但到这时它已完全僵化，很难适应近代社会发展的需要了。严复说科举制有锢智慧、坏心术、滋游手三大弊病。[①] 章太炎认为："科举制则不可以得人材"，[②] 他主张立即废除科举制，代之以新式学堂，以培养新式知识分子。他建议在新式学堂里应主要开设四科："一曰政治，再曰法令，三曰武备，四曰工艺。"[③] 洋务运动中，洋务派虽曾开设过一些新式学堂，但主要是"以算术、化、重为臬极"，[④] 章太炎认为，让这些学堂培养出来的人才来管理国家是很难胜任的。"政治之学不修，使僝功审曲者议之，其势将妄凿垣墙而植葭苇。"[⑤] 章太炎将政治、法令当作新式学堂的主要课程，其目的即是要以这些新式学堂为中国造就懂政治学的新式人才，以服务于未来的宪政大业。他曾说过："学堂未建，不可以设议院。"[⑥] 显然，建立新式学堂、培养新式的懂政治学的人才，是直接为将来开设议院，建立宪政政制作准备的。

第三，广宣传。如果说立学会、建学堂主要是为了开启知识分子之智，培养新式知识分子，那么，他之主张广宣传，则是直接面向全体国民的。当时进行宣传的主要工具是报纸，章太炎对此十分重视，戊戌时期，他本人即直接参与了《时务报》、《实学报》及《正学报》的工作，为变法维新的宣传作出了重要贡献。关于办报，他提出了"宜驰骋百家，掎摭子史，旁及西史，近在百年，引古鉴今，推见至隐"[⑦] 的主张，并且崇尚"实学"，反对骛新炫奇、华而不实的学风。时国人主要生活在传统社会里，传统思想在国人心中占有主导地位，守旧思想极为严重，只有一小部分人乐于知新。针对这种情况，章太炎主张在宣传上应灵活处理：对于乐于知新的人，就以新学对之进行启蒙；对于守旧的人，就以旧学（指加工改造过的旧学）对之进行教育。譬如，当时流行"西学源于中国说"，章太炎认为，"以为人之长技皆出于我，则适以助学者之虚憍自满也"，[⑧] 坚决反对这种说法，但他主张可姑且听之，以之为工具，减少国人对新学的

---

① 严复：《救亡决论》，王栻编《严复集》第一册（上），中华书局，1986。
② 章太炎：《官统》，《訄书》（初刻本）。
③ 章太炎：《改学》，《訄书》（初刻本）。
④ 章太炎：《改学》，《訄书》（初刻本）。
⑤ 章太炎：《改学》，《訄书》（初刻本）。
⑥ 章太炎：《变法箴言》，《章太炎政论选集》（上）。
⑦ 章太炎：《致汪康年书》，《章太炎政论选集》（上）。
⑧ 章太炎：《变法箴言》，《章太炎政论选集》（上）。

抵拒心理。“民不知变……必合中西之言以喻之，喻人之术，横说之则以《诗》、《书》、《礼》、《乐》，纵说之则以《金版》、《六弢》，其一曰宙极之史，其一曰六合之成事。人莫信其覼縷阔略之声，而信其目睹，是故陈古而阂，不如道今；有独喜其覼縷阔略之声者，与道今而不信，则又与之委蛇以道古。故合中西之言以喻民，斯犹慈石之引铁，与树之相近而靡也。”① 总之，针对不同的对象，应采用不同手段进行宣传，目的是使民智早开，以济维新大业。

大政的维新，在对传统政制“因革损益”的同时，又特别注重启民智，为未来建立宪政政制做好准备。由此看来，章太炎对中国政制变革的思考，实际上是分两步走：第一步是建立一个高度集权的权威政府，对传统政制进行“因革损益”；时机成熟以后，过渡到第二步：在中国建立全新的宪政政制。

四

章太炎曾经说过：“议变法者，吾党之责也。”② 他是将自己归入维新派的。通过前文的论述，我们可以看出，戊戌时期他的政治主张是独具一格、自成体系的，同康、梁为代表的维新派有着很大的差距。康有为是维新派的灵魂，这一时期维新派的政治主张，实际上就是康有为的政治主张。那么，引起章、康二人政见分歧的原因何在呢？

首先，笔者认为这一时期他们二人的政见分歧，主要来自他们对文化认识的差异。康有为将文化看成是世界性的，认为各国文化的发展是“同一”的，各国文化所表现出来的差异，主要是因为它们处于不同发展阶段，他更加强调的是各国文化的“同一性”。从政制的演进来说，各国一律都是按照君主专制、君主立宪、民主共和三世演进，用他的话来说，即是：“人道进化皆有定位，……由君主而渐为立宪，由立宪而渐渐为共和，……验之万国，莫不同风。”③ 既然这样，则中国也不能例外，中国现在是“君主”之国，那么下个阶段应要“渐为立宪”，这是毫无疑问的了。所以，康有为确信，完全可以用西方资产阶级的宪政政制来替代中国

① 章太炎：《变法箴言》，《章太炎政论选集》（上）。
② 章太炎：《变法箴言》，《章太炎政论选集》（上）。
③ 康有为：《论语注》卷二，第 28 页。

的传统政制，实行“全变”，“尽革旧俗，一意维新”。[①] 他是一个“大同”主义者。章太炎则恰恰与之相反，终其一生，他始终是个民族主义者，他虽然也承认文化发展的阶段性，但他更加强调文化发展的“民族性”和“特殊性”。“燥湿沧热之异而理色变，牝牡接构之异而颅骨变，社会阶级之异而风教变，号令契约之异而语言变。”[②] 辛亥之后，他以弘扬“国粹”为己任，也旨在以此培育中国的民族主义。既然文化有“民族性”的差异，那么，就不能简单地用西方的宪政政制来替代中国的传统政制，而应该根据中国本身历史发展的规律来进行创制，只能“随俗雅化”并“积渐行之”。这一时期，章太炎虽然也认为宪政政制是理想的政治模式，并将其确立为未来的奋斗目标，但他并不主张照搬西方，而是强调要对之加以改造，使之符合中国的国情。如他在辛亥时期曾说：“民主立宪，起于法，昌于美，中国当继起为第三种，宁能一意刻划，施不可行之术于域中耶?”[③] 这实也是他一贯的政治主张。

基于以上文化认识上的差异，章、康二人的政见便自然地产生分歧，这是很容易理解的。这一点，也反映在他二人对“托古改制”认识的歧异上。章、康二人均是主张“托古改制”的，但康有为的“托古改制”实际上是“假托”，并非真正的是以“古”为参照系进行变法。康有为曾经说过：“布衣改制，事大骇人，故不如与之先王，既不惊人，自可避祸。”[④] 康有为只不过是借孔子这块招牌，减弱国人对变法的阻力，以行其变法之志。而章太炎则是真“托古”，他主张政制的变革应该“因”于“近古”来进行，并将“太古”的政制当作变革的参照系，以变更旧法，创制新法，他的变法确实是依托于“古”来进行的。康有为是以西方资产阶级的宪政政制为参照系来变更中国政制，不过，他在他的变法主张上裹上了一层古代中国的袍服。

导致他们政见分歧的另一个重要原因是对怎样才能提高政治运作效率的理解不同。二人都致力于提高政制运作的效率，章太炎主要是将希望寄托在统治者品格与才能的完备上，他对政制结构的合理化虽也颇为关注，但这同他对政治运作效率的追求相比，要逊色得多。康有为则刚好与他相

---

① 《戊戌变法》，《中国近代史资料丛刊》（二），第 194 页。

② 章太炎：《序种姓上》，《訄书》（重订本），《章太炎全集》（三）。

③ 章太炎：《大共和日报发刊辞》，《章太炎政论选集》（下）。

④ 康有为：《孔子改制考》，第 267 页。

反，康有为主张"加强效能经由合理化获得"，[1] 所以，康有为变法的重点便放在政制结构的调整上，将设立议院、建立君主立宪政体确立为当下奋斗的目标。从这一点来看，康有为思想近代化的程度要远较章太炎为高。章太炎虽将目光投向了近代，并开始启动脚步向近代迈进，但他的双腿及整个身体却仍然停留在中世纪。康有为已经步入了近代，而章太炎则尚跨在中世纪与近代的门槛上。

戊戌时期，由于政见的分歧，章太炎虽然列名维新派，并为之付出遭受清廷通缉的代价，但他与康梁师弟代表的维新派并不是同路人。1898 年夏，"康有为以工部主事筦朝政，变更法度"，[2] 海内维新志士，人心振奋，"北向望风采，以为雪国耻，起民瘼有日"，[3] 对中国的未来充满了信心。但此时的章太炎却心情沉重，对前途充满了忧虑，并写有《董逃歌》一首，其中有"秦帝不蹈海，归莳千竹竿"[4] 之句，遽萌退隐之志。这种政见上的歧异，实也是戊戌以后章太炎同维新派分手、同康有为分道扬镳的一个重要原因。

（注：本文的部分内容 8000 余字曾以《戊戌变法时期章太炎变法思想评议》为题，发表于《江苏社会科学》1997 年第 1 期。按：本文为笔者研究"章学"的早期代表性论文之一，今按手稿全文发表于此，以飨读者。本文厘清了戊戌时期康章二人变法思想的歧异，并以"同一性"、"民族性"分别对康章思想的歧异进行了界定，即是强调了康章二人分别重视"共性"与"殊性"的思维特点。其时，由于笔者尚未读到汪荣祖先生的著作，尚不能像汪先生那样上升到哲学的高度，以"一元主义"、"多元主义"探讨康章思想的歧异，但这篇文章与汪荣祖先生对康章思想分歧的看法异曲同工，实也是笔者其后撬动整个太炎思想研究，走上自己独特"章学"研究之路的奠基之作。）

---

① 参阅萧公权《行政制度现代化——康有为之主张及其意义》，姜义华等编《港台及海外学者论近代中国文化》，重庆出版社，1987。

② 《艾如张董逃歌》，《章太炎年谱长编》（上），第 64 页。

③ 《艾如张董逃歌》，《章太炎年谱长编》（上），第 64 页。

④ 《艾如张董逃歌》，《章太炎年谱长编》（上），第 64 页。

戊戌时期章太炎政治思想的双重结构

戊戌时期章太炎的政治思想是双重的，“革政”与“革命”的政治理念并存于他的心中，这一点长期以来一直为学界所忽视。并且，他的“革政”主张也有别于维新派主流，这些都值得我们重新进行探讨。

革政论：温和的改良建议

戊戌时期，以康有为为首的维新派主流，主张“尽革旧俗，一意维新”,[①] 将“设议院”与“致宪政”[②] 确立为当下政治奋斗目标，致力于建立一个合理化的西方资产阶级的君主立宪政体。[③] 这一主张，由于关注现政权在政治更新过程中的领导作用，表面上看去显得相当温和，但在价值取向上已经触及制度的转型，因此，它实际上带有浓厚的政治革命意味。章太炎当时虽然也列名维新派，但他对康、梁的主张并不赞同，认为它太激进了，犯有“猝暴之病”。[④] 章氏声称当时中国的变法，“不可苛效宪政而迎致之”。[⑤] 对政治革新，他持着一种更为谨慎的态度，并提出了一套有别于维新派主流的独特政治主张。

当时，章氏虽然也讲“三统”，但并不讲“三世”。他认为：“公羊三统指三代，三世指一代，三统文质迭变，如连环也，三世自乱进平，如发镞也，二者本异。”并把将“三统”与“三世”混为一谈者斥为“妄

① 《戊戌变法》（二），中国史学会编《中国近代史资料丛刊》，上海人民出版社，1961，第194页。

② 《戊戌变法》（二），第176、194页。

③ 参阅萧公权《行政制度现代化——康有为之主张及其意义》，姜义华等编《港台及海外学者论近代中国文化》，重庆出版社，1987。

④ 章太炎：《变法箴言》，汤志钧编《章太炎政论选集》（上），中华书局，1977。

⑤ 汤志钧编《章太炎年谱长编》（上），中华书局，1979，第87页。

人”。[1]“损益政令，九变复贯，若是曰通三统。”[2] 显然，章氏特别强调的是历史发展的一贯连续性。既然这样，那么在进行政治革新时就应该要考虑到历史因袭的重要意义，不能将历史截然斩断。因此，他对康氏“大变”乃至“全变”[3] 的维新主张便极表反感，指出中国的变法应根据中国历史的内在发展逻辑“随俗雅化”，[4]“积渐行之”。[5]

章氏政治主张的提出，是奠定在坚实的历史研究基础之上的。这一时期，他通过对中国历史的研究，发现历朝历代的变革都是在因袭前代历史的基础之上进行的，因此，所谓政治革新，也即是在关注历史因袭的基础之上进行“政令”的损益。“因”“损”“益”的内容要根据变法领导者的睿识去作决断。“益”，即是要提供当时历史所没有的新内容，这就需要确立一个参照系。由于章氏反对康、梁维新派主流将西方的宪政政制确立为变法的参照系，这就决定了章氏只能从传统中寻找。为此，他将中国历史分为逻辑意义上的“太古”与“近古”两个时期：“近古曰古，太古曰新。”[6] 认为“近古”的文物、典章、制度对于时人来说是耳熟目惯的，有很多已经不适应时代需要，显得陈旧过时了，是“古”，需要进行更张；但“太古”的文物、典章、制度，对于时人来说却是陌生的，反而是“新”；变法维新（变“近古”之法），只能以“太古”作为变法的参照系（复“太古”之“新”）。这种“复古”论调，当然不是想让历史倒退到“太古”时代去，他只是想借用“太古”时代的价值、符号，来为政治革新提供一个参照系，从而为政治的更张注入新的活力。

在康有为的变法主张里，将建立一个合理化的政制结构提到至为重要的地位，这说明康氏对“民众参与”在政治生活中的意义体认是相当深刻的。章太炎虽然也敏锐地觉察到了这一点，但在审慎思考之后，他还是将“民众参与”逐出他的政治蓝图。因为，在章氏看来，政治革新之初即将“民众参与”纳入政治机制，非但不利于政治的革新，反而还会起到阻碍

① 章太炎：《尊史》，《訄书》（重订本），《章太炎全集》（三），上海人民出版社，1984。按：1900 年章氏亲自校订《訄书》，在其手校本《訄书》里有《尊史》篇目，因此，此篇应作于戊戌时期，参阅《章太炎年谱长编》（上），第 112 页。

② 章太炎：《论学会有大益于黄人亟宜保护》，《章太炎政论选集》（上）。

③ 《戊戌变法》（二），第 197、215 页。

④ 章太炎：《论亚洲宜自为唇齿》，《章太炎政论选集》（上）。

⑤ 章太炎：《对二宗》，《检论》，《章太炎全集》（三）。

⑥ 章太炎：《尊荀》，《訄书》（初刻本），《章太炎全集》（三）。

作用。从历史上来看，中国历代统治者均奉行文化专制主义，推行愚民政策，“钳语烧书、坑杀学士”，[①] 造成了中国人对政治的普遍麻木，广大普通国民几千年来一直被排斥在国家的政治生活之外，[②] 中国没有“民众参与”政治的传统。从现实来看，当时虽然出现了一股强烈要求变法的维新浪潮，但仍不过是一小部分人的愿望，广大普通国民甚至连“开矿治道”[③] 等一些枝节变革都要反对，基本上还处在未觉醒的蒙昧状态。再从国民的教育程度来看，当时中国人口大约有 4 亿，受过教育的仅约 60 万人，[④] 且那些受过教育的所谓读书人，又都是由传统的科举制度培养出来的，大多“拘于成俗”。[⑤] 由此，章氏认为当时全国真正能赞同变法的实属寥寥。如果在变法之初即将“民众参与”纳入政治运行的机制中去，因宪政政制的权力中心是在“议院”，那么，通过选举产生出来的“议员”，一定多是“守故之士”，[⑥] 以这些“守故之士”组成的“议院”来议决国家大政，章氏认为只会导致中国政治陷入“噂沓纷起”[⑦] 的混乱局面，使中国政治的革新“益濡缓无期会”。[⑧]

由上可看出，章氏之所以要在变法之初将“民众参与”逐出他的政治蓝图，主要是考虑到了政治运作的效率，他认为议会政制的运作效率并不太高。为了证实这一点，这一时期他还比较研究了拿破仑时代英、法两国的政体，认为拿破仑式的帝制比之英国式的议会政治的效率要高得多。[⑨] 为了能够雷厉风行地推行政治的革新，中国只能仿效法国拿破仑式的帝制，将政治革新的大任托付给一个拿破仑式的英明君主。因此，章氏在强调关注历史因袭的同时，对君权在政治革新中的重要作用便也十分看重。其云：“政平而无威，则不行”；[⑩] 又云：“古之持大命者，不决于墨食，不诹于外朝，盱衡厉色而定其事。”[⑪] 为了保证政治革新的效率，他宁愿付于

① 章太炎：《论学会有大益于黄人亟宜保护》，《章太炎政论选集》（上）。
② 章太炎：《论学会大有益于黄人亟宜保护》，《章太炎政论选集》（上）。
③ 章太炎：《明群》，《訄书》（初刻本）。
④ 章太炎：《论学会有大益于黄人亟宜保护》，《章太炎政论选集》（上）。
⑤ 章太炎：《答学究》，《章太炎政论选集》（上）。
⑥ 章太炎：《明群》，《訄书》（初刻本）。
⑦ 章太炎：《明群》，《訄书》（初刻本）。
⑧ 章太炎：《明群》，《訄书》（初刻本）。
⑨ 章太炎：《明群》，《訄书》（初刻本）。
⑩ 章太炎：《平等难》，《訄书》（初刻本）。
⑪ 章太炎：《明群》，《訄书》（初刻本）。

变法君主以独揽的权力。

戊戌时期，康有为致力于建立一个合理化政制结构，将政治的更新寄托于体制本身；而章太炎则仍在强调英明君主在体制变革过程中的决定性作用，并且仍旧在挥舞着传统“因革损益”政治理论的宝幡。这说明，这一时期章氏的变法思想较康有为要保守得多，康氏的思想已经染上了浓厚的近代色彩，而章氏则仍在传统圣王理想的圈子里打转。由此，我们似乎可以将章氏划到保守派当中去。但问题是，章太炎认为：“议院者，定法之后之所尚，而非取于法之始变也。”[①] 在制度转型上，他不过是比康有为滞后了一点，他并不反对最终在中国确立宪政政制。因此，我们认为，章太炎仍然属于维新阵营中的进步思想家，他的政治规设，较之康有为也更加富于理性色彩。

革命论：激烈的排满主张

当康有为在北京发起维新运动时，偏居广东一隅的孙中山则正在密谋举行推翻清王朝的武装起义。孙中山比康有为走得更远，他主张用武力推翻朝廷，建立一个类似于西方资产阶级国家的共和政体。章太炎由于将政治革新的希望寄托在拿破仑式的英明君主身上，从逻辑上来说，他就不可能得出推翻朝廷的结论。不巧的是，当时统治中国的是落后并愚顽不化的满洲贵族，章氏认为满族无统治中国的资格，在他心灵深处还蕴藏着一股强烈的种族革命思想。如果由他的种族革命思想推衍开去，其结果就会同孙中山一样，势必要得出推翻朝廷的结论，这样一来，就同他的“革政”主张产生了深刻矛盾。

章太炎的种族革命思想萌芽于少年时代，这主要是由他少年时代所受的教育及其所处社会环境的影响所致。章氏出生于余杭，濒近浙东，这一地区在历史上曾进行过激烈的抗清斗争，反满思想几百年来也一直流传未息。他的祖先有的虽然供职于清廷，但其历代祖先，“殁，皆用深衣殓，……无加清时章服”，[②] 同清王朝保持着一定的距离。处在这样一个家庭、社会环境里，使章氏从少年时代起对清王朝就没有好感，因此，在

① 章太炎：《明群》，《訄书》（初刻本）。

② 章太炎：《先曾祖训导君、先祖国子君、先考知县君事略》，《太炎文录续编》，《章太炎全集》（五），上海人民出版社，1985。

他十一二岁的时候，即有过“明亡于清，反不如亡于李闯”[①] 的骇世之论。除了社会环境的影响外，少年时代所受的教育，则坚定了他的反满志向。他在十一二岁时，开始跟随外祖父朱有虔习经，从外祖父那儿他知道了“夷夏之防同于君臣之义”[②] 的道理，并知道了在汉人心中仍然隐藏着一股强烈的反满思想。稍长，他读了蒋良骥的《东华录》，得悉戴名世、曾静、查嗣庭诸人的案件，“便就胸中发愤，觉得异种乱华，是我们心中第一恨事”。[③] 其后，他又读了王船山的《黄书》、全祖望的《鲒埼亭集》以及《明季稗史》17 种等著作，这些著作里所讲的大多是排满及保卫汉种的话。受其影响，在他 20 岁左右的时候，排满革命思想便基本上成熟了。[④] 这一时期，为了证明排满的合理性，他还从理论上作了进一步阐释。

他认为人类是从无机物→微生物→低等动物→猿渐渐进化而形成的，人类的本始虽然都是一样的，但在进化过程中却渐渐出现了分化，形成了一个个不同的种族。各个种族在其形成过程中，由于他们所处自然环境的不同、婚姻制度的差异以及风教语言的不一等，渐渐便产生了文明的高下之分。为了区分种族文明的高低，章氏使用“文”、“野”或“夏”、“戎”这样的概念来加以界定，他将进而为“夏”的种族称为“人”或“民”，仍停留在戎狄地位的种族，他则称之为“兽”。[⑤] 中国境内只有汉族进而为“夏”，其他各族仍旧停留在野蛮的戎狄世界里。[⑥] 在中国历史上虽然出现过一些落后种族统治过汉族的事实，有的甚至接受了汉族的文化，但章氏认为不能因此就改变了它们“兽”的地位，它们仍然没有进而为“民”，侪入“夏”族的行列。那些处于戎狄地位的种族统治比自己文明高的种族不具有合理性，他称这种统治为“篡窃”，并将它看成是最“大逆无道”的。[⑦] 从这种理论出发，自然就会得出满族无统治中国合理性的结论。况且，历史上满族在入主中国之初，曾奉行过残暴的民族屠杀政策，现实中又推行严酷的民族压迫政策，反满情绪一旦同他的种族理论相结合，就使

① 汤志钧编《章太炎年谱长编》（上），第 5 页。
② 汤志钧编《章太炎年谱长编》（上），第 5 页。
③ 汤志钧编《章太炎年谱长编》（上），第 6 页。
④ 汤志钧编《章太炎年谱长编》（上），第 9 页。
⑤ 章太炎：《原人》，《訄书》（初刻本）。
⑥ 章太炎：《原人》，《訄书》（初刻本）。
⑦ 章太炎：《原人》，《訄书》（初刻本）。

章氏发出一种激烈的排满革命呼声："兴复旧物，虽耕夫红女将与有责焉！异国之不忍，安忍异种？异教之不偶俱，奚偶俱无教之狼鹿？"①

由上看来，这一时期章太炎的排满革命思想是相当激烈的，令人觉得有点按捺不住。可是，由于当时中国内忧外患深重，在进行政治革新时，章氏又特别害怕社会秩序陷入混乱状态，他认为如果"内乱不已，外寇间之"，②中国就会出现土崩瓦解的局面。因此，章氏当时便将他激烈的排满主张压抑在心中，他虽命笔作文，但却秘不外宣，只不过对其二三好友时一倾吐，公开场合他仍然主张"以革政挽革命"，③这样就不可避免地形成他政治思想的双重结构，即隐性层次的激烈的排满革命论与显性层次的温和的政治改良论。但章氏将他的"革命"思想压抑在心底，并不等于问题就解决了，它只会使章氏的内在冲突进一步加剧。因为，如果要"革政"，即通过君权来变法，就意味着要承认清王朝统治的合理性，就不容有"革命"思想存在的余地，就会使章氏种族革命的目标永无实现之可能；如果要"革命"，推翻清王朝的统治，通过君权进行变法的期望就会化为泡影，并且还必然会导致社会秩序的混乱。康有为与孙中山各执一端，态度鲜明、立场坚定，所以，康、孙二人就不会像章太炎那样内心冲突而陷入两难境地。

调合论：客帝玄想与借权之谋

如果能在政治革新的过程中同时完成种族革命，对章氏来说是再好也不过的了。怎样才能解决"革政"与"革命"思想的矛盾冲突呢？章氏曾提出过下面两套设想，试图以"客帝"或"分镇"来融释他双重政治思想的矛盾。

1. 客帝论。章氏主张奉孔子的后代"衍圣公"为天下之"共主"。"共主"是名义上的国家最高统治者，世代相袭，不掌实权，仅具有象征意义，但他是法理上的国家一切权力的来源。满族虽无统治中国的合理性，但在中国历史上曾出现过许多用外人为"客卿"的先例，因此，可仿

① 章太炎：《原人》，《訄书》（初刻本）。

② 章太炎：《论学会有大益于黄人亟宜保护》，《章太炎政论选集》（上）。

③ 章太炎：《论学会有大益于黄人亟宜保护》，《章太炎政论选集》（上）。

此先例“聘”满人为中国的“客帝”。章氏认为光绪皇帝是一个圣明的君主，[①] 仍可“聘”光绪皇帝为中国的“客帝”来领导政治的革新。“客帝”掌握国家实权，是国家权力中心之所在，但在法理上他的权力要来自于“共主”，靠“会推”产生，[②] 且不可世袭。在政治革新的具体措施里，章氏特别提出了废除满族特权，将八旗散归郡县等主张。[③] 并且，由于他所规设的“客帝”已无世袭之权，这样一来，“客帝”在领导进行政治革新时，一个最直接的后果，必然是满族主宰中国政治权力的丧失。这是一种和平的种族革命，由此，章氏“革政”与“革命”双重政治思想的矛盾，便也自然而然地化解了。

2. 分镇论。“客帝”主张如果行不通，章氏认为“则莫若分镇”。[④] 当时章氏虽然将中国政治革新的希望寄托在拿破仑式的英明君主身上，但衡诸当时的现实，这种主张究竟有没有实现的可能性，这在章氏自己也是深表疑虑的。因此，他在对光绪皇帝抱有不切实际幻想的同时，对一些汉族实力派督抚也抱有莫大的期望。希望通过一些汉族实力派督抚来完成中国政治的革新，这是他“分镇”构想得以确立的原因。综观他的“分镇”论，主要有下面三个方面的内容。第一，将天下分为“王畿”与五个“道”，[⑤]“王畿”仍归中央政府管辖，“道”分别交给有才能的督抚去管理。各“道”与中央政权的关系是松散的，对外，中央政权则将各“道”视作自己的“封建之国”。[⑥] 第二，增强“道”的权力。中央政府仅保有对各“道”形式上的册封权，各“道”内部的“行政署吏”等一切大权，皆由各“道”自专。[⑦]“道”对中央仅有两项义务：一是每年向中央进贡数十万，二是得保有其统辖的土地，不得有寸土丧失。各“道”首脑一经中央任命，只要他能很好地履行对中央的义务，即可终身担任此职。“死则代以其属吏，荐于故帅而锡命于朝。”[⑧] 章氏认为如果各“道”的权力得到了增强，那么，各“道”通过变革内政，不仅可以使“外人不得挟政府

---

① 章太炎：《客帝》，《訄书》（初刻本）。
② 章太炎：《客帝论》，《章太炎政论选集》（上）。
③ 章太炎：《客帝》，《訄书》（初刻本）。
④ 章太炎：《分镇》，《訄书》（初刻本）。
⑤ 章太炎：《分镇》，《訄书》（初刻本）。
⑥ 章太炎：《分镇》，《訄书》（初刻本）。
⑦ 章太炎：《分镇》，《訄书》（初刻本）。
⑧ 章太炎：《分镇》，《訄书》（初刻本）。

以制九域”，而且使“人人亲其大吏，争为效命”，[①] 不仅可以完成中国政治的革新，还可以将中国从深重的民族危机中解救出来。第三，“道”虽然具有很大的独立性，但它不是独立的国家，“始于建功，终于纳土”，[②] 最终仍要像日本的萨、长二藩那样返政于中央。将国家政治革新的希望寄托在二三汉族实力派督抚身上，这在当时有没有实现的可能性呢？对此，章氏虽然也抱有疑虑，但他认为当时中国为列强瓜分之形已露，如果被列强瓜分，还不如被“方镇”瓜分，督抚未必皆贤，如果实行“分镇”，至少可得三四个贤明的督抚，这仍可为中国的复兴存下一线希望。[③]

这种“分镇”论同他的“客帝”论一样，是章氏出于“不得已”[④] 所进行的政治规设，这两个政治主张虽然有别，但其思路，即其内在精神却是完全一致的。“客帝”论虽无排满之名，但已有排满之实，也符合他君主变法的政治主张；“分镇”论虽然削弱了中央政府的权力，但将中国政治革新的大任交给地方实力派督抚，与他君权变法的主张也不矛盾，在此他只不过是将他所期望的英明君主换成了各“道”的英明督抚而已。各“道”通过政治革新，架空中央政权（由满族掌握）的统治权力，渐次也可以达到完成种族革命的目的，章氏称他的这种规设是“借权之谋”。[⑤] 如果说这一时期章氏注重历史变革的一贯连续性，在推行政治革新时，关注本国的特别国情，主张通过强有力的君权来进行变法，尚有其合理性的话，那么，他旨在调和双重政治思想矛盾的“客帝”论与“分镇”论，则纯属空想。这种“客帝”玄想与“借权之谋”，根本无实现之可能。因此，他的调合奇谈仍然不能解决他内心的剧烈矛盾冲突。

戊戌以后，章太炎对现政权彻底失望。1900 年，他在上海“解辫发”，公开与清政府决裂，公开打起“排满”的旗号，认为“提挈方夏在新圣，不沾沾可以媮取”，[⑥] 作《客帝匡谬》、《分镇匡谬》以自警，主张推翻清

---

① 章太炎：《分镇》，《訄书》（初刻本）。
② 章太炎：《藩镇论》，《章太炎政论选集》（上）。
③ 章太炎：《分镇》，《訄书》（初刻本）。
④ 章太炎：《分镇》，《訄书》（初刻本）。
⑤ 章太炎：《分镇匡谬》，《訄书》（重订本）。
⑥ 章太炎：《分镇匡谬》，《訄书》（重订本）。

政府，完成种族革命之后，再由新政权来领导中国政治的革新，并将自己汇入到二十世纪初的滚滚革命洪流之中去。至此，他“革政”与“革命”双重政治思想的矛盾，才获得了彻底解决，章太炎也才真正从多年来内心剧烈冲突的困扰之中解放出来。

（注：本文原刊于《历史教学》1996 年第 8 期。）

章太炎民族思想论

一　民族思想：从意识蒙胧走向理性自觉

章太炎的民族思想萌芽于少年时代，这主要得益于他的启蒙老师，即他的外祖父朱有虔先生的影响。章太炎出身于书香门第，在他九岁的时候，他的外祖父即“来课读经”，一共在他的家里住了四年。在这四年时间里，章太炎主要跟随他的外祖父学习传统的儒家典籍。这位朱老先生在教授章太炎读经时，不但“授音必审”，非常认真，而且，在授经之暇，“亦以明清遗事及王而农、顾宁人著述大旨相晓”。[①] 这种早期教育，对章太炎一生的学术事业影响极为巨大，它不但奠定了章太炎一生的治学道路，也植下了章太炎民族思想的始基。在章太炎思想成熟以后，他经常不厌其烦地向别人追叙少年时代的这段际遇。据其追叙，在读经之暇，祖孙二人经常讨论明清遗事，下面这段对白可资参证：

> 朱：“夷夏之防，同于君臣之义。”
>
> 章：“前人有谈此语否？”
>
> 朱：“王船山、顾亭林已言之，尤以王氏之言为甚，谓历代亡国，无足轻重，惟南宋之亡，则衣冠文物，亦与俱亡。”
>
> 章：“明亡于清，反不如亡于李闯。”
>
> 朱：“今不必作此论，若果李闯得明天下，闯虽不善，其子孙未必皆不善，惟今不必作此论耳。”[②]

---

① 《章太炎先生自定年谱》，清光绪二年，上海书店，1986。

② 朱希祖：《本师章太炎先生口授少年事迹笔记》，《制言》1936 年第 25 期，引用时笔者略微作了编辑。

朱老先生的这番教导，使少年时代的章太炎“闻之启发”，这使他不但懂得了“夷夏之防同于君臣之义”的“春秋大义”，而且还知道了在汉人心中隐藏着一股强烈的反满思想。章太炎的高足汪东，在章太炎逝世之后，说章太炎“服膺片言，以至没齿”，[①] 这反映了章氏早期所受的教育对他一生的影响是多么巨大！

关于“夷夏之防”，王船山曾经对之作了这样的阐释，其云：

> 夷狄之于华夏，所生异地，其地异，其气异矣，气异则习异，习异而所知所行蔑不异焉。[②]

不同的环境，造就了人类各个种类的不同气质，由之，人类各个不同种类的文化心态及文化行为皆划然有别，不可杂淆。王船山、顾亭林等晚明诸老在明亡之后，带着沉重的亡国之痛，亟亟乎阐扬“夷夏之防”这一“春秋大义”，目的是为了让人们知道，只要文化不坠，则种可保，复国有望。顾亭林在阐释孔子“素夷狄行乎夷狄”宗旨时，这样说道：

> 处夷狄之邦，而不失吾中国之道，是之谓素夷狄行乎夷狄也。六经所载帝舜滑夏之咨，殷宗有截之颂，《礼记》明堂之位，《春秋》〔□〕会之书，凡圣人所以为内夏外夷之防也，如此其严也。《文中子》以元经之帝魏，谓“天地有奉、生民有庇，即吾君也。”何其语之偷而悖乎？……夫〔兴〕亡有迭代之时，中华无不复之日，若之何以万古之心胸，而区区于旦暮乎？[③]

当然，从文化角度来阐明“夷夏之防”这一“春秋大义”的精微学说，对于少年时代的章太炎来说，也还是一知半解，当时他的民族思想，主要还是出于一种直率的情感流露。这个道理要等到章太炎成人之后才有了精湛了解，并且将其发扬光大，超越了他的前辈。稍长，章太炎读了蒋

---

① 汪东：《余杭章太炎先生墓志铭》，章念驰编《章太炎生平与学术》，第 1 页。

② 王船山：《读通鉴论》卷十四，中华书局，1975，第 2 页。

③ 顾炎武：《素夷狄行乎夷狄》，《日知录》卷之六阙文，其文乃是秦克诚点校之《日知录集释》中的文正义所作《校读后记》所附，见《日知录集释》，岳麓书社，1994，第 1271—1272 页。

良骥的《东华录》、全祖望的《鲒埼亭集》、王船山的《黄书》以及《明季稗史》等著作，那里面所讲的全是排满及保卫汉种的话。由这些著作，章太炎得知戴名世、曾静、查嗣庭等人的案件以及扬州、嘉定及郑成功与台湾之事，“便就胸中发愤，觉得异种乱华，是我们心中第一恨事”，[①] 民族思想便愈益发达起来。但当时，他的民族思想仍然还是停留在感情上，还没有什么学理作为支撑。到了甲午以后，“略看东西各国的书籍，才有学理收拾进来”。[②] 这使章太炎的民族思想，由情感走向了理性自觉，并渐臻成熟。

青少年时代的章太炎博览群籍，好学深思，他不但对中国传统经籍有着极深的研究，而且，还非常注意汲取异域知识。甲午以后，章太炎根据他所了解的近代西方人类学及社会学等知识获知，人类是从距今五十万年至二十万年前才在地球上出现的，[③] 人类在地球上出现之前，地球上经历了生物界迭相演变的过程。“赭石赤铜著乎山，莙藻浮乎江湖，鱼浮乎薮泽，果然玃狙攀援乎大陵之麓，求明昭苏而渐为生人。”[④] 人类是从无机物→低等植物→低等动物→高等动物渐渐演化而来的。人类产生之后，亟有杂淆，本无什么差异，但在其漫长的演化过程中却渐渐地出现了分化。“燥湿沧热之异而理色变，牝牡接构之异而颀骨变，社会阶级之异而风教变，号令契约之异而语言变。”[⑤] 由于自然环境、婚姻习惯、风教语言的不一，这样才出现了一个个不同的种族。他根据西人巴尔科的分类，认为：“凡地球之上，人种五，其色黄、白、黑、赤、流黄，……其小别六十有三。”[⑥] 这些众多种群散处在世界各地，由于他们“画地州处，风教语言不能相通”，[⑦] 于是走上了各自的独特发展道路。

在人种起源上，章太炎倾向于赞同“多元论”，其云：

① 请参阅章太炎《狱中答新闻报》及《东京留学生欢迎会演说辞》诸文，见汤志钧编《章太炎政论选集》（上），中华书局，1977。

② 章太炎：《东京留学生欢迎会演说辞》，《章太炎政论选集》（上）。

③ 章太炎：《序种姓上》，《訄书》（重订本），《章太炎全集》（三），上海人民出版社，1984。

④ 章太炎：《原人》，《訄书》（初刻本），《章太炎全集》（三）。

⑤ 章太炎：《序种姓上》，《訄书》（重订本）。

⑥ 章太炎：《序种姓上》，《訄书》（重订本）。

⑦ 章太炎：《序种姓上》，《訄书》（重订本）。

> 同度同质之地，并时可生同格之物，……断无偏菀于少数之区，偏枯于多数之区，而多数之区，其物乃藉少数之区输入者也。……言洮汰者无可更矣，而必谓人种一原，至推之动植海藻初生，亦惟一本，渐以曼衍，遂至蕃植。夫以地球广袤，太古海水，犹多于陆，何余水皆不能生藻，而独此一勺之水能生藻也？……若谓同处大陆，热度相均，如欧、亚、澳、美，皆有直于温带之地，何故甲方有人，乙、丙、丁方无人，而必待甲方之分布也？是知人种一原之说，未可执泥。[①]

章太炎在人种起源上虽然倾向于“多元论”，但他不像十九世纪欧洲学者那样，以这种学说为其“种族优劣论”张目。他认为：“人之始，皆一尺之鳞也。”[②] 人类在其种族起源上本无什么优劣之分，只是由于自然环境的隔绝，各个种族演化速度的不一，这样才出现了文明的位差。文明位差的出现，是各个种族文明历史演化的结果，并不是受自于其始祖的生物性遗传。并且，文明位差的出现，在欧、美、亚各洲情形相似，并非是欧洲白种的文明要绝对地高于其他各洲，并不是欧洲的白种是文明的优等民族，而其他各洲则是劣等的野蛮民族，而是在欧、美、亚各洲皆同时出现了文明种族与野蛮种族。章太炎说道：

> 自大瀛海以内外，为潬洲者五。……如欧美者，则越海而皆为中国，其与吾华夏黄白之异，而皆为有德慧术知之氓。……彼其地非无戎狄也，处冰海者，则有哀斯基穆人；烬瑞西、普鲁士而有之者，则尝有北狄；俶扰希腊及于雅典者，则尝有黑拉古利夷族。夫孰谓大地神皋之无戎狄？……戎狄之生，欧美亚一也。[③]

在此，章太炎虽然借用了传统的“中国”、“戎狄”这样的文化概念，来界定文明种族与野蛮种族，但如果我们撇开这些表面符号，来窥其思想的内在精神则可知，章太炎的民族思想，不但不同于十九世纪欧洲学者的“种族优劣论”，也不同于中国传统的像王船山、顾炎武等人的“华夏中心

---

① 章太炎：《章太炎诗文选注》（上），上海人民出版社，1976，第134—135页。
② 章太炎：《原人》，《訄书》（重订本）。
③ 章太炎：《原人》，《訄书》（重订本）。

论”（这两种看法均是以“我族”为中心来俯视其余各族，浸透着严重的“我族中心主义”的偏见）。章太炎虽然对文明种族颇致赞美，对野蛮种族颇致微辞，但在他看来，由于各个种族差别的出现，并非出自其始祖的生物性遗传，而是其所处自然环境等因素的不同，在其历史演化的过程中自然形成的，所以，人类各种族就其种类的存在来说，便无所谓高下优劣之分，应是一律是平等的。并且，与各种族相附丽的文化，其差异的出现，也是由于其所处自然环境不同等因素的作用，在历史演化中自然形成的，所以，各个种族尽管有着文明与野蛮之别，但作为文化的存在，它们也是平等的，并无高下优劣之分。在此，章氏克服了“我族中心主义”的偏见，与传统的像王船山、顾炎武等人的种族思想已不可同日而语，实现了对他少年时代朦胧种族意识的超越，也标志着他的民族思想由萌芽状态走向了成熟。

二　民族平等思想与反帝意识的交互激荡

章太炎通过理性的探寻，获得了各个民族作为种类及文化的存在均是平等的结论，这样就确立了民族平等思想。从这一思想出发，章太炎便特别强调“秩民兽”、“辨部族”，竭力反对异族的统治。

与“中国”、“戎狄”相对应的文化概念是“民”和“兽”。章太炎称文明的“中国”为“民”，野蛮的“戎狄”为“兽”。“秩民兽”的意思，即是要反对野蛮的“戎狄”对文明的“中国”的统治。就亚洲来说，章太炎认为中国（主要是指汉族）、日本、朝鲜的文明程度较高，属于文明种族。其次，“印度、卫藏与西域三十六国，皆犹有顺理之性”，“与震旦比，犹艾之于蒿，犹橘之于枳”，虽然文明程度稍逊，但也大致可以划归文明种族。“其他大幕之南北蒙古厄鲁特之窟，袤延数万里，犬种曰狄；……东北绝辽水，至乎挹娄，豸种曰貉；瓯越以东，滇、交趾以南，内及荆楚之深山，蛇种曰蛮、闽；河湟之间，驱牛羊而食，湩酪而饮，旃罽而处者，羊种曰羌。……是数族者，在亚细亚洲则谓之戎狄，其化皆晚，其性皆犷，虽合九共之辩有口者，而不能予之华夏之名也。”① 这五个“戎狄”种族，皆处于中国之内。其中处于南中国的蛮、闽，由于“宅五帝之子姓

---

① 章太炎：《原人》，《訄书》（初刻本）。

矣，其民有世系，其风俗同九州”，因此，它同处于北方的狄、貉、羌等种族，便有着根本的区别，可视为同族。而处于北中国的狄、貉、羌等种族，章太炎则视之为异族。在这三个异族之中，羌种“自回鹘之入”，已经变得“陵迟衰微”了，只有狄、貉二种，“尝盗有冀州，或割其半，而卒有居三鬲六鈘以临禹之域者”。[①] 这些野蛮的异族，虽曾统治过“中国”，但章太炎将其视为一种极不合理的事情。他认为：“异族者，虽传铜瑁至于万亿世，而不得抚有其民。”[②] 面对这种不合理的异族统治，章太炎发出了激烈的种族革命呼声：“兴复旧物，虽耕夫红女将与有责焉！异国之不忍，安忍异种？异教之不偶俱，奚偶俱无教之狼鹿？”[③] 这种思想落实到现实斗争中去，便自然会得出“排满”（章氏将满族视为出自貉种的异族）、推翻清王朝的结论。晚清之世，章太炎以提倡“排满革命”而获得很高的声誉，但他之提出“排满”主张，由上看来，实是由他民族思想所导致的必然的逻辑结论，并非出自他的大汉族主义心灵的流露，更不是出自他对于满族抱有仇视心理的种族偏见。他之主张“排满”，目的是为了光复旧物，驱逐异族，归复汉族的统治，并不是要“杀尽五百万有奇披毛戴角之满洲种”。所以，他在晚清之世喜用“光复”一词，而不太喜用“革命”一词，其故即在此。等到清王朝被推翻之后，排满大业便告完成，但章太炎民族思想的深远含义，并没有随之消失。在其晚年，他仍然以一名民族主义大师的形象退而讲学，出而与政，继续活跃在中国的政治、文化舞台上，其故亦即在此。

对于野蛮的“戎狄”统治文明的“中国”，章太炎采取了坚决拒斥的态度，对于文明的“中国”统治其他文明的“中国”，他也同样采取了坚决拒斥的态度，这即是他“辨部族”思想的主要意旨。或曰：“必绌亚洲之戎狄，而褒进欧美，使欧美之人，入而握吾之玺，则震旦将降心厌志以事之乎？”[④] 这种诘问的发出，反映了一部分中国文化分子在中国文化受挫之后民族自信心的失落。他们认为：“均之异族，宁事欧洲，不事清，以其政法犹调整故。”[⑤] 对此谬论，章太炎给予了坚决驳斥，他认为：

---

① 章太炎：《原人》，《訄书》（初刻本）。
② 章太炎：《原人》，《訄书》（初刻本）。
③ 章太炎：《原人》，《訄书》（初刻本）。
④ 章太炎：《别录甲》，《訄书》（重订本）。
⑤ 章太炎：《原人》，《訄书》（重订本）。

是何言也？其贵同，其部族不同。观于《黄书》，知吾民之皆出于轩辕，余以姜姓之氏族，上及烈山，与任宿之风自苍牙，则谓之皆出于葛天可也。海宇苍生，皆葛天之胄；广轮万里，皆葛天之宅。以葛天之宅，而使他人制之，是则祭寝庙者亡其大宗，而以异族为主后也，安论其戎狄与贵种哉？①

且所谓攘除异族者，为同种自主也，政法固次之。均之异族，则政法昏民何择？②

这无异于是在宣言："中国者，乃中国人之中国也。"在他看来，无论是野蛮的"戎狄"，还是文明的"中国"，皆无统治他族的资格，各个民族应该自立，这是天经地义的事。各个民族自有其合法的生存空间与生存方式，他族无丝毫干预的权力，这即是章太炎"秩民兽、辨部族"思想的最精湛的含义。

余秩乎民兽，辨乎部族，……一切以种类为断，是以综核人之形名，则是非昭乎天地。③

章太炎提出的"以种类为断"的新思路，不过是在为人类各种族之间的相处确立一个"是非"的标准，从而为人类各民族的生存与相处建立一个合理的、和平的秩序。这一充满平等精神的民族思想，我们还可以通过他的明确的"反帝"思想，得到更加深刻的认识。

章太炎曾将欧美各主要国家视为文明的"中国"，对欧美诸国所取得的文明成就，给予了充分肯定，但欧美各国恃其文明利器以强凌弱，对世界弱小民族大肆侵略，推行"帝国主义"政策，则遭到了章太炎的激烈批评。章太炎曾经说道：

至于帝国主义，则寝食不忘者，常在劫杀，虽磨牙吮血，赤地千里，而以为义所当然。……综观今世所谓文明之国，其屠杀异洲异色

① 章太炎：《原人》，《訄书》（重订本）。

② 章太炎：《别录甲》，《訄书》（重订本）。

③ 章太炎：《原人》，《訄书》（重订本）。

种人，盖有甚于桀、纣，桀、纣惟一人，而今则公吏民以为之，桀、纣无美名，而今则借学术以文之。[1]

欧美各国的“帝国主义”，给世界各弱小民族带来了巨大灾难。举例来说，始创自由平等之说的法国，却给予其殖民地越南人民以最不自由平等的待遇。章太炎云：“今法人之于越南，生则有税，死则有税，乞食有税，清厕有税，毁谤者杀，越境者杀，集会者杀”，“其酷虐为旷古所未有”。[2] 他称之为“食人之国”。[3] 面对这些所谓文明民族对世界弱小民族的凌暴，章太炎极为愤慨，由此他提出“排强种”的主张，[4] 并对弱小民族的命运寄予了无限深厚的同情。“呜呼！印度、缅甸灭于英，越南灭于法，辨慧善良之种，扫地尽矣！”[5] 这种沉痛哀号与其故国命运的关情紧密结合在一起，使章太炎发一大愿心：“吾曹所执，非封于汉族而已，其他之弱民族，有被征服于他之强民族，而盗窃其政柄，奴虏其人民者，苟有余力，必当一匡而恢复之。”[6] 章太炎发出这种宏愿，并非仅停留在口头上，在流亡日本期间，他即利用各种机会，广结亚洲各国革命志士为友。当时流亡在日本的印度国大党成员钵逻罕与保什二人，即在这一期间与章太炎结下了深厚友谊。章太炎曾与钵逻罕、保什二人相约：“他日，吾二族扶将而起，在使百姓得职，无以蹂躏他国相杀毁伤为事，使帝国主义之群盗，厚自惭悔，亦宽假其属地赤黑诸族，一切以等夷相视，是吾二国先觉之责已。”[7] 主张各民族“一切以等夷相视”，这就昭然地揭出了他的民族平等思想。非但如此，章太炎在流亡日本期间，还联络亚洲各国志士，在日本成立了一个反帝组织——“亚洲和亲会”，并亲自手定《亚洲和亲会约章》，其内容主要有以下几项：

建亚洲和亲会以反对帝国主义，而自保其邦族。他日攘斥异种，

---

① 章太炎：《五无论》，《太炎文录初编》别录卷三，《章太炎全集》（四），上海人民出版社，1985。

② 章太炎：《五无论》，《太炎文录初编》别录卷三。

③ 章太炎：《五无论》，《太炎文录初编》别录卷三。

④ 章太炎：《复仇是非论》，《太炎文录初编》别录卷一。

⑤ 章太炎：《五无论》，《太炎文录初编》别录卷三。

⑥ 章太炎：《五无论》，《太炎文录初编》别录卷三。

⑦ 章太炎：《送印度钵逻罕、保什二君序》，《太炎文录初编》别录卷二。

森然自举，东南群辅，势若束芦，集庶姓之宗盟，修阔绝之旧好。……一切亚洲民族，有抱独立主义者，愿步玉趾，共结誓盟。

一、亚洲各国，或为外人侵食之鱼肉，或为异族支配之佣奴，其陵夷悲惨已甚，故本会义务，当以互相扶助，使各得独立自由为旨。

二、亚洲各国，若一国有革命事，余国同会者应互相协助，不论直接间接，总以功能所及为限。

三、凡会员均须捐弃前嫌，不时通信，互相爱睦，期于感情益厚，相知益深，各尽其心，共襄会务，且各当视为一己义务，以引导能助本会及表同情者使之入会，并以能力所及，建设分会于世界各地。①

透过这份《约章》，我们可以看出，章太炎之所以要组织“亚洲和亲会”，其目的在于“反对帝国主义”，实现民族“独立自由”与民族平等。其反帝思想，与其民族独立、民族平等思想，实有着一体相连的关系。

反观当时中国的处境，在章太炎看来，当时中国面临着双重“帝国主义”的压迫，即欧美“帝国主义”与满族“帝国主义”的双重压迫。关于欧美“帝国主义”的压迫，这已成为尽人皆知的事实，无待多论；将满族对中国的统治也视为一种“帝国主义”，则颇滋异议。章太炎将满族视为“异族”，曾导致他与康有为之间一场激烈论战。康有为认为：

满洲、蒙古，皆吾同种，何从别而异之？其辫发衣服之不同，犹泰伯断发纹身耳。且中国经晋时氐、羌、鲜卑入主中夏，及魏文帝改九十六大姓，其子孙遍布中土，多以千亿。……又大江以南，五溪蛮及骆越闽广，皆中夏之人，与诸蛮相杂，今无可辨。当时中国民数，仅二三千万计，今四万万人中，各种几半姓同中土，孰能辨其为夷裔夏裔乎？②

康氏并引《史记·匈奴列传》为据，认为满族“上系淳维，出自禹后”，因此，满族与汉族同出一本，不得视为“异族”。康氏以中国历史上

① 汤志钧：《章太炎年谱长篇》（上），中华书局，1979，第243页。

② 康有为：《答南北美洲诸华商论中国只可行立宪不可行革命书》，汤志钧编《康有为政论集》（上），中华书局，1981。

的民族融合为其理论支撑，将满族视为中华民族的一分子，当作同族来看待，符合历史的实际。但章太炎认为："夫满洲种族，是曰东胡，西方谓之通古斯种，固与匈奴殊类。虽以匈奴言之，彼既大去华夏，永滞不毛，言语政教，饮食居处，一切自异于域内，犹得谓之同种耶?"[①] 满族虽然也"尊事孔子，奉行儒术"，但章太炎认为那只不过是满族统治者"不得已而为之"，是出于"便其南面之术、愚民之智"的政治考虑，[②] 因此，不能因为它接受了汉族文化就将其视为同族。除了"文化"之外，章太炎还特别强调了"血统"与民族的密切关系。如他曾经说道："同一种族者，虽非铢两衡校于血统之间，而必以多数之同一血统为主体。"[③] 在章太炎看来，血统、文化、民族构成了一脉相连的三位一体的关系。以此来衡校满族，章太炎便决然地将其打入"异族"的行列。并且，章太炎还运用其精博的历史知识，考证了汉族与满族的由来，[④] 为其"满族异族说"建立坚实的历史基础。由于满族是"异族"，所以，在章太炎看来，满族之入主中国，即意味着中国的"亡国"。"毁我室者，宁待欧美?""支那之亡，既二百四十二年矣!"[⑤] 那么，它对汉族的统治与欧美对汉人的统治，在章太炎看来本质上便是相同的，两者都是一种"帝国主义"。因此，要"反帝"，除了要反欧美之外，当然也要"排满"。如果"满洲之汗，大去宛平，以适黄龙之府，则固当与日本、暹罗同视，种人顺化，归斯受之而已"。[⑥] 只要满族让出政权，让汉人独立，回到自己的东北老家，则汉人照样可以同它建立平等的民族关系，就像对待日本与泰国那样。在白人与满人这两大"帝国主义"之间，章太炎认为尤以"排满"为亟要。其云：

> 言种族革命，则满人为巨敌，而欧美少轻，以异族之攘吾政府者，在彼不在此也。若就政治社会计之，则西人之祸吾族，其烈千万倍于满洲。……然以利害相较，则革命军不得不姑示宽容，无使清人、白人协以谋我。[⑦]

---

① 章太炎：《驳康有为论革命书》，《章太炎政论选集》（上）。
② 章太炎：《驳康有为论革命书》，《章太炎政论选集》（上）。
③ 章太炎：《中华民国解》，《太炎文录初编》别录卷一。
④ 请参阅章太炎《中华民国解》与《清建国别记》（民国十三年刊印本）。
⑤ 章太炎：《中夏亡国二百四十二年纪念会书》，《太炎文录初编》文录卷二。
⑥ 章太炎：《中华民国解》，《太炎文录初编》别录卷一。
⑦ 章太炎：《革命军约法问答》，《章太炎政论选集》（上）。

将“排满”放在第一重要位置，主要是出于策略上的考虑，这也是他“反帝”思想的一个重要表现。将满族视为“异族”而摈之不遗余力，在理论上同康有为相校，虽然不见得高明多少，也无法驳倒康有为，但这一思想在当时的影响却不可估量。时人在评章氏云：“章太炎，中国近代之大文豪，而亦革命家之巨子也，正气不灭，发为国光，文字成功日，全球革命潮，……祖国有今日，文豪之力也。”[①] 并称章氏为“中国玛志尼”。[②] 章太炎将满族视为“异族”，亟欲“起征胡之铙吹，扬大汉之天声”，[③] 这种主张是否有当，暂且不论，但这一主张的提出，是章太炎“反帝”思想的一个直接结果，彻底贯彻了他的民族平等思想，则是不容置疑的。

关于他的“反帝”思想，我们从他对汉人与苗人关系的论述中，将会得到一个有力注释。

晚清之世，“中国人种西来说”颇为盛行。[④] 这一观点认为，夏族（汉族的前身）是从西亚的两河流域或帕米尔高原迁徙来的，宅居在中国国土上的土著民族本为“三苗”（苗族的祖先）。夏族东来之后，在其首领黄帝率领下，与“三苗”（其首领为蚩尤）在阪泉之野经过一场大战，“三苗”战败，被驱到今天的长江流域及其以南地区，“左洞庭、右彭蠡”，繁衍不息而形成今天的苗族。章太炎一段时间内也曾步趋时尚，主张夏族是从两河流域的巴比伦迁徙来的，他奉加尔特亚为宗国，认为古巴比伦王萨尔宫

---

① 《欢迎鼓吹革命之文豪》，《章太炎年谱长编》（上），第261页。

② 按：1903年“苏报案”发生之后，章太炎与邹容被逮入狱，柳亚子在《复报》第三号上发表《冬日有怀太炎威丹》诗二首，其一云：“祖国沉沦三百载，忍看民族日仳离。悲歌咤叱风云起，此是中国玛志尼。”其二云：“泣麟悲凤佯狂客，搏虎屠龙革命军。大好头颅抛不得，神州残局岂忘君。”〔见《章太炎年谱长编》（上），第181页〕此即道出了时人对于章太炎民族主义大帅地位的首肯与尊崇之情。

③ 章太炎：《民报一周年纪念会祝辞》，《章太炎政论选集》（上）。

④ 按：“中国人种西来说”，首创于法国汉学家拉克伯里（1844—1894）所著的《支那太古文明西源论》一书，在该书中，拉克伯里认为汉族来自两河流域的巴比伦。其后，日人白河次郎与国府种德在其合著的《支那文明史》一书中，伸张其说，对于中国学术界产生了巨大影响。这一观点，从晚清至民国，在中国的学术界曾经流行了相当长的一段时间，当时国内有很多著名学者均奉行其说，其代表人物有刘师培、黄节、蒋智由、丁谦、郭沫若等。可参阅刘师培的《中国民族志》（收入《刘申叔遗书》）、蒋智由的《中国人种考》、丁谦的《穆天子传地理今释》、《中国人种从来考》（丁氏著作笔者未见，关于丁氏之说，可参阅吕思勉先生的《中国民族史》第二章“汉族”及柳诒徵先生的《中国文化史》第一编第一章“中国人种之起源”）以及郭沫若的《甲骨文字研究》等书。

即是神农。[①] 他曾这样说道：

> 自黄帝入中国，与土著君长蚩尤，战于阪泉，夷其宗。少昊氏衰，九黎乱德，颛顼定之。当尧时，三苗不庭，遏绝其世，窜之三危，其遗种尚在。三苗之国，左洞庭，右彭蠡，不修德义，外内相间，下挠其民，民无所附，夏禹伐之，三苗以亡。自是俚、繇诸族，分保荆、粤至今。[②]

章太炎的这一观点，与他的“反帝”思想发生了深刻矛盾。因为，如果宅居在中国国土上的土著民族本为“三苗”，夏族东来之后将其驱逐，掩其地而有之，那么，根据他的“反帝”主张，则无疑可以说，夏族是对“三苗”采取了“帝国主义”的政策。从“三苗”的立场来说，则夏族当也在必摈之列，这就为其反对派提供了借口，他们曾这样诘问章太炎道：“东胡之族自宁古塔来，盗我汉族所固有，则汉族欲排之……而苗族曷尝不思排之。汉人排满为正义，彼苗人之排汉者，亦独非正义欤?”[③] 这一挑战是有力的。盖章太炎自己也认识到了他的这一主张给自己的学说带来了麻烦，所以，其后他对自己的旧说便作了修正，否认了苗族为中国土著民族的说法。他修正后的观点认为，汉、苗两族同来自西方，并且，汉族是先于苗族来到东土。“假令苗族先来此土，而汉族从后侵略之，苗人视汉人诚在当排之数。……若汉族先来此土更千百年，苗人随而东下以盗我田庐，窃我息壤，汉族复从后攘除之，是则汉族之驱苗族为光复也，非侵略也。”[④] 这样，他的学说中所绽开的裂口便被弥平了。其后，章太炎则进一步作了修正，彻底否定了“中国人种西来说”。下面抄摘他的一段演说辞，以资参证。其云：

> 法国人有句话，说中国人种原是从巴比伦来，又说中国地方，本来都是苗人，后来被汉人驱逐了。以前我也颇信这句话，近来细细考证，晓得实在不然。封禅七十二君，或者不纯是中国地方的土著人，巴比伦人或者也有几个，因为《穆天子传》里面谈的，颇有几分相

---

① 章太炎：《序种姓上》，《訄书》（重订本）。
② 章太炎：《序种姓上》，《訄书》（重订本）。
③ 章太炎：《复仇是非论》，《太炎文录初编》别录卷一。
④ 章太炎：《排满平议》，《太炎文录初编》别录卷一。

> 近，但说中国人个个是从巴比伦来，到底不然。……到底中国人种的来源，远不过印度、新疆，近就是西藏、青海，未必到巴比伦地方。至于现在的苗人，并不是古来的三苗，现在的黎人，并不是古来的九黎。三苗、九黎也不是一类，三苗在南，所以左洞庭、右彭蠡；九黎在北，所以《尚书》、《诗经》都还说有个黎侯，黎侯就在山西。……三苗是缙云氏的子孙（汉朝郑康成说的），也与苗子全不相干。近来的苗人、黎人，汉朝称为西南夷。苗字本来写作髳字，黎字本来写作俚字，所以从汉朝到唐初，只有髳、俚的名，从无苗、黎的名，后来人强去附会《尚书》，就成苗、黎。别国人本来不晓得中国的历史，听中国人随便讲讲，就当认真，中国人自己讲错了，由别国去一翻，倒反信为确据，你说不笑死了么？[①]

在其晚年，章太炎更作有《西南属夷小记》一文，在这篇考证文章里，章太炎对中国人种的起源以及夏族的形成，提出了一个更为新颖的见解，认为："中国人种本起秦岭以南陇西、蜀、滇之边，比于北者本西羌之种，比于南者本髳濮之种，合种而为夏人。"[②] 这一新解的提出，不但可杜其论敌之口，也使他的学说臻于完美。为什么章太炎当时对民族史情有独钟？为何在其一生中，从青年到老年，他一直对中国人种的起源及夏族形成的历史耿耿于怀，花费大量精力进行探索，并不断地修订自己的看法？他的观点正确与否，我们可撇开不谈，他无非是要证明：汉族本宅斯土，是中国这块土地上的合法主人，汉族之统治这块土地，是天经地义的，他并没有对他族实行"帝国主义"。通过章太炎对汉、苗关系的论述，我们可以确证，他不但有着深固不摇的"反帝"思想，而且还有着根深蒂固的民族平等思想，这一点是无可怀疑的。

三　致力于民族"血统"与"文化"的绵延

章太炎的"民族平等"思想与他之倾向于"人种多元论"是相吻合的。世界各民族作为空间的存在既然是平等的，那么，任何一个民族便无

---

① 章太炎：《论教育的根本要从自国自心发出来》，《章太炎政论选集》（上）。

② 章太炎：《西南属夷小记》，《太炎文录续编》卷六之下，《章太炎全集》（五），上海人民出版社，1985。

权去统治另外一个民族，否则便是流入于“帝国主义”。前曾说过，章太炎对民族问题的看法，是将民族与血统、文化联结起来考虑的。各民族之间的差异，不但是“血统”的差异，更为重要的则是“文化”的差异。在章太炎看来，“血统”与“文化”是一个民族所以区别于其他民族的重要表征，如果“血统”与“文化”中断了，则意味着一个民族的灭亡。由于民族是一个与血统、文化紧密相连、不可分割的存在，由于民族是平等的，作为文化的存在，各民族也应该是平等的，任何一个民族也无权将自己的文化强加于另外一个民族，否则便是文化的“帝国主义”。各个民族虽有文、野之别，但作为文化的存在，它们也均是平等的，并无高下轩轾之分。

章太炎曾经说道：

> 夫言一种族者，虽非铢两衡校于血统之间，而必以多数之同一血统者为主体。何者？文化相同，自同一血统而起。于此复有殊族之民，受我抚治，乃得转移而翕受之。若两血统立于对峙之地者，虽欲同化莫由。[①]

章太炎的这段话包含着多层而深刻的含义，如果我们不明白他关于种族、民族、国家三者关系的看法，这段话的意思将难以理解，因此，在阐释这段话的含义之前，让我们先来看看章太炎关于种族、民族、国家三者关系的论述。

章太炎对于“民族”的界定，是持着“历史民族”的观点。他认为在民族形成之前，世界各地散处着众多的种群。其云：“太古生民，近者二十万岁，亟有杂淆，则民种羯羠不均。古者民知渔猎，其次牧畜，逐水草而无封畛。重以部族战争，更相俘虏，羼处互效，各失其本。”[②] 各个种群最初并无一定居住区域，并且，由于种群之间经常性战争等因素的作用，出现了种群混杂的局面，因此，要确切知道某一种族的原始由来是非常困难的。“故今之种同者，古或异；种异者，古或同。要以有史为限断，则谓之历史民族，非其本始然也。”[③] “历史民族”形成之后，不但各民族有了固定居住区域，也使自己同别的民族区分开来，民族形态开始走向定型

① 章太炎：《中华民国解》，《太炎文录初编》别录卷一。
② 章太炎：《序种姓上》，《訄书》（重订本）。
③ 章太炎：《序种姓上》，《訄书》（重订本）。

化。这一“历史民族”虽然是由众多的种群混杂而产生的，但在民族形态走向定型化以后，由于它们生活在同一区域之内，生活在同一文化之中，渐渐混同难分，所以，章太炎便将他们视为同一种族。因之，他所谓的“种族”便被淹没在“民族”之中，二者在概念上有着相互替代的等值价值。“群之大者，在建国家、辨种族。”[①] 伴随着“民族”形成的，是“国家”的出现。综观国家形成与发展的历史，我们知道，世界各地国家组成的形态是不一样的，有的是以单一民族建国，有的则是合多民族建国，在国家形态上存在着“单一民族国家”与“多民族国家”的区别。章太炎从其民族平等思想出发，在国家形态上倾向于建立“单一民族国家”，在晚清之世，他在政治上所企慕追求的，便是要建立一个独立的“皇汉民族国家”。他曾经这样说道：“汉人以一民族组织一国家，平等自由，相与为乐，虽曰主义狭隘，然以自私为乐，亦未尝非一义也。”[②] 面对着当时中国国内的众多民族若满、蒙、回、藏等，章太炎则主张“任其去来”，听其自立，可以让它们各自建立一个独立的民族国家，等到它们各自独立以后，中国可以与它们建立一个“神圣同盟”，如果它们不愿意脱离中国，则必须要接受汉族的同化，而后方可与汉族获得同等地位。[③] 人们往往称章太炎的这种主张为“大汉族主义”。平心而论，章太炎这一主张的提出，实际上仍贯穿了他的民族平等思想，他将民族自立与民族平等放在重要地位来考虑，因此，称之为“大汉族主义”未必符合于他这一主张的原旨。章太炎曾考察过西方的民族建国历史，认为：“意大利纠合余烬，而建王国；德意志纠合群辟，而为连邦；此同民族之求合也。爱尔兰之于英伦，匈牙利之于奥大利，亟欲脱离，有荷戟入榛之象，此异民族之求分也。”[④] 由此，他得出结论道：“民族主义之见于国家者，自十九世纪以来，遗风留响，所被远矣，撮其大旨，数国同民族者则求合，一国异民族者则求分。”[⑤] 根据这一认识，章太炎主张建立一个“单一民族国家”。这样，在他那里，“民族”与“国家”这两个概念，便也获得了可以互换的等值价值。由此，我们可以得一结论：章太炎所说的种族、民族、国家这三个概念，虽然其各自所蕴含的

---

① 章太炎：《哀焚书》，《訄书》（重订本）。

② 章太炎：《中华民国解》，《太炎文录初编》别录卷一。

③ 章太炎：《中华民国解》，《太炎文录初编》别录卷一。

④ 章太炎：《社会通诠商兑》，《太炎文录初编》别录卷二。

⑤ 章太炎：《社会通诠商兑》，《太炎文录初编》别录卷二。

内涵有异，但它们所囊括的范围却是同一的，可以互换使用。他曾经为他所努力追求的未来新国家定一名称，手定“中华民国”这一国号，并作《中华民国解》以阐其意。在这篇洋洋大作里，他曾经这样说道：

> 华本国名，非汉族之号。……正言种族，宜就夏称。……下逮刘季，抚有九共，与匈奴、西域相徙倚，声教无曁，复受汉族之称。……是故华云、夏云、汉云，随举一义，互摄三义，建汉名以为族，而邦国之义斯在，建华名以为国，而种族之义亦在，此中华民国之所以谥。[①]

种族、民族、国家可以互摄、互换，在这一“中华民国”国号的阐释里，已经淋漓尽致地表达出来了。

回过头来再来看看前面章太炎所说的那段话的含义，就比较清楚了。它包含着四层含义：第一，一民族主要是由具有同一血统的人组成的；第二，一民族的文化“自同一血统”而起，即一民族只有一种文化存在形态；第三，以同一血统、同一文化为主体而构成的民族共同体，在别的民族的人民进入之后，以“同化”为目的；第四，两个拥有不同血统、文化的种族，不能共存于一个民族共同体之中。由此可看出，章太炎是将“血统”与“文化”看成了民族共同体赖以存在的基础。同样的思想，也反映在下面一段话里，其云：“今夫血气之类，唯人能合群，群之大者，在建国家、辨种族，其条例所示，曰言语、风俗、历史，三者丧一，其萌不植。”[②] 章太炎的这一民族思想，我们可以图示如下：

① 章太炎：《中华民国解》，《太炎文录初编》别录卷一。
② 章太炎：《哀焚书》，《訄书》（重订本）。

既然“血统”与“文化”是一个民族共同体赖以存在的基础，那么，要维持民族共同体的存在，在章太炎看来，当务之急便是维护“血统”与“文化”的绵延。

怎样才能保证做到维护民族“血统”的绵延呢？章太炎认为在于修谱牒、作氏族志。只要谱牒不坠，姓氏可辨，则“血统”永存，民族不亡。“氏族作志，非以品定清浊，乃以区分种类”，[①] 他将“氏族志”当作甄别种类血统的重要工具。在章太炎之前，中国史书的修纂甚为发达，但在这些浩繁史籍中，姓氏谱牒及氏族志都非常缺乏。中国第一部记载姓氏的著作是《世本》，但这部著作仅记录了少数“帝系”，很不完整。“自《世本》以后，晋有贾弼《姓氏簿状》，梁有王僧儒《百家谱》，在唐《元和姓纂》，宋而《姓氏书辨证》，皆整具有期验。”[②] 顾炎武曾经有感于东胡乱华，发愤欲作《姓氏书》，顾氏草拟的该书条目为：姓本第一，封国第二，氏别第三，秦汉以来姓氏合并第四，代北姓第五，辽金元姓第六，杂改姓第七，无征第八。然终未能就。章太炎对以上诸姓氏谱牒评价很高。向被称为秽史的《魏书》（魏收撰），因其中载有《官氏》，虽然记载的是北方少数民族姓氏，也受到了章太炎的高度赞扬。章太炎对传统史籍中姓氏谱牒的缺失深感遗憾，希望“后来作者，有述斯篇，其以补迁、固之阙遗焉。”[③] 并主张应该设立专门“谱官”来修纂“氏族志”。关于修姓氏谱牒，当时有一种极端的意见，主张“欲举晋衰以来夷汉之种姓，一切疏通分北之，使无干渎”。[④] 章太炎认为：“界域泰严，则视听变异，而战斗之心生”，所以，对此主张，他不表赞同。[⑤] 在他看来，只要民族血统主流不变，即使有其他少数民族血统羼杂进来，也无伤大体。因为在他看来，“婚至七世，故胡之血液，百二十八而遗其一”，[⑥] 时间既久，即完全同化在本民族的血液里，不会改变本民族血统的性质，更不会妨碍本民族血统的延续。因此，他主张：“自有书契，以《世本》、《尧典》为断，庶方驳姓，悉为一宗。……自尔有归化者，因其类例，并包兼容。”他还以继承

① 章太炎：《尊史》，《訄书》（重订本）。
② 章太炎：《序种姓上》，《訄书》（重订本）。
③ 章太炎：《尊史》，《訄书》（重订本）。
④ 章太炎：《辨氏》，《訄书》（初刻本）。
⑤ 章太炎：《辨氏》，《訄书》（初刻本）。
⑥ 章太炎：《序种姓上》，《訄书》（重订本）。

顾炎武的未竟事业为职志，以《世本》为宗，“旁摭六艺故言，而志姓谱”，共考得中国最古老的姓氏五十二姓。[1]

怎样才能保证做到维护民族“文化”的延续呢？章太炎认为在于保国学，存国性，只要国学不坠，国性不失，则文化不灭，民族不亡。“国学”，他有时又表述为“国粹”、“古学”、“历史”。他认为“国学”乃“国性”之所寄，维系着民族与国家的存亡。他曾经说道：“夫国无论文野，要能守其国性，则可以不殆。”[2] 又说：“国粹沦亡，国于何有？”[3] 为了保“国学”于一线，章太炎一生不但勤奋著述，向国人阐述传统文化的微言大义，并且还授徒讲学，冀延国学之命脉。在流亡日本期间，章太炎曾利用从事革命工作的余暇，开“国学讲习会”于其东京寓所，鲁迅即是在这个时候去听他的讲学，与他结下了深厚的师生情谊。在其晚年，他则更在苏州开设“章氏国学讲习会”，培养了一大批成绩赫奕的国学大师。章太炎曾经指出：“俄罗斯灭波兰而灭其语言，突厥灭罗马而变其风俗。”[4] 这些侵略民族在征服别的民族时，之所以兼及其语言、风俗，目的即是要让这些被征服民族沦入万劫不复的境地。所以，章太炎之致力于保存“国学”，目的也在于借此绍述民族文化的大统。他之授徒讲学，也是以此为宗旨。他的大弟子黄侃，在论及章太炎讲学宗旨时曾经说道：“其授人国学也，以谓国不幸衰亡，学术不绝，民犹有观感，庶几收硕果之效，有复阳之望。”[5] 因此，章太炎认为：

> 环球诸邦，兴灭无常，其能屹立数千载而永存者，必有特异之学术，足以发扬其种姓。[6]

又云：

> 吾闻处竞争之世，徒恃国学，不足以立国矣，而吾未闻国学不兴

---

① 章太炎：《序种姓上》，《訄书》（重订本）。
② 章太炎：《救学弊论》，《太炎文录续编》卷一。
③ 章太炎：《华国月刊发刊词》，《章太炎政论选集》（下），中华书局，1977。
④ 章太炎：《哀焚书》，《訄书》（重订本）。
⑤ 黄侃：《太炎先生事记》，《章太炎年谱长编》（上），第295页。
⑥ 章太炎：《刊行教育今语杂志之缘起》，《章太炎年谱长编》（上），第321页。

而国能自立者也。吾闻有国亡而国学不亡者矣，而吾未闻国学先亡而国仍立者也。故今日国学之无人兴起，即将影响国家之存灭，是不亦视前世为尤岌岌乎?①

“国学”关系到民族、国家的存亡，作为一代国学大师的章太炎，在清末民初之世亟亟乎保国学于不暇，但他并没有将“国学”仅仅停留在“保存”的水平上，而是要“官其财物”，“使支那闳硕壮美之学”，“恢明而光大之”。他之主张保存“国学”，目的在于从传统文化中开出新的民族文化生命，这与墨守旧章的复古主义者提倡“国学”的用意是迥然有别的。章太炎曾把他所从事的这一伟大事业与意大利的“文艺复兴”相提并论，其云：

近观罗马陨祀，国人复求上世文学数百年，然后意大利兴。诸夏覆亦三百岁，自顾炎武、王夫之、全祖望、戴望、孙诒让之伦，先后述作，讫于余，然后得返旧物。②

又云：

彼意大利之中兴，且以文学复古为之先导，汉学亦然，其于种类固有益无损已。③

“返旧物”，是为了存文化之大统，并为文化新命的再造打下基础，从而获致像意大利那样的“复兴”，这应该是章太炎这一思想的最为深切的意旨。

四 结语

章太炎生活的时代，正是中华民族面临严重民族危机的多难时代。在这样一个历史年代里，章氏独运匠心，构建了系统的民族学说，其用意是

---

① 章太炎：《国学讲学会序》，《民报》第 7 号。
② 章太炎：《易论》，《检论》，《章太炎全集》（三）。
③ 章太炎：《革命之道德》，《章太炎政论选集》（上）。

极为深远的。通过上文的论述，我们可以看出，章氏的民族思想由政治与文化两个层面构成，而平等思想则是贯串其中的一根底线。在章氏看来，民族作为政治共同体的存在是平等的，作为文化共同体的存在也是平等的。这一精湛的民族思想的提出，为世界各民族之间的和平相处提供了坚实的理论依据。与同时代人相较，章氏的民族思想也更具有前瞻意义。这对于我们当今世界各民族之间如何和睦相处，也有着思想上的参考价值。

（注：本文原刊于台北《近代中国》1998 年第 126 期。）

章太炎历史观析论

以1906年《俱分进化论》发表为标志，章太炎的历史观可分为前后两个时期，章氏经历了从价值的绝对主义走向价值的相对主义的心路历程。本文试图对章氏历史观发展的主要脉络及其主要特色作一探索，并揭示其思想转变的主要原因。

一

前期，章氏主要是根据他所掌握的西方近代自然、社会科学知识来透视人类社会历史的演化，主要是通过对历史事实的陈述来展示他的历史观的，这使他的历史观充满了浓厚的实证色彩。

章氏通过他所掌握的近代西方自然、社会科学知识，对人类起源及其早期演化历史作了近乎科学的探究。他认为人类是从距今50万年至20万年在地球上出现的。[①] 在人类产生之前地球上经历了生物界迭相演化的过程，人类是从无机物→低等植物→低等动物→高等动物渐渐演化而形成的。[②] “人之始，皆一尺之鳞也。”[③] 人类在其起源上本无差异，但是由于自然环境的隔绝作用，使人类开始发生分化，产生了不同的种群。他根据西人巴尔科的分类，认为：“凡地球之上，人种五，其色黄、白、黑、赤、流黄，……其小别六十有三。”[④] 这些众多种群散处在世界各地，生活在相互隔绝的环境里，“画地州处，风教语言不能相通”，[⑤] 走上了各自的独特

① 章太炎：《序种姓下》，《訄书》（重订本），《章太炎全集》（三），上海人民出版社，1984。

② 章太炎：《原人》，《訄书》（初刻本），《章太炎全集》（三）。

③ 章太炎：《原人》，《訄书》（初刻本）。

④ 章太炎：《序种姓上》，《訄书》（重订本）。

⑤ 章太炎：《序种姓上》，《訄书》（重订本）。

发展道路。章氏认为，由野蛮走向文明是人类各个种族的共同演化特征，而各个种群演化的速度有快有慢，进至文明的时间有早有晚，文明的程度有高有低。因此，对章氏的前期历史观，我们可界定为它是一种进步发展史观。这与当时思想界占主流地位的进化论思想在本质上是相一致的，这也说明章氏的前期历史观受到了当时风靡中国思想界的西方资产阶级进化论思想的巨大影响。

当时流行于中国思想界的西方资产阶级的进化论思想有着一个重要特色，即它将“进化”看成一绝对的价值，这在康有为著名的“三世进化”思想里表现得尤为明显。康氏从其虚拟的“三世模型”出发，强调了文明的“时间”差别，而忽视了文明的“空间”差别。这遭到章氏的激烈批评，他曾严厉批评康氏将“三统”与“三世”混为一谈，并斥之为“妄人”。[①] 在章氏看来，人类社会历史的演化不仅要受制于“时间”，还要受制于“空间”。他曾说过：“燥湿沧热之异而理色变，牝牡接构之异而颇骨变，社会阶级之异而风教变，号令契约之异而语言变。”[②] 存在于不同“空间”的人类社会的文明各异，这一差异将通过“时间”的作用而愈来愈大。因为在章太炎看来，人类历史的演化并非像康氏所界定的那样刻板地普遍按照三个级次依次进行的，各个种群历史本身有其内在的发展逻辑，有其发展的一贯连续性。所以，处在各个不同“空间”的种群只会按照它自身开辟的文明演化方向发展。这一历史观的不同，导致了章、康二人政治变革思想的歧异。章太炎由于同时注重了“时间”与“空间”对历史演化的制约作用，这使得他拒斥了康氏关于“三世进化”的普适观念，但章氏并没有动摇“进化”的绝对主义观念。因此，笔者认为，前期章太炎的历史观在本质上同康有为的“三世进化论”仍然属于同一类型，即同属于进步发展史观。

人类历史是由野蛮向着文明进化的，那么，隐藏在人类文明进化背后的驱动力是什么呢？章氏认为人类文明的进化是在残酷无情的竞争中实现的。它首先表现为人类同自然的竞争。“冰期之世，非茸毛不足与寒气格战，至于今，则须发为无用，凑理之上，遂无短毳矣。”[③] 人类通过与自然竞争，使自己的形体在进化。其次表现为人类各种群之间的竞争。章氏云

① 章太炎：《尊史》，《訄书》（重订本）。
② 章太炎：《序种姓上》，《訄书》（重订本）。
③ 章太炎：《原变》，《訄书》（初刻本）。

人类各种群“竞以器、竞以礼”，[1] 即通过不断地创造文化来推动自己的进化。在人类各种群的残酷竞争中，有的在竞争中胜利了，变得“侗长硕岸而神明”；[2] 但一些在竞争中失败的种群，却变得“若跛鳖而愚”，[3] 甚至出现退化。人类为什么会产生竞争呢？章氏认为它根源于人类的本能——爱。从生物学角度来看，“人之本能唯爱身，又其次爱同类，而凡贪饕淫厉，皆自是出。”[4] 章氏所说的“爱”，翻译成我们今天的话即是“自私”。章氏认为“爱”有两种，一种是“善爱”，一种是“不善爱”。“不善爱”即是“恶”。人类“恣其爱，则为疻痏，而制其爱，则为善之长。”[5] 世界上万事万物之形成、演化，章氏认为即是通过“善”和“恶”的“相攻”而实现的。[6] 换句话说，人类由野蛮不断向文明进化，即是由人类自身的本能“爱”，也即是说由人类本能中所具有的“善”与“恶”的斗争为其根本驱动力的。

既然“进化”是一不容置疑的事实，那么追求进化，从价值上来说便是绝对的、无可非议的了。因此，他与康有为一样对人类文明的前途充满了信心与乐观，对进化的价值持着一种绝对主义的肯定的态度。问题是，章氏的历史观虽然是奠定在坚实的历史实证的基础之上的，但从其思想逻辑来说却没有康有为那样谨严，在章氏思想里尚存在着难以自圆其说的巨大矛盾之处。首先，章氏认为由于“空间”对人类文明演化的制约作用，人类各种群各自沿着自己开辟的文明演化方向发展，这实际是承认了人类文明演化的多元格局。既然人类文明的演化格局是多元的，那么人类各个文明的价值应该是平等的，相对的。其次，由于章氏将人类本能所具有的“善”和“恶”的斗争确立为人类文明演化的根本驱动力，所以从逻辑上来说，人类社会就不可能进化至一个淳善尽美的“太平”之世（大同社会），文明进化的价值也只是相对的。章氏在当时之确立进化价值的绝对主义观念，实际上是一种囫囵式的感情受纳。迫在眉睫的沉重民族危机需要一种为民族的自强自立提供一个震撼人心的理论基础，“进化论”适逢其选，章氏

---

① 章太炎：《原变》，《訄书》（初刻本）。
② 章太炎：《原变》，《訄书》（初刻本）。
③ 章太炎：《原变》，《訄书》（初刻本）。
④ 章太炎：《独圣上》，《訄书》（初刻本）。
⑤ 章太炎：《独圣上》，《訄书》（初刻本）。
⑥ 章太炎：《独圣上》，《訄书》（初刻本）。

同大多数国人一样来不及作充分理性思考便接纳了它。但章氏思想的内在矛盾却为他走向后期带有浓厚悲观情调的相对主义的历史观埋下了伏笔。

二

1906年，章太炎发表了著名的《俱分进化论》，① 这标志着章氏历史观进入后期。在这篇洋洋大作里，章氏提出人类社会历史的演化是“双方并进”的观点。他认为矛盾及其对立面“如影之随形，如罔两之逐影”，同时俱演。从道德角度来说是善恶俱进，从生计角度来说则是苦乐并进。如果专就一方面而论的话，章氏认为“唯言智识进化可耳”。但他在撰写《辨性》一文时，对“智识”的单方进化观点也予以彻底否定，认为人类的“智识”也是“智愚并进”。② 如果说前期章氏主要是以西方资产阶级的自然、社会科学知识来阐释他的历史观的话，那么，后期章氏则主要是以佛学唯识宗的义理来阐释他的历史观的，这使他的后期历史观充满了浓厚的思辨色彩。

善、恶何以并进？章氏认为其原因有二：一是“薰习性”，一是“我慢心”。所谓“薰习性”，指的是种种善恶熏染阿赖耶识，使“本有种子”里杂有各种善恶种子，从而导致其“现行”善恶并存。阿赖耶识，又名藏识，意为含藏万法的一切种子，其还灭则成真如本体，其现行则成森然布列的万有世界，它是世界万物所以能够形成的“本有种子”，世界万物即是由它生发出来的。由于“薰习性”，使得“本有种子”善恶并存，从而导致其“现行”善恶俱演。所以，章氏认为：“生物之程度愈进，而为善为恶之力亦因以愈进。”“我慢心”，是由末那识执着阿赖耶识而起，由于末那识对阿赖耶识“以为自我，念念不舍”的执着，使人类产生了四种心，即好真、好善、好美、好胜四心。“好善之念，唯是善性；好美之念，唯是无记；好真之念，半是善性，半是无记。”然而，“好胜之念”则是“由于执我而起，……则纯是恶性矣”。人类的好胜之念有两种，一是有目的的好胜，一是无目的的好胜。“凡为追求五欲、财产、权位、名誉而起竞争者，此其求胜非以胜为限界，而亦在其事、其物之可成，是为有目的

---

① 载《太炎文录初编》别录卷二，《章太炎全集》（四），上海人民出版社，1985。凡下引文之未注明出处者，均见该文。

② 章太炎：《辨性下》，《国故论衡》，《章氏丛书》，民国八年浙江图书馆刊印本。

之好胜；若不为追求五欲、财产、权位、名誉而起竞争者，如鸡、如蟋蟀等天性喜斗，乃至人类亦有其性，如好弈棋与角力者，不必为求赙赆，亦不必为求名誉，惟欲得胜而止，是为无目的之好胜。”因为真、善、美、胜兼有善、恶、无记三性，所以，章氏认为：“其所好者，不能有善而无恶，故其所行者，亦不能有善而无恶。生物之程度愈进，而为善为恶之力，亦因以愈进。”

苦乐何以并进？这是由苦乐的多重性及人类对苦乐感受的多重性造成的。章太炎认为：“凡苦有三：一曰怨憎会苦，二曰求不得苦，三曰爱别离苦。”“乐”则与此相反。人类对“苦”的感受有二：“一曰苦受。苦事现前，逼夺身心，不能暂舍，是为苦受；二曰忧受。苦事未来，豫为愁感，苦事已去，追为痛悼，是为忧受。”人类对“乐”的感受也有二：“一曰乐受。乐事现前，瞑瞒耽溺，若忘余事，是为乐受；二曰喜受。乐事未来，豫为掉动，乐事已去，追为顾恋，是为喜受。”人类总是为了避“苦”而求“乐”，随着人类文明的演化，给人类带来了极大的物质满足与方便，这意味着“乐”在增多，但是由于苦乐的多重性及人类对苦乐感受的多重性，人类的痛苦也在同时增多。因为在章氏看来，“世界愈进，相伤相杀之事渐少，而阴相排挤之事亦多，彼时怨憎会苦，惟在忧受，不在苦受，惟此一苦，或少减于畴昔”。然而，由于“需求日繁，供给不逮，求不得苦，较前为甚；所求既得，其乐胜前，一旦死亡，舍此他去，爱别离苦，则较前为更甚”。因而，他认为人类社会的演化是“苦乐相资，必不得有乐而无苦”。在善恶、苦乐之间，由于善恶并进，泛指全体，而苦乐并进，不但泛指全体，而也局于一人，因此，苦乐“并进之功能”，较之善恶并进为更甚。

智愚何以并进？是由“我见”、“我痴”俱生所导致的。章太炎认为：“人心者如大海，两白虹婴之，我见、我痴是也。……我见者，与我痴俱生。何谓我痴？根本无明则是。以无明不自识如来藏，执阿罗耶以为我，此谓之见，不识彼，谓之痴，二者一根，若修广同体而异其相。意识用之，由见即为智，由痴即为愚。智与愚者，非昼夜之校，而苣烛、温火之校。痴与见不相离，故愚与智亦不相离。”“见与痴固相依，其见愈长，故其痴亦愈长。”①

① 章太炎：《辨性下》，《国故论衡》。

通过这一形而上的佛学论证，章氏得出人类社会历史的演化是“双方并进”的结论，这与当时占主流地位的西方资产阶级的“进化论”思想是针锋相对的。如果人类历史演化是“双方并进”的，那么，人类文明的演化与发展，不过是一个善恶、苦乐、智愚程度的无限累结过程罢了，人类历史不但不可能走向一个尽善淳美的“太平之世”，而且追求“进化”也成了无意义之举了。所以章氏认为：“进化之实不可非，而进化之用无所取。”他将追求“进化”看作与求神仙一样愚蠢可笑。与前期相比，章太炎对人类文明的“进化”不再抱有乐观与信心，对“进化”的价值由绝对主义转入相对主义。这一思想转变是对他前期历史观的超越与补充。在其前期历史观里，章氏虽然对“进化”持绝对主义的肯定态度，但里面夹杂着文明演化的多元取向及价值相对主义的因素，这一“俱分进化”思想即是其前期历史观里所夹杂的文明演化多元取向与价值相对主义的合理发展。如果人类文明的演化是一个善恶、苦乐、智愚不断累结发展过程，那么出于不同“空间”与“时间”的文明，从价值角度来说就无区分轩轾，其结果不可避免地就会得出文明演化的多元取向及价值相对主义的结论。如果说前期章氏对“进化”价值持绝对主义的肯定态度是一种感情受纳的话，那么，后期章氏对文明演化持多元发展模式，对“进化”价值持相对主义的否定态度，则是他理性探索的结果，这种独特的“进化论”闪耀着浓厚的理性主义的光芒。这较之仅仅看到人类文明正面效应的单线直进的进化思想来说，其透视问题的力度要深刻得多，也更加富于思想的挑战性。

三

章太炎的历史观前后期存在着相当大的落差，章氏由前期肯定“进化”的价值走向后期的否定“进化”的价值，除了如前所说的其思想本身存在着内在逻辑联系之外，下面三个因素则起了重要作用，成为章氏思想转化的重要原因。

其一，章氏思想之发生转化同他对西方文明认识的深化存在着密切联系。前期，章太炎对西方文明的认识主要是借助于书本，在急迫的民族危机重压下，来不及过多思考便接受了西方文明。当时他对西方文明的认识仅停留在表面上，是相当肤浅的，并存在着严重的美化西方文明的倾向。

当时的大多数进化论信徒之接受进化思想，实际上是以承认西方文明的优越为其心理基础的。接受进化思想，是为其进行欧化张目的。这样一来，对进化的价值就容易走向绝对主义的立场。章太炎当时虽然不太赞同康有为的激进维新思想，[①] 但他也渴望维多利亚大风播于中国，对西方文明的价值也持完全肯定的态度，这样就不可避免地使他成为单线进化论者的同路人，对进化的价值持着完全肯定的绝对主义的态度。到了后期，章氏身处日本，得以亲身经历并考察西方文明，这使他的眼界大开，对西方文明的认识也由表及里，不断深化。通过他的大量研究与考察，章氏发现西方文明并非尽善淳美，它也存在着许多弊病。拿被国人向往的代议政体来说，章氏发现欧美各国虽行此制，但却造成了“驵侩攘臂，讼言国政，齐民乃愈以失所”[②] 的局面。西方近代文明虽然给人类带来了财富的急剧增加，但也造成了社会的进一步分化。当时的西方世界，社会运动风起云涌，社会处在极度的动荡之中。并且，由于社会财富的急剧增多，进一步刺激了人们对财富的无止境贪婪追求，在令人目眩的财富面前，很多人的廉耻丧失了，道德沦落了。章太炎曾痛心地指出：“富商大贾之于贫民，不共席而坐、共车而出。诸佣雇者之事其主人，竭忠尽瘁，犹必以佞媚济之，虽无稽首折腰之礼，而其佞媚有甚于是者。”东方各国对于趋附势利在价值上持否定的态度，但在西方各国却以为天经地义、理所当然。章氏由此认为西方近代文明急速发展的结果，也带来了“恶”的进一步膨胀，这就不可避免地使他对西方文明的价值认同发生了动摇。对西方文明价值认同的动摇，使支撑追求欧化的理论基石“进化论”在他心中坍塌了。在后期章氏以“进化”为“诬言”，其反进化的意旨实际上就是反欧化。西方文明价值的坍塌，当然就不可避免地使章氏脱出价值的绝对主义的轨道，走向价值的相对主义。

其二，章氏思想之发生转化同他对西方进化论思想的进一步了解也有密切关系。前期，章氏的主要活动领域是在国内，当时章氏信奉的主要是斯宾塞的进化思想。到了后期，章氏身处日本，接触西学的条件更为便利，他不仅更全面地了解了斯宾塞的进化学说，对于叔本华、赫胥黎等人的进化学说也有了透彻的了解。叔本华“以世界之成立，由于意欲盲动，

① 参阅拙文《戊戌变法时期章太炎变法思想评议》，《江苏社会科学》1997 年第 1 期。

② 章太炎：《总同盟罢工论序》，见汤志钧编《章太炎政论选集》（上），中华书局，1977。

而知识为之仆隶。盲动者，不识道途，惟以求乐为目的，追求无已，如揵足者之逐日月，乐不可得，而苦反因以愈多”。这已包含了苦乐并进的思想。赫胥黎认为：“世运日迁，生齿日繁，一切有情，皆衣食住，所以给其欲求者，既有不足，则相争相杀，必不可已。”他以“物竞为乱源”，也是主张“善恶俱演”。[①] 叔本华、赫胥黎构成了西方进化学说的另一思想传统，但这一进化思想传统，章氏要到后期才能与闻。随着章氏对西方文明弊病认识的日益加深，这一进化思想无疑会令章氏心折，产生强烈的思想共鸣。章氏由前期之信奉斯宾塞的单线进化论，转入后期之提出俱分进化论，叔本华、赫胥黎的进化思想起着重要的促进作用。

其三，章氏思想之发生转化还同佛学知识的楔入存在着密切关系。前期，章氏虽然也接触过一些佛学典籍，但当时他还没有作过潜心研究。“苏报案”发，章氏被囚禁在上海的租界监狱里，始潜心研读佛典，“专修慈氏、世亲之书”。[②] 慈氏，即弥勒菩萨，佛学唯识宗的创始人；世亲也是唯识宗的重要创始人之一。章氏在上海西牢三年（1903—1906），通过对唯识宗大师们著作的研读，开始有意将佛学义理熔铸到自己的思想体系中去。虽然佛学门派众多，义理各异，但它们却有着本质上的共同之处，即它们皆向世人展示了满坑满谷尽苦难的大千世界的种种苦相，这对章氏思想影响极大。佛学“众生苦”的哲学义理充斥在章氏大量的后期著作里。以这种哲学义理来审视人类历史的演化，当然不可能会对人类的前途抱有乐观的信念，只能使他将自己汇入到叔本华、赫胥黎的进化思想传统里去。但章氏并没有像叔本华、赫胥黎那样陷入悲观主义的泥坑而不可自拔，章氏主张“随顺进化”，号召世人以大乘菩萨精神去入世。[③] 他之提出“俱分进化”思想，目的在于警醒世人。这一带有浓厚悲观情调的历史演化观，并没有使章氏成为一个不可救药的悲观主义者，他向世人展示的仍然是一个菩萨革命家的形象。

（注：本文原刊于《安徽史学》2000年第4期。）

---

① 参阅《天演论》导言十五“最旨”及论十五“演恶”下严复按语，王栻主编《严复集》（五），中华书局，1986。

② 章太炎：《自述思想迁变之迹》，朱维铮、姜义华编注《章太炎选集》（注释本），上海人民出版社，1981。

③ 参阅拙文《章太炎人文思想论》，（台北）《孔孟月刊》36卷第8期。

章太炎《齐物论释》研究

明代的高僧憨山大师曾言：庄子之为文“真似长风鼓窍，不知所自”。“其文与意，若草裹蛇，但见其动荡游行，莫睹其形迹。无而，立言之间，举意构思，即包括始终，但言不顿彰，且又笔端鼓舞，故观者茫然不知脉络耳。”① 庄子之文之美，冠绝诸子，古今殆无其匹；然而，庄子之文之难读，古今同慨，恐亦无出其右者。在《庄子》一书中，最难读的又莫过于《齐物论》了。《齐物论》是《庄子》里的一篇重要的文化哲学论文，系统地阐述了庄子的相对主义文化价值观。章太炎在少小时即喜读《庄子》，在其从事革命工作的鞅掌余暇，章太炎则不但勤研《庄子》，而且还向诸生讲解《庄子》，并先后撰成《庄子解诂》与《齐物论释》二书，在“庄学”研究上也可谓卓有成就。章太炎对于“庄学”研究的最大贡献，应数其《齐物论释》一书的撰著了。

章太炎在 1910 年写成《齐物论释》一书，之后，又重加修订，于 1914—1915 年写成《齐物论释定本》。据其“序言”可知，章太炎对于庄子的这篇文章推崇备至。章太炎之推崇此文，当然不仅仅在于其文之美，更为重要的则是在于其理义之深，且深合于世用。章太炎认为：“夫能上悟唯识，广利有情，域中故籍，莫善于《齐物论》。”② 对于庄子在这篇文章中所论的玄邈的哲学义理，章太炎则云：“齐物文旨，华妙难知。……夫其所以括囊夷、惠，炊累周、召，等臭味于方外，致酸咸于儒史，旷乎未有闻焉。……《诗》曰：‘受小球大球，为下国缀游’，咨惟先生，其足

① 转引自陈鼓应《老庄新论》，上海古籍出版社，1992，第 147 页。按：憨山大师（1546—1623）乃安徽全椒人，俗姓蔡，名德清，字澄印，与莲池、紫柏、藕益并称为明代“四大高僧”。除内典外，憨山大师对于儒、道二家之学，亦甚为通晓，尝主儒、释、道三教合一之说，其在庄学研究上之代表性作品有《庄子内篇注》等。

② 章太炎：《齐物论释》“释篇题”，转引自刘凌、孔繁荣编校《章太炎学术论著》，浙江人民出版社，1998，第 271 页。

以与此哉！”[①] 又云：“渊哉若人，用心如砥，干蛊德于上皇之年，杜莠言于千载之下，……其规模闳远矣！能仁之书，译于东夏；园吏之籍，不至殊方。云行雨施，则大秦之豪丧其夸，拂林之士忘其奡，衣养万物，何远之有？”[②] 他甚至还认为庄子这篇文章的价值直可架西学与佛学而上之。章太炎之所以如此推崇庄子的这篇文章，给予了如此崇高的评价，还在于它与章太炎自己的思想倾向冥然相契。庄子在这篇文章里所揭示的相对主义文化价值观，深契章太炎之怀，令章太炎在思想上产生了强烈的共鸣。正是由于这种冥然相契的神会，正是由于这种强烈的思想共鸣，才驱使章太炎从浩繁的古代典籍中选择此篇详加诠释，以系统地阐发他自己的文化学说。论者向来以为章太炎该书是“以西来之风，演南华之旨”，[③] 其实章太炎并不仅仅局限于此。在该书中，章太炎除了广泛地征引瑜伽、华严诸经的精义来阐释庄子的“齐物”宗旨外，他还广泛地征引东西哲人的论议，举凡孔、颜、孟、荀、老、墨、惠施、公孙龙子等以及西哲若叔本华、密尔、康德、黑格尔之流并印度外道六师所论，无不征引，议论极为宏肆。书成之后，章太炎自己也颇为自负，以为该书“一字千金”，[④]“千六百年来未有等匹”。[⑤] 章太炎此书与戴东原的《孟子字义疏证》所取途辙大致相似，虽然它是以考据、疏释的形式出现的，但其精神气象则是一气纵贯而下的对于义理的精心构结。并且，在该书中，章太炎还将他所阐发的“齐物”宗旨运用到学术、文化上，疏解疑滞，莫不豁然贯通。他曾经这样说道：

> 凡古今政俗之消息，社会都野之情状，华梵圣哲之义谛，东西学人之所说，拘者执著而鲜通，短者执中而居间，卒之鲁莽灭裂，而调和之效终未可睹。譬彼侏儒，解逅于两大之间，无术甚矣。余则操齐物以解纷，明天倪以为量，割制大理，莫不孙顺。[⑥]

---

① 章太炎：《齐物论释》，《章太炎全集》（六），上海人民出版社，1986，第3页。
② 章太炎：《齐物论释》，《章太炎全集》（六），第7页。
③ 章太炎：《齐物论释》“后序”，《章太炎全集》（六），第58页。
④ 章太炎：《自述学说次第》，《太炎先生自定年谱》，（香港）龙门书店，1965。
⑤ 章太炎：《致龚未生书》，汤志钧编《章太炎政论选集》（下），中华书局，1977。
⑥ 章太炎：《自述思想迁变之迹》，朱维铮、姜义华编注《章太炎选集》（注释本），上海人民出版社，1981。

处于中西文化剧烈冲突的近代中国，在这一重要的历史转型时期，时人对于中国社会文化秩序进行重构的基本思路，所持莫不是“执著”（欧化主义者与传统主义者）与“执中”（民族主义者）两端，在中、西文化这“两大”之间竭蹶穷蹙。章太炎以为此“两端”皆执于一偏，不能成功地解决中国当时所面临的社会文化的转型问题。“执中”者，未见“调和之效”，“执著”者，终之“鲁莽灭裂”，无怪乎章太炎要讥之为理论上的“侏儒”了。由于对于此两种进行中国社会文化秩序重构思路的拒斥，所以，章太炎便在此两种思路之外另辟蹊径，以庄子的“齐物”宗旨来疏解文化，冀为其所要进行的对于中国社会文化秩序的重构提供学理上的支撑。

《齐物论释》一书也可谓是系统地反映章太炎关于进行中国社会文化秩序重建学说的一篇最重要文献。章太炎的好友乌目山僧（俗名黄宗仰，南京栖霞寺主持，曾聚资合刻章太炎的《驳康有为论革命书》及邹容的《革命军》，奔走于晚清革命，是晚清时期的著名的革命和尚）在评价章太炎的这部大作时曾经这样说道：

> 近人或言，自《世说》出，人心为一变，自《华严》出，人心又为一变，今太炎之书见世，将为二千年来儒墨九流，破封执之扃，引未来之的，新震旦众生知见，必有一变以至道者。①

对于章太炎的这部著作，乌目山僧给予了高度评价，并预言章太炎的这部著作必能改变“人心”以至于“道”。可惜的是，章太炎的这篇华文妙旨，艰奥晦涩，索解为难，并且，当时世风所趋，与章太炎的思想也邈不相及，遂使他在这部著作中所精心构结的精湛的思想沉寂近一个世纪，没有出现人心为之一变的局面。然而，在当今全球化大潮的冲击之下，却有着愈来愈多的有识之士与章太炎的思想发生共鸣，得出了与百十年前的章太炎非常相似的结论，这似乎仍然印证了乌目山僧的预言。那么，章太炎在这部著作中所揭示的所谓“齐物”宗旨，它究竟含蕴着哪些深奥的道理呢？其思想的内在理路又是怎样展开的呢？这正是本文所要解决的问题。我们仔细寻绎庄子《齐物论》一文的思想脉络则会发现，庄子在这篇

---

① 章太炎：《齐物论释》“后序”，《章太炎全集》（六），第58页。

文章中揭出的“齐物”之旨，主要在于阐明两个方面的问题：它以价值问题为核心，涉及对于文化的“空间”与“时间”问题的全面解析。庄子此篇文章首明“丧我”，终明“物化”，章太炎在解庄时，即是以此为序展开其思想的逻辑链条的。下面笔者也即以此为序展开对于章太炎思想的论述，旨在揭示《齐物论释》所蕴含的丰富的文化底蕴。

一 “丧我”之旨：文化作为“空间”的存在是平等的

庄子在这篇文章中首先通过南郭子綦与颜成子游二人之间的对话，点出“丧我”之旨，按着以“人籁”、“地籁”、“天籁”起兴，展开其“齐物”思想的运思理路。所谓“人籁”，庄子譬之于“比竹”，也即“箫管”。“箫管的洞是虚空的，象征着没有机心成见的人所发出的语音”，它是一种“从纯净的心地中流出的无心之言”。[①] 所谓“地籁”，庄子云：“夫大块噫气，其名为风，是唯无作，作则万窍怒号，……地籁则众窍是矣。”“地籁”指的是“风吹不同窍孔发出的声音”。[②] 所谓“天籁”，庄子并没有特意加以说明，只是说：“夫吹万不同，而使其自己也，咸其自取，怒者其谁也?”也即是说“风吹过不同的窍孔，各个窍孔便随着独特的形状而自鸣”，自作自取，乃是“天籁”的特性。[③] 当代“庄学”大家陈鼓应先生云：“有人以为地籁高过于人籁，天籁又高过于地籁，其实三籁并没有价值的区别，它们都是天地间自然的音响，犹如一曲交响乐，天籁与人籁相应，自日月星辰、山河大地以至于人身是一个大和谐。”[④] 通过陈鼓应先生所解读的庄子的“三籁”思想，在我们眼前顿时就会呈现一幅天地之间，万物生长，生动自然，各秉其性，各趋其意，各逞其能的大和谐图景。如果说陈鼓应先生的解读充满了诗性的智慧的话，那么，章太炎则是以智性的解析绵密而为其主要特色的。章太炎根据佛学的唯识精义对之作了如下阐释：

---

① 陈鼓应：《老庄新论》，第 132 页。
② 陈鼓应：《老庄新论》，第 131 页。
③ 陈鼓应：《老庄新论》，第 132 页。
④ 陈鼓应：《老庄新论》，第 132 页。

> 风喻意想分别，万窍怒号，各不相似，喻世界名言各异，乃至家鸡野鹊，各有殊音，自抒其意。天籁喻藏识中种子，晚世或名原型观念，非独笼罩名言，亦是相之本质，故曰吹万不同。使其自己者，谓依止藏识，乃有意根，自执藏识而我之也。自取者，《摄大乘论》无性释曰：于一识中，有相有见，二分俱转，相见二分，不即不离，所取分名相，能取分名见，于一识中，一分变异，似所取相，一分变异，似能取见，是则自心还取自心，非有外界知其尔者。以见量取相时，不执相在根识以外，后以意识分别，乃谓在外。……见量即不执相在外，故知所感定非外界，即是自心现影。[①]

通过这段诠释文字我们可以看出，章太炎将大千世界看成是“自心现影”，大千世界的名、相、分别乃是“意根”（第七识）执持“藏识”（第八识）产生的。即是说，大千世界种种名、相、分别的产生源自“人心”。其云：“人心所起，无过名、相、分别三事。名映一切，执取转深”，[②] 遂使“意根”执持“藏识”所成之名、相、分别封执愈固，从而导致“情存彼此、智有是非”的局面。大千世界的种种矛盾纠葛、冲突斗争也莫不由此而起。既然大千世界的种种名、相、分别是“人心”的产物，那么，由于“人心”的各各不同，则由各各不同“人心”所成之大千世界之名、相、分别也是不一致的。并且，由各各“人心”所成之大千世界之种种名、相、分别的价值也应该是一偏的，只有适合各各“人心”的相对的价值，而无普适一切“人心”的绝对的价值。举例来说，就“时间”而言，章太炎认为：

> 即自位心证自位心，觉有见在，以自位心望前位心，觉有过去，以自位心望后位心，比知未来。是故心起即有时分，心寂即无时分。若睡眠无梦位，虽更五夜，不异刹那。然则时非实有，宛尔可知。但从众同分心，悉有此相，世遂执著为实。终之甲乙二人，各有时分，如众吹竽，同度一调，和合似一，其实各各自有竽声。所以者何？时由心变，甲乙二心界皆有别故。由此可知，时为人人之私器，非众人

① 章太炎：《齐物论释》，《章太炎全集》（六），第8页。
② 章太炎：《齐物论释》，《章太炎全集》（六），第4页。

> 之公器。且又时分总相，有情似同，时分别相，彼我各异。……由斯以推，而冥灵大椿，寿逾千里，庸知小年者不自觉其长，大年者不自觉其短乎？《大毗婆沙论》一百三十六，说“壮士弹指顷，经六十四刹那”，又说“世尊不说实刹那量，无有有情堪能知故”。诚以时分最速，无过一瞬及一弹指，心生或速于此，然未有与刹那齐量者。一念心生，速疾回转，齐一刹那，自非应真之士，孰与于斯？若即一弹指顷，毫分不忘，此小年之所有，而大年之所无。不忘，故小年亦寿；忘之，故大年亦殇。①

“时”由心造，时间的舒促变化亦由心变所致，因此，“时间”之舒促变化便因各各“人心”之不同而不同。“时间”只是“人人之私器，非众人之公器”，“小年”与“大年”皆是相对而言的，无所谓绝对的“小年”与“大年”。既然大千世界之种种名、相、分别，只是各各“人心”的名、相、分别，是“人人之私器，非众人之公器”，那么，由各各“人心”所成之大千世界之种种名、相、分别，其价值应该是平等的，并无高下轩轾之分。这一思想折射到文化上，则各种不同的文化虽然各各有别，但它们在价值上应该都是平等的，无所谓“文”与“野”。章太炎云：

> 蚳醢，古人以为至味；燔鼠，粤人以为上肴；易时易地，对之欲哕。亦不应说彼是野人，我有文化，以本无文野故。转复验之，同时同地者，口之所适，则酸腐皆甘旨也；爱之所结，虽嫫母亦清扬也。②

因为，文化就其价值来说，也只有适合于各各文化的个别价值，而没有普适一切文化的一般价值，所以，文化的价值不仅是平等的，而且也是相对的。

由上所说，大千世界之种种名、相、分别，其价值是相对的，又是平等的，那么，我们人类为什么会互为轩轾，情存彼此、智有是非呢？章太炎认为这是由于世人醉心于“小成”、“荣华”所致。何谓“小成”、“荣华”？庄子云：

---

① 章太炎：《齐物论释》，《章太炎全集》（六），第10—11页。

② 章太炎：《齐物论释》，《章太炎全集》（六），第43页。

> 道恶乎隐而有真伪？言恶乎隐而有是非？道恶乎往而不存？言恶乎存而不可？道隐于小成，言隐于荣华。故有儒墨之是非，以是其所非而非其所是。[①]

“小成”与“荣华”，指的是“有真伪”之“道”，“有是非”之“言”，乃是一种局部性的智慧，局部性的成就。庄子思想的一个重要特色是追求所谓的“全道”。如庄子曾经说道：“是非之彰也，道之所以亏也。道之所以亏，爱之所以成。果且有成与亏乎哉？果且无成与亏乎哉？有成与亏，故昭氏之鼓琴也；无成与亏，故昭氏不鼓琴也。师旷之枝策也，惠子之据梧也，三子其知几乎？”[②] 在庄子看来，是非之辩，不过是一曲之见。他认为：“大知闲闲，小知间间；大言炎炎，小言詹詹。”[③] 他反对喋喋不休之辩与条分缕析之智，主张“不言”、“无辩”，只有这样，才能得到“全道”。昭文善琴，师旷妙解音律，惠施善辩，但在庄子看来，像他们三人那样尽管术有专精，也不过是“小成”之人（在《天下》篇中又谓之“一曲之士”）。庄子认为只有在昭文不鼓琴、师旷不击鼓、惠施不辩时，他们得到的才是“全道”（即“无成与亏”），否则便会偏于一端（即“有成与亏”）。庄子认为带有任何成见（即庄子所谓的“爱”）去面对真理，都是对真理的污损，这才是了知真理妙谛之所在（即庄子所谓的“知几”）。但是，在日常生活中，由于人们醉心于“小成”、“荣华”，遂造成是非蜂起的局面。百家争鸣，看似热闹，然百家各执其所执之“是非”，互相攻难，是其所非，而非其所是，在庄子看来不过是汩没灵明，“久而久之，心灵的活动就被锁闭在局部的范围内，而永远不会了解事物最终的实在与全盘的真相”。[④] 关于庄子所谓的“道隐于小成，言隐于荣华”，章太炎则指出：“帝王之法，依以为公义，是道隐于小成；京雒之语，依以为雅言，是言隐于荣华。”[⑤] 同庄子一样，在章太炎看来，即使是人们所共同承认的“道”（“帝王之法”，相当于国家的大法），即使是人们所普遍

---

① 《庄子·齐物论》。

② 《庄子·齐物论》。

③ 《庄子·齐物论》。

④ 陈鼓应：《老庄新论》，第135页。

⑤ 章太炎：《齐物论释》，《章太炎全集》（六），第17页。

采用的“语”（“京雒之语”，相当于标准的普通话），也不过是一种“小成”与“荣华”。“道隐于小成，言隐于荣华”，章太炎认为只会起争，譬如儒、墨二家，一法周，一法夏，然而周、夏二代皆“尝已小成、荣华，而其是非相反”，[①] 所以，醉心于“小成”、“荣华”者，持其所执之“小成”、“荣华”相互覆较、依以起争，只会导致“是非蜂午”的局面。儒骂墨无父无君、禽兽之行，墨亦反唇相讥，各各竞生部执，如复重仇，其故也即在此。既然醉心于“小成”、“荣华”，易滋争执，所以庄子主张“莫若以明”，“使相对者互明，并以无所碍的空灵明觉之心，遍照存有的实相”。[②] 而章太炎则主张“家鸡野鹊，各有殊音，自抒其意”。其意也即在于在相对者的互明之中，破其所执，仍其旧贯。所以，对于“意根”执持“藏识”所成之名、相、分别，章太炎主张既经约定俗成，则不容随便更改，“指鹿为马，以素为玄，义所不许”。章太炎认为对于既经约定俗成的名、相、分别，如欲“引用殊文，自移旧贯”，横起是非，则也是一种醉心于“小成”、“荣华”者。[③]

上面是就“意根自执藏识而我之”所成之名、相、分别而言的，究竟说来，章太炎认为“意根自执藏识而我之”所成之名、相、分别，也是虚妄，并非实有。盖第八藏识中只有“世识”（世谓现在、过去、将来）、“处识”（处谓点、线、面、体，中、边、方位）、“相识”（相谓色声香味触）、“数识”（数谓一二三等）、“作用识”（作用谓有为）、“因果识”（因果谓彼由于此，由此有彼）；第七“意根”方有“我识”（指“人我执”、“法我执”）；[④] 第八藏识虽有种种“种子”，但它如清流之水，无覆无记，要待第七“意根”意想安立方能成此世界。举凡“有无、是非、自共、合散、成坏等相”，悉是第七“意根”中之“我识”与第八“藏识”中之世、处、相、数、作用、因果等识“支分观待而生”，然法、我二执（“我识”）属于“遍计所执自性”，乃是“根本无明”，所以其所成立之世界为幻、为妄。由此，章太炎认为：“一切有形的色相，无形的法尘，总是幻见幻想，并非实在真有。”[⑤] 又云：“广论则天地本无体，万物皆不生，

---

① 章太炎：《齐物论释》，《章太炎全集》（六），第17页。

② 陈鼓应：《老庄新论》，第140页。

③ 章太炎：《齐物论释》，《章太炎全集》（六），第18页。

④ 章太炎：《齐物论释定本》，《章太炎全集》（六），第73—74页。

⑤ 章太炎：《东京留学生欢迎会演说辞》，《章太炎政论选集》（上）。

由法执而计之，则乾坤不毁，由我执而计之，故品物流行，此皆意根遍计之妄也。”① 庄子的“丧我”之旨，在章太炎看来其意即是为了破法、我二执，明遍计所执之妄。能明此旨，则彼此不生、是非不起，所以，章太炎云：

> 齐物者，一往平等之谈。详其实义，非独等视有情，无所优劣，盖离言说相，离名字相，离心缘相，毕竟平等，乃合齐物之义。②

就胜义谛来说则世界本无有、万物皆不生；就俗义谛来说则乾坤不毁、品物流行。章太炎之诠释庄子的“丧我”之旨，其意不过即在于破法、我二执，阐明“平等”之义。但章太炎又主张证得涅槃却不住涅槃，所以，他仍然云：“高言平等，还顺俗情。”③ 如果以世界本空为念，在章太炎看来仍然是堕入“法执”之中，究竟还是迷妄。何谓“高言平等，还顺俗情”？其意有二。

其一，章太炎认为，“天下一指也，万物一马也”，“呼马为马，呼牛为牛”。④ 万物本无自性，世界名、相、分别之产生，虽为“意根”妄执，但此名、相、分别既经产生，便成贯习，既经约定俗成，便不容妄加更改。譬如说，此土呼红色为“赤”，英人呼为“red”，“赤”与“red”呼法虽然不同，但不能以呼“赤”绳呼“red”为非，反之亦然。各仍其贯，斯为有当。因此，章太炎云：“俗诠有定，则亦随顺故言，斯为照之于天，不因己制。……从俗则无争论，私意更改，是非即又蜂起。比于向日，嚣讼滋多，是以有德司契，本之约定俗成也。或欲引用殊文，自移旧贯，未悟文则鸟迹，言乃彀音，等无是非，何问彼我？不晓习俗可循，而起是非之见，于是无非而谓非，于彼无是而谓是，木偶行尸，可与言哉？”⑤ 由“意根自执藏识而我之”所成之名、相、分别，虽说由于“人心”之各各不一，所成也各各相异，可是贯习既经形成，虽宙合不同，然既无是非，何有彼此？因此，章太炎对于庄子之主张“圣人无常心，以百姓心为心”

---

① 章太炎：《齐物论释》，《章太炎全集》（六），第19页。
② 章太炎：《齐物论释》，《章太炎全集》（六），第4页。
③ 章太炎：《齐物论释》，《章太炎全集》（六），第43页。
④ 章太炎：《语言缘起说》，《国故论衡》。
⑤ 章太炎：《齐物论释》，《章太炎全集》（六），第18页。

便极为赞赏。要之，“系乎他者，曲直与庸众共之；存乎己者，正谬以当情为主”。[①] 这才符合“齐物”之旨。如果执守一偏，“以今非古，以古非今”；或者“以异域非宗国，以宗国非异域”；章太炎认为则均是“颠倒之见”。[②]

其二，章氏主张“休乎天钧”，反对“博爱大同”。“天钧”，即“天倪”，意为“自然之分”。“休乎天钧”与前面所说的庄子的“天籁”之意相同。庄子云：“夫吹万不同，使其自己，咸其自取，怒者其谁?”其意即在于主张任乎自然，使万物各适其性，一切等视。由前面的论述我们知道，“价值”只是“人人之私器，非众人之公器”，只有适于各各之价值，而无普适一切之价值。由此推之及于文化，章太炎认为：“是非所印，宙合不同，悉由人心顺违以成贯习。”[③] 各个民族的文化，任其所成之“贯习”自然发展，虽然各各不同，但在价值上则等无优劣，此谓“不齐而齐”，方合“齐物”之旨。如果以一普适的价值笼罩一切文化，将所有文化纳入一个框架之内，此谓“齐其不齐”，虽然它貌似平等，实非“齐物”之旨。而这却正是主张“博爱大同”者的文化主张。庄子曾设有“正处”、“正味”、“正色”之问，其云：

> 民湿寝则腰疾偏死，鳅然乎哉？木处则惴栗眴惧，猿猴然乎哉？三者孰知正处？民食刍豢，麋鹿食荐，蝍且甘带，鸱鸦耆鼠，四者孰知正味？猿猵狙以为雌，麋与鹿交，鳅与鱼游，毛嫱、丽姬，人之所美也，鱼见之深入，鸟见之高飞，麋鹿见之决骤，四者孰知天下之正色哉？[④]

盖天下本无所谓“正处”、“正味’、“正色”，各任其适，则咸得其宜，相易而处，则均感不适。所以，章太炎云：“但当其所宜，则知避就取舍而已。必谓尘性自然，物感同尔，则为一𫍢之论，非复齐物之谈；若转以彼之所感，而责我之亦然，此亦曲士之见。”[⑤] 在他看来若以一普适的

---

① 章太炎：《齐物论释》，《章太炎全集》（六），第15—16页。
② 章太炎：《齐物论释定本》，《章太炎全集》（六），第75页。
③ 章太炎：《齐物论释》，《章太炎全集》（六），第15页。
④ 《庄子·齐物论》。
⑤ 章太炎：《齐物论释》，《章太炎全集》（六），第43页。

价值，绳一切文化于一个框架之内，或者以自己民族文化的价值推之于别的民族，便无异于是“享海鸟以太牢，乐斥鴳以钟鼓”，适令颠连取毙而已。[①] 所以，章太炎对于庄子的“尧伐三子”之问便极为赞赏，称其为“辞旨渊博，含藏众宜”。[②] 何谓“尧伐三子”之问？庄子云：

> 故昔者尧问于舜曰：“我欲伐宗、脍、胥敖，南面而不释然，其故何也？”舜曰：“夫三子者，犹存乎蓬艾之间，若不释然，何哉？昔者十日并出，万物皆照，而况德之进于日者乎？”[③]

宗、脍、胥敖，为三个“存乎蓬艾之间”的野蛮部族，郭象解曰：“夫物之所安无陋也，则蓬艾乃三子之妙处。”“今欲夺蓬艾之愿而伐使从已，于至道岂弘哉？故不释然神解耳。若乃物畅其性，各安其所安，无有远近幽深，付之自若，皆得其极，则彼无不当而我无不怡也。”[④] 章太炎称子玄斯解，独会庄子之旨。旷观近代，西方向全世界扩张它的文化，志存兼并，然以博爱为名，伐国取邑，所在皆是，对此章太炎极为愤慨。他认为：“世情不齐，文野异尚，亦各安其贯利，无所慕往。……然志存兼并者，外辞蚕食之名，而方寄言高义，若云使彼野人获与文化，斯则文野不齐之见，为桀跖之嚆矢明矣。”[⑤] 所以，章太炎以为当世之务在“以齐文野为究极”，[⑥] 对于“博爱大同主义”则持断然拒斥的态度，认为“兼爱酷于仁义，仁义憯于法律”。[⑦] 西方宣称对全世界承担“白种人的责任”，实际上却是对全世界推行其帝国主义的侵略政策，“虽磨牙吮血，赤地千里，而以为义所当然”，[⑧] 就是因为存有“文野不齐”之见，抱有“博爱大同主义”所导致的可悲结果。“齐其不齐，下士之鄙执；不齐而齐，上哲之玄谈。”[⑨] 章太炎认为，“博爱大同”主义与庄子“齐物”之旨比较起来，

---

① 章太炎：《齐物论释》，《章太炎全集》（六），第 39 页。
② 章太炎：《齐物论释》，《章太炎全集》（六），第 40 页。
③ 《庄子·齐物论》。
④ 见《庄子·齐物论》之“郭象注”。
⑤ 章太炎：《齐物论释》，《章太炎全集》（六），第 39 页。
⑥ 章太炎：《齐物论释》，《章太炎全集》（六），第 40 页。
⑦ 章太炎：《齐物论释》，《章太炎全集》（六），第 4 页。
⑧ 章太炎：《五无论》，《太炎文录初编》，别录卷三。
⑨ 章太炎：《齐物论释》，《章太炎全集》（六），第 40 页。

其差别简直就像焦侥之与龙伯一样，不可比量。

论述至此，我们对于章太炎由庄子的“丧我”之旨所推出的文化主张就比较清楚了，这一文化主张我们可简要归结如下：第一，处于不同“空间”的各民族的文化就其价值来说，一切平等，并无高下轩轾之分；第二，各民族的文化应依其“惯习”自然发展，在文化的发展方向上，既不可以用一个普适的文化模式来限定所有文化，也不可以用本民族的文化模式来限定别的民族的文化，其极则是要形成“十日并出，万物皆照”的多元的世界文化存在格局，使“野者自安其陋，都者得意于娴，两不相伤”，[①] 从而形成一个平等的、和谐的世界文化秩序；第三，博爱大同主义者打着“博爱”的旗号，“以己之娴，夺人之陋”，乃至“杀人劫贿，行若封豨”，若西方帝国主义之所为，反而“崇饰徽音，辞有枝叶”，在章太炎看来不过是“小智自私横欲”，乃是人类之大害。[②]

二 “物化”之旨：文化作为“时间”的存在是平等的

所谓“物化”，庄子在其著名的“庄周梦为蝴蝶”之喻中，曾经对之作了这样的说明：

> 昔者庄周梦为蝴蝶，栩栩然蝴蝶也，自喻适志欤？不知周也。俄然觉，则蘧蘧然周也。不知周之梦为蝴蝶欤，蝴蝶之梦为周欤？周与蝴蝶，则必有分矣。此之谓物化。[③]

郭象在注释庄子此喻时云：“夫觉梦之分，无异于死生之辨也。……夫时不暂停，而今不遂存，故昨日之梦，于今化矣。死生之辨，岂异于此，而劳心于其间哉？……而愚者窃窃然自以为知生之可乐，死之可苦，未闻物化之言也。”[④] 郭象将庄子的“觉梦之辨”等之于“死生之辨”，千

① 章太炎：《齐物论释》“释篇题”，《章太炎学术论著》第 272 页。

② 章太炎：《齐物论释》“释篇题”，《章太炎学术论著》第 272 页。

③ 《庄子·齐物论》。

④ 郭象：《庄子注》，见郭庆藩《庄子集释》“齐物论第二”，《诸子集成》第五册，河北人民出版社，1992，第 54 页。

百年来解庄者基本上也都是循此途辙。庄子以觉梦论人生，目的在于超脱生死的哀乐，将生命的出现与消失，譬之如四时的运转一般，视之为大化中的一个“过程”。陈鼓应先生指出：“死生是人生中最根本的问题，人生最大的恐惧，莫过于死的迫临。常人预想着死，认为死是此生的尽头，是此生的断绝，而死后的境况是寂静空无，漆黑一片，因而感到怖畏不安。事实上，死的实况是无人得知的，当它降临时，自己已经不存在，因而死亡的体验是不可传述的。尸体是无法意识自己的，而怖畏不安乃是生人对于死的预想所产生的情绪，并不是死的实况（reality）。人们将生和死截然划分，重生而恶死，庄子认为由于人们过于爱生憎死，所以掩蔽了死生的真面目，其实死生只是变化的一种现象而已。变化流转是一切万物的真相，这样看来，生死并非始终，只是变化的一个过程罢了！庄子超越了常人对于死的看法，他视死生为自然而必然之事，故而面对它，肯定它。”[①]或者认为庄子的“觉梦之辨”，是同佛陀的“轮回义”一样，佛陀以轮回为烦恼，而庄子则是以轮回遣忧。章太炎也认为庄子的“觉梦之辨”是在谈生死问题，认为：“庄子是菩萨一阐提已证法身，无所住著，不欣涅槃，随顺生死。”[②] 所以也以“轮回义”释之。章太炎认为：“庄生多说轮回之义，此章本以梦为同喻，非正说梦。”[③] 章太炎指出：“轮回生死，亦是俗谛，然是依他起性，而非遍计所执性。”[④]“依他起性”，乃是佛学中的俗义谛。就俗义谛来说，佛教唯识宗认为世界皆是依他而起，恒处于迁流转徙之中，故世界万物皆变，无常住不变之物。在此章太炎以“轮回义”释庄子的“物化”之旨，并将庄子的“物化”之旨同唯识宗的“依他起自性”等视，由此我们可知，章太炎之阐释庄子的“物化”之旨，其真实意图在于阐明世界万物的变化之理，这与主要以“生死义”释“物化”，似不尽相同。章太炎曾言：“道本无常，与世变易”，[⑤] 又说：“道行之而成”，[⑥]对于不变论则持摒斥的态度。他在评价老子与董仲舒的思想时也曾经这样说道：“老子云：‘道可道，非常道。’董仲舒云：‘天不变，道亦不变。’

① 陈鼓应：《老庄新论》，第 144 页。
② 章太炎：《齐物论释》“释第七章”，《章太炎学术论著》，第 330 页。
③ 章太炎：《齐物论释》，《章太炎全集》（六），第 55 页。
④ 章太炎：《齐物论释》，《章太炎全集》（六），第 56 页。
⑤ 章太炎：《齐物论释定本》，《章太炎全集》（六），第 75 页。
⑥ 章太炎：《齐物论释定本》，《章太炎全集》（六），第 76 页。

智愚相悬，乃至于此!”[①] 其爱憎去就，划然可明。既然世界万物恒处于不断的迁流转徙之中，那么，它是如何变化的呢？揆之章太炎的意旨，大端有二：一曰“缘生”，一曰“两行”。下面即次第加以论述。

（一）“缘生”。据佛学唯识宗所说，世界万事万物是由第八藏识与第七末那及眼、耳、鼻、舌、身、意六识因缘和合而生，此是就俗义谛来说；若就胜义谛来说，则“缘生”亦空，这已在“丧我”之旨中阐明，不再赘述。庄子曾设“罔两问景”，其辞云：

罔两问景曰：“曩子行，今子止；曩子坐，今子起；何其无持操欤?”景曰：“吾有待而然者耶？吾所待又有待而然者耶？吾待蛇蚹蜩翼邪？恶识所以然！恶识所以不然!”[②]

按：庄子此“问”在于阐明万物皆“有待”而生之理，章太炎则以佛法“缘生”之旨对之作了如下阐释：“夫晷景迁驰，分阴不住，此为自为主宰，别有缘生，故发罔两问景之端，责其缘起。”[③] 佛法曾立十二缘生，认为“前有后有，推荡相转”。[④] 孔子曾经说道：“日出东方而入于西极，万物莫不比方。有目有趾者，待是而后成功，是出则存，是入则亡，万物亦然。有待也而死，有待也而生，吾一受其成形，而不化以待尽，效物而动，日夜无际，而不知其所终，熏然而成形，知命不能规乎其前，丘以是日徂。”[⑤] 章太炎认为孔子所说也明言死生有待，虽无十二缘生之名，然孔、庄二哲所言，与佛法所言“缘生”之旨大致相合。章太炎在此所谓的“缘生”之旨，与世人所传之“因果律”并不相类，并且它也正是为了破“因果律”而设的。详其实义，“因果律”执一因一果之说，认为世界万物的生成变化有着一条必要遵循的“自然规则”，因此，推“因”便可以求“果”。然以“缘生”所说，则世界万物之生成变化即不能如此简单便捷。章太炎认为：“凡言因果，其间差别众多，《瑜珈》、《唯识》并说十因五

① 章太炎：《齐物论释》，《章太炎全集》（六），第 20 页。
② 《庄子·齐物论》。
③ 章太炎：《齐物论释》，《章太炎全集》（六），第 47 页。
④ 章太炎：《齐物论释》，《章太炎全集》（六），第 48 页。
⑤ 《庄子·田子方》。

果，若专藉一因而成一果者，近事固鲜其例。”[①] 他认为有一果多因，也有一因多果，有同因异果，也有异因同果。他将世界万物生成之原因分为“因”与“缘”两个部分，“因”为主要原因，谓之“能生因”，“缘”为次要原因，谓之“方便因”，并以“种瓜得瓜”与“撞钟成声”为例作了说明，章太炎云：

> 瓜望瓜子为生起因，瓜子望瓜为等流果；种事望种为士用依处，种事望种具为作用依处；种者望种具、种事为士用果，种事望瓜为增上果，土田望瓜亦增上果。钟声望钟为生起因，其望撞具，亦有一分生起因（钟声因钟与椎和合得成，本是杂声）；钟望钟声为异熟果，撞具望钟声，亦有一分异熟果（异熟果本不据无情为说，然今借以成义，意趣相合）；撞事望撞者为士用依处，撞事望撞具为作用依处；撞者、撞具望撞事为士用果，撞具望钟声为增上果。[②]

种瓜所以得瓜，撞钟所以成声，皆为诸种因、缘和合而生，并非如世人所说之“因果律”那样是由一因而成一果。章太炎以“因果律”为误执，并对此深有感慨：“箫宾閜尔（今译叔本华）、弥尔（今译密尔）皆不解因果别相，何论苟谈名理者乎？”[③] 因为世界万物之生成变化，因果纷然，至为复杂，不会像一因一果那样简单。所以，章太炎认为世界上万事万物虽然是“有待”而生、因缘而成，但不可能像世人所说的那样有着一条刻板不变的“自然规则”。章太炎曾经作有名文《四惑论》，在这篇文章里，章太炎即将“自然规则”列为“四惑”之一而加以拒斥。[④] 他认为世人之崇敬“自然规则”，实与崇敬“上神”、“宿命”，“俞穴相通，源流不二”。[⑤] 对于叔本华之主张以“先在观念”知“物质常在之律”（即“自然规则”）的论调，章太炎也给予了拒斥，认为它与庄子的“缘生”之旨相较，“倜乎不及远矣！”[⑥]

---

① 章太炎：《齐物论释》，《章太炎全集》（六），第 51 页。
② 章太炎：《齐物论释》，《章太炎全集》（文），第 51—52 页。
③ 章太炎：《齐物论释》，《章太炎全集》（六），第 52 页。
④ 章太炎：《四惑论》，《太炎文录初编》别录卷三，《章太炎全集》（四），上海人民出版社，1985。
⑤ 章太炎：《四惑论》，《太炎文录初编》别录卷三。
⑥ 章太炎：《齐物论释》“释第六章”，《章太炎学术论著》第 325 页。

> 乌乎！庄生振法言于七篇，列斯文于后世，所说然于然、不然于不然义，所待又有待而然者义，圆音胜谛，超越人天。如何褊识之夫，不寻微旨，但以近见破之。世无达者，乃令随珠夜光，永埋尘翳。故伯牙寄弦于钟生，斯人发叹于惠墓。信乎臣之质死，旷二千年而不一悟也。悲夫！①

章太炎以为庄子所设的“罔两问景”之义，二千年来索解无人，遂使庄子的这一精湛思想如“随珠夜光，永埋尘翳”。而他自己则许为庄子的知音，就像钟期之于伯牙，庄子之于惠施那样。从章太炎对世人的哀叹声中，我们也可以领略到他的自信与自负。

要而言之，章太炎由庄子思想引发的“缘生”之旨，我们可以简要地归结如下。第一，世界万物皆是“有待”而生，皆是“因缘和合”而成。循此推及文化，则我们可以说文化的生成与变化，应是新故相推，新蜕于故。因此，文化的演化不能脱离它自身的“传统”，在进行文化秩序的重建时，忽视文化的“传统”，一意地规摹他族文化的做法，便成为一种妄执。第二，由于世界万物的生成变化，并非是一因一果，有着一条刻板不变的“自然规则”，而是因果纷然，至为复杂，所以，我们不能执“因”而推及必至之“果”。按之文化，则文化之演化虽属不易之理，但文化演化的未来格局如何，我们无法知晓。文化的演化不可能有着一条普适的必要遵循的“自然规则”。因此，预设一套文化模式作为某种文化未来一定要达到的必至目标，便也成为妄执。

（二）“两行”。由上章太炎所说的“缘生”之旨，我们获知，世界上万事万物皆是由“因缘和合”而成，它生生不息，处于不断的迁流转徙之中。然而，世界上万事万物在其生生不息的迁流转徙之中，章太炎又认为事物及其对立面乃是恒处于矛盾的统一体中，譬如彼是（此）、是非、有无、生灭、成毁、智愚、善恶、苦乐等矛盾诸范畴均是相随而行、不可分离的。这一宗旨，章太炎在其“俱分进化”思想中曾经作过精辟论述，在此，章太炎则揭起庄子的“两行”思想，对这一问题作了更加深入的探讨。以彼是（此）、是非、成毁、生灭为例来说，章太炎认为：“彼出于

---

① 章太炎：《齐物论释》“释第六章”，《章太炎学术论著》第326页。

是，是亦因彼，曾无先后，而因果相生，则知彼是观待而起。……以方生喻彼是者，一方生即一方灭，一方可即一方不可，因果同时，则观待之说也。”[①] 又云：“此生彼灭，成毁同时，是则毕竟无生，亦复无灭。故爨真珠者，珠灭而垩生；熔矿铁者，液成而矿毁。……证无生灭，示有生灭，此亦两行也。”[②] 黑格尔曾经将世界万事万物的发展变化分为“有”（肯定）、“无”（否定）、“成”（否定之否定）三个阶段，这遭到了章太炎的激烈批评，章太炎认为他徒“执著空言”，[③] 不晓“两行”之道。世界万事万物的变化发展是事物及其对立面的同时俱演（“两行”），但是，我们在审视事物的运动变化时往往由于醉心于“小成”、“荣华”，只注意到事物的一方，恒忽视其对立面的存在，对此，庄子曾以“狙公赋芧”为喻对之作了辛辣的嘲讽，其云：

> 狙公赋芧，曰：“朝三而暮四”，众狙皆怒；曰：“然则暮四而朝三”，众狙皆悦；名实未亏，而喜怒为用，亦因是也。是以圣人和之以是非，而休乎天钧，是之谓两行。[④]

“名实未亏，而喜怒为用”，这种现象其实在我们现实生活中比比皆是，这皆是由于世人不了“两行”之道所致。章太炎在称道庄子“两行”思想之余，深有感慨地说道：

> 人之迷也，固已久矣！圣人内了无言，而外还顺世，顺世，故和之以是非，无言，故休乎天钧。……和以是非者，则假天钧为用，所谓随顺言说；休乎天钧者，则观天钧自相，所谓性离言说；一语一默，无非至教，此之谓两行也。详此一解，金声玉振，高蹈太虚，本非莅政之谈，从事之训，而世人以为任用机权，寻其文义，既自不尔。又复两行之道，圣哲皆然，自非深明玄旨，何由寻其义趣？[⑤]

① 章太炎：《齐物论释》，《章太炎全集》（六），第17页。
② 章太炎：《齐物论释》，《章太炎全集》（六），第24页。
③ 章太炎：《齐物论释》，《章太炎全集》（六），第24页。
④ 《庄子·齐物论》。
⑤ 章太炎：《齐物论释定本》，《章太炎全集》（六），第82—83页。

庄子的“两行”之道，历来注庄者也多不明了，至章太炎，其旨方得大白于天下。既然世界万事万物的运动变化不离于“两行”之道，那么，就文化来说，在章太炎看来就无须乎去追求“进化”，所以，对于传统主义者的“不变论”与欧化主义者的“进化论”，他便一体地予以拒斥了。其云：

> 世俗有守旧章、顺进化者，其皆未喻斯旨也（指“两行”之道——笔者）。《外物篇》云：“夫流遁之志，决绝之行，噫！其非至知厚德之任欤！覆坠而不反，火驰而不顾，虽相与为君臣，时也，易世而无以相贱，故曰至人不留行焉。”顺进化者，以今非古，则诬言也。又曰：“夫尊古而卑今，学者之流也，且以豨韦氏之流观今之世，夫孰能不波？唯至人乃能游于世而不僻，顺人而不失己。”守旧章者，以古非今，是亦一孔之见矣。[①]

他对“守旧章者”（传统主义者）及“顺进化者”（欧化主义者）的文化主张，不是斥之为“诬言”，就是斥之为“一孔之见”。在章太炎看来，文化在其演化过程中“虽相与为君臣”（按：新文化是由旧文化蜕出，故旧、新文化之间的关系即像君臣关系一样，如此辗转不已），文化有其“时代性”特色，但处于不同“时间”的文化却是平等的（“易世而无以相贱”），并无高下优劣之分。在章太炎生活的时代，由于西方文化的有力冲击，墨守旧章的“不变论”已经渐渐失去了市场，当时在文化上影响最深的是“进化论”。所以，章太炎之提出“两行”思想，主要即是针对“进化论”而发的。他曾经也将“进化”列为“四惑”之一，[②] 并云：“一切物质，……有进于此，亦必有退于彼，何进化之足言？”[③] 这是由其“俱分进化”思想及其“两行”学说必然要得出的逻辑结论。结合他的“缘生”思想及其“两行”思想来看，则我们可知，章太炎由庄子思想而转出的这一“物化”思想乃是属于一种“演化论”史观，这与章太炎所具有的带有浓厚相对主义色彩的“历史主义”的演化史观，存在着一体相连的内在思想联系。[④]

---

① 章太炎：《齐物论释定本》，《章太炎全集》（六），第75—76。

② 章太炎：《四惑论》，《太炎文录初编》别录卷三。

③ 章太炎：《四惑论》，《太炎文录初编》别录卷三。

④ 参阅拙文《章太炎历史观析论》，《安徽史学》2000年第4期。

通过前面的论述，我们可以清楚地看出，章太炎通过诠释庄子的《齐物论》所揭示的“齐物”宗旨，不外乎是要向世人阐释两个方面的真理，即：其“丧我”之旨主要是揭示了处于不同“空间”的文化皆有其存在的合理性，它们虽各有其“民族性”特色，但却都是平等的，并无高下优劣之分。主张应各任其文化的自在之性自然发展，是谓“休乎天钧”。所以，他反对博爱大同主义，反对以一种文化模式来统一所有的文化，亦即反对文化的“一元论”，而主张文化的“多元”取向。这种文化主张同他从民族思想出发得出的结论是完全一致的。[①] 其“物化”之旨则揭示了文化是处于永不停息的运动变化之中的，这种运动变化不离于“两行”之道。依此思想，章太炎认为处于不同“时间”的文化虽有着各自的“时代性”特色，但它们也都是平等的，并无高下优劣之分。所以，他一方面反对墨守旧章的“不变论”，另一方面又反对追求“进步”的“进化论”，而主张根据文化所具有的“自在之性”自然发展。根据他的“缘生”思想，则这种文化的自然发展，不能脱离各个文化所各自具有的文化传统，这与其由充满浓厚历史意识的“俱分进化”史观得出的结论也是完全一致的。由他的“丧我”之旨与“物化”之旨推衍而出的文化主张，在进行社会文化秩序的重建时，章太炎不可避免地会在以“民族性”、“时代性”以及“传统的合理性”为底色的前提之下，在进行文化的“民族化”与“时代化”的动态过程之中，去追求“传统的合理化”。[②] 由此，我们也可获知，章太炎之特别揭出庄子的《齐物论》对之详加注释，以阐释自己的文化主张，不过是为了使自己的关于重建中国社会文化秩序的思想，更显得系统化，更显得富于理论的深度罢了。这部著作不过是在理论上进一步系统而深刻地阐述了章太炎的一贯的思想，也可谓是集章太炎思想的大成之作。

章太炎的高足庞俊在《章先生学术述略》一文中，曾经这样评价其师章太炎的“齐物”思想，他说：

> 其《齐物论释》一篇，以佛解庄，名理渊源，高蹈太虚，足为二千年来儒墨九流解其封执。若其说狙公赋芧之文，然后知天钧两行之言，不同于圆滑也；明尧伐三子之问，然后知天演进化之论，实多隐

① 参阅拙文《章太炎民族思想论》，（台北）《近代中国》第126期。

② 参阅笔者的博士学位论文《章太炎文化学说研究》，南京大学历史系，1997年5月。

慝也。胜义稠叠，员舆之上，诸老先生未有先言之者。[①]

庞俊认为其师章太炎所揭示的深刻的“齐物”哲学是“员舆之上，诸老先生未有先言之者”，绝非完全溢美之词；章太炎自己亦认为《齐物论释》是“千六百年来未有等匹”，也绝非自我吹嘘。在章太炎的所有著作之中，章太炎也似乎对这部著作特别宝爱，曾云：“庄生所著三十三篇，自昔未曾科判，铨材之士，见其一隅，党伐之言，依以弹射。今者寻绎微旨，阡陌始通，宝藏无尽，以诒后生也。”[②] 在清兴以来特别是乾嘉以来的子学研究潮流中，章太炎也是一个中流砥柱式的人物，章太炎对于诸子学的研究，当以研究“庄学”成就为最大。章太炎作为一代思想与学术大师，其成就涉历范围至为广阔，其学术与思想对二十世纪的中国曾经产生非常大的影响，至今我们仍受其赐。章太炎曾云其学术在其他方面均有传人，独在子学方面没有传人，对此章太炎深有慨叹。[③] 为什么样会导致这样一个结果呢？其原因当然只能到近（现）代中国历史的进程之中去找答案了。由于紧迫民族危机的迫压，中国的近（现）代是理想主义与激进主义高歌猛进的时代，像章太炎那样进行冷峻沉静思考的学者，虽然不能说是绝无仅有，然而它却不能占据学术思想舞台的中心，只能被边缘化。况且，章太炎之反“进化论”，反“欧化”，主张“多元主义”与“相对主义”，与时代思潮又为背道而驰，这就无怪乎其在诸子学领域的造诣“指穷于为薪”而不能“火传”了。尽管这样，章太炎在当时欧化思潮弥漫于国内思想界的历史背景下，提出这样一个独特的进行中国社会文化秩序重构的主张，虽然是曲高和寡，言之者谆谆，听之者藐藐，没有起到它应有的作用和影响，没有像章太炎的好友乌目山僧黄宗仰所期盼的那样出现“人心为之一变”的局面，但这丝毫也不能否证章太炎“齐物”哲学的学术价值及其在中国乃至在世界思想史上的意义。章太炎在《齐物论释》一书中揭出的“多元主义”与“相对主义”的文化价值观，在当代以本尼迪

① 许寿裳：《章炳麟》，重庆出版，1987，第101页。

② 章太炎：《齐物论释》“释第六章”，《章太炎学术论著》，第326页。

③ 按：1936年7月20日朱希祖《致潘承弼书》云：“先师尝言经史小学传者有人，光昌之期，庶几可待，文章各有造诣，无待传薪，惟示之格律，免入歧途可矣。惟诸子哲理，恐将成广陵散矣，此二十年前在故都绝粒时之言也。至今思之，仍不能逾于斯言。”见汤志钧编《章太炎年谱长编》（上），中华书局，1979，第474页。

克特为代表的文化人类学家那里得到了回应，并且与德国历史哲学传统的运思理路暗合。[①] 所以，在笔者看来，章太炎的这一进行重构中国社会文化秩序学说的内在理路，不仅更加深刻地揭示了文化的内在本质，而且，其思想也更加富于理性的穿透力，符合于当代世界的思想潮流。

（注：本文原以《〈齐物论释〉的文化内涵》为题，发表于台北《孔孟月刊》第36卷第3期，后易为今题收入陕西师范大学历史文化学院编的《史学论集》一书，陕西师范大学出版社，2004。）

① 关于此，请参阅笔者的博士学位论文《章太炎文化学说研究》，南京大学历史系，1997年5月。

章太炎人文思想论

“文化”是由“人”创造的，“人”之创造“文化”，目的是为了增强人类自身的生存能力。在“文化”与“人”二者之间，“人”处于主体的地位，而“文化”则处于客体的地位。但“文化”之于“人”，并不只是像舟车之于“人”那样，仅仅具有“工具”的价值，“人”借助“文化”这一有力利器，不仅可以提高自身的生存能力，而且还可以获得自身的解放，实现人类的自由。所以，“文化”之于“人”还具有“超越”的价值。由此，在建立文化秩序时，对人类自身命运的关怀，便成了任何一位文化学者所不可回避的重要问题。章太炎在构建他的文化学说体系时，也无时无刻不将“人”置于视角的中心，这使他的学说充满了浓厚的人文精神。

一 “跛驴之行”：可哀的人类

章太炎曾经说道：“原人所以生，动志僾之，无有能造物者。”[①] 又云：“人本独生，非为他生。”[②] 在他看来，人类的产生本是独立自尊，因此，通天彻地，惟人为贵。但人类自降生于斯世起，便坠入种种外界的缠缚之中，使其不得自由，走向了悲凄孤寂的奴役之路。正如卢梭所说：“人生来是自由的，但却无往不在枷锁之中。”[③] 并且，人类自身所具有的内在的人性缺点，又给人类带来了更大的痛苦与不幸。因此，要将人类带向自由之路，除了要打破种种外界的缠缚之外，更为重要的，则是要矫正人类自身所具有的内在的人性缺点。

---

① 章太炎：《道微》，《检论》，《章太炎全集》（三），上海人民出版社，1984。

② 章太炎：《四惑论》，《太炎文录初编》别录卷三，《章太炎全集》（四），上海人民出版社，1985。

③ 〔法〕卢梭：《社会契约论》，何兆武译，商务印书馆，1982，第8页。

人性问题，是一个古老而常新的话题。传统中国关于人性的学说共有五家，即：告子主张无善无不善，孟子主张性善，荀子主张性恶，扬雄主张善恶混，漆雕开、世硕、公孙尼、王充等人则将人性分为上、中、下三类，主张善恶因人而异，此为韩愈“性三品说”所本。在人性问题上，章太炎主张“善恶兼具”，并表示赞同荀子的性恶说。在其早期著作《菌说》一文中，章太炎说道：

> 或曰：性善性恶之说，皆不如言无善无恶者。曰：子将言人性乎？抑自有所谓性乎？夫言人性，则必有善有恶矣，彼无善无恶者，盖佛之所谓性海，而非言人之性也。何也？自其未生言，性海湛然，未有六道，而何人性之云？自既有六道言，亦各有如来藏隐伏其中，而人与鸟兽，初未尝异，又岂得专为人之性也？孟荀所言，专为人言之也。①

在其《菌说》修改稿中则云：

> 或曰：性善性恶之说，皆不如言无善无恶者。曰：斯固无是非也。陆克（今译洛克）有言，人之精神，本如白纸；培根有言，一切道德，皆始自利。夫善恶生于自利，而自利非善恶，犹宫商成于莛击，而莛击非宫商。自社会言之，则有善恶矣；自人耳言之，则有宫商矣，此荀子所谓缘也。无善无恶，就内容言；有善有恶，就外交言；本无异义。②

综合这两段话来看，可知章太炎早期的人性论，受到了西方启蒙思想家的巨大影响。他同西方启蒙思想家一样，将“人”分为“自然人”与“社会人”两类，就人性来说，“自然人”无善无恶，“社会人”则有善有恶。他将孟荀的人性学说说成是针对“社会人”而言的，似乎不符合孟荀的原意。在孟荀二者之间，章太炎则表示倾向于赞同荀子的性恶说。他认为：“以符验言，则性恶为长”；③ 并云：“荀则以善恶皆具，不能纯善，则

---

① 章太炎：《菌说》，汤志钧编《章太炎政论选集》（上），中华书局，1977。

② 朱维铮、姜义华编注《章太炎选集》（注释本），上海人民出版社，1981，第86页。

③ 章太炎：《菌说》，《章太炎政论选集》（上）。

以恶名之”，较“孟举其善而忘其恶”为备。[①] 其实，孟荀之言人性，并非是从“人的社会性”方面言之，而是从“人心之本然”角度作形而上学的论证的。如果说章太炎早期的人性论，是流入到了西方启蒙学者的人性论传统里去的话，那么到其后期，他则重新回到了孟荀的人性论传统。所以，其后期的人性论便摒斥了“自然人”与“社会人”的二分法。尽管如此，但章太炎并没有放弃他早期的“善恶兼具”说，在其撰写《辨性》一文时，他运用佛学的理论，进一步发挥了这一人性观。其云：

> 人有八识，其宗曰如来藏，以如来藏无所对，奄忽不自知，视若胡越，则眩有万有，物各有其分职，是之谓阿罗邪。阿罗邪者，藏万有即分，即以起末那，末那者，此言意根。意根常执阿罗邪以为我，二者若束芦相依而立，我爱、我慢由之起。……意根当我爱、我慢，有我爱，故贪无厌，有我慢，故求必胜于人。贪即沮善，求必胜于人，是审恶也。……我见者，知人人皆有我，知之，故推我爱以爱他人，虽非始志哉，亦不待师法教化，孟子曰：今人乍见孺子将入井，皆有怵惕恻隐之心，是审善也。[②]

由于“意根”执“阿罗邪识”（即“阿赖耶识”）产生我爱、我慢二心，我爱与我慢，既可为善，又可为恶，所以，人性是“善恶兼具”。他称这种发自至诚的善恶为“审善”、“审恶”。“审”之意为“真”，其反面即是“伪”。“审善”、“审恶”出自人性的自然流露，无所为而为；出于人性有所为而为的善恶，他则称之为“伪善”、“伪恶”。其云：

> 伪善有数，利人者，欲以纳交要誉，一也；欲以生天，二也；欲以就圣贤，三也；欲以尽义，四也；此皆有为，……夫有为而为善，谓之伪善；若则有为而为恶者，将谓之伪恶矣。今人何故为盗贼奸邪，是饥寒迫之也；何故为淫乱，是无所施泻迫之也；何故为残杀，是以人之堕我声誉权实迫之也；……此其为恶，皆以有为者，是故予之伪恶之名。[③]

---

① 章太炎：《菌说》，《章太炎政论选集》（上）。
② 章太炎：《辨性上》，《国故论衡》。收入《章氏丛书》，民国八年浙江图书馆刊印本。
③ 章太炎：《辨性上》，《国故论衡》。

由意根执持阿赖耶识而产生之我爱、我慢二心，导致了人性的四重性，在这四者之中，章氏以为“伪善恶易去，而审善恶不易去”。[①] 何以言之？因为“伪恶可以伪善去之，伪之与伪，其势足以相灭”。[②] “伪善”通过“习行”，也可以化为“审善”。其云：

> 伪善者，谓其志与行不相应，行之习，能变其所志，以应于行，又可以为审善。何者？以人性固可以爱利人，不习则不好，习焉而志或好之。若始学者，以求衣食，习则自变其志，以求真谛，以人性固喜知真谛，故得其嗜味者，槁项、食淡、攻苦而不衰。[③]

“审善”、“审恶”之所以不易去，是因为“意根”难以断灭故。正是由于这样，导致人类社会的善恶俱演。在“审善”与“审恶”之间，“审恶”则为害于人类极大，它不但不能使人类获致自由，反而还将人类陷入巨大的痛苦之中。“审恶”是由“我爱”与“我慢”交加而起，在“我爱”与“我慢”二者之间，章太炎认为又以“我慢”尤为难治。“我爱”虽起贪欲，然而“推我爱以爱他人”，尚能化为“审善”，而“我慢”则纯起恶性。由此，章太炎在总的倾向上便持性恶说。其高足朱希祖曾记有章太炎东京讲学期间的一段话，其云：

> 太炎讲人之根性恶，以其具好胜心，二物不能同在一处，即排斥性也，而断定愈文明人愈恶，愈野蛮其恶愈减。[④]

由于他倾向于人性恶，所以，他认为在传统中国的人性学说中，荀子的性恶说最为优长，云：“孟子固大儒，然如性善之说，……偭乎不及荀子矣！”[⑤] 并且，他将荀子奉为继孔子之后的最大圣人，称之为“后圣”，

---

① 章太炎：《辨性上》，《国故论衡》。

② 章太炎：《辨性上》，《国故论衡》。

③ 章太炎：《辨性上》，《国故论衡》。

④ 汤志钧：《章太炎年谱长编》（上），中华书局，1979，第291页。

⑤ 章太炎：《隐公篇·摄也（补）》，《春秋左传读》，《章太炎全集》（二），上海人民出版社，1982。

奉之为“先师”。[①] 这说明章太炎的人性论实际上是继承了荀子所开创的人性论传统。

性恶之旨既明，由此俯瞰人类社会，将会看到一幅什么样的图景呢？同荀子一样，章太炎看到的是一幅你争我夺的可悲景象。由“我慢”而起胜心，由胜而起争，争乃人之天性，加之人类为了生存，利害得失相较，使其争胜天性，发之愈烈，使斯世为鬼为魅，迄无了时。所以，章太炎视人类为“跛驴之行”，谓之“可哀之人类”。[②]

二　“五无之境”：慈悲的情怀

既然人之恶性是根于“意根”之“我慢心”，而“意根”终难断灭，那么，人类只能沦入你争我夺之中而万劫不返了，其前途与出路究竟何在呢？为此，章太炎抱大悲之心，发一大愿，欲人类共入高蹈太虚的“五无之境”，从而实现人类的超越与自由。

“五无”指的是无政府、无聚落、无人类、无众生、无世界。

“无政府”之意若何？章氏认为由于人之性恶，所以人类之间的相争相杀，迄无已时，在政府未成立之前，人类之间虽不免互相残杀，但在政府成立之后，其程度则愈烈。首先，章氏认为，政府之成立在于保护强者的利益，窃钩者诛，窃国者为公侯，强者借政府之力，以强凌弱，以众暴寡，欺压贫民。即使西方的所谓文明之国，“贫民以为盗受诛，宁止亿兆，其或逻候森严不得恣意，则转死煤坑中耳”。近代的所谓文明之国，虽然礼法完备，但在章氏看来，各文明之国所具有的完备的政治及法律体系，也不过成为强者压迫弱者的工具。章氏云：

> 既知人性之恶，彼政府者亦犹人耳，其性宁独不恶邪？检以礼法，而礼法者又恶人所制也。就云礼法非恶，然不可刻木为吏，则把持礼法者，犹是恶人，以恶人治恶人，譬则使虎理熊，令枭将獍，熊与獍之恶未改，而适为虎与枭傅其爪牙。……庄生云：“唇竭则齿寒，鲁酒薄则邯郸围，圣人生而大盗起。”纵令有新政府者出，能尽反近

---

① 章太炎：《后圣》，《章太炎政论选集》（上）。

② 章太炎：《五无论》，《太炎文录初编》别录卷三，《章太炎全集》（四），上海人民出版社，1985。凡本节下面引文之未注明出处者，均见该文。

世文明政府所为，而其幅员不能偏于大地，且机关既设，众慝日滋，终足以为大盗之藉。[①]

这里反映的实是一幅当时西方资本主义国家阶级压迫的图景。其次，章氏认为“原政府之初设也，本非以法律卫民而成，乃以争地劫人而成”，因此，对外则表现为强国对于弱国的欺凌，推行帝国主义的侵略政策。章氏曾经指出：

综观今世所谓文明之国，其屠戮异洲异色种人，盖有甚于桀、纣。桀、纣惟一人，而今则合吏民以为之；桀、纣无美名，而今则借学术以文之。独一桀、纣，犹不如去之为愈，况合群策群力以为桀、纣矣。夫斗殴杀人者，其心戆；计谋杀人者，其恶深；独力杀人者，其害微；聚众杀人者，其祸剧。今政府固尽如此。……古之言性恶者，莫如荀卿，其见非不卓绝，犹云当以礼法治之，民如草芥，然尚不如近世帝国主义之甚。[②]

这里反映的实是一幅当时西方各资本主义国家对于世界弱小民族推行帝国主义政策，进行民族压迫的图景。章氏之主张“无政府”，是对当时现实的一种强烈抗议。在他看来，如果消灭了政府，“虽不免于自相残杀，但不能如有政府之多”。因此，首先必须要消灭“政府”，才能减轻人类的痛苦。在主张消灭“政府”的同时，章太炎还主张应辅之以三事。其一，主张“共产”。他认为“有钱币在，则争夺生而阶级起，于是以共产为生，则贸易可断，则钱币必沉诸大壑矣。”其二，主张“销兵”。他认为“有军器在，则人将藉是以为杀掠之资，于是镕解铳炮，椎毁刀剑，虽未足以绝争心，而争具自此失矣。”其三，主张“毁家”。其云：“牝牡相交，父子相系，是虽人道之常，然有所匿爱则妒生，有所摄受则争起，于是夫妇居室，亲族相依之事，使一切废绝之，使人民交相涉入，则庶几或无间介矣。”

“政府”既废，由于“聚落”尚存，仍然不能避免人类之间的相争相

① 章太炎：《五无论》，《太炎文录初编》别录卷三。

② 章太炎：《五无论》，《太炎文录初编》别录卷三。

杀，人类之间惨烈之战争仍不可以已。章太炎认为：

> 人类本平等，而所依之地本不平等；人类之财产可以相共而容，而地方之面积不能相共而容。夫共产者，以为自喻适志矣，然地有温润寒苦之不同，处寒苦者尽力经营，以化其地为膏腴，孰与攘夺膏腴之便？况气候之燥润惨舒，其难齐有百倍于地质者？①

由于人类各“聚落”所处自然条件的不平等，“聚落”不破，仍然避免不了人类之间的战争。章氏认为，历史上国与国之间攻战不已，往往是处于苦寒之地的国家，侵略处于温润之地的国家，这并不是仅仅由于“政府”方面的原因，而是由自然条件的不平等造成的。所以，章氏认为要减轻人类的痛苦与不幸，在消灭“政府”的同时，必须要消灭“聚落”而后可。其云：“然纵令政府尽亡，国界尽破，而因仍固有之聚落以相什伍者，犹未化镕，合旅相争，其势仍不能已。……是故欲无政府，必无聚落。”只有消灭了“聚落”，使“农为游农，工为游工，女为游女，苦寒地人与温润地人，每岁爰土易室而居，迭相迁移”，方可以避免“执著而生陵夺”的局面。

“政府”本是由人类造成的，人类既然可以造成政府，当然也可废除政府。然而，章氏认为：“而成之之根不断，有其废之，终必有成之者。不然，则原人本无政府国家之累，何以渐相垛积以有今日之穰穰者也。”并且，“人之相争，非止饮食牝牡之事；人之争具，宁独火器钢铁之伦？睚眦小忿，则憎怨随之；白刃未获，则拳力先之。”“纵大地悉无政府聚落，销兵共产之制得以实行，而相杀相伤，犹不能绝其愈于有政府者。”因此，只有消灭“人类”，彻底断绝了创造政府的“根”，才能使人类避免相争相杀的痛苦。

根据生物演化的历史，人类是由毛柰伦、阿米巴等极微之物渐渐演化而形成的，章氏又认为：“要使一物尚存，则人类必不能断绝，新生之种，渐为原人，久更浸淫，而今之社会，今之国家，又且复见。”所以，要使人类灭绝，永远不生，必须同时要消灭“众生”（“有情世间”）。

然而，即使人类灭尽，众生咸亡，仍未能达于圆满境界，何以言之？

---

① 章太炎：《五无论》，《太炎文录初编》别录卷三。

章太炎认为以有“世界”（“器世间”）故。因为“世界”为“众生”所依止，“若如覆谛，世界不亡，仍有产出群生之日”，递生递衍，仍可产生人类，而聚落、政府又会接踵而至。所以，章太炎认为：“众生悉证法空，而世界为之消弭，斯为最后圆满之期也。”

章太炎的“五无”思想，表面上看去，似乎是一种彻底悲观的虚无哲学，但透过这一虚无哲学，我们却可以从中窥出章太炎思想中所充溢的浓厚的人文主义精神。这一思想，同当时颇为流行的“无政府主义”思潮，看上去颇相契合，但其思想源头及其内在实质则是划然有别的，我们不可将二者混为一谈。通过二者思想的比较，我们将会看出章太炎这一思想中所具有的独特的人文精神。

毋庸讳言，章太炎的“五无”思想与“无政府主义”学说之产生，有着同样的现实根基，两者都是对于近代资本主义工业文明所带来的弊病进行反思的结果。近代资本主义工业文明，带来了人类物质文明的高度发达，马克思曾经说过，它在不到一百年的时间里创造的财富，比以往所有时代创造财富的总和还要多。但是，近代资本主义工业文明也有着巨大的弊病，它一方面带来了人类的极度的阶级分化，另一方面，它将“人”等同于“物”，将一切都沉浸在利己主义打算的冰水之中，商品与金钱到处泛滥，它像洪水一样摧毁了人类的道德与尊严。作为近代资本主义工业文明产物的近代西方民主制度，在其具体运作过程中，也违背了这一制度的内在精神，它成了各国资产阶级借以统治、压迫国内外人民的有力工具。资产阶级政府成了万恶之源，受到各国人民的普遍诅咒。兴起于欧洲的无政府主义思潮，实际上表达了当时生活在西方各资产阶级政府之下千百万哀哀无告的广大被压迫人民的一种愤怒呼声，这种极端的思想，也是一种人文精神的体现。这种学说虽然主张消灭政府，但它对人类的未来则有着美好的向往与憧憬，充满了小资产阶级的狂热冲动与浪漫激情。它天真地以为只要消灭了政府，就会实现人人平等、天下为公的极乐世界。所以，它虽然反对政府，但并不反对近代工业文明。无政府主义的人文精神，从根本上来说仍然未能脱离西方人文精神的传统。然而，章太炎的“五无”学说，其根本出发点在于认为人类不可能获致达到一个尽美醇善的极乐世界，他认为随着人类文明的演化，人类将陷入更大的痛苦与不幸之中。所以，章氏的“五无”学说与无政府主义思想是根本异趣的。正是由于这样，章氏对于当时流行于中国思想界的无政府主义思潮便颇致讥评，称之为“妄”①，谓之为“无当”②，他只欣赏无政府主义者对于西方各国资产阶级政府进行激烈批评的勇气。③

章太炎的“五无”思想与近代的无政府主义思潮不仅大异其趣，而且其思想来源也是根本不同的。章氏“五无”学说的思想根源，主要是中国传统的“荀学”及印度的佛学，也即“五无”学说思想根源是荀学的“人性恶”及佛学的“众生苦”的哲学义理。章氏曾经说过：“遭世衰微，不忘经国，寻求政术，历览前史，独于荀卿、韩非所说，谓不可易。”④ 他之倾向于赞同荀子的“人性恶”的观点，已于前说；而他之认同佛学“众生苦”的哲学，则充斥在他大量的论著之中。如他曾经说道：

> 夫名色五阴，是为苦聚，人生三苦：一依内苦，二依外苦，三依天苦。此则《金七十论》师犹明其义。而近世学者亦云，苦为积极，乐为消极，其说近《成唯识论》。《问受品》云：又种种乐，少苦能胜，如人具足受五欲时，蚊蚋所侵，则生苦觉。又如存百子乐，不如丧一子苦。夫尽世间之上妙乐具，无益于我秋毫，而只足以填苦壑，则人生之为苦聚可知。故世亲《百论释》云：福有二相，能与乐、能与苦，如杂毒饭，食时美欲消时苦，福亦如是。复次，有福报是乐因，多受则苦因，譬如近火止寒则乐，转近烧身则苦。是故福二相，二相故无常，是以应舍。然则若苦若乐，终之为苦一也。⑤

在其“俱分进化”思想里，章氏认为“苦乐俱演”，人类从根本上来说不可能脱离“苦”。究竟说来，“众生苦”则是由“意根”执“阿赖耶识”产生“我慢心”，由“我慢心”之转生出“人性恶”所致。既然“意根”不可断灭，那么，人类之要解脱苦境，就只有像章氏所说的那样，进入高蹈太虚的“五无之境”了。由此看来，章氏的“五无”学说，虽然主张要灭绝人类，但是，它实际上是对人类的命运抱着极大的同情与关怀，这种学说，我们可称之为“慈悲的人本主义”，它与西方传统的人文主义

---

① 章太炎：《齐物论释》，《章太炎全集》（六），上海人民出版社，1986，第40页。
② 章太炎：《排满平议》，《太炎文录初编》别录卷二。
③ 章太炎：《无政府主义序》，《章太炎政论选集》（上）。
④ 章太炎：《自述思想迁变之迹》，《章太炎选集》（注释本）。
⑤ 章太炎：《五无论》，《太炎文录初编》别录卷三。

思想是截然不同的。章太炎走着一条与西方人文主义者根本不同的人文之路。

高蹈太虚，进入“五无之境”，一了百了，固然可以使人类脱离苦境，但这一玄想，未免离现实社会太遥远了，未免太不合事理与人情了，连章太炎自己也未必深信，它只反映了章氏对人类命运的同情与关怀。所以，章氏虽然“愿与卓荦独行之士，勠学无生，期于人类众生，世界一切，销镕而止”，但他自己仍然娶妻生子，并不断绝人道。

> 呜呼！人生之智无涯，而事为空间、时间所限，今日欲飞跃以至五无，未可得也，还以随顺有边为初阶，所谓跛驴之行。①

理想的翅膀飞至天空，最终还是要回归人间，“跛驴之行”虽然差强人意，令人觉得人类的无奈与可哀，但是，抱有大悲之心的章太炎，最终还是面对芸芸众生，要为生活在现实中的芸芸众生说法。所以，他最终还是主张要“随顺有边”，矫正人性，建立一个合理化的人间世界的秩序。

三　“无我之我”：入世的宝筏

如何矫正人性呢？其一，章太炎主张“劝学”。荀子主张“人性恶”，但他认为人类通过学习，可以矫正人性的缺点，化性起伪，化恶为善，所以，荀子主张“劝学”。前曾说过，在人性问题上，章太炎继承了荀子所开辟的人性论传统，所以在人性的矫正上，他所取的途径也吸取了荀子的“劝学”主张，通过学习来矫正人性的缺点。如他曾说过：

> 然一人之行，固以习化，而千世之性，亦以习殊。泰古狶韦之民，犷悍贪暴，以水火毒药相亏害，夫人而有此性也。自先觉者教化之，至于文明之世，则相亏相害者，固不能绝，而具此性者稍少。故学可以近变一人之行，而又可以远变千世之质。荀子于首篇《劝学》，即曰青取之于蓝而青于蓝，冰水为之而寒于水，夫固谓一人锲而不

① 章太炎：《五无论》，《太炎文录初编》别录卷三。

> 舍，则行美于本性矣，千世锲而不舍，则性亦美于桃墠矣。①

既然“学”可以改变人的性行，根据他的人性四重说，章太炎便主张“以伪善诱导人”。他认为：“人之相望，在施其伪善，善群之苟安，待去其伪恶”。通过学习，人类可以去其“伪恶”，从而扬其“伪善”，并以“伪善”去其“伪恶”。②

“伪恶”虽可由“伪善”去之，然而“审恶”却“非伪善所能变也”，③ 怎样才能克治“审恶”呢？由此，其二，章太炎主张“上礼”。这一主张与荀子的“礼治”学说不同。荀子一方面主张“劝学”，进行人性的自我矫正，同时，他又主张建立一套外在的礼治秩序，以防止人的恶性膨胀。荀子的礼治学说，侧重外在礼治秩序对人性所起的矫正作用，主张通过一套规范化的社会礼仪来规范、约束人们的行为。章太炎认为这是一种“矫饰之说”，④ 它只能治“伪恶”，而不能治“审恶”。什么叫“上礼”呢？所谓“上礼”即“自胜”之意，有类于孔子的“克己复礼”及佛教的“忍辱”，用我们今天的通俗语言来说，即是“战胜自己”之意。前曾说过，章氏认为“审恶”是由“我爱”与“我慢”交加而起，然而“推我爱以爱他人”，“我爱”尚可化为“审善”，只有“我慢”最为难治。章太炎认为克治“我慢”的唯一办法，只能“以慢灭慢”，其云：

> 惟慢为能胜慢，何者？能胜万物，而不能胜我，犹孟贲举九鼎，不自拔其身，力士耻之。彼忧苦者，我也；淫湎者，我也；傲睨者，我也；而我弗能挫衄之，则慢未充，是故，以我慢还灭我慢，谓之上礼。⑤

其意即是以为，如果扩充其“慢”至极，则会穷途知返，则知“以慢灭慢”，而获“自胜”之道。如果说荀子主张通过“劝学”及外在的“礼治”秩序来矫正人性，走的纯粹是一条“外铄”途径的话，那么，章太炎

---

① 章太炎：《菌说》，《章太炎政论选集》（上）。

② 章太炎：《辨性上》，《国故论衡》。

③ 章太炎：《辨性上》，《国故论衡》。

④ 章太炎：《辨性上》，《国故论衡》。

⑤ 章太炎：《辨性上》，《国故论衡》。

对于人性的矫正，则一方面继承了荀子的“外铄”途径，另一方面，则又特别注重了自我的内在修养，可谓是内外双修。在此，我们可以看出中国正统儒家的内省精神与印度佛教冥证契会精神对于章太炎思想的巨大影响。

“以我胜我”、“以慢灭慢”之后，章太炎认为仍存有“我慢之见”，要彻底根除“我慢”，则在证“我之本无”，由此“益为上礼，使慢与慢相尽，则审恶可以解”。[①] 因此，其三，章太炎主张“无我”。章太炎认为“我”有二种：

> 一者，常人所指为我，自婴儿坠地，已有顺违哀乐之情，乃至一期命尽，无一刹那而不执有我见，……此为俱生我执，属于依他起自性。……二者，邪见所指为我，即与常人有异，寻其界说，略有三事：恒常之谓我，坚住之谓我，不可变坏之谓我，质而言之，则我者即自性之别名，此为分别我执，属于遍计所执自性者。[②]

由于这一属于“遍计所执自性”及“依他起自性”所产生的“分别我执”与“俱生我执”的作用，使人类为“我见”所缠缚，从而造成末俗沉沦、民德堕废的恶劣局面。[③] 然而，在章氏看来，此“分别我执”与“俱生我执”皆为妄，是幻有，非真有。关于前者，章太炎从“不觉为先而起我想故”、“思觉为先方有造作故”、“于五蕴中假施设故”、“由于彼相安立为有故”、“建立杂染及清净故”、“建立流转及止息故”、“假立爱者作者解脱者故”、“施设有作者故”、“施设言说故”、“施设见故”等十个方面作了论证，认为由上诸方面而产生的“计有实我”，皆不应道理，从而证明了由“遍计所执自性”产生的“分别我执”所导致的“我见”为妄，为幻有，非真有。关于后者，章氏认为：“所谓依他起之我者，虽是幻有，要必依于真相，譬如长虹，虽非实物，亦必依于日光水气而后见形，此日光水气是真，此虹是幻，所谓我者，亦复如是。”[④] “我相”虽为“真”，而“我”则是幻有。因为，在章太炎看来，一切万有，一切见相，

---

① 章太炎：《辨性上》，《国故论衡》。

② 章太炎：《人无我论》，《太炎文录初编》别录卷三。

③ 章太炎：《人无我论》，《太炎文录初编》别录卷三。

④ 章太炎：《人无我论》，《太炎文录初编》别录卷三。

皆是依止阿赖耶识而生，阿赖耶识虽为“我相”所依，然而此含藏一切万有之阿赖耶识，从未自指“我相”为“我”。以“我相”为“我”者，乃是第七意根妄执阿赖耶识而起。因此，章太炎认为：“我为幻有，而阿赖耶识为真。”[①]

从“劝学”到“上礼”再到“无我”，章太炎完成了人性的矫正过程，盖到证得“无我”，“我慢”已解，则“恶”不生。然而，章太炎之主张“无我”，是否是要像佛法那样走向涅槃呢？回答是否定的。章氏虽然主张内证“无我”，但他却不以“无我”为究极，他的目光所注，仍是放在“无我之我”上。[②] 这与他证得涅槃却不住涅槃的思想是相通的。章太炎在人性的矫正上，最终揭出“无我之我”的宗旨，其用意是极为深远的，由此，我们也可进一步地看出他人文思想的特色。

第一，在于确立“个体”的主体地位。前面说过，章太炎主张通过“劝学”、“上礼”、“无我”来矫正人性所具有的缺点，虽然受到荀子“外铄”途径的影响，但章太炎所取的途径却更加倾向于正统儒家的内省精神及佛法冥证契会精神。所以，章氏对于人性缺点的矫正，从根本上说还是通过自我的内在冥契来完成的。这与荀子通过建立一套外在的礼治秩序来规范、约束人们行为的主张恰好相反。荀子主张建立礼治秩序来规范、约束人类的行为，所以，荀子侧重于“团体”存在的价值，将“个体”淹没在“团体”之中，“个体”的行为要受到“团体”的模铸，要做到合模，这才符合他所提倡的礼治精神。章太炎由于侧重于“个体”的冥证来克服人性的缺点，所以，便更加注重“个体”存在的价值。章太炎在论述“团体”与“个体”的关系时曾经说过：“个体为真，团体为幻，一切皆然。”[③] 他认为由“个体”所组成的村落、国家等，一切皆无自性，只有组成村落、国家等的“各人”为实有自性。[④]“个体”通过“劝学”、“上礼”及内证“无我”等途径，克治“我慢”，灭其“恶”性，而后以“无我之我”来参与社会（“团体”）的建立，这样就确立了“个体”的主体地位。将“个体”放在主体的地位，由此我们也可以说，章太炎的人文思想是一种“个体的人本主义”，这与原始儒孔子的“仁学”体系非常类似。孔子

---

① 章太炎：《人无我论》，《太炎文录初编》别录卷三。

② 章太炎：《人无我论》，《太炎文录初编》别录卷三。

③ 章太炎：《国家论》，《太炎文录初编》别录卷三。

④ 章太炎：《国家论》，《太炎文录初编》别录卷三。

曰："仁者爱人"，又曰"克己复礼为仁"。孔子"仁学"的出发点，也是通过"个体"的内省实现"仁"的"自觉"，并扩充其"仁"而及他人。所以，孔子主张"毋意、毋必、毋固、毋我"的"绝四之旨"，并以"己所不欲，勿施于人"及"己欲立而立人，己欲达而达人"的"忠恕之道"来律己待人。这与章太炎"无我之我"的人文精神是极其相似的。章太炎在其早年曾激烈批评儒家思想，认为它"不脱富贵利禄的思想"，[①]但他所批评的实是二千年来在历史上已经变质的儒学，而非原始儒的真正思想内涵。既然章太炎的人文精神与原始儒的人文精神深相契会，那么，他在建立他的人文学说时，为什么不是直接以儒家的学说加以推衍阐发，而是运用了佛学的语言呢？其故何在？在章太炎看来，传统的儒家学说在其二千多年的历史演化中，已经深深地变质，已经不能挽救末俗的沉沦了。如他曾经说道：

> 民德衰颓，于今为甚，姬孔遗言，无复挽回之力，即理学亦不足以持世。……自非法相之理、华严之行，必不能制恶见而清污俗。若夫《春秋》遗训，颜、戴绪言，于制裁则有力，以言道德，则才足以相辅，使无大乘以为维纲，则《春秋》亦《摩奴法典》，颜、戴亦顺世外道也。拳拳之心，独在此耳。[②]

这段自白，将其心迹表露无遗。所以，在他看来，只有通过佛法的"无我"，并以"无我之我"来入世，才能克治末俗沉沦、民德颓衰的流波。语言只不过是一种外在的符号表征，如果撇开这些外在的符号表征，而直窥章氏思想的内在精神，则我们便可以看出，章氏的人文思想与传统原始儒孔子的学说，实是一以贯之，他并没有脱出中国传统人文精神的轨道。

第二，在于确立"自利利他"的人生价值观。通过"个体"的内省，证得"无我"，使"慢"、"恶"尽灭，并以"无我之我"来参与社会的建立，这样就使章太炎以"个体"为本位的人文思想，不会像西方传统的以"个人"为本位的人文思想那样，一以"个体"的利益为依归，而是像孔

① 章太炎：《东京留学生欢迎会演说辞》，《章太炎政论选集》（上）。
② 章太炎：《人无我论》，《太炎文录初编》别录卷三。

子所说的那样“己立立人”、“己达达人”。西方传统的以“个人”为本位的人文思想，也是建立在人性恶的基础之上，但是，由于西方的人文主义者认为人的恶性不能克治，所以，为了保障“个体”的利益，就只能通过建立人与人之间的契约关系，走的也是一条以外在的礼治秩序来保障“个体”利益的道路。但是，西方传统的这一人文精神，由于它不像荀子那样侧重于“团体”存在的价值，所以，其发展之极，则会陷入极端的个人主义，并造成人与人之间关系的冷漠，使一切都沉浸在利己主义的冰水之中。章太炎虽然也主张以个人为本位，确立了“个体”的主体地位，但由于他主张以“无我之我”来入世，所以，他这一人文思想之参与社会的建立时，就不会完全依赖于建立人与人之间的契约关系来保障每个人的利益，而是通过“自利利他”的途径，实现“个体”与“团体”的和谐相处。早年章太炎提倡“大独”精神，中年提倡“菩萨行”，晚年提倡“儒行”，即无一不贯穿了他这一“自利利他”的人生价值观。在章氏看来，“个体”利益与“团体”利益是统一的，并不是矛盾的。如他曾经这样说过：“自利性与社会性，形式则殊，究极则一。离社会性，既无自利；离自利性，亦无社会性。”① 这两者的统一，是实现在“无我之我”的标志之下的。正是由于这样，章太炎以个人为本位的人文思想，同西方传统的以个人为本位的人文思想截然区分开来。它仍然属于东方的人文主义传统，章氏并没有将自己汇入到西方的人文主义传统之中去。

第三，在于为“个体”提供超越的解脱之道。西方传统的人文思想，由于主张人之恶性不能克治，所以它并不能够解决“人”的超越问题。“个体”的超越，最后不得不求助于“上帝”，“个体”只有通过皈依“上帝”，才可以获得超越与解脱。所以，作为西方传统的“个体”的超越，只能在彼岸世界才能获致实现。印度佛教传统的“个体”超越，是通过“个体”证得“无我”进入涅槃而获实现的，也是将“个体”的超越寄望于彼岸世界。章太炎虽然也主张内证“无我”，但是，由于他的最终目标是在证得“无我”之后，提倡以“无我之我”来入世，这就使章太炎的人文思想既有着佛教的慈悲胸怀，又有着传统儒家学说的入世精神。章太炎虽然主张通过证得“无我”克治人的恶性，从而使人类脱离苦境，但是，由于他的人文思想最终是要提倡以“无我之我”来入世，在“自利利他”，

---

① 《章太炎读佛典杂记》，《国粹学报》，第3号。

即在与他人的对境关系中实现自我生命的安顿，所以，这就使章太炎的“个体”超越的解脱之道，不是寄托在彼岸世界，而是在当下，即在此岸世界获致“个体”的超越。在这一点上，他的人文思想与西方传统的人文精神根本不同，而与中国传统的“当下即是”的生命安顿之路默相契合。

（注：本文原刊于台北《孔孟月刊》1998年第36卷第8期。）

“国于天地，必有与立”

——章太炎民族语文思想研究

语言文字是一个民族区别于其他民族的重要表征之一，章太炎将语言文字看作是一个民族存立的必要条件，他曾说道：“国于天地，必有与立，非独政教饬治而已，所以卫国性、类种族者，惟语言历史为亟。”[①] 透过对世界历史的考察，章太炎发现强国对弱国的征服，往往是并其语言文字而灭亡之，如俄罗斯之灭波兰便是一个显著的例证。在他看来，一个民族如果语言文字灭亡了，便会沦入万劫不复的境地；如果语言文字不亡，即使遭到亡国的命运，还可借之作为复国的基础，实现民族的复兴。[②] 当时的中国正处在西方列强的虎视眈眈之下，面临着亡国灭种的危险，民族危机空前严重。处在这样一个民族危机万分紧迫的关头，章太炎首先想到的便是民族语言文字的前途问题，他奋然以捍卫汉语言文字的尊严为己任，与欧化主义者作了毫不妥协的斗争。同时，他还花了大量气力对汉语言文字作了深入研究，为汉语文的统一与普及作出了杰出的贡献。

一

汉语与汉字是自古以来维系中华民族生存与发展的不可或缺的重要因素之一，它为中华民族建立大一统的国家提供了强固纽带。然而，由于中国国土辽阔，各地存在着众多方言，妨碍了散处在各地人民之间的交流。并且，由于汉字属于表意文字系统，识解颇难，不易于进行文字的普及。所以，汉语与汉字发展到近代若不对之进行改良，便不能适应建立近代民

---

① 章太炎：《重刊〈古韵标准〉序》，《太炎文录初编》，文录卷三，《章太炎全集》（四），上海人民出版社，1985，第203页。

② 黄侃：《太炎先生事记》，汤志钧编《章太炎年谱长编》（上），中华书局，1979，第295页。

族国家的需要了，建立标准化的汉语言文字，已经成为历史赋予时人的一项重要任务。在这样一个历史背景下，清末民初一些有识见的文化分子掀起了建立标准化汉语言文字的运动，即“切音运动”，章太炎成了这一运动的重要代表；与此同时，一部分醉心欧化的文化分子则提出取消汉语言文字，以万国新语（即世界语）取代汉语言文字的主张，掀起了“万国新语运动”，吴稚晖是这一运动的代表。

以吴稚晖为首的万国新语派，主要是以《新世纪》为阵地来发表他们对于汉语言文字前途的看法的，所以，他们又自称为“新世纪同人”。“新世纪同人”主张废除汉语言文字、主张以万国新语取代汉语言文字的理由主要有以下几点。

第一，他们认为汉语言文字是野蛮文字，而万国新语是优良文字。笃信子云：“学问之事，譬之个人与个人，彼之胜我者，我效法之而已。万国新语淘汰欧洲文字之未尽善者而去之，则为尤较良。弃吾中国之野蛮文字，改习万国新语之尤较良文字，直如脱败絮而服轻裘，固无所用其更计较。……故卑之无甚高论，止有简单之数语，则曰：中国略有野蛮之符号，中国尚未有文字，万国新语便是中国之文字。中国热心人愿求其同类作识字人者，应自己学万国新语，教人学万国新语。”① 吴稚晖也有着类似的看法，其云：“万国新语根希腊拉丁之雅故，详审参酌，始每字能删各国之不同，以定其精当之一，故在方来之无穷，固未可谓莫能最良，若对于以往，自足称为文字之较善，所以制作未二十年，而信从者已达三、四千万人。……中国文字与万国新语优劣之比较，不必深信之也，即以印刷一端之小事而论，……试问中国文字之排印机械如何制造？能简易乎？”② “新世纪同人”之所以要将汉语言文字看作野蛮文字，将“万国新语”看作优良文字，与他们的东西文化观存在着密切的关系。在他们看来，欧美文化要远远高于中国文化，他们将欧美文化看作人类社会所业已取得的最高文化成就，欧美文化所走的道路，即昭示了世界各国文化的未来发展方向。如吴稚晖曾经说道：“今日欧美的物质文明，并非西学，乃是人类进化阶级上应有的新学。”③ 所以，他们认为舍弃汉语言文字，直接代之以万

① 倪海曙：《清末汉语拼音运动编年史》，上海人民出版社，1959，第189页。

② 吴稚晖：《书〈驳中国用万国新语说〉后》，《新世纪》第57号。

③ 吴稚晖：《补救中国文字之方法若何》，中国国民党中央委员会党史史料编纂委员会编印《吴稚晖先生选集》（下），1964，第51页。

国新语，可以使中国最快地吸收欧美的文化成就，赶超欧美。恰如吴稚晖所云：“我们当从‘追’字上着想，‘追’字是如何情态？就所谓快！快！飞快！……从进化线上着论，在数千年后看来，今日欧美的物质文明，殊不值一笑，但是，若我们同时代的人实地比较，实已相差得太远。仿佛从前我们是‘踱方步’的前进，他人始而是乘了牛车前进，继而是快马前进，现在是汽车前进。本来快马的时节，离他已隔数程，今日他的汽车飞驰不息，简直十万八千里的跑得毫无影子。……依着 Esperanto（即世界语——笔者）是向单轨火车发明家预定将来新建物成功，可用他一飞就赶到的法子。”①

第二，“新世纪同人”认为汉语言文字识解颇难，不利于开启民智；并且，汉语言文字又是传统旧学的载具，容易使国人养成保守习性，万国新语则简单易学，以万国新语取代汉语言文字，不但便于提高国人的智力水平，而且还便于国人吸取西学知识。有位署名“苏格兰”作者说道：“文字为开智第一利器，守古为支那第一病源，汉文为最大多数支那人最笃信保守之物，故今日救支那之第一要案，在废除汉文。若支那在二十年内能废除汉文，则成为全球大同人民之先进亦易之耳。”② 另有一位自称为“新语会会员”的则撰文认为：“中国人之学万国新语者，二三月可成功，通欧方者，一二礼拜。万国新语文法，不外十六条，此外更无所谓文法。字不外二千五百，用此可以发挥事物之不能发挥于别种文字者。……何如直接习此，而其用直普及全球耶？”③

第三，“新世纪同人”认为人类语言文字的发展，最终必将是消除语言文字的国界，走向世界大同。如吴稚晖认为：“语言文字者，相互之具也，相互有所扞格，而通行之范围愈狭，即文字之职劣，愈不完全。今以世界人类，皆可有相互之资格，乃因语言之各异其声，文字之各异其形，遂使减缩相互之利益，是诚人类之缺憾，岂非为人类唯一之天职？”④ 并且说道：“人类到再过多少时候，果否总得要说一种言语，写一种文字？这个答案，恐怕只有早晚的时间，决没有否定的问题。”⑤

---

① 吴稚晖：《补救中国文字之方法若何》，《吴稚晖先生选集》（下），第52—53页。

② 倪海曙：《清末汉语拼音运动编年史》，第197页。

③ 倪海曙：《清末汉语拼音运动编年史》，第188—189页。

④ 吴稚晖：《书〈驳中国用万国新语说〉后》，《新世纪》第57号。

⑤ 吴稚晖：《补救中国文字之方法若何》，《吴稚晖先生选集》（下），第42页。

第四，“新世纪同人”认为语言文字是“人为”造成的，也可以“人为”地进行改造。如吴稚晖认为：“语言文字之为用，无他，供人与人相互者也。既为人与人相互之具，即不当听其刚柔敛侈，随吾土之宜，一任天然之吹万而不同，而不加以人力齐一之改良。科学中之理数，向之不齐一，今以兆分一秒之一，亿分一秒之一，假定一数，强称齐一，为便于学理及民用者，其繁颐万万。……何况语言文字，止为道理之筌蹄，象数之符号乎？”① 所以，他们不相信“习惯”对语言文字的约束作用，不相信语言文字是“习惯”所演化而成的，认为完全可以用“人为”来改造“习惯”。如吴稚晖说道：“凡语言文字，有种人过于相信都是‘习惯’演化的，过于不相信有可以‘人为’的，其实什么叫做‘习惯’呢？也不过聚了无数‘不成文’的‘小人为’，受了许多小人为的转变，演成一个‘有名目’的习惯罢了。……总之，无论如何大的习惯，必要如何多少‘人物的力量’，才能变成，这是可以盲断的。……由盲断的一方面着想，恐怕出了灯油，决不会放他暗处坐的，出多少力量，必有多少转变，可以相信得过的。英、法、德、俄文都由‘小人为’用习惯造成，则今日的 Esperanto（即世界语——笔者）即用‘大人为’演成习惯，乃毫无二致。”②

由于上面诸种理由，“新世纪同人”便对汉语言文字持彻底否定的立场，他们将汉语言文字称为“祖宗之糟粕”，称主张继续保持汉语言文字者为“好古家”，并将他们所从事的事业称之为“可鄙”的事业。③ 究其思想的实质，他们实是要以西方文化来同化中国文化，以西方文化的浪潮来洗荡中国传统文化，直至中国传统文化完全消失，完全同化于西方文化为止。“新世纪同人”所持的理由虽然众多，但究其实，其理由最重要的不过只有一点，即他们将包括语言文字在内的文化看成是一个非历史性的存在，他们实际上是以自然科学的眼光来看待文化，将自然科学真理的普遍性应用于人文社会，所以，他们便忽视语言文字作为历史性及社会性存在的价值，而将之当作机械部件一样可以任意拆散、配置的死的东西，因此，他们重视“人为”的创造，而忽视传统这一伟大生命之流的衍续。这一对于民族语言文字所抱有的虚无主义的看法，不仅使他们陷入“西方文化中心论”，而且，也使他们流入“自由意志”的独断，从而走向“非理

① 吴稚晖：《书〈驳中国用万国新语说〉后》，《新世纪》第 57 号。
② 吴稚晖：《补救中国文字之方法若何》，《吴稚晖先生选集》（下），第 42—43 页。
③ 倪海曙：《清末汉语拼音运动编年史》，第 198 页。

性主义”的道路。

“新世纪同人”对民族语言文字采取的虚无主义立场，反映了当时一部分文化分子在西方文化冲击面前民族自信心的失落，从而导致其文化心灵的扭曲。1906年，章太炎在“东京留学生欢迎会”上发表演说时，即针对当时这一颇为流行的“虚无”病痛下针砭，认为它是一种“自甘暴弃”的行为，并提出“以国粹激动种姓”的口号，以冀增加国人的民族自信心，而语言文字则是他所说的“国粹”的重要内容之一。[①] 所以，面对着“新世纪同人”的挑战，章太炎一面挥戈反击，一面则花大气力对汉语言文字作了深入而系统的研究，致力于建立一个适合时代需要的标准化的民族语言文字系统。

首先，章太炎认为语言文字是历史的产物，汉语言文字属于象形字的表意文字系统，欧西诸国属于合音字的表音文字系统，是由它们所处自然环境的不同历史地产生的，无关乎文化的优劣。如果将使用象形字称为野蛮，将使用合音字称为开化，那么，“南至马来，北抵蒙古，文字亦悉以合音成体”，但我们却不能说马来、蒙古的文化要优于中国。因此，章太炎认为：“象形、合音之别，优劣所在，未可质言”。[②] 从万国新语本身来说，由于它主要是糅合欧洲诸国的语言而创造出来的，所以，欧洲诸国使用万国新语有方便之利，如果将其普行世界，“既远人情，亦自相抵牾”，[③] 只会给其他各国人民之间的交流带来麻烦。“大地富媪博厚矣，殊色异居，非白人所独有，明其语言不足以方行世界，独在欧洲有交通之便而已。”[④] 章氏认为万国新语作为普行欧洲一隅的统一语言文字是可以的，但若将之当作普行全世界的统一语言文字，非但不可取，也是不可能的。

其次，对于“新世纪同人”认为汉字识解为难，不利于开启民智的看法，章太炎则以俄、日为例，给予了驳斥。他认为俄国使用的也是合音字，但俄人的识字率却少于中国；日本人使用的是混合文字，在其文字里杂有汉字，“日本人既识假名，亦并粗认汉字，汉字象形，日本人识之，

---

① 章太炎：《东京留学生欢迎会演说辞》，汤志钧编《章太炎政论选集》（上），中华书局，1977，第272、276页。

② 章太炎：《驳中国用万国新语说》，《太炎文录初编》别录卷二，第337页。

③ 章太炎：《驳中国用万国新语说》，《太炎文录初编》别录卷二，第338页。

④ 章太炎：《驳中国用万国新语说》，《太炎文灵初编》别录卷二，第338页。

不以为奇恒难瞭”。[1] 在章太炎看来，开启民智，提高国人的识字率，并不在于是使用象形字，还是使用合音字，而在于“强迫教育之有无”。[2] 就汉语言文字本身来说，章氏也并不认为它多么难识，他认为：“草木形类而难分，文字形殊而易别，然诸农圃，识草木必数百种，寻常杂字，足以明民共财者，亦不逾数百字耳。”[3] 在他看来，普通国民只要能够掌握几百个常用的汉字，就足以应付日常运用了。并且，章氏还认为，国人识字与否，还系乎其本身的需要与否，譬如说，农民种地似乎无须乎识字，然而“陶人抟土，梓匠营宫，妇功刺绣，锦宫织缯，工艺精良，视农耕为难习矣。然皆十口相传，不在载籍。当其习此，以为文字非所急图，出而涉世，乃自悔失学，书札、契券、计簿之微，犹待他人为之营治，欺诈不可以猝晓，隐曲不可以自藏，斯亦爽然自咎也。若豫睹知书之急，谁不督促子弟以就学者？”[4] 章氏认为随着国人需要的增加，如果国家再实行“强迫教育”，那么，“何患汉字之难知”呢？[5]

复次，章太炎认为如果废除汉语言文字，以万国新语作为中国统一的语言文字，则不但不会给中国人民带来方便，反而还会带来更大的不便，中国人民将难以掌握。在他看来，语言文字不仅是一个历史性存在，而且也是一个社会性存在，与其文化有着密切的关系，不可能做到将语言文字从其文化之中独立出来。社会学家杜尔斯兑曾经指出中国的“道”字，任何一种语言皆难以准确译述，章氏云：“夫不能译者，非绝无拟议之词也，要之，封域大小，义趣浅深，必不能以密切，猥作彼语以相比况，将何以宣达职志，条鬯性情？”[6] 岂但一个“道”字，像这样的情况其实比比皆是，譬如“持”字之义，章氏认为汉语的表述即极为丰富，而他国语言则否。其云：“持者，通名也，高而举之曰抗，俯而引之曰提，束而曳之曰捽，拥之在前曰抱，曳之在后曰拖，两手合持曰奉，肩手任持曰儋，并力同举曰台，独力引重曰扛。”[7] 一个“持”字即有如许多的别名，其含蕴的意思真是太丰富了，这是汉语言文字特有的优长，如果译成他国语言，即

① 章太炎：《驳中国用万国新语说》，《太炎文录初编》别录卷二，第 338 页。
② 章太炎：《驳中国用万国新语说》，《太炎文录初编》别录卷二，第 338 页。
③ 章太炎：《驳中国用万国新语说》，《太炎文录初编》别录卷二，第 338 页。
④ 章太炎：《驳中国用万国新语说》，《太炎文录初编》别录卷二，第 338 页。
⑤ 章太炎：《驳中国用万国新语说》，《太炎文录初编》别录卷二，第 338 页。
⑥ 章太炎：《驳中国用万国新语说》，《太炎文录初编》别录卷二，第 340—341 页。
⑦ 章太炎：《驳中国用万国新语说》，《太炎文录初编》别录卷二，第 341 页。

不能准确地加以表述。“及如械器之有无，东西殊贯，食有竹箸，赌有围棋，乐器有箫管笙磬之殊形，衣服有袍褂衫襦之异用，若此类者，殆以百数。夫称帽为冠，以槃为案，正名者犹云不可，况或本无其器，而皮附为名乎？”[①] 这些仅还在名物器数之间，若推之学术、文辞则尤不可。章太炎说道：“学之近文者，其美乃在节奏句度之间，不专以文辞为准。若其纽母不同，韵部有异，名词长短，往复皆殊，则在彼为至美者，于此乃反为伫劣。摆伦（今译拜伦）之诗，西方以为凄怆研丽矣，译为汉文，则率直不足观采。其稍可者，必增损其文身、句身，强以从我，此犹治璞玉者施以雕刻，非其旧式然也。由是，知汉土篇章之美者，译为欧文，转为万国新语，其率直鲜味也亦然。本为谐韵，转之则无韵；本为双声，转之则异声；本以数音成语，转之则音节冗长，失其同律。……若徒以交通为务，旧所承用，一切芟夷，学术文辞之章章者，甚则弃捐，轻乃裁减，斯则其道大觳，非宜民之事也。”[②] 因此，章氏主张：“苟取交通，若今之通邮异国者，用异国文字可也，宁当自废汉语哉？岂直汉语尔，印度、欧洲诸语犹合保存。”[③]

由上章氏反对“新世纪同人”废除汉语言文字的理由，我们可以看出，章太炎将语言文字看成是一个历史性、社会性的存在，这是他与“新世纪同人”分歧症结之所在。“新世纪同人”漠视语言文字的历史性与社会性，采取快刀斩乱麻的简捷做法，主张“人为”地实现世界语言文字的“大同”，实际上已经堕入“欧洲文化中心论”而不自觉。揆之章太炎的主张，较之“新世纪同人”的做法要理性得多。章太炎之所以能够对语言文字采取理性主义的立场，与他文化学说的宗旨是紧密关联的。章太炎文化学说的一个重要理论基石，即是主张文化的“民族性”特色，主张“不齐而齐”的“齐物”学说，所以，他能够将世界各国的语言文字等无优劣地一视同仁，并重视文化生命之流的历史衍续，尊重“习惯”，主张“创造”只能在本民族文化传统的基础之上进行，反对脱离传统的“人为”的“创造”。[④] 章氏云：“余闻风律不同，视五土之宜，以分其刚柔侈敛。是故吹

---

① 章太炎：《驳中国用万国新语说》，《太炎文灵初编》别录卷二，第 341 页。
② 章太炎：《驳中国用万国新语说》，《太炎文灵初编》别录卷二，第 341—342 页。
③ 章太炎：《驳中国用万国新语说》，《太炎文灵初编》别录卷二，第 341 页。
④ 参阅拙文《〈齐物论释〉的文化内涵》，（台北）《孔孟月刊》36 卷第 3 期。

万不同，而使其自己，前者唱喁，后者唱于，虽大巧莫齐也。”① 正是由于语言文字是一个历史性、社会性的存在，有着鲜明的“民族性”特色，所以，只能“吹万不同，使其自己”，而不应“人为”地以一种语言文字来统一世界，走向世界语言文字的大同。

二

在“新世纪同人”鼓吹废除汉语言文字，推行“万国新语”的同时，当时还存在着另一股颇为强大的思潮，即主张废除汉字，但不废汉语，以“切音文字”取代原有汉字。如果说主张在中国推行“万国新语”主要是一些出洋留学生的话，那么，主张以“切音文字”取代汉字者，则可谓洋土结合，既有身着西装、足登革履洋气十足的出洋留学生的介入，又有身着长袍、头戴瓜皮小帽、土气熏天的传统老学究的参与。前者主张以万国新语中的二十八个字母来拼切汉语，替代原有的汉字；后者则从研究汉语的韵、纽着手，寻找出汉语的标准韵、纽，再以之制成“切音符号”，用来拼切汉语，替代原有的汉字。推行“切音文字”运动的一个重要理论依据是：只有实行“言文合一”，才能解决汉字识读难问题。如梁启超曾经说道：“语言与文字离，则通文者少，语言与文字合，则通文者多。中国文字多，有一字而兼数音，则审音也难；有一音而兼数字，则择字也难；有一字而数十笔画，则识字也难。”② 又云：“文与言合，则读书识字之智民，可以日多矣。”③ 作为“切音文字”运动重要大将之一的王照亦云：“盖各国皆语言文字合而为一，字母简便，虽极钝之童，能言之年，即为通文之年。故凡为学之日，皆专于其文字所载之事理，日求精进。而吾国则占毕十年，问何学，曰学通文字也，其钝者，或读书半生，而不能作书柬。惟其难也，故望而不前者丨之八九，稍习即辍者又丨之八九。其能通文者，则自视为难能可贵之事，表异于众，而不能强喻诸众，且精力久疲，长于此而绌于彼，尚欲以影响闪烁之词，隐括事理，扬扬得意，不自知其贻误也久矣。”④ 对于主张从研究汉语的韵、纽着手，寻找汉语的标准

① 章太炎：《驳中国用万国新语说》，《太炎文灵初编》别录卷二，第337页。
② 梁启超：《〈盛世之音〉序》，倪海曙：《清末汉语拼音运动编年史》，第48页。
③ 梁启超：《〈盛世之音〉序》，倪海曙：《清末汉语拼音运动编年史》，第49页。
④ 王照：《〈官话合声字母〉自序》，倪海曙：《清末汉语拼音运动编年史》，第76页。

韵、纽，并以之制成“切音符号”的做法，章氏非常赞同；但对于以“切音符号”拼切汉语取代原有汉字的主张，章氏则不表赞同。在章太炎看来，“切音符号”只能成为一种“注音符号”，不能成为一种文字。终其一生，他对于“切音文字”始终都没有予以承认。所以，他对“言文合一”的主张也持反对立场。章太炎认为中国国土辽阔，方言众多，并且各地方言之间差别也非常大，难以统一，存在于中国各地的方言，皆承之自昔，各有本株，它们之间并无雅俗之分。由此，在章太炎看来，以“切音文字”来代替原有汉字，如果要是保存原有的方言，就会出现取舍为难的局面；如果以一种方言作为标准语，并以它的韵、纽制成“切音符号”来拼切汉语的话，则会导致大量方言的消失，而方言是中国文化的活化石，大量的古语、古训存留在方言里面，方言的大量流失，不仅是中国文化的一大损失，也将给古典文献的考订与阐释带来困难。为了证明方言统一之困难，章氏还以自己研究所得的“纽、韵正音”来省察全国各地方言发音的流变，其详见表1。

表1　全国方言发音概况

方言发音特征	所属区域	方言发音特征	所属区域
浊音去声变清音界	直隶、山东、河南、山西	入声似去界	直隶、山东、河南、山西
清音去声变浊音界	湖北、湖南、广东、广西、福建	舌上音归舌头界	福建
浊音上声变去声界	除浙江嘉兴、湖州二府，他处皆然	舌上音归喉音界	广东
去声不别影喻二纽界	除江南、浙江，他省皆然	舌上音变正齿界	江南、浙江、广东、湖南、广西、云南、贵州
上声似平界	陕西	轻唇音归牙音界	除广东，他省多有
匣纽变喻纽界	浙江	泥纽变娘纽界	除云南、贵州，他省多有
牙音误轻唇音界	广东	疑纽误娘纽界	除广东，他省多有
泥纽变来纽界	直隶、山东、河南、江苏北部、安徽北部	喉音误齿头音界	广东
弹舌音变来纽界	安徽北部	齿头音归喉音界	各省多有
弹舌音误禅纽界	江南、浙江、江西、湖南、云南、贵州、广东	齿头音变正齿音界	各省多有
鱼韵误支韵界	云南、贵州、广东、浙江	江阳二韵无别界	除江西，他省皆然

续表

方言发音特征	所属区域	方言发音特征	所属区域
舌收唇无别界	除广东，他省皆然	术物等韵误入横韵界	直隶、河南、湖北、湖南
韵无别界	除湖南、江西、安徽，他省皆然	麻韵误如曷末平声界	除江苏江宁府、浙江绍兴府，他处皆然
韵无别界	除广东，他省皆然	麻韵误先头幽韵界	除浙江、江西、湖南、广东，他省皆然
韵无别界	除岭北诸省，迤南诸省皆然		

资料来源：《国故论衡·正言论》。

由表1我们可以看出，中国各地方言所具有的纽、韵差异是非常大的，所以，以一种方言的纽、韵作为标准纽、韵来统一全国所有的方言，不但困难重重，实际上也根本办不到。并且，以此标准纽、韵制成“切音符号”来拼切汉语替代原有汉字，不但不能达到语言统一的目的，反而还会造成全国语言的混乱。由此看来，以“切音文字”替代原有汉字的主张，便不符合汉语言本身的发展规律。在中国原有的语言文字结构中，虽然方言杂多，但由于有汉字作为纽带，便显得杂而不乱。在传统的语言文字格局下，中国人民之间的交流，实际上是语（言）、文（字）交相起作用的，如果没有“文字”作为纽带，则各种方言区人民之间的交流将难以顺利进行。至于以万国新语的二十八个字母来拼切汉语，替代汉字的做法，其误与上述的“切音文字”相同，并且，由于它属于西方语言系统，施之于汉语，在章氏看来则尤扞格难通。从音素上来说，章太炎认为汉语言文字“计纽及韵，可得五十余字”，如果加上声之四等、韵之四声，“则音母几将二百”，[①] 较之万国新语的二十八个字母来说，汉语言的音素要丰富得多。所以，仅仅采用万国新语的二十八个字母，便不能穷尽汉语言及其变化，在现实运用的过程中，只会显得捉襟见肘。从汉语言文字产生的历史来看，章太炎认为汉字之所以采用“象形”，不用“合音”，是因为汉语言的“名言符号，皆以一音成文，故音同义殊者众，若用合音之字，将芒昧不足以为别。况以地域广袤，而令方土异音，合音为文，逾千里则弗能相喻。……自颉、籀、斯、邈以来，文字皆独标部首，据形系联者，其势固

① 章太炎：《驳中国用万国新语说》，《太炎文录初编》别录卷二，第342、343页。

不得已也”。[①] 据此，章太炎认为：“故非独他方字母不可用于域中，虽自取其韵、纽之文，省减点画，以相拼切，其道犹困而难施。”[②] 由于以上种种原因，章太炎对以万国新语的二十八个字母等以“切音文字”代替汉字的做法，便持坚决反对的立场。他认为，如果真的以“时彦所哗”的“言文合一”主张来“闾阎蒸黎”，只会收到“翩其反矣”的结果。[③]

三

“文字不得用拼音，妄效西文，而使人昧于其义也。”[④] 章太炎对“新世纪同人”及“切音文字”推行者的欧化倾向，虽然予以拒斥，但他并不反对他们统一语言的主张，他也主张“速谋语言统一”。[⑤] 如何统一全国的语言呢？章氏主张在原有的语言格局下，寻找出一种“正音,”以此“正音”作为全国“统一的语言”；“正音”只是一种普行全国的“标准化”语言，确立“正音”，并不偏废“方言”，“正音”应与“方言”并存。为了使“正音”规范化并普行全国，章氏主张应在研究汉语言纽、韵的基础之上，确立标准纽、韵，并以此标准纽、韵制成“切音符号”来标注“正音”，但此“切音符号”只能作为原有汉字的“注音符号”来运用，不可以之替代原有的汉字。根据他的研究，他认为：“北方纽正，南方韵正，汉口等处则当十八省之中枢，故其韵、纽皆正。”[⑥] 又云：“迩者以统一语言有所发舒，古之正音，存于域中者，洋洋乎其惟江汉大鄂之风，其侵谈闭口音，宜取广东音补之，异时经纬水陆之交，凑于汉上，语言旁达。”[⑦] 在他看来，汉口音为天下“正音”，所以，他主张以汉口音为基础，再以其他各地的方言补其不足，以确立全国统一的标准化语言。

对于汉语言纽、韵的研究，章太炎注力颇勤，他在总结前人研究成果

① 章太炎：《驳中国用万国新语说》，《太炎文灵初编》别录卷二，第 344 页。
② 章太炎：《驳中国用万国新语说》，《太炎文灵初编》别录卷二，第 344 页。
③ 章太炎：《正言论》，《国故论衡》上卷，《章氏丛书》，民国八年浙江图书馆刊印本。
④ 章太炎：《中华民国联合会第一次大会演说辞》，汤志钧编《章太炎政论选集》（下），中华书局，1977，第 535 页。
⑤ 章太炎：《中华民国联合会第一次大会演说辞》，《章太炎政论选集》（下），第 535 页。
⑥ 汤志钧：《章太炎年谱长编》（上），第 293 页。
⑦ 汤志钧：《章太炎年谱长编》（上），第 462—463 页。

的基础之上，确立汉语言的声纽为三十六，韵部为二十二，并以“古文、篆、籀径省之形”，制成“切音符号”五十八个，以之来标注、规范“正音”。[①] 章氏所创制的五十八个“切音符号，至民国二年教育部召开读音统一会时，经其弟子胡以鲁、周树人、朱希祖、马裕藻及许寿裳等联名提议，得全会赞同，遂成为全国统一语言的标准‘注音符号’（在实际运用中略有增损）”。[②]

汉语言“正音”的厘定及“切音符号”的创出，解决了汉语言的统一问题，同时也为解决汉字识读难问题提供了方便。为了彻底解决汉字难识问题，章太炎一方面主张将古典字书像《说文解字》、《玉篇》、《广韵》中著录的反语字，全部改成以他所创造的“切音符号”来标识，制成“音表”，“音表但记音声，略及本义，小字版本不过一册，书僮竹笘，以此标识其旁，则定音自可得矣”。[③] 另一方面，他又主张通过研究找出汉字的“初文”及“准初文”（最初章氏将其界定为《说文》的五百四十部首，到其撰写《文始》一书时，则将其界定为五百一十部首），以之教授儿童，复教以简单的“小学”知识，如此对于汉字则睹其形而知其音，并知其义，则汉字识读难问题便可获彻底解决。章氏云：“当其始入蒙学，即当以此五十八音，谛审教授，而又别其分等、分声之法，才及二旬，音已清澂。然后书五百四十部首，面作小篆，背为今隶，悉以纽、韵作切，识其左右，计三四月，而字部居，形义相贯，不衍于素。乃以恒用各字授之，亦悉以纽、韵作切，识其左右，计又得四五月，而童子应识之字备矣。程功先后，无过期年。自是以降，乃以蒙学课本，为之讲说形体音训。根柢既成，后虽废学，习农圃陶韦之事，以之记姓名而书簿领，不患其盲。若犹有不识者，音表具在，足以按切而知，何虑其难瞭耶？”[④]

“语言不凭虚而起，文字附语言而作”，[⑤]“夫中国语之特质为单音，外国语之特质为复音，如中土造拼音字，则此名与彼名同为一音，不易分辨，故拼音之字不适于华夏”。[⑥] 在清末民初之世，章氏从语言文字本身的

---

① 章太炎：《驳中国用万国新语说》，《太炎文录初编》别录卷二，第346页。

② 许寿裳：《章炳麟》，重庆出版社，1987，第95—96页。

③ 章太炎：《驳中国用万国新语说》，《太炎文灵初编》别录卷二，第350页。

④ 章太炎：《驳中国用万国新语说》，《太炎文录初编》别录卷二，第350页。

⑤ 章太炎：《国学讲演录》，华东师范大学出版社，1995，第26页。

⑥ 章太炎：《国学讲演录》，第16页。

特质出发，奋起捍卫汉语言文字的尊严，反对“新世纪同人”以万国新语取代汉语言文字的主张，反对以“切音文字”取代汉字的思想，在历史长河的冲刷之下，已经愈来愈显示出其深远的思想意义。清末民初的那场争论，其是非曲直，毋庸多言，我们今天已经看得非常清楚了。章太炎主张在民族语言文字传统的基础之上进行汉语文标准化的思路，也进一步反映在他关于汉语文本身在近代的发展这一重要问题的研究上。

鸦片战争以后，中西文化不断碰撞，中国社会开始了大规模、有组织地向西方学习的过程，传统的社会、文化结构由表及里均发生了显著变化。与之相随的是新生事物不断涌现，这不可避免地会对汉语言文字构成冲击，汉语言文字正在面临着一个前所未有的重要变化时期。由此，新语言及新名词的出现，也将成为一个不可避免的历史趋势。章太炎认为：“互市以来，新理日出，近人多欲造作新字者。”[①] 关于新名词的创立，章氏同样也持着历史性与社会性的立场，他认为语言文字随着人类社会历史的演化将愈来愈趋于繁富。人类社会从一开始是结绳记事，到后来则以书契代结绳，并渐渐趋于繁多。语言文字之趋于繁富，章氏认为并不是人类“好其繁之也”，[②] 而是人类社会历史演化的必然产物。西方诸国的语言文字以英语最为繁富，章氏云：“今英语最数，无虑六万言，言各成义，不相陵越，东西之有书契，莫繁是者，故足以表西海。”[③] 就语言文字本身的发展来看，章氏以为语言文字之趋于繁富，也说明了一个民族或国家之趋于繁荣昌盛。其云：“国有政者，其伦脊必析，纲纪必秩，官事民志日以孟晋，虽欲文之不孟晋，不可得也；国无政者，其出话不然，其为犹不远，官事民志日以呰媮，虽欲文之不呰媮，不可得也。”[④] 反观汉语言文字，章氏认为：“今小篆九千文，以为语柢，其数过于欧洲，累而成名，则百万以往。”[⑤] 然而，在实际运用中，汉语言文字实际上只有二千字左右被普遍使用，其他大量文字则几乎成了死文字。“以神洲之大，庶事之博，而以佐治者廑是，斯亦过省削矣。”[⑥] 章氏认为：“今自与异域互市，机械

① 章太炎：《后圣》，《章太炎政论选集》（上），第38页。

② 章太炎：《订文》，《检论》卷五，《章太炎全集》（三），上海人民出版社，1984，第488页。

③ 章太炎：《订文》，《检论》卷五，《章太炎全集》（三），第488页。

④ 章太炎：《订文》，《检论》卷五，《章太炎全集》（三），第489页。

⑤ 章太炎：《订文》，《检论》卷五，《章太炎全集》（三），第488页。

⑥ 章太炎：《订文》，《检论》卷五，《章太炎全集》（三），第489页。

日更，志念之新者日蘖，犹暖暖以二千名与夫六万言者相角，其噬便既相万，及缘付以译，而其道大穷。"[①] 因此，章氏在主张进行汉语言文字标准化、统一化的同时，对汉语言文字在近代的发展便非常关注。"后王起，必将有循于旧名，有作于新名。"[②] 关于汉语言文字在近代的发展，章太炎同样注重对传统的因袭，主张在继承传统的基础之上进行。关于"新名"的创作，他提出了下面几个具体主张。

第一，"新名"的创作，要做到名实必符。其云："科学兴而界说严，凡夫名词字义，远因于古训，近创于已见者，此必使名实相符，而后立言可免于纰缪。不然，观其概义则通，而加以演绎，则必不可通；观其固有名词则通，而证以事实，则必不可通，此之谓不成文义而已矣。"[③] 举例来说，时人将西方的声、光、化、电及有机、无机诸学，概冠以"格致"之名，章氏认为时人所谓的"格致"，实即日本人所谓的"物理学"，以"物理学"为"格致"，不但名实不符，还导致了国人产生西方的声、光、化、电及有机、无机诸学"皆中国昔时所固有"的谬见："此用名之误，而貤缪及于实事者也。"[④] 又如"维新"一词，时人"以维新为变法"，又"以维新为温和主义"，章太炎皆斥其为"妄"。其云："维新之语，始见于《大雅》，再见于《伪古文尚书》。如《大雅》言：'周虽旧邦，其命维新。'此谓以千数百年西岐之侯国，忽焉受宠帝眷，统一神州，而为万国之共主，是故谓之新命。若今之政府，则帝制自为也久矣，更安有所谓其命维新者？……（伪《古文尚书》）所说'歼厥渠魁，胁从罔治，旧染污俗，咸与维新。'亦可见未有不先流血而能遽见维新者。"[⑤] 由此，章氏认为时人所造之"维新"一词，较之"格致"一词为"尤缪"，不但名实不符，还导致了国人"指鹿为马，认贼作子"，丧失反清革命大义，"一言之失，而荼毒被于天下"，[⑥] 其影响之坏，则较"格致"为尤甚。

第二，关于"外来语"的翻译，章太炎主张当音译、义译相辅而行，不能义译的听其译音，能够义译的则可为之"特为作名"，但不能强相比

① 章太炎：《订文》，《訄书》（初刻本），《章太炎全集》（三），第 47 页。
② 章太炎：《订文》，《訄书》（初刻本），《章太炎全集》（三），第 44 页。
③ 章太炎：《论承用维新二字之荒谬》，《章太炎政论选集》（上），第 242 页。
④ 章太炎：《论承用维新二字之荒谬》，《章太炎政论选集》（上），第 242—243 页。
⑤ 章太炎：《论承用维新二字之荒谬》，《章太炎政论选集》（上），第 243 页。
⑥ 章太炎：《论承用维新二字之荒谬》，《章太炎政府选集》（上），第 243 页。

附。如关于西方的海军、陆军之帅，时人或强相比附译为中国的“提督”，章太炎认为：“译之以提督，则权甚轻也。”或特为作名，译为“大将军”，章太炎则甚为首肯。①

第三，关于“废弃语”，时人或以为“语既久废，人所不晓，辄令神味减失”，主张废弃不用。章太炎则认为：“废语多有可用为新语者”，② 并云：“西方新语，多取希腊，或本梵文，腐臭之化神奇，道则不易。”③ 他主张“雅俗称名，新故杂用。”④ 旧有的废弃语，经过作时代性的创造，化腐朽为神奇，仍不失为一条丰富、发展汉语言文字的途径，仍然可以继续为时代服务。因此，章氏认为：“废弃语之待用，亦与新造无殊，视外来则尤急，当审举而戒滥耳。”⑤

章太炎关于汉语文的统一与普及及其关于汉语言文字本身发展的思考，由于注重了语言文字作为历史性与社会性存在的特性，使其思想充满了浓厚的理性精神。他在清末民初之世奋起捍卫汉语言文字的尊严，主张在汉语言文字传统的基础之上，进行其近代的转化，这一思想不仅显示了章太炎深邃的文化眼力，也为我们今天如何继续丰富发展汉语言文字，提供了有益的借鉴。

（按：本文原为笔者博士论文之一节，曾单独成篇，投稿于《近代史研究》杂志，经专家审查后，承蒙不弃，复函正式采用。后来据说由于编辑的变动，是以一直未能发表。此二十年前之旧事矣，然今日思之，犹觉惘然！后收入笔者所著之《多元视野与传统的合理化——章太炎思想的阐释》一书。）

---

① 章太炎：《订文》，《訄书》（初刻本），《章太炎全集》（三），第 49 页。
② 章太炎：《订文》，《检论》卷五，《章太炎全集》（三），第 508 页。
③ 章太炎：《订文》，《检论》卷五，《章太炎全集》（三），第 508 页。
④ 章太炎：《订文》，《检论》卷五，《章太炎全集》（三），第 488 页。
⑤ 章太炎：《订文》，《检论》卷五，《章太炎全集》（三），第 508 页。

章太炎的经济学说

鸦片战争以后，中国一些有识见的文化分子提出向西方学习，走以工商立国的道路。这一思路为未来中国指出了一个广阔的前景目标，也是当时深重民族危机的直接反映。章太炎在举世攘攘、追慕欧风美雨的历史年代里，提出了自己独特的经济学说。

章太炎的经济学说，是在研究中国特殊国情的基础之上提出来的。他没有走“重商主义”者的欧化道路，而是针对中国生产不足、人口众多、贫穷愚昧的现状，作了综合性思考，并突破狭隘的经济领域，将目光指向了更为宽广的诸如政治、社会、人文等领域。这不仅仅使他的经济学说充满了浓厚的人文精神，也使他的思想出现了前期与后期的不同。在其前期（1903 年以前），他的目光主要是放在注重生产的增长上，在其后期（1903 年以后），他的目光则移向了注重分配的均等。

一　前期：追求生产的增长

生产的增长有赖于农、工、商的全面振兴，传统“崇本贱末”的经济模式，显然不利于国民经济与生产的增长。因此，理顺农、工、商的关系，将是一个至为重要的问题。

传统的“崇本贱末”思想，实是一种政治的、伦理的经济思想，其理论依据是工商末业徒事机巧，败坏人心，不利于社会的稳定与风俗的淳朴。章太炎认为这一思想“其议虚憍，近于无端崖之辩”。[①] 由此，这一传统经济模式，便为章太炎所不取。其云：“夫天地有百昌以资人用，待商而通，待工而成。故圣人置舫人之官以通川泽，骖服辣牝以达原阪，人不

---

① 章太炎：《明农》，《訄书》（初刻本），《章太炎全集》（三），上海人民出版社，1984。

极劳，而足以穷泰远，剂其所产，以龚服御。”[①] 他认为农、工、商均为生民所资，缺一不可。关于农、工、商三者之关系，他在主张三者兼重的同时，又特别强调应以农为本，其云：

> 夫通四方之珍异，使五金、百卉、皮革、丹漆，昼夜相转乎前，而上榷税之，民得其养，上得其用，均输之术，于是乎两便。然计本量委转输之，久而出者必穷。是故终南之山，今无檀柘者，会稽之壤，今无竹箭者，取之尽也。然则商非能自通也，孳殖于农，而裁制于工，己则转之。[②]

在章太炎看来，工商待农而兴，无农，则工商不兴，农是成工、通商的基础。所以，他主张“重农”，认为重农“是为知本”。[③] 章太炎又说道：

> 夫既有工艺矣，则一方或有余，而一方或不足，而求之者则固相等，于是，商贾操之以征贵贱。[④]

在工、商二者之间，商之兴又有待于工之成。综合来看，章太炎关于农、工、商三者的关系，是以农为本，工次之，商为末。这一从农→工→商的顺序，仅是一逻辑顺序，三者之间并无高低贵贱之分。章氏对农、工、商三者关系的重新界定，已经突破了传统的“崇本贱末”思想，他之主张“重农”，不过是将“农”当作工、商的本源来看待的，在他看来，如果农不兴，则工、商所赖以成、通的资源就会枯竭。

仔细分析一下章太炎的“重农”思想，我们发现他所说的“农”，并非指狭义的“农耕之业”，而是带有明显的泛农色彩，如章氏曾经说道：

> 古之所谓农，非播稼而已，蔬中之丰，园圃毓之；桢榦之富，虞衡作之；鸟兽之蕃、鱼蛤之孳，薮牧聚之；麻枲之坚、蚕桑之贼，妇

---

① 章太炎：《明农》，《訄书》（初刻本）。
② 章太炎：《明农》，《訄书》（初刻本）。
③ 章太炎：《明农》，《訄书》（初刻本）。
④ 章太炎：《读管子书后》，汤志钧编《章太炎政论选集》（上），中华书局，1977。

工成之；数者，非三农之职业也，而隶于农。故诸农之所隶籍者，一切致筋力以厚其本，则百货逢涌，不知其所尽，而商旅通矣。[1]

他将“播稼”之外的园圃、虞衡、薮牧、妇工等业，一切皆视为“农”。在他所规划的《均田法》中，他将“坑冶”与“露田”、“草莱”等量齐观，[2] 将“坑冶”当作《均田法》的一个重要内容来看待。由此，我们可以看出，章太炎所谓的“农”，与我们传统意义上所说的“农”，差别是很大的。他所说的“农”，实际上指的是人类直接面对自然、通过利用自然力而获取物质资料，或者通过开掘自然本身所蕴藏的资源（如矿藏等）而获取物质资料的经济行为。换句话说，他所说的“农”，指的是生产工业产品所赖以取资的一切原料的经济行为。因此，在章太炎眼中，“农”位于人类经济活动的第一级，这是人类直接面对自然所进行的生产活动，在这里体现的是“人”与“自然”的关系。而“工”则位于人类经济活动的第二级，其经济行为表现的是人与人之间的关系，也即是人们在生产之中结成的生产关系。因为工业产品制作的过程，虽然表现为人与物质资料之间的关系，但是，由于这一物质资料并非直接取之于自然，而是由人类的第一级经济活动所提供的，由第一级经济活动提供的物质资料，已经凝结了第一级经济活动者的劳动力，这一物质资料已经不是“自然之物”，而是“人化的物”，因此，第二级经济行为所体现的便是人与人之间的关系。“商”则位于人类经济活动的第三级，其经济行为也表现为人与人之间的关系。章太炎对人类经济活动的三级划分，将“农”置于第一级的位置，显示了他对物质资料生产的高度重视。

章氏在农、工、商兼重的同时，特别提出“以农为本”，其目的不过是为工、商提供取之不尽、用之不竭的丰富的物质资料。章氏云：

乌乎！今中国金币之泄于异域者，不可画箸计也。议者病夫商旅之不远出，而欲致行之，顾未尝以器之良楛、物之盈绌为计。彼苦荼与丝者，非园夫红女，将曷成者也？逾淮、汉，甫草之地，芊犹大数十，桑麻不殖，牛羊不下括；车陟乎桃林，甫草之地，芊犹大数十，

① 章太炎：《明农》，《訄书》（初刻本）。
② 章太炎：《定版籍》，《章太炎政论选集》（上）。

蒲桃不成，牛羊不下括；商虽通矣，其何取以运？[①]

“重商主义”者以“商战”为务，在章太炎看来，如果没有“农”所提供的丰富的物质资料，没有“工”所提供的精良的工业产品，将失去它的根基。那么，同西方进行“商战”，将借何以成？所以，“重商主义”者的主张，在章氏看来便是一种本末倒置的主张。只有以“农”为本，将经济活动的重点放在一、二两级（第一级尤为重要），这样才能为同西方进行“商战”提供坚实的基础。由此，章太炎的经济思想与“重商主义”者的经济思想便恰好相反，他将重点放在“第一级”，主张“重农”，主张“以农为本”，所以，我们可将他的经济思想看成是一种“重农主义”的经济思想。章氏的这种“重农主义”的经济学说，将物质资料的生产放在首要位置来考虑，同时兼重工、商，其目的是为了给国家的经济发展奠定坚实的基础，从而在同西方竞争中，立于不败之地。所以，这一思想较之当时“重商主义”者的经济思想来说，实有着更加独到的眼光。

由章太炎这种“重农主义”经济学说，不禁令人想起启蒙运动时期法国资产阶级重农学派的经济主张，两者表面上看去是极为相似的，但仔细分析起来，两者之间仍然存在着本质区别。以魁奈、杜尔哥等人为首的法国重农学派，在人类经济行为中追求的是“净产品”的增殖。他们将人类的经济行为分成“生产者”与“不生产者”两类。所谓“净产品”，指的是“财富的净增值”，重农学派认为：“每种生产事业必然要有某种开销——某种损失，换言之，在财富的生产过程中，有一定数量的财富被破坏，这个数量应该从所生产出来的新财富的数量中减去，两者之间的差额构成了财富的净增值。”[②] 他们认为这种“净产品”只限于一种生产部门，即农业：“只有在农业中，所生产的财富大于所消耗的财富，除非发生意外事件，劳动者的收获总多于消费，即使把劳动者全年的生活维持费用计算在内而不是仅仅计算收获和耕作季节劳动者的开支。正因为农业生产具有提供‘净产品’这个独特的不可思议的力量，经济才成为可能，人类文明才会实现。其他生产部门，无论是商业或运输业，都不是这样，因为在这里，人类的劳动显然什么也没有生产，而只替代或移动已经生产的产

① 章太炎：《明农》，《訄书》（初刻本）。

② 〔法〕夏尔·季德、夏尔·利斯特：《经济学说史》（上），徐卓英等译，商务印书馆，1986，第20—21页。

品。工业也不是这样，在这里手工业者仅仅把原料拼凑在一起或仅仅是进行加工。”[①] 因为只有“农业”才能提供“净产品”，所以，他们将农业劳动者称为“生产者”；由于工商等业不能提供“净产品”，所以，他们将从事工商等业的称为“不生产者”（虽然从内心来说他们是极不情愿这样做的）。由于对“净产品”的追求，重农学派对工商业者往往流露出一种鄙夷之情。章太炎虽然也“重农”，但他并不鄙视工商。重农学派追求“净产品”（“财富的净增值”），仅仅将目光限定在财富的增长上。由于章太炎在重农的同时，兼重工商，从逻辑上来说，章氏就不仅仅追求财富的增长，他更加注重的是追求价值的增长及价值的实现，也即在“农”提供丰富物质资料的基础之上，通过成工、通商，在市场的互动中获致价值的增值与价值的实现。这是他们两者本质区别之处。章氏的这种“重农主义”经济学说，较之法国“重农学派”来说，可以说更加本质地反映了近代工业文明之下经济行为的目的追求。但由于两者都注重对于传统的继承，将近代工商的发展奠定在农业基础之上，这说明两者又有着惊人的相似之处。唯其如此，也导致了两者命运的极其相似，重农学派之遭受启蒙思想家的反感，章太炎之一直遭受世人的曲解，其故也即在此。

既然将生产的增长确立为经济行为的主要目标，那么，如何才能实现生产的增长呢？章太炎主张通过提高生产的技术水平来实现生产的增长。生产工具是生产技术水平的重要表征，为了提高生产技术水平，章氏非常重视生产工具的改进。他对挟着近代生产工具（近代机器）雄霸全球的“维多利亚大风”特别赞美。[②] 并且，对中国历史上为生产工具的改进作出过杰出贡献的所谓“畴人”表示敬意，主张修史应为“畴人”列“传”，为“工艺”作“志”。他自己曾发愤要修撰一部百卷《中国通史》，这部著作虽然未能修成，但在章氏所拟定的“目录”中，赫然将“工艺志”及“畴人别录”列为重要内容，[③] 由此也可见章氏重视生产工具改进之一般了。

随着人类社会历史的演化，人类所从事的生产活动愈益增多，生产力的发展水平也不断得到提高。章太炎认为“作力剧而器用匮”，[④] 在生产力

① 〔法〕夏尔·季德、夏尔·利斯特：《经济学说史》（上），徐卓英等译，第21页。
② 章太炎：《喻侈靡》，《訄书》（初刻本）。
③ 章太炎：《致梁启超书》，《章太炎政论选集》（上）。
④ 章太炎：《尊史》，《訄书》（重订本），《章太炎全集》（三），上海人民出版社，1984。

水平愈益提高的情况下，如果不适时地进行生产工具的改进，促进生产的增长，就会产生器用匮乏之虞。“夫古器纯朴，后制丽则。”① 从历史演化的角度来看，生产工具也是愈益趋于精巧便用。人类社会的早期历史经历了石器→铜器→铁器的演化过程，② 生产工具的改进，是历史演化的必然趋势。那么，怎样才能促进生产工具的改进，从而推动生产技术的革新呢？其一，章太炎主张“合群”，其云：

> 余读《胡非子》曰：“一人曰：吾弓良，无所用矢；一人曰：吾矢善，无所用弓。羿闻之曰：非弓何以往矢？非矢何以中的？令合弓矢而教之射。”以此知古之初作弓者，以土丸注发，古之初作矢者，以徒手纵送，两者不合，器终不利。此所谓隐匿良道，不以相教，由民不知群故也。夫民别而听之则愚，合而听之则圣，故羿合之而械用成矣。惠施有言：“城者，或操大筑乎城上，或负畚而赴乎城下，或操表掇以善睎望，三者亡一，城不可就。”③

在章太炎看来，生产技术的改进与社会化的分工合作存在着密切的关系。他认为中国经济的发展之所以会落后于西方，一个重要的原因即是“不能合群以张吾学故”。④ 其二，章太炎主张“竞争”，通过“竞争”来促进生产工具的改进，从而推动生产技术的革新。其云：“人之相竞也，以器”，又云：“竞以器，竞以礼，昔之有用者，皆今之无用者也。”⑤ 他认为在我国传统礼制中所使用的礼器，其本初原为生产工具，是在竞争中被淘汰不用而化为礼器的。换句话说，生产工具则是在竞争中不断得到改进的。

对于生产技术进行改进的思想，终章氏一生均无变化，在其晚年，他仍然在反复不断地强调要吸取西方的先进技术以为我用。由此，我们可以认为，章氏实际上是将生产技术的改进当作促进生产增长的一个最重要手段。除此之外，章太炎还注重消费效应、政策调适以及人口质量对生产增

① 章太炎：《尊史》，《訄书》（重订本）。
② 章太炎：《原变》，《訄书》（初刻本）。
③ 章太炎：《尊史》，《訄书》（重订本）。
④ 章太炎：《论学会有大益于黄人亟宜保护》，《章太炎政论选集》（上）。
⑤ 章太炎：《原变》，《訄书》（初刻本）。

长所起的作用。

我国传统的以农业为主体的经济结构，由于生产严重不足，导致了消费的低下，与此相应，便产生了“崇俭黜奢”的传统消费观。关于“奢”，章氏以其独特的历史主义眼光，对之重新作了界定，其云：

> 顾势也，浸久而浸文明，则亦不得不浸久而浸侈靡。而所谓侈靡者，其称固未有定也。成周之世，食大牢而奏《韶濩》，自茹毛饮血之世视之，而侈靡已甚矣；今自大秦以西，一醧而金百溢，自成周之世视之，而侈靡又已甚矣。必举成周之俗以訾今人，则亦将举茹毛饮血以訾成周，而递訾之，至于无穷，则有耦踖鼬而伍羝羊者，而茹毛饮血复有訾其侈靡者矣。然而天下无所谓侈靡也，适其时之所尚，而无匮其地力人力之所生，则韪已。①

章太炎认为“奢”是一历史性概念，随着人类社会生产水平的提高，必然要带来人们消费水平的提高，无所谓“奢”与“俭”。只要根据生产力发展水平，进行“适度的消费”，便是一种正确的消费观。所以，他不赞成传统的“崇俭黜奢”的消费观。从章太炎主张进行“适度的消费”来看，对于“崇奢黜俭”的消费观，他也是不赞成的，因为这种消费观超过了时代生产力水平所能提供的消费水平。但由于当时中国的现状是消费严重低下，所以，章太炎目光所注仍然是放在鼓励消费上。其云：“兴时化者，莫善于侈靡。”② 鼓励消费，是为了矫正传统的“黜奢崇俭”的错误消费观，更为重要的则在于通过扩大消费促进生产的增长。章氏云：

> 古者，于山之见荣茂草乔松之为煤者，未尝求；于良工精材虽求之，而未尝致；非夫假修纯白之谓也，其用未侈靡，则呰窳偷生而已足。然而人非草形之虫矣，慧亦益启，侈亦益甚，则定质之弃于地，与诸气诸味之弃于地外者，必将审御机数以求之。是故侈靡者，百工之所自出也。③

---

① 章太炎：《喻侈靡》，《訄书》（初刻本）。
② 章太炎：《喻侈靡》，《訄书》（初刻本）。
③ 章太炎：《喻侈靡》，《訄书》（初刻本）

在此，章氏正确地摆正了“生产”与“消费”的关系，低消费是与低生产密切相连的，生产的增长，有赖于消费水平的提高，两者相互依住，不可分离。章氏主张“适度的消费”，其意正在于通过消费效应来促进生产的增长，以改变传统经济格局下生产的严重不足局面。

中国是一个人口众多的传统农业大国，在传统的以农业为主体的经济结构中，存在着人口众多而粮食短缺的尖锐矛盾。由于传统经济结构下粮食生产的严重不足，由农业所提供的粮食资源，基本上被国人简单的生存需求消费掉了，甚至还不能维持国人最起码的生存需求，使国人的消费水平永远处于一种低迷状态，这不仅使传统经济走不出低消费、低生产的循环封闭怪圈，也有力地限制了生产的进一步增长。为了解决这一矛盾，为生产的进一步增长打下坚实基础，章太炎主张通过政策的调适，也即充分发挥政策的干预作用，带领传统经济走出这一怪圈。

在传统的以农业为主体的经济结构中，一方面是粮食生产的严重不足，另一方面则存在着土地资源的开发不足及土地资源利用的非合理化倾向。章太炎说道：

> 逾淮、汉，甫草之地，芈狱大数十，桑麻不殖，牛羊不下括；车陟乎桃林，甫草之地，芈狱大数十，蒲桃不成，牛羊不下括。①

这种土地资源的大量浪费现象，随处而有。章太炎又说道：

> 闽土非甚硗确，民亦不绵力薄材，而食谷必转于近省，甚哉，烟草之为害烈也！田莱一倾，三谷而七烟。……烟叶之苦泽，下毒其壤，数年不能成菜茹，虽欲反而树稼，其道无由。②

这种“三谷而七烟”土地资源的非合理化利用倾向，恐亦并非仅只限于闽省。土地资源的开发不足及土地资源的非合理化利用，无疑会加剧传统经济格局之下人口众多与粮食短缺的矛盾。章氏以为：“吾以为农官不设，农事不能以大举。”③ 因此，他主张设立“农官”来领导并调节农业生

① 章太炎：《明农》，《訄书》（初刻本）。
② 章太炎：《禁烟草》，《訄书》（初刻本）。
③ 章太炎：《明农》，《訄书》（初刻本）。

产，从而做到土地资源的充分合理化利用，并减少土地资源的大量浪费现象。

> 昔者北方之砂砾，蓟丘之左，自虞集始营度之，至于今二十世；天山之水泉，若古勿导，导之自林则徐，至于今再世；而其效特局促于是也，非设农官无以为也。①

对北方砂砾之地以及天山等地的大规模开发，对淮、汉、桃林等山原之地开发，章太炎认为非设一“农官”来领导，则事不可以“大举”。关于“烟草”，章太炎则主张由国家颁布禁令，严禁种植。其云：“下令之岁，已栽者不芟，明年无莳，莳以番薯蓣，足以代谷，三年而腊毒尽，则壤可稼矣。……犯禁：三亩者，伏通衢；五亩，捶；十亩，罚白金五两；二十亩，官笞之，没其地入里校室。”②

设立“农官”来领导土地资源的开发，以及对土地资源的非合理化利用进行政策性干预，固然可以缓解人口众多与粮食短缺的矛盾，但是，由于清朝政府当时实行的是自康熙以来一直奉行的“摊丁入亩”的“一条鞭法”，加之官吏在征收赋税时之“公取平余”、“私索耗羡”，使土地的赋税负担非常沉重，加之土地占有的不均，这就容易引发社会各种矛盾的激化，造成社会的动荡。章太炎认为：“田不均，虽衰定赋税，民不乐其生，终之发难。”③ 这一问题如果得不到合理的解决，则社会有可能会在难以弭平的周期性的动荡中元气耗竭，这就更加谈不上促进生产的增长了。所以，为了彻底解决这一问题，章太炎主张必须实行均田政策，制定合理的赋税政策，使民“乐其生”。通过与孙中山的商讨，他拟订了一份“均田”草案，其内容如下：

> 凡土，民有者无得旷，其非岁月所能就者，程以三年，岁输其税什二，视其物色而衰征之。
>
> 凡露田，不亲耕者使鬻之，不雠者鬻诸有司。诸园圃，有薪木而受之祖、父者，虽不亲邕，得有其园圃薪木，无得更买。池沼如露田

---

① 章太炎：《明农》，《訄书》（初刻本）。
② 章太炎：《禁烟草》，《訄书》（初刻本）。
③ 章太炎：《定版籍》，《章太炎政论选集》（上）。

法。凡寡妻女子当户者，能耕，耕也；不能耕，即鬻。露田无得佣人。

凡草莱，初辟而为露田园池者，多连阡陌，虽不躬耕，得特专利五十年。期尽而鬻之，程以十年。

凡诸坑冶，非躬能开浚硩采者，其多寡阔狭，得恣有之，不以露田园池为比。①

透过这份“均田”草案，我们可以看出：第一，章太炎注重已开发土地资源的高度利用（“凡土，民有者无得旷”）；第二，鼓励开发尚未开发的土地资源（“草莱”、“坑冶”等）；第三，主张实行耕者有其田（“凡露田，不亲耕者使鬻之”）。这一主张的提出，一方面当然是为化解日益激化的社会矛盾，避免社会在周期性的动荡中耗竭元气；另一方面则是为了更好地开发土地资源，从而为生产的进一步增长提供有利的条件。

夫农耕者，因壤而获，巧拙同利。一国之壤，其谷果桑榆有数，虽开草辟土，势不倍增。而商工百技，各自以材能，致利多寡，其业不形。是故，有均田，无均富；有均地著，无均智慧。②

在主张“均田”的同时，他反对“均富”、“均智慧”，反对抑制工商，这说明章氏的“均田”思想，是作为发展工商的基础而提出来的。推行“均田法”，也可谓是他注重了政策的调适作用，但这一主张由于是基于社会的稳定来考虑的，所以，它本身已经突破了纯粹的经济范畴，带有浓厚的政治目的性倾向。

如果说政策的调适作用对促进生产的增长有着直接影响的话，那么，人口质量的提高，对生产的增长将有着更加深远的意义。

为了提高人口的质量，章太炎一方面主张采取“优生”政策，另一方面则注重开启民智。关于前者，章氏云：

核丝（指细胞核——笔者）之远近，蕃萎系焉；遗传之优劣，蠢

---

① 章太炎：《定版籍》，《章太炎政论选集》（上）。

② 章太炎：《通法》，《訄书》（重订本）。

> 智系焉；血液之衲杂，强弱系焉；细胞之繁简，死生系焉。[1]

他从近代西方的细胞学及遗传学等知识获知，人种良否，与人类的婚姻制度存在着密切关系。“欧洲父族母族，七世以内，皆禁相婚，以血缘大近故也。”[2] 下一代的健康（“强弱”）聪明（“蠢智”）与否，由于同父母的遗传存在着密切关系，所以，章氏主张禁止近亲结婚，并且禁止“童昏”（痴呆）、“嚚喑”（聋哑）、“焦侥”（侏儒）等天生生理上有着严重缺陷的人结婚。[3] 从而培育出“人人皆角犀丰盈”，[4] 也即健康聪明的下一代。章氏的这一“优生”思想，直接受之于西方近代的细胞学及遗传学的启示，他之主张推行“优生”政策，反映了他对提高人口质量的高度重视。

> 性犹竹箭也，括而羽之，镞而弦之，则学也，不学，则遗传虽美，能兰然成就乎？[5]

人口质量的提高，除了有待于“先天的遗传”之美外，章氏认为还同“后天的学习”存在着密切的关系，所以，他在主张推行“优生”政策的同时，又极力主张开启民智，提高国人的智识文化水平。关于开启民智，章太炎的言论颇多，然其所取途径不外乎“立学会”、“建学堂”、“广宣传”等。[6]

培育体格健壮、聪明智慧的国民，可以为促进生产的增长，提供优秀的人力资源，从而有效地医治传统农业文明之下中国人民贫穷愚昧的顽症，使中国经济走出低消费、低生产的封闭循环怪圈。

追求生产的增长，目的在于实现财富与价值的增殖，其终极目标则在于富国阜民。在“国”与“民”的关系上，章太炎又将“民”放在主体地位，而“国”则被放在客体地位。在他看来，先须“阜民”，而后才谈

---

① 章太炎：《族制》，《訄书》（初刻本）。
② 章太炎：《族制》，《訄书》（初刻本）。
③ 章太炎：《族制》，《訄书》（初刻本）。
④ 章太炎：《族制》，《訄书》（初刻本）。
⑤ 章太炎：《族制》，《訄书》（初刻本）。
⑥ 其详请参详拙作《戊戌变法时期章太炎变法思想平议》，《江苏社会科学》1997 年第 1 期。

得上“富国”，追求“富国”不能以牺牲“阜民”为代价。因此，他反对一切损害国民利益的经济行为。这一点，我们可以从他的“制币”思想中清楚地看出来。

鸦片战争之前，王鎏为了缓解清朝政府的财政危机，曾提出过发行纸币的主张。他认为发行纸币“造百万即百万，造千万即千万”，这是一种掠夺国民的货币思想。这种货币主张遭到了章太炎的激烈批评。章太炎认为纸币虽有轻便之利，便于流通，但纸币的发行必须要以“帑庯以为本”。其云：“今东西虽异度，其储藏固足以相任，以中国之匮乏，官无见钱，率然以纸币下行，其无根株也，泛泛如海间屈龙乎？”[①] 由于当时中国库藏匮乏，章太炎认为中国发行纸币的条件还未成熟，所以，他反对发行纸币，而主张“铸金”。章氏认为铸造金币，一方面可以防止在国际金本位体制下中国利权的隐受损害（章氏云：“西方之金，一两当银十五两，其与吾易，则当三十两，所得倍称，故泰西隐益，而中国隐损。”——见其《制币》一文），同时，也可以防止滥发纸币、掠夺国民的弊病。等到库藏既足，中国发行纸币的条件成熟后，才可以发行纸币。等到那时，章氏云：“吾乃陟高丘而宣言曰：纸币行矣！”[②] 才能确立一个健全的纸币制度。“神州之商，潼滃蔚荟，相集相错，以成大群，而后可与西商格拒。”[③] 这样，纸币的发行，不仅成为富国的有力手段，也成了“厚生之大衢”。[④]

追求生产的增长，以富国阜民作为终极关怀，又将“阜民”当作第一义而揭示出来，这反映了章太炎的经济思想充满了浓厚的人文精神。正是由于这一“人文”因素的影响，使章太炎的经济学说在其后期发生了一个巨大变化，即他在追求“生产的增长”之同时，又开始注目于“分配的均等”，并将“分配的均等”置为其视角的中心。

二　后期：注重分配的均等

1903 年，发生了著名的“苏报案”。因“苏报案”，章太炎被判三年监禁，在上海西牢中，度过了漫长的铁窗生涯。1906 年获释以后，章太炎

① 章太炎：《制币》，《訄书》（初刻本）。

② 章太炎：《制币》，《訄书》（初刻本）。

③ 章太炎：《制币》，《訄书》（初刻本）。

④ 章太炎：《制币》，《訄书》（初刻本）。

来到日本东京担任《民报》主编，主要从事领导革命的宣传工作。这一时期，由于他置身于日本，对近代资本主义工业文明开始有了更加深刻的了解，成为促使他经济思想重心转移的一个重要原因。

透过章太炎前期的经济思想，我们可以看出，当时他虽然主张运用政策的干预作用来促进经济的发展，但总体上来说，他对经济的发展是一种“自由主义”的态度，这是以当时中国的经济生产严重不足作为背景的。到了后期，由于章氏置身于日本，看到了欧美高度发展的经济带来了一系列的社会弊病。欧美经济的高度发展，造成了社会的进一步分化，贫富悬绝，社会矛盾日益尖锐，社会运动也因之风起云涌。章太炎认为欧美社会之所以陷入极度的动荡之中，主要是由分配的极度不公造成的，这一因素有可能成为炸毁现有秩序的烈性炸药。因此，要避免欧美那样的弊病，必须要解决好分配问题。从这一主导思想出发，他主张对经济的发展进行有效的干预，而放弃了前期的“自由主义”立场。如果说章氏前期之注重生产的增长，对经济的发展持一种“自由主义”态度，是以当时中国经济的“生产不足”为背景的话，那么，在其后期，他之注重分配的均等，对经济的发展持“干涉”立场，则是以中国经济的“生产既足”为背景的。当然，当时中国还远没有达到“生产既足”的地步，其思想的提出主要是以欧美经济的发展状况来比附的，其目的在于防患于未然，避免中国重蹈欧美的覆辙。由此我们认为，章太炎后期的经济思想不但不是对其前期思想的背离，反而是对其前期经济思想的有力补充。因为，他在追求“分配的均等”的时候，并没有忘记追求“生产的增长”，只不过是侧重点有所不同罢了。那种认为章太炎后期经济思想对于其前期来说是一种“后退”的观点，是有失偏颇的。

西方近代资本主义工业文明，挟着近代先进生产技术，创造了巨额的经济财富，但西方资本主义各国财富的巨额积累，并没有成功地解决好民生问题。一方面是少数资本家阶级占有着社会财富的巨大份额，另一方面则是广大工人阶级占有社会财富的较小份额，仍然处于极度贫困状态。富者愈富，贫者愈贫，这便是近代资本主义世界的奇观。为了防止由生产的增长带来的财富的为少数人所独占，章太炎主张应运用政策的有效手段进行干预，“抑富强，振贫弱”，[①] 从而避免在财富高度积累的情况下出现富

① 章太炎：《代议然否论》，《章太炎政论选集》（上）。

者愈富、贫者愈贫的局面。其具体措置主要有“均配土田”、“官立工场”、“限制相续”等。[①]

关于“均配土田”。这可谓是继承了他前期的“均田”思想。他主张：“田不自耕植者不得有，牧不自驱策者不得有，山林场圃不自树艺者不得有，盐田池井不自煮暴者不得有，旷土不建筑穿治者不得有，不使枭雄拥地以自殖也。”[②] 田牧旷土、山林场圃、盐田池井，属于我们前面所说的“农业”，位于人类经济行为的第一级，这是人类直接面对自然力的开发。由章氏这一主张我们可知，对于第一级的经济行为，章太炎力图将它控制在一个“自耕”的范围之内，力图避免无限制的社会化的大规模生产。这是否反映了章太炎代表了自耕农阶层的利益，或者说反映了章太炎具有一种“没落地主阶级的恐惧情绪”呢？回答是否定的。我们知道当时中国总的经济状况是生产不足，并且面临着庞大的人口压力，揆之章氏的用意，实是想要充分利用中国丰富的人口资源，扩大对自然力的开发，以为工商的发展提供丰富的物质资料。走“自耕”的途径，虽然可能会由于限制社会化的大规模生产而导致生产增长速度的减慢，也可能会偏离近代大生产的发展方向，但它一方面能够避免西方资本主义文明之下过度两极分化的弊病，不至于将中国庞大的人口推入赤贫的深渊；另一方面通过充分利用中国庞大的人口资源，扩大对自然力的开发，无疑也会促进生产的增长，同时也避免了传统经济格局下两极分化的弊病。章太炎反对走西方式的大生产道路，并不是出于“没落地主阶级的恐惧情绪”；章太炎主张将第一级的经济限制在“自耕”范围内，也不是代表了自耕农阶层的利益。因为，他并没有回到传统的经济格局中。他不过是想在西方近代的大生产之外，另辟一条蹊径，找出一条适合中国发展的道路。

关于“官立工场”。章太炎云：“官设工场，辜较其所成之直，四分之以为饩廪，使役佣于商人者，穷则有所归也。”[③] 又云：“在官者，身及父子皆不得兼营工商，托名于他人者，重其罪，藉其产。身及父子方营工商者，不得入官，不与其借政治以自利也。”[④] 综合此二者来看，则可知章氏

① 章太炎：《五无论》，《太炎文录初编》别录卷三，《章太炎全集》（四），上海人民出版社，1985。

② 章太炎：《代议然否论》，《章太炎政论选集》（上）。

③ 章太炎：《代议然否论》，《章太炎政论选集》（上）。

④ 章太炎：《代议然否论》，《章太炎政论选集》（上）。

之主张“官立工场”，并不排斥工场的私营，他大概是主张将工业分为官营与私营两种。孙中山曾经主张将关乎国计民生的大企业像铁路、矿山、邮政等收归国有，其他听私人经营。对此，章太炎由于没有明确加以界定，所以，我们对他关于官营、私营的具体范围不得而详，但这无碍于我们对他思想的分析。他之主张“官立工场”不过是利用国家的力量解决民生问题。通过“官立工场”的途径，吸纳大量流入私营企业的劳动力，使民“穷则有所归也”，并且改变私营企业中劳动者的贫穷状况。因为，随着官营企业劳动者报酬的提高（章氏主张将官营企业中生产总额的四分之一，作为劳动者的报酬），必会对私人企业构成冲击，如果它不能相应地提高劳动者的报酬，则必会使劳动力纷纷流入官营企业。

关于“限制相续”。章太炎主张：“限袭产之数，不使富者子孙蹑前功以坐大也。”① 这种笼统的提法，令人觉得模糊不清，对此，他在另外场合又作了清楚的界定：“限制财产相续，凡家主没后 ，所遗财产，以足资教养子弟及其终身衣食为限，余则收归国家。”② 对于这一主张，章氏自己大概也认为不太合理，并且也难以执行，所以，后来他又将其改为：“认遗产相续税，凡家主没后，所遗财产与其子弟者，当依其所遗之数抽税。”③ 章氏的这种“限制相续”主张，其用意也至为明显，即力图尽量缩小社会财富分配的不平等。

在“均配土田”、“官立工场”、“限制相续”三者之外，章太炎还主张“行累进税，对于农、工、商业皆然”。④ 为了防止欧美那样社会化大生产带来的分配不公局面，章氏可谓是层层加码，费尽心机。但他提出这些主张并不是想阻绝私营业主的经济发展，他所要致力于扼制的实是大农、大工、大商，是想将私营经济发展的规模控制在中、小程度。由此，我们对这一时期章氏的大量“抑商”言论也可以获得一个清晰的理解了。

章太炎之所以要致力于抑制大农、大工、大商，当然一方面是为了尽量缩小社会财富分配的极度不公状态；另一方面则是在于他看到了大农、

---

① 章太炎：《代议然否论》，《章太炎政论选集》（上）。

② 章太炎：《中华民国联合会第一次大会演说辞》，汤志钧编《章太炎政论选集》（下），中华书局，1977。

③ 章太炎：《中华民国联合会第一次大会演说辞》，《章太炎政论选集》（下），第533页脚注①。

④ 章太炎：《中华民国联合会第一次大会演说辞》，《章太炎政论选集》（下）。

大工、大商对社会所具有的巨大危害性。关于大农、大工、大商，章氏往往使用土豪、豪右、职商、驵侩等词加以指称。在欧美社会，由于金钱至上，资本万能，资本家阶级得以挟其雄厚资本干预政治，导致了“驵侩攘臂，讼言国政，齐民乃愈以失所”的局面。[①] 就中国的情况来说，由于当时清朝政府推行奖励工商的实业政策，使“商”成了“四民之首”，章太炎认为它于社会为害极大，其云：

职商者，非谓援例纳捐，得一虚爵，谓其建设商会，自成团体，或有开矿、筑路、通航、制器，直隶于商部者。自满洲政府贪求无度，尊奖市侩，得其欢心，而商人亦自以为最贵，所至阻挠吏治，掣曳政权。己有欺罔赃私之事，长吏诃问，则直达商部以解之；里巷细民，小与己忤，则嗾使法吏以治之。财力相君，权倾督抚。官吏之贪污妄杀者不问，而得罪商人者必黜；氓庶之作奸犯科者无罚，而有害路矿者必诛。上无代议监督政府之益，下夺编户齐民之利。或名纺纱织布而铸私钱，或托华族寓居而储铅弹，斯乃所谓大盗不操戈矛者。若夫淫佚蒸报，所在有之，则不足论也已。[②]

不仅如此，他们还勾结白人，凌轹同类，章氏云：

晳人又往往东走矿冶，阡陌之利，日被钞略，邦交之法，空言无施，政府且为其胥附，民遂束手无奈之何。以意揧量，不过十年，中人以下，不入工场被捶楚，乃转徙为乞丐，而富者愈与晳人相结，以陵同类，验之上海，其仪象可睹也。[③]

由上可以看出，章太炎之主张抑制大农、大工、大商，主要是出于经济、政治两个方面的考虑，其目的则在于避免中国出现像欧美那样的大农、大工、大商对于经济与政治的独占局面。

由于章太炎不取欧美式的大生产道路，主张将私营经济的规模控制在中、小范围之内，所以，他对同近代大生产密切相关的近代生产技术也开

① 章太炎：《总同盟罢工论序》，《太炎文录初编》别录卷二。
② 章太炎：《革命之道德》，《章太炎政论选集》（上）。
③ 章太炎：《总同盟罢工论序》，《太炎文录初编》别录卷二。

始深致诘难。我们知道，近代大生产是以近代生产技术的革新为其基础的。近代生产技术的革新，虽然导致了近代大生产的迅猛扩展，导致了财富的迅速增加，但它也带来了一个严重的后果：它使得广大的劳动群众在近代生产技术的困扼之下，成了近代生产技术的附属品，加之资本的控制与掠夺，使广大劳动群众只能在哀哀无告的痛苦深渊中呻吟。章氏认为近代生产技术的发展，获利阶层只是那些大农、大工、大商，于广大劳动群众不但无益，反而有害。以“电车”为例来说，章氏认为：

> 自电车之作，往来迅轶，速于飞矢，仓卒相逢，不及回顾，有受车轹之刑而已。观日本一岁死电车道上者，几二三千人，将车者才罚金，不大诃谴。汉土租界，主自白人，欲科以罚金且不得。夫电车只为商人增利，于民事无益毫毛，……如何长国家者，唯欲交欢富人，诡称公益，弛其刑诛？立宪之国，亮无足勑耳矣。汉土法律虽敝，自昔未有尊崇富人者。租界虺蛇之地，法不得行，固也。异时复有于内地行电车者，诸新生且将因缘成事，宥其杀人之罪。余以造用电车者，当比走马众中，与二岁刑，因而杀人者，比走马众中杀人，商主及御夫皆殊死。[①]

他指出“电车只为商人增利”，可谓是看到了近代资本制度的本质，但他之主张“造用电车者，……与二岁刑”以及“因而杀人者，……商主及御夫皆殊死”，则未免言之过激。之所以会如此，是因为在章太炎看来，生产技术的改进，本来应是为增进人类的幸福服务的，如果走向了它的反面，则对于人类来说，就毫无价值可言了。如他曾经说道：“人求进化，必事气机，欲事气机，必先穿求石炭，而人之所需本不在此，与其自苦于地窟之中，以求后乐，曷若樵苏耕获，鼓腹而游矣。”[②] 既然近代生产技术的改进，只为极少数人谋福利，对广大劳动群众有害而无益，那么，我们还有什么理由要去赞美它呢？在此我们看到的仍然是章氏经济学说中所充满的浓厚的人文精神。章太炎谴责近代生产技术，主要是从“价值”角度来立论的，由此，我们可以推知，章氏之谴责近代生产技术，其实并不是

① 章太炎：《五朝法律索隐》，《太炎文录初编》文录卷一。
② 章太炎：《四惑论》，《太炎文录初编》别录卷三。

认为它不可取，并不是反对运用近代生产技术来推进生产的增长，他的用意不过是要说明，运用近代生产技术，不应该只为极少数的像大农、大工、大商阶层去谋福利，而应该要为广大劳动群众去谋福利。这种过激言论，是以人文精神为其底色，其目的则在于实现对欧美式大生产的超越，在以近代生产技术为基础追求生产增长的同时，实现全民的共同福利。

关于章氏后期经济思想中所具有的浓厚的人文精神，我们从他后期货币思想中，仍可进一步清楚地看出。

当时中国市面上流通的货币，可谓花样百出，名目繁多，既有国家发行的货币，又有地方发行的货币，还有国外发行的货币（如当时东三省流行的“羌帖”，为俄国所发行）；既有硬通货，又有纸币。币制不统一，给国民经济发展带来很大阻碍。针对这种状况，章太炎认为应该首先整顿币制，实行统一的币制政策，其云：

> 富国必先足民，国民经济，应为发展，金融机关，宜求整理，则统一币制，设立国家银行，实为今日不可缓之事也。[①]

他主张设立“国家银行”，建立统一的金融体制来整顿颇形混乱的币制。关于“制币”，他仍然继承了他前期的货币思想，主张“政府造币，唯得用金、银、铜，不得用纸，所以绝虚伪也；凡造币，不得以倍现有之钱者等于一钱，不使钱轻而物益重，中人以下皆破产也”。[②] 在其后期“制币”思想中，章太炎仍然强调的是“必先足民”，并将中、下层利益放在首要位置来考虑。当时他之反对发行纸币，主张发行硬通货，当然并不是认为纸币不好，对此，他在著名的《惩假币》一文中作了详细阐释，其云：

> 近世圜道匮绌，作纸币以济之，名其为币，其实符券也。以一券一币更相易，民未有损，今再三倍其实币之数，其虚实不可相赓偿，此乃徒以欺罔其民。……天产自然，万人流血汗穿地藏，然后得之。今以顷刻旋轮动肘之劳……名而当形，画而当实，未有诈欺若彼其甚者也。……今多作空券以为实币，则是巫师鬼道之用也。[③]

---

① 章太炎：《中华民国联合会第一次大会演说辞》，《章太炎政论选集》（下）。

② 章太炎：《代议然否论》，《章太炎政论选集》（上）。

③ 章太炎：《惩假币》，《检论》。

他认为当时市面上流通的纸币，其票面价值多与货币的“实值”不相符合，不过是逞其欺民网利之用。因此，章氏将此种纸币与“符券”等视，认为它并不是真正的货币，是“假币”。这一时期，章太炎还对货币的价值作了探讨，他认为货币的价值是由劳动创造的，其云：

> 夫直，亦不空至矣。诸有直者，皆拟其役作。功大者，城阙道路，细及羽之一箴，芥之一荃，悉以手足腾踔搏取得也。腾踔之，搏取之，之谓功，功有少多，故直有贵贱。而金、银、铜者，亦以手足腾踔搏取得之，功以拟功，直以拟直。故以三品之币易物者，犹以布贸丝也，性又从革，分合惟所制，故能为万物纪。①

在章太炎看来，金、银、铜三者，一方面易于分割，另一方面由于它本身凝结了劳动的价值，故可以为币。以金、银、铜为币，流通于市面，不过是像以布贸丝一样，实现的是等价交换，故无欺民网利之弊。而纸币则不然，其云：“以纸币准直者，亡于其实，徒以名授也。”② 纸币因为本身不含有价值，所以，以纸为币，章太炎认为是“徒以名授也”，也即纸币不过是像“符券”一样，仅仅是货币的代用品而已，他称之为“征币”。其云：

> 今造纸币者，其功不与采金、银、铜等，且造一金之币，与造十金之币，其功则相若，故曰，所以征币，非直以代币也。征币者，固当以轻重相易，以一券一币相流转而已，多增其数，则是以偷功窳器代坚良之金也。彼焉所挟操以为准乎？度自有其长，故准长；权自有其重，故准重；量自有其积，故准积。币以准直，而纸之体与其直不相应，造纸之役与成物之功不相应。今取契尺中断之，犹当五寸，取十金之纸币中断之，且复当五金乎？③

在他看来，如果纸币的“票面价值”与“实币”相符，即以一券代一币，则其在市面流通中，实现的也是等价交换，反之则否。而当时中国市面

① 章太炎：《惩假币》，《检论》。
② 章太炎：《惩假币》，《检论》。
③ 章太炎：《惩假币》，《检论》。

上流通的货币，其发行额远远大于“实币”额，其“票面价值”要远远大于其“实值”，在这样的情况下，章氏便极力反对以纸为币，而主张以金、银、铜为币。在这三者之中，章氏揆诸当时西方各国均实行金本位制，为了保证中国利权不隐受损害，他又主张铸造金币，建立金本位制。其云：

> 诚欲统一币制，非先铸金币，无以为银币权衡。盖银币成色不高，则民间必失信用；而银币成色不减，则外人买以销毁，必然之势也。今先铸金币以为本位，无论银圆成色足与不足，其兑换金币，并无差异，于是银圆成色可以一律减低，而信用依然如常，毁销不禁自绝。此则金币之铸，诚当今所不可缓者。[①]

设立国家银行以统一币制、建立金本位制等，这是章太炎后期货币思想的两个重要内容。但章氏之主张以金币来统一全国货币，并不是绝对地排斥纸币，他反对的是以纸币为“符券”，反对的是以发行纸币进行欺民网利。如果纸币的发行，有充足的准备金，纸币的“票面价值”能够如实地反映其“实值”，那么，这不仅是章氏所欢迎的，也是他所要致力实现的。他认为：“夫纸币者，人主清心可以行之”，[②] 换句话说，如果是贪叨网利之主则不可行纸币。然而，在章氏看来：“多欲之主，干没之吏，中夏所不能绝，其志在网利，非在于赍轻易行也。故他人为之而得利，己为之而得害者，何哉？不权本末，不课有无，其贪过于饕餮，而作伪甚于方士，恣己踊于巫师也。”[③] 由此可看出，章氏在当时之所以不取“纸币”，是因为在他看来当时条件还未成熟，而这一切又是以反对“欺民网利”为根本原因的。也即是说，他的后期货币思想，仍然是将广大普通国民利益置为视角的中心，货币的发行不过是作为便民、利民的一种手段罢了。因此，我们可以说，章氏的后期货币思想仍然是以其一贯的人文思想作为底色的。

三　结语

章氏在构建经济学说时，由于是将“人”确立为视角中心来考虑问题

---

① 章太炎：《东省实业计划书》，《章太炎政论选集》（下）。
② 章太炎：《惩假币》，《检论》。
③ 章太炎：《惩假币》，《检论》。

的，这就不可避免地会使他在追求生产增长的同时，要考虑到分配问题。在其前期，由于当时他面临的是中国传统经济下生产的严重不足这一客观经济现状加之当时他对生产充足的欧美社会尚缺乏了解，故而对“分配”问题没有给予足够的重视，而只片面地强调生产的增长。在其前期，他对于经济问题基本上是持着一种“自由主义”的立场。后期，由于他看到了生产高度发达的欧美社会所存在的严重弊病，所以，对“分配”问题他开始给予高度重视，并对经济开始持一种“社会主义”的立场，主张“干涉”。章氏在其后期之所以认同“社会主义”，是因为他认为：“社会主义，其法近于平等。”[①] 由此，实现分配的均等，这便成了章氏后期经济思想中一个新增加的重要内容。如果我们将章氏的经济思想比作一辆战车的话，则“生产增长”与“分配均等”，便是这辆战车的两轮，两者缺一不可。由于关于“生产增长”问题，在其早期经济思想中，已经透彻地解决好了，所以，他后期对经济问题的看法，大多数言论便集中在分配问题上。实现分配的均等，并不是要实现绝对的均等，他只不过是想尽量缩小分配的不公，所以，他将私营经济的发展规模控制在中、小范围之内。这说明，章太炎的“重农主义”的经济学说，既不同于中国传统的以农业为主体的“崇本贱末”的经济发展模式，又不同于“重商主义”传统之下欧美式大生产的经济发展模式，而走了一条独特的道路。但章氏之另辟蹊径，并非有意要标新立异同时代思潮作对，他这一独特的经济学说的提出，实是在研究中国特有的历史与现状的基础之上，针对中国的独特国情提出来的。他与当时国内“重商主义”者所取的途径虽然不同，但两者的终极目标却是一致的，即均是要实现中国由传统的农业国向近代工业国的转变。由于章氏的学说是在对中国历史及现状进行冷静研究基础之上提出来的，他注重在由传统农业国向近代工业国转化过程中传统力量的作用，注意到了中国是一个传统农业大国以及存在着庞大人口压力的实际情况，因此，笔者认为，章太炎的这一“重农主义”的经济学说，较之当时“重商主义”者的经济思想来说，更加切合中国的国情，也更加富于理性的色彩。

（注：本文原刊于台北《大陆杂志》，1998 年第 99 卷第 3 期。）

---

① 章太炎：《俱分进化论》，《太炎文录初编》别录卷二。

“精英民主”与“权威”的追求

——章太炎政制观析论

清末民初，政治思潮汹涌澎湃，建立一个什么样的国家管理体制，是萦绕在国人心头的重要问题。当时最富影响力的两大政治派别立宪派与革命派，均将民主政制确立为自己的奋斗目标，企图以西方资产阶级国家的代议制政体为范本，在中国建立一个类似于西方资产阶级国家的宪政政制。国家管理体制，位于文化中的“社会系统”层面，对此，章太炎也非常关注，他也主张在中国建立一个宪政政制。通过对中国历史及现状的研究，通过对西方宪政政制的考察，他对立宪派及革命派企图以西方资产阶级国家的代议制政体为摹本在中国建立一个类似于西方资产阶级国家的民主政制的做法颇不赞同。他认为：“民主立宪，起于法，昌于美，中国当继起为第三种，宁能一意刻划，施不可行之术于域中耶?”[①] 他以“刻划”为“不可行”，主张在中国建立一个不同于欧美的“第三种”民主政制，这可谓是章太炎在清末民初之世独抗流俗、贡献给中国思想界的独特的“政制”论。

一 以“人”为本位的“国家”思想

章氏之所以反对以西方资产阶级国家代议制政体为摹本在中国建立一个类似于西方资产阶级国家宪政政制的做法，是同他文化学说的理论取向息息相关的。在国家政制的创制上，章太炎仍然将“人”置于其视角的中心，并主张在传统政制的基础之上作切合时代的创制，将他文化的民族性与文化的时代性这两大基本文化思路贯彻到政制的构建之中去。章太炎关于以“人”为中心来创制政制的思想倾向，我们可从他的“国家论”里清

① 章太炎：《大共和日报发刊辞》，汤志钧编《章太炎政论选集》（下），中华书局，1977。

楚地看出来。

关于国家的起源，在西方存在着两大政治传统，即“契约论”与“武力造成论”这两大针锋相对的政治学说传统。

章太炎的“国家论”与“武力造成论”者的看法颇为相近。他曾经说道：“政府之成立，本以争战为其原始。”① 又说：“原政府之初设也，本非以法律卫民而成，乃以争地劫人而成。”② 他之所以不同意“契约论”者国家是“以法律卫民而成”的看法，而倾向于“武力造成论”者的观点，是因为章太炎的思想是一贯地建立在历史研究基础之上的缘故。在国家的起源上，他虽然也持“武力造成”说，但他并没有得出“国家主义”的结论，不但如此，他对“国家主义”还深恶痛绝，曾经对之大张挞伐，认为“近世国家学者”，以“国家为主体，人民为客体”的“国家主义”主张，是“谬乱无伦”之说，“真与崇信上帝，同其昏悖”。③ 在“国家”与“人”的关系上，章太炎同“契约论”者一样，将“人”置于“主体”的地位，而“国家”则被放在“客体”的地位。“契约论”在近代中国曾风行一时，章太炎之得出同“契约论”者一样的“人本主义”看法，则别有自。

章太炎认为：“国家之自性，是假有者，非实有者。”④ 何谓“自性”？章太炎云：“凡云自性，惟不可分析，绝无变异之物有之，众相组合，即各各有其自性，非于此组合上别有自性。”⑤ 以“物质”为例来说，章氏认为：

> 物质极微，是最细色，不可截断破坏贯穿，不可取舍乘履搏击，非长非短，非方非圆，非正不正，非高非下，无有细分，不可分析，不可睹见，不可听闻，不可嗅尝，不可摩触，故名极微，亦曰原子。若以原子为实有，则一切原子所集成者，并属假有。何以故？分之则各还为原子故。⑥

---

① 章太炎：《五无论》，《太炎文录初编》别录卷三，《章太炎全集》（四），上海人民出版社，1985。

② 章太炎：《五无论》，《太炎文录初编》别录卷三。

③ 章太炎：《国家论》，《太炎文录初编》别录卷三。

④ 章太炎：《国家论》，《太炎文录初编》别录卷三。

⑤ 章太炎：《国家论》，《太炎文录初编》别录卷三。

⑥ 章太炎：《国家论》，《太炎文录初编》别录卷三。

因此，就“物质”来说，组成“物质”的“极微”（“原子”），为有自性，为实有，而由“极微”（“原子”）所组成的“物质”，则为假有，为无自性。“极微”是组成“物质”的最小单位，就“国家”与“人”的关系来说，“人”是组成“国家”的最小单位，以此类推，章氏便认为组成“国家”的“人”，为有自性，为实有，而为“人”所组成的“国家”，则为无自性，为假有。既然组成“物质”的最小单位才是有自性，为实有，那么，对于“人”来说，人也是由“细胞”集合而成的，由此，则应该说“细胞”为有自性，为实有，而由“细胞”所组成的“人”，则为无自性，为假有。关于此，章氏云：

> 以实言之，人亦伪物云尔，然今者以人对人，彼此皆在假有分位，则不得以假有者斥假有者。使吾身之细胞，悍然以人为假有，则其说必非人所能破。若夫对于国家者，其自体非即国家，乃人之对于国家，人虽伪物，而以是单纯之个性，对于组合之团体，则为近真，故人之以国家为假有者，非独论理当然，亦其分位得然也。[①]

“人”对于组成“人”的“细胞”来说，虽然也可说是假有，但对于由“人”所组成的“国家”来说，则“国家”为假有，而“人”则为实有。所以，章太炎认为：“凡诸个体，亦皆众物集成，非是实有，然对于个体所集成者，则个体且得说为实有，其集成者，说为假有。国家既为人民所组合，故各各人民，暂得说为实有，而国家则无实有之可言。非直国家，凡彼一村一落、一集一会，亦惟各人为实有自性，而村落集会则非实有自性。要之，个体为真，团体为幻，一切皆然。”[②]

持“国家主义”观点的，常以溪流为喻，以“溪槽”喻国家，以溪槽中的“流水”喻“人”，认为“溪槽”常住不变，而溪槽中的“流水”，“则以各各微滴奔凑而成，自朝逮暮，瀑流下注，明日之水滴，非今日之水滴矣”。[③] 因此，他们认为“溪槽”（国家）常住不变，为实有，为主体；而“流水”（“人”）则变动不居，为假有，为客体。对此，章氏也给

---

① 章太炎：《国家论》，《太炎文录初编》别录卷三。

② 章太炎：《国家论》，《太炎文录初编》别录卷三。

③ 章太炎：《国家论》，《太炎文录初编》别录卷三。

予了驳斥，他说道：

> 是则亦可言溪槽为主体，槽中水滴为客体。而彼溪槽，所指何事？左右有岸，下有泥沙，中间则有空处，岸与泥沙，虽溪槽所因以成立，而彼自性是土，不得即指彼为溪槽，可指为溪槽者，惟有空处，夫以空处为主体，而实有之水滴反为客体，是则主体即空，空即非有，则主体亦非有。然此空者，体虽虚幻，而犹可以眼识现量得之，若彼国家，则并非五识现量所得，欲于国家中求现量所得者，人民而外，独土田山渎耳。然言国家学者，亦不以土田山渎为主体，则国家之为主体，初无实际可知已。①

由此，章氏便也会自然地得出“人”为实有、为主体，而“国家”则为假有、为客体的这一逻辑结论。以此类推，凡“国家”之下设立的一切组织机构，对“人”来说，也都是没有自性的假有，也都处于客体的地位，这是不证自明的。章太炎在国家起源上虽然倾向于赞成武力造成说，但通过这一形而上的哲学论证，他则走向了“人本主义”之路，与“契约论”者殊途而同归，与“国家主义”者则分道扬镳了。

既然“个体为真，团体为幻”，对于“人”来说，“国家”及其下的一切组织机构为假有，并非实有，那么，人类之建立“国家”，组织“政府”，不是多此一举吗？“国家”与“政府”之存在，对于人类来说不就等于是赘疣吗？章氏认为是这样的。他以建国为“悖乱”，将“国家之事业”看成是“最鄙贱者，非最神圣者”。② 虽然如此，但他并没有流入无政府主义。“国家”与“政府”的建立，虽然没有理论上的依据，但是，人类还是要建立“国家”、组成“政府”，这是因为人类为了生存不得不然，“是势不得已而为之”的缘故。其云：

> 原夫人之在大界也，介然七尺，而攻围其四帀者多矣！依天以立，而寒燠瘴厉侵之；依人以处，而笞棰刀锯犯之；依身以存，而饥渴疲劳迫之；尽此百年，无一刹那得以自在。于是，则宁以庶事自

① 章太炎：《国家论》，《太炎文录初编》别录卷三。
② 章太炎：《国家论》，《太炎文录初编》别录卷三。

缚，以求安全。若必吾所好者，安取是扰扰为？然既已自求安全，则必将层累增上，以至建国而止。①

人类为了生存与安全，不得不组织团体以求自卫，在历史的演化中才渐渐形成了“国家”。既然“国家”之设是人类迫不得已而为之，所以，“人”之于“国家”，当然在逻辑上或道义上都要处于优先的地位。“国家”与“政府”的建立，从根本上来说是为“人”服务的。因此，对于“人”来说，“国家”与“政府”理所当然地便要处于客体的、第二义的地位。

由于章太炎将“人”置于主体的、第一义的地位，主张一切要以“人道”为依归，所以，他在创制国家政制时，便凸显了这一人文精神，将建立一个符合人道的政制确立为自己的奋斗目标。

二 西方式宪政模式的拒斥

当时，国人在进行政制创制时，有两大政制系统可供参照，其一是中国传统的专制政制，其二是西方传统的宪政政制。关于前者，暂且撇开不谈，我们先来看看后者。西方传统的宪政政制，大体上可以分为两类，一类是以英国为代表的君宪政制，另一类是以美法为代表的共和政制。这两种政制，当时分别为我国国内的立宪派和革命派确立为政制创制的摹本。这两种政制有一个共同的地方，即均是以“代议制”这种“间接民主”的方式来表达民主政治的含义。因此，在清末民初那个历史年代里，以“代议制”为摹本来为中国建立一个新的政制，便几乎成了各个政治派别的共识。对于“代议制”，章氏的看法与时人迥异，他认为实行“代议制”不但不能给中国人民带来幸福，反而还会给中国人民带来更大抑制。他将“代议制”看成是非人道的政制，并且认为将这一政制搬到中国来用，也不符合中国的国情。由此，章氏关于政制的创制，便首先从拒斥“代议制”而展开。

首先，从历史的角度来看，章太炎认为：“代议制体者，封建之变相，

① 章太炎：《国家论》，《太炎文录初编》别录卷三。

其上置贵族院，非承封建者弗为也。”① 又云：“欧洲诸国，宪政初萌芽，去封建直三、四百岁，……封建之政，遇民如湿薪，渐及专制，地主犹横，于是更立宪政，民固安其故也。”② 在他看来，欧洲诸国之所以实行“代议制”，是由于它距“封建”近，是其演化的自然结果。当时，亚洲的日本也实行“代议制”，章氏认为日本之所以能行“代议制”，也是由于它距离“封建”近的缘故。其云：“日本（距封建）尤近，观其上下二院所以并立，岂故为钤制哉！藩侯贵族渐替，而为地主握赋役之枢纽者，惟是为重，异于中国所置名号，王侯空无凭藉，故二院不得不同时并立。观其二院并立，而因仍封建可知也。”③ 在他看来，离“封建”时代近的欧洲诸国及日本之实行“代议制”，并不是什么创造，不过是“因仍旧贯”罢了。为什么这样说呢？其云：

> 夫封建之猥诸侯，其地才一县耳，百里之封，而命官授吏至数百人，且用人多不出乡里，则知民间情伪，无异簟席之间，然则纤悉备知，而民不敢自匿，固其所也。又其世为邑主，素分已定，民视之以为天授之尊，故有顺从而无违逆。上亦善审民情，而斟酌其赋役轻重，则厚敛而民安之。……且夫众建棋置之势，虽相隔绝，则竞争之事常多。借观春秋鲁、郑等国，当今日十数县尔，而国有三军，其兵额几至四万，今一省之兵，或不逮是矣。夫外患多，则不以服役为怨，战争亟，则常以尚武为夙，此封建已然之验。……以赋税则乐输无隐如此，以兵役则效命不违如彼，习惯已成，一转移间而为立宪，则犹舍重而之轻也。土田荒熟无所隐，丁口少多无所匿，赋税厚重无所逋，兵役劳苦无所避，岂上之综核使然，顾民亦率其旧贯耳。④

反观中国，章氏认为中国只有汉朝距“封建”时代近，所以，在汉朝的时候，“顷亩户口之数，犹能审悉，而过更、践更之制，民皆乐就而无规匿”。⑤ 汉朝以后，这一情况则发生了深刻的变化。其云：

---

① 章太炎：《代议然否论》，汤志钧编《章太炎政论选集》（上），中华书局，1977。

② 章太炎：《与马良书》，《章太炎政论选集》（上）。

③ 章太炎：《记政闻社员大会破坏状》，《太炎文录初编》别录卷二。

④ 章太炎：《记政闻社员大会破坏状》，《太炎文录初编》别录卷二。

⑤ 章太炎：《记政闻社员大会破坏状》，《太炎文录初编》别录卷二。

> 至于唐之府兵，虽出征调，民间逃亡者已多，勉而就之，惟牵衣以泣耳。自尔以来，赋税未极重，然逋欠者往往而是。以言民数，明时黄册，盖多有不实者，及一条鞭法盛行，而编审亦为文具。观今之保甲册，盖以分别主客，防闲奸宄，此皆有利于民，非有所害于民也。然其数犹模糊不实，况于计口征兵，名一注册，则无异絓于罗网，孰有自占得实者乎？以言田数，中国曩时盖已明通算术矣，虽无代数，而四元不可谓不精；虽无几何，而句股不可谓不密。以视日本，其疏密相去，盖不啻天渊也。然以之清丈田亩，辜较粟米，虽有其术而不能行。……以言榷筦，中国盐政，秉于官而校之商，然私贩者猥众，商人或有余盐不售，官为检卖，酱家视酱缸之数，以为鬻盐之数，卖酱者便私盐，则酱缸数皆不实告。夫酱缸，特有形之物也，犹不可审悉钩检，况于货值之低昂，奇赢之厚薄，而可详委知之乎？由是观之，去封建时代愈久者，其尚武之风衰，其输税之情惰，纵欲尽情检校，然今之官吏，尚有受贿欺隐者，而况付之警察台吏之流。凡诸征税科民之事，不委之地方自治耶，则官吏深文，多有骚扰害民之弊；委之地方自治耶，则戚里相护，必有徇情隐匿之奸。是故习惯已移，而欲藉法律以逆挽之，必无济于实事者也。[①]

由于“代议制”是承“封建”而来，在章氏看来，欧洲诸国及日本由于离“封建”时代近，其实行“代议制”为“顺流”；而中国则废除“封建”两千多年了，实行“代议制”为“逆流”。他认为中国如果要实行“代议制”的话，“惟两汉之世差可，今则时已去矣”。[②] 所以，现在在中国实行“代议制”，便不符合中国历史发展的方向。除了日本及欧洲诸国外，当时美国也实行的是“代议制”政体，为什么美国能行而中国不能呢？对此，章太炎认为：“中国本因旧之国，非新辟之国。……盖中国与美绝不同，美为新建之国，其所设施，皆可意造，较中国易，无习惯为之拘束也。……而中国则不然，如悉与习惯相反，必不能行。”[③] 由于中国特有的历史与国情，与美、日、欧洲诸国皆不一样，“代议制”与中国的传统

---

① 章太炎：《记政闻社员大会破坏状》，《太炎文录初编》别录卷二。

② 章太炎：《记政闻社员大会破坏状》，《太炎文录初编》别录卷二。

③ 章太炎：《中华民国联合会第一次大会演说辞》，《章太炎政论选集》（下）。

（“习惯”）不相符合，所以，在他看来，在中国建立“代议制”政体便不合时宜。

其次，从中国的现状来看，他认为“代议制”在中国也不可行。实行“代议制”的国家，均是由民选的议员组成议院（实行君宪政制国家的上院除外）来议决国家大政的。章氏认为，如果在中国实行“代议制”的话，则选举将难以实行，其故如下。

以“通选”来说，当时中国人口约在四亿二千万，如果以日本选举议员的比率十三万人选一名议员来计算，则中国应当选出议员三千二百人，以如此众多的议员聚于一堂来议政，章太炎认为：“其数与虎贲等，猱屯麇聚，分曹辩论，謦欬之声，已足以乱人语。”① 如果以列国议员不超过七百人的比率来算，则中国得六十万人选一名议员，除去妇女、儿童，进入选场投票的大约是二十万人选一名议员，那么，选举的结果将会如何呢？章氏云：

> 愚陋恒民之所属目，本不在学术方略，而在权力过人。以三千人选一人，犹不能得良士。数愈疏阔，则众所周知者，愈在土豪。今举一例，假令二十万人中，有二十贤良与一土豪，区万人为一处而选之，其万人中无土豪者勿论，其适有土豪者，设土豪得票与贤良均，或且增倍，贤良虽不能与土豪抗，其余十九区中犹有贤良，土豪不能尽陵其上也。若以二十万人选一，彼万人所知之贤良，非十九万人所知，而万人所知之土豪，则为十九万人所周知，是贤良终不能与土豪抗也。单选不善，于是与之复选，其人知识虽少高，贤良众，则势分而附从寡，土豪一，则势合而陪属多，其不足相胜也明矣。是故选举法行，则上品无寒门，而下品无膏粱，名曰国会，实为奸府，徒为有力者傅其羽翼，使得膢腊齐民，甚无谓也。②

在章太炎看来，如果实行“通选”（无论是“单选”还是“复选”）的话，则被国民选举出来的议员一定多是“土豪”。在当时的情况下，以这些“土豪”组成“议院”来议决国家大政，则中国政治的前途亦不乐

① 章太炎：《代议然否论》，《章太炎政论选集》（上）。

② 章太炎：《代议然否论》，《章太炎政论选集》（上）。

观。章太炎认为，这样的“议院”，只会成为“土豪”压抑人民的工具。

再以“限选”来看，采用“限选”方式，一般是以国民的文化水准，或者纳税额来限定选民人数。章氏认为，当时中国人民的识字率大约是“十人而三”，若以识字率为准，“则七人无选举之柄”，[①] 这样的选举，是与“扩充民权”的宗旨相违背的。“行之若截削省要者，卒之苟偷一时，势不足以经远。”[②] 若以纳税额为准来限定选民，则会造成什么样的结果呢？对此，章氏曾算过一笔细账，其云：

> 今震旦所有直税，纳诸所在州县者，独地丁漕米与渔芦诸课，岁可得银三千万两。而田赋高下，科则处处不同，山泽亦然，以其地有肥瘠，获有多寡，不容以法令一切等画之耳。然则田赋重者，莫如江浙，亩几输银三钱，漕米可一斗许，亦当银二钱有奇，合之则亩输银五钱，池沼场圃山林庐舍之属，视此而杀。上流稍轻减，湖南壤土非墝埆，而亩财输银三分，又无漕米，山泽廛里几无税矣，辰、沅以上，亩财出银七八厘耳。北方诸省，亦大校类是。而新疆与东三省，其陇亩往往未升科，纵升科亦必不能过辰沅。今若以纳税定选权，中国制钱当日本半钱五分之一，日本以直税十圆者得选举权，中国应以直税二圆者得选举权。如是，则江南、浙江之农，有田三亩，纳丁槽方二圆，足以攘臂参选，而上流贵州、湖南诸省，虽有田百五十亩，犹倜倜未入俗，……而东三省与新疆尤无赖。如是，则选举凑集于江浙，而西北诸省，或空国而无选权也，此何等政体耶？若欲比肩日本，以直税十圆为度齐，今此直税三千万两，无虑当银圆五千万枚，令人人皆有十圆之税，全国得选举权者，亦财五百万人。况其数本出于奇零簒集，税不及十圆者，大氐三分居二，则得权者财百六十六万人耳。而税有倍于十圆者，其选权仍不得倍，如是，又当减其什一，则得权者财百五十万人。夫以四万万人成国，其得选权者只百五十万，是二百六十六人而一，于民权不增涓壤，又安用选举之虚名为？[③]

以上是以纳“直税”为比率来计算的，如果以所有课税比率来计算的

---

① 章太炎：《代议然否论》，《章太炎政论选集》（上）。

② 章太炎：《代议然否论》，《章太炎政论选集》（上）。

③ 章太炎：《代议然否论》，《章太炎政论选集》（上）。

话，章氏认为虽然可以增加一些选民人数，但将会出现更为尴尬的局面。其云：

> 若不以直税为剂，而以一切税课为剂者，民有选权，或稍稍增于往昔。凡课至重者莫如盐，今设盐官凡十处，其商多聚居城市，一处无过三四千家，合之亦增多三四万人耳。其外则茶也、丝也、木也、药材也、瓷器也、缯帛也、锡也、木棉也、布也、谷食也、酒也、皮也、马也、珠玉也、纸也、烟草也，为货殖家最巨者。而倡优亦不得无课，其课率在十圆以上。夫以商人豫选，若无害矣。反而思今之政党，素皆蹑屩羸粮，以游异国，参半为贫乏士，虽有温饱者，亦往往不治生产，其纳税十圆者盖寡。夫倡优尚与选，而素知法律，略有政见者，反无尺寸选举之柄，则以纳税定选权者，其匡戾亦已甚矣。①

若以所有课税来定选权的话，则会出现“倡优尚与选，而素知法律、略有政见者，反无尺寸选举之柄”的可笑局面，这不是对“代议制”政体的极大讽刺吗？以上是就正常情况来说的，如果考虑到选举过程中的非正常因素，如金钱运动等，章氏认为如果在中国实行“代议制”，则不但会出现上面所说的可笑局面，反而还会导致社会风俗的败坏。“是故通选亦失，限选亦失，单选亦失，复选亦失。进之则所选必在豪右，退之则选权堕于一偏。”② 因此，章氏便断然认为“代议制”不可行于中国。

复次，章氏通过对西方各国“代议制”政体及其社会的考察，认为“代议制”在其实行过程中有着巨大的弊病，已经沦为非人道的政体，因此，在他看来，将“代议制”搬到中国来用，则更不可行。

民主政制的实质是“参与”，也即国家公民能够普遍参与对国家的管理。但是，由于社会规模的庞大，政治运作的复杂，不可能事事都要做到由国家公民的直接投票来决定，因此，实行民主政制的国家，往往采取“代议制”这种“间接民主”的方式，来实现国家公民对国家政治的“参与”，也即国家公民将自己的主权委托给由其选出的议员，来实现其对政治的“参与”。实行“代议制”政体的国家，从学理上来说，“公民”是

① 章太炎：《代议然否论》，《章太炎政论选集》（上）。

② 章太炎：《代议然否论》，《章太炎政论选集》（上）。

“主权者”，而“议员”则是主权的代理者。由于这一政体是将“公民”置于“主权者”的地位，所以，从学理上来说，它是一个非常人道的政体。但是，恰如奥本海默所说，一切国家的实质是“统治”。这一非常人道的政体，在其具体运作过程中，却走向了原初意义的反面，成了人道的悖论。这一点，章氏通过对西方宪政政制及西方社会的考察，看得非常清楚。作为主权代理者的议员，按理说，他应该代表他的选民，他应该代表人民的呼声，处于代表人民监督政府的地位。但当时欧美及日本各国的资产阶级议院，不但不能代表人民监督政府，反而成了政府的爪牙，与政府一道狼狈为奸，压制国内人民，处处侵害人民的利益。章太炎在批评日本议院时曾说道：“日本议士三百余员，苞苴流溢，比闾可螯，率为政府爪牙，以侵黎庶。”[①] 在欧美各国则出现了“驵侩攘臂，讼言国政，齐民乃愈以失所”[②] 的局面。欧美及日本各国的资产阶级议院，已经成了各国资产阶级政府统治国内人民的有力工具，在各国资产阶级议院的统治之下，广大下层人民愈益走向贫困化，这使得当时日本及欧美各国国内的阶级矛盾异常尖锐，社会运动风起云涌。如当时盛行于日本及欧美各国的无政府主义思潮，即是以此为背景而出现的。对于无政府主义，章氏虽不赞成，并曾给予过激烈批评，但他对各国无政府主义者为民请命、攻击各国资产阶级政府的勇气，则是非常赞赏的。他曾为张继翻译的《总同盟罢工论》（德国人罗列所著）一书作序，在这篇《序》文中，他对西方各国工人阶级采用“总同盟罢工”方式来对抗各国资产阶级政府的做法特别欣赏。其云：“若循同盟之则，侅兆一志，更相携将，一市之间，闭门七日，则馈饷役使皆不继，虽有利器，且缩不前。”[③] 他认为当时“中国工商未兴，于此若不汲汲者”，但等到中国工商既兴，则中国工人阶级也可循“总同盟罢工”之例，以捍卫自己的利益。[④]

从当时欧美及日本诸国议员选举的实际情况来看，“选充议士者，大抵出于豪家”，[⑤] 那些被国民选举出来的议员，“名为代表人民，其实依附政党，与官吏相朋比，挟持门户之见”；“所计不在民生利病，惟便于私党

① 章太炎：《与马良书》，《章太炎政论选集》（上）。
② 章太炎：《总同盟罢工论序》，《章太炎政论选集》（上）。
③ 章太炎：《总同盟罢工论序》，《章太炎政论选集》（上）。
④ 章太炎：《总同盟罢工论序》，《章太炎政论选集》（上）。
⑤ 章太炎：《五无论》，《太炎文录初编》别录卷三。

之为”。[①] 他们并不是代表选民发出正义的呼声，而是贪叨网利，丑声外播，时有所闻。如当时日本“郡制废止案”里揭露出来的议院受贿事件，涉及受贿的议员竟达三百多人。章氏认为西方各国的议院不过是“受贿之奸府”，是“国家所以诱惑愚民，而钳制其口者也”。[②]“代议制”在西方各国的实行，其流弊已如此之大，若搬到中国来用则流弊会更多。章氏认为，中国若实行“代议制”，将比之传统的专制政制为害更烈。其云：

> 以中国行立宪代议之政，其蠹民尤剧于专制。今之专制，直刑罚不中为害，他犹少病，立宪代议，将一切使民沦于幽谷。夫贼民者非专官吏，乡土秀髦，权力绝尤，则害于民滋甚。乃者诸妄豪强，把持公事，政府固惎疾之，虽齐民亦欲剚刃其腹焉。州县下车，能搏击巨室土豪者，井里编氓，皆鼓噪而称民父。豪强之妨民如是，幸其在野，法尚得施，今超而为议士，为虎著冠，其妨民不愈况耶？[③]

原夫国家之设、政府之设及国家之下一切组织机构之设，本是以“人”为中心，是为“人”服务的，现在却走向了这一宗旨的反面，加之“代议制”与中国历史的发展方向不合，以及不符合当时中国的实际国情等，所以，在当时国人争相宣嚷“代议制”政体的潮流中，章太炎便挺身独抗，予以拒斥。他对西方各国“代议制”政体流弊的揭露是深刻的，他所提出的问题也是富有挑战性的。这种冷静理智的思考，惜乎为当时占主流地位的欧化主义思潮所淹没。尽管这样，他当时提出的问题，却是致力于为中国创制新政制的人们所无法回避的。

西方各国实行宪政政制，是“代议制”与政党政治及地方自治相为表里，由于章氏拒斥了“代议制”，所以，他对与“代议制”联系密切的政党政治及地方自治也一体地加以拒斥了。

与“代议制”一样，政党政治也是时人追求的政治目标之一。如孙中山曾经说道：“国家必有政党，一切政治始能发达。……一国之政治，必

---

① 章太炎：《五无论》，《太炎文录初编》别录卷三。

② 章太炎：《五无论》，《太炎文录初编》别录卷三。

③ 章太炎：《与马良书》，《章太炎政论选集》（上）。

赖有党争，始有进步。”[1] 他并希望中国能够建立两三个强有力的政党，以推动中国政治的建设。[2] 但在章太炎看来，在中国实行政党政治，不但不能够促成中国政治的稳定，反而会使中国政治陷入更大的混乱之中。其云：“中国自东汉以后，党祸相寻，……历观史册，凡四代有党，汉、明以之亡国，唐、宋以之不振，朋党之祸天下，亦彰明矣。”[3] 中国历史上的朋党之争，一个重要特点是党人竞名死利，“死权而忘国事”。[4] 然而，历史上的党人“虽无远略，犹不失其正鹄”，[5] “抗节死直”，尚存“婞直”之风。[6] 反观当时的所谓“新党”，章氏认为“党人之所以自高者，率在危言激论，而亦藉文学以自华”；[7] “其著者或能文章，矜气节，而下者或苟贱不廉与市侩为伍。”[8] 在个人操守上，“新党”与古代的党人相比，“絜长则相异，比短则相同”，[9] “其竞名死利则一也”。[10] 外观美国的政党政治，也不过是“令贪夫盈于朝列，饕餮贡于大庭”，“朋党比周，为蠹已甚”。[11] 因此，章氏认为在中国实行政党政治是“害有百端，利无毛末”。[12] 他将政党看成是“乌合兽聚”，并主张以“大辟”之刑来对付党人。关于政党政治，章氏将之与古代的朋党之争相提并论，这说明他只看到了政党政治在其运作过程中的外在化表面现象，对于政党政治的实质，章氏似乎缺乏了解，这导致了章氏对于政党政治的批评缺少现代性的眼光，同时也显示了章氏的现代政治学常识要远远不及孙中山等人。章太炎在清末民初之世，曾以反对政党政治称闻一时，那么，他为什么又要积极地参与民初的组党活动呢？辛亥之后，他先是组建“中华民国联合会”，继又组织“统一党”与“共和党”，在政治舞台上颇形活跃，这大概是清社既屋以后，“代议制”已经成为现实，作为一个面对现实的政治活动家，他不

---

① 孙中山：《在上海国民党茶话会的演说》，《孙中山全集》卷三，中华书局，1984。
② 孙中山：《中华民国》，《孙中山全集》卷二，中华书局，1982。
③ 章太炎：《诛政党》，汤志钧编《章太炎年谱长编》（上），中华书局，1979，第 358 页。
④ 章太炎：《箴新党论》，《章太炎政论选集》（上）。
⑤ 章太炎：《箴新党论》，《章太炎政论选集》（上）。
⑥ 章太炎：《诛政党》，《章太炎年谱长编》（上），第 352—353 页。
⑦ 章太炎：《箴新党论》，《章太炎政论选集》（上）。
⑧ 章太炎：《箴新党论》，《章太炎政论选集》（上）。
⑨ 章太炎：《箴新党论》，《章太炎政论选集》（上）。
⑩ 章太炎：《箴新党论》，《章太炎政论选集》（上）。
⑪ 章太炎：《代议然否论》，《章太炎政论选集》（上）。
⑫ 章太炎：《与副总统论政党》，《章太炎政论选集》（下）。

得不随顺潮流，以期为中国政治的建设、为民国的创造贡献自己的才智，非其本心然也。对此，章氏曾有一段痛苦的内心独白，其云：“吾昔在东京，本不取代议政体，及宣布共和，成事不说，于是树立政党，涉历岁余，已明知政党鲜益，然犹主持共和党者，以他党尚在，则此党不容独消也，……吾辈固知其不可为而为之耳。”① 这段独白已将民初章氏参与政党政治的内心矛盾冲突表露无遗了。

实行地方自治的目的，在于削弱中央政府的权力。地方自治思潮，在清末民初也颇为活跃，孙中山曾将地方自治当作“国之础石”② 来赞美，康有为也将地方自治当作通向宪政的基础而极力加以鼓吹。③ 地方自治论者企图通过地方自治来训练国人的“参与”能力，从而为建立完备的宪政政制打下基础。章太炎则认为，实行地方自治不符合中国的国情，因为中国国土辽阔，区域差别非常大，且由于交通落后，各个区域存在着严重的相互疏隔倾向，如果实行地方自治，只能促使中国分裂。这与他所主张的“辑和民族，齐一语言，调度风俗，究宣情志”④ 的民族主义宗旨也是格格不入的。民国建立以后，各种政治力量纷纷登上了中国政治的舞台，很多省份实际上已处于半独立状态，中央政权非常软弱。在这样的政治背景下，如果实行地方自治的话，章太炎认为：“不独内政、外交无统一之办法，势必分崩离析，一变而为东周、晋、唐之末造，重酿割据之乱。”⑤ 这对中国政治的前途来说是非常危险的。章氏云：“予以民国成立，首在规定政权，必中央之权略重，地方之权略轻，始有统一之望。”⑥ 出于国家统一这一现实因素的考虑，章氏便断然拒斥了地方自治。

三 “第三种民主政体”的构建

代议制、政党政治与地方自治，是西方国家宪政政制所采用的主要形

---

① 章太炎：《致伯仲书十四》，《章太炎政论选集》（下）。

② 孙中山：《在沪举办茶话会上的演说》，《孙中山全集》卷三。

③ 明夷（康有为）：《公民自治篇》，张枏、王忍之编《辛亥革命前十年间时论选集》卷一，三联书店，1960，第180页。

④ 章太炎：《代议然否论》，《章太炎政论选集》（上）。

⑤ 章太炎：《中华民国联合会启示》，朱维铮、姜义华编注《章太炎选集》（注释本），上海人民出版社，1981。

⑥ 汤志钧：《章太炎年谱长编》（上），第402页。

式，但它全都遭到了章氏的拒斥，那么，章氏要为中国创制一个什么样的新政制呢？他曾经说过："今夫民主，至公也"；[①] 又说："民权者，文祖五府之法，上圣之所以成既济也。"[②] 在政制创制上，他主张"廓充民权"，[③] 并且权衡各种政体，他认为"共和政体于祸害为差轻"。[④] 由此，章氏关于政制的创制，便也以"共和政体"为依归，也就是他所要致力于创制的政制，是一个不同于欧美的"第三种"共和宪政。

下面，我们将详述章氏所创制的"第三种"共和宪政的结构。

章氏在《代议然否论》一文里，曾提出行政、司法、教育、立法"四权分立"的主张，民国初年，他又主张将监察权独立，这样，行政、司法、教育、立法、监察的"五权分立"，构成了章氏政制创制的第一个方面的重要内容。

行政权。章太炎认为："置大总统则公。"[⑤] 在行政权的规设上，"总统"是一个最为重要的内容。"总统"的权限是："惟主行政、国防，于外交则为代表，他无得与。"由此可以看出，章氏所规设的"总统"，既是政府首脑，又是国家元首。在总统之下主行政的是"国务官"，"凡事有总统亲裁者，必与国务官共署而行之"。"总统"由"全国人民胪言推举"。在西方的宪政政制下，凡享有选举权的国家公民，均有被选为总统的资格，显示了其公民平等及"尚贤"的倾向。但在章太炎看来，"夫年劳可质验，而怀才不可豫知"，所以，他反对西方式的普遍的总统被选资格，而主张按照中国传统的"停年格"来界定总统的被选资格。"停年格"创自北魏，主张官吏按"年劳"登迁。因此，章氏主张"国务官"及其他百官的登用，应严格按照"停年格"来迁举，"总统"则在"国务官"及"方面官"（地方最高行政长官）中间选举产生。章氏将总统的被选资格限制在"国务官"与"方面官"之间，显示了其尚"年劳"的倾向。但这并不排斥公民平等的取向，因为，国家公民每个人也都具有被选为总统的潜在资格。

---

① 章太炎：《变法箴言》，《章太炎政论选集》（上）。

② 章太炎：《商鞅》，《訄书》（初刻本），《章太炎全集》（三），上海人民出版社，1984。

③ 章太炎：《代议然否论》，《章太炎政论选集》（上）。

④ 章太炎：《五无论》，《太炎文录初编》别录卷三。

⑤ 章太炎：《代议然否论》，《章太炎政论选集》（上）。凡本节内引文之未注明出处者，皆出此文。

司法权。由法吏掌握，“司法不为元首陪属，其长官与总统敌体，官府之处分，吏民之狱讼皆主之，虽总统有罪，得逮治罢黜”；“总统与百官行政有过及溺职受球诸罪，人人得诉于法吏，法吏征之逮之而治之。”“司法官”则“由明习法律者，自相推择为之，咨于政府，不以政府尸其黜陟”。

教育权。章氏认为：“学校者，使人知识精明，道行坚厉，不当隶政府，惟小学校及海陆军学校属之，其他学校皆独立，长官与总统敌体，所以使民智发越，毋枉执事也。”为什么章氏将除小学校及海陆军学校之外的其他学校皆独立出来，归与总统“敌体”的学官掌握，而不归政府掌握呢？因为在他看来，小学校及海陆军学校，属于“强迫教育，为在官所有事”，而除此之外的其他学校，则关乎“学术”的事。他认为“学术”在于追求真理（“求是”），而不以“致用”为目的。“综观二千岁间，学在有司者，无不蒸臭腐败，而矫健者常在民间。”为了培养“知识精明，道行坚厉”的国民，应该实行“学术”独立，政、学分离。至于设立独立的“学官”来领导学校，其职责则重在“引导”与“扶翼”，不以“管理”为能事。关于“学官”的产生，章氏没有明确加以说明，但他曾这样说道：“盖教育与他之行政，关系甚少，且教育宗旨定后，不宜常变，而任教授者，又须专门学识，故不应随内阁为进退。”① 组成内阁的“国务官”，是由“总统”按“停年格”迁举产生的。既然掌握教育权的“学官”不应随内阁为进退，则其不由政府任命可知。揆之司法官的产生，不是由政府加以任命的，而是由“明习法律者，自相推择为之”，则“学官”的产生当亦同然。“司法枉挠，其长得治之，长不治，民得请于学官，集法学者共治之。”“学官”还享有监督“司法权”的权力。

立法权。章太炎云：“凡制法律，不自政府定之，不自豪右定之，令明习法律者与通达历史、周知民间利病之士，参伍定之。……法律既定，总统无得改，百官有司毋得违越。有不守者，人人得诉于法吏，法吏逮而治之。”② 他将立法者的资格界定为是一些“明习法律”、“通达历史”以及“周知民间利病”的学者专家们。立法是一项高深的专门学问，非普通民众所能与知，结合章氏反对设立议院的主张来看，盖“立法者”不是通过民选的渠道产生的，也不是由政府任命召集的，而是像司法官及学官那

① 章太炎：《中华民国联合会第一次大会演说辞》，《章太炎政论选集》（下）。

② 章太炎：《代议然否论》，《章太炎政论选集》（上）。

样，是由那些享有“立法者”资格的学者专家们互推产生的。

监察权。章氏认为中国传统的政治虽然号称以“法”治世，却秕政丛生，存在着严重的官吏猾法倾向。其云：“守法之弊，能令胥吏把持，得因受贿；……释法之弊，胥吏无受球之门，而大臣乃为奸府，其破律败度，得以破格应变为名，其所取又十倍于胥吏。”① 如何才能有效地控制国家官员的猾法现象呢？他主张仿效明朝设立“督察院”督察百官的做法，建立一个独立的“监察权”。章氏认为如果“台宪著效”，就会造成清明的吏治。督察院独立于国家行政权之外，不能随“大总统随意更换”。②

以上五权，司法权与监察权有重叠之处，司法权颇为广泛，而监察权只涉及监察政府百官，实际上履行了司法权的一部分权力，所以他所说的五权，实际上只有“四权”。以上“五权分立”的政制结构，是就国家的整体而言的。关于地方政治，章氏则主张废省，并提出了一个“道县制”方案，这构成了章氏政制规设的另一个重要内容。

在地方政治上，章太炎虽然拒斥了地方自治的主张，但他对地方政治的建设也颇为关注，多有兴革。他对地方政治的规设主要有以下两项内容。其一是废省。他认为，以“省”作为地方政治的基本单元过于庞大：“一省所辖，大者百余县，小亦不损六、七十县。”③ 省土广民众，不但容易产生同中央相抗衡的力量，而且也不利于它本身的治理。在中国历史上，元朝开始设行省，明、清两朝皆相沿勿替。章氏认为：“综观三朝行省之制，独明世稍完善，终以土地广媮，不能纤悉，其治不逮前世甚远。”④ 因此，他认为以“省”作为地方政治的基本单元是不合适的。那么，应该以什么作为地方政治的基本单元呢？清时，从中央到地方行政机构的级次共有四级，即中央→省→府→县，在秦以后、元朝以前，中国历代的行政级次基本上均为三级，汉时为中央→郡→县，宋时为中央→州→县。章氏认为：“汉时以郡国直隶政府，其数一百有三，宋时以州军直隶政府，其数亦二百有余也。汉之疆域，兼得安南，视今本部为广，宋之疆域，不及燕云，视今本部为狭，以郡国州军直隶政府，纤悉具知，未尝失

---

① 《太炎先生自述学术次第》，《太炎先生自定年谱》，（香港）龙门书店，1965。

② 章太炎：《中华民国联合会第一次大会演说辞》，《章太炎政论选集》（下）。

③ 章太炎：《复北洋法政学堂教习今嘉幸井书》，《章太炎政论选集》（下）。

④ 章太炎：《复北洋法政学堂教习今嘉幸井书》，《章太炎政论选集》（下）。

御。”[①] 他对秦汉以后以郡、州为地方政治的基本单元、实行三级行政级次的政制规设，非常赞赏。如果实行三级行政级次，那么在废省之后，理所当然地，“府”便成了地方政治的基本单元了。但章氏认为，以“府”作为地方政治的基本单元，又过于狭小。他主张按照清朝的“分巡道制”，升“道”为地方政治的基本单元，这构成了他地方政制规设的第二项内容。“道”本为监察区域的名称，依清制，在中央设“诸科”以监察中央各部官员，在地方则设“诸道”以监察地方百官。“道”的监察区域涉及几个“府”，就其区域面积来说，它较省小，较府大。章氏主张“剖一省为数道，隶于中央”，[②]“废省存道，废府存县，县隶于道”。[③] 这样一来，则行政级次便变成了中央→道→县三级。按照他的规设，在废省、府之后，全国可得六七十个“道”，每“道”隶二三十个县。他认为：“（道）所领不过二、三十县，则地方之治不纷；其隶于中央政府者，不过六、七十道，则中央之政令易行也。”[④] 将“道”升为地方政治的基本单元，章氏认为至少有五大好处，其云：

> 地皆连附，无犬牙相错之忧，民情易洽，一也；中央之政令，直行边远诸道，其民接于政令愈近，则政事知识愈开，二也；道有肥瘠，瘠道苦经费不足，其士民不得不倡行实业，愿加地税，名为中央集权，乃愈促地方进化，三也；愊烟之民集，而自治丁口易悉，生产易知，四也；中央对于边道，不至坐忘，号令直行，不得不力筹交通之便，五也。[⑤]

废省、府，实行“道县制”的地方政制，除了便于对地方的治理之外，他的一个重要目的，即在于加强“中央集权”，加强中央对于地方的控制，这同地方自治论者的主张是背道而驰的。

上文对于章氏创制的“第三种”宪政政制的结构既明，在此基础上，下文将详述这一政制的特色及其内在精神。

---

① 章太炎：《复北洋法政学堂教习今嘉幸井书》，《章太炎政论先集》（下）。
② 章太炎：《复北洋法政学堂教习今嘉幸井书》，《章太炎政论选集》（下）。
③ 章太炎：《致袁世凯商榷官制电一》，《章太炎政论选集》（下）。
④ 章太炎：《复北洋法政学堂教习今嘉幸井书》，《章太炎政论选集》（下）。
⑤ 章太炎：《复北洋法政学堂教习今嘉幸井书》，《章太炎政论选集》（下）。

由上章氏所创制的政制结构，我们可以看出，这一政制是一制度化的分权体系。它将立法权独立于行政权之外，以司法权来制约行政权，又以教育权来制约司法权，这与传统的绝对主义王权的专制政制是根本不同的。这一以权力制约权力，并将之制度化的分权思想，体现了西方资产阶级“分权学说”对章太炎的巨大影响。章氏借用西方资产阶级的“分权学说”来创制一个新政制，其主要目的在于克服传统专制政制下王权的绝对主义倾向，企图将最高行政权纳入制度化或法制化的轨道上去。这一思路已经不同于传统的政治思想，说明章氏在进行政制创制时，其思想已经脱出了中国传统政治思想的窠臼，染上了现代政治思想的色彩。在他所创制的“五权分立”的政制结构里，由于拒斥了代议制与政党政治，这就使他所建构的政制与当时西方资产阶级国家的政制又有着巨大的区别，这种政制确实是一个不同于欧美国家的独特的共和宪政。

前曾经说过，章太炎在“人”与“国家”的关系上，确立了“人”的“主体”地位，主张以“人道”为依归进行政制的创制。然而，章氏所进行的政制创制，是否体现了“公民”的“主权”地位呢？换句话说，关于“主权者”，章氏将其落实在何处？为了解答这一问题，我们首先来看看章氏关于公民权利的论述。

章太炎关于公民权利的界定，胪举起来，主要有以下几点。

第一，凡国家公民均享有选举总统的权利，并且具有被选为总统的潜在权利。我们之所以说国家公民“具有被选为总统的潜在权利”，是因为“总统”的产生，章氏主张按照“停年格”在“国务官”及“方面官”之间“迁举”，国家公民只有在入官，并且递升为“国务官”或者“方面官”之后，才具有被选为“总统”的资格。所以，笔者认为章太炎所界定的“国家公民”之具有被选为“总统”的权利，只是潜在的，而非现实的，或者说他所界定的“国家公民”，只享有被选举为“总统”的“可能的”的权利。

第二，公民享有集会、言论、出版自由的权利。“除劝告外叛、宣说淫秽者，一切无得解散禁止。”在此，章氏没有提到“结社”，揆之他反对实行政党政治，主张以重刑来惩治党人，则“结社”可能是受章氏禁止的。

第三，“凡经费出入，政府岁下其数于民，所以止奸欺也；凡因事加税者，先令地方官各询其民，民可则行之，否则止之，不以少数制多数也；数处可否相错者，各视其处而行止之，不以多数制少数也”。也就是政府需向国民公布自己的财政预算，因事加税者，需求得国民的同意。

第四，公民享有请求“学官”召集法学专家，纠正或者惩治法官枉法的权利。

第五，“民平时无得举代议士，有外交宣战诸急务，临时得遣人与政府抗议。率县一人，议既成，政府毋得自擅，所以急祸难也”。也即在国家的非常时期，公民享有外交、宣战的最后决定权。

第六，“轻谋反之罪，使民不束缚于上也；重谋叛之罪，使民不携贰于国也，有割地卖国诸罪，无公布私行者，皆殊死”。

在以上“六条”，除了第五条是属于非常时期的外，其他五条均是正常时期公民所享有的权利。在这五条之中，由于第二条是关于具体权利的论述，不关涉“主权”问题，故可供我们分析的只有第一、三、四、六诸条。在这几条中，公民享有直接选举总统、直接决定政府的财政预算的权利，并且还具有反叛政府以及请求惩治司法官枉法的权利，这给人以一种印象，即章氏之反对代议制这种“间接民主”的方式，是为了实行“直接民主”。我国国内有相当一部分学者认为章氏具有“直接民主”思想，即是以此为根据而得出结论的。其实问题并非如此简单。诚然，我们可以说章氏赋予公民以这些“直接”的权利，是国家法律所赋予的，但法律所赋予的权利并不等于“主权”，“主权”是通过对法律的制定权来体现的，也即通过“立法权”来体现的。在西方的启蒙学者看来，“立法权是国家的最高权力”。[①] 它是由国家公民通过选举和委派立法机关来执行，经公民选举和委派的立法机关所创制的法律，一旦经国家公民同意之后，它便发生约束所有国家公民的作用，便变成神圣的和不可侵犯的。由于立法机关所具有的立法权是出之于国家公民的委托，所以，立法权这一“国家最高的权力”，从法理上来说，便属于全体国家公民，这便是“公民主权”的真正含义。以此来考察章氏的思想，我们看不出他有明确的“公民主权”的意识。他将“立法权”授给一些“明习法律”、“通达历史”及“周知民间利病”的学者专家们，然而，这些享有立法权的学者专家们，其立法资格的获得，并非是出自国家公民的选派或委托，而是像“法官”和“学官”那样，是由那些“明习法律”、“通达历史”及“周知民间利病”之

① 〔英〕洛克：《政府论》（下），叶启芳、瞿菊农译，商务印书馆，1986，第 82 页。

士互相推举产生的。这由上列“第四条”可得到反证，该条规定，司法官违法，国家公民并没有享有直接惩治的权利，而仅享有间接的“请求”学官“召集法学者”治之的权利，“请求”即非“委托”，即非“主权”。于“司法权”如此，于“立法权”当亦如此。由此看来，那种认为章氏具有“直接民主”思想的看法，便是值得商榷的了。章氏曾经说道：“大国不可设议院也。”① 对于大国政治，一般来说，实行代议制是一种比较理想的选择，如果在大国实行“直接民主”的话，只能是一种不切实际的空想。因为，由于社会规模的庞大，政治运作的复杂，如果事事都要由国家公民的直接参与来决定的话，非惟给政治运作带来更多麻烦，实际上也是难以做到的。关于大国政治，代议制章太炎尚且以为不可，如果主张采用这种流于空想的“直接民主”的话，对于章氏来说还有什么意义呢？有的学者指责章氏的政制创制带有很大的空想性，即是以其具有“直接民主”思想而发的。在大国实行“直接民主”，固然是流于空想，但对章氏的这种指责，却并没有什么根据，指鹿为马而已！

既然章氏创制的这种独特的共和政制不是“直接民主”，又不是像代议制那样的“间接民主”，那么，它的实质究竟是什么呢？笔者认为，他所创制的这种独特的“第三种”共和政制，实际上是一种“精英民主”的政治形态。前曾说过，民主政制的实质是“参与”，“直接民主”与代议制这种“间接民主”，由于确立公民的主权地位，所以，它在法理上来说属于“普遍的参与”。相对于这种“普遍的参与”来说，精英民主属于一种“有限的参与”。综观章氏所创制的“五权”，我们可以看出，他将参与国家管理权的资格实际上只限定在国家公民中的精英层，只有精英层才是主权者，而广大普通国民则被排除在外。章氏曾经说过：“夫使民有权者，必其辩慧之士，可与议令者也。……以蠢愚无知之民，起而议政令，则不足以广益，而只以淆乱是非，非禁之将何道哉！”② 他之所以要将“参与权”仅仅限定在精英层，而不主张“普遍的参与”，这段话已经清清楚楚地表达出来了。“精英民主主义理论认为，一般公民政治参与的作用较小，而强调大量政治参与的危险性。”③ 章太炎之所以要将政治参与限定在精英层，主张实行“有限的参与”，其主要目的就是在于企图将中国政治的建

① 章太炎：《代议然否论》，《章太为政论选集》（上）。

② 章太炎：《商鞅》，《訄书》（初刻本）。

③ 〔日〕蒲岛郁夫：《政治参与》，解莉莉译，经济日报出版社，1989，第23页。

设纳入秩序化的轨道，在制度化与法制化的轨道上进行政治的运作，避免使中国政治在从旧向新的转换过程中，陷入无序的混乱状态。这种精英民主政制，是中国传统的官僚政制（如关于官吏的黜陟，他主张严格地按照“停年格”来执行，避免总统以“所好”、“所恶”来黜陟官员）与西方分权学说相互融汇的产物。

西方的代议制政体，作为立法机关的议院是作为常设机构来监督政府、表达民意的。在章氏创制的“五权分立”的政制里，行政、司法、教育、监察四权是常设机构，而立法权则属于非常设机构。孟德斯鸠曾经说道：“如果立法机关长期不集会，……决议将由行政机关来做，而行政权将要变成专制的。”[①] 这样看来，章氏虽然将西方的分权学说引进自己的政制创制之中，但由于他拒斥了代议制，便不可避免地会导致以总统为首的行政权的“专制”，使权力的制衡难以实现。扩大行政权，赋行政权以“专制”的权力，章氏也从不讳言，如他曾说过他所创制的政制是一种“奇觚之专制”。[②] 那么，在制度化、法制化的政制创制中，在权力结构上，章氏为什么要致力于扩大“行政权”，赋总统为首的行政权以“专制”的权力呢？这是章氏崇尚“权威”的结果。

章氏曾经说过：“政平而无威，则不行。”[③] 在政制创制上，他在追求“平等”的同时，还追求“权威”。他又说道：“经营构画，在强有力之政府。”[④] 为了造就一个“强有力之政府”，他宁愿赋予总统为首的行政权以“专制”的权力。

对“权威”的崇尚，终章氏一生，无稍变更。在其早年，他主张以“睿哲仁强”者执政，[⑤] 赞赏“古之持大命者，不决于墨食，不诹于外朝，盱衡厉色而定其事”；[⑥] 中年以“专制”为善政；[⑦] 晚年则主张“独制”；[⑧] 等等。当时，章氏为什么如此地热衷于追求“权威”呢？其故有三。

第一，明“平等”。章氏认为，如果在政府与国家公民之间设置一个

---

① 〔法〕孟德斯鸠：《论法的精神》（上），张雁深译，商务印书馆，1982，第161页。

② 章太炎：《代议然否论》，《章太为政论选集》（上）。

③ 章太炎：《平等难》，《訄书》（初刻本）。

④ 章太炎：《中华民国联合会改党大会演说辞》“附录”，《章太炎政论选集》（上）。

⑤ 章太炎：《明群》，《訄书》（初刻本）。

⑥ 章太炎：《明群》，《訄书》（初刻本）。

⑦ 章太炎：《代议然否论》，《章太炎政论选集》（上）。

⑧ 章太炎：《秦政记》，《章太炎政论选集》（上）。

“代议士”阶层，“政府固多一牵掣者，齐民亦多一抑制者”，[①] 这样便丧失了“平夷之美”。[②]“人主独贵者，其政平，不独贵，则阶级起。”[③] 建立一个“专制”的政府，确立总统的“权威”，是为了防止“阶级”，也即为了防止像“代议士”这样的特权阶层的出现，使国家公民在“专制”政制之中人人平等。章太炎认为：“大抵建国设官，惟卫民之故，期于使民平夷安隐。”而代议制政体则做不到这一点，只有他创制的独特的“专制”政制，才能保证做到这一点。

第二，重“秩序”。在旧政制向新政制的转换过程中，如何才能避免国家政治陷入无序的混乱状态，这是章太炎非常关注的一个重要问题。如果实行代议制的话，那么，国家大政在其推行过程中，章氏认为就会出现“噂沓纷起”的混乱局面，不利于国家大政的有序推行。“初定法也，一致而已矣，非有正反，则奚噂沓以持其议？”[④] 只有在一个强有力的“权威”领导之下，以“一致”之虑来推行国家政令，才能确保中国政制在其转换过程中做到有序的政治运作。在中央与地方关系上，章太炎主张废省，主张削弱地方权力，加强中央对地方的控制，其用意也即在于企图避免造成国家的分裂与政治的混乱，从而将国家政治纳入秩序化轨道。

第三，求“效率”。章氏曾比较研究过拿破仑时代英国式的君宪政制与法国拿破仑式的“帝制”，他认为法国拿破仑式的“帝制”较之英国式的君宪政制，其政治运作的效率要高得多。他曾这样说道：“昔者中国乾嘉之际，欧洲列国，严刑厚敛，民不聊生，拿破仑出而更之，播及邻国，皆厥角稽首，若弟子之受命于先师，非甚难也。然而英之更制也，公举议员，则世族阻之；免他国商税，则富贾阻之，船户阻之；放行进口粮食，则业田者阻之；宽待佣作，则厂主阻之；禁买黑奴，则豪右阻之；哗讼三十年，然后大定。”[⑤] 在君宪政制与专制政制之间，他更加赞赏法国拿破仑式的“帝制”。像中国这样一个处于新旧政制转换时期的国家，为了使国家政令能够得到雷厉风行地推行，他认为只能仿效拿破仑式的“帝制”，

---

① 章太炎：《与马良书》，《章太炎政论选集》（上）。

② 章太炎：《代议然否论》，《章太炎政论选集》（上）。

③ 章太炎：《秦政记》，《章太炎政论选集》（上）。

④ 章太炎：《明群》，《訄书》（初刻本）。

⑤ 章太炎：《变法箴言》，《章太炎政论选集》（上）。

建立一个拥有高度“权威”的“强有力之政府”。如果建立一个像英国那样的代议制的宪政政制，只能导致“发政益濡缓无期会”,[①] 从而延误中国政治革新的时机。

既然章氏崇尚“权威”，以“专制”为善政，那么，我们是否可以认为，章氏的这一思想仍是继承了传统的专制思想呢？他所说的“权威”，是否可以同传统的“绝对主义”王权等量齐观呢？回答是否定的。因为，章氏虽然崇尚“权威”，赋予总统为首的行政权以“专制”的权力，但是，由于他所规设的这一“权威”，已经是在制度化分权体系之下的“权威”，这一“权威”政治的运作已经不能像传统的“绝对主义”王权那样毫无限制，唯我独尊，它要受到诸如司法权、监察权等权力的制约。这一“权威”在领导进行政治运作的过程中，不能超越国家法律所许可的权力范围之外，否则它将会受到司法权及监察权的弹劾与惩治，因此，这一“权威”，我们可可称之为“新权威”，它是一种“合理的权威”。这一“新权威”，由于它与制度化分权体系相结合，由于它是在国家法律所赋权力的范围之内进行政治的运作，所以，它便不可能流于传统的“绝对主义”的王权。由此，章氏所创制的这种政制，便不可能流于传统的专制政制，而仍然是一种共和政制。章氏自己在说他所创制的这一政制的特色时说道：“此政体者，谓之共和，斯谛实之共和矣；谓之专制，亦奇觚之专制矣。”[②] 这一权威政治，虽然表面上看去是一“专制”政制，但它却符合真正的共和精神。

为了保证做到权力不被滥用，除了创制一个以权力制约权力的制度化分权体系外，章氏还认为必须要把权力纳入法制化轨道，实行以“法”治国。章氏将“参与权”限定在精英层，并且热衷于“权威”，这似乎给人以一种印象，即章太炎政制思想的实质仍然是“人治”。其实不然，这一点我们从他对我国古代思想家中主张“任法而治”的去取，以及他对西方所谓法治社会的批评中，可以清楚地看出来。

在我国古代的思想家中，先秦时期法家及明清之际的黄宗羲，均是主张“任法而治”的。章氏对先秦法家主张“君民不相爱，块然循于法律之中”[③] 的那种完全以法治世的思想，非常赞赏。在先秦之后的我国历代思

① 章太炎：《明群》，《訄书》（初刻本）。

② 章太炎：《代议然否论》，《章太炎政论选集》（上）。

③ 章太炎：《秦政记》，《章太炎政论选集》（上）。

想家中，对法家主张完全“任法而治”的思想颇有非议，认为它刻薄寡恩，故而对之评价不高。章氏认为：“以法家之鸷，终使民生；以法家之刻，终使民膏泽。”[①] 对后人之非议法家，他感到悲哀，并以继承法家完全“任法而治”的思想为职志，这使得他赢得了“新法家”称号。[②] 黄宗羲也主张“任法而治”，但章氏却对之颇有非议。因为，黄宗羲将弹治国家官吏的权力授于学校诸生，在他的思想里有着严重的“尚贤”倾向。章氏认为黄宗羲的这一“尚贤”思想，是“阴慹心于英雄”，并且与其“任法”思想也是相矛盾的，其结果将仍然是“听于乱人，而非听于治法”。[③]“循法者不尚贤，不尚贤者，选举视技能，而迁陟视伐阅年劳。贤不可知，虚论才调度量器宇之属，无为也。”[④] 他主张国家官员的迁降，必须严格按照以“年劳”为准的“停年格”来执行，建立一个法制化、程序化的官僚体制。关于西方所谓的法治社会，章太炎曾经说道：“远西之为政者，分争辩讼，不以非法黜民命，莅官行政，不以非法免吏职，其言听法近之也。”[⑤] 但是，在其大政革选中，仍然避免不了像黄宗羲那样的“尚贤”的弊端。其云：“及其谁差一相，而左右柄国者，惟相所好恶处之。总统者又踊是，大政革选，下及茸骑驺伍，亡不易位。”[⑥] 由此，他认为：“宗羲之言，远西之术，号为任法，适以人智乱其步骤。”[⑦] 在肯定“任法”的同时，拒斥了“尚贤”。由此，我们可看出，章氏的用意实是要像先秦法家那样，完全“任法而治”，以造成一个纯粹法治的社会，以冀将他所创制的“权威”纳入法制化的轨道中去。

章氏虽然反对“尚贤”，但他并不反对任用杰出贤明之士来治国，在他看来，只有在“任法”的原则下，只有在法制化的程序中任用贤明之士，才会造成“治法”，而不会造成“乱人”。章太炎曾经说道：“法者非生物，人皆比周，则法不自用。”[⑧]“法”不过是死板的条文，最终还是要

---

① 章太炎：《商鞅》，《訄书》（初刻本）。

② 王汎森：《章太炎的思想（1868—1919）及其对儒学传统的冲击》，（台北）时报文化出版事业公司，1985，第113页。

③ 章太炎：《非黄》，《太炎文录初编》文录卷一。

④ 章太炎：《非黄》，《太炎文录初编》文录卷一。

⑤ 章太炎：《非黄》，《太炎文录初编》文录卷一。

⑥ 章太炎：《非黄》，《太炎文录初编》文录卷一。

⑦ 章太炎：《非黄》，《太炎文录初编》文录卷一。

⑧ 章太炎：《非黄》，《太炎文录初编》文录卷一。

由“人”来执行的，如果没有循法的“人”，即使有再好的“法”，也不会造成法治社会。在“法治”与“人治”关系上，章太炎主张实行“法治”之下的“人治”，将二者辩证地统一了起来。

“法治”的获得，最终还是要取决于“人”的因素，因此，造就“循法”的国民，将是获得“法治”的必不可少的重要条件，也唯其如此，才能保证做到他所创制的权威政制在其运作过程中做到“权力”的真正不被滥用。如何才能造成“循法”的国民呢？章太炎认为“循法”国民的造就，必须以“道德”与“知识”为基础。他曾说道：“共和政体，以道德为骨干，失道德则共和为亡国之阶”；[①] 又云：“谋议监督，在有智识之国民。”[②] 他将“道德”与“知识”当作完善他所创制的“共和政体”的重要基础来看待。“共和政体”的完善有赖于国民“道德”与“知识”水准的提高，这在西方的自由主义传统里也有着相同的看法，如约翰·密尔说道：

> 知识的缺乏，对好政府的所有要素方面的不利影响，是不需要作任何说明的。政府管理是由人们的行为组成的，或行为者须对之负责的人们，或其意见产生影响和制约所有这些人的旁观者们，都只是无知的愚蠢的和具有可悲的偏见的群众，则任何政府管理都将搞不好。反过来，按照人们高出于这个水平的比例，政府的性质也将有所改进——直达到卓越的程度（这是可能达到的，但没有一个地方已经达到），那里的政府官员，其本身就是具有卓越的美德和智慧的人，而围绕着他们的是具有道德的和开明的公众舆论的气氛。[③]

既然将“道德”与“知识”当作完善“共和政体”的重要基础来看待，那么，致力于提高国民的“道德”水准，致力于开启民智、提高国民的“知识”水准，便成了一个必致的逻辑结论，密尔是这样，章太炎也是如此。关于章氏所论之“道德”，笔者将在另文作专门论述，在此从略。下面先来谈谈“知识”。

戊戌时期，章太炎曾发过一段感慨之论，其云：

---

① 章太炎：《致伯仲书》，《章太炎政论选集》（下）。

② 章太炎：《中华民国联合会改党大会演说辞》（附录），《章太炎政论选集》（下）。

③ 〔英〕约翰·密尔：《代议制政府》，汪瑄译，商务印书馆，1984，第28页。

> 中国自通商以来，更岁五十而赢矣，召彼故老而询之开矿筑路，犹愀然以为伤地脉，其它曲制时举，有造于廿二行省，独不利于数千百人者，不可偻指数也，是其难行也，又非直伤地脉之比也。[①]

他认为国民的愚昧将是国家推行新政的一个重要阻力因素，因此，开启民智，不但是他创制的“共和政体”的需要，也成了时代的一个迫切要求。关于开启民智，章氏认为其手段不外乎“宣传”与“教育”两个方面。关于“宣传”，他主张以“中西之言”及“宙极之史”来“化”民。[②]相对于“宣传”来说，“教育”对于开启民智、增进国民的知识，则显得更为重要。对于普通教育，章氏主张由政府实行强迫教育，普通教育之外的，他则主张设立与总统敌体的“学官”，建立独立的“教育权”。在晚清之世，他曾提出废除传统的科举制教育体系，认为“科举制则不可以得人才”,[③] 主张以新式学堂来代替传统的科举制，并主张在新式学堂里应主要开设四科：“一曰政治，再曰法令，三曰武备，四曰工艺。”[④] 他将“政治”与“法令”当作新式学堂里的必修课程，显示了他对培养懂政治新式人才的高度重视。章氏认为学校可使人“知识精明，道行坚厉”，因此，终其一生，他对教育都非常重视，并且身体力行，利用各种途径授徒讲学，使他自己成了一个近代著名的教育家，并培养了像黄侃、钱玄同、鲁迅、周作人、许寿裳、吴承仕等一代文化大师。孟德斯鸠曾经说过：“君主国家（笔者按：指行君主立宪的国家）的教育所努力的是提高人们的心志，而专制国家的教育所要求的是降低人们的心志，……在那里，知识招致危险，竞争足以惹祸。”[⑤] 大凡实行专制政制的国家，均实行愚民政策，这在中西都是一样的。章太炎一生提倡教育，以开启民智为自己的职志，这从一个侧面说明了他所创制的“专制”政制不同于传统的“绝对主义”王权的专制政制。他之倡导教育，造就知识化的国民，是直接为其所创制的“专制”政制服务的。也即在于通过提高国民的知识水准，通过提高国

---

① 章太炎：《变法箴言》，《章太炎政论选集》（上）。

② 章太炎：《变法箴言》，《訄书》（初刻本）。

③ 章太炎：《官统》，《訄书》（初刻本）。

④ 章太炎：《改学》，《訄书》（初刻本）。

⑤ 〔法〕孟德斯鸠：《论法的精神》（下），第33页。

民对政府的监督能力，继而确保他所规设的权威政制，能够循法治的轨道进行政治的运作。

行文至此，似乎本文应该结束了，但下列两个问题仍需要交代一下：章氏创制的独特的"共和政体"能否进行实际操作？其创制精神与现代政治精神是否相符？关于第一个问题，笔者的回答是肯定的，但又觉其有美中不足之处。就其体系本身来说，章氏所创制的这一独特政制，已经具足了一个系统，其体系是相当完备的。从其现实的操作层面来说，由于当时中国正处在一个新旧政制的转换时期，新政制的创设，如果不考虑中国的历史传统及现实状况，直接将西方的宪政政制搬到中国来用，因其与中国的国情不太合拍，则很有可能会导致政制的变质，并会带来社会政治秩序的混乱，这已为民初西方宪政政制在中国的实践所证实了。章太炎创制的这种权威政制，在避免传统绝对主义王权弊病之同时，又继承了传统政制中官僚政治的优良传统，并引进了西方的分权学说，建立一个制度化的分权体系来制约"权威"。由于它符合于中国的传统，符合于国人的习惯，所以，它便易于为国人所接受，实际操作中便不会带来太多的麻烦。约翰·密尔认为："当一项制度，具有民族的舆论、爱好和习惯为它铺平的道路时，人民就不仅更易于接受，而且更易于学会，并从一开始就更倾向于去做需要他们做的事情，以维护这种制度和把它付诸实施，俾能产生最好的结果。任何一个立法者在考虑措施时不利用这种可供利用现存的习惯和感情，将是一个重大的错误。"① 章太炎之所以拒斥欧美式的宪政政制，创制一个独特的"第三种"共和政制，即是考虑到了"习惯"这一因素与政制创制之间的重要关系。我们知道，"习惯"是文化中最难变动的因子，在进行政制创制时，如果不考虑这一重要因素的影响，创制一个与传统完全不同的全新政制，就会使国人盲无所从。在一个没有民主传统的国度里，如果贸然地建立一个不同于自己文化传统的西方式的宪政政制，国人只能会按照旧有观念进行操作，这就不可避免地会导致新政制的变质。盖民主宪政非一朝一夕所能致，孙中山有感于此，所以作《民权初步》，并提出"训政"主张，设定一个过渡期用来训练国人的参与意识与参与能力。章氏创制这种政制，就当时中国的现实政治情况来说，如果能够化为现实的话，则在其实际操作过程中，可能会更有利于旧政制向新政制的顺

---

① 〔英〕约翰·密尔：《代议制政体》，第11页。

利过渡。但美中不足的是，章氏称广大普通国民为“蠢愚无知之民”，他将希望过度寄托于精英层，将希望过度地寄托于一个拿破仑式的政治权威，他仅以“精英民主”自限，而未能实现对它的超越，将“普遍的参与”确立为自己的终极目标。从这一点来看，孙中山军政、训政、宪政的政治思想，较之章太炎来说，要有着更加远大的政治眼光。如果章氏将他所创制的权威政制当作一种“引带政府”① 来处理的话，则无可非议，如果他以此自限，就未免显得有些逼窄了。

关于第二个问题，笔者的回答也是肯定的。卢梭曾经说道：“社会秩序乃是为其他一切权利提供基础的神圣权利。”② 由于对“秩序”的重视，卢梭也主张精英层的统治。其云：“最好的而又最自然的秩序，便是让最聪明的人来治理群众，只要确定他们治理群众真是为了群众的利益，而不是为了自身的利益，决不应该徒劳无益地增加机构，也不应该用上两万人来做只需挑出一百个人便可以做得的事情。”③ 章太炎之所以创制一个“精英民主”的权威政制，一个重要的目的即是为了保证政治变动的秩序化。美国当代政治学大师亨廷顿也认为：“首先的问题不是自由，而是建立一个合法的公共秩序，人当然可以有秩序而无自由，但不能有自由而无秩序，必须先存在权威，而后才谈得上限制权威。”④ 对“秩序”与“权威”的追求，也可谓是自启蒙运动以至现代政治的一个重要特色。章太炎主张“精英民主”，建立一个合理化的新权威，这与卢梭、亨廷顿两位大师的思想是相当合拍的，因此，笔者认为，章氏的创制仍然符合现代政治的创制精神。

（注：本文原刊于台北《孔孟月刊》，1998 年第 36 卷第 6 期、第 7 期连载。）

---

① “引带政府”：“引带”指的是用来教会幼儿走路的牵引绳带，“引带政府”指握有“权威”的政府，不以强力“统治”为目的，进行的是“指导性的管理”，“逐步训练人民独自走路”。这有类于圣西门的“父亲式专制”，即它是以“权威”为手段，以国民的“普遍的参与”为目的的政府。请参阅〔英〕约翰·密尔《代议制政府》，第 33—34 页。

② 〔美〕乔治·霍兰·萨拜因：《政治学说史》（下），齐山等译，商务印书馆，1986，第 659 页。

③ 〔法〕卢梭：《社会契约论》，何兆武译，商务印书馆，1982，第 92 页。

④ 〔美〕塞缪尔·亨廷顿：《变化社会中的政治秩序》，王冠华等译，三联书店，1989，第 7 页。

章太炎法律思想初探

在中国传统的法律思想中，存在着儒家自然法与法家法律实证主义这两种对立的思想体系，章太炎在经纶实际时，特别推崇法家的学术，[①] 所以，他的法律思想便也带有浓厚的实证主义色彩。章太炎虽然不是一个伟大的法学家，但在晚清新律改定活动中，章氏通过对中西学术的深入研究，提出了一套颇具特色的法律思想体系，这在我国近代法律思想史上仍然留下了明显的痕迹。

一 立法者与参照系

哪里有社会，哪里就有法律，不论是在西方还是在东方，法律自古以来就是人类文明的基本历史现象之一。中国自汉时起，即已具备了一个庞大的法律体系，其后历朝历代，虽然时有增删，但皆相沿不废，一直沿用到清末。传统中国的法律，是由统治者制定颁布，一以统治者的利益为依归。此外，在传统中国的专制政制下，皇帝的诏令也起着准法律的作用，有时甚至替代法律。在传统的法律体制下，人民纯处于被动服从的地位，是君有权，民无权。到了近代，这种体制便首先遭到资产阶级改良派的尖锐批评，认为它导致了舆情不通、上下否塞，是国家衰弱不振的根本原因之所在。因此，从19世纪80年代起，资产阶级改良派即呼吁要改变这种体制，主张“兴民权”。由资产阶级改良派发出的“兴民权”的呼声，在晚清之世，渐渐发展成为时代的主潮，成了资产阶级各派的一致趋向。章太炎也是将“兴民权”确立为自己的价值目标的，如他曾说过：“吾党之念是者，其趣在恢廓民权。”[②] 怎样才能“兴民权”呢？从法律的角度来

① 章氏曾说过：“遭世衰微，寻求政术，历览前史，独于荀卿、韩非所说，谓不可易。”转引自姜义华《章太炎思想研究》，上海人民出版社，1985，第37页。

② 章太炎：《代议然否论》，汤志钧编《章太炎政论选集》（上），中华书局，1977。

说，立宪派主张在法律上应对君主及臣民的权力给予明确的界定，法律则由君主及民选的议会共同“协定”产生；革命派的意思是要从根本上推翻君主制度，主张法律应由民选的议会制定。关于法律的产生，传统的立法程序固不待论，章太炎对以上立宪派“协定法律”及革命派“民定法律”的主张均不赞同。他认为，“凡法律自上定者，偏于拥护政府；凡法律自下定者，偏于拥护富民”,[①] 都不能达到“兴民权”的目的。既然这样，那应由谁来立法呢？章氏主张：“凡制法律，不自政府定之，不自豪右定之（按：章氏认为如果通过选举产生议会的话，那末充斥在议会里的议员将主要是豪右，由议会来立法，实际上是将立法权授给豪右了，下文将作论述），令明习法律者，与通达历史、周知民间利病之士，参伍定之。”[②] 很明显，章氏的用意是要将立法权授给学者专家们的。章氏身列资产阶级革命派，对立宪派主张的不赞同不难理解，但他为什么对革命派立法权的主张也要公然反对呢？关于此，章氏从中国的具体现状出发作了阐释。从丁口比例角度来看，时中国约有人口 4.2 亿，如果按照西方的惯例，一国之中要选出 700 名议员的话，则中国 60 万人才能选一议员，“除去妇女、僮儿，入选场者，大率二十万人”才能选一议员。[③] 章氏认为：“愚陋恒民之所属目，本不在学术方略，而在权力过人”；[④]“数愈阔疏，则众所周知者，愈在土豪。”[⑤]“土豪”他有时表述为“豪右”、“驵侩”，指的是有势力者。这样一来，将来充斥在议会里的议员将主要是“土豪”，如果将来立法权授给议会，则其所制定的法律必定是偏于拥护“土豪”的利益，而不能反映广大普通国民的利益。因此，章氏认为这样的国会，“名曰国会，实为奸府，徒为有力者傅其羽翼，使得腠腊齐民，甚无谓也”。[⑥] 只有将立法权授给“明习法律”与“通达历史、周知民间利病”的学者专家们，才能保证立法的公正，才能切实保障广大普通国民的利益，从而实现“兴民权”的理想。在此，章氏虽然将立法权授给一些学者专家们，但他以广大普通国民的利益为依归，反映了章氏的民粹主义的立场。

---

① 章太炎：《代议然否论》，《章太炎政论选集》（上）。
② 章太炎：《代议然否论》，《章太炎政论选集》（上）。
③ 章太炎：《代议然否论》，《章太炎政论选集》（上）。
④ 章太炎：《代议然否论》，《章太炎政论选集》（上）。
⑤ 章太炎：《代议然否论》，《章太炎政论选集》（上）。
⑥ 章太炎：《代议然否论》，《章太炎政论选集》（上）。

这些握有立法权的学者专家们，应以什么作为立法的参照系来为未来的中国制定一部新律呢？在晚清新律改定活动中，存在着严重的欧化主义倾向。章氏对这种倾向曾给予了严厉的批评，他认为将欧美的法律悬为中国制定新律的参照系，是“削足适履之见，虎皮蒙马之形”，[①] 违背了国俗，犯有“武断之罪”。[②]“法律者，因其俗而为之约定俗成”，[③]“法律本依习惯而生，非可比附他方成典”。[④] 章氏曾将中国与美、法二国作过一番比较，认为：“中国本因旧之国，非新辟之国，……盖中国与美绝不同，美为新建之国，其所设施，皆可意造，较中国易，无习惯为之拘束也；与法亦悬殊，法系破败之国，推翻一切，而中国则不然，如悉与习惯相反，必不能行。”[⑤] 由于他特别注重法律与“习惯”的关系，主张应根据本国人民独特的理念与行为来制定新律，因此，章氏此时仍然属意于旧律，主张将反映中国人民独特理念与行为的旧律作为新律改定的参照系。对于中国传统的良法美俗，他主张“应保存者，则存留之，不能事事更张”，[⑥] 并举出“八条”作为“所应保存、提倡与夫禁止之概略”。[⑦] 这“八条”即是：

一、婚姻制度宜仍旧，惟早婚应禁止。其纳妾一事，于国民经济、个人行为，诸多妨害，如家产之不发达，行为之多乖谬，由此事耗费为之者，十居七八焉，昔日官吏犹然，故将来应悬为禁令。

二、家族制度宜仍旧。如均分支子、惩治恶劣、严科内乱，均不可改，惟死后继嗣，似宜禁断，生前养子者不禁。

三、中国本无国教，不应认何教为国教，虽许信教自由，然如白莲、无为等教，应由学部检定教理，方予公行。政教分离，中国旧俗，其僧侣及宣教师，不许入官，不得有选举权。

四、本国人在本国境内入外国籍者，虽不必照旧律谋叛惩治，仍应禁断，惟自来流寓在外者，不在此例，仍须削除国籍，如以后华侨

① 章太炎：《宣言·九》，《章太炎政论选集》（下），中华书局，1977。

② 章太炎：《先综核后统一论》，《章太炎政论选集》（下）。

③ 章太炎：《五朝法律索隐》，《太炎文录初编》文录卷一，《章太炎全集》（四），上海人民出版社，1985。凡文中引文未注明出处者，均见该文。

④ 章太炎：《宣言·九》，《章太炎政论选集》（下）。

⑤ 章太炎：《中华民国联合会第一次大会演说辞》，《章太炎政论选集》（下）。

⑥ 章太炎：《中华民国联合会第一次大会演说辞》，《章太炎政论选集》（下）

⑦ 章太炎：《中华民国联合会第一次大会演说辞》，《章太炎政论选集》（下）

再有入外籍者，非先由政府允许不可。

五、承认公民不依财产纳税多额，而以识字为准，庶免文盲与选，而有智识之寒畯，反至向隅。

六、速谋语言统一，文字不得用拼音，妄效西文，而使人昧于其义也。

七、赌博启人侥幸心而妨害恒业，应严禁，其竞马、斗牛等亦然。

八、在公共场所，效外人接吻、跳舞者，男女杂沓，大坏风纪，应由警察禁止。①

以上“八条”虽不是章氏立法主张的全部内容，但他的意旨却是彰然揭显的。由此，我们可以看出他是怎样注重法律与习惯的关系了。章氏认为“法律本依习惯而生”，对法律的制定采取了历史主义的态度，主张新律应根据中国历史发展的特殊逻辑来制定，如果违背了这个逻辑，即是“武断”。这种主张表面上看去显得相当保守，这与资产阶级各派的观点均是大异其趣的，也违背了时代的潮流。但他的这种“保守”，与封建顽固派并不一样，他的主张完全是基于他对中西学术深入研究之后提出的。在举世若狂、心醉欧风的历史年代里，章氏一方面看到了中国历史发展的趋向，同时又坚定地持着历史主义的立场，颇有一种众人皆醉我独醒的气概，我们从中看到的仍然是闪耀着理性主义的光芒。

二　立法的根本精神

“法律的终局（end of low），是在于司理直道。”② 所谓“直道”，即是“正义”或“公平”的原则，世界各国法律莫不以此为其立法的根本精神。章太炎曾说过：“要以著之图法者，庆赏不遗匹夫，诛罚不避肺腑，斯为直耳。”③ 他也是将“直道”当作其立法的终极关怀的。“正义”或“公平”是一不确定的概念，在不同的历史时期，或一定历史时期的不同社会

① 章太炎：《中华民国联合会第一次大会演说辞》，《章太炎政论选集》（下）

② 法学教材编辑部西方法律思想史编写组编《西方法律思想史资料选编》，北京大学出版社，1983，第695页。

③ 章太炎：《秦政记》，《太炎文录初编》文录卷一。

集团，对它的理解都是不一样的。那么，章氏所谓的“正义”或“公平”的原则，含有哪些具体内容呢？

前曾说过，章氏的法律思想有着浓厚的民粹主义的色彩，他主张新律的制定应以广大普通国民的利益为依归，并且认为“法律本依习惯而生”，对法律的制定持一种历史主义的态度。在这样的理念指导下，章氏对中国传统的旧律作过一番精心研究，发现“汉唐二律皆刻深，不可施行，求宽平无害者，上至魏，下讫梁，五朝之法而已”。[①] 他认为，“五朝之法”中“有可傅以西方之制者，有孑杰于汉土者，有可拟以近世之制者，有孑杰于前代者”。[②] 并且，他在“五朝之法”的立法精神里发现“四大原则”：“一曰重生命，二曰恤无告，三曰平吏民，四曰抑富人。”[③] 章氏认为这四大立法精神，最能符合“正义”或“公平”的原则，因此，他对这“四大原则”作了一番精心梳理，并将之确立为制定新律的根本精神。

第一，重生命。《南史·徐羡之传》里有段记载说：“义熙十四年，军人朱兴妻周，生子道扶，年三岁，先得痫病，周因其病发，掘地生埋之，为道扶姑双女所告。”以生母杀子，罪应弃世，但徐羡之在审理这一案件时却认为“法律之外，尚弘通理，母之即刑，由子明法，为子之道，焉有自容之地？”他根据儒家自然法的精神，对周氏的行为特加宥恕。章氏从有关这一案件的“实在法”的规定中，看到了五朝法对生命的高度重视。并且，从法律实证主义的立场出发，对徐羡之的处理大加批评：“羡之不学，特议宥恕，夫子即生埋，长冥不视，而云焉有自容之地，宁当与朽骨论孝慈耶？”《晋律》中有“众中走马者，二岁刑，因而杀人者，死”的规定，这条规定也体现了其“重生命”的立法精神。关于此，章氏评论道：“夫都会殷赈，行人股脚肩臂相摩，走马者亦自知易伤人，然犹僄佼自喜，不少陵谨，此明当附贼杀之律，与过杀、戏杀殊矣。藉令车骑在中，人行左右，横渡者犹时不绝，若无走马杀人之诛，则是以都市坑阱人也。”他对《晋律》所规定的“走马城市杀人者，不得以过失杀人论”的立法精神，是绝口称赞的。由此，他还议及“电车杀人”之事，他认为：“电车只为商人增利，于民事无益毫毛，以为利贼杀人，视以轻狡贼杀人，其情罪当倍蓰。……余以造用电车者，当比走马众中，与二岁刑，因而杀

① 章太炎：《五朝法律索隐》，《太炎文录初编》文录卷一。

② 章太炎：《五朝法律索隐》，《太炎文录初编》文录卷一。

③ 章太炎：《五朝法律索隐》，《太炎文录初编》文录卷二。

人者，比走马众中杀人，商主及御夫皆诛死。”这种看法未免显得偏激，乃矫枉过正之论，甚至带有一点愚腐的味道，但其所揭橥之“重生命”的立法精神，在此却愈因以凸显。

第二，恤无告。魏法：“谋杀、故杀、贼杀诸科，官未能理者，听其子姓复仇。”这种“恤无告”的立法精神，仍然显示了对“生命”的重视。章氏认为：“法吏断狱，必依佐证报当，佐证不具，虽众口所欲杀，不得施，如是，狡诈者愈以得志，而死者无有可申之地。且受球枉法，犹可治也，姻族相私，犹可使回避也。若法吏与囚人故交友，或以他事而相朋比，罪在疑似，非有极成佐证者，则藉法令以审释之，谁能问者?”因此，他认为，“前代听子姓复仇者，审法令有疐跋，不足以尽得罪人，故任其自相捕戮”，这种立法的精神仍是可取的。章氏主张将这种立法的精神贯彻到“实在法”之中去，显示了章氏对“杀人者死”这一古老原则的首肯，也使章氏对广大普通国民利益所抱有之终极关怀的愿望进一步凸显出来。

第三，平吏民。在中国传统的法律体制之下，“刑不上大夫，礼不下庶人”，官民悬隔，在法律面前，官民是极不平等的。同样是犯了杀人罪，如果是民杀官，则要加重处罚，官吏如果触犯了刑律（如笞杖等刑），则可通过罚俸免官等获得减刑或免刑的处理。在“五朝之法”中有“部民杀长吏者，同凡论”及“官吏犯杖刑者，论如律”的规定，这种规定体现了官民平等的精神。章氏认为：“法律者，左以庇民，右以持国”，“自秦皇一统以后，民无贵贱矣，近世齐斩之服，婚冠之制，其梗概亦下庶人，礼可下庶人，独刑不可上大夫乎？夫苟废笞杖之刑，即吏与民两不施用可也，笞杖之制犹在，独用于民，不用于吏，何其觟也?”他主张“藉令著于法律，曰其罪应杖几何，其罪应笞几何，虽官吏亦论决，不得以罚俸免官相代”；并且主张当取魏晋旧律，“齐民之杀官吏，与杀王之亲者，悉同凡论”。

第四，抑富人。晚清之世，政府为了尊崇实业，在法律上规定“尊奖商人”。章氏认为：“汉土之民，孳生亟而酌孔瓢，一有不给，千里转徙，故自昔以劭农为国，非好迂阔，以情势异于诸方也，商益恣，工益繁，农益减，旷土罢犁，稔岁犹趣趣忧不饱，猝遇虫蝗旱潦之灾，拙者饿死，雄桀者转徙他方为寇盗，忿戾者揭竿謈讙。”并且，“商贾惟积贮揞克是务，虽已入官，不能禁其贪冒”。从这种理念出发，章氏以为商、工、农均是立国之本，既然工、农“不被尊显”，为什么独“尊奖商人”呢？“盖贵均平，恶专利，重道艺，轻贪冒者，汉人之国性耳。”因此，为了稳定社会的秩序，维系吏治的清廉，应对商人采取贬抑的措施。“五朝法律”规定的“商贾皆殊其服”，“商人有罪不得赎”，这种立法的精神，章氏认为是可取的。他认为在法律上规定“商人有罪不得赎”，可以防止出现“贫民独死、富人独生”的弊病。“若夫殊其章服，以为表旗，令兼并者不得出位而干政治，在官者，亦羞与商人为伍，则今世行之便。”章氏在此所说的“商人”，指的是富商，与前文所说的豪右、土豪、驵侩属于同一范畴，若中小商人则不在此列。此外，章氏还提出四条规定以抑“富人”。其一，“轻盗贼之罪，不厚为富人报贫者也”①（按：章氏主张行累进税制，则财产多者当纳税亦多）。关于此，章氏还作了如下的解释：“案治盗贼，不当刻定减数以论罪之轻重，当计失主所有财产而为之率，譬如家有百万金者，取二十万犹无害，家有十金者，取三金则病甚，其为害于人有轻重，故罪亦因之为轻重，不当刻定铢两以计罪，亦犹伤人者，毁婴儿一肢，与毁大人一肢同罪，或且加重，不以肉之重量而积计罪也。”其二，“限袭产之数，不使富者子孙蹑前功以坐大也”。② 关于此，章氏在另外场合又作了具体解释，他主张：“凡家主没后，所遗财产，以足资教养子弟及其终身衣食为限，余则收归国家。”③ 大概是章氏觉得此种规定不大符合情理，不易行得通，其后他又将此条改为：“认遗产相续税，凡家主没后，所遗财产，与其子弟者，当依其所遗之数纳税。”④ 其三，“田不自耕植者不得有，牧不自驱策者不得有，山林场圃不自树艺者不得有，……不使枭雄拥地以自殖也”。⑤ 其四，“身及父子方营工商者，不得入官，不与其借政治以自利也”。⑥

“今魏、晋、南朝诸律，虽已残缺，举其封略，则有损上益下之美，抽其条目，则有抑强辅微之心，后有作者，因而为之节文，参以今制，复略采他方诸律，温故知新，亦可以弗畔矣夫。”⑦ 章氏将从“五朝之法”中

---

① 章太炎：《代议然否论》，《章太炎政论选集》（上）

② 章太炎：《代议然否论》，《章太炎政论选集》（上）

③ 章太炎：《中华民国联合会第一次演说辞》，《章太炎政论选集》（下）。

④ 《章太炎政论选集》（下），第533页脚注①。

⑤ 章太炎：《代议然否论》，《章太炎政论选集》（上）。

⑥ 章太炎：《代议然否论》，《章太炎政论选集》（上）

⑦ 章太炎：《五朝法律索隐》，《太炎文录初编》文录卷一。

勾勒出来的四大立法精神，确立为未来立法的根本精神。这“四大原则”损上益下、抑强辅微，偏于拥护广大普通国民的利益，将之悬为新律制定的灵魂，在此，我们似乎可以进一步看出章氏所具有的“民粹主义”的立场了。

三　疏律、重刑与任法

在传统中国的法律体系中，刑律占有着绝大部分的内容，“五刑之属三千”，繁文苛条，规定得极为详细。“律之密者，不欲妄杀人，一窃分数级，一伤人分数级，大辟之狱，失实则令诛。”① 之所以要制定如此繁密的法律条文，目的在于“矜慎用刑，使民不妄受戮”。② 但在具体的操作过程中，不但不能保证做到“使民不妄受戮”，甚至走向立法者愿望的反面。因此，章氏对于制定繁密苛细的法律条文持否定的态度，他主张重新返回先秦法家的老路，主张疏律、重刑。历史发展到近代，西方各先进国家均致力于制定科学而繁密的法律条文细则，并且主张轻刑。这是人类文明发展进步的标志之一，它也成了晚清新律改定的价值趋向，但当时的章太炎却与时俗唱着反调。他认为传统的法律制定繁密的条文细则，带来了两个方面的消极后果，导致了法律的废弛。一是“上密于律，则下遁于情，而州县疲于簿书之事，曰避吏议，娖娖不暇给。故每蔽一囚，不千金不足以成狱，则宁过而贳之。其极，上下相蒙，以究于废弛。是故德意虽深，奸宄瘉因以暴恣。”③ 另一是传统的法律虽然制定了繁密的条文细则，但却导致了一些酷吏若张汤、周兴、来俊臣等辈媚事人主、惟酷刑是务的可怕局面。汉时董仲舒特创《决事比》：“援附格令，有事则有例，比于酇侯《九章》，其文已冗，而其例已繁。”发展到张汤以后，则更“比而析之，设法如牛毛”，法律条文愈益趋于繁密。法律条文之趋于繁密，使得酷吏张汤等便于随意“诛杀谏士，艾杀豪杰”，“有拂天子意者，则己为天子深文治之”，看上去好像是以法持世，实际上却导致了法律的废弛，法律成了“天子专制”最方便的工具。④ 有鉴于此，章氏反对密律，主张疏律：“吾

---

① 章太炎：《儒法》，《訄书》（初刻本），《章太炎全集》（三），上海人民出版社，1984。

② 章太炎：《儒法》，《訄书》（初刻本）。

③ 章太炎：《儒法》，《訄书》（初刻本）。

④ 章太炎：《商鞅》，《訄书》（初刻本）。

观古为法者，商鞅无科条，管仲无五曹令，其上如流水，其次不从则大刑随之。”在主张疏律的同时，章氏又主张重刑，但这与古代酷吏之“惟酷刑是务”不同，认为重刑是“以刑维其法，而非以刑为法之本也”，① 其极则是要达到“止刑”，② 实现纯粹法治社会的理想。因此，他对古法家以法持世，疏于律而酷于刑是非常赞赏的。他认为商鞅“一日刑七百人以赤渭水，其酷烈或过于汤，而苛细则未有也”，“刑七百人，盖所以止刑也”。章氏之主张重刑，还掺杂了一些现实因素的考虑，他认为由于各个时代所面临的具体情况不一样，因此刑法的轻重也就应该有别。“叔季陵迟，非整齐严肃无以起废”，③ 处在晚清这样混乱的历史年代，就应该用重刑。

疏律、重刑虽可避免传统法律体制所带来的两大弊病，但仍不能保证真正做到法律不被滥用，保证真正做到刑法的确当。为了克服这种弊病，章氏将西方资产阶级司法独立的主张引到自己的思想体系之中。他认为：“西方之言治者，三分其立法、行政、司法，而各守以有司。惟刑官独与政府抗衡，苟附于辟，虽人主得行其罚。”④ 这是最公平的。因此，他主张建立一套独立的司法系统：“司法不为元首陪属，其长官与总统敌体，官府之处分，吏民之狱讼皆主之，虽总统有罪，得逮治罢黜。”⑤ 实行司法独立，不仅能够防止官吏猾法，并且能够保障广大普通国民的利益不致受到无故侵犯，从而克服传统法律体制下的两大弊病。但是像遇到以下二事，该怎么办呢？一是司法官只能在法律统治之下，严格地按照法律条文去断案，如果遇到越出法律条文之外的案件，该如何处理呢？传统的做法有二：其一是按照儒家自然法的原则去断结，其二是按照过去曾处理过的类似案件的结论（所谓“例”）去断结。由于章氏是一个法律实证主义者，他对越出法律条文之外的情况没有论及，这显示了在章氏法律思想的里层仍然存在着一个大的漏洞。二是如果司法官不守法律，应该怎么办呢？章氏主张：“司法枉桡，其长得治之，长不治，民得请于学官，集法学者共治之。”⑥ “学官”是章太炎所创设的独特政体中与总统敌体、掌管全国教

① 章太炎：《商鞅》，《訄书》（初刻本）。
② 章太炎：《商鞅》，《訄书》（初刻本）。
③ 章太炎：《商鞅》，《訄书》（初刻本）。
④ 章太炎：《刑官》，《訄书》（初刻本）。
⑤ 章太炎：《代议然否论》，《章太炎政论选集》（上）。
⑥ 章太炎：《代议然否论》，《章太炎政论选集》（上）。

育的最高官吏。将监督司法的大权最终归于学官及法学者，这同前文所说的将立法权交给少数的学者专家们的主张一样，显示了“人”的因素在章氏法律思想中占有决定性的地位，这与下文章氏所主张的完全任法而治、实现纯粹法治社会的理想是相矛盾的，这是章氏法律思想中的第二个大的漏洞。

章氏非常欣赏韩非子“任法”而治的主张，主张法律既定以后，即要严格以法来治世，以造成一个纯粹法治的社会。因此，章氏在其法治的主张中便极力排斥“人”的因素的影响。这一思想，我们从他对黄宗羲的法治思想及欧美所谓的法治社会的批评中可以看出来。黄宗羲极力反对人治，主张法治，但在黄氏的法治思想中，又主张“尚贤”，黄氏将弹治官吏的权力归于学校诸生，章氏认为黄氏的这种主张是自相龃龉的。“诚听于法，当官者犹匠人，必依规槷，藉令小有差跌，……害及齐民，民故走诉之，害无及齐民，则监刺史摘发之，以告选部御史台，而议其过。”章氏主张应按法律程序来弹治官吏，如果将弹治官吏的权力归于学校诸生，“学校诸生非吏也，所习不尽刑名比详，虽习之犹未从政，辍业不修，以奸当涂之善败，则士侵官而吏失守，士所欲恶，不尽当官成，又不与齐民同志，上不关督责之吏，下不遍同列之民，独令诸生横与政事，恃夸者之私见，以议废置，此朋党所以长，……斯乃听于乱人，而非听于治法也”。[①] 关于官吏的登用，章氏对黄宗羲的“尚贤”主张也持反对意见，主张按法律所规定的程序来进行：“又诸登用吏士，循法者不尚贤，不尚贤者，选举视技能，而迁陟视伐阅年劳，贤不可知，虚论才调度量器宇之属，无为也。技能校乎学官，年劳伐阅省乎计簿，细大不越，以为选格之中，此所谓弃前识，绝非誉。”[②] 他认为黄宗羲虽然主张法治，但实际上黄氏是“阴憖心于英雄”，[③] 是将法治社会的实现托于学校诸生及国家官吏道德的完备上。“英雄之为言，与鬼神等，世有其名，本无其实也，知鬼神之妄，而不知英雄之虚。”[④] 章氏认为：“凡政恶武断，武断与非武断者，则听法、尚贤为之分。”如果“尚贤”，无论是出于己之独断，还是出于众之选举，都会造成政治的混乱，不可能实现法治社会的理想。

---

① 章太炎：《非黄》，《太炎文录初编》文录卷一。

② 章太炎：《非黄》，《太炎文录初编》文录卷一。

③ 章太炎：《非黄》，《太炎文录初编》文录卷一。

④ 章太炎：《非黄》，《太炎文录初编》文录卷一。

关于欧美所谓的法治社会，章氏认为欧美诸国“分争辩讼，不以非法黜民命；莅官行政，不以非法免吏职”，[①] 这是接近于法治的。但欧美所谓的法治社会，仍存在着像黄宗羲法治思想中“尚贤”的弊病。“及其谁差一相，而左右柄国者，惟相所好恶处之，举总统者又踊是，大政革选，下及荋骑驺伍，亡不易位。”[②] 欧美虽号称法治国家，但在其“大政革选”之后，官吏却不是按法黜陟，而是随“人”存废，这在章太炎看来，不但违反了“任法而治”的原则，也容易造成朋党比周的弊病。因此，他主张官吏的黜陟应严格按照法定的程序来进行，不以个人（总统或首相）的进退而更换，所以，章氏便极力反对“尚贤”，“不尚贤者，谓远前识而贵参验，执前之有而期后之效也”，“其术尽于考课功”，主张“总统任官，以停年格迁举之，有劳则准则例而超除之，他不得用；官有专门者，毋得更调，不使元首以所好用人也；在官者，非有过失罪状为法吏所报当者，总统不得以意降调，不使元首以所恶黜人也”。[③] 只有严格地“任法”，才能达到实现纯粹法治的社会。“举世皆言法治，员舆之上，列国十数，未有诚以法治者也。宗羲之言，远西之术，号为任法，适以人智乱其步骤。”[④] 这离章氏纯粹法治社会的要求还远得很。

在晚清的新律改定活动中，章太炎继承了古代法家的法律思想，并参以西方资产阶级的某些法律主张，构建了一个颇具特色的思想体系。这一法律思想体系，将广大普通国民的利益置于视角的中心，带有浓厚的“民粹主义”色彩。关于法律的产生，章氏持一种历史主义的态度，这使他的学说又染上了浓厚的理性主义色彩。章氏是一个法律实证主义者，主要着眼于“实在法”对维系社会秩序的重要意义，对越出“实在法”之外的情况，他很少论及，这使他有别于传统的儒家自然法学者。但在章氏的法律思想体系中，章氏所论述的重点仍然是“应该怎样”而不是“是什么”。这使他同西方资产阶级法律实证主义学者之间又存在着巨大的差别。章氏主张“任法”，主张纯粹以法治世，以造成一个纯粹法治的社会，但他将立法权授给少数学者专家们，并且将监督司法之权也授给这些少数的学者专家们。推究其极，章氏仍然陷入他所反对的黄宗羲法治思想中“尚贤”

① 章太炎：《非黄》，《太炎文录初编》文录卷一。
② 章太炎：《非黄》，《太炎文录初编》文录卷一。
③ 章太炎：《代议然否论》，《章太炎政论选集》（上）。
④ 章太炎：《非黄》，《太炎文录初编》文录卷一。

的主张之中。由此看来，章氏所构建的这一法律思想体系还不太严密，在他法律思想的深处还存在着难以克服的矛盾。尽管这样，在晚清资产阶级“兴民权”的浪潮中，章氏将这一呼声切实地贯彻到“实在法”的制定当中去，在根本上仍然是同时代精神相契合的。

（注：本文原刊于《江海学刊》1995 年第 4 期，文章发表时编辑作了省减节略，这次据手稿全文录出，以飨读者。）

章太炎的礼俗文化观

中华礼俗源远流长，在数千年来中华文明演进中形成了独特的中华礼俗文化传统。在以“礼俗”为表征的传统中国文化格局下，礼俗对于传统中国社会、政治秩序的维系起了重要作用。鸦片战争以后，由于西方文化的冲击，中国历史进入了前所未有的“变局”时代，位于中华文化深层结构中的礼俗文化也因之出现了危机。一部分由传统文化熏陶出来的士大夫，在西方文化的挑战面前，主张恪守传统礼俗，以抗拒当时出现的滔滔欧化潮流；另一部分受过欧风美雨洗礼的新学之徒，则主张废弃传统礼俗，一以西方文化的浪潮来洗涤传统文化。章太炎作为当时著名的文化大师，从其文化的“民族性”与“时代性”的基本理念出发，既反对固守传统礼俗不变的观点，又反对彻底否定传统礼俗的观点，主张在继承传统礼俗的基础之上对之作时代性的改良，以适应时代之需要。这使章氏的礼俗文化观也染上了浓厚的“民族性”与“时代性”的特色。

一 “礼极而迁”

章太炎曾经说道：

> 昔之有用者，皆今之无用者也。民无兽患，则狩苗可以废；社无鬼神，则朱丝攻鼓可以息；自是以推，坐不隐地而跪蹜，庙不揆景而刻石，大臣戮者不赐盘水而拜恩，名实既诡，则皆可以替。①

在章氏看来，“礼”有其时代性的变化，一个时代有一个时代的“礼”，不可固守不变。章氏关于礼俗变迁的主张，是奠定在其坚实的历史

① 章太炎：《原变》，《訄书》（初刻本），《章太炎全集》（三），上海人民出版社，1984。

研究基础之上的。以婚俗为例，章氏认为："上世同部男女旁午交会，无夫妇名。"① 在人类文明的草昧之初，实行的是群婚制，不但婚姻无氏姓之别，婚姻关系也极不稳定。后来，由于部族之间战争频繁，"战胜略他族，女始专属，得正其位号"。② 最初，这些略自他族的妇女是归强者所有，且被当作财产来看待。"怯懦者亡所略取，而歆专有，故勼合部人，相为盟誓，使凡略于他部之妇，其息女皆从母性，则无嫌于内娶。"③ 等到宗法制度确立以后，则不但女有专属，且确立了牢固的以氏姓来分别婚姻的习俗。章氏云：

> 凡宗，别子为祖，继别者为大宗，继高曾祖祢者为小宗。大宗百世不迁，小宗四，亲尽，缌服竭而移矣。婚姻则别以姓，宗法则别以氏。置司商以协名姓，而小史掌奠系世、辨昭穆，瞽矇鼓琴瑟以讽诵之。故能昭明百姓，无失旧贯。……礼极而迁，固所以为后王之道也。④

从婚姻的聘礼来说，章氏认为："古者昏礼，纯帛五两，郑司农为《昏礼谒文》，乃有长命之缕，含利之兽，九子之墨。"⑤ 又如祭礼所用之物，也是因时而变的。他认为："古者祭礼，齐盛不过黍稷稻粱，朝事之笾而有寒具。卢谌为《祭法》，夏祠有乳饼，秋祠有菹消，冬祠有荆饧、白环饼，春夏秋祠皆有峪血。范汪为《祠制》，仲夏荐杏酪、角黍。"⑥ 随着人类社会文明的演进，"礼亦渐因以易矣"。⑦ 所谓"十祀不同风，百里异教"，⑧ 地域的差异与时代的变迁对礼俗的变易均发生着极为重要的影响。在此二者之间，章氏又认为"时为大而地次之"，⑨ 时代变迁对礼俗的影响则更为重要。

---

① 章太炎：《序种姓上》，《訄书》（重订本），《章太炎全集》（三）。
② 章太炎：《序种姓上》，《訄书》（重订本）。
③ 章太炎：《序种姓上》，《訄书》（重订本）。
④ 章太炎：《序种姓上》，《訄书》（初刻本）。
⑤ 章太炎：《订礼俗》，《检论》，《章太炎全集》（三）。
⑥ 章太炎：《订礼俗》，《检论》。
⑦ 章太炎：《订礼俗》，《检论》。
⑧ 章太炎：《订礼俗》，《检论》。
⑨ 章太炎：《订礼俗》，《检论》。

既然礼俗是因时而异，每个时代应有适合自己时代的礼俗，那么，抱残守缺、固守传统礼俗不变的观点，便是不可取的了。其实，章氏所处的时代，由于西方文化的有力冲击，自由、平等以及女子解放等西方价值观念对社会的浸润，传统礼俗被视为“吃人的礼教”，广泛遭到指责，固守传统礼俗的观点，被逐出了思想舞台的中心。当时面临的问题已经不是礼俗是否要变的问题，而是应该怎样变的问题。新学之徒（包括后来在新文化运动中起过主导作用的章氏弟子钱玄同、鲁迅、周作人等）主张以西方的价值观取代传统礼俗，对礼俗的变迁持激进主义的立场。对此，章氏颇不赞同。章氏主张中国传统的“良法美俗”应该加以保存。[①] 章氏在主张“变”的同时，又表现了对传统礼俗的偏好，对于隔断同传统联系的激进礼俗变革主张，章氏同其拒斥“不变论”者的礼俗观一样，也给予了拒斥。“种族内部的文化变迁，是一个兼容着新与旧的总体选择过程。”[②] 揆诸章氏的意旨，实是要建立一个兼容着“新与旧”的新的礼俗文化秩序。而这一兼容着“新与旧”的新的礼俗文化秩序，又是奠定在与传统文化精神血脉相连的基础之上的。这一主张同英国当代著名的文化人类学大师马雷特的观点颇为接近。章氏的这一礼俗变易思想，通过下面章氏关于女子解放问题的看法，可以得一确切证明。在清末民初之世，章氏曾是一位著名的女权倡导者，他曾为文热情歌颂过同盟会会员秋瑾以及马夫人（同盟会会员谢一尘之妻）奔走革命的动人事迹，并且指出要做到真正的男女平权，必须要解决好女子教育问题。所以章氏对于当时掀起的兴办女学思潮给予了积极的肯定。然而他对当时出现的男女同校倡议却竭力反对，认为：“今之初等小学，盖有年在成童以上者矣，入学之年龄未定，长稚多不整齐，而遽使男女同校，其不为桑中濮上者几希，此类当加以裁制。”[③] 对于“男女杂沓”，“在公共场所，效外人接吻、跳舞者”，主张“应由警察禁止”。[④] 章氏这一颇类冬烘口吻的男女平权观，既承认了男女平权的合理性，又拒斥了全面模效西方、彻底变革传统礼俗的激进主义的礼俗观。

---

① 章太炎：《中华民国联合会第一次大会演说辞》，汤志钧编《章太炎政论选集》（下），中华书局，1977。

② 〔英〕R. R. 马雷特：《心理学与民俗学》，张颖凡、汪宁红译，山东人民出版社，1988，第2页。

③ 章太炎：《复浙江教育会书》，《章太炎政论选集》（下）。

④ 章太炎：《中华民国联合会第一次大会演说辞》，《章太炎政论选集》（下）。

与激进主义的礼俗变革观相较，章氏所要致力于建立的兼容着“新与旧”的新的礼俗文化秩序，实是一个“旧中之新”的礼俗文化格局。

章太炎之所以反对激进主义的礼俗变革主张，除了与他注重文化民族性之承续的文化观有关之外，还与他对礼俗社会功用的认识密切相关。章氏云：“《传》曰：‘礼，经国家，定社稷，序民人，利后嗣。’……闾置善人，慎固封守，一切会归于礼。”① 又曰：“文人不知礼法，则昌狂自恣，流害风俗，甚于盗贼。”② 他将“礼”当作体国经野、敦厚民德的利器。所以，章氏在当时新学之徒主张废弃传统礼俗的激进潮流中，便决然以“隆礼”为己任。在其晚年，他更将《丧服》立为“四经”之一，认为：“辅存礼教，维系民俗，莫要于《丧服》。”③ 并积极地参与当时一些重大的修订礼制活动。如 1926 年 8 月，五省联军总司令孙传芳及江苏省省长陈陶遗，特聘章氏为“修订礼制会”会长，章氏欣然应聘，并于同年 8 月 8 日到达南京发表演说，阐述其“隆礼”思想。章氏在其演说辞中云：

> 我国古昔，甚尊视礼制，自君主政体革命后，知识界屏而不谈，在洪宪时代，颇有议及之者，然其主张，尊卑之分太严，我辈实不敢赞同，以过犹不及，流弊易生，势必成为帝制之糟粕也。今日之学校，既置礼教于不讲，而强权者黩武相兢，又远未得睹统一之效，在此种潮流中，修订礼制，固为当务之急。古制在今日，多有窒碍难行者，而一般社会之习惯，则必博访周知，尽量容纳。卑之无甚高论，将来议有端绪，著为典宪，务使一般社会览而易知，知而易行，使国民知我国尚有此礼制，为四通八达之大路，则礼制终有观成之日。总而言之，一欲易于遵行，一欲涤尽帝国主义而已。④

章氏晚年参与军阀孙传芳发起的修订礼制活动，颇遭世人及后人非议。其高足周作人甚至由此而作《谢本师》一文，示与师门决绝。其另一高足鲁迅则认为章氏是“拉车屁股向后”，成了时代的落伍者，成了逆历史潮流而动的守旧人物了。诚然，章氏在新思潮弥漫中国思想界的历史背

① 章太炎：《礼隆杀论》，《检论》。

② 章太炎：《中学国文书目》，《华国月刊》第 2 卷第 2 期。

③ 章太炎：《与吴覼斋书》，《制言》1936 年第 12 期。

④ 汤志钧编《章太炎年谱长编》（下），中华书局，1979，第 876—877 页。

景下，积极倡导“隆礼”，确实是与时代思潮背道而驰的，但就章氏思想本身的内在逻辑来看，章氏没有步趋时代思潮，只是忠实地忠诚于自己的思想，他并没有违背他所一贯主张的礼俗变易思想。至于章氏之欣然应军阀孙传芳之聘，则显示了章氏之颇不能识人。但话又说回来，孙传芳之聘章氏担任“修订礼制会”会长，恐怕是与章氏一贯的“隆礼”主张有关。加之章氏国学大师、革命元勋的地位，聘之可以壮观。而当时章氏之奔走呼号“隆礼”，除了能应一些军阀之聘外，恐亦无别路可走。我们可以说，章氏之参与孙传芳发起的修订礼制活动，是他一生行为中的“白圭之玷”，而“并非晚节不终”，这也是其弟子鲁迅对章氏的盖棺之论。章氏之所以在当时欣然应孙传芳之聘，不过是想借之将他的“隆礼”主张化为现实，与孙传芳聘章氏的用意自然是同床而异梦。通过章氏的演说辞，我们可以看出，章氏的礼制修订思想主要有三：一是认为“礼”应依时代而立；二是认为要将“礼”同“帝制”区分开来，反对让“礼”成为“帝制之糟粕”；三是认为要让“礼”成为反抗“帝国主义”（即西方文化）的利器。这一修订礼制思想，不过是他一贯的礼俗变革思想的复述而已。因此，章氏在新思潮激荡的历史年代里，决然以护持“礼教”为己任，反对对传统礼俗进行彻底毁弃的激进主义立场，我们实不能称之为“保守”，更不能目之为“反动”。“礼教”固然可以“吃人”，但当时新学之徒崇尚的“自由”，何尝不可以“吃人”，罗兰夫人的名言，“自由、自由，多少罪恶假汝之名而行”，不正反映了这一事实吗？盖任何一事，走向极端，皆易滋生流弊，但并不足以构成彻底否定的理由。马雷特指出：“人类本质，无论是野蛮的还是文明的，都必定经历着不断的变化。这里的意思是，某些东西永远在消失，某些另外的东西则永远在产生，这条法则作用于最落后的社会，一点也不亚于它作用于文明的社会。……变化的程度可随着特定的条件而改变，而这一过程的性质是不变的。”① 当代文化人类学的大量田野调查资料表明，散布于全世界各民族的礼俗变迁，无不是在继承其民族内在精神的基础之上进行的，因此，笔者认为，章氏在清末民初之世，主张在继承传统礼俗基础之上，对传统礼俗作合乎时代需要的礼俗变革，较之受新思潮熏陶的新学后进们彻底否定传统礼俗的激进主义变革主张，实有着更加深邃的理性眼光。

---

① 〔英〕R. R. 马雷特：《心理学与民俗学》，第11页。

二 “绌神怪、立人道”

传统礼俗在其温润的脉脉温情之中，往往笼罩着一层浓厚的神秘主义面纱，其极则导致“礼教吃人”的结果。章氏通过对传统礼俗的历史追寻，还其本来面貌，揭开了这层神秘面纱。

封禅大典，封泰山、禅梁父、升中焚柴，为历代君王所谨守，礼仪也极为隆重。章氏通过历史追寻，揭示了封禅本意。据史书记载，在中国文化草昧之初，历代封禅者七十有二家，章氏认为：“当是时也，天造草昧，榛薄四塞，雄虺长蝮，尽为颛民害，人主方教民佃渔，以避蚩征之螫，何暇议礼？然则其所以封禅者，必有所职矣。”① 在章氏看来，后世流为祭祀“上帝”的封禅大典，同其在草昧之初出现的原形并不是一回事。在中国文化的草昧之初，人们面对着恶劣的生存环境，方自谋生存而不暇，尚无暇议礼。那么，原初意义的“封禅”究竟“所职”为何呢？章太炎云：

> 帝王治神州，设险守固，其封泰山者，于《周礼》则沟封之典也。因大麓之阻，累土为高，以限戎马，其制同于蒙古之鄂博。是故封禅为武事，非为文事。②

章太炎认为，“封禅”在其原初不过是一个“累土为高”的高大土台，是作为“设险守固”防止异族入侵的军事要塞之用。其后传之东夷，“彼夷俗事上帝，故文之以祭天以肃其志，文之以祀后土以顺其礼，文之以秩群神以奢其气”。③ 此俗相沿，才渐渐变成祭祀上天的隆重的国家大典，并充满了“禨祥神怪”的神秘主义气氛。在我国民间存在着众多的祀拜万物风俗，以为飞潜动植，莫不有灵，如以“冯蠵”（一种大龟）为“河伯”，以“海若”（右倪之龟）为“海神”而祭祀之等。对此，章氏则从社会学的角度对之作了阐释。他认为：“上古野人之信鬼，由日中视影始，盖以为行止坐卧，是物皆随之，则形体之外，必有一灵异之身矣。”④ 后世神怪

---

① 章太炎：《封禅》，《訄书》（初刻本）。
② 章太炎：《封禅》，《訄书》（初刻本）。
③ 章太炎：《封禅》，《訄书》（初刻本）。
④ 章太炎：《干蛊》，《訄书》（初刻本）。

思想的孳衍，不过是本之于“上古野人”之妄见。章氏认为：“人死而为枯骼，其血之转邻，或为熠燿，其炭其盐，或流于卉木，其铁在丱，其肌肉或为虫蛾蛰豸。”① 鬼者，归也，人死，“则若波之复”，在章氏看来，神怪根本是不存在的。上面所说的不过是几个具体例子，章氏曾在其大量考证文章里对礼俗作了大量的考证还原工作，其基本思路即在于廓开笼罩于传统礼俗之上的神秘迷雾，化“禨祥神怪”而为人伦日用。既然笼罩于传统礼俗之上的“禨祥神怪”本为“妄”，那么，要对传统礼俗作切合时代需要的改良，章氏便主张“绌神怪，立人道”，使传统礼俗在经过改良之后，更趋于合理化，更切合并有益于时人之用。

孔子在我国传统礼俗演化的历史过程中，对于化充满“神怪”的礼俗为“人道”的礼俗做出过巨大贡献，章氏对之甚为赞赏，并给予了很高的历史地位。章氏曾经说道：

> 上古多禨祥，而成以五行，公旦弗能革也。病其怪神，植徽志以绌之者，独有仲尼。自仲尼之历世摩钝，然后生民之智，始察于人伦，而不以史巫尸祝为大故。②

由于孔子在我国传统礼俗由“神道”向“人道”的转化过程中，做出过划时代的历史贡献，所以，章氏称他为“百世之英，人伦之杰”。③ 此外，像董无心、王充之绌鬼神、重人道，也受到章氏的表彰。④ 既然礼俗的改良要以“人道”为依归，那么，举凡一切非人道的礼俗，皆在章氏之必摈之列，这是自不待说的了。就是那些本身具有浓厚“人道”意味的传统礼俗，因其在历史演化过程中渐渐走向僵化，走向了“人道”的反面，成为桎梏“人道”的教条，流为“吃人的礼教”，这也处在章氏的摒斥之列。他在评论清末的制礼活动时曾经指出：

> 诸经师老生，好言朝祭等制，以为谄谀，内长忮媚，外增淫名。百僚师师，日修其貌，瑞命等位，日序其式；带裳幅舄，奇而不中

① 章太炎：《原教下》，《检论》。
② 章太炎：《独圣下》，《訄书》（初刻本）。
③ 章太炎：《驳建立孔教议》，《章太炎政论选集》（下）。
④ 章太炎：《原教下》，《訄书》（重订本）。

> 度，长裾大袑，擸而不安形；楼阁轩辕，峻而不可入；驰道黄垆，秘而不可窥；以为尧之文章，奂乎复出于今也。苟欲以是临照百官，而更增其腹姗。上弥矜饰而无情朴，下愈侮笑而不宠神，故有宿戒而入，弁冕而祀，夕以颠倒，投其五木，宿乎女闾者矣。曾不觉悟，而忲其驵繁。夫醉而妄呼拔剑击柱者，此真田野诸将之风也，须其气衰，固自止，无待朝仪。然惟前世叔孙所以为此者，犹以救变一时。今为朝仪，而贵游叱咤甚于田野，弥益其骄。昔之奥主，今惟尚父也。曾是孺子而诟之寝门，送迎之间，载其狂稚，人理几于灭绝，而礼何有焉？①

章氏认为，“礼”之用，在于培育“忠信之人”，“其在氓俗，大者务施报，次即尊贤敬耆”，② 既厚民德，又不杜塞民之智慧。并且，礼仪与情愫紧密关联，如果徒具观瞻，“矜饰而无情朴”，甚至达致“人理几于灭绝”的结果，则在章氏看来，此所谓“礼”，不但无益于“人道”，反而变成如老子所说的，“礼”成了“忠信之薄”而为“乱之首”了。这样的礼，尚不如“醉而妄呼拔剑击柱”的朴鄙的“田野诸将之风”。透过章氏对清末“朝仪”的批评，我们也进一步可以看出章氏主张“人道”的礼俗观的真正内涵。

由于章氏高举“人道”主义的旗帜，所以，关于礼俗的改订，章氏便有如下三种主张。

第一，废淫祀淫寺。在传统中国社会里，各种形式的祠庙、寺、观充斥，各种形式的神怪祭祀泛滥。章氏认为：“今之世，非禨祥神道之世也。”③ 举凡无益于“立人道”的，他皆将之目为淫祀、淫寺，主张予以废弃。祠庙与寺、观不同，寺与观分别为佛教及道教的宗教活动场所。章氏认为：“寺观之作，足以藏奸纳污，其销铄五材，又比于害金也。……余以为，是二者当特著挈令，一切入官斥卖，断而行之，鬼责无所惧，人言无所恤，则几于歼尽矣。”④ 他将所有的佛寺、道观皆目为淫寺，并将所有佛寺、道观的祭祀皆目为淫祀，务欲“歼尽”而后已。关于“祠庙”，则

---

① 章太炎：《礼隆杀论》，《检论》。
② 章太炎：《礼隆杀论》，《检论》。
③ 章太炎：《鬻庙》，《訄书》（初刻本）。
④ 章太炎：《鬻庙》，《訄书》（初刻本）。

颇为复杂，里面除了有大量的神怪祭祀外，还羼杂着大量的对古代“忠孝明哲”的祭祀，章氏认为对此应该区分对待。他主张应保留一些有关“忠孝明哲”的祭祀，但应慎择，“苟无当于祭法之律，则虽忠孝明哲，被之淫名而不敢辞”。① 由于一切以“人道”为断，所以，即使像封禅、郊丘这样的国家大典，章氏也目之为淫祀，主张“是诸大礼，一切当以巫咸方士妖蛊之说视之”。② 而对于像张巡、许远那样的在历史上立过大功的忠臣之庙，则仍听其“血食”。③ 那些作为淫寺废弃的祠庙、寺、观，章氏则主张“当林麓也，则以为园囿；当都会也，则以为旅邸”，或者“县取一区，以为学堂之址”。④

第二，重“情愫”。章氏之所以主张保留一些对古代“忠孝明哲”的祭祀，明知无鬼，必欲祭之，主要是借此来表达后人的感怀与追思，系乎一个“情”字。祭祖之礼亦然。章氏云：“今人有义故亲戚，遗其画像者，别以十年，而犹流涕瞻视；商旅之寿其君，张权火于万里之外，缀而成文，旌旃㫃风，鸣籥吹角，便旋百卉，规之以就容阅，以此为其远君荣观，则岂其君与义故亲戚所能视听哉？悉情于主，而不责客之诚来也。”⑤ 拿祭祖之礼来说，在祭祀祖先时，陈设各种祭品，章氏认为：“荐祭之设，情也”，如认为“其馨香之气，肩然吷然，足以感魂魄”，则是诬谬之见。⑥ 与淫祀不同，淫祀祭的是天神、地只、物魅之流，与人“形隔类殊，而不可致其情也”。⑦ 因此，章氏认为：“徇通之民，明于人道，必无废庙享，无弛释奠；察于物类，感天而履地，必无建大圜与群神祇之祭。”⑧ 既然要保存合乎“人道”的庙享、释奠，在章氏看来就应以“情”为主，不可仅仅流于仪式。如果丧失了“情愫”，即使是“师旦为赞，子夏为相”，也不过与倡优、方士一样。⑨ 他将“外饰崇仪、内失情愫”的称为灭绝人理的悖礼行为。

---

① 章太炎：《鬻庙》，《訄书》（初刻本）。
② 章太炎：《原教》，《检论》。
③ 章太炎：《鬻庙》，《訄书》（初刻本）。
④ 章太炎：《鬻庙》，《訄书》（初刻本）。
⑤ 章太炎：《原教》，《检论》。
⑥ 章太炎：《干蛊》，《訄书》（初刻本）。
⑦ 章太炎：《原教》，《检论》。
⑧ 章太炎：《原教》，《检论》。
⑨ 章太炎：《礼隆杀论》，《检论》。

第三，“礼仪”应有益于身心健康。凡礼，必辅之以一定的仪式，我国传统社会的大量礼俗，一般都伴随着比较烦琐的礼仪，有的甚至要耗费大量钱财。礼仪之中，一般免不了要有“乐”和“舞”。关于“乐”和“舞”，章氏曾经说道：

> 喜怒生杀之气，作之者声也，故湩然击鼓，士忾怒矣；鎗然撞錞于，继以吹箫，而人人知惨悼。儒者之颂舞，熊经猿攫，以廉制其筋骨，使行不愆步，战不愆伐，惟以乐倡之，故人乐习也。无乐则无舞，无舞则薾弱多疾疫，不能处憔悴。[①]

由于“乐”和“舞”有益于身心健康，所以，章氏赞成在礼仪之中伴有“乐”、“舞”。他对于墨子之“非乐”主张则给予了批评，认为它“自弊以弊人”，[②] 并且也是墨学中绝的一个主要原因。章氏对于礼仪中伴有“乐”、“舞”，虽然首肯，但是，像传统礼俗中所羼杂的大量神怪之舞，他则主张应加以革除。譬如古代“祷旱”礼仪中“桑林之舞”之“头蒙鸟羽，屏隐其面”，《左传》襄公十年有“宋以桑林之舞享晋侯，晋侯惧而发疾”的记载，章氏以其“形象则不恒，类方相氏之熊皮金目者，故骤睹而惧，至于诶诒为疾矣。”这种“舞”既不宜于民事，又无益于人们的身心健康，所以，章氏以其为“尤害”而加以摒斥。[③]

> 舞者莫隆于葛天之牛尾，故入周室，而其用不衰。此虽朴鄙，其翕张俯仰，因阳气以达物，使民不呰窳札瘥，足也。及其华者，或浸淫于巫道，故古乐在今则不用。[④]

“浸淫于巫道”的古代乐舞（若“桑林之舞”之类），虽然纷华，但因其不利于人们的身心健康，所以章氏对之摒而不用；葛天氏的“牛尾之舞”，因其能“使民不呰窳札瘥”，所以，尽管它“朴鄙”，章氏仍对之大加赞赏。

---

① 章太炎：《儒墨》，《訄书》（初刻本）。
② 章太炎：《儒墨》，《訄书》（初刻本）
③ 章太炎：《辨乐》，《检论》。
④ 章太炎：《辨乐》，《检论》。

三 丧服礼的厘定

章氏以“人道”为依归，基于传统礼俗进行改良的礼俗文化观，在当时别具特色。民国之后，章氏在欧化的滔滔激流中，感慨传统礼俗的沉沦，发愤欲挽此颓波，于礼俗的考订颇为究心，尤重“丧服”。在其晚年，他将《丧服》与《孝经》、《大学》、《儒行》并列为“四经”，而加以提倡。透过章氏对“丧服礼”的厘定，我们不但可以进一步加深对章氏独具特色的礼俗文化观的理解，也可以进一步看出章氏关于改良传统礼俗的思想倾向。

清社既屋，民国肇造，民国政府对传统礼俗颇有兴革。如丧礼则易以黑纱缠袖，但在广大民间社会，则仍以传统的丧服成礼。章氏认为，“丧服”乃“国性”之所寄，因而反对以“黑纱缠袖”代替“丧服”。章氏云：“今所以存国性者，固非独丧服一端，然苟有存者，不敢废也，何必震于殊俗，怵于异言，以变吾之故常哉?”① 他将以“黑纱”代“丧服”同清时满人“唯有白布长袍以居丧”② 等视，认为它不符合国人的习俗与感情。章氏主张对传统的“丧服礼”作一细致的考订，然后厘定一套规范化的、易于施行的统一的“丧服礼”，以便国人参照。

在我国传统社会，对于“丧服”的厘定，主要有“五家”：先秦时期的《礼经》、唐代的《唐开元礼》、明代的《明孝慈录》、清朝的《清通礼》以及宋代所厘定的“礼”。章氏对于“丧服礼”的厘定，即首先是在对传统“五家”之“礼”的研究基础之上进行的。

关于《礼经》，章氏虽然誉之为“精严”，但认为“不能尽从”。因为《礼经》是“封建世卿”时代的产物。章氏认为其中的像“尊降厌降”诸条，施之于“封建世卿”之世为精当，施之于秦汉以后则不可。尽管如此，由于《礼经》位于中华礼俗文化的经典与源头地位，开辟了中华礼俗文化的方向，所以，对于由《礼经》所奠定的中华礼制精神（即章氏所谓的“原则”与“比例”），章氏认为仍“谛当而不可革”，并将之确立为后

① 吴承仕藏《章炳麟论学集》，北京师范大学出版社，1982，第471页。
② 吴承仕藏《章炳麟论学集》，第472页。

世制礼的典范。①

关于宋人所定的“礼”，章氏认为其所失有“一事”。在宋人所定的“礼”中，有“妇为舅姑有从其夫服三年者”，章氏认为这一规定不符合礼制的“原则”。《礼经》规定“妇为舅姑齐衰期”，并且对“女子子适人为其父母”也降为“齐衰期”。其故何在？因为根据《礼经》所定的礼制“原则”，有“妇人不贰斩”之说。如果定“妇为舅姑从其夫服三年”，则恰好违背了这一“原则”。章氏云：“盖为夫斩衰，则其他更不得与之同服，今为舅姑斩衰三年，违于不贰斩之原则矣。”他虽然反对宋人所定之“妇为舅姑服三年之丧”的丧服之制，但他认为“妇为舅姑齐衰期”，可以如唐人李涪翁所说：“妇为舅姑除服后，门庭尚素，服青缣衣以俟夫之终丧（缣即今之纺紬，乃缦缯无文者，与绮之有文者异）。”因为在妇除服之后，夫已小祥，所以，这样一来，既不背《礼经》所定的礼制“原则”，又切于“人情”。

关于《明孝慈录》，章氏认为其所失者有“三事”。其一，明制无“齐衰三年”之服。从《礼经》至宋人之“礼”，均规定“齐衰正服五升，义服六升，而为母服则为四升”。这与为父斩衰三升及三升半者相差无几。至明时为母服亦斩衰，遂使“齐衰三年”之服绝。对此，章氏讥之为“不知服术者”。其二，明制无“殇服”。章氏认为此不但对于礼制来说为不完整，也不符合人情。其三，明制增庶母服至齐衰杖期。《礼经》关于“齐衰杖期”的规定，凡有四事，即“父在为母”、“出妻之子为母”、“父卒继母嫁从为之服”以及“为妻”等。除此四者之外，“虽至尊如祖父母，同气如昆弟，只齐衰不杖期耳”。为庶母服，礼不过缌麻，明时由于明太祖宠幸孙贵妃，增庶母服至齐衰杖期，这在章氏看来，“是令庶母之尊，过于祖父母”，不符合礼制的“比例”。

关于《清通礼》，章氏认为其所失者也有“一事”。《清通礼》规定：“为人后者，为其祖父母大功，为其曾祖父母小功，为其高祖父母缌。”《礼经》关于“为人后者”之规定有“为其父母齐衰不杖期”，祖父母以上无明文规定，章氏对此则以“女子子”为“比例”作了阐释，认为：“女子子为祖父母，不论在室适人，皆齐衰期，……女子子嫁者未嫁者为

① 章太炎：《丧服依开元礼议》，《太炎文录续编》卷一。凡本节下面引文之未注明出处者，均见此文。

曾祖父母，皆齐衰三月。”以“比例”推之，“为人后者”当亦同然。因为在章氏看来，斩不可贰，而齐衰期等则非不可贰。“小功”者，兄弟之服，《清通礼》以“为人后者”为其尊祖父母小功，是以兄弟之服服至尊。又“为人后者”为其高祖父母缌麻，章氏认为“高祖父乃所后高祖父之昆弟，法当无服”，以“缌麻”施之，亦是无当。

由上通过对宋、明、清三家“礼”的考订，章氏认为其不合“原则”、违失“比例”者甚多，因此，在进行丧服礼的改订时，章氏便不取宋、明、清三家“礼”。揆之《唐开元礼》，则无此失。所以，章氏一方面主张按照《礼经》所定的“原则”与“比例”，作为制礼的内在精神，另一方面，他则主张以《唐开元礼》为摹本，对之进行损益，以制定出一部切合时代需要的新的礼制。在这一总的思想指导之下，章氏制定了一个详细的《丧服草案》。[①] 揆之这份《丧服草案》，我们可将他的制礼宗旨，归结为以下两个方面。

其一，崇“恩”。以“斩衰”为例来说，章氏在其所拟定的《丧服草案》中规定：

> 正服：子为父母，庶子为所生母，女在室为父母（为所生母同），女适人被出而反在室为父母（为所生母同）。
>
> 加服：子为继母，女在室为继母，女适人被出而反在室为继母……。
>
> 义服：为人后者为所后父母……。[②]

于“父母”、“继母”、“所后父母”，皆“斩衰三年”，但因“父母”与“继母”及“所后父母”之“恩”有差等，所以有“正服”、“加服”、“义服”之别。又如，以“殇服”来说，章氏复归于《礼经》，列有“三服之殇”。他以十六至十九岁为“长殇”，十二至十五岁为“中殇”，八至十一岁“下殇”，不满八岁的则为“无服之殇”。各以大功九月（长殇）、小功五月（中殇）、缌麻三月（下殇）成服。章氏认为，自明以后，尽废

① 章太炎：《丧服依开元礼议》，《太炎文录续编》卷一，《章太炎全集》（五），上海人民出版社，1985。

② 章太炎：《丧服草案》，《太炎文录续编》卷一。凡本节下面引文之未注明出处者，均见此文。

殇服“是于幼稺为无恩”。[①] 今章氏恢复“三服之殇”，也凸显了其崇“恩”的礼制修订思想。

其二，重“宗”。如章氏对“嫡孙为祖父母承重，及为高祖父母承重者”，以及“为人后者为所后父母，及所后祖父母曾高祖父母承重者”，皆施以“斩衰三年”之服。与重“宗”相对的是重“出”。如章氏对“女在室为父母（为所生母同），女适人被出而反在室为父母（为所生母同）”，皆施以“斩衰三年”之服，但“女适人为其父母”，则降为“齐衰杖期”（首尾十五月）。又如，女为父母，“斩衰三年”，正服；而“为人后者”为“本生父母”，则降为“齐衰三年”，降服，以示区别。

纵览章氏的《丧服草案》，斩、齐、功、缌详类甚备，但较之《唐开元礼》则简要得多了，这显示了章氏颇欲使新的礼制易于遵行便用的思想倾向。其“崇恩重宗”的制礼精神，则基本上是继承了由《礼经》所奠定的中华礼制精神传统。结合章氏反对礼俗流于仪式化，主张重“情愫”的思想倾向来看，章氏之主张保留与传统一脉相承的礼仪，是为了保有中国礼俗文化的固有特色，同时也是为了将“情愫”化在仪式化的中华礼制精神之中，非此，则几于灭绝人理，恐非章氏所乐道。这仍贯彻了章氏以“人道”为依归，接着中国文化传统进行文化的民族性衍续的一贯思想。今天以黑纱缠袂之风已经广为流行了，但在我国广大的乡村社会，以丧服成礼的古风仍然盛行，二者可谓是相济为用。章氏所手定的礼制，虽然我们可以不必去遵行，但其关于改良传统礼俗的思想却并没有死，仍值得吾人去思考。贵终，人之情也，慎择之，或仍可为时代所用。可悲的是，我国广大乡村社会所沿袭的传统丧礼，虽然仍在继续盛行，但大多已流于仪式化，知其本意者盖已绝少。这恐怕也是章氏当时所以要哀叹，并致力于厘定“丧服礼”的动机之所在了。

（注：本文原刊于《东方》2000 年第 11 期，文章发表时编辑作了大量节略，仅存 6000 余字，这次依手稿全文录出，发表于此，以飨读者。）

---

① 章太炎：《丧服依开元礼议》，《太炎文录续编》卷一。

章太炎的道德宗教思想

一 “立己达人”的自律的道德观

清末民初，在西方文化的有力冲击之下，中国传统的道德价值体系面临着深刻危机。我们知道，传统的道德价值体系，处在中国传统文化的核心地位，是数千年来维系中国人民生存与发展的有力工具，并且也是中国人民的心灵赖以安顿的支柱。固有的道德价值体系的动摇，不可避免地会将中国人民推向内心的剧烈冲突之中。这对于敏感的文化人来说，尤其是如此。因此，重新寻找一个“道德之乡”，便成了国人的热烈企盼；重新建立一个道德价值秩序，便成了摆在国人面前的一个重要的历史使命。

当时可供国人利用重建道德价值秩序的资源有两种：一种是当时正面临危机的中国传统的道德体系；一种是当时显得更富有生机的西方传统的道德体系。当时的欧化主义者，主要即是企图利用西方传统的道德资源来为中国建立一个新的道德秩序。谭嗣同曾经认为，传统的道德价值体系造就了“大盗”与“乡愿”，在三纲五常的羁扼之下，中国人民沦入“黑暗否塞”的深渊之中，[①] 因此，他宣言要“冲决网罗”，[②] 对于传统必欲破碎毁弃而后已。在五四新文化运动中，传统则成了可诅咒的对象，传统的道德体系被描绘成“吃人的礼教”，新思潮呼唤的新道德，是打着“打倒孔家店”的旗帜进行的。

在中国近代史上，章太炎曾经是一位反孔急先锋，但在道德体系的构建上，他对欧化主义者的主张则不表赞同。他认为：“新道德、新文化者，

---

① 谭嗣同：《仁学》卷三十，蔡尚思、方行编《谭嗣同全集》（下），中华书局，1981，第327页。

② 谭嗣同：《仁学·自序》，《谭嗣同全集》（下），第290页。

有使人淫纵败常而已矣。"[①] 欧化主义者的主张之所以不可取，是因为它"拂民之旧贯"，"民不称便"。[②] 在道德体系的重建上，章氏仍然继续着自己的一贯立场，即注重"习惯"因素的作用，主张在传统道德体系的基础之上，对之进行改良。章氏又认为："道德亦随时会而变也。"[③] 既然道德是随时代而变的，那么，新的道德体系的构建，必须要照顾到时代性特色。这种思路，基本上便奠定了章氏构建新的道德体系的方向。

道德与礼俗一样，主要是通过人们的内在自觉，通过人们对道德规范的主动认同，约束人们的行为，从而达到社会的和谐与稳定。道德规范是通过道德主体的道德行为而获实现的。道德主体通过对道德规范的自觉认同，将自己的道德生命安顿在与他人的对境关系中。因此，规范、行为、自觉，便成了道德体系中不可或缺的重要因素。在中国传统的以"仁"为中心的道德体系中，"仁"作为一个道德规范，是通过道德主体的"体仁"、"践仁"、"致仁"而获实现的。章太炎的道德学说，主要也是将这三者确立为其视觉的中心，。他通过对当时人们社会行为的考察，重新规设了一个道德化的行为规范。

章氏通过对当时社会的考察，将时人根据职业的不同分成十六种，他认为："今之道德，大率从于职业而变。"[④] 也即是说，由于职业的不同，产生了人们道德行为的差异。这"十六种人"即是："一曰农人、二曰工人、三曰裨贩、四曰坐贾、五曰学究、六曰艺士、七曰通人、八曰行伍、九曰胥徒、十曰幕客、十一曰职商、十二曰京朝官、十三曰方面官、十四曰军官、十五曰差除官、十六曰雇译人。"[⑤] 通过章氏对这"十六种人"道德行为的分析，我们可以获知章氏所欲反对及其所欲崇尚的道德行为究竟为何。

这"十六种人"，章氏又将其分为两类。他认为："此十六职业者，第其道德，则自艺士以下，率在道德之域；而通人以上，则多不道德者。"[⑥] 在"道德之域"的道德行为，是章氏所要肯定、崇尚的，反之，"不道德

---

① 章太炎：《王文成公全书后序》，《太炎文录续编》卷二之上，《章太炎全集》（五），上海人民出版社，1985。
② 章太炎：《王文成公全书后序》，《太炎文录续编》卷二之上。
③ 汤志钧：《章太炎年谱长编》（下），中华书局，1979，第673页。
④ 章太炎：《革命之道德》，汤志钧编《章太炎政论选集》（上），中华书局，1977。
⑤ 章太炎：《革命之道德》，《章太炎政论选集》（上）。
⑥ 章太炎：《革命之道德》，《章太炎政论选集》（上）。

者”的行为，则是他所要否定、批判的。那么，章氏所谓的“道德之域”和“不道德者”的行为，其表现主要有哪些呢？通过章氏所论的“艺士以下”（即农人、工人、裨贩、坐贾、学究、艺士）的行为，我们可简要归结为下面三个方面：重厚、强毅、必信；而章氏所论的“不道德者”（即通人、行伍、胥徒、幕客、职商、京朝官、方面官、军官、差除官、雇译人）的行为，我们也可以归结为以下三个方面：贪诈饰伪、骄横恣妄、谄媚无耻。通过对当时这“十六种人”社会行为的分析，取舍之间，章太炎确立了他自己的道德行为的规范。

明清之季的思想家顾炎武曾经说道：“有亡国，有亡天下，亡国与亡天下奚辨？曰：易姓改号，谓之亡国；仁义充塞，而至于率兽食人，人将相食，谓之亡天下。”由此，他认为：“天下兴亡，匹夫有责。”① 章太炎云：“余深有味其言，匹夫有责之说，今人以为常谈，不悟其所重者，乃在保持道德。”② 为了“保持道德”，挽救道德颓败的流波，章氏非常重视建立一个新的道德行为规范，其内容主要有下列四个方面。

一曰知耻。《新五代史·冯道传论》曰：“礼义廉耻，国之四维，四维不张，国乃灭亡。”又曰：“礼义，治人之大法；廉耻，立人之大节。”章氏认为：“不廉不耻，则祸乱败亡，无所不至。然而四者之中，耻为尤要。故曰行己有耻；曰人不可以无耻，无耻之耻，无耻矣；曰：耻之于人大矣，为机变之巧者，无所用耻焉。所以然者，人之不廉而至于悖礼犯义，其原皆生于无耻。故士大夫之无耻，是谓国耻。”③

二曰重厚。章氏云：“世道下衰，人材不振，王伾之吴语，郑綮之歇后，薛昭纬之浣溪沙，李邦彦之俚语舞曲，莫不登诸岩廊，用为辅弼，至使在下之人，慕其风流，以为通脱，而栋折榱崩，天下将无所庇矣。及乎板荡之后而念老成，播迁之余而思耆俊，庸有及乎？”④ 又曰：“今之词人，率同此病，淫辞艳曲，传布国门，诱惑后生，伤败风化，宜与非圣之书，同其而焚，庶可以正人心术。”⑤ 他认为世风浮华，已危于国。所以，他提倡以“重厚”来“正人心术”。

---

① 顾炎武：《日知录》卷十三，“正始”，清乾隆癸丑年刻本。
② 章太炎：《革命之道德》，《章太炎政论选集》（上）。
③ 章太炎：《革命之道德》，《章太炎政论选集》（上）。
④ 章太炎：《革命之道德》，《章太炎政论选集》（上）。
⑤ 章太炎：《革命之道德》，《章太炎政论选集》（上）。

三曰耿介。章氏云："读屈子《离骚》之篇，乃知尧舜所以行出乎人者，以其耿介。同乎流俗，合乎污世，则不可与入尧舜之道矣。非礼勿视，非礼勿听，非礼勿言，非礼勿动，是之谓耿介，反是之谓昌披。夫道若大路然，尧、桀之分，必在乎此。"①

四曰必信。孔子曰："无信不立"，又曰："人而无信，不知其可。"章氏认为："今之习俗，以巧诈为贤能，以贞廉为迂拙，虽歃血莅盟，犹无所益。"因此，在他看来，只有确立"必信"的道德宗旨，才能克治此病。所谓"必信"，即是"重然诺也"。他认为在知耻、重厚、耿介、必信四者之间，"知耻、重厚、耿介三者，皆束身自好之谓，而信复周于世用，虽萑苻聚劫之徒，所以得人死力者，亦惟有信而已"。②

上面所说的章氏所界定的四条道德行为规范，并无什么新颖可异之处，他不过是将传统的道德行为规范重新加以磨砺而提供给国人的，冀以此来规范国人的道德行为，克治当时道德颓流的弊端。这四条道德行为规范，乃是章氏提供给国人做人的基本标准，也即是传统儒者所谓的"立人极"。规范不过是僵死的东西，若要使它化为现实，还需要国人的认真体认与践履。根据章氏对"十六种人"行为的分析，我们可以知道，章氏在"道德"与"权力"的关系上，认为"权位愈申，则离于道德也愈远"，③这与阿克顿勋爵所说："权力使人腐化，绝对的权力，使人绝对腐化"④的看法是颇为一致的。在"道德"与"知识"的关系上，章氏也持着同样的看法。因为"知识"不能解决"道德"问题，甚至说知识的增进，反而还会腐蚀道德，所以，章氏主张"弃智"。他欣赏"儿童之乐"，这与卢梭、老子的看法也是颇为一致。老子主张"绝圣弃智"，"复归于婴儿"；卢梭欣赏人类文化处于童年时代的"自然人"的状态。然而，主张"复归于婴儿"，主张"弃智"，是否即是要灭绝人类的智慧，使人类重新回到若老子所说的使民"无智无虑、鼓腹而游"的自然状态呢？答案是否定的。在章氏看来，走以"知识"解决"道德"问题的途径，是误入了歧途。"知识"可以解决其他方面的问题，却不能解决"道德"问题。因此，他对当

---

① 章太炎：《革命之道德》，《章太炎政论选集》（上）。

② 章太炎：《革命之道德》，《章太炎政论选集》（上）。

③ 章太炎：《革命之道德》，《章太炎政论选集》（上）。

④ 〔英〕海耶克：《到奴役之路》，张尚德译，（台北）桂冠图书股份有限公司，1987，第129页。

时“科学者流”认为“道德礼俗，皆须合于科学”的主张非常反感，认为“科学者流”的主张，“其流弊，使人玩物而丧志，纵欲以败度”。[①] 在他看来，以“科学”笼罩“道德”，只会使人类走向不道德。那么，应该循什么样的途径解决“道德”问题呢？章氏认为：“立德自情，不自慧。”[②] 也即是说，他对于“道德”问题，是以“情”或者“爱”为基础来解决的。然而，这种“情”或者“爱”，应该要像“儿童之乐”那样，是出于一种天心的自然流露，是一种“无所为而为”的道德精神，而非出于“有所为而为”的计度刻划。章氏的主张是如此，老子、卢梭的主张也莫不如此。

> 昔华盛顿拯一溺儿，跃入湍水，盖所谓从井救人者。若华盛顿作是念曰：溺儿生死，轻于鸿毛，吾之生死，重于泰山，空弃万姓倚赖之躯，而为溺儿授命，此可谓至无算者。如是，则必不入湍矣。[③]

华盛顿拯溺的故事，便是章氏心目中道德行为的典范。

人类的道德行为，是在与他人的对境关系中实现的，因此，存己、立己，便是一个道德人必须具备的首要条件。如何才能存己、立己呢？章太炎主张提倡“大独”精神。其云：

> 卓诡其行，虓然与俗争，无是非必胜，如有卷勇，如不可敌者，则谓之鸷夫而已矣；厚其泉贝，膏其田园，守之如天府之宲，非己也，莫肯费半菽也，则谓之啬夫而已矣；深溪博林，幽闲以自乐，菑华矣，不菑人也，觞鸟矣，不觞宾也，过此而靓，和精端容，务以尊其生，则谓之旷夫而已矣。[④]

“鸷夫”、“啬夫”与“旷夫”，虽也是“独”，但由于它“不能群”，是一种为己的“独”，所以，在章氏看来，它只一种“小独”，这种“独”，不但不是真正的“独”，反而是“独”之贼。他认为真正的“独”

---

① 章太炎：《适宜于今日之理学》，《章太炎年谱长编》（下），中华书局，1979，第936页。

② 章太炎：《思乡原下》，《太炎文录初编》文录卷一，《章太炎全集》（四），上海人民出版社，1985。

③ 章太炎：《革命之道德》，《章太炎政论选集》（上）。

④ 章太炎：《明独》，朱维铮编《訄书》（初刻本、重订本），三联书店，1998。

是“大独”，这种“独”是一种为他人的“独”，也即以“恫天下”之性、以“博爱”的情怀入世，将自己的道德生命安顿在对他人的关怀之中。“大独必群，不群非独也。”[①]

章氏反对走增进知识的途径解决道德问题，主张以“情”或者“爱”为基础解决道德问题。那么，这种道德之“情”或者道德之“爱”，是从什么地方生发出来的呢？章氏曾经说道：“盖人者，委蜕遗形，倏然裸胸而出，要为生气所流，机械所引，非为世界而生，非为社会而生，非为国家而生，非互为他人而生，故人之对于世界、社会、国家，与其对于他人，本无责任。”[②] 又云：“人本独生，非为他生。”[③] 既然“人”是通天彻地，唯我独尊，对于他人本来毫无责任，为什么要以他人的利益为依归，将个体生命的价值安顿在群体之中实现呢？章太炎又说道：“凡有害于人者，谓之恶人；凡有益于人者，谓之善人。人类不为相害而生，故恶非人所当为，则可以遮之使止；人类不为相助而生，故善亦非人之责任，则不得迫之使行；善与恶之间，必以“无记”为之平线。”[④] 既然他主张在人与人的相处之中要以“无记”（即无善无恶）为界限，那么，要求人们以他人的利益为依归，便是不符合逻辑的。不可责人为善，又要提倡“大独”精神，主张将个体生命的价值安顿在对他人的关怀之中，这在逻辑上不是自相矛盾的吗？回答是否定的。因为在章氏看来，“人之乐群，其天性然也”。[⑤] 人类由于其天然的群性，不可逃脱群体而独生，所以，对于群体来说，制出一套大家都能遵守的道德行为规范是势所必然的。但是，对行为规范的履行以及对他人、群体利益的关怀，在章氏看来却不能责人以必行，将之化为羁扼个体的工具，否则便是“以理杀人”。他主张通过个体的内在自觉，通过“自律”而非“他律”的途径实现个体的道德行为。因此，章氏认为，虽然不可责人为善，但却可以提倡与人为善；虽然不可以命令个体要以他人、群体的利益为依归，但却可以提倡个体要以他人、群体的利益为依归。他所提倡的“大独”精神，首先是“独”，而后才是“群”，这便是其“大独”思想的真谛。至于个体之能关怀他人、关怀群体

---

① 章太炎：《明独》，《訄书》（初刻本、重订本）。

② 章太炎：《四惑论》，《太炎文录初编》别录卷三。

③ 章太炎：《四惑论》，《太炎文录初编》别录卷三。

④ 章太炎：《四惑论》，《太炎文录初编》别录卷三。

⑤ 章太炎：《论学会有大益于黄人亟宜保护》，《章太炎政论选集》（上）。

的这一道德之“情”或者道德之“爱”，则是由人人心中天生具有的“隐爱之念”生发出来的。章太炎说道：

> 吾为他人尽力，利泽及彼，而不求圭撮之报酬，此自本吾隐爱之念以成，非有他律为之规定。①

这一“隐爱之念”虽然为人心所固有，但在章氏看来，这种“隐爱之念”如果没有走向“自觉”，就不会得到扩充，就会使个体的道德生命永远处于沉睡状态。我们知道，在人性问题上，章氏持“善恶兼具”说，并偏向于赞同荀子的“性恶”说。由于人性是“善恶兼具”，则人类所天生具有的“隐爱”如果得不到有力扩充，那么它就很有可能被人类天生所同时具有的“恶性”所吞噬，这样一来，个体的道德生命不但得不到安顿，反而还会导致群体的涣散，将群体推向你争我夺的黑暗深渊之中，这不是章氏所愿意看到的。因此，扩充“隐爱”，唤醒个体的道德生命，使个体与生俱有的道德之“情”或者道德之“爱”走向自觉，便成了章氏不可回避的一个重要问题。

如何才能使人类这种与生俱有的道德之“情”或者道德之“爱”得到扩充呢？章氏主张，一要靠示范与提倡，二要靠教育。章氏所列举的“十六种人”之中，“通人”位于道德与不道德的关口。由于“通人”处于这样一个特殊的位置，所以，章氏便将道德示范与提倡之责归之于“通人”。② 关于“通人”，他曾经这样地对之作了界定，其云：

> 通人者，所通多种，若朴学，若理学，若文学，若外学，亦时有兼二者。朴学之士多贪，理学之士多诈，文学之士多淫，至外学则并包而有之。所恃既坚，足以动人，亦各因其时尚以取富贵。古之鸿文大儒，邈焉不可得矣。卑谄污漫之事，躬自履之，然犹饰伪自尊，视学术之不己若者，与资望之在其下者，如遇仆隶。高己者则生忌克，同己者则相标榜，利害之不兼容，则虽同己而亦嫉之。若夫笃信好学，志在生民者，略有三数狂狷之材，天下之至高也。③

① 章太炎：《四惑论》，《太炎文录初编》别录卷三。

② 章太炎：《革命之道德》，《章太炎政论选集》（上）。

③ 章太炎：《革命之道德》，《章太炎政论选集》（上）。

在他看来，“通人”之中虽然充满了贪、诈、淫的不道德者，但是也杂有“笃信好学、志存生民”的“三数狂狷之材”，贪、诈、淫的不道德者，固然不可以负起道德示范与提倡之责，但“狂狷”却能与其选。由此看来，章氏将道德提倡之责归于“通人”，实指的是“通人”之中的“狂狷”。

“狂狷”，位于传统儒家道德学术中的“中道”，也即它处在“仁人”与“乡愿”之间。它虽然没有达到“仁人”的道德境界，但它却已经具备了成为“仁人”的资质。与“狂狷”不一样，“乡愿”的行为表面上看去好像合乎道德的要求，但因其走着“他律”的道路，所以，在方向上已经误入了歧途，永远不会成为“仁人”，并且还导致残害道德的结果。“狂狷”的行为表现的是：“狂者进取，狷者有所不为。”孔子曾经对之评价甚高：“不得中行而与之，必也狂狷乎！”[①] 按：孔子所谓的“中行”，指的是“极高明而道中庸”的最高道德境界，在孔子看来，达到“中行”的道德境界是极为难得的，所以，他对“中行”之下的“狂狷”便给予了极高评价。与孔子一样，章太炎既思“古之鸿文大儒”而不可得，所以，他也将拯起道德的希望寄托在“狂狷”身上。当时章氏所希望的“狂狷”，有没有现实的依据呢？有！汪荣祖先生在考察章氏个性时，曾经指出他的个性特立独行，有类于“狂狷”。关于章氏的道德情操，《天铎报》有《哀某文豪》一文云：

> 文豪某，轩辕黄帝之肖子也，抱冤禽之隐痛，羁旅海外，十余易寒暑，近闻穷饿潦倒，将至断吹，呜呼！天何酷我文豪至于此极也！虽然，彼亦有所自取焉，（以彼文章声誉），苟能少为推移，揣摩时尚，（高官厚禄，何患不予取予携），乃牢抱（高尚主义），与俗相违，几于（穷饿而死），得不令当世之所谓通人名士，笑汝拙乎？子舆氏有言：富贵不能淫，贫贱不能移，文豪之所为无负文豪，则亦在此。[②]

铁厓认为《天铎报》此文所谓的“文豪某”，指的即是章太炎。揆之

---

① 《论语·子路》。
② 汤志钧：《章太炎年谱长编》（上），第351—352页。

章氏的行迹，确与孔子所谓的“狂狷”非常相似，汪荣祖先生关于章氏个性的论断是得其三昧的。由此，笔者认为，章氏将道德提倡之责寄托在“三数狂狷之材”，实蕴含着他自己对于拯起末俗沉沦、道德颓败之流波的一种历史使命感。

在《思乡原》一文里，章氏曾经说道：“不得中行，宁置狂狷，思乡原。”[①] 似乎“狂狷”也是章太炎所要反对的，其实非然。在这篇文章里，章氏考察了中国历史上的“狂狷”，他认为：“狂狷者，有进取一概之操，虽阔略杪小哉，然不舍人伦之际，百姓当家之务。父子耘瓜，华冠缊袍，……故不耀世。”[②] 这是孔子时代的“狂狷”。“古之狂狷者，自才性感概至，自唐以降之狂狷者，自辞章夸诞至。”[③] 他认为唐以后的所谓“狂狷”，虽有“狂狷”之名，但却无其实事，那些以“狂狷”自命的，不过是以之为“权藉”，或者是以之“邀誉”。这种人，章氏认为其外貌似“狂狷”，“性乃至庳”，[④] 欺诈饰伪，比之“乡愿”有过之而无不及。因此他要“宁置狂狷，思乡原”。因为在他看来，“乡愿”“虽有矫情，未如饰狂狷者甚也”。[⑤] 在这篇文章里章氏所拒斥的“狂狷”，实是在历史上已经变了质的“狂狷”，这种人在章氏眼里，不但不是“狂狷”，反而是更大的“德之贼”。

唤醒国人的道德生命，使其天生所具有的“隐爱之念”得到扩充，教育也是一个不可或缺的因素。章氏曾经认为：“学校者，使人知识精明，道行坚厉。”[⑥] 在他所创制的“五权分立”政制里，他主张政、学分离，特设一个独立的“教育权”来统率教育，这显示了他对教育的高度重视。在章氏看来，教育一方面可以增进国人的“知识”，另一方面也可以增进国人的“道德”。因此，为了唤醒国人的道德生命，对国民进行道德教育便势不可免。如何对国人施以道德教育呢？他反对理学家式的空洞的道德说教，认为：“琴瑟专一，不可以听，日以道德之辩厉人，亦犹调一弦也，方恐倦卧，何力行之望？”[⑦] 为了避免理学家式的空洞的道德说教，他主张

---

① 章太炎：《思乡原上》，《太炎文录初编》文录卷一。
② 章太炎：《思乡原上》，《太炎文录初编》文录卷一。
③ 章太炎：《思乡原上》，《太炎文录初编》文录卷一。
④ 章太炎：《思乡原上》，《太炎文录初编》文录卷一。
⑤ 章太炎：《思乡原上》，《太炎文录初编》文录卷一。
⑥ 章太炎：《代议然否论》，《章太炎政论选集》（上）。
⑦ 章太炎：《思乡原上》，《太炎文录初编》文录卷一。

以“史书”来教育国人，其云：

> 六籍之文，皆尔雅翁博，高者可以弦歌，其次亦有宫徵曲折。文皆记载，而述道德者，适历分布其间，诵之使人爱慕。又转变而不厌，其渐渍人情深，故可以就至行。……摭六经之余，则迁固寿晔诸史，犹足以感矣。然后巽以老庄，法以程朱，投间而作，庶几可立。①

章太炎曾深受浙东学派“六经皆史”之说的影响，因此，他所说的“六籍之文”便也可以与史书同视。在其晚年，他则更加提倡“读经”，并特揭出《礼记》中的《儒行》一篇以为国人倡，其云：

> 今欲改良社会，不宜单讲理学，坐而能言，要在起而能行。周孔之道，不外修己治人，其要归于六经。……社会腐败，至今而极，救之之道，首在崇尚气节。……专讲气节之书，于《礼记》则有《儒行》一篇，《儒行》所述十五儒，皆以气节为尚。……今欲卓然自立，余以为非提倡《儒行》不可。②

《儒行》中所述的“十五儒”的节行，颇类于章氏早年提倡的“大独”精神。他之主张以“史书”来教育国人，其意已至为明显，即不外乎达到“修己治人”的目的。“修己”，即是要实现个体的道德自觉；“治人”，即是要通过个体的道德自觉，将个体的道德生命安顿在对他人、群体的关怀之中。

中国传统以“仁”为中心的道德体系，道德人的成就是循着“体仁”、“践仁”、“致仁”的途径而获实现的。道德人通过“践仁”、“致仁”，使自己的道德行为合于社会所需要的道德规范，从而达致社会的和谐与稳定。群体秩序的维持，要借助于道德人的“践仁”与“致仁”，这说明个体的道德行为带有明显的“工具价值”。但是，由于道德人的“践仁”、“致仁”，是以“体仁”为前提的，是通过个体的道德自觉与道德自律，为其提供原初动力，所以，个体在“践仁”、“致仁”的过程中，其目的就不

---

① 章太炎：《思乡原上》，《太炎文录初编》文录卷一。

② 章太炎：《国学之统宗》，《制言》1937 年第 54 期。

仅仅是为了达致群体的和谐与稳定，其另外一个重要的目的，还在于实现道德人自己生命的价值，这样，就使个体在"体仁"、"践仁"、"致仁"的道德程序中，不仅仅使自己的道德行为带有社会目的性的"工具价值"，而且也同时具有了个人目的性的超越价值。个体通过"体仁"、"践仁"、"致仁"，终于找到了安顿自己道德生命的场所，也即找到了自己的"道德之乡"。通过前文的论述，我们可以看出，章太炎所构建的道德体系与传统儒家的道德体系，就其内在精神来说并无差异，他所构建的道德人成就的途径，也与传统儒家的道德学说毫无二致。因此，我们可以说，章氏的道德学说也具有双重的价值，即"工具价值"与"超越价值"并存。有学者认为，章氏的道德学说的体系仅仅具有"工具价值"，这是有失偏颇的。这一点，笔者在下文所要论述的章太炎的宗教思想里，我们将会看得更为清楚。

二 "自贵其心，不依他力"的宗教观

与章太炎同时的另外一位文化大师康有为，曾经主张建孔教为国教，康有为看到了基督教对于西方社会发展所起的重要作用，他之主张建孔教为国教，即是比附西方的基督教的作用而来，仍是一种歆慕欧风美雨的产物，表现出浓厚的欧化倾向。关于这一问题，在《时务报》馆里曾经发生过一场激烈的冲突。冯自由在追叙这段历史时曾经说道：

> 岁丙申，夏曾佑、汪康年、梁启超发起《时务报》于上海，耳章名，特礼聘为记者，章梁订交即在此时。章尝叩梁以其师宗旨，梁以变法维新及创立孔教对。章谓变法维新为当务之急，惟尊孔设教有煽动教祸之虞，不能轻于附和。[①]

由于章太炎不赞成"倡言孔教"，竟致康氏门徒在《时务报》馆里"攘臂大哄"，致使章太炎被迫离开了《时务报》馆。章氏曾讥讽康氏门徒之"倡言孔教"云："康党诸大贤，以长素为教皇，又目为南海圣人，谓

---

① 汤志钧：《章太炎年谱长编》（上），第36页。

不及十年，当有符命，其人目光炯炯如岩下电。此病狂语，不值一欸。”①反对建立孔教的立场，章太炎一生始终未变。我们知道，在清末民初之世，章氏也曾竭力倡言“建立宗教论”，那么，章氏为什么要倡言建立宗教呢？他所提倡的宗教究竟是一个什么样的宗教呢？一言以蔽之：章氏之倡言建立宗教，乃是为人生建立一个本体论的依据，他所提倡的宗教是一个“依自不依他”的宗教。为此，章氏构建了一个庞大的本体论体系；为了建立一个“依自不依他”的宗教，章氏作了大量的判教工作，以遮拨“依他”的宗教。

“翊法鬼神之容式，芴漠不思之观念，一切皆为宗教。”② 对于宗教，章氏是持着一种泛宗教论的观点。无论是组织宗教、民间信仰，还是玄邈的哲学义理，在他看来都可称之为宗教。由此，章氏所做的判教工作，涉及的范围便非常广阔，并非仅仅局限在狭义的组织宗教上。章太炎曾经说道：“世之立宗教、谈哲学者，其始不出三端：曰惟神、惟物、惟我而已。”③ 他将古今中外的宗教（哲学也归入宗教之中），分成唯神论、唯物论及唯我论三类，故而，他所从事的判教工作及其本体论的构建，即是在对这三者进行批判的基础之上展开的。

冯友兰先生曾经说道：“我们常听见有些人问：人生究竟有没有意义？如其有之，其意义是什么？有些人觉得这是一个很严重的问题，如果这个问题不能得到确切的答案，他们即觉得人生是不值得生底。”④ 对人生意义的追寻，为人生的意义寻找一个明确答案，即是要为人生寻得一个“本体论”的依据，如此，则人生对其生命的意义便有了“觉解”，反之，则是“无明”。古往今来有许多哲学大师，花费许多精力去构建一个“本体论”体系，其目的也即在此。反过来说，为了“觉解”人生的意义，人们也不得不去追寻那个“本体”。

章氏认为：“无宗教意识者，非人也。”⑤ 由于人人均有宗教意识，这就为宗教的建立提供了心理上的依据。“言哲学创宗教者，无不建立一物

---

① 章太炎：《致谭献书》，《章太炎政论选集》（上）。

② 章太炎：《原教上》，《訄书》（重订本）。

③ 章太炎：《无神论》，《太炎文录初编》别录卷三。

④ 冯友兰：《觉解》，《新原人》，收入《贞元六书》，华东师范大学出版社，1996。

⑤ 章太炎：《原教上》，《訄书》（重订本）。

以为本体，其所有之实相虽异，其所举之形式是同。”[①] 在他看来，古往今来的所有宗教、哲学流派，莫不以创立一个“本体”为职志，因此，他认为他要为他创立的宗教建立一个“本体”，应该是为“有智者所认可”的。[②] 章氏所创立的“本体”即是“圆成实自性”。其云：“此圆成实自性云者，或称真如，或称法界，或称涅槃。”[③] 根据佛教唯识宗所说，世界之成立，在有三性：一曰“遍计所执自性”，二曰“依他起自性”，三曰“圆成实自性”。章太炎认为：

> 第一自性，惟由意识周遍计度刻画而成。若色若空，若自若他，若内若外，若能若所，若体若用，若一若异，若有若无，若生若灭，若断若常，若来若去，若因若果，离于意识，则不得有此差别，其名虽有，其义绝无，是为遍计所执自性。第二自性，由第八阿赖耶识、第七末那识与眼、耳、鼻、舌、身等五识虚妄分别而成。即此色空，是五识了别所行之境；即此自他，是末那了别所行之境；即此色空、自他、内外、能所、体用、一异、有无、生灭、断常、来去、因果，是阿赖耶识了别所行之境。赖耶惟以自识见分，缘自识中一切种子以为相分，故其心不必现行，而其境可以常在。末那惟以自识见分，缘阿赖耶以为相分，即此相分，便执为我，或执为法，心不现行，境得常在，亦与阿赖耶识无异。五识惟以自识见分，缘色及空以为相分，心缘境起，非现行则不相续，境依心起，非感觉则无所存，而此五识，对色及空，不作色空等想。末那虽执赖耶，以此为我，以此为法，而无现行我法等想。赖耶虽缘色空、自他、内外、能所、体用、一异、有无、生灭、断常、来去、因果以为其境，而此数者，各有自相，未尝更互相属。其缘此自相者，亦惟缘此自相种子，而无现行、色空、自他、内外、能所、体用、一异、有无、生灭、断常、来去、因果等想。此数识者，非如意识之周遍计度，执著名言也，即依此识而起见分相分二者，其境虽无，其相幻有，是为依他起自性。第三自性，由实相、真如法尔（犹云自然）而成，亦由阿赖耶识还灭而成，在遍计所执之名言中，即无自性，离遍计所执之名言外，实有自性，

① 章太炎：《建立宗教论》，《太炎文录初编》别录卷三。
② 章太炎：《建立宗教论》，《太炎文录初编》别录卷三。
③ 章太炎：《建立宗教论》，《太炎文录初编》别录卷三。

是为圆成实自性。[①]

在章氏看来，“遍计所执自性”所成立之世界，是由“意识周遍计度刻画而成”，而此“意识”“周遍计度刻划”之“名言”，本为妄执，并非实有。所以，他认为由“意识”所成立之世界，“其名虽有，其义绝无”。“依他起自性”所成立之世界，是由第八阿赖耶识、第七末那识及眼、耳、鼻、舌、身等识虚妄分别而成，然此赖耶、末那及眼、耳、鼻、舌、身等识“了别所行之境”，虽各执其“相分”为“我”、为“法”，可是，它并不作“现行我法等想”。所以，章氏认为：“即依此识而起见分、相分二者，其境虽无，其相幻有。”用我们今天的话来说，则“遍计所执自性”所成立之世界是“概念的世界”，“依他起自性”所成立之世界是“流行的世界”。“概念的世界”，因其仅有“概念”这一空壳，并无实在内容，所以，它为幻有；“流行的世界”，因其流转不住，亦无实性可言，所以，其境虽然常在，仍为幻有。由此，则此“二性”不得立为“本体”。因为，“本体”的建立，首在“不失真”，若以“失真”、谬妄的“本体”作为生命安顿的场所，只能使人们生活在自己虚构的神话世界里，不但不能得到对人生意义的“觉解”，反而还会使人生走向歧途。

以此“三性”来衡诸唯我论、唯物论与唯神论，情况将是如何呢？

关于“唯我论”。“僧佉（译曰数论）之说，建立神我，以神我为自性三德所缠缚，而生二十三谛，此所谓唯我论也。……似僧佉派而或近或退者，则前有吠息待（今译费希特）、后有索宾霍尔（今译叔本华）是也。”[②] 章氏认为：“说神我者，以为实有丈夫，不生不灭，其说因于我见而起。乃不知所谓我者，舍阿赖耶识而外，更无他物。此识是真，此我是幻，执此幻者，以为本体，是第一倒见也。”[③]“我见”是由第七意根执着于阿赖耶识而起，前曾说过，章氏以为第七意根“惟以自识见分，缘阿赖耶识以为相分，即此相分，便执为我，或执为法”，然此第七意根“虽执赖耶，以此为我，以此为法，而无现行我法等想”，故由第七意根所成立之世界，其相幻有，境得常在，属于“依他起自性”。然而，惟我论者念念不舍执持“我见”，分别自、他，并以“我”为“本体”，复又为之构

① 章太炎：《建立宗教论》，《太炎文录初编》别录卷三。

② 章太炎：《无神论》，《太炎文录初编》别录卷三。

③ 章太炎：《建立宗教论》，《太炎文录初编》别录卷三。

画内容，较计差别，在章氏看来则堕入“遍计所执自性”之中。章氏认为由第七意根执持阿赖耶识所成之“我见”，属于“根本无明”，[①] 其“识”虽“真”，其“我”为“幻”，即是“非有”。于“非有”中强立为“有”，即起“增益执”。“增益执”者，不了“依他起自性”，仍属“遍计所执自性”。

关于“唯物论”。“鞞世师（译曰胜论）之说，建立实性，名为地、水、火、风、空、时、方、我、意，九者皆有极微，我、意虽虚，亦在极微之列，此所谓惟物论也。……似鞞世师派而进者，则殑德（今译孔德，法国实证主义哲学家）、歌生（一译歌逊，法国二元论哲学家）诸哲是也。”[②] 章氏认为：

> 说物质者，欧洲以为实有阿屯，印度以为实有钵罗摩怒，执为极细，而从此细者剖之，则其细至于无穷。名家所谓“一尺之捶，日取其半，万世不竭”者，彼不能辞其过矣。执为无厚（无厚，即非延长，谓其本无形式，非粗非细），离于色、声、香、味、触等感觉所取之外，惟其中心力存。此虽胜于极细之说，然未见有离于五尘之力，亦未见有离力之五尘。力与五尘，互相依住，则不得不谓之缘生。既言缘生，其非本体可知。然则此力、此五尘者，依于何事而能显现？亦曰心之相分依于见分而能显现耳。此心是真，此质是幻，执此幻者以为本体，是第二倒见也。[③]

在章氏看来，“阿屯”（欧洲）也好，“钵罗摩怒”（印度）也好，“无厚”（中国名家）也好，均须由五识“相分”依于“见分”方能显现。前曾说过，五识“相分”依于“见分”所成立之世界，是五识“了别所行之境”，“心缘境起，非现行则不相续，境依心起，非感觉则无所存”，识、境相依，不可分离，境虽常在，亦为幻有，属于“依他起自性”。然而，唯物论者执“极微”（“阿屯”、“钵罗摩怒”、“无厚”）为“本体”，以幻有之“质”（境）为真有，遮真有之“心”（识）为无有，是于幻有中起“损减执”，则又堕入“遍计所执自性”之中。

---

① 章太炎：《驳神我宪政说》，《章太炎政论选集》（上）。

② 章太炎：《无神论》，《太炎文录初编》别录卷三。

③ 章太炎：《建立宗教论》，《太炎文录初编》别录卷三。

关于“惟神论”。“吠檀多之说，建立大梵，此所谓惟神论也。……似吠檀多派而退者，则基督，天方诸教是也。”[①] 章氏云：

> 说神教者，自马步诸逑而上，至于山川土谷，稍进则有祠火，与夫尊祀诸天之法；其最高者，乃有一神、泛神诸教。其所崇拜之物不同，其能崇拜之心不异。要以藐尔七尺之形，饥寒疾苦，辐凑交迫，死亡无日，乐欲不恒，则以为我身而外，必有一物以牵逼我者，于是崇拜以祈获福。此其宗教，则烦恼障实驱使之。或有山谷之民，出自窟穴，至于高原大陆之上，仰视星辰，外睹河海，而爽然自哀其形之小，所见所闻，不出咫尺，其未知者，乃有无量恒河沙数。且以万有杂糅，棼不可理，而循行规则，未尝愆于其度，必有一物以钤辖而支配之，于是崇拜以明信仰。此其宗教，则所知障实驱使之。不能退而自观其心，以知三界惟心所现，从而求之于外，于其外者，则又与之以神之名，以为亦有人格。此心是真，此神是幻，执此幻者以为本体，是第三倒见也。[②]

“烦恼障”，是指以“我执”为首的诸烦恼，谓此烦恼能障涅槃；“所知障”，是指以“法执”为首的诸烦恼，谓此烦恼能障菩提（觉悟）。我、法二执，均属“遍计所执自性”，由此“遍计所执自性”成立之“神”，本为幻有，于幻有中强立为有，亦属“增益执”。“增益执”者，亦不知“依他起自性”也。

“增益执”与“损减执”，章氏谓之为“二边执”，此二种“边执”，因其不了“依他起自性”，所以，其所成立之“本体”悉为“倒见”。以此“倒见”作为人生安顿（或者建立宗教）的“本体”，则是以他律律己，这恰像我们前文所说的“乡愿”一样，在方向上已经误入了歧途，这在章氏看来是根本不能获得对人生意义的“觉解”的。章氏曾经讽刺这种“依他”的宗教是一种扶墙摸壁、靠山靠水的气象，[③] 在他的眼中，这种宗教是最要不得的。

中国传统儒家的“仁学”，走的也是一条“依自不依他”的道路。孔

① 章太炎：《无神论》，《太炎文录初编》别录卷三。

② 章太炎：《建立宗教论》，《太炎文录初编》别录卷三。

③ 章太炎：《东京留学生欢迎会演说辞》，《章太炎政论选集》（上）。

子曰："我欲仁，斯仁至矣"，并以其独特的"绝四之旨"与"忠恕之道"来律己待人，将人生的意义安顿在"仁"这一"本体"之中。但章氏之主张建立一个"依自不依他"的宗教，在拒斥惟我、惟物及惟神诸教之后，也并未取中国传统的儒家学说。非但如此，他对中国传统的儒家学说还持激烈的批评态度，成了中国近代史上反孔的急先锋。他曾这样评论儒术道：

> 儒家之病，在以富贵利禄为心。盖孔子当春秋之季，世卿秉政，贤路壅塞，故其作《春秋》也，以非世卿见志；其教子弟也，惟欲成就吏材，可使从政。而世卿既难猝去，故但欲假借事权，便其行事，是故终身志望，不敢妄希帝王，惟以王佐自拟。……孔子之教，惟在趋时，其行义从事而变，故曰："言不必信，行不必果"。……所谓中庸，实无异于乡愿。彼以乡愿为贼而讥之，夫一乡皆称愿人，此犹没身里巷，不求仕宦者也；若夫逢衣浅带，矫言伪行，以迷惑天下之主，则一国皆称愿人，所谓中庸者，是国愿也，有甚于乡愿者也。孔子讥乡愿，而不讥国愿，其湛心利禄，又可知也。君子时中，时伸时绌，故道德不必求其是，理想亦不必求其是，惟期便于行事则可矣。用儒家之道德，故艰苦卓厉者绝无，而冒没奔竞者皆是。……用儒家之理想，故宗旨多在可否之间，论议止于函胡之地。彼耶稣教、天方教，崇奉一尊，其害在堵塞人之思想，而儒术之害，则在淆乱人之思想，此程朱陆王诸家，所以有权而无实也。①

章太炎的这段反孔言论，较之五四时期倡言"打倒孔家店"的小将们的反孔言论，实有过之而无不及，章氏可谓是中国近代史上打孔家店的"一世祖"。但透过这段言论，我们可以看出，章氏之反孔，主要还是集中在历史上儒者的行为上，他对"中庸"、"时中"的批评，其实也并不符合孔子思想的本意，他所反对的，其实可以说是在历史上已经变了质的儒者的行为，他并没有触及儒学的真正精神。章氏之所以要如此严厉地责难孔子与儒术，其真正用意其实并不是要推翻孔子的学说，他之责难孔子，不过是要借之反对康有为之倡言设立孔教，所以连带而罪及孔子。他曾经说

---

① 章太炎：《诸子学略说》，《章太炎政论选集》（上）。

道："盖中土素无国教，孔子亦本无教名，……孔教之称，始妄人康有为。"[①] 他认为："今人猥见耶苏、路德之法，渐入域中，乃欲建树孔教，以相抗衡，是犹素无创痍，无故灼以成瘢，乃徒师其鄙劣，而未有以相君也。"[②] 在他看来，建孔教为国教，不但"拂俗难行"，而且还会"杜智慧之门，乱清宁之纪"。[③] 由于章氏当时之激烈诋孔，是由反康连带而及，带有明显的功利化倾向，对此，章太炎晚年深表忏悔，其云：

> 鄙人少年本治朴学，亦惟专信古文经典，与长素辈为道背驰。其后深恶长素孔教之说，遂至激而诋孔。中年以后，古文经典笃信如故，至诋孔则绝口不谈，亦由平情斠论，深知孔子之道，非长素辈所能附会也。而前声已放，驷不及舌，后虽刊落，反为浅人所取。[④]

章太炎的这段"忏悔录"，实也是他早年反孔真实心灵的表露。

透过章氏的反孔言论及其反对康有为设立孔教的理由，我们可以看出，章太炎倡言建立宗教之所以不取儒家的学说，一方面是因为它"拂俗难行"，另一方面则是因为儒家学说造就的多是"冒没奔竞"的人，无益于道德的增进。他曾说过："宗教之高下优劣，不容先论，要以上不失真，下有益于生民之道德为其准的。"[⑤] 既然中国传统的儒术在历史上已经严重地变了质，那么，要建立一个"有益于生民之道德"的新宗教，为什么还要去拾起传统儒学的沉渣呢？

儒学之外，另一个走着"依自不依他"道路的是佛学。佛学的义理经魏晋玄学、禅宗及宋明理学的融汇，已经成功地融入中国的文化传统，它本身已经成了中国传统的一个不可分割的重要组成部分。章氏认为：

> 世间道德，率自宗教引生。彼宗教之卑者，其初虽有僧侣祭司，久则延及平民，而僧侣祭司自废绝。则道德普及之世，即宗教消镕之世也。于此有学者出，存其德音，去其神话，而以高尚之理想，经纬

① 章太炎：《示国学会诸生》，《章太炎政论选集》（下）。
② 章太炎：《驳建立孔教议》，《章太炎政论选集》（下）。
③ 章太炎：《驳建立孔教议》，《章太炎政论选集》（下）。
④ 章太炎：《致柳翼谋书》，《章太炎政论选集》（下）。
⑤ 章太炎：《建立宗教论》，《太炎文录初编》别录卷三。

> 之以成学说。若中国之孔、老，希腊之琐格拉底（今译为苏格拉底）、柏拉图辈，皆以哲学而为宗教之代起者。琐氏、柏氏之学，缘生基督，孔子、老子之学，迁为汉儒，则哲学复为宗教。至于今，斯二教者，亦骎骎普及于国民矣。一自培庚（今译为培根）、笛加尔（今译笛卡尔）辈，一自程朱陆王诸儒，又复变易旧章，自成哲学。程朱陆王，固以禅宗为其根本。而晚近独逸（今译为德意志）诸师，亦于内典有所摭拾，则继起之宗教，必释教无疑也。①

通过对历史的考察，章氏认为将“佛教”确立为“继起之宗教”。因此，他主张建立宗教，便主要是以佛学义理来建立一个新宗教。在清末民初之世，他企图重新复兴在中国历史上已经沉寂了数百年的佛学。他认为：“提倡佛教，为社会道德上起见，固是最要。”② 并决然地说道：“欲兴民德，舍佛法其谁归？”③

佛教自汉时传入中国后，在中国渐渐形成了带有中国本土特色的教派，如净土宗、密宗、天台宗、禅宗、华严宗以及法相唯识宗等。其中，影响最大的要数净土宗与禅宗了。关于净土宗，章氏云：

> 净土一宗，最是愚夫愚妇所尊信的。他所求的，只是现在的康乐，子孙的福泽。以前崇拜科名的人，又将那最混账的《太上感应篇》、《文昌帝君阴骘文》等，与净土合为一气，烧纸拜忏，化笔扶乩，种种可笑可丑的事，内典所没有说的，都一概附会进去。所以，信佛教的，只有那卑鄙恶劣的神情，并没有勇猛无畏的气概。④

与净土宗一样，密宗也专以祈祷为能事，猥自卑屈，⑤ 所以，章氏认为净土与密宗均未入“依自”之域，为不可取。天台宗是杂糅“涅槃”（“涅槃”主“我”）、“般若”（“般若”主“真空”）而成，经龚自珍等的提倡，曾在文人群体中风行一时，但龚自珍等之提倡天台宗，主要还是爱

① 章太炎：《建立宗教论》，《太炎文录初编》别录卷三。
② 章太炎：《东京留学生欢迎会演说辞》，《章太炎政论选集》（上）。
③ 章太炎：《答梦庵》，《章太炎政论选集》（上）。
④ 章太炎：《东京留学生欢迎会演说辞》，《章太炎政论选集》（上）。
⑤ 章太炎：《答铁铮》，《太炎文录初编》别录卷二。

天台宗经典的辞藻华丽，所以，章氏认为“（天台宗）于思想则不能如法相之精深，于行事则不能如禅宗之直截”，[①] 便也为他所不取。关于禅宗，章氏以其“自贵其心，不援鬼神，与中国心理相合”，[②] 以其为可取。然而，禅宗的末流“徒事机锋”，特别是与王学结合后，渐渐流为狂禅之风，习之者猖狂恣肆，声色利禄，无不点污。所以，章氏对于禅宗及王学之“直指一心”虽甚为首肯，认为习此“可以悍然独往矣”，[③] 但对于狂禅之风，则摈之而不遗余力。

“今日通行的佛教，也有许多的杂质，与他本教不同，必须设法改良，才可用得。”[④] 既然净土、密、天台诸宗均不可取，而禅宗（经王学熔铸之后）又有着许多弊病，那么，应以什么来改良宗教呢？章氏认为华严、法相二宗最有益于生民的道德，其云：“这华严宗所说，要在普度众生，头目脑髓，都可施舍与人，在道德上最为有益。这法相宗所说，就是万法唯心，一切有形的色相，无形的法尘，总是幻见幻想，并非实在真有。”[⑤] 由此，章氏主张“要用华严、法相二宗改良旧法”。[⑥]

综合前面所说，章氏在当时之倡言建立宗教，实是要以禅宗（或“王学”）的“直指一心”、华严宗的“普度众生”以及法相宗的“本体论”来建立一个新宗教的。因为，建立一个这样的新宗教，在他看来既不“拂俗”，即符合中国历史发展的趋向，又不失“真”，又“有益于生民之道德”，同时，它又合于“依自不依他”的精神。在这数者之中，章氏又以法相宗为最重要，因为法相宗义理为新宗教的建立提供了“本体论”的依据，所以，章氏又将他规设的这一新宗教称之为“唯识教”。

章氏根据法相宗义理所建立的“本体”，即是我们前文所说的“圆成实自性”。“圆成实自性”，又名“真如”、“法界”、“涅槃”。章氏云：“此圆成实者，太冲无象。”[⑦] 既然是“太冲无象”，则可知，此“圆成实自性”乃是不可思议的、不可言说的。章氏又云，此“圆成实自性”是由

---

① 章太炎：《答铁铮》，《太炎文录初编》别录卷二。
② 章太炎：《答铁铮》，《太炎文录初编》别录卷二。
③ 章太炎：《答铁铮》，《太炎文录初编》别录卷二。
④ 章太炎：《东京留学生欢迎会演说辞》，《章太炎政论选集》（上）。
⑤ 章太炎：《东京留学生欢迎会演说辞》，《章太炎政论选集》（上）。
⑥ 章太炎：《东京留学生欢迎会演说辞》，《章太炎政论选集》（上）。
⑦ 章太炎：《建立宗教论》，《太炎文录初编》别录卷三。

“实相”、“真如”法尔而成。[①]“实相”与“真如”其意相同。《成唯识论》云：“真谓真实，显非虚妄；如谓如常，表无变易；故曰真如，……此性即是唯识实性。”[②] 由上所说，我们可将章氏所谓的“圆成实自性”描述如下：它是一个太冲无象、真实、泊然不动、不可思议、不可言说的“本体”。章氏又云：“圆成实自性”，“亦由阿赖耶识还灭而成”。“阿赖耶识”，又名“藏识”，意为含藏诸法种子。根据佛教唯识宗所说，“阿赖耶识”含藏世界万有的一切种子，其现行，则成森然布列的万有世界，其还灭，则又复归于泊然不动的万有“本体”。此“阿赖耶识”中含藏的世界万有种子，若以“意识”周遍计之，则我们可得“名言（概念）的世界”，若以末那执赖耶为“我”计之，则我们可得“流行的世界”。此“名言”、此“流行”，因其无“自性”，所以为“幻有”，而“圆成实自性”乃是由阿赖耶识还灭而成，所以，章氏认为其为“实有自性”，为“真有”。也即在章氏看来，“圆成实自性”才是一“真实的存在”。

“圆成实自性”虽然是不可思议、不可言说的，但却是可以体证的。章氏认为，“真如可以亲证”，[③] 而“神”（“大梵”、“上帝”等）、“极微”（“阿屯”、“钵罗摩怒”、“无厚”等）、“我”（“神我”）等则不可亲证。不可亲证者则为“妄”，以之安立为“本体”是不适合的，因此，也只有“圆成实自性”才可以安立为“本体”。

“本体”既明，那么我们以此寻得的“本体”来观照人生，在章氏看来则“遍计所执自性”及“依他起自性”自可排遣，则我、法二执可断。由此，则我们对人生便获得了一种“大无畏”，可以悍然独往矣。换句话说，能够证得此“圆成实自性”，则我们对人生的意义便有了“觉解”，我们找到了自己生命安顿的场所。

“圆成实自性”虽然是一“真实的存在”，但章氏认为要体证到这一“真实的存在”是不容易的。章氏云：“此圆成实者，太冲无象，欲求趋入，不得不赖依他，逮其证得圆成，则依他亦自除遣。故今所归敬者，在圆成实自性，非依他起自性，若其随顺而得入也，则惟以依他为方便。”[④] 他以“依他起自性”作为证成“圆成实自性”的途径。由此，章氏主张虽

---

① 章太炎：《建立宗教论》，《太炎文录初编》别录卷三。

② 《成唯识论校释》卷第九，玄奘译，韩廷杰校释，中华书局，1998，第 598 页。

③ 章太炎：《无神论》，《太炎文录初编》别录卷三。

④ 章太炎：《建立宗教论》，《太炎文录初编》别录卷三。

然证得“圆成实自性”，却不住“圆成实自性”；虽断法、我二执，但却不以此自限，仍以利益众生、普度众生为念。从这一指导思想出发，章氏在晚清的革命洪流之中，便力倡“菩萨行”，其云：“杀了一人，能救众人，这就是菩萨行。”① 在他看来，个体生命的“觉解”，最后还是要落实到对他人、群体的关怀之中，这样才使生命获得了意义。

同他的道德学说一样，章氏建立的这种“自贵其心，不依他力”的“唯识教”，目的在于为人生的意义寻得一个明确答案，由此，则个体的生命便获得了内在超越。但是，由于他将个体生命意义的实现，最后是落实在对他人、群体的关怀之中，强调借宗教来增进民德，这说明，章氏的宗教思想在具有“超越价值”的同时，也具有了“工具价值”。也即个体通过证得“圆成实自性”，实现了生命的内在超越。但与此同时，个体最后是以“菩萨行”来入世，在对他人、群体的关怀中，又增进了生民的道德。他的这一宗教思想，与他的道德思想，实是一个金币的两面，其功能是一致的。章氏曾经认为：“道德普及之世，即宗教消镕之世。”② 道德与宗教，在章氏看来本是二而一、一而二的东西，其表达语言虽然有异，但其内在精神却是相同的。两者都是以寻找个体生命的意义为始点，以关怀他人、群体的利益为依归，“超越价值”与“工具价值”并存。那种将章氏的宗教思想仅仅看成是一种“工具论”的看法，也是有失偏颇的。

前曾说过，章氏在当时曾经激烈地责难过孔子与儒术，通过前文的分析，我们已经明白，他在当时之责难孔子与儒术，带有浓厚的功利性倾向，其实与孔子或者儒家学术的思想宗旨邈不相涉。通过他的宗教思想，我们可以看出，章氏在建立新宗教时，虽然不取儒家的学说，操着的是佛学的语言，但由其所构建的新宗教的内在精神，与中国传统儒家的“仁学”精神实无二致。这说明章太炎的宗教思想，一方面是继承了传统的儒学要旨，另一方面又作了时代性的创造（其道德思想也可作如是观）。至于章氏的宗教思想以建立一个“本体论”为重要内容，则反映了处于动荡时代人们的心灵迫切地需要一个“本体论”为依据，以重新安顿自己的生命。在章太炎之后，熊十力、冯友兰诸子也是以建立一个“本体论”体系为职志，其用意也即在此。可以说，章氏对“真实存在”的探求，预示着

---

① 章太炎：《东京留学生欢迎会演说辞》，《章太炎政论选集》（上）。

② 章太炎：《建立宗教论》，《太炎文录初编》别录卷三。

中国哲学的一个新的时代的到来，中国近代哲学“本体论”的构建，是以章太炎开其端，而由熊、冯诸子竟其绪，从这一点来看，有人称章氏为现代新儒学的先驱,[①] 确是相当有眼力的。

（注：本文原刊于台北《孔孟月刊》1998 年第 37 卷第 2 期、第 3 期连载。）

① 请参阅李泽厚《略论现代新儒家》,《中国现代思想史论》，人民出版社，1986。

从“分镇”到“联省”

——章太炎地方政治思想论

由于西方近代宪政政治的冲击，中国传统的权威政治在近代中国开始陷入窘境。实现由传统权威政治向近代宪政政治的转换，是时代发展的趋势。作为国家政治结构中一个重要组成部分的地方政治，当时也处在一个重要的转换时期。我国传统地方政治存在着“封建制”与“郡县制”的分野，近代西方则以实行“地方自治”为其重要特色。章太炎作为一位重要的政治思想家与政治活动家，对我国地方政治实现由传统向近代转换，曾作过较为深刻的理性思考，他对我国地方政治的创设，主要即是以以上诸种政治模式为参照而展开的。

在章太炎之外，孙中山、康有为等人也致力于地方政治的创设，孙、康二人将西方资产阶级的宪政思想引进自己的思想架构中，企图在中国实现“地方自治”。章太炎虽然也将“地方自治”确立为自己的终极目标，但同孙、康二人相比，他的思想显得要复杂得多。章氏在援引西方宪政思想时，由于注重对传统的因袭，强调政治运作的效率与政治秩序的稳定，所以，他在进行思维方式的理性展开时，往往受到过多现实因素的干扰，使他在思想与现实之间不断徘徊。加之清末民初政治风云变幻莫定，使得章氏思想染上了浓厚的多变色彩。纵观章氏地方政治思想的变化脉络，我们大致上可将其分为三个时期：早期（约在戊戌前后）主张“分镇”与“封建”；中期（从《訄书》的重订至《检论》的删定，约从1903年至1915年）主张建立一个“道县制”政治结构；晚期（1916年以后）主张实行“联邦制”。本文试图对章氏地方政治思想提要勾玄，理清其嬗变之迹，并揭示其思想的内在特色。

一　“分镇”与“封建”

至清朝末年，我国地方政治的基本架构仍然沿袭着元、明以来确立的

“行省制度”，地方上分为省、府、县三级行政级次。这种体制实际上是秦、汉以来确立的“郡县制”的一种变异。在这种政治体制下，国家政治权力的中心是在中央，举凡一切军政、财政、外交、用人之权，一出于中央，地方各级政治机构不过是以君权为核心的中央政治权力的派出机构而已。同治以后，随着汉族督抚权力的渐趋扩张，开始出现督抚干政局面，使清朝的政治权力架构发生一些微妙变化，但它并没有动摇固有政治权力架构的法理基础。戊戌时期，在沉重民族危机的刺激下，以康有为为首的维新派企图以西方资产阶级国家的宪政政治为参照，在中国建立一个类似于西方资产阶级国家的君宪政体。这一思想旨在通过削弱传统权威政治架构下的君主权力，通过权力制衡原则，为国家政治建立一个合理化的法理基础。章太炎当时作为维新派的重要成员，对西方宪政政治的价值也给予了高度肯定，[1] 但他对以康有为为首的维新派主流将君宪政体确立为当时政治奋斗目标的主张却不表赞同。与维新派主流相比，章氏更加重视的是政治运作的效率与秩序，主张建立一个以光绪皇帝为核心、由维新志士组成的权威政府来推进变法事业。[2] 权威、政治、效率是当时章氏的重要政治理念，这不仅规定了章氏对中央政治进行创设的思维方式，也直接影响了他对地方政治的创设。

“百日维新”失败后，以慈禧为代表的“后党”完全控制朝政，章氏对中央政府的变革不再抱有幻想，其政治创设的思想开始转向地方。由于章氏当时不赞成康有为等立即将西方宪政政治下的分权体系引进中国政治架构的主张，所以他在拒斥传统权威政治下中央集权的法理基础时，便别出心裁地提出一个融“分镇”与“封建”为一体的独特地方政治架构。这一政治主张一方面将传统的“行省制度”变为“封建制”，另一方面则将国家政治权力的中心由中央转至地方。章氏对传统的郡县制与“封建制”曾作过深入研究，认为这两种政治体制各有优劣，应该适时采用。[3] 他曾经说道：“化有进退，时有险易，其世不同者，其法未可以一也。”[4] 在他看来，处在当时民族危机非常严重的历史背景下，采用“封建制”将会更加“有造于齐州”。其故如下：首先，章氏认为同治朝以后虽然汉族督抚

---

① 章太炎：《变法箴言》，汤志钧编《章太炎政论选集》（上），中华书局，1979。

② 王玉华：《戊戌变法时期章太炎变法思想评议》，《江苏社会科学》1997 年第 1 期。

③ 章太炎：《分镇》，《章太炎政论选集》（上）。

④ 章太炎：《藩镇论》，《章太炎政论选集》（上）。

势力崛起、权力渐重，但那只不过徒有“外观”而已，举凡方镇的“植守令、布政教、理府库、训步骑”等一切权力莫不受制于中央。由于“方镇苶弱”，使得列强得以挟制清朝中央政府，使之劫持“方镇”，动辄“割地输币”，无敢异议。民族危机之日趋严重，即是由于“外轻”所导致的。[①]其次，通过对中、日两国变法事业的比较，章氏认为两国“风教政令”基本相同，且变法时间也几乎是在同时，但两国的变法结果却大异其样。日本“政法一革，迅若飘风”，而中国则举步维艰，依然“守故”。造成这种强烈反差的原因在于中国“地大而人庶”，日本“地小而孑”。章氏云：“地大而人庶，则其心离；其心离，则其志贼；其志贼，则其言牻惊，其行前却。故以一千四百州县之广袤，各异其政教雅颂者，百蹶之媒也。”又云：“地小而孑，其民在一丘，势虽辑也。……迹其行事，若丝之有级，亡或棼乱，则惟其小易旋转故。”由此，章氏得出“不小乃不足以自强”的结论。[②] 其次，章氏还认为当时中国处于“板荡之世”，政治改革的终极目标是要确立近代宪政政治，这一政治目标只有通过“分镇”进行尊王攘夷才能实现。通过以上诸种理由，我们可以看出日本明治维新对章氏的重要启示作用。由此，章氏在当时竭力主张进一步扩大“方镇”权力，并将其与传统的“封建”之制相结合，融“方镇”与“封建”为一体。其具体规设如下。

其一，将天下分为“王畿”与“五道”：“置燕、齐、晋、汴及东三省为王畿，注措无所变。其余置五道：曰关陇（附以新疆）、曰楚蜀（附以西藏）、曰滇黔桂林、曰闽粤、曰江浙（谓三江、浙江）。”[③] 其二，“道”的首脑（名称可仿唐制或西方俄、英之制称为“王”）以有才干的督抚充任，继任者由现任推荐，再由中央政府“锡命”（册封）。“道”作为“封建之国”，除了每年向中央政府进贡数十万及保有它所领有的土地外，其他一切“行政署吏”之权，皆由各“道”自专。其三，中央政府除了直接领有“王畿”外，对其他各“道”仅有形式上的“锡命”权。

章氏提出的这一融“方镇”与“封建”为一体的新的地方政治结构，与当时实行的“行省制度”是背道而驰的。这一新的体制将国家的权力中

---

① 章太炎：《分镇》，《訄书》（初刻本）。

② 章太炎：《东鉴》，《訄书》（初刻本），《章太炎全集》（三），上海人民出版社，1984。

③ 章太炎：《分镇》，《章太炎政论选集》（上）。

心已由中央转至地方，中央除了与“王畿”关系比较紧密外，与其余五“道”（“封建之国”）的关系是非常松散的，它们之间的关系有类于“王朝朝贡体制”之下宗主国与附属国的关系（章氏在《方镇》一文指称的“封建之国”，《訄书》重印本改为“附庸之国”可证[①]）。揆之这一时期章氏的基本政治理念，我们可知这些“封建之国”尚不是西方近代型的“地方自治”政体，仍然属于中国传统型的“封建”政体。但创设这一独特地方政治架构，章氏实是将其当作通往近代型“地方自治”的宪政政治的过渡来看待的。如果这些“封建之国”最终是要走向西方近代型“地方自治”的宪政政治，那么，融“分镇”与“封建”为一体的地方政治架构，其最后趋向就不可避免地形成“联邦制”的政治格局。章氏通过建立这样一个新的地方政治架构，拆散了原有的中央集权体制而建立起地方集权体制，但这一新的政治架构由于最终要以“地方自治”为依归，所以这一地方集权体制与传统的权威政治便有着很大的不同，它类于密尔所说的“引带政府”。[②]

融“分镇”与“封建”为一体的地方政治思想，反映了章氏当时所具有的“督抚革命”幻想。章氏企图通过一些开明且富有影响的汉族督抚（李鸿章、张之洞、刘坤一等）来实现民族的自强以及建立近代宪政政治，并同时完成光复汉族的种族革命大业，他自称这一想法是“借权之谋”。[③]庚子事变期间，他曾上书粤督李鸿章，建议李鸿章“明绝伪诏，更建政府”，[④] 但这种幻想很快便破灭了。经过这一教训，章氏在1903年重订《訄书》时便作了《分镇匡谬》进行深刻反省，指出“提挈方夏在新圣”。[⑤] 此后，他主要是为“新圣”（即通过革命推翻清王朝后建立的新政权）来展开他的思想的。

---

① 《分镇》文中“封建”项下汤志钧附注，《章太炎政论选集》（上），第106页。

② “引带政府”：“引带”指的是用来教会幼儿走路的牵引绳带，“引带政府”指握有权威的政府不以强力“统治”为目的，进行的是“指导性的管理”，“逐步训练人民独自走路”，这有类于圣西门所说的“父亲式专制”，即它是以“权威”为手段，以国民的“普遍的参与”为目的的政府。参阅〔英〕约翰·密尔《代议制政府》，汪瑄译，商务印书馆，1982，第33—34页。

③ 章太炎：《分镇匡谬》，《訄书》（重订本）。

④ 章太炎：《庚子拳变与粤督书》，《章太炎政论选集》（上）。

⑤ 章太炎：《分镇匡谬》，《訄书》（重订本）。

二 “道县制”方案

1903年至1915年，西方资产阶级宪政思想正以迅猛之势磅礴于中国的思想界。这一时期正是“地方自治”思想最为盛行时代，无论是革命派还是立宪派，莫不以“地方自治”当作中国地方政治架构的理想选择。孙中山将“地方自治”当作“国之基础”来看待，[①] 康有为也将“地方自治”当作通向建立完备宪政政治的基础而加以赞美。[②] 实行“地方自治”的目的，在于削弱传统“行省制度”下中央政府的权力，通过明确界定中央与地方的权力分际，通过对权力制衡原则的吸纳以及通过对国民“参与”能力的培育，将国家政治奠定在坚实的宪政基础之上。这一时期，章氏同他早期一样，虽然继续以“地方自治”作为他地方政治思想的归趋，但他仍然不赞同立即在中国实行“地方自治”。早期章氏从其“借权之谋”出发，主“分镇”，力图削弱中央权力；这一时期，章氏为“新圣”创设，为了防止国家分裂，则力主加强中央权力。章氏认为由于中国国土辽阔，区域差别非常大，加之交通落后，当时各个区域实际上存在着严重的相互疏隔倾向。在这样的历史背景下，如果实行“地方自治”的话，则不但不能为建立完备宪政政治打下基础，反而还会促使中国政治走向分裂。这与他追求的“辑和民族、齐一语言、调度风俗、究宣情志”的民族主义宗旨也是格格不入的。[③] 特别是民国建立以后，各种政治力量纷纷登上了中国政治的舞台，很多省份实际上已经处于半独立状态，中央政权非常软弱，如果立即实行“地方自治”，章氏认为：“不独内政、外交无统一之办法，势必分崩离析，一变而为东周、晋、唐之末造，重酿割据之乱。”[④] 这对于中国政治的前途来说是非常危险的。“民国成立，首在规定政权，必中央之权略重，地方之权略轻，始有统一之望。”[⑤] 出于国家政治统一与稳定这一现实因素的考虑，章氏不仅拒斥了立即在中国实行“地方自治”的政治

---

① 孙中山：《在沪举办茶话会上的演说》，《孙中山全集》卷三，中华书局，1984。

② 《公民自治篇》，张枬、王忍之编《辛亥革命前十年间时论选集》卷一，三联书店，1960。

③ 章太炎：《代议然否论》，《章太炎政论选集》（上）。

④ 《中华民国联合会启示》，朱维铮、姜义华编注《章太炎选集》（注释本），上海人民出版社，1981。

⑤ 汤志钧编《章太炎年谱长编》（上），中华书局，1979，第402页。

主张，也抛弃了他早期的“分镇”思想。

这一时期，章氏通过对中国历史、现状及对西方资产阶级国家宪政政治的深入研究，创设了一个独特的“五权分立”（指行政、立法、司法、教育、监察的“五权分立”）的“第三种民主政体”。这一政体的一个重要特色，即是主张通过建立强有力的中央政权来实现对建立完备宪政政治的过渡。这一时期，章氏的政治创设付以总统为首的行政权以独揽的权力，并致力于密切地方政治同中央政治的关系，加强中央对地方的控制。在这样一个大的政治思维模式之下，章氏在致力于政治秩序稳定的同时，又特别关注政治效率的提高。为此，章氏提出了一个独特的“道县制”政治方案，粗略地描绘了这一时期他的地方政治思想蓝图。

在传统的“行省制度”下，“省”是地方政治的基本单元。章氏认为以“省”作为地方政治的基本单元过于庞大。“一省所辖，大者百余县，小亦不损六七十县。”① 它土广民众，不但容易产生同中央抗衡的力量，而且也不利于它本身的治理。元、明、清三代设“行省”，章氏以其“终以土地广隃，不能纤悉，其治不逮前世远甚。”② 因此，章氏主张废“省”。清时从中央到地方共分四级行政级次，即中央、省、府、县。在秦以后、元以前，中国历代的行政级次皆为三级：汉时为中央、郡、县，宋时为中央、州、县。章氏认为：“汉时以郡国直隶政府，其数一百有三；宋时以州军直隶政府，其数亦二百余也。汉之疆域，兼及安南，视今本部为广；宋之疆域，不及燕云，视今本部为狭。以郡国州军直隶政府，纤悉具知，未尝失御。”③ 因此，这一时期章氏对自汉至宋以郡（或州）作为地方政治的基本单元、实行三级行政级次的政治规设非常赞赏。如果实行三级行政级次，那么在废“省”以后，“府”便理所当然地成了地方政治的基本单元，但章氏又认为以“府”作为地方政治的基本单元又过于狭小，他主张按照清朝的“分巡道制”，升“道”为地方政治的基本单元而废“府”。“道”本为监察区域的名称，依清制，在中央设“诸科”，以监察中央各部官员；在地方设“诸道”，以监察地方百官。“道”的监察区域涉及几个“府”，就其区域面积来说，它较“省”小，但较“府”大。章氏主张

① 章太炎：《复北洋法政学堂教习今嘉幸井书》，汤志钧编《章太炎政论选集》（下），中华书局，1977。

② 章太炎：《复北洋法政学堂教习今嘉幸井书》，《章太炎政论选集》（下）。

③ 章太炎：《复北洋法政学堂教习今嘉幸井书》，《章太炎政论选集》（下）。

“割一省为数道，隶于中央”；[①] “废省存道，废府存县，县隶于道”。[②] 这样一来，则其重新规划的行政级次便成了中央、道、县三级。按照他的规设，在废“省”、“府”之后，全国可得六七十“道”，每“道”辖二三十“县”。他认为：“（道）所领不过二、三十县，则地方之治不纷；其隶于中央政府者，不过六、七十道，则中央之政令易行也。”[③] 将“道”升为地方政治的基本单元，章氏认为至少还有以下五大好处：“地皆连附，无犬牙相错之忧，民情易洽，一也；中央之政令，直行边远诸道，其民接于政令愈近，则政事知识愈开，二也；道有肥瘠，瘠道苦经费不足，其土民不得不倡行实业，愿加地税，名为中央集权，乃愈促进地方进化，三也；愊悃之民集，而自治丁口易悉，生产易知，四也；中央对于边道，不至坐忘，号令直行，不得不力筹交通之便，五也。”[④] 建立“道县制”地方政治结构，除了有利于地方本身之治理外，还有利于密切中央同地方的关系，有利于加强中央对地方的控制，这与实行“地方自治”是背道而驰的。

这一“道县制”地方政治架构，较之原有的“行省制度”减少了一级行政级次。行政级次的减少，无疑会有利于行政效率的提高。并且，地方政治权力的弱化，中央对地方控制的加强，无疑会有利于国家政治的统一与稳定，这种政治架构基本上反映了章氏政治创设的大思路。这一新的政治创设背离了他早期所主张的“封建”之制，实际上重新归复自秦至宋所实行的“郡县制”。结合这一时期章氏创设的“五权分立”的政治架构来看，可见章氏当时实是借用了传统“郡县制”的躯壳，而给它注入了近代西方宪政政治的灵魂。将分权原则引进他的地方政治创设之中（在章氏提出“五权分立”构想之前，他援引了西方资产阶级“三权分立”的政治原则，主张在地方政治中通过设立布政司主行政、按察司主司法及议会主立法来实现权力之间的制约与平衡），[⑤] 这就使章氏所创设的这一“道县制”地方政治架构不再属于中国传统的权威政治系属，而属于近代西方的宪政政治系属。

在早期，章氏曾试图通过将国家权力中心从中央转至“封建之国”，

---

① 章太炎：《复北洋法政学堂教习今嘉幸井书》，《章太炎政论选集》（下）。
② 章太炎：《致袁世凯商榷官制电一》，《章太炎政论选集》（下）。
③ 章太炎：《复北洋法政学堂教习今嘉幸井书》，《章太炎政论选集》（下）。
④ 章太炎：《复北洋法政学堂教习今嘉幸井书》，《章太炎政论选集》（下）。
⑤ 章太炎：《地治》，《訄书》（重订本）。

由那些近乎独立的“封建之国”实现由传统权威政治向近代宪政政治的过渡，其终极目标是建立一个“联邦制”的政治架构，实现“地方自治”。这一时期，章氏虽然集权于中央，但他仍然主张在中国交通状况改进以后，应该以实现美国式的“联州制”为终极目标。除了兵权秉于中央之外，其他一切权力皆下诸地方，由各地方自专；并且划定中央与地方的权力界限，对于地方政治，中央不得随意干涉等。[①] 以美国式的“联州制”作为地方政治改进的终极目标，这与他早期之趋向最后建立“联邦制”政治架构完全一致。由此看来，章氏这一时期的地方政治创设同其早期相比形式虽异，本质则同，可谓殊途而同归。

三 “联邦制”构想

在民国初创的政治漩涡中，章氏从其权威政治理念出发，认为只有强力人物袁世凯才能有效地建立稳定的政治秩序，并实现对建立完备宪政政治的过渡。一段时间内，章氏成了拥袁的重要人物。但袁世凯的帝制自为，促使章氏猛醒，他很快便同袁世凯决裂了，他的权威政治理念也随之破灭。袁死后，北洋军阀盘踞中央政权，章氏最为担心并力图加以避免的军阀割据与混战局面终于形成。盘踞中央政权的北洋军阀企图凭借其强大的军事实力，实行武力统一；孙中山则打起“护法”旗号，企图联合西南地方小军阀进行北伐，推翻北洋军阀，统一中国；西南地方小军阀则想依靠孙中山的政治影响谋求自己的生存，并借机向外伸张自己的势力。三派力量纷争不已，局势变得更加混乱，甚至比清末更糟，西方宪政政治在民国初年的实践完全失败了。

章氏曾一度投身于孙中山领导的护法斗争，但他很快便发现南北军阀如一丘之貉，[②] 并看到了以“护法”为政治斗争旗号的局限性。在其权威政治理念破灭之后，章氏将政治改良的希望开始寄托于全体国民，并提出了他的“大改革议”，即“联省自治”政治构想。这是章氏为中国宪政政治建设所作的最后一次努力，也为他的地方政治思想画上了句号。

在前一时期，章氏曾竭力主张加强中央权力，通过加强中央对地方的

---

① 章太炎：《地治》，《訄书》（重订本）。

② 汤志钧编《章太炎年谱长编》（上），中华书局，1979，第590页。

控制，避免出现国家分裂与军阀割据局面。袁世凯死后，章氏看到国家分裂已不可免。分裂带来了内战，时北洋系分裂成三派，互相混战不已；南方小军阀之间为了争夺地盘也相互拼命厮杀；南北之间的战争复又无休无止。内战阴霾，笼罩中国上空，其根源何在？章氏认为是由实力不均衡所导致的。“势不相衡，则人思争命，促成分裂，其势必然。”[①] 实力的不均衡，首先表现的是中央与地方权力的失衡。由于“中央政府权藉过重”，总统、总理二职成为总统（或总理）行中央集权的工具。章氏将“约法”、“国会”、“总统”称为祸害民国的“三蠹”，认为“约法偏于集权，国会倾于势力，总统等于帝王，引起战争，无如此三蠹者。三蠹不除，中国不可一日安也”。[②] 其次表现的是地方之间实力的失衡。未能控制中央政权的其他北洋军阀得以用“巡阅使”之名控制数省，地方小军阀为了将自己的实力伸展到省外，也在效尤。[③] 章氏认为孙中山以“护法”为号召，企图恢复《临时约法》所建立的“法统”以结束割据、内战局面，是无济时艰的。民国九年六月，黎元洪重就中华民国总统之职，法统恢复，但割据、混战局面依旧。章氏当时离开护法斗争，另外提出“大改革议”，实是有鉴于“护法”的局限性所致。怎样才能结束割据与内战的混乱局面呢？章氏主张应该排除导致实力失衡的一些重要因素，如果能够釜底抽薪，则内乱自然可弭。因此，在他提出的“大改革议”里，对于招致内战的“三蠹”与“巡阅使”，他皆主张加以废除，并且实行“联省自治”。这一主张的提出，意味着章氏彻底抛弃了民元以来确立的中华民国政权的政治架构。这一“联省自治”的新的政治架构，将原有的中央集权制改为“联邦制”。它有以下一些重要内容。

其一，“各省自治”。章氏主张：“以兵柄还付各省，以自治还付省民。”[④] 即各省的军、民各政应归各省人民自己掌握，各省的“文武大吏，以至地方军队”，也“以本省人充之”。“自县知事以至省长，悉由人民直选，督军则由营长以上各级军官会推。令省长处省城，而督军居要塞，分地而处，则军民两政，自不相牵。”[⑤] 以上所规划的“自治省”政治架构由

① 汤志钧编《章太炎年谱长编》（下），中华书局，1979，第629页。
② 章太炎：《弭乱在去三蠹说》，《章太炎政论选集》（下）。
③ 章太炎：《联省自治虚置政府议》，《章太炎政论选集》（下）。
④ 汤志钧编《章太炎年谱长编》（下），第629页。
⑤ 章太炎：《联省自治虚置政府议》，《章太炎政论选集》（下）。

“省宪”为其提供法理基础，“省宪”由“省议会或各法团”制定。[①] 关于“省议会”（或“各法团”）的产生，章氏当时没有明确加以阐释，结合章氏主张县知事至省长均由省民“直选”来看，则享有制宪权的“省议会”（或“各法团”）当亦是由省民选举产生的。这一时期，章氏一再强调“国家制宪大权，当取人民公意”。[②]“公意”是18世纪启蒙思想家提出的一个重要概念，这一思想奠定了启蒙时代以来近代宪政政治的法理基础。章氏将“公意”确立为“制宪权”的基础，说明章氏这一时期提出的“联邦制”政治构想的内在精神，与启蒙时代以来近代宪政政治思想的内在精神完全一致。他在批评《临时约法》时曾经说道：“约法第二条谓中华民国之主权，属于国民全体。第五十四条谓中华民国之宪法，由国会制定。夫所谓主权者，孰有过于制宪之权？既云主权属于国民全体，何认制宪之权独赋予国会？自相矛盾，断难并存。……鄙人以为退一步言，即使国会制宪，亦应由全体人民通过后，乃能公布。如湖南省省宪之用总投票法，则亦可稍减流弊。”[③] 在章氏看来，“人民公意”主要体现于“制宪权”，享有“制宪权”的“议会”由人民选举产生，宪法制定后，仍由全体人民投票通过后才能颁行，这样才能保障做到“人民公意”的彻底贯彻。在此章氏将“制宪权”当作国民的“至权”来看待，确立“公意”作为“省宪”（“国宪”也是如此）的法理基础，凸显了启蒙时代以来“主权在民”的政治理念。其二，“联省政府”（即“联邦政府”）。各省实行自治并不是各省脱离中央政府而独立，时章氏虽然认为“中央政府”为“频年扰乱”之“厉阶”，但中国“不能绝对无政府”，所以，章氏主张在解散原有的中央政治架构后，仍应代之以“联省政府”。[④]“联省政府”由“各省自治”经“联省自治”层垒而成。“有省自治而后有联省自治，有联省自治而后有联省政府，节次稍差，便为躐等。”[⑤] 如果未经“各省自治”、“联省自治”阶段便成立“联省政府”，那么这一“联省政府”由于没有“公意”基础，违背了“主权在民”原则，则在章氏看来它便是不合

① 汤志钧编《章太炎年谱长编》（下），第638页。
② 汤志钧编《章太炎年谱长编》（下），第657页。
③ 汤志钧编《章太炎年谱长编》（下），第663页。
④ 汤志钧编《章太炎年谱长编》（下），第610页。
⑤ 汤志钧编《章太炎年谱长编》（下），第663页。

法的。“联省政府”（“联邦政府”）采取“委员合议制”，[①]它只有“颁给勋章，授予军官之权，其余一切，毋得自擅”。[②]军政则分于各省督军，中央不得有一兵一骑；外交条约则由各该省督军省长副署，然后有效；币制银行，则各省委托中央而监督造币，“成色审核、银行发券之权，犹在各省”。[③]“联省政府”不再设“议会”，由各省派“参事”一人对之进行监督[④]（按：后章氏又主张中央政府实行一院制，设立“联省参议院”）。[⑤]“联省宪法”（即“联邦宪法”）需在各省“省宪”颁行后由各省议会议员来制定，再由全国人民投票决定颁行。这一新的“联省政府”（“联邦政府”）实际已毫无权力之可言，它只成了国家象征。“政府虽存，等于虚牝”，[⑥]国家政治权力中心由中央转至地方各“自治省”。

这一新的“联邦制”政治架构，在拆散原有政治架构后，将地方政治置为国家政治权力的中心，与其前一时期思想相较，这一政治架构的民主色彩显得更加浓厚了。章氏在前一时期主张建立一个强有力中央政权率领中国步入近代宪政政治，将希望过度地寄托在社会精英层；这一时期，章氏将公民的“参与”权从精英层扩大到所有公民，从“有限的参与”开始过渡到“普遍的参与”，并且，他将“公意”确立为“省宪”（乃至“国宪”）的法理基础，建立“主权在民”的政治理念。这说明，章氏当时创设的这一“为各国所未有”的独特“联省制度”（即“联邦制”政治架构）完全属于近代西方资产阶级宪政政治系属，复与五四以后磅礴于中国思想界的近代民主思潮相合。

章氏在民元以来中国民主政治建设迭遭挫折的历史背景下，约于1920年6月提出了这一新的政治构想，并很快获得各方面相应，其中西南地方军阀反响尤烈，并先后宣布实行“自治”。西南地方军阀之响应实行“联省自治”，不过是以之作为进行割据的护符。对于这种“碔玞混玉，紫色乱朱”的假“自治”，章氏曾给予过严厉斥责[⑦]。这说明章氏当时之创设这一新的“联邦制”政制架构，其目的并非是为了“联督割据”提供理论基

① 章太炎：《弭乱在去三蠹说》，《章太炎政论选集》（下）。
② 章太炎：《联省自治虚置政府议》，《章太炎政论选集》（下）。
③ 章太炎：《联省自治虚置政府议》，《章太炎政论选集》（下）。
④ 章太炎：《联省自治虚置政府议》，《章太炎政论选集》（下）。
⑤ 汤志钧编《章太炎年谱长编》（下），中华书局，1979，第638页。
⑥ 汤志钧编《章太炎年谱长编》（下），第663页。
⑦ 汤志钧编《章太炎年谱长编》（下），第638页。

础，恰恰相反，章氏的目的在于通过这一新的“联邦制”政制架构来结束军阀割据与混战局面，使中国走到真正秩序化的宪政政治道路上去，这与响应“自治”图谋割据的各派军阀势力，自然是同床而异梦的。

如果章氏提出这一新的“联邦制”政治构想能够真正化为现实的话，军阀割据与内战局面自然可以消弭，中国的宪政政治建设自此也可以走上正常轨道。然而，崇尚黩武主义的各系军阀，当然不会为章氏菩萨式的政治说教所打动，由此一来，章氏这一充满真正近代宪政民主精神的创制，最后除了走向幻灭，还能指望有别的前途吗？

四　结束语

章氏在其早、中期政治思想架构里，均主张建立一个权威政治作为通向近代宪政政治的阶梯。早期，他将希望寄托在“封建之国”；中期，则将希望寄托于中央政权。然而，无论是早期还是中期，章氏最后均是以实现“地方自治”为终极目标。这一政治归趋，不正是他晚期提出的“联邦制”政治构想吗？章氏晚期之提出“联省自治”（“联邦制”政治架构）主张，既是当时现实政治的刺激所致，也是他思想逻辑内在延续之结果。我们发现，章氏地方政治思想随着时代剧烈变动，前后虽然颇不一致，这反映了现实因素对章氏政治创设的干扰作用。但无论在哪一时期，章氏将其政治思想的坐标始终界定在“地方自治”上，这既说明章氏“联邦制”“大改革议”的提出，是其思想逻辑发展的必然结果，也说明章氏自始至终都是与近代中国激荡的民主宪政潮流相顺应的。

翻开民元以来的历史，在中国宪政道路上留下的是一连串失败的记录，孙中山“护法”斗争之遭受挫折，章太炎“联省自治”之走向幻灭，种种事实证明，宪政政治之在中国真正实现是多么漫长和艰难！

（注：本文原刊于《历史档案》1999 年第 2 期。）

卷之二

文化三性阐微

当今世界，交通大开，处于不同空间的文化，交流频繁，冲突不断。近三百年来，西方文化在向外传播过程中表现出了强劲的活力，导致其他非西方地区的文化在其现代转换的过程中，呈现向西方文化汇流的趋势。“西方文化中心论”长期以来一直占据着千百万人的心灵，成为西方世界推行文化霸权、建立单极世界文化秩序的理论支撑。作为非西方地区的大量各呈异彩的文化存在形态，特别是像中国这样的具有悠久文化传统且甚为成熟的文化系统，在其向现代的转换过程中，怎样才能应付西方文化的挑战，怎样才能建立起一个更为合理化的现代的文化体系，这是非西方地区的文化人经常思考且不可回避的一个时代课题。本文试图从文化学、文化人类学的角度对文化的基本属性抉隐阐微，提出一些肤浅看法，冀为我们正在进行的文化重建工作，提供基本的理论参照。

一

“［文化］显然是一个整全，这一个整全包括器用、各种社团的法规、人的观念、技艺、信仰和风俗。”[①] 这是1944年马林诺斯基对文化所下的一个定义。根据庞朴先生的研究，我们获知文化乃是一个由表层的器用系统、中层的制度系统及深层的价值系统组成的立体架构。[②] 文化作为一个“整全”的立体架构，是散布在不同空间的大量文化存在形态的一个共同特色，这已为文化人类学数量繁多的田野调查资料所证实。当代最为著名的文化人类学家本尼迪克特曾经指出：“一种文化就如一个人，是一种或多或少一贯的思想和行动的模式，各种文化都形成了各自的特征性目的，

① 殷海光：《中国文化的展望》，中国和平出版社，1988，第30页。

② 庞朴：《文化的结构与层次》，《蓟门散思》，上海文艺出版社，1996，第147页。

它们并不必然地为其他类型的社会所共有。各个民族的人民都遵照这些文化目的，一步步强化了自己的经验，并根据这些文化内驱力的紧迫程度，各种异质的行为也相应地愈来愈取得了融贯统一的形态。"[①] 由此我们可知，文化不仅是一个"整全"的立体架构，同时也是趋于"整合"的。由于文化具有这样一个内在属性，使得存在于不同空间的文化存在形态，均有着自己"并不必然地为其他类型的社会所共有"的"各自的特征性目的"。并且，各种不同类型的文化存在形态在其各自的演化过程中，由其各自文化所具有的"内驱力"使其所独有的"特征性目的"愈益得到强化。

文化之所以是趋于"整合"的，各种不同类型的文化存在形态之所以都有着不为其他文化所共有的"各自的特征性目的"，同存在于不同空间的人类各种群的各自的文化创造模式及其各自所具有的文化传统业力的作用深具关系。人类对于文化的创造，离不开人类的理性。然而人类创造文化的"理性"并不是像"自由意志"论者所说的那样是"无限"的，而是"有限"的。人类创造文化的"理性"只能在自然环境以及文化传统所给定的条件下发挥功用。根据人类产生的历史，我们知道人类各种群在其产生之初本无差异，人类各种群之产生差异，乃是始于旧石器时代的晚期。在旧石器时代晚期，当人类开始出现人种分殊的时候，人类各种群也普遍开始了智化过程。走上智化历程的人类各种群由于面对的自然环境各异，不同的自然环境向人类提出了不同的问题，在应付自然环境的不同的挑战过程中，开始出现人类心智活动的分殊。加之处于不同自然环境的人类各种群在运用其心智创造文化的过程中，长期处于相互隔绝的状态，由之使人类各种群的心智愈益出现分殊，走上了各不相同的各自的独特心智成长历程。在人类文明之花开放之初，人类的"理性"尚处于萌芽状态，自然界拥有"无限威力的不可制服的力量与人们对立着，人们同它的关系完全像动物同它的关系一样，人们就像牲畜一样服从它的权力"。[②] 因此，自然环境对人类心智创造文化的活动起着决定性的作用。人类创造文化的"理性"的分殊，直接导致了人类文化存在形态的差异。随着人类文明的成长，则人类文明本身对人类创造文明的"理性"也起着制约作用，这使得存在于不同空间的人类各种群的心智分殊愈益得到强化。施宾格勒认

---

① 庄锡昌、顾晓鸣、顾云深等编《多维视野中的文化理论》，浙江人民出版社，1987，第125页。

② 《马克思恩格斯全集》第一集，人民出版社，1972，第35页。

为："每一种文化，在它的人类上，都用它自己的形象加上了记号，每一文化都有它自己的观念、自己热爱的对象、它自己的生活意愿和感情。"① 文化传统对人类创造文化的"理性"的制约作用，使得不同空间的人类各种群的心智都形成了自己独特的价值标准，这反过来又影响了文化，使其文化各自带上了自己所独有的"特征性目的"。

在自然环境、文化传统所给定的条件下进行文化创造的人类的心智活动，同其个体行为一样，带有很大的相对的稳定性，这种相对的稳定性一旦被打破，就会出现文化的内在紧张，产生文化的变易，直至出现新的相对稳定状态。各种自相冲突的文化的行为与价值也只有在趋于融贯统一、获得相对稳定的状态下，才使文化的存在获得了意义，因此，文化总是趋于"整合"的。而不同的人类心智活动对于文化的创造，则造就了不同的文化整合的形态。

文化具有趋于"整合"的内在属性，由于自然环境与文化传统的制约，使得处于不同空间的文化的整合形态各异，这在事实层面形成了世界文化的多元存在格局。并且，也昭示了存在于不同空间的文化存在形态都有其存在的内在合理性。既然存在于不同空间的文化存在形态都有其存在的内在合理性，那么，不同类型的文化之间在价值上便获得了平等的地位，实难区分轩轾。由此来省察"西方文化中心论"，我们便可获知，"西方文化中心论"实是以己族（西方）文化的价值为标准去评判别的文化而导致的一个理论误趋，它是一种"我族中心主义"的体现。在不同的文化存在形态进行交流的过程中，带着"我族中心主义"的情绪去对待别的文化，只会带来文化的冲突与紧张，使正常的文化交流难以进行。因此，在进行文化秩序的重建时，我们只有给予由于不同的整合功能所致的千差万别的各种文化存在形态以平等的地位，拒斥"我族中心主义"，才能有利于促进各种不同类型的文化存在形态之间的健康发展与交流。

二

文化是趋于"整合"的，各种不同的文化存在形态均有其存在的内在合理性，在价值上具有平等的地位，这是就文化的横向的空间分布而言

① 〔德〕斯宾格勒：《西方的没落》，齐世荣等译，商务印书馆，1995，第171页。

的。盖任何一种文化存在形态总是一定空间的文化，然而它又是一定时间的文化。然而，文化在纵向的时间上的传递是怎样进行的呢？自从进化论学说发明以来，人们普遍地认为文化在时间上的传递是由低级文化存在形态向着高级文化存在形态进化的，人类文化的终极则是进入一个醇善尽美的理想之区。进化观念长期以来一直支配着世界思想舞台的中心，并且进化观念长期以来同“西方文化中心论”紧密地结合在一起，使千百万西方人认为西方文化代表着人类文化的最高水平，其他非西方地区的文化尚处于西方文化已经经历过的较低的文化发展阶段。这意味着其他非西方地区同西方文化之间产生的差异，完全是由时间因素造成的，时间的缺口一旦被弥平，则其他非西方地区的文化也将会进至西方文化所业已表现出的文化存在形态，西方文化昭示了其他非西方地区文化的发展方向。近代以来，西方世界强行向全世界推行它的文化，并且伴随着血腥的武力征服，与这一观念即存在着密切的关系。

将文化看成是朝着进步发展方向进化的，主要基于以下两点理由：一是认为文化的价值是绝对的，存在着高低优劣之分；一是认为人类的“理性”具有“无限性”的功能。然而这二者皆经不住分析。英哲罗素曾经指出：“变化是一件事，进步是另一件事。变化是科学的，进步是伦理的。变化是无可置疑的，而进步则易引起争论。”[①] 在罗素看来，“变化”与“进步”原为二事，而进化论者则将其混为一谈了。殷海光教授曾对上述罗素的观点作过详细阐释，他认为：“所谓变化是科学的，意即变化是一个事实，而且这个事实是可以在科学里去处理的题材。所谓进步是伦理的，意即进步是一个伦理的概念，而这一伦理的概念涵有价值观念在其中。由此可见，变化与进步是各属不同的范畴。变化是由一件事变成另一件事的一种事态（state of affair），例如一个蚕由蛹变成蛾，一个国邦由专制变成民主。进步是对于这一变化所作的价值判断，例如取暖由烤野火而变成用电炉，这算不算得进步，就牵涉到价值问题，也许有人认为这是一个进步，可是即令在电气化的美国，有许多人还是以烤野火取乐的。……既然价值是在事物以外的观念，于是进步系在变化以外的一种价值判断。”[②] 根据罗素、殷海光两位先生所言，“进步”是一种价值判断，然而

① 殷海光：《中国文化的展望》，中国和平出版社，1988，第 374 页。

② 殷海光：《中国文化的展望》，第 374—375 页。

通过前文论述我们已清楚地知道，由于文化是趋于“整合”的，存在于不同空间的文化存在形态均有着自己独特的价值标准，所以，价值判断往往带有浓厚的相对主义意味，很难在不同的文化价值之间区分高低优劣，并不存在普适的价值标准。同样一个行为，在甲民族认为是合理的，在乙民族看来可能就是悖理的。文化的价值具有相对性，无所谓绝对的、普适的价值，这也已为大量的文化人类学的田野调查材料所证明。

关于人类创造文化的“理性”与“文明”之间的关系，通过前文的论述我们也已获知，“理性”并不是“无限”的，而是“有限”的，它要受到自然环境、文化传统业力等诸多因素的制约。现代著名的新保守主义（又谓之新自由主义）大师海耶克先生曾对之作过精辟研究，海氏认为：“人类心灵本身乃是其所成长于其中的文明之产物，它由文明继承下来的种种经验（包括语言、风俗习惯、道德信念等等）形塑而成。”① 又云：“人类在人类文明之前并未拥有理性，文明与理性二者乃同时俱演，……理性与文明在不断互动中发展。”② 因为“理性”与“文明”都是一定时空的产物，所以，“理性”便不可能超脱“文明”所给定的条件而自由自在地发挥其功用，它只能在一个复杂的社会、文化秩序的形成过程中扮演一个有限的角色。奢望人类凭其“理性”建立一个醇善尽美的理想社会、文化存在形态，显示了人类对其“理性”的过度迷信。同时，由于“理性”本身所具有的缺陷，也使我们无法明了人类由其理性活动所致的全部结果，这在现代科学的发展中表现得至为明显。尤金·施瓦茨在其所著的《过度巧妙》一书中曾提出一个“准解决与余留问题”的理论基设，对于人类理性在当今拥有复杂技术手段社会里作用的有限性作了深刻思考。③在当今社会，人类运用其“理性”不断追求技术革新，冀为人类增加福祉。然而，技术革新的不断进步在为人类带来福祉的同时，也带来了新的损害。现代科学技术的发展充分证明了人类凭其“理性”能力可以建立一个醇善尽美的理想社会、文化存在形态乃是一种僭妄。由此，我们认为将人类的文化看成是朝着进步发展方向进化的，是值得重新进行认真思考的。将文化在时间上的传递看成是一个由低级到高级的进化过程，实际上

---

① 何信全：《海耶克自由理论研究》，（台北）联经出版事业公司，1988，第 43 页。

② 何信全：《海耶克自由理论研究》，第 42 页。

③ 〔英〕戴维·埃伦费尔德：《人道主义的僭妄》，李云龙译，国际文化出版公司，1988，第 89—90 页。

反映的是现代人以自己时代文化的价值居高临下地去裁断别的时代的文化价值的一种“现代中心主义”情绪。现代文化是由古代文化一脉相传衍生而来的，文化之流方故方新，永不涸竭，每一个时代的文化也均为一“整全”的体系，也都是趋于“整合”的。确切地说，任何时代的文化都是“现代”的，每一种文化都是人类特定种群在特定时间创造出来的，任一时代的文化的价值，也因之都是当时特定群体的价值，我们实难将不同时代的文化的价值进行比较。

既然将文化看成是朝着进步发展方向进化的进化论学说是颇成问题的，那么，我们对于文化的迁流变化只能从物理的角度去加以界定，用“演化”去替代“进化”乃是一种妥当的做法。“演化”作为文化的另一重要内在属性，一方面在物理层面揭示了文化的变化这一重要事实；另一方面在伦理（价值）层面揭示了处于不同时间的文化的价值也都具有其存在的内在合理性，在价值上难以区分轩轾的另一重要事实。文化的演化是一个新故相推、新蜕于故的过程，在文化的演化面前，我们人类只能凭借其有限的“理性”，在尊重文化传统的基础之上继长增高，充当一个有限的角色，而不可能像全能的上帝那样凭空构筑自己意想的天堂。

三

存在于不同空间的文化存在形态之所以会出现演化，随着时间的传递而不断地迁流转徙，是由其文化自身“内驱力”作用的结果，而不同类型文化之间的交流则为之提供了外在动力。盖文化作为空间的存在虽有其内在的趋于“整合”的功能，但文化的存在又不是孤立的现象，存在于不同空间的文化存在形态势必会发生交往、融合。人类文化演化的历史证明，不同类型文化之间的交流有力地促进了人类文明的发展，使人类文明愈益变得丰富多彩。希腊学习埃及，罗马借鉴希腊，阿拉伯参照罗马帝国，中世纪的欧洲又模仿阿拉伯，而文艺复兴时期的欧洲又仿效拜占庭帝国，罗素认为不同文化之间的交流“是人类文明发展的里程碑”。[①] 各种不同类型文化之间的交流，使不同类型文化之间的文化因子相互渗透，形成我中有

① 〔英〕罗素：《东西文明比较》，王正平主编《罗素文集》，王正平等译，改革出版社，1996，第29页。

你、你中有我的文化格局。至人类交通大开的现代社会，不同类型文化之间的接触显得愈益频繁，文化交流无论是从广度上还是从深度上来说都是前所未有的。如果我们不去考虑各种文化类型的内在精神，仅从文化的外表来看，则可见各种不同类型的文化有着日益趋同化的倾向。特别是在现代，随着欧美现代工业文明在全世界的成功，它日益获得了全球性的地位，成了各个国家争相模效的典范，这似乎昭示了欧美的现代工业文明就是未来世界其他各种类型文化的所要达致的文化存在格局。但问题并非如我们所料想的那样简单，文化人类学的大量田野调查提醒我们，尽管不同类型的文化可以通过相互之间的交流、本土文化通过对异体文化因子的吸纳来不断地丰富自己，形成我中有你、你中有我的文化格局，然而本土文化对异体文化的吸纳，却不能从根本上改变本土文化所业已开辟的文化演化方向，不同类型的文化在其相互交流的过程中，其内在的文化精神仍然表现出极大的差异。文化的演化虽然不是孤立地进行的，但文化在其相互的交流互动过程中，却不可能表现出一种文化对另一种文化的替代，而是表现为本土文化对异体文化的涵化。本土文化只有在将异体文化的有利因子有效地融合进本土文化的系统之中，才会保持本土文化系统的和谐与相对稳定，否则便会出现本土文化与异体文化之间的对抗与紧张。文化具有涵化的功能，由之成为文化的第三个重要内在属性。

为什么说不同类型文化之间的交流表现为本土文化对异体文化的涵化，而不是表现为异体文化对本土文化的替代呢？其故如下。

首先，根据前述的文化的两个属性，我们知道任何一种文化在其演化过程中都是趋于“整合”的，这使任何一种文化在其演化的过程中都带有强烈的排他的独占性格，从而保持其文化的“各自的特征性目的”。由此，在文化交流的过程中，本土文化将处于主动的、主导的地位，而异体文化则处于受动的、从属的地位。异体文化的某些文化因子只有在与本土文化具有相似或者同质的情况下，它才会被本土文化顺利地吸纳，否则，将会被本土文化顽固地排拒在大门之外。明末耶稣会士的东来，西方基督教文化在其开始传入中国之初之所以会受到一部分中朝士大夫的欢迎，在中国获得有效的传播，是与利玛窦等人采取的中国式释义的策略分不开的，一旦罗马教廷敕令严格按照其本来教义、仪式进行传播时，便立即遭到中国本土文化的激烈抵抗，最后中国皇帝的一纸禁教令便宣告了两大文化正常交流的终止。佛教文化之传入中国，最初也有着类似的情形，佛教教义被认同于道家思想，只有黄老与浮屠并称，只有采取“格义”的方式阐释佛教经典时，佛教文化才获得了有效的传播。大致说来，异体文化进入本土，只有在进行本土化的前提下，才能被本土文化所认同。但这样一来，作为与本土文化异质的异体文化在进入本土后，它已经改变了原先的模样，已经变了质。经本土文化整合后的异体文化的文化因子，本身也获得了与本土文化的同质性质，转化为本土文化的一个组成部分，并将自己汇入本土文化演化的洪流中去。所以，文化之间的交流表现为本土文化对异体文化的涵化，而不是表现为异体文化对本土文化的替代，这应是符合文化演化的内在逻辑的。

其次，如果异体文化带着本来面目强行进入本土，文化的交流往往是伴随着血腥的武力征服，这样一来，就造成了本土文化的危机，本土文化演化的正常进程被打断了。本土文化在受挫之后面临着新的选择，但这一新的选择却仍然要以本土文化所给定的条件为依据，否则，新的文化秩序不但得不到顺利的重建，本土文化的危机也难以解除。如前所说，文化的创造离不开人类的“理性”，但人类创造文化的“理性”却要受到文化传统业力等因素的有力制约，生长于某一特定文化传统之内的“文化人”，无法摆脱其生长于其中的文化传统对他（或她）的影响。进行文化秩序重建的“文化人”仍然不可避免地带着本土文化的心灵去对待异体文化。所以，带着本土文化心灵的文化人去进行文化秩序的重建时，不可避免地会以本土文化的价值为依据去选择异体文化，这仍然表现为对异体文化的涵化，而不可能是生硬照搬。没有根据的“理性”是无果的飘零之花，文化的选择与重建也是如此。“外来文化的因素也并非像瓶中的鲜花那样，生硬地插在本地文化的本体上，而必须是经过了本地文化的整合，融为一体，方能现其功用。”①

四

文化是演化的，又是趋于整合的，不同文化之间的交流表现为本土文化对异体文化的涵化，这些构成了文化的基本内在属性。文化在其演化的过程中，虽然不断地出现本土文化同异体文化的交流与融合，但却不能改

---

① 庞朴：《文化的民族性与时代性》，中国和平出版社，1988，第89页。

变本土文化所业已开辟的文化演化方向，其“各自的特征性目的”仍然不断地会得到强化。文化就其空间的存在格局而言是多元的，因此，企图以“我族”文化为中心去建立单极世界文化秩序的一元论的文化思维模式是不切实际的空想，在实践中也不可能会获得成功。正是文化具有多元的性格，才使得世界文化充满了生机与活力，并且变得丰富多彩。设想以一种文化模式去建立单极世界文化秩序，只会扼杀文化的生机与活力。文化就其作为时间的存在而言，虽然是不断演化的，但每个时代都有着自己的独特的“特征性目的”，且文化的演化离不开它自己的传统，因此，企图凭借人类“理性”去自由地建立一个理想的社会、文化存在形态的看法也是有失偏颇的。带着“现代中心主义”的偏见，忽视文化传统业力对人类“理性”的制约作用，将人类“理性”夸张至“无限性”的功能，只会导致我们人类在运用其“理性”进行文化的创造时走向虚幻的境域，这对于建立一个健康的文化系统，特别是对于拥有像中国这样古老文化传统的文化存在类型的实现现代转换，是非常不利的。对于文化的创造或者文化秩序的重建，健康的心态应该是：我们一方面要对自己的文化传统抱有高度的谦逊与敬服；另一方面在注重吸纳异体文化因子充实本土文化的同时，应该致力于去建立适应自己时代需要的合理化的现代的文化体系。此一“现代的”文化体系，既是自己文化传统的衍生，又是本土文化对异体文化涵化的结果。我们没有必要去盲目地追求“进化”，更没有必要去盲目地步趋西方文化的后尘。当代法国社会学家蒂洛·夏伯特在其所著的《现代性与历史》一文中曾经尖锐指出，由西方文化衍生的“现代性”已经陷入绝境，他呼吁非西方地区应该重新探索超越西方模式的道路而走向生活的美好方式。[①] 夏氏的呼吁对于我们非西方地区文化人在进行本土文化的现代转换时，应有着重要的启示。并且，探索一条不同于西方模式的适合自己民族文化演化的道路，也是文化所具有的内在属性之所需。

［注：本文原刊于《福建师范大学学报》（哲学社会科学版）2001年第2期。］

① 何新：《危机与反思》（上），国际文化出版公司，1997，第248页。

中国传统价值在近代的转换

一　传统价值转换之举隅

（一）“华夷之辨”

在中国传统典籍《国语》（《周语》）、《尚书》（《禹贡》、《周诰》）及《周礼》（《王制》）等著作中，有所谓的“九服之制”（或者“五服之制”），反映了上古时期中国人民的世界图式。根据《国语·周语》的韦昭《注》可知，这一世界图式是以“王城”（周天子的都城）为中心，向“中国”、“九州”、“荒裔”渐推，凡离“王城”愈近的，文化的程度便愈高，离“王城”愈远的，文化的程度便愈低。“王城”是世界文化的中心。这是最古老的华夷思想。这一浸透着浓厚“我族中心主义”倾向的文化思维模式，以后渐渐演化成“天朝模型”的世界观。这一世界观被莱特（Arthur F. Wright）称为“中国文明之自我影像”，它有以下几个特点：

1. 中国广土众民是位居平地中央的国家，上覆穹苍；

2. 中国不独在地理上处于中央地位，而且在文化上也是如此，中国的文字、道德、礼仪、制度，无一不优于四夷；

3. 中国是政治的中心，万方来朝，四夷宾服；

4. 中国物产丰饶，经济自足，无待外求；

5. 中国的道德原则对于一切人民都有效，古圣先贤的言行堪为后世法。[①]

“华夷之辨”思想的形成，对中国文化的发展产生了深远影响，它使中国人民不求去了解异邦，在同异邦打交道时，往往给予不平等的待遇，

---

① 殷海光：《中国文化的展望》，中国和平出版社，1988，第7页。

对异邦之来中国通商则一律视之为向中国朝贡。这一文化心理助长了国人虚骄自满、傲慢自大的习性，使自己沉浸在“天朝上国”的迷梦里。鸦片战争之后，一部分觉醒的中国知识分子看到了强大西方的存在，由此，传统的华夷观也在他们的心灵中发生了动摇。

首先，是地理中心观念的动摇。郑观应说道：“若我中国，自谓居地球之中，余概目为夷狄，向来划疆自守，不事远图。……夫地球圆体，既无东西，何有中边？同居覆载之中，奚必强分夷夏？”① 皮嘉佑（近代今文经学大师皮锡瑞之子）则作有《醒世歌》，其中有云：“若把地球来参详，中国并不在中央。地球本是浑圆物，谁居中央谁四旁？”② 他们仅承认了中国为天下“万国之一”。当时的一部分有识之士还认为中国正处在一个“三千年来未有之变局”之中，天下大势已由“华夷隔绝之天下”一变而为“中外联属之在下”。③“华夷界限”变成了“中外之分”，在地理上已被置于同等的地位来考虑。

其次，是文化中心观念的动摇。传统的华夷思想将远离中国文化的所谓“四裔”看成是没有受到中国文化之光照耀的蛮荒之地，那里的人民榛榛狉狉，过着野兽一样的生活，根本没有文明之可言。鸦片战后，一部分率先觉醒的知识分子看到西方不仅在军事上强大，而且也是一个文明程度很高的世界。如王韬在谈论英国政治时说道：“英不独长于治兵，亦长于治民，其政治之美，骎骎乎可与中国上古比隆焉。”④ 冯桂芬在《制洋器议》中则云：“以今论之，约有数端：人无弃材不如夷，地无遗利不如夷，君臣不隔不如夷，名实必符不如夷。”⑤ 冯桂芬认为西方甚至在许多地方超过了中国。所以，鸦片战争后不久魏源即提出了“师夷”的口号，而向“夷”学习口号的提出，则意味着传统华夷思想中中国文化中心观念的动摇。

再次，是文化评判的标准发生了变化。传统的华夷思想主要是按照血缘及位缘的亲疏远近来评判文化的。鸦片战争后，一部分有识之士则开始以文化本身的发展程度来评判文化。如王韬曾经说道：“自世有内华外夷

---

① 郑观应：《易言·论公法》，《郑观应集》（上），上海人民出版社，1982。

② 《戊戌变法》（二），中国史学会编《中国近代史资料丛刊》，上海人民出版社，1961，第649页。

③ 《戊戌变法》（一），《中国近代史资料丛刊》，第159页。

④ 王韬：《纪英国政治》，《韬园文录外编》卷四，中华书局，1959。

⑤ 冯桂芬：《制洋器议》，《校邠庐抗议》，清光绪十年豫章刻本。

之说，人遂谓中国为华，而中国以外统谓之夷，此大谬不然者也。……然而华夷之辨，其不在地之内外，而系于礼之有无也明矣。苟有礼也，夷可进为华；苟无礼也，华则变为夷；岂可沾沾自大，厚己以薄人哉！”[①] 郭嵩焘对此则作了更加清楚的阐释，其云：“所谓戎狄者，但据礼乐政教所及言之，……非谓纵横九万里皆为夷狄，独中土一隅不问其政教风俗何若，可以凌驾而出其上也。”[②]

以上说明传统的华夷观在近代中国已经发生了深刻的变化。有识之士拒斥传统的华夷观，给中外以对等的地位，这也为中国向西方学习提供了思想基础。

（二）“义利之辨”

在中国传统文化中，儒家文化占据了主导地位。儒者恒将仁智、义利、德力并举，表现出重仁轻智、崇德贱力、尚义薄利的倾向。这在孔子“君子喻于义，小人喻于利”[③] 及董仲舒“正其谊不谋其利，明其道不计其功”[④]的思想框架里得到确切的反映。然而先秦时期的儒者并不反对“公利”，孔子曾主张“因民之所利而利之”,[⑤] 荀子则要求人们“兼利天下”。[⑥] 将义、利完全对立起来始于宋儒，朱熹认为“君子只理会义”。[⑦] 在朱熹的思想框架里，“义利之辨”变成了“理欲之辨”，“义”与“利”在“理”与“欲”的对立之下，走向了绝对的不可调和。由于朱子哲学在此后五六百年的时间里一直被奉为官方哲学，所以他的思想对中国传统文化便产生了深刻的影响。

鸦片战争后，一部分率先觉醒的知识分子看到了一个强大的西方正在威胁着中华民族的生存。世界历史已经进入了竞智较力的弱肉强食的时代，只有实力相抗才能确保中华民族的生存。因此王韬主张：“处今之世，两言足以蔽之：一曰利，一曰强。诚能富国强兵，则泰西之交自无不固，而无虑其有意外之虞也，无惧其有非分之请也。”[⑧] 时人对“利”的肯定开

---

① 王韬：《华夷辨》，《韬园文录外编》，中华书局，1959。
② 《洋务运动》（一），《中国近代史资料丛刊》，第 312 页。
③ 《论语・里仁》。
④ 《汉书・董仲舒传》。
⑤ 《论语・尧曰》。
⑥ 《荀子・王制》。
⑦ 黎靖德编《君子喻于义章》，《朱子语类》卷二十七，中华书局，1994。
⑧ 王韬：《洋务上》，《韬园文录外编》卷二。

始突破"公利"的堤防，而走向对"私利"的完全肯定。何启、胡礼垣在其合著的《新政真诠》中云："中国之目商务中人，必曰奸，不知利乃人之本心。今有执途人而告之曰：'我不求利'，则人必谓之奸；有执途人而告之曰：'我欲求利'，则人必谓之忠；彼则言不由衷，此则言以明志也。欲求利者，国家不禁。"① 他们还认为："人之能利于己，必能利于人；不能利于己，必致累于世。"② 梁启超不但对"利己"给予了肯定，而且认为"利己"是人类能够自立、国家所以进步繁荣的有力保障。梁氏云："为我也，利己也，私也，中国古以为恶德者也。是果恶德乎？曰：恶，是何言！天下之道德法律，未有不自利己而立者也。对于禽兽而倡自贵知类之义，则利己而已，而人类之所能主宰全世界者赖是焉；对于他族而倡爱国保种主义，则利己而已，则国之所以能进步繁荣者赖是焉。故人无利己之思想者，则必放弃其权利，弛掷其责任，而终至于无以自主。彼芸芸万类，平等竞存于天演界中，其能利己者必优而胜，其不能利己者，必劣而败，此实有生之公例矣。"③

伴随着对"利"的肯定，"智"的价值也受到时人的赞美，仁、智的顺序发生了逆转。康有为曾将"智"凌驾于"仁"之上，认为"人生性情，唯有智而已"。他将"智"当作人的根本属性来加以赞美。④ 王韬也曾经说道："世以仁义礼智信为五德，吾以为德惟一而已，智是也。有智则仁非伪，义非激，礼非诈，信非愚。盖刚毅木讷近仁，仁之偏也；煦妪姑息近仁，亦仁之偏也。慷慨奋发近义，复仇蹈死近义，皆未得义之中也。礼拘于繁文缛节，击旋揖让，则浅矣。信囿于硁硁自守，至死不变，则小矣。洞澈无垠，物来毕照，虚灵不昧，运用如神，其识足以测宇宙之广，其见足以烛古今之变，故四者赖智相辅而行。苟无以济之，犹洪炉之无薪火，巨舟之无舟楫也，安能行之哉？"⑤ 王韬以智统仁、义、礼、信，同康有为一样，将"智"的价值提高到了"第一义"的地位来考虑。

"力"作为"德"的对应范畴，同"利"和"智"一样，在传统的价值体系里也遭到贬抑，这造成了中国传统社会重文轻武的习惯。晚清之

① 《戊戌变法》（一），《中国近代史资料丛刊》，第 203 页。

② 《戊戌变法》（一），《中国近代史资料丛刊》，第 203 页。

③ 张枬、王忍之编《辛亥革命前十年间时论选集》第一卷，三联书店，1960，第 13 页。

④ 康有为：《康有为全集》第一集，《康子内外篇・爱恶篇》，上海古籍出版社，1987。

⑤ 王韬：《智说》，《韬园文录外编》卷七。

世，随着一批又一批书生的投笔从戎，军国民教育思潮勃然兴起，已经彻底改变了传统价值体系中的“贱力”观念。在有识之士发出的“新民”呼声里，“民力”则被提高到一个重要地位来看待。[①] 在传统“义利之辨”的思想框架里，与“利”密不可分的“智”、“力”的价值，同“利”一样均处于被贬抑地位，而鸦片战争之后，利、智、力的价值却深受时人推许，这说明传统价值体系中的义利观也发生了根本的动摇。

（三）“本末之辨”

“本”指农业，“末”指工商业，在中国传统的价值体系里存在着严重的“重本轻末”倾向。鸦片战争后，一部分觉醒的知识分子看到了西方强大的原因在于重工商，以工商立国，因此传统的本末观也遭到他们的批评。他们认为要想走上富强的道路，有效地制止西方对中国的侵略，中国只有向西方学习，走以“工商立国”的道路。薛福成曾将“商”当作“四民之纲”来看待，认为“居今日地球万国相通之世，虽圣人复生，岂能不讲求商务为汲汲哉？”[②] 郑观应不但有着同样的认识，而且还提出了“商战”的口号，他将同西方各国进行“商战”当作中国驯致富强以及抗拒西方对中国侵略的重要手段来看待。[③] 湖南的年轻改革思想家樊锥，则将世界文明进步的标志确立为工业权力的扩展。他认为：“地球数十国，争利趋异，竞奇斗新，日异月感，出鬼入神，有加靡已。世界之文明愈进，工业之权力愈放，骎至万国一工国也。”[④] 甚至连保守的湖南乡绅王先谦也认为：“非常之变，盖非常礼所能制驭，虽古圣处今日，其法不能不变也。果工政争胜外人，则彼之货自沮，而吾之财不流，行之一省，则保一省，行之天下，则保天下。富藏于民，然后上之取不穷，而事毕举。”[⑤] 因此他主张“今国之急务在海军，民之要图在商务”。[⑥] 随着“重本轻末”观念堤防的溃决，传统“重本轻末”价值体系下遭贬斥的“奇技淫巧”，这一时期也开始受到不少时人推许，被当作文明进步的标志加以赞美。如

---

① 参阅严复《原强》，王栻编《严复集》（一），中华书局，1986；梁启超《新民说》，张枬、王忍之编《辛亥革命前十年间时论选集》第一卷，三联书店，1960。

② 薛福成：《出使四国日记》卷一，湖南人民出版社，1981，第17页。

③ 郑观应：《盛世危言·商务三》，中州古籍出版社，1998。

④ 樊锥：《劝湘工》，《樊锥集》，中华书局，1984。

⑤ 王先谦：《工商论》，《葵园四种》，岳麓书社，1986。

⑥ 王先谦：《复毕永年书》，《葵园四种》。

冯桂芬认为："夫世变代遭，质趋文，拙趋巧，其势然也。"① 陈炽在其所著的《庸言》一书里，则将反对"奇技淫巧"看成是欲使文明倒退的行为。其云："今之学者，辄谓巧不若拙，智不如愚，欲塞师旷之聪明，而蔽离娄之目。则是燧人之火食，不如上世之饮血茹毛也；黄帝之垂裳，不如太古之草衣卉服也；中国上栋下宇，不如土番之穴处岩居也。……信如是也，天亦何必好为多事，笃生圣人，以开万古文明之化哉？"②

由上可以看出，工商兴邦的思想可谓成了有识之士的共识。清末重工商思潮的出现，说明传统的"本末之辨"已经走到了历史的尽头，传统的农业文明不得不要让位于更加富有生命力的近代工业文明了。

二　传统价值转换之坐标

中国传统的"华夷之辨"、"义利之辨"、"本末之辨"等价值观念，在西方文化的有力冲击下，均走向了自己的对立面，价值序列出现了严重的倒置现象，这昭示了中国传统文化的深刻危机。在中国传统价值体系中遭受贬抑的诸如利、智、力以及工商末业、奇技淫巧等，在鸦片战争后，开始备受有识之士的推许。这一价值之维的转换，无疑离不开西方文化冲击这一历史机缘的影响。由上文的论述可以看出，传统价值在鸦片战后的转换，实是将其价值转换之维奠定在西方文化价值体系的坐标之上，这凸显了中国传统价值在近代转换过程中的欧化倾向。可以说，如果没有西方文化的冲击，没有西方文化价值系统作为比照的话，则中国传统价值在当时的变迁，可能不会发生，或者至少可以说不会表现得像当时那样的剧烈与快捷。在疏解中国传统价值的近代转换时，忽视西方文化的参与作用，自然是错误的。然而将中国传统价值在近代的转换，仅仅理解为西方文化冲击的结果，也是有失偏颇的，因为它忽视了中国文化传统内在的历史衍续。

中国传统价值体系是一个至为复杂的系统，它里面既有主流思想，也有非主流思想。并且中国传统的价值体系又不是死寂不变的，在文化演化的历史进程中，同一文化系统之内各种自相冲突的价值，在内因外缘的影响下，往往也会出现价值序列的错动与更新，并焕发新的生命。当代英国

---

① 冯桂芳：《制洋器议》，《校邠庐抗议》，清光绪十年豫章刻本。

② 陈炽：《庸言·考工》，赵树贵、曾丽雅编《陈炽集》，中华书局，1977，第82页。

著名的文化人类学大师马雷特曾经指出："正像在个体思维发展过程中各种意向的冲突引起选择性的注意力一样，在社会的精神发展过程中，各种文化的冲突唤醒了一种积极的文化结构的潜在力。"① 可以说，中国传统价值在近代的转换，既是西方文化冲击的结果，又是中国传统文化结构的"潜在力"被"唤醒"的结果。这从我们上文举出的"华夷之辨"、"义利之辨"、"本末之辨"价值转换的事实将可得到确切的证明。

从"华夷之辨"的角度来看，中国传统的价值体系在其主流思想里，虽然"严夷夏之大防"，只允许"以夏变夷"，不允许"用夷变夏"，《春秋》有"内中国而外诸夏，内诸夏而外四裔"的"贱夷狄"之旨。然而儒家学派的创始人孔子即明确说过："诸侯用夷礼则夷之，夷狄进于中国则中国之。"在中国历史的演化过程中，中夏向诸夷学习的例子也屡见不鲜，从赵武灵王之"胡服骑射"始，至佛教文化之融入中国文化止，正是由于"夷"文化之不断为华夏文化注入新鲜血液，才使得华夏文化不断得到更新而充满活力。因此，夷夏序列可以错动的观念，虽然在中国传统文化价值体系中未能占据主流地位，但在历史事实层面，"用夷变夏"的价值不仅为传统中国文化所认可，有时甚至演变成历史舞台上的壮丽画卷。如《后汉书·五行志》说道："灵帝好胡服、胡帐、胡床、胡坐、胡饭、胡箜篌、胡笛、胡舞，京都贵戚皆竞为之。"从皇帝至京都贵戚皆竞相效胡，可见当时社会风气之所趋。用今天庸俗的话来说，则可谓在后汉灵帝时掀起了一股胡文化热，夷、夏界限在当时是相当模糊的。如果说灵帝是一闇弱之主，灵帝之效胡反映了国运之衰落，那么，正值盛唐时期的唐玄宗与汉灵帝相比则有过之而无不及。《礼乐志》云："玄宗好羯鼓，尝称为'八音之领袖，诸乐不可方也'。盖本戎羯之乐，其音太簇一均，龟兹、高昌、疏勒、天竺部皆用之。其声焦杀，特别众乐。开元二十四年，升胡部于堂上；而天宝乐皆以边地名，若凉州、伊州、甘州之类。后又诏道调、法曲与胡部新声合作。"唐玄宗公然登龟兹、高昌、疏勒、天竺诸部之乐于大雅之堂，颇可看出当时华、夷文化融合的繁荣气象。如果说这些仅停留在文化的器物层面，那么佛教文化之与华夏文化的融合，则可谓彻头彻尾地进入了中国人的精神生命领域。尽管历史上的排佛运动曾一再掀起，

---

① 〔英〕R. R. 马雷特：《心理学与民俗学》，张颖凡、汪宁红译，山东人民出版社，1988，第62页。

但却无法阻挡佛教文化与华夏文化融合的势头。上至士大夫，下至平民，从佛教文化渐入中国文化结构之中后，几乎很少有例外不受到它的影响。在历史事实层面，由于华夷界限并不像在观念层面那样明晰，这就为华夷观念的转换提供了基础。王韬在批评传统的华夷观念时曾说道："《禹贡》划九州，而九州之中诸夷错处。《周制》设九服，而夷居其半。《春秋》之法，诸侯用夷礼则夷之，夷狄之进于中国则中国之。夷狄虽大曰子，故吴、楚之地皆声明文物之所，而《春秋》统谓之夷。然而华夷之辨，其不在地之内外，而系于礼之有无也明矣。"① 王韬之重新界定华夷观念，他一方面是借取了传统中的非主流思想，另一方面则也可谓是由于西方文化冲击而重被"唤醒"的历史记忆在新形势下复苏的结果。当时在思想界普遍流行着"西学中源"的观念，并且采取"格义"的手法来疏解西方文化，这也从另一个侧面说明了时人的价值选择是站在传统价值的底线之上进行的。传统价值的转换，并未出现同传统的断裂，这从"义利之辨"、"本末之辨"的价值转换上表现得更为明显。

南宋时期，由于商品经济的发展，促成了功利学派的兴起。以陈亮、叶适为代表的功利学派，在当时即对朱熹崇天理、灭人欲的思想展开过批评，主张"天理人欲可以并行"。② 原始儒"兼利天下"的思想再次得到还原。叶适认为："既无功利，则道义者，乃无用之虚语。"③ 而陈亮则主张"义利双行"。伴随着陈亮、叶适对"利"的价值的肯定，与之相关的传统价值所贱视的工商末业，也受到他们的重视。叶适认为："夫四民交致其用，而后治化兴，抑末厚本，非正论也。"④ 陈亮也指出："古者，官民一家也，农商一事也。上下相恤，有无相通，民病则求诸官，国病则资诸民。商藉农而立，农藉商而行，求以相补，而非以相病。"⑤ 所以，在当时陈亮、叶适等人皆竭力主张"通商惠工"，并建议"以国家之力扶持商贾"。⑥ 由南宋事功学派所建立的重"利"、重"工商"的价值体系，虽未在中国传统的价值系统中占据主流地位，但是它的影响却是深远的。至明

① 王韬：《华夷辨》，《韬园文录外编》卷十，中华书局，1959。
② 叶适：《复朱元晦书》，《习学记言序目》，中华书局，1977。
③ 叶适：《习学记言》卷二十三。
④ 叶适：《史记一》，《习学记言序目》卷十九。
⑤ 陈亮：《四弊》，《龙川文集》卷十一，清同治七年永康胡氏退补斋刊金华文萃本。
⑥ 叶适：《习学记言》卷十九。

末，随着商品经济的进一步发展，“利”与“工商”的价值，也愈益受到时人关注，并且得到当时思想界领袖黄宗羲、王夫之等人的积极肯定。黄宗羲曾批评传统的“重本轻末”观念道：“世儒不察，以工商为末，妄议抑之。夫工固圣王之所欲来，商又使其愿出于途者，盖皆本也。”[①] 王夫之则认为“农末相资，故财用足”。[②] 黄、王与陈、叶一样，在其“本末兼重”的思想框架里，工商被提到相当高的地位，这也符合原始儒的思想意旨。其实在原始儒的思想里也并不贱视工商。贱视工商，将工商当作“末业”看待且采取抑制政策的乃是法家思想的清晰表征。孔子即说过“富而后教”的话，其弟子子贡是春秋时期富可敌国、能与诸侯分庭抗礼的著名大商人。而荀子则明确主张：“农以力尽田，贾以察尽财，百工以巧尽器械。”[③] 只是到汉时中国文化形成了“阳儒阴法”的格局。汉朝新儒家吸取了法家“重本轻末”思想，才使这一观念深入中国文化的深层结构，且化为国策，影响中国达两千年之久。

如果说南宋事功学派及明末的黄宗羲、王夫之等人对“利”的肯定、对工商的重视，不过是使原始儒的思想得到还原的话，那么，明末以至清初之走向对“私利”的肯定，则昭示了中国文化价值体系的内在转向。明清之际的大思想家顾炎武在其《郡县论五》中说道：“天下之人，各怀其家，各私其子，其常情也。为天子为百姓之心，必不如其自为，此在三代以上已然矣。圣人者因而用之，用天下之私，以成一人之公，为天下治。……故天下之私，天子之公也。”[④] 顾炎武认为“人之有私”，乃“情之所不能免”，[⑤] 并致力于打破“有公而无私”的神话。黄宗羲在批评传统的专制君主时则云：“后之为人君者不然，以为天下利害皆出于我，我以天下之利尽归于己，以天下之害尽归于人，亦无不可。使天下之人不敢自私，不敢自利，以我之大私为天下之公。”[⑥] 他激烈抨击传统专制君主一人私有天下，“使天下之人不敢自私，不敢自利”，并将传统专制君

---

① 黄宗羲：《财计三》，《明夷待访录》，中华书局，1983。

② 王夫之：《四书训义》卷三，民国本。

③ 《荀子·荣辱》。

④ 顾炎武：《郡县论五》，《顾亭林诗文集》，中华书局，1983。

⑤ 顾炎武：《原抄本日知录》卷三，徐文珊点校，（台北），明伦出版社，1970，第 68 页。转引自余英时《现代儒学论》，上海人民出版社，1998，第 21 页。

⑥ 黄宗羲：《原君》，《明夷待访录》，中华书局，1983。

主当作“天下之大害”来看待。[①]

由上可以看出，在传统价值体系的非主流思想里，夷、利、工商的价值一直受到肯定，特别是明清之际对“私利”的肯定，尤显突出，这说明了中国传统的价值体系本身具有内在转换的“潜在力”。这种文化结构中的“潜在力”一旦被外在机缘的冲击而“唤醒”，则可转化为文化价值转换的内在张力，并为文化价值的转换提供动力。由此可知，近代部分觉醒的知识分子在向西方学习的历程中，对文化价值的选择，浮面上看去似乎是醉心于欧化，但在实质上仍然是由传统为之提供基础的。余英时教授在评价近代知识分子之汲取西方的价值时说道：“我们与其说他们接受了西方的影响，毋宁说他们扩大了儒学系统，赋予儒学以现代的意义。如果用‘新瓶旧酒’这个老譬喻，我们可以说，不通过‘旧瓶’，他们是喝不到‘新酒’的。”[②] 这一评价，也同样可以适应传统价值自身在其中的参与作用。文化人类学大量的研究成果也表明，“新的文化形态，正是从老的进化而来的”；[③] “有时候旧的思想和常规会突发而出，焕然一新，让以为它们早已僵死或正在死亡的世界惊奇不已。”[④] 让我们“惊奇不已”的是，潜藏于中国传统价值体系中的非主流思想，在主流思想濒临危机、僵死的历史背景下，再一次“被唤醒而得以复活”。这既是中国传统价值在近代转换的基础，也是中国近代知识分子在重作价值选择时，力图重建与传统价值联系的必不可少的一个环节。因此，将中国传统价值在近代的转换，仅仅看成是趋新、欧化的结果，是远远不够的。在重视西方文化对于中国传统价值在近代转换所起的作用的同时，我们仍然不可忽视中国传统价值自身在其中的参与作用。可以说，中国传统价值在近代转换的坐标，实是奠定在西方文化价值与传统文化价值双向之维上。由此，我们认为在进行传统价值的转换时，那种蔑视传统，乃至欲彻底毁弃传统的过激做法，实是一个不可取的理性误趋。

［注：本文原刊于《福建师范大学学报》（哲学社会科学版）1999年第4期。］

---

① 黄宗羲：《原君》，《明夷待访录》。

② 余英时：《现代儒学论》，第36页。

③ 〔英〕R. R. 马雷特：《心理学与民俗学》，第63页。

④ 〔英〕R. R. 马雷特：《心理学与民俗学》，第63页。

晚清时期（1901—1911）“民族主义”思潮疏解

“呜呼，世变至此极矣！中国三千年来所守之典章法度，至此而几将播荡澌灭，可不惧哉！”[①] 这是洋务运动时期改良思想家王韬在当时发出的沉痛呼声，它反映了中国文化在西方文化东渐的潮流中所出现的深刻危机，也反映了部分富有道义感的文化分子在文化危机面前的忧惧心理。鸦片战争之后，由于西方文化的介入及西方的武力征服，中国文化出现的危机是旷古所没有的，但它也为中国文化由传统向近代的转型提供了契机。为了挽救中华民族当时所面临的深刻危机，中国的文化分子曾掀起过波澜壮阔的文化运动，文化思潮异彩纷呈。本文试图对其中的民族主义文化思潮进行疏解，旨在揭示这一思潮兴起的历史机缘、内在底蕴及其现代价值。

一　历史机缘与中道选择

民族主义文化思潮兴起于20世纪初，掀起这一文化思潮的主要是一些受过传统旧学熏陶且留学海外（主要是日本）受过欧风美雨浸润，并对时势有着深切关怀与敏锐之感的知识群体，其主体部分同清末的革命运动密切关联，其主要代表人物有章太炎、刘师培、黄节、邓实、柳亚子等。这一文化思潮之所以会在20世纪初勃然兴起，同当时中国所处之独特的历史机缘深具关系，这可从政治和思想两个层面加以疏解。

从政治层面来说，鸦片战争以后，中国在列强的武力逼迫下被迫开关，民族危机日甚一日，中华民族渐渐沦入亡国灭种的境地。我们知道，民族思想之发达，往往即是在一个民族面临外族欺凌、民族危机空前严重

① 王韬：《答强弱论》，《弢园文录外编》卷七，中华书局，1959。

的历史关头。中国在其长达数千年的历史演化过程中，位居其内各民族之间的纷争不断，中央王朝由于经常受到周边异族的入侵，所以民族思想素称发达。早在春秋时期，诸夏民族在周边夷狄的入侵下，便渐渐形成了初具体系的民族思想。在春秋时期形成的“尊王攘夷”及“非我族类，其心必异”诸理念，每当中国遭受外族入侵或沦为外族统治的时期，都会不自觉地在中国人心中彰显出来，并成为抗御外族入侵或者反抗外族统治的民族力量凝结的有效武器。鸦片战争以后，有识之士普遍认识到中国正面临着一个“数千年来未有之强敌”，处在一个“数千年来未有之变局”之中。在这样一个民族危机空前严重的历史年代，如何才能做到国家不致沦亡，文化不致澌灭，种族不致灭族，成了时人普遍关注的问题。无论是“师夷”派还是“攘夷”派，在其保种、保国、保教的现实关怀和由其根深宁极的有着几千年传统文化累积的民族意识的双重作用下，无可避免地民族思想开始日益彰显于晚清时期的社会。甲午之后，民族思想尤其昂扬。从鸦片战争至戊戌维新，19 世纪后半期渐渐蕴积的民族思想，为 20 世纪初民族主义文化思潮的兴起，提供了内在的驱动力。

19 世纪 70 年代以后，西方各主要列强开始了由自由资本向垄断资本阶段的转换，其向全世界进行扩张的浪潮愈演愈烈。随着 20 世纪初中国留学运动的兴起，开始形成一个庞大的新式知识分子群体。新式知识分子群由于走出国门、身处异邦（主要是日本），对于新思潮的吸收更有方便之利，且对世界局势的变动也更加敏感。他们惊奇地发现“今日之世界，是帝国主义最盛”之时代。[①] 他们认为，这一磅礴于全世界的帝国主义浪潮，是由自 16 世纪以来在西方渐渐发达起来的“民族主义”演变而来，所以，他们将之称之为“民族帝国主义”。[②] 有人惊恐道：“亘十九世纪二十世纪之交，有大怪物焉，一呼而全欧靡，而及于美，而及于澳，而及于非，犹以为未足，乃乘风破涛以入于亚。”[③] 他们已经深切地感受到当时“乘风破涛以入于亚”的民族主义“怪物”，将是灭亡中国的最危险敌人。因此，他们认为：“今日者，民族主义发达之时代也，而中国当其冲，故今日而

---

① 《论帝国主义之发达及二十世纪世界之前途》，张枬、王忍之编《辛亥革命前十年间时论选集》第一卷，三联书店，1960，第 53 页。

② 梁启超：《新民说》，《辛亥革命前十年间时论选集》第一卷，第 120 页。

③ 余一：《民族主义论》，《辛亥革命前十年间时论选集》第一卷，第 485 页。

再不以民族主义提倡于吾中国，则吾中国乃真亡矣。"[①] 在西方"民族帝国主义"的刺激下，中国自鸦片战争以来渐渐蕴积的民族思想，得到了空前的昂扬，主张以"民族主义"来对付西方的"民族帝国主义"，主张以"民族主义"挽救中华民族的危亡，几成了新式知识分子群体的共识。

20世纪初，国内局势的变动则成了民族主义思潮兴起的重要契机。1898年夏天，由保守分子发动的宫廷政变，绞杀了由欧化主义者所推进的维新运动。之后，保守分子又利用普通民众的排外心理，掀起了大规模的仇洋杀教运动，招致八国联军侵略中国的事件。在义和团民众的英勇抗击之下，西方列强瓜分中国的企图可耻地破产了，但在这一事件之后，满族统治者却在洋人面前彻底地屈服了。"量中华之物力，结与国之欢心"，"宁赠友邦，不予家奴"成了满族统治者的治国信条。这不仅动摇了其统治中国的政治权威，而且还唤醒了隐藏在汉人心中的种族意识，于是，"排满"成了政治斗争的最为简捷的口号。国内、国际政治局势的交互激荡，终于使民族主义理念以磅礴之势席卷了当时中国的思想界。

从思想层面来说，民族主义文化思潮之在20世纪初兴起，还同当时西方世界主流思想的变动以及日本国粹主义思潮的影响存在着密切的关系。众所周知，西方启蒙时代确立的自由主义的价值，至19世纪后半期已经日益式微。自由主义的经典著作约翰·密尔的《论自由》虽然出版于1859年，但却无救于自由主义的衰落。英国著名的哲学家霍布豪斯（Leonard Trelawng Hobhouse，1864—1929）在其所著的《自由主义》一书里曾经指出：至19世纪末叶，自由主义作为一项伟大运动已经大大地衰落了，"那些代表自由主义思想的人都遭到了毁灭性的失败"。[②] 被霍布豪斯形象地比喻为挤夹"自由主义"之"磨石"的"帝国主义"与"社会主义"，开始取代"自由主义"登上西方思想舞台的主流地位。这一思想主流的变化，也被当时敏锐的中国新式知识分子所觉察。如当时即有人认为："今日之世界，是帝国主义最盛，而自由败灭之时代也。"[③] 并且指出："二十世纪

---

① 余一：《民族主义论》，《辛亥革命前十年间时论选集》第一卷，第485页。

② 〔英〕霍布豪斯：《自由主义》，朱曾汶译，商务印书馆，1996，第108页。

③ 《论帝国主义之发达及二十世纪世界之前途》，《辛亥革命前十年间时论选集》第一卷，第53页。

之自由与公义之腐败，必将过于十九世纪之末。”[①] 在刚刚受过西方启蒙思想洗礼不久的中国思想界，很快便接受了“民族主义”与“社会主义”的价值，这显示了晚清时期中国思想运动急速变化的特点。在西方“民族主义”思想的影响之下，被目为我国自由主义早期代表人物的严复、梁启超等人，纷纷将“群体自由”的价值放在“第一义”的地位来考虑，而作为自由主义“第一义”的“个体自由”的价值则落入了“第二义”。梁启超曾云：“自由云者，团体之自由，非个人之自由也。”[②] 严复亦云：“所急者，乃国群自由，非小己自由也。”[③] 20 世纪初由于中国思想界对西方“民族主义”思想的受纳，这就为民族主义文化思潮的兴起提供了坚碻的思想基础。

20 世纪初，中国留学运动的中心是在日本。由于地理和文化方面的原因，加之当时日本是亚洲向西方学习惟一取得成功的国家，所以，它成了中国趋新知识群心目中的典范。时人普遍地认为，通过学习日本，即可将西方先进的文化吸收进来，且有节时省工之效。随着大批趋新知识群之涌入日本，随着这些趋新知识群之与日本思想界之接触渐密，不可避免地，日本思想运动的变动也会对他们产生巨大影响。如当时留日学生中有不少痴迷于无政府主义（社会主义），即是受到日本无政府主义（社会主义）者直接影响的结果。日本自明治维新以后，开始了有组织地大规模“脱亚入欧”的欧化运动，其历史上著名的“鹿鸣馆时代”（1883—1887），即是出现于此一时期。“鹿鸣馆时代”之出现，反映了日本朝野上下欧化的决心及其醉心欧化的程度之深。在日本政府的推动下，欧化浪潮渐趋巅峰。“一八八六到八八年间的冬天，对东京来说是一个难以忘怀的季节，老百姓被鼓励穿着洋服，同时在其他各方面也尽量地采取西式的仪节。”[④] 然而，随着日本欧化浪潮的日益高涨，1888 年，三宅雪岭、志贺重昂、杉浦重刚、辰巳小二郎等人组织了“政教社”，并于同年 4 月创刊《日本人》杂志，主张尊重“国粹”，反对欧化，该组织一直存在到 1923 年。“政教

① 《论帝国主义之发达及二十世纪世界之前途》，张枬、王忍之编《辛亥革命前十年间时论选集》第二卷，三联书店，1960，第 57 页。

② 梁启超：《新民说》，《辛亥革命前十年时论选集》第一卷，第 138—139 页。

③ 严复：《法意按语》八二，王栻主编《严复集》第四册，中华书局，1986。

④ 〔美〕马丁·白乃尔：《刘师培与国粹运动》，引自姜义华、吴根梁、马学新编《港台及海外学者论近代中国文化》，重庆出版社，1987，第 458 页。

社”派特别重视对“民族性”（按：政教社派使用的“国粹”一词，乃是西文 nationality 的译词，志贺重昂将其释之为“民族性”）的持护，主张小心地、选择性地处理外来文物，以免损及民族生存之钥的“国粹”。美国康乃尔大学教授马丁·白乃尔（Martin Bernal）曾经指出，在日本出现的“保存国粹”观念，“立刻吸引了很多的中国知识分子，他们不只是向日本借用名词。当中国第一波西化浪潮（1898—1906）过后，日人的活动也直接启发了他们的灵感”。[①] 民族主义文化思潮之兴起，固然同当时中国所处之特殊历史机缘相关，从思想背景来说，则可谓世界主流思想转换的产物，更得益于日本政教社派“保存国粹”运动的启示，这一点是毋庸置疑的。

在 20 世纪初民族主义文化思潮兴起之前，19 世纪后半期中国已经出现了欧化主义与传统主义两大互相对立的文化思潮。民族主义文化思潮之在 20 世纪初的兴起，又可谓对前此两大文化思潮进行反思的产物。

美国文化人类学家 L. A. 怀特曾将一个文化系统分成三个亚系统，即技术系统、社会系统和思想意识系统。他认为：“技术系统是由物质、机械、物理、化学诸手段，连同运用它们的技能共同组成的，借助于该系统，使作为一个动物种系的人与自然环境联结起来，我们在这里发现生产工具、维持生计的手段、筑居材料、攻防手段等。社会系统则是由表现于集体与个人行为规范之中的人际关系而构成的，在这个范畴中，我们发现由社会、血缘、经济、伦理、政治、军事、教会……娱乐等系统。思想意识系统则由音节清晰的语言及其他符号形式所表达的思想、信念、知识等构成，神学、传统、文学、哲学、科学、民间格言和常识性知识等，组成了这个范畴。”[②] 近代中国趋新知识群对西方文化的认识，基本上经历了技术系统→社会系统→思想意识系统的过程，他们将其化约为“器”、“政”、“教”。由趋新知识分子群掀起的欧化主义文化思潮，由于他们对西方文化的认识经历了由表及里的不断深化过程。所以，这一文化思潮也经历了一个由渐而巨、由偏而全的过程。大致说来，洋务派及其思想家将欧化界定在“技术系统”（器），而早期改良思想家则涉入“社会系统”（政），维

① 〔美〕马丁·白乃尔：《刘师培与国粹运动》，引自姜义华、吴根梁、马学新编《港台及海外学者论近代中国文化》，第 460—461 页。

② 〔美〕L. A. 怀特：《文化的科学——人类与文明研究》，沈原等译，山东人民出版社，1988，第 351 页。

新思想家则突破前二者，深入到“思想意识系统”（教）。

欧化主义文化思潮至戊戌时期已发展至巅峰。维新领袖康有为从其“三世进化论”的理念模型出发，提出“尽革旧俗，一意维新”[①]的全面模效西方的文化论纲。康氏主张“大变”、“全变”，[②]建立一个类似于西方的全新文化秩序。其私淑弟子谭嗣同在其充满浪漫气息的《仁学》一书里，则对传统文化进行了彻底清算。他认为：“二千年来之政，皆秦政也，皆大盗也。”[③]对于传统的“政”，谭氏给予了彻底的否定。尤其是在否定传统之“政”时，谭氏还将其锋芒指向支撑传统之“政”的纲常伦纪。谭氏曾经说道：“君臣一伦，尤为黑暗否塞，无复人理。”[④]又云：“君臣之祸亟，而父子夫妇之伦，遂各以名势相制为当然矣，此皆三纲之名之为害也。”[⑤]更为大胆的是，谭氏对二千年来的“学”也给予了彻底的否定。认为“二千年来之学，荀学也，皆乡愿也”，它是“工媚大盗”（传统的“政”）的伪学。[⑥]与此相反，他对西方文化则给予了高度赞美，并对洋务派之将向西方学习局限在“技术系统”给予了激烈批评，认为：“中国数十年来，何尝有洋务哉！……所谓洋务，第就所见之轮船已耳，电线已耳，火车已耳，水雷及织布、炼铁诸机器已耳。……凡此皆洋务之枝叶，非其根本。执枝叶而责根本之成效，何为不绝无哉！”[⑦]他以洋务派的“枝叶之变”为不可取，他自己寻求的则是“根本之变”。为此，他对由洋务派揭出的“道器观”作了重新界定，认为：“所谓道，非空言而已，必有所丽而后见。……治器者则谓之道，道得则谓之德，器成则谓之行，器用之广则谓之变通，器效之著则谓之事业。……故道，用也；器，体也。体立而用行，器存而道不亡。……器既变，道安得不变？”[⑧]谭氏“器体道用”、“器道俱变”的思想，虽然继承的是王船山以来湖南学派的传统，但在新的历史条件下，则具有了崭新的内容。因为根据这一理念模型，在采

① 《戊戌变法》（二），中国史学会编《中国近代史资料丛刊》，上海人民出版社，1961，第194页。

② 《戊戌变法》（二），《中国近代史资料丛刊》，第197页。

③ 谭嗣同：《仁学》，蔡尚思、方行编《谭嗣同全集》，中华书局，1981，第54页。

④ 谭嗣同：《仁学》，《谭嗣同全集》，第55页。

⑤ 谭嗣同：《仁学》，《谭嗣同全集》，第65页。

⑥ 谭嗣同：《仁学》，《谭嗣同全集》，第54页。

⑦ 谭嗣同：《报贝元征》，《谭嗣同全集》，第202页。

⑧ 谭嗣同：《报贝元征》，《谭嗣同全集》，第197页。

行“西用”时，便意味着同时也要采行“西体”；在变“中器”时，便意味着同时也要变“中道”。同其师康有为从“三世进化论”理念模型得出的结论一样，在此全盘西化实际上是呼之欲出了。但谭氏之“冲决网罗”，在其彻底否定传统时仍为传统留下了一块空招牌，即“尊孔”的空名。然而，同其师康有为一样，谭氏所谓的孔子也已经不是传统的孔子形象了，而是一个经他之手重新塑造的欧化形象的孔子了。谭氏曾云：“方孔之初立教也，黜古学，改今制，废君统，倡民主，变不平等为平等，亦汲汲然动矣。”① 经他重塑之后的孔子成了一个废除君主专制、倡行民主政体的变法大师，这实是康、谭等维新人物自我影像的折射。

如果说谭嗣同及其师康有为是打着“托古改制”的招牌，是在“尊孔”的名义下进行全盘欧化的话，那么，在湖南另一位年轻改革思想家樊锥那里则连孔家店的招牌也揭下了，樊锥主张对传统全盘扫荡，义无反顾地进行全盘欧化。他曾经对于生活在“意想”世界里自大的孔子之徒给予了辛辣的嘲讽。其云：“世之自命孔子之徒，昂昂儒服，以为舍我之外必无天地，舍我之外必无教化，是非能真见其无者，意想其心如此而已。”② 在尽情嘲笑传统儒生们盲目自大、无知意想的时候，樊锥对传统文化采取了一概扫荡的态度，将中国文化新命的再造寄托在对西方文化的全盘模效上。下面两段文字可谓是樊锥激进反传统及其主张全盘欧化的典型语言，其云：

> 是故，非刳剔腐肉，吸灭败气，扫除一切，伐毛洗髓，则不足活其性，畅其新血，振其以太，清其脑筋矣；是故，非毅然破私天下之猥见，起四海之豪俊，行平等平权之义，出万死以图一生，则不足斡转星球，反旆日月，更革耳目，耸动万国矣。③
>
> 曰：洗旧习，从公道，则一切繁礼细故，猥尊鄙贵，文武名场，恶例劣范，铨选档册，谬条乱章，大政鸿法，普宪均例，四民学校，风情土俗，一革从前，搜索无剩，唯泰西者是效。④

---

① 谭嗣同：《仁学》，《谭嗣同全集》，第 54 页。

② 樊锥：《发锢》，方行编《樊锥集》，中华书局，1984。

③ 樊锥：《开诚篇三》，《樊锥集》。

④ 樊锥：《开诚篇三》，《樊锥集》。

将文化的重建定位在“扫除一切，伐毛洗髓”，“一革从前，搜索无剩，唯泰西者是效”上，其欧化的激进程度至此盖已无可复加。这种全盘反传统及全盘欧化的文化主张，同其五四时期后辈们相较，其激进程度丝毫不逊色。由这一激进主义思潮所推进的改革运动，虽然都失败了，但在这一文化思潮鼓荡下，中国的思想界所受震动极大，并构成了对传统的巨大冲击。其流风所及，助长了国人的欧化崇洋心态，在社会风俗层面出现国人争以使用洋货为尚的局面。据载当时在某些地区已经出现“钟表玩具家皆有之”的现象，“呢绒洋布之属遍及穷荒僻壤，江浙风俗至于舍国家钱币而专行使用洋钱”。[①] 在上海“从前家中陈设不过榆树器具及磁瓶铜盘，已觉十分体面，今日海上红木房间，觉得寻常之极，一定要铁皮槅、电灯、风扇，才觉得适意”。[②] 社会风俗之趋于崇洋，可见此一文化思潮在当时影响之一般。

伴随着欧化主义文化思潮的兴起及其趋于激进化，一部分固守传统的保守的文化分子亦由“器”而“政”而“教”，对之作了抗争，掀起了传统主义文化思潮，企图继续在传统文化的框架内寻求中国文化的出路。然而其主要代表人物若倭仁、刘锡鸿、叶德辉等，除了继续挥弄传统的“华夷之辨”、“义利之辨”以及整饬纲纪、敦化风俗等来对抗当时的滔滔欧化潮流外，几不能有什么新的理论贡献，在文化重构的理念模型上显得非常苍白。并且由于它之抗拒欧化主义文化思潮，又主要是出之于感情诉求，所以，它根本不能阻挡欧化思潮的传布，反而使其主要代表人物以“顽固”的形象而见讥于世人。

以上两大文化思潮，在“欧化”与“传统”之间各据天平之一端而互相对峙。如果说日本的“保存国粹”运动是对其欧化思潮进行反思而生的反动，那么，民族主义文化思潮之在中国的兴起，则亦可谓是对以上两大文化思潮进行反思、批判、扬弃的结果。因为传统主义文化思潮在理论上苍白无力，无须损功费时便可攻城夺旗，所以，20世纪初兴起的民族主义文化思潮主要又是建立在对欧化思潮的批判之上。余一云：

> 三十年来之制造派，十年来之变法派，五年来之自由民主派，皆

---

① 郭嵩焘：《伦敦致李伯相》，《养知书屋遗集》卷十一。

② 引自胡维革《冲击与蜕变——西方文化与中国政治》，吉林教育出版社，1989，第130页。

> 是矣。夫言各有当，其时，吾诚不敢拾后者以傲前者，所可痛者，则以吾数千年神明之胄，业将迫之于山之巅、水之涯，行将尽其类而后已。环宇虽大，竟无容足之区。病将死矣，曾不知病之所在，死之所由。呜呼！今吾不再试一掬泪，以为吾同胞告，则吾恐终为所噬，而永永沉沦，万劫不复也。①

他认为欧化主义者所推进的文化方向是不知“病将死矣”的中国文化“病之所在、死之所由”，主张只有揭起“民族主义”的旗帜，才能挽中国文化于不坠。作为这一文化思潮的核心人物之一的章太炎也曾对醉心欧化的人痛下针砭，其云：“近来有一种欧化主义的人，总说中国比西洋人所差甚远，所以自甘暴弃，说中国必定灭亡，黄种必定剿绝。因为他不晓得中国的长处，见得别无可爱，就把爱国爱种的心，一日衰薄一日。”② 章氏主张“提倡国粹”，进行“文学复古”，③ 方可保中国文化于不坠。大体上说来，那些掀起民族主义文化思潮的人，并不反对吸收西方文化，同时他们对传统文化又十分珍视，在西方文化与传统文化之间，他们并不像前述的欧化主义与传统主义两大文化思潮那样之偏执于一端。毋宁可以说，与此两大文化思潮相较，民族主义文化思潮带有着浓厚的综合创造与中道选择的特色。也可以说20世纪初民族主义文化思潮之兴起，除了同其所遭遇之独特历史机缘相关外，也是晚清时期思想史演进过程中，对前此出现的两大文化思潮进行反思过后而作的中道选择的一个逻辑归趋。

二　文化重构的“民族性”之凸显

源自日本的“国粹”一词，20世纪初已盛行于中国的思想界。张之洞、梁启超，这些分属不同政治派系的文化领袖均乐于使用它。甚至连清政府颁布的《学务政纲》（1903）里也出现“国粹”一词。“国粹”一词，本为西文 nationality 的日译词汇，其本意为“民族性”、“民族精神”。日本的政教社派在将该词译为“国粹”而加以使用时，曾有过一般性的界定，

---

① 余一：《民族主义论》，《辛亥革命前十年间时论选集》第一卷，第485页。

② 章太炎：《东京留学生欢迎会演说辞》，汤志钧编《章太炎政论选集》（上），中华书局，1977。

③ 章太炎：《东京留学生欢迎会演说辞》，《章太炎政论选集》（上）。

意指：一种无形的精神；一个国家特有的财产；一种无法为其他国家模仿的特性。[①] 这与 nationality 的本意相合。作为日本“保存国粹”运动的主要人物若三宅雪岭、志贺重昂等，均是当时受过良好西学教育的日本年轻一代的思想家，他们担心的是，随着日本欧化浪潮的推进，将会导致大和民族精神的失落，主张日本之向西方学习，应以“民族和国家的特色为媒介”，“用日本国粹的胃脏来咀嚼消化它，使之同化于日本身体之内”，[②] 反对欧化派对西方文化之生硬照搬。所以，在政教社派进行文化的重构而凸显其“民族性”关怀时，主要是对其文化精神的关怀，用中国式的话语来说则可化约为“保教”。而对作为“民族性”承载的实体“民族”（或“种族”）的关怀则显得淡薄，这与日本当时之没有沦入像中国那样的亡国灭种地步密切关联。与此相对，在 19 世纪末接连推进的欧化运动失败后兴起的中国民族主义文化思潮，当时面临着亡国灭种以及深重的文化危机，因此，中国的民族主义文化思潮在借用“国粹”一词进行文化的重构时，在其“民族性”的关怀中就不仅关注民族的文化精神，而且对承载民族文化精神的实体“民族”（或“种族”）也显得特别关注。保种、保国、保教，不仅是他们的核心概念，也是这一文化思潮内在相连的逻辑链条。在这三者之间，又以保种→保国→保教为其逻辑序列。刘师培在批评康、梁以“保教”为宗旨时，曾即明确指出“吾辈以保种为宗旨”。[③] 在他们看来民族文化的振兴与种族的存立存在着密切关系。在中国式“保存国粹”运动的话语中，由于保种、保国、保教被当作不可分割的整体来看待，且特别凸显“保种”的宗旨，所以，这就使中国的民族主义文化思潮与日本的“保存国粹”运动产生了巨大区别。中国话语的“国粹”在凸显其文化重构的“民族性”关怀时，首先是“保种”、“保国”，而后才是“保教”，这显示了中国民族主义文化思潮在当时所特有的悲怆情调。

1. “种族”与“血统”

由严复译介而在中国思想界广为传播的进化论思想，至 20 世纪初更以磅礴之势弥漫于中国的思想界。胡适之曾经说道：“在庚子辛丑大耻辱之

---

① 〔美〕马丁·白乃尔：《刘师培与国粹运动》，姜义华等编《港台及海外学者论近代中国文化》，第 460 页。

② 〔日〕松本三之介：《明治精神的构造》，第 125 页。转引自郑师渠《晚清国粹派——文化思想研究》，北京师范大学出版社，1993，第 3 页。

③ 刘师培：《黄帝纪年说》，《刘申叔遗书·左盦外集》卷十四，江苏古籍出版社，1997。

后，这个‘优胜劣败，适者生存’的公式确是一种当头棒喝，给了无数人一种绝大的刺激。几年之中，这种思想像野火一样，延烧着许多少年人的心和血。‘天演’、‘物竞’、‘淘汰’、‘天择’等等术语，都渐渐成了报纸文章的熟语，渐渐成了一班爱国志士的‘口头禅’。”① 在当时，达尔文、斯宾塞这些西方圣人在趋新知识群心目中已取代了孔孟的地位，成为他们的精神导师。由于当时中国一个迫在眉睫的问题是面临着亡国灭种的危机，所以，“保种”也成为当时一班爱国志士的首要关怀。对于掀起民族主义文化思潮的趋新知识群来说，“保种”不仅仅只停留在“口号”的宣说上，更为重要的是他们通过对达尔文、斯宾塞等进化思想的吸纳，而为当时中国的思想界提供了一个有系统的理论框架。

这一时期，他们普遍接受了达尔文物种进化的理论，认为人类是由低等生物到高等生物渐渐演化而来的。章太炎曾经说道：“赭石赤铜著乎山，莙藻浮乎江湖，鱼浮乎薮泽，果然貜狙攀援乎大陵之麓，求明昭苏而渐为生人。”② 刘师培则言之更详，其云：“达尔文《物种由来》谓：地球之初，由定质流质而生植物，由植物而生动物、而生人。西儒考地质者，分地质为十二级，人类初生，实在动物之后。人类者，动物之所衍也。”③ 并且根据西方近代考古学及人类学等知识，他们获知人类是从距当时约五十万年至二十万年前才在地球上出现的。④ 在人类起源上当时存在着“一元”与“多元”之争，章太炎虽然说过“人种一元之说，未可执泥”⑤ 的话，表示出了对“一元”说的疑问，但当时由于他们深受法国人拉克伯里(1844—1894)《支那太古文明西原说》的影响，大多倾向于人种一元论学说。刘师培认为：“世界人种之开化，皆始于帕米尔高原。……汉种初兴，本与欧洲同族，及生息渐蕃，不得不筹殖民之策，一移西北为高加索族之民，一移东南为支那本部之民。”⑥ 将帕米尔高原当着人类各种族的共同发源地，刘氏这一看法在当时颇具代表性。依照章太炎的看法，在人类诞生之后，其初相互杂淆，本无什么差别，但在其漫长的历史演化过程中，由

① 胡适：《四十自述》，姚鹏、范桥编《胡适散文》第四集，中国广播电视出版社，1992，第359—360页。

② 章太炎：《原人》，《訄书》（初刻本），《章太炎全集》（三），上海人民出版社，1984。

③ 刘师培：《攘书·夷种篇》，《刘申叔遗书》，第633页。

④ 章太炎：《序种姓上》，《訄书》（重订本），《章太炎全集》（三）。

⑤ 《章太炎诗文选注》（上），上海人民出版社，1976，第135页。

⑥ 刘师培：《中国民族志》，《刘申叔遗书》，第603页。

于自然环境等因素的作用，人类开始渐渐出现分化，出现了一个个不同的种族。章太炎曾根据西人巴尔科的分类，将地球之上的人种分为五种，“其色黄、白、黑、赤、流黄，……其小别六十有三”。[①] 这些众多的种族散处在世界各地，“画地洲处，风教语言不能相通”，[②] 于是走上了各自的独特发展道路。

“竞争”是达尔文主义的一个核心概念，通过竞争，出现物种的演化，优胜劣败，适者生存。时中国的达尔文信徒们，同其西方导师斯宾塞一样，不仅将“竞争”这一概念运用于生物社会，而且也运用于人文社会。章太炎曾经指出人类由于同其所处之自然环境竞争，不仅使自己的形体在变，也使智慧得到开启与增益。[③] 在人类各种群之间，各以其创造的文明（即章氏所谓的“器”与“礼”）相竞争[④]，各种群的竞争由于战争频繁，“更相俘虏，羼处互效，各失其本”。[⑤] 在章太炎看来，要确切地知道一个种族的起源是很困难的，因此，他主张“以史为断”，以“历史民族”作为一个种族的源头。[⑥] 待到“历史民族”形成之后，由于各种族的居住空间与生活方式相对固定化，使各种族分别以其所特有的形态存立于人类历史的舞台上。[⑦] 与此相随，种族意识（或者民族思想）也日益自觉。刘师培云：“人群之初，无不因天性之发达而谋团结之方。始也谋一族之安宁，继也谋一群之幸福。至于谋一群之幸福，则群力之扩张益广，不得不有害于他群，此民族竞争所由起也。有民族之竞争，然后有排外之思想。”[⑧] 刘氏认为在激烈的竞争中产生的“排外”思想，意味着“民族思想”的觉醒。并且，他将“民族思想”之有无，当作一个民族之强弱与存立的重要因素来看待。[⑨] 同刘师培、章太炎一样，其他参与掀起民族主义文化思潮的新式知识分子也都有着明确的种族意识（或者民族思想）。在当时中国所处的绝续存亡之秋，他们特别注重种族的绵延，并且特别注重开启国人

---

① 章太炎：《序种姓上》，《訄书》（重订本），《章太炎全集》（三）。
② 章太炎：《序种姓上》，《訄书》（重订本），《章太炎全集》（三）。
③ 章太炎：《原变》，《訄书》（初刻本），《章太炎全集》（三）。
④ 章太炎：《原变》，《訄书》（初刻本）。
⑤ 章太炎：《序种姓上》，《訄书》（重订本），《章太炎全集》（三）。
⑥ 章太炎：《序种姓上》，《訄书》（重订本）。
⑦ 章太炎：《序种姓上》，《訄书》（重订本）。
⑧ 刘师培：《中国民族志·序》，《刘申叔遗书》，第600页。
⑨ 刘师培：《中国民族志·序》，《刘申叔遗书》，第600页。

的种族意识（或者民族思想）。

为了使种族得以绵延不绝，使国人的种族意识得以觉醒，当时他们除了撰写大量论著进行宣说汉种的历史以及中国历史上的民族思想外，他们还特别注重以下二事：用“黄帝纪年”与修“氏姓谱牒”。

用黄帝纪年，首先为刘师培提出。刘氏在其所著的《攘书·胡史篇》中首先公开主张：“宜仿西国纪年之例，以黄帝降生为纪年。”[①] 后又作《黄帝纪年说》一文，认为：“凡一民族不得不溯其起原，为吾四百兆汉种之鼻祖者谁乎？是为黄帝轩辕氏。是则黄帝者，乃制造文明之第一人，而开四千年之化者也。故欲继黄帝之业，当自用黄帝降生为纪年始。”[②] 又云：“由古迄今，凡汉族之主中国者，孰非黄帝之苗裔乎？……故当汉族不绝如线之秋，欲保汉种之生存，必以尊黄帝为急。黄帝者，汉族之黄帝也，以之纪年，可以发汉民族之感觉。”[③] 在此篇文章中，刘氏批评了康、梁所主张的“孔子纪年”说，指出“孔子纪年”说是在以“保教”为宗旨，而“黄帝纪年”则以“保种”为宗旨。[④] 值得注意的是，刘氏此文不仅将黄帝当作汉族文明开化的人文初祖，更为重要的则在于指出黄帝是汉族的血缘始祖。刘氏特别关注黄帝作为血缘始祖的地位，目的在于昭苏汉民族的民族意识。黄节在作《黄史》时，主张“以黄帝统”，[⑤] 其意也即在此。章太炎当时虽然曾主张用“共和纪年”[⑥]（即以公元前841年西周时期的周召共和元年为纪年之始），并且以“少典”[⑦] 或者“葛天”[⑧] 为汉族的血缘始祖，似未给“黄帝”以特别崇高的地位，但在章氏笔下，“黄帝”仍被奉为汉族入中国的始祖领袖而受到表彰。[⑨] 且在章氏主编的同盟会机关刊物《民报》里，也一直采用“黄帝纪年”。钱玄同认为：“黄帝纪年者，实建国以前民党正式应用之纪年。”[⑩] 可见当时“黄帝纪年”说受到了广泛的呼应。至于章太炎以“少典”（黄帝之父）或者“葛天”为汉族的

① 《刘申叔遗书》，第635页。
② 《刘申叔遗书》，第1662页。
③ 《刘申叔遗书》，第1662页。
④ 《刘申叔遗书》，第1662页。
⑤ 黄节：《黄史·总叙》，《国粹学报》1905年第一期。
⑥ 章太炎：《客帝匡谬》《分镇匡谬》，《訄书》（重订本）。
⑦ 章太炎：《客帝匡谬》《分镇匡谬》，《訄书》（重订本）。
⑧ 章太炎：《原人》，《訄书》（重订本）。
⑨ 章太炎：《序种姓上》，《訄书》（重订本）。
⑩ 《刘申叔遗书》，第1663页。

血缘始祖，同刘师培、黄节等人的根本意旨也并不冲突，也不过是旨在凸显以血缘为纽带的种族意识。血缘始祖作为一个象征性的符号，旨在为种族的认同提供凝聚力。在此，民族主义文化思潮将“血缘”当作种族（或民族）的凝结剂来看待，因此，其思想的逻辑展开，就不可避免地会强调“血统”对一个种族或民族存立的重要意义。

章太炎云：“夫言一种族者，虽非铢两衡校于血统之间，而必以多数之同一血统者为主体。”① 刘师培也认为：“凡一族之人民，必有特立之性质。……人民者，因血族上团结而分者也。”② 在他们看来，种族之间的分殊与差异，不仅表现为“文化”的差异，而且也表现为“血统”的差异。章太炎在探求汉种的历史起源时，虽然发现上古时期人类各种群分合的历史，蒙昧难求，但他揭出“历史民族”的概念，认为在“历史民族”形成之后，各种族的主体已基本确定，其“文化”与“血统”也大体上定型。章太炎指出，“血统”不仅是一个种族的重要表征，而且种族的血液还关系到一个种族的盛衰强弱。章氏云：“核丝（指细胞核——笔者）之远近，蕃萎系焉；遗传之优劣，蠢智系焉；血液之袀杂，强弱系焉；细胞之繁简，死生系焉。”③ 因此，他非常注重人种之改良，主张禁止血缘相近以及天生患有疾症（若痴呆、聋哑、侏儒之类）的人结婚。④ 由此，章氏并不反对不同种族的人结婚，在他看来，只要民族血统的主流不变，即使有其他少数民族的“血液”羼杂进来，也无伤大体。因为章氏认为：“婚至七世，故胡之血液，百二十八而遗其一。”时间既久，即会完全同化在本民族的血液里，不会改变本民族血统的性质。⑤ 在“血统”上，如果说章太炎表现了宽容的精神的话，那么刘师培、黄节等人则显得非常严格了，这显示了其内部的分歧。刘师培哀叹，由于“与异族杂居”，汉族由一“纯全之汉族”而变为“复杂之汉族”；⑥ 黄节则对“犬羊贱种，藩溷神皋”表示极度愤慨。⑦ 由于对于“血统”的重视，他们对种族“血统”的绵延

① 章太炎：《中华民国解》，《太炎文录初编》别录卷一，《章太炎全集》（四），上海人民出版社，1985。

② 刘师培：《中国民族志》，《刘申叔遗书》，第 623 页。

③ 章太炎：《族制》，《訄书》（初刻本）。

④ 章太炎：《族制》，《訄书》（初刻本）。

⑤ 章太炎：《序种姓下》，《訄书》（重订本）。

⑥ 刘师培：《中国民族志》，《刘申叔遗书》，第 626 页。

⑦ 黄节：《黄史·种族书》，《国粹学报》1905 年第 1 期。

也非常关注。如何才能保证做到种族“血统”的绵延呢？他们主张诉之于种族历史的甄明与绍述，由此，在当时他们竭力主张修“谱牒”与“氏族志”，冀之为种族血统的甄明留下一线之传。

“氏族作志，非以品定清浊，乃以区分种类。”[①] 章太炎将“氏族志”当作甄别种类的重要工具来看待。中国是一个特别重视历史的国家，史书修纂素称发达。然而，在中国历史上所留下的浩繁史籍中，姓氏谱牒及氏族志却非常缺乏。中国第一部记载姓氏的著作是《世本》，但这部著作仅记载了少数的“帝系”，很不完整。“自《世本》以后，晋有贾弼《姓氏簿状》，梁有王僧儒《百家谱》，在唐《元和姓纂》，宋而《姓氏书辨证》，皆整具有期验。”[②] 明清之际的思想家顾炎武曾经有感于东胡之乱华，发愤欲作《姓氏书》，其所草拟之《姓氏书》条目为：姓本第一，封国第二，氏别第三，秦汉以来姓氏合并第四，代北姓第五，辽金元姓第六，杂改姓第七，无征第八。然顾氏仅留下这些“条目”，《姓氏书》则终未能完成。章太炎对以上诸姓氏谱牒曾给予很高评价，并对传统史籍中姓氏谱牒的缺乏深感遗憾，希望“后来作者，有述斯篇，其以补迁、固之阙遗焉。”[③] 刘师培认为：“谱牒之掌，古有专官，瞽矇诵诗并诵世系，所以抒怀旧之念，发思古之情，以尊祖敬宗之情为捍卫同族之本，使民无向外之心，而国以永保。”[④] 刘师培不仅将姓氏谱牒当作“类族辨物”之工具，还将其当作种族认同、维系种族的纽带。所以刘师培当时同章太炎一样，力主复兴谱学，“庶谱牒之学复盛于今”。[⑤] 章、刘二人并主张由国家设立专门的“谱官”来统理修纂氏族志与姓氏谱牒。关于如何修纂姓氏谱牒，当时存在着一种极端的观点，这种观点无视中国历史上民族融合的事实，主张“举晋衰以来夷汉之种姓，一切疏通分北之，使无干渎。”[⑥] 对此观点，章氏曾给予过批评，他认为：“异域泰严，则视听变异，而战斗之心生。”[⑦] 章氏主张：“自有书契，以《世本》、《尧典》为断，庶方驳姓，悉为一宗。……

① 章太炎：《尊史》，《訄书》（重订本）。
② 章太炎：《序种姓上》，《訄书》（重订本）。
③ 章太炎：《尊史》，《訄书》（重订本）。
④ 刘师培：《攘书·辨姓篇》，《刘申叔遗书》，第638页。
⑤ 刘师培：《攘书·溯姓篇》，《刘申叔遗书》，第636页。
⑥ 章太炎：《辨氏》，《訄书》（初刻本）附《訄书补佚》，《章太炎全集》（三）。
⑦ 章太炎：《辨氏》，《訄书》（初刻本）附《訄书补佚》。

自尔有归化者，因其类例，并包兼容。”[①] 他还以继承顾炎武的未竟事业为职志，以《世本》为宗，“旁摭六艺故言，而志姓谱”，考得中国最古老的姓氏五十二姓。[②] 刘师培虽然哀叹由于历史上的民族混合造成的氏姓羼杂局面，但他也不赞成上面所说的极端做法，主张：“以姓之著于《世本》者，跻于华族，秦汉之姓次之，夷裔之姓又次之。”[③] 对于弃少数民族之姓而就汉姓的，刘氏主张“援《春秋》进潞子之例，俾得与汉族比肩”；然而对于弃汉姓而就少数民族之姓的，刘氏则主张“援《春秋》绝杞子之文，使不得与齐民口列”。[④]

2. “民族国家”思想

晚清时期，由于民族主义思想的流行，建立民族国家的主张，亦几成为趋新知识群的共识。“民族国家”概念，对于强调以“保种”（以血缘为纽带）为宗旨的民族主义文化思潮来说，则更是一个不可或缺的内容，且带有不同寻常的含义。在中国传统的文化结构中，民族思想虽然比较发达，但“民族国家”思想却始终没有萌芽与生长。在由“五服之制”（或者“九服之制”）衍生的“天朝模型”的世界图式中，[⑤] 中国被视为高高在上的中央王朝，它与同它交往的其他各族的关系，只能是四夷宾服、万方来朝，且中国文化也带有普世的性质。这一“天朝模型”的世界观与传统大同社会理想的理念一道，成了“民族国家”思想产生的主要障碍。20世纪初登上中国思想舞台的“民族国家”思想，是随着“民族主义”思想一道从西方而来的舶来之物。在西方文化话语的“民族国家”理念中，包含着下列几个方面的重要内容：民族建国、民族独立与平等以及国家与个人的权力分际等。通过寻绎民族主义文化思潮的内在思想逻辑，我们发现，这些理念在民族主义文化思潮中也得到确切而完整的反映。

（1）单一民族建国思想

自19世纪以来，在世界各国的民族建国运动中也产生了形态不一的民族国家，有的是单一民族建国，有的是合多民族建国，在国家存在形态上

---

① 章太炎：《序种姓上》，《訄书》（重订本）。

② 章太炎：《序种姓上》，《訄书》（重订本）。

③ 刘师培：《攘书·溯姓篇》，《刘申叔遗书》，第636页。

④ 刘师培：《攘书·辨姓篇》，《刘申叔遗书》，第638页。

⑤ 参阅《国语·周语》、《尚书·禹贡·周诰》、《周礼·王制》及《中国文化的展望》（殷海光著，中国和平出版社，1988，第7页）。

出现“单一民族国家”与“多民族国家”的分野。在西方原典意义上的“民族国家”思想里，民族国家的建立是奠定在同一种族（或民族）与文化认同的基础之上，这一点，也为当时中国的民族主义文化思潮所捕捉，这在章太炎的思想里表现得最为明显。章氏在考察西方民族建国的历史时曾经指出：“民族主义之见于国家者，自十九世纪以来，遗风留响，所被远矣。撮其大旨，数国同民族者则求合，一国异民族者则求分。”① 又云：“意大利收合余烬，而建王国；德意志纠合群辟，而为连邦；此同民族者之求合也。爱尔兰之于英伦，匈牙利之于奥大利，亟欲脱离，有荷戟入榛之象，此异民族者之求分也。”② 在种族与文化的关系上，章氏认为：“文化相同自同一血统而起”，③ 由于种族与文化具有一体相连的关系，在章氏的思想里也是将“民族国家”奠定在对种族与文化的认同基础之上的。这一思想在化名为雨尘子的文章里表述得是再清晰也不过的了。雨尘子云：“凡言语同、历史同、风俗习惯同，则其民自有结合之势力，不可强分。反之而言语异、历史异、风俗习惯异，则虽时以他故相结合，而终有独立之一日。……其民族不同者，则独立为一国，如意大利之独立，希腊、罗马尼亚之独立是也；民族同一也，则结合为一国，如德意志联邦，意大利之统一是也。”④ 由于将“民国国家”的建立奠定在对种族与文化认同的基础之上，所以，当时他们均主张以单一民族建国。柳亚子曾经指出：“人种的起源，各各不同，就有种族的分别。凡是血裔风俗言语同的，是同民族；血裔风俗言语不同的，就不是同民族。一个民族当中，应该建设一个国家，自立自治，不能让第二个民族占据一步。”⑤ 章太炎在当时所追求的则是建立一个独立的“皇汉民族国家”，其云：“汉人以一民族组织一国家，平等自由，相与为乐，虽曰主义狭隘，然以自私为乐，亦未尝非一义也。”⑥ 这一以同一种族、文化为基础的“单一民族国家”的追求，与西方原典意义上的“民族国家”思想完全相合。然而当时中国是一个由满族占统治地位且深受西方诸列强欺凌的多民族国家，所以，建立独立的“皇汉

① 章太炎：《社会通诠商兑》，《太炎文录初编》别录卷二。
② 章太炎：《社会通诠商兑》。
③ 章太炎：《中华民国解》，《太炎文录初编》别录卷一。
④ 雨尘子：《近世欧人之三大主义》，《辛亥革命前十年间时论选集》第一卷，第347页。
⑤ 柳亚子：《民权主义！民族主义！》，《辛亥革命前十年间时论选集》第二卷，第814页。
⑥ 章太炎：《中华民国解》，《太炎文录初编》别录卷一。

民族国家”的思想，就不可避免地与民族独立与民族平等思想紧密相连，并与现实中国的政治结构发生剧烈冲突。

（2）民族独立与平等思想

时法人拉克伯里的“中国人种西来说”，经日人白河次郎、国府种德所撰的《支那文明史》宣说，时人多信以为真。章太炎在其所著的《訄书·序种姓》，刘师培在其所著的《中国民族志》、《攘书》，黄节在其所著的《黄史》里均取以为说，或云汉种来自帕米尔高原，或云汉种来自巴比伦，且将帕米尔高原当作人类各种族的共同发源地。“中国人种西来说”之所以在当时受到如此欢迎，主要是它迎合了当时中国趋新知识群昭苏民族意识的需要。因为，这一学说可以为恢复国人的民族自信心、建立黄人同白人的平等地位提供理论基础。在中国传统的民族思想里，自春秋时期以至于明末清初的思想大家王船山、顾炎武等的思想，不过均是在阐发《春秋》贱夷狄之旨，充满了浓厚的“华夏中心主义”色彩。这一思想在同西方接触后，由于历次中外之间的战争均以中国失败而告终，它渐渐为“西方中心主义”所取代，国人的民族心理由自尊走向自卑。为了重新恢复国人的民族自信心，章太炎等人在当时除了接受拉克伯里的学说外，还从达尔文进化论中寻找理论根据。如前文所说，章太炎等在当时均普遍接受了达尔文的物种进化理论，根据这一理论，则人类各种族在其起源上本是平等的，并无什么贵贱优劣之分。章太炎曾经说道：“人之始，皆一尺之鳞也。”[①] 人类在其初始阶段，本无什么差异，只是由于自然环境等因素的作用，才使人类各种族出现了文明的位差。章太炎认为文明位差的出现并不是出自人类各种族始祖的生物性遗传，而是在人类各种族漫长的历史演化过程中渐渐形成的。并且，文明位差的出现，在欧、美、亚各洲情形大致相同，并不是欧洲白种的文明要绝对地高于其他各洲，并不是欧洲的白种是文明的优等民族，而其他各洲则是劣等的野蛮民族。章太炎曾经说道：“自大瀛海以内外，为潭洲者五。……如欧美者，则越海而皆为中国，其与吾华夏黄白之异，而皆为有德慧术知之氓。……彼其地非无戎狄也，处冰海者，则有哀斯基穆人；烬瑞西、普鲁士而有之者，则尝有北狄；俶扰希腊及于雅典者，则尝有黑拉古利夷族。夫孰谓大地神皋之

① 章太炎：《原人》，《訄书》（重订本）。

无戎狄？……戎狄之生，欧美亚一也。”[①] 在此章氏虽然借用了“中国”、“戎狄”这样的文化概念来指称文明种族与野蛮种族，但如果我们避开这些外在符号而直窥其思想的内在精神，则可知章氏的思想不仅不同于19世纪欧洲反动的“种族优劣论”，也不同于中国传统的“华夏中心论”，因为这两种思想均是以“我族”为中心来俯视其余各族，浸透着严重的“我族中心主义”的偏见。既然种族是平等的，那么任何一种族便无统治别的种族的权力。由此，章氏发出强烈的“反帝”呼声，主张世界各民族应“一切以等夷相视”。[②] 对于西方各国恃其文明利器向全世界进行扩张、奴役各国人民的事实，章氏则极为愤慨，比之为桀纣，喻之为“食人之国”。[③] 在流亡日本期间，他还联络亚洲各国志士成立“亚洲和亲会”，在其手定的《亚洲和亲会约章》里，章氏明确标揭该会的宗旨在于“反对帝国主义”，实现民族“独立自由”与民族平等。[④] 从这一民族平等思想出发，章太炎“一切以种类为断”，[⑤] 主张“同种自主”，[⑥] 要求实现民族的独立与自治。章氏曾经说道：“海隅苍生，皆葛天之胄；广轮万里，皆葛天之宅。以葛天之宅，而使他人制之，是则祭寝庙者亡其大宗，而以异姓为主后也。”[⑦] 其意无异是在宣言：“中国者乃中国人之中国也”，其深切意旨即在于要求实现中华民族的独立与自治。柳亚子也宣言“中国是中国人公共的中国”，主张“倘然第二个民族要来侵犯，便要拼着性命去抵抗”。[⑧] 实现民族的独立与自治，对内则在于实现汉民族的独立与自治，建立独立的“皇汉民族国家”。时章太炎、刘师培等普遍将满族视为“异族”，在他们发出“反帝”呼声的同时，又发出强烈的“排满革命”呼声，主张光复汉族的河山与政权，将满族赶回其发祥地东北，而后可与之建立一个平等的“神圣同盟”。[⑨] 由于这一思想无视中国是一历史地融合而成的“多民族国家”的事实，在现实中国难以行得通，所以，辛亥以后，章太炎等人也陆续放弃了

---

① 章太炎：《原人》，《訄书》（初刻本）。
② 章太炎：《送印度钵罗罕、保什二君序》，《太炎文录初编》别录卷二。
③ 章太炎：《五无论》，《太炎文录初编》别录卷一。
④ 汤志钧编《章太炎年谱长编》（上），中华书局，1979，第243页。
⑤ 章太炎：《原人》，《訄书》（重订本）。
⑥ 章太炎：《别录甲》，《訄书》（重订本）。
⑦ 章太炎：《原人》，《訄书》（重订本）。
⑧ 柳亚子：《民权主义！民族主义！》，《辛亥革命前十年间时论选集》第二卷，第815页。
⑨ 章太炎：《中华民国解》，《太炎文录初编》别录卷一。

这一主张，普遍接受了“五族共和”的思想。

（3）国家与个人的权力分际

西方各国的民族建国运动，也是一个与传统绝对王权相分离的过程。在民族建国运动中诞生的民族国家，渐次建立起制度化的分权体系，并在法理上确立“公民主权”的意识。因此，民族建国运动，也是同各国的民权运动相伴而行的，启蒙时代所确立的近代宪政思想为近代民族国家的创立奠定了思想基础。在中国，掀起民族主义文化思潮的若章太炎、刘师培等人，基本上都是清末革命运动的中坚，他们除了普遍地接受达尔文、斯宾塞的“进化”学说外，还普遍地接受了启蒙时代的“契约”思想，卢梭、伏尔泰等人也成为他们心目中的“圣人”。章太炎在其所著的大量论著里激烈地批评过传统的绝对王权，主张“廓充民权”。在“国家”与“个人”的权力分际上，同其西方导师一样，章太炎也认为国家存在的目的在于维护社会成员的权利，他将“个人”的价值置于“第一义”的地位来考虑，而“国家”的价值则被置于“第二义”。章氏在追寻国家的起源时曾经说道：“原夫人之在大界也，介然七尺，而攻围其四市者多矣！依天以立，而寒燠瘴疠侵之；依人以处，而笞箠刀锯犯之；依身以存，而饥渴疲劳迫之。尽此百年，无一刹那得以自在，于是，则宁以庶事自缚，以求安全。若必吾所好者，安取是扰扰为？既然已自求安全，则必将层累增上，以至建国而止。”[①] 人类为了生存与安全，不得不组织团体以求自卫，在历史的演化中才渐渐形成国家。既然“国家”之设，是人类迫不得已而为之，所以，“人”之于“国家”当然在逻辑上或道义上都要处于优先的地位。“国家”的建立从根本上来说是为“人”服务的，因此对于“人”来说，“国家”理所当然地要处于客体的、第二义的地位。对于“近世国家学者”以“国家为主体，人民为客体”的“国家主义”主张，章氏则认为是“谬乱无伦”之说。[②] 章氏在当时力主“廓充民权”，凸显“个人”的价值，并结合中国国情创设了一个独特的“五权分立”的政制架构，[③] 使他赢得“新中国之卢骚”的美称。[④] 刘师培在当时则著有《中国民约精

---

① 章太炎：《国家论》，《太炎文录初编》别录卷三。

② 章太炎：《国家论》，《太炎文录初编》别录卷三。

③ 参阅拙文《“精英民主”与“权威”的追求——章太炎政制观析论》，（台北）《孔孟月刊》36 卷第 6 期、第 7 期连载。

④ 汤志钧编《章太炎年谱长编》（上），第 361 页。

义》一书，在这本小册子里，刘氏对启蒙时代确立的制度化的分权学说及“公民主权”思想均给予了高度赞美。刘氏从“契约”思想出发，在重新界定君、民的权力序列时云：“盖国家之建立，由国民凝结而成，……君为民立。……《民约论》之言曰：‘所谓政府者，非使人民奔走于政府之下，而使政府奔走于人民之中者也。’是则民也者，君之主也；君也者，民之役也。”[①] 他和章太炎一样，也以“人民为国家主体”,[②] 而以“君为国家之客体”,[③] 所以，刘氏也竭力主张“伸民权”。人民不仅有“选举政府之权”，还有“改易君主之权”。[④]“君主而妄越其限，以济一己之私，则一国之中，人人得而诛之。”[⑤] 柳亚子则发出“民权主义万岁”的呼声。[⑥] 大致说来，由于他们多为同盟会员，对于同盟会的“三大主义”，除了“民生主义”有分歧外，他们都是“民族主义”与“民权主义”的忠实拥护者。所以，在主张建立一个以种族（以血缘为纽带）与文化为认同基础的民族国家时，对于新的“民族国家”的建立则以与传统的绝对王权相分离、建立近代宪政政制为其主要企求，在这一新的“民族国家”里，“个人”则从传统的绝对王权之下解放出来，成为“民族国家”的“主体”，成为“民族国家”一切权力的合法性来源。

3. “欧化”与“文学复古”

由于中国民族主义文化思潮在20世纪初的兴起，受之于日本政教社派“保存国粹”运动的启示，因而，对于西方文化的态度，他们与日本的政教社同仁也有着非常类似的性格。章、刘诸人对于“醉心欧化”的人虽然表示不满，但他们并不反对“欧化”，并不反对向西方学习。他们反对的是“尊西人若帝天，视西籍如神圣”,[⑦] 一味模效西方的“欧化主义”。李世由认为：“世衰道微，欧化灌注，自宜挹彼菁英，补我阙乏。”[⑧] 许守微则明确地宣言：“夫欧化者，固吾人所祷祀以求者也。”[⑨] 在“欧化”与

① 《刘申叔遗书》，第565页。
② 《刘申叔遗书》，第583页。
③ 《刘申叔遗书》，第575页。
④ 《刘申叔遗书》，第570页。
⑤ 《刘申叔遗书》，第590页。
⑥ 柳亚子：《民权主义！民族主义！》，《辛亥革命前十年间时论选集》第二卷，第815页。
⑦ 邓实：《国学保存说》，《政艺通报》1904年第3号。
⑧ 李世由：《国粹学报三周年祝词》，《国粹学报》第38期。
⑨ 许守微：《论国粹无阻于欧化》，《辛亥革命前十年间时论选集》第二卷，第52页。

“国粹”二者的关系上，许守微认为：“国粹也者，助欧化而愈彰，非敌欧化以自防。”[①] 并且，这一群体也基本上是“进化论”与“契约论”的信徒，对于“进化论”与“契约论”在中国的传布曾起过重要作用。一如日本的政教社派，对于在中国推进“欧化”事业，他们也主张将其奠定在“民族精神”的基础之上。因此，在当时他们特别注重“民族精神”的阐扬。在他们看来，一个种族（或民族）自有一个种族（或民族）的特异之“性”，[②] 一国自有一国的“立国之精神”（或者“国魂”）。[③] 章太炎曾经指出：“夫国无论文野，要能守其国性，则可以不殆。”[④] 反之，如果一个种族或国家的“种性”或“国魂”亡失了，则意味着该种族或国家的彻底灭亡。“种性”（或者“民族性”）与“国魂”则寄于“国学”（或者“国粹”，有时又表述为“历史”）。许之衡云：“国魂者，源于国学也。”[⑤] 许守微亦云：“国粹者，一国精神之所寄也。其为学本之历史，因乎正俗，齐乎人心之所同，而实为一国之根本源泉也。”[⑥] 在“国学”与国家的关系上，他们则认为：“学亡则国亡，国亡则亡族。”[⑦] 章太炎指出：“吾闻处竞争之世，徒恃国学，不足以立国矣，而吾未闻国学不兴而国能自立者也。吾闻有国亡而国学不亡者矣，而吾未闻国学先亡而国仍立者也。故今日国学之无人兴起，即将影响国家之存灭。”[⑧] 因此，章氏在当时主张：“以国粹激动种姓”，[⑨] 以保“国学”而存“国性”。

章、刘诸人在当时掀起的保存国学运动，是打着“文学复古”或者“古学复兴”的旗号进行的。章太炎认为：“彼意大利之中兴，且以文学复古为之先导。”[⑩] 许守微也认为：“今日欧洲文明，由中世纪倡古学之复兴。”[⑪] 在他们看来，欧洲诸国在近代之振兴，同文艺复兴运动存在着历史

---

① 许守微：《论国粹无阻于欧化》，《辛亥革命前十年间时论选集》第二卷，第56页。
② 刘师培：《黄帝纪年说》，《左盦外集》卷十四，《刘申叔遗书》，第1662页。
③ 黄节：《国粹学报序》，《辛亥革命前十年间时论选集》第二卷，第43页。
④ 章太炎：《救学弊论》，《太炎文录续编》卷一，《章太炎全集》（五），上海人民出版社，1985。
⑤ 许之衡：《读“国粹学报”感言》，《辛亥革命前十年间时论选集》第二卷，第49页。
⑥ 许守微：《论国粹无阻于欧化》，《辛亥革命前十年间时论选集》第二卷，第52页。
⑦ 黄节：《国粹学报序》，《辛亥革命前十年间时论选集》第二卷，第43页。
⑧ 章太炎：《国学讲习会序》，《民报》第7号。
⑨ 章太炎：《东京留学生欢迎会演说辞》，《章太炎政论选集》（上）。
⑩ 章太炎：《革命之道德》，《章太炎政论选集》（上）。
⑪ 许守微：《论国粹无阻于欧化》，《辛亥革命前十年间时论选集》第二卷，第53页。

的逻辑联系，因此，要振兴中国，也必须要像欧洲那样，进行“文学复古”。进行“文学复古”或者“古学复兴”，当然不是要真正地进行“复古”，而是像欧洲的文艺复兴运动一样，从传统文化中开发出适合时代之用的新的文化价值与符号，使“支那闳硕壮美之学”，“恢明而光大之”。[①]“返旧”的目的在于“开新”，即在传统文化中开出新的民族文化生命来。“文学复古”或者“古学复兴”在西方主要是通过对古典时代的典籍进行研究与阐释进行的，但在中国，除了中国传统的典籍作为中国文化的载体具有重要价值之外，他们认为西学也有着重要的参照价值。所以，中国式的“文学复古”运动除了如邓实所云“惟当研求古学，刷垢磨光，钩玄提要，以发见种种之新事理”外，[②] 还“借晳种之学，参互考验，以观其会通”。[③] 然而，中国式的“文学复古”运动，其重要目标在于宏扬“国粹”，阐扬“种性”或者“国性”（或者“民族性”、“民族精神”），这与日本的政教社派“保存国粹”运动意旨相同，而与西方诸国之以阐扬“人权”为主要价值取向则迥异其趣。

上面笔者花了大量笔墨比较详细地阐述了民族主义文化思潮的价值符号及其思想逻辑，通过上面论述，我们可以看出这一思潮之所以不取“欧化主义”与“传统主义”的文化重构的理念模型，其根本原因即在于这一文化思潮在进行文化重构时特别凸显了其“民族性”的关怀。并且，在其彰显“民族性”作为文化重构的理念模型时，它不只是关注“民族精神”，更为重要的是它向世人揭示“民族精神”有着与种族（民族）国家血脉相连、不可分割的联系。因此，这一文化思潮凸显的“民族性”，也可以说是种族（民族）、国家、民族精神（种性或国性）的一体展现，举一即可以连三。其所谓的“以保种为宗旨”，实也蕴含着“保国”、“保教”的意旨。有此，我们可将这一文化思潮以“民族性”作为其文化重构的基本理念模型的思想逻辑图示如下：

民族性（nationality）
- 种族（民族）——以血缘为纽带
- 国家——独立的皇汉民族国家——实行宪政
- 民族精神——种性、国性——以“国学”为载体

---

① 章太炎：《癸卯狱中自记》，《太炎文录初编》文录卷一。

② 邓实：《古学复兴论》，《辛亥革命前十年间时论选集》第二卷，第60页。

③ 刘师培：《拟设国粹学堂启》，《辛亥革命前十年间时论选集》第二卷，第631页。

其思想逻辑的展开，既可以从种族→国家→种性（国性），也可以逆推。作为一个完整的思想体系，其逻辑序列最终实际上已无所轻重。在进行文化重构凸显其“民族性”关怀时，将“民族精神”同其承载的实体“种族”（有形实体）与国家（无形实体）一体相连进行思考，这与日本的“保存国粹”运动以“保教”为主要宗旨相去甚远。在当时，作为“后发型”的近代化国家，在其进行文化的重构凸显“民族性”的关怀时，日本式的“保存国粹”运动似乎是一个实现近代化比较成功国家的特别例子。而中国作为一个在近代化道路上屡遭挫折的国家，在进行文化的重构时将种族（民族）、国家、民族精神一体作为“民族性”（nationality）关怀的重要内容来考虑，可能更具典型与普遍性的意义。

三　文化转型的理性链条

由近代中国文化危机所引发的文化思潮，其一个重要的意旨即在于如何建立一个新的文化秩序，消弭由西方文化入侵所带来的文化紧张与危机。“传统主义”与“欧化主义”两大文化思潮，在进行文化的重构时壁垒分明、双峰并峙。传统主义者诉之于传统的“华夏文化中心论”的理念模型，明“华夷之辨”，将西方文化当作“夷学”而顽固地予以拒斥，并且在捍卫“祖宗之法”心理的驱使之下，顽固拒绝进行一切变革，显然，这一主要是诉之于卫道激情的文化重构模式，不能有效地解决当时业已出现的文化危机与紧张，无助于实现中国文化的转型。我们知道，任何一种文化都不是孤立存在的，不同文化之间的交流有力地促进了人类文明的发展，英国哲学家罗素曾将不同文化之间的交流看成是“人类文明发展的里程碑”。[①] 就中国文化发展的历程来看，中国文化也无时无刻不同其他民族文化发生关系。“不仅各时代环绕中国的其他民族想同中国交往，就是中国自己也不绝地有人抱着玄奘法师‘发愤忘食，履险若夷，轻舟万死以涉葱河，重一言而之柰苑’的精神，去深入他国。魏晋以后，印度的佛教东来中土，始则尚有主客之分，终则竟成连鸡之势，佛教思想竟侵入中国的各方面而不能辨别。隋唐以后，中国的文化又渡海东去，传入日本，大化

① 〔英〕罗素：《东西方文明比较》，王正平主编《罗素文集》，王正平等译，改革出版社，1996，第29页。

维新，于是日本的一切无不模仿唐风。至于六朝以后辽金元时代，北方民族同化于中国，于是中国民族中又骤然添了不少的他民族的成分在内。元明以后，中国同西洋又相接触，卒之有今日之局。”① 正是由于不同文化之间的交流与互动，才使世界各民族的文化充满了活力。顽固拒绝向“夷”（西方）学习，不但不能成功地解决当时中国文化所面临的危机，也有违于中国文化自身历史演化的事实。并且，任何一种文化又总是一定“时间”的文化，它不是死寂不变，而是与时俱演的。它穿越历史，从一个时代纵向地传递到另一个时代，如转法轮，生生不已。因此，顽固拒变，显然也与文化本身所具有的特性相违。传统主义者顽固拒西、拒变的“华夏文化中心论”的理念模型，反映了中国传统文化精神中不能适应文化变更的保守的、僵死的、教条的一面。相反，欧化主义者将消弭文化危机与实现文化转型的希望奠定在对西方的模效上，则反映了中国传统文化精神中能够适应文化变更的充满活力的一面（晚清时期的欧化主义者，基本上是一些由传统儒学熏陶而趋新的士人组成，中国传统的儒学精神是他们趋新、主变的内在精神动力来源之一）。并且，欧化主义文化思潮主变、主张向西方学习，也更符合文化本身的特性及文化历史演化的事实。然而，欧化主义文化思潮在其推进过程中，走向对传统的全盘否定与对西方文化的全面模效，与传统主义者之陷入“华夏文化中心论”相类似，欧化主义者则陷入“欧洲文化中心论”的泥坑之中。以“欧洲文化中心论”作为文化重构的理念模型，显然也是弊窦重重。我们知道，文化除了是一定“时间”的文化之外，任何一种文化还是一定“空间”的文化。在人类创造文化的初始阶段，由于人类各种群所处自然环境的不同，产生了不同的文化形态。由自然环境形塑而成的不同文化形态，随着人类文明之走向成熟而愈益固定下来。本尼迪克特指出：“一种文化犹如一个人，是一种或多或少一贯的思想和行动的模式，各种文化都形成了各自的特征性目的，它们并不必然为其他类型的社会所共有。各个民族的人民都遵照这些文化目的，一步步强化了自己的经验，并根据这些文化内驱力的紧迫程度，各种异质的行为也相应地愈来愈取得了融贯统一的形态。”② 正是由于文化自身所具有的“整合”的功能，使得不同类型的文化作为一个独立的文化存在

① 向达：《中外交通小史》，商务印书馆，民国十九年，第 2 页。

② 〔美〕本尼迪克特：《文化的整合》，庄锡昌等编《多维视野中的文化理论》，浙江人民出版社，1987，第 125 页。

形态能够和谐地发展。由于文化是“整合”的，所以，任何一种文化在其演变过程中，必定是全体俱演的，使自己保有着鲜明的“民族性”特色。在同其他文化进行交流与互动时，则只会表现的是本土文化对异体文化的“涵化”，而不可能表现的是异体文化对本土文化的“替代”。文化的创造虽然离不开人类的“自由意志”，但人类之创造文化的“自由意志”并不是无限的，人类“自由意志”的施展空间将会受到其所处文化传统的有力制约。美国文化人类学家 L. A. 怀特将不受约束的“自由意志”的情境看作“完全是一个幻觉”。[①] 欧化主义者主张对传统全盘扫荡，主张模效西方建立一个“全新”的文化秩序，凸显了人类创造文化的“自由意志”的无限性功能，虽然为中国文化的转型提供了“冲力”，但这一颇具浪漫性格的文化重构的模型，由于它忽视了文化所具有的“空间”上的差异以及文化所具有的“整合”的功能，不但违背文化自身所具有的特性，也使自己陷入“自由意志”的独断，有着浓厚的“建构主义”的色彩，而当代新自由主义代表人物哈耶克则将这一带有“建构主义”特色的“理性”当作“天真幼稚的理性”来看待。[②]

与日本的“保存国粹”运动相类似的是，中国的民族主义文化思潮在进行文化的重构时，一方面凸显了其“民族性”的关怀，同时又强调进行“欧化”的重要性，“国学”与“欧化”可谓相济为用。但它主张以本土文化的特色为媒介，用本土文化去吸纳、消化异体文化。这一以“民族性”为表征的文化重构的理念模型，与文化的主要特征及其演化逻辑非常相合。如果说欧化主义文化思潮在进行文化的重构时追求的是“全新”的话，传统主义文化思潮则追求的是“全旧”，而民族主义文化思潮则追求的是“旧中之新”。大量的文化人类学的研究资料表明，任何一种文化在其不断转换过程中，都是新蜕干故，既不是永寂不动的“全旧”，也不是与它自身的文化传统毫无联系的“全新”、正如英国文化人类学家 R. R. 马雷特所指出的：“种族内部的文化变迁是一个兼容着新与旧的总体选择过程。”[③] 由此看来，较之传统主义与欧化主义文化思潮来说，民族主义文

① 〔美〕L. A. 怀特：《文化的科学——人类与文明研究》，沈原等译，山东人民出版社，1988，第 170 页。

② 〔英〕弗里德利希·冯·哈耶克：《自由秩序原理》（上），邓正来译，三联书店，1997，第 81 页。

③ 〔英〕R. R. 马雷特：《心理学与民俗学》，张颖凡等译，山东人民出版社，1988，第 2 页。

化思潮在进行文化的重构时实有着更加深邃的理性眼光，尽管在其运用的语言符号里充满了非常浓厚的古彩斑斓的色调。也正如李国祁先生所评论的那样，这一思潮在今日看来确实是“高瞻远瞩、洞烛机先”的。[①]

作为欧化主义文化思潮重要一环的由洋务思想家提出的“中体西用”论，在进行文化的重构时也主张一面向西方学习，一面保存民族文化的传统，但由于它不了解文化是“整合”的，随意将文化进行肢解，企图在中国传统文化之“体”（纲常伦纪、君主制度等）上嫁接西方文化之“用”(技术等)，企图凭借人类的“自由意志”选择最优的文化因子（“中体”与“西用”）去拼凑一个最优的新的文化秩序，它同全盘模效西方论者一样，同样犯有“自由意志”的独断。这一机械拼凑的结果恰如本尼迪克特所讥讽的“弗兰肯施坦式的怪物”，它在“过去和现在都没有任何真实性可言”。[②] 同“中体西用”论相较，民族主义文化思潮在主张向西方学习时是将西方文化当作一个“整合”来看待的；在凸显其“民族性”关怀时，也是将中国文化传统当作一个“整合”来看待的。它注重从民族文化的生命之流里开出新的文化生命，对于向西方的学习，则以本土文化去吸纳、消化异体文化，以形成一个新的文化秩序，这与“中体西用”论以机械式的拼凑去形成新的文化秩序的文化重构模型，看上去相似，其精神气度则邈不相及。

传统主义与欧化主义文化思潮，在进行文化重构的趋向上虽截然相反，但它们二者在进行文化重构的思维模式上却惊人的一致。“华夏文化中心论”也好，“欧洲文化中心论”也好，其实都是“我族中心主义”的体现，它是“一元论”的文化思维模式的典型表现。这两种文化思潮的一致之处在于：它们拒绝给予不同的文化存在形态以“平等”的地位，以自己文化的价值（欧化主义者是以西方文化的价值）去裁断其他文化，且将世界上各民族的文化纳入己族文化的框架之中；在文化演化的方向上，则确立己族文化演化的方向为全世界各民族文化演化的共同方向。这一文化思维模式由于确立一种文化的霸权地位，所以，在其同其他不同种族文化进行交流时，往往会出现文化的剧烈冲突与紧张，其极则导致文化的帝国主义。近代西方人宣扬“白种人的责任”，打着传布西方文明福音的旗号，

---

① 李国祁：《中国近代民族思想》，姜义华等编《港台及海外学者论近代中国文化》，第102—103页。

② 〔美〕本尼迪克特：《文化模式》，王炜译，三联书店，1988，第50—51页。

去向全世界强行推行西方文化，结果导致了世界文化秩序的极大紊乱。伴随着西方的文化帝国主义的入侵，其他非西方地区的文化所受的冲击均是史无前例的。它不仅打断了非西方地区各民族文化的正常发展进程，也将这些地区的文化心灵推向痛苦的深渊之中。民族主义文化思潮在凸显其“民族性”的关怀时，将种族（民族）、国家、民族精神（种性、国性）当作一个整体进行考虑，认为每个民族都有其特殊之“性”，正是由于其种性（国性）的不同，才导致了各民族的分殊，一个民族（种族）应该按照其所具有的特殊之“性”去发展，否则则意味着种族（民族）或国家的灭亡。并且，他们还揭起“民族平等”和“反帝”的旗帜，给予具有不同文化存在形态的民族以平等的地位。既然拥有不同文化存在形态的世界各民族是平等的，既然各民族应按其所特有之“性”去发展自己的文化，那么，很显然，其所导致的结果便是一个五彩斑斓的多元的世界文化格局。每个民族都有自己的特殊目的追求，那么，一千个民族则便去追求“一千个目的”，这同将一千个民族只界定为去追求“一个目的”的一元论的文化思维模式是决然相反的。民族主义文化思潮在传统主义、欧化主义之外，另辟蹊径，提出文化的多元学说，其声音在当时虽然显得微弱，但其意义却是极为深远的，并且暗合于现代世界文化发展的潮流。

文化的一元论的思维模式，在每个民族都根深蒂固地存在着，并且源远流长。在整个古代世界，它都占据着世界文化舞台的中心。在西方首先是伏尔泰提出“民族精神”与“时代精神”两个重要文化概念，为打破“欧洲中心论”的一元论思维模式前驱先路。其后赫尔德、斯宾格勒等踵武其说，经当代文化人类学家本尼迪克特等人的进一步阐扬，文化的多元学说已隐然成为现代文化学界的显学，并打破一元论的独霸地位。斯宾格勒曾云：

> 我看到的是一群伟大文化组成的戏剧，其中每一种文化都以原始的力量从它的土壤中勃兴起来，都在它的整个生活期中坚实地和那土生土壤联系着。每一种文化都把自己的影象印在它的材料，即它的人类身上。每一种文化各有自己的观念，自己的情欲，自己的生活、愿望和感情、自己的死亡。这里是丰富多彩，闪耀着光辉，充盈着运动的，但理智的眼睛至今尚未发现过它们。在这里，文化、民族、语言、真理、神祇、风光等等，有如橡树与石松，花朵、枝条与枝叶，

从盛开又到衰老——但是没有衰老的“人类”。每一种文化都有它的自我表现的新的可能，从发生到成熟，再到衰落，永不复返。……这种种文化是纯化了的生活精髓，它们和田野间的花儿一样无终极目的地生长着。它们和动植物一样属于歌德的活生生的自然，而不属于牛顿的死板板的自然。[①]

斯宾格勒将文化看成是一个活生生的有机体，认为每一种文化都有着自己的独特的价值与表现形式，由此，他将“欧洲中心论”比作“历史的托勒密体系”而加以拒斥。[②] 斯宾格勒这段带有经典性的关于文化多元学说的表述，如果我们将其同中国的民族主义文化思潮之关怀“民族性”进行比勘，则可发现两者在内在精神气度上是极为相近的。当代台湾的著名文化人类学家李亦园亦认为：“和生物一样，文化也必须讲求内容的多样性和发展的多元性，使文化的内容不断的能更新而保持活力，这样整个人类的种族才有前途。”[③] 由此看来，民族主义文化思潮之凸显其“民族性”的关怀，实与现代世界文化的多元思潮相合，由此我们也更能接受李国祁先生对其所作的“高瞻远瞩、洞烛机先”的评语了。

自 18 世纪欧洲的工业革命以来，随着西方工业文明的成功与发达，随着西方之向全世界侵略的不断加剧，西方工业文明的价值已越来越被非西方地区的人们所认识。中国的传统主义者以“华夷之辨”、“义利之辨”、“本末之辨”这些传统武库中的武器来对抗近代工业文明利器，结果只能败循覆辙。在西方近代工业文明的冲击之下，世界上几乎所有民族无论是愿意还是不愿意，无论是主动还是被动，几乎无一例外地都被拴到“近代化”（或者“现代化”）这辆战车上。进行文化的重构，实现文化由传统向近代的转型，也即是要建立一个以近代（现代）工业文明为基础的新的文化秩序。“近代化”（或者“现代化”）是从欧洲率先开始的，欧洲之外的其他国家所推进的“近代化”（或者“现代化”）运动，则基本上是以欧洲的模式作为样板，作为“后发型”的近代化国家，它们所进行的近代化过程，往往即是一个“欧化”的过程。在“后发型”近代化国家推进近

---

① 〔德〕奥斯瓦尔德·斯宾格勒：《西方的没落》（上），齐世荣等译，商务印书馆，1995，第 38—39 页。

② 〔德〕奥斯瓦尔德·斯宾格勒：《西方的没落》（上），齐世荣等译，第 34 页。

③ 李亦园：《人类的视野》，上海文艺出版社，1996，第 6 页。

代化运动的过程中，各国的欧化主义者则起着推波助澜的作用。中国的欧化主义者力主全盘扫荡传统、在传统的废墟上建立一个全新的西方式的文化秩序，即是将“近代化”完全等同于“西化”。然而，随着西方工业文明弊病之日益暴露，开始有人对西方式的现代化究竟有无前途不断产生怀疑。当代法国社会学家蒂洛·夏伯特在其所著的《现代性与历史》一文中指出，现代世界所提供的信息对此作出的答案是否定的。其云：

> （西方式的）现代性世界是大约在350年前建立的，这是一种惊人的进步。……但在当今的世界中，人们似乎越来越看到，在（西方式的）现代性的道路上写着一条大标语：此路不通。

又云：

> 当前，（西方）现代文明所产生的影响，对整个社会来说也好，对个人来说也好，都是大难将临前的那种“惶惑”。①

西方许多研究社会问题的社会学家都认为：“现代性已陷入绝境”，“现代性正处在矛盾之中”。② 他们呼吁“后发型”的现代化国家注意不要重蹈西方的覆辙。

> 现在已应当走到路边，重新探索一下，看看是否还有其它别的道路，可以超越“现代化”（指西方模式——笔者）的道路而走向生活的美好方式。③

这些当代西方学者之质疑西方式的现代化模式，对于非西方地区之推进现代化运动应有着极其重要的参考价值。在晚清时期出现的民族主义文化思潮，不满于传统主义与欧化主义之将“传统”同“现代”混同于“中”与“西”，且将二者对立起来的思维模式。在进行文化的重构时别出途径，主张从“民族性”中开出现代化（近代化）新局。不但注重了

---

① 转引自何新《危机与反思》（上），国际文化出版公司，1997，第247页。
② 转引自何新《危机与反思》（上），第247页。
③ 转引自何新《危机与反思》（上），第248页。

"现代"（"近代"）同"传统"的一脉相承的联系，同时也彰显了根据本民族文化特有之"性"进行近代化（现代化）的意旨，力图避免走西方式的近代化（现代化）道路，重蹈西方的覆辙。这一富有前瞻性的文化思维模式不但对于像我国这样的"后发型"近代化（现代化）国家之推进适合自己本民族特色的近代化（现代化）运动，具有重要的启示意义，而且，对于怎样建立一个更加合理的现代世界文化的新秩序以及解决"现代性"所面临的困境，无疑也有着重要的参考价值。

［注：本文的第一部分一万余字曾以《20世纪初中国"民族主义"文本话语建立的历史机缘》为题，发表于《福建论坛》（人文社会科学版）2001年第1期，这次依手稿全文录出，发表于此，以飨读者。］

“理”与“势”的冲突

——严复宪政思想研究

自秦始皇扫平六合、统一中国之后，二千年来在中国传统的政治架构里，绝对主义的专制王权一脉相沿。这一传统的绝对主义的专制王权，由于它是一个不受约束的无限权力，加之它与传统的世袭君主制相结合，导致了传统中国治乱相循的政治格局。在这样一个政治架构下，国家的一切权力在法理上都来源于绝对王权，广大普通国民没有参与国家政治的权利，被抛置在国家政治生活之外。堂帘远隔，舆情不通，吏治腐败，秕政丛生，这些政治险象，至近代与西方遭遇之后，其弱点愈益暴露在世人面前。一部分率先觉醒的传统士大夫，且将中国衰弱不振的原因诿过于传统的绝对王权，限君权、兴民权、实施宪政的呼声随之而起。在晚清宪政潮流中，严复是一个不可或缺的重要人物。严氏由于深受英国经验主义传统的影响，他的宪政思想带有浓厚的“伯克主义”特色。并且，由于当时中国缺少一个英国式的自由主义传统，实施宪政的条件尚不成熟，这导致了严复宪政思想的巨大矛盾，即理念层面之追求宪政与现实层面之宪政被悬置的巨大矛盾，也即在严氏思想的深处存在着“理”与“势”的剧烈冲突，这往往使严氏陷入两难的尴尬境地。这一对中国建立宪政政制的“理”与“势”的矛盾冲突，曾长期困扰着严氏，也困扰着研究严氏思想的学者们。

一　理念层面：宪政之追求

宪政，对于传统中国的绝对王权来说，是一个全新的政治话语。严氏曾留学英国，对这一新异政制不仅有肤受之感，也有着比较深刻的认识，这一点时人难与其匹。如果说时人之认同近代西方式的宪政政制多为感情受纳的话，那么，严氏之认同宪政政制则是其理性探寻的结果，唯其如此，在近代中国政治思潮多变且飘忽不定的历史背景下，严氏才能够坚持己见，不为时代潮流所漂没。

近代西方式的宪政政制有着两个重要的政治原则，其一是“权力制衡”的原则，其二是“参与”的原则。关于前者，西方各主要宪政国家均是通过立法、行政与司法的三权分峙及相互制约来实现权力之间的平衡的；关于后者，西方各主要宪政国家则是通过确立“主权在民”的政治原则，通过“议院”进行立法，获得“公民意志”的实现，进而体现国民对国家政治的普遍参与的。这是自启蒙运动以来，无论是经验主义者还是理性主义者所确立的牢不可破的基本政治理念。

细绎严氏所发表的大量政治言论，我们发现西方式近代宪政政治理念，也牢据于严氏心中。严氏关于“主权在民”思想的阐扬，终其一生，无稍变更。早在戊戌时期，严氏即以他所熟知的近代宪政思想，探寻君主权力的来源，而确立了牢固的公民主权意识。

韩愈在其影响深远的《原道》一文中，通过继续阐扬先秦时期儒者所标揭的“圣创说”，给传统的绝对主义王权披上了一件神圣外衣。他在界定君主与臣民的权力时说道：

> 君者，出令者也；臣者，行君之令而致之民者也；民者，出粟米麻丝、作器皿、通财货以事其上者也。君不出令，则失其所以为君；臣不行君之令而致之民，则失其所以为臣；民不出粟米麻丝、作器皿、通财货以事其上，则诛。[①]

这一思想框架虽然为君权的神圣性提供了坚实的理论基础，但在严氏看来，韩愈的思想里却存在着一个严重的逻辑悖论。严氏认为君臣及兵刑等国家诸大政，是由于人性的不完善性不得已而设立的。由于人性的不完善性，存在着“强梗欺夺”[②] 现象，使人们的生命财产不能得到有效的保障。为了有效地保障生命财产之不受侵害，人们才“择其公且贤者，立而为之君”，这才是“天下立君之本旨”。[③] 所以，严氏认为：“君也、臣也、兵

---

① 韩愈：《原道》，《韩昌黎文集校注》，马其昶校注，马茂元整理，上海古籍出版社，1986，第16页。

② 严复：《辟韩》，王栻编《严复集》第一册，中华书局，1986。

③ 严复：《辟韩》，《严复集》第一册。

也、刑也，皆缘卫民之事而后有也。”[①] 既然“君”是由“民”公立而产生的，是因“卫民”而设立的，那么，从逻辑上来说，“君”的权力便来自“民”，“民”获得了主权者与“第一义”的地位，而“君”的权力则落入了“第二义”。由此，严氏认为：“斯民也，固斯天下之真主也。”[②] 并且，他将秦以来之“君”称为“大盗窃国者”。[③] 严氏的这一打通后壁之论，倒置了传统绝对主义王权政治架构下“君”、“民”的权力序列，剥离了韩愈在《原道》一文里给传统绝对王权披上的神圣外衣，也凸显了“公民主权”思想，而这一“公民主权”思想，正是近代宪政政制的神髓。

传统的以绝对王权为核心的政治架构，君主集圣、王于一体，他的权力是无限的，无所不在。作为“行君之令”，执行君王意志的行政百官则是君主权力的一种自然延伸，君臣一伦体现的是主奴关系。地方各级行政机构也不过成了以绝对王权为核心的中央朝廷的派出机构而已，存在于全国各地的各级行政机构实际上是朝廷的一个缩影。严复确立了“公民主权”思想，即在法理上将君主的权力界定为来源于“民”，很自然地，“君”的性质便发生了深刻变化，“君”与其他行政百官一样，不过成了一个为民办事、执行国家公民意志的最高行政长官而已。“国者，斯民之公产也；王侯将相者，通国之公仆隶也。”[④] 君臣一伦不再是传统的主奴关系，他们实际上是平等的，仅有行政级次大小的区分而已，他们均是人民之“公仆”。在这一新的“君权民授”的政治框架下，传统的君权的无限性也随之发生了动摇。既然君、臣及国家诸大政是因“卫民”不得已而设立的，从逻辑上来说，如果国家公民能够完全“自治”的话，那么，君臣及国家诸大政的存在便是多余的了，君主应将从公民那里获取的权力还之于“民”。当然这只是理想的境界，在现实生活中国家公民实际上是难以做到完全“自治”的。所以，严氏主张对于不能“自治”的部分交于“君”去办理，对于能够“自治”的则仍应由“民”自理。由此，严氏对于西方各国“小政府”的政治规设便非常赞赏。他曾经说道：“今夫西洋者，一国之大公事，民之相与自为者居其七，由朝廷而为之者居其三，而

① 严复：《辟韩》，《严复集》第一册。
② 严复：《辟韩》，《严复集》第一册。
③ 严复：《辟韩》，《严复集》第一册。
④ 严复：《辟韩》，《严复集》第一册。

其中之荦荦大者，则明刑、治兵两大事而已。”① 又云：“民所以求于上者，保其性命财产，……更骛其余，所谓‘代大匠斫，未有不伤指者’也。”② 严氏曾将这一“与民共治”的新的政治规设当作获致国家富强的基础来看待。其云：“凡国无论其为君主，为民主，其主治行政者，即帝王也。为帝王者，其主治行政，凡可以听民自为者，应一切听其自为自由，而后国民将各尽其天职，各自奋于义务，而民生始有进化之可期。”③ 然而在这一政治架构下，以君主为代表的政治权力，则被大大地缩小了，它不再是无限的，而是有限的。“君”与“民”之间应有一个权力分际，并且应该尽量缩小“君”的权力，这在严复那儿是非常明晰的。

根据近代宪政政治的理论，不仅以君主为代表的政府权力是有限的，而且，作为行政权力冰山之一角的君主的权力也是有限的，它不仅应该循着法治（体现“公民意志”的统治）的轨道进行政治的运作，而且还要受到其他权力的制约。这一点，严氏也毫不犹豫地接受过来，融进自己的思想体系里。

严氏在比较中西政制时曾经说道：

> 今泰西文明之国，其治柄概分三权，曰刑法、曰议政、曰行政。譬如一法之立，其始则国会议而著之，其行政之权，自国君以至于百执事，皆行政而责其法之必行也。虽然，民有犯法，非议制、行政二者所断论也，审是非、谳情伪，其权操于法官。法官无大小，方治职时，其权非议制、行政者所得过问也。谳成奏当，而后行政者施罚，责其法之必行，此文明通法。④

西方诸宪政国家实行三权分立的政制，是通过权力之间的相互制约，获致权力的平衡。更为重要的则在于防止出现行政权的扩大，防止行政权流为专制的权力。作为制约行政权的重要一环是立法权，而立法权则通常是由国民代表组成之议院来行使的。议院作为立法机关，既可监督行政权，同时也可使公民意志获致实现。一般来说，国家公民对政治的参与应

---

① 严复：《辟韩》，王栻编《严复集》第一册。
② 严复：《辟韩》，王栻编《严复集》第一册。
③ 严复：《庄子评语·应帝王第七》，王栻编《严复集》第四册，中华书局，1986。
④ 严复：《读新译甄克斯社会通诠》，王栻编《严复集》第一册。

是由公民自己通过直接投票来决定的。但是由于社会规模的庞大，政治运作的复杂，如果事事都要由国家公民自己来直接决定，实际上是办不到的，因此往往采用议会制这种间接民主的方式实现公民对国家政治的参与，特别是在大国。严复也认为：“国大民众，而行宪法，代议所不能不用者也。”[①] 议院不仅有监督政府之权，而且还有“易置”政府之权，[②] 只有这样才真正体现了“公民主权”的宪政思想，并保持国家政治于长治久安，否则只能导致像传统中国那样的治乱循环格局。对此，严复曾经作过一个形象的比喻，他说道：“此如汽箱，外无汽表，早晚炸耳。炸者何？革命也。此革命而乱者，……皆坐无国会议院耳。”[③]

“立宪者，立法也，……即立吾侪小人所一日可据以与君上为争之法典耳，其无此者，皆无所谓立宪。”[④] 严氏主张将国家政治纳入宪政的轨道，并且，又将其核心奠定在立法权之上。确立“公民主权”意识，建立“小政府”并且减缩以君权为代表的行政权的权力，诸如此类，皆在在显示了近代宪政政制的精髓，这说明严氏对近代宪政政制精神的理解与把握是非常准确的。更为重要的是，严氏对近代宪政政制的阐扬并不仅仅停留在一种文字的戏说，而是更让它落实到实践中去，即他主张中国也应该建立一个类似于西方式的宪政政制，这一点他通过对中西文明的比较获得了明确的结论。

严氏在考察中西文明时，发现中西文明存在着很大的差异，举例来说：“中国最重三纲，而西人首明平等；中国亲亲，而西人尚贤；中国以孝治天下，而西人以公治天下；中国尊主，而西人隆民；中国贵一道而同风，而西人喜党居而州处；中国多忌讳，而西人重讥评。其于财用也，中国重节流，而西人重开源；中国追淳朴，而西人求欢虞。其接物也，中国美谦屈，而西人务发舒；中国尚节文，而西人乐简易。其于为学也，中国夸多识，而西人尊新知。其于祸灾也，中国委天数，而西人恃人力。”[⑤] 中西文明之所以会出现如此巨大的差异，严氏认为是由于“天时、地利、人

① 严复：《宪法大义》，王栻编《严复集》第二册，中华书局，1986。
② 严复：《政治讲义》第五会，王栻编《严复集》第五册，中华书局，1986。
③ 严复：《政治讲义》第八会，《严复集》第五册。
④ 严复：《政治讲义》第五会，《严复集》第五册。
⑤ 严复：《论世变之亟》，《严复集》第一册。

为”三者之不同而导致的。[①] 由于地理环境、气候及人为创造的不同，加之长久以来之交通闭塞，中西文明各自处在相对封闭的状态下发展，它们各自走上了不同的发展道路。“中西政教之各立，盖自炎黄尧舜以来，其为道莫有同者。”[②] 严氏以其独到的历史主义眼光，承认了中西文明各自存在之合理性，认为中西文明差异虽大，但两者相较实难“遽分其优绌”。[③] 然而在交通大开、中西文明猛烈碰撞之后，中国文明本身的生存出现了严重困难，且使中国沦入亡国灭种的边缘。在这样一个历史背景下，严氏认为只有学习西方，才能驯致富强，以自立于世界民族之林。“夫士生今日，不睹西洋富强之效者，无目者也。谓不讲富强，而中国可以自安；谓不用西洋之术，而富强自可致；……皆非狂易失心之人不为此。”[④] 用“西洋之术”，从政制角度来说，严氏所指即是西方的宪政政制。其云：“今世之国，以非立宪以与立宪者角，即以大莅小，以众莅寡，将万万无胜理。”[⑤] 他主张对这一新异政制应该加以模效，其云：“设议院于京师，而令天下各郡县各公举其守宰。是道也，欲民之忠爱必由此，欲教化之兴必由此，欲地利之尽必由此，欲道路之辟、商务之兴必由此，欲民各束身自好而争濯磨于善必由此。呜呼！圣人复起，不易吾言矣！”[⑥]

模效西方，建立一个以议会制为表征的近代西方式宪政政制，不仅是实现国家通向富强之路的需要，在严氏看来也是历史发展潮流之必然归趋。严氏通过对历史演化逻辑的探寻，进一步强化了这一理念。严氏根据甄克思对人类社会发展阶段之划分，将人类社会的历史界定为从图腾社会—宗法社会—军国社会三个依次发展的序列，[⑦] 他认为中国当时尚处于宗法社会阶段（带有某些军国社会的特色），而西方英法诸宪政国家则已进入了军国社会阶段。根据这一历史演化逻辑，则也意味着当时西方式的宪政政制昭示了中国政治的发展趋向。严氏认为这是历史运会之所趋，在历史发展的“运会”面前，我们人类只能“委心任运”[⑧] 而已。

---

① 严复：《法意按语》八一，《严复集》第四册。
② 严复：《社会通诠按语》一四，《严复集》第四册。
③ 严复：《论世变之亟》，《严复集》第一册。
④ 严复：《论世变之亟》，《严复集》第一册。
⑤ 严复：《法意按语》一〇五，《严复集》第四册。
⑥ 严复：《原强修订稿》，《严复集》第一册。
⑦ 严复：《政治讲义》第一会，《严复集》第五册。
⑧ 严复：《救亡决论》，《严复集》第一册。

二　现实层面：宪政之悬置

“民主者，治制之极盛也。使五洲而有郅治之一日，其民主乎？”[①] 对于宪政政制，严氏发出了心灵深处的赞美！然而，在将自己所阐扬的宪政思想落实到现实层面的时候，严氏却犹豫了。通过前文的论述，我们知道严氏确立了牢固的宪政政制理念，主张将宪政政制确立为中国政治的发展方向，力图将宪政政制落实到中国政治变革的实践中去。但他并不主张立即在中国建立一个西方式的宪政政制，他认为当时的中国实行西方式宪政政制的时机还没有到来。他曾沉痛地指出，在实施宪政时机还未成熟之前便贸然“建民主、开议院”，不但不能获致中国的富强，反而使“中国之贫与弱有弥甚者”。[②] 在现实层面，毋宁可以说严氏实是将宪政悬置了。严氏为什么要作出这样一种选择呢？其故如下。

其一，严氏认为，中国当时缺乏实施宪政政制的基础，不具备实施宪政政制的条件。我们知道西方各国所行的宪政政制是奠定在“自由”的基础之上的，这一点严氏也有着清醒的认识，他曾明确指出西方各国的政制是“以自由为体，以民主为用”。[③]“自由”这一理念在中国文化传统中并非绝对的缺失，但中国文化传统中所谓的“自由”，往往指的是道德境域的自由，在政治境域毋宁可以说是疏缺的。严氏在比较中西“自由”观时指出：

> 夫自由一言，真中国历古圣贤之所深畏，而从未尝立以为教也。彼西人之言曰：唯天生民，各具赋畀，得自由者乃为全受。故人人各得自由，国国各得自由，第务令毋相侵损而已。侵人自由者，斯为逆天理、贼人道，其杀人、伤人及盗蚀人财物，皆侵人自由之极致也。故侵人自由者，虽国君不能，而其刑禁条章，要皆为此设耳。中国理道与西法自由最相似者，曰恕，曰絜矩。然谓之相似则可，谓之真同则大不可也。何则？中国恕与絜矩，专以待人及物而言。而西人自

① 严复：《法意按语》三九，《严复集》第四册。
② 严复：《原强》，《严复集》第一册。
③ 严复：《原强》，《严复集》第一册。

由，则于及物之中，而实寓所以存我者也。[①]

“恕”与“絜矩”之道，是传统儒学的重要哲学概念，是孔子仁学思想的具体化表述，从积极方面来说指的是“己立立人，己达达人”，从消极方面来说则指的是“己所不欲，勿施于人”。传统儒者主张以挺立个体的道德生命为始点，将人生价值的实现安顿在对他人的关怀之中。这种“自由”，只是一种道德选择的自由，它只表现在如严氏所说的“待人及物”方面，我们从中看不出像西方“自由”含义中所具有的明确的“权利”与“责任”等观念。西方式的“自由”明确界定个体的“权利”与“责任”，其特点是“存我”，而中国式的“自由”则可谓之“无我”，两者迥异其趣。正是由于这样，中国文化传统未能开出像西方那样的宪政政制，严氏云：“自由既异，于是群异丛然以生”，[②] 在政治层面来说，则导致了“中国尊主，西人隆民”的格局。[③] 并且由于个体没有明确的“权利”与“责任”观念，在专制政体下，传统中国尚未出现真正的“国民”，[④] 君民之间“世隆则为父子，世污则为主奴”。[⑤] 因为传统中国文化里缺少西方式的“自由”精神，所以它不能为近代宪政提供坚实基础。严氏认为政制的变革应是整体的，即其“形质”、“精神”相为表里，宪政的建立如果徒具外在形式，而没有内在精神与之相应，则只会导致“支节牴牾，因以生害”的结局。[⑥]

其二，严氏认为当时中国国民的素质，尚未达到能够实行宪政政制的程度，这一点同中国文化传统中政治自由精神的疏缺又是密切相关的。严氏云：

宪法甚高，民品甚卑，则将视其政俗相睽之程度，终于回循故辙而后已，立法虽良，无益也。夫以卑劣之民品，而治以最高之宪法，即庄所谓“取猿狙而衣以周公之服”，彼必龁啮挽裂尽去而后慊

① 严复：《论世变之亟》，《严复集》第一册。
② 严复：《论世变之亟》，《严复集》第一册。
③ 严复：《论世变之亟》，《严复集》第一册。
④ 严复：《述黑格尔唯心论》，《严复集》第一册。
⑤ 严复：《法意按语》七二，《严复集》第四册。
⑥ 严复：《法意按语》四二，《严复集》第四册。

者也。[1]

在他看来，宪政的实施需要相应的国民素质作为支撑，否则，即使勉强推行了宪政，最终也会"回循故辙"，重新坠入传统的绝对主义王权的老路，从而导致宪政的失败。

宪政政制的运作是通过广大国民对政治的"参与"（按，"参与"无论是直接还是间接）而获实现的，在一个国家中，国民参与政治的人数越多，则其民主的广度越大，国民参与政治的质量越高，则其民主的深度越大。在民主的广度与深度二者之间，民主的深度又至为重要，因为只有高质量的政治参与，才是宪政政制追求的目标。如果国民政治参与的质量低下，即使参与政治的国民数量至多，也往往会导致民主的变质，甚至还会导致暴民专制的结局。而要实现国民高质量的政治参与，则国民本身的素质便是不容忽视的一个重要问题。中国由于缺少一个西方式的自由主义文化传统，在传统政治格局中国民被排斥在国家政治生活之外，政治参与几等于零，因此，建立近代宪政政制，对中国广大普通国民来说，政治参与是他们面临的一个全新课题。并且由于长期以来在传统的绝对主义王权统治之下，推行文化专制主义，实行愚民政策，使中国国民未能养成"自主"与"自治"的精神。因此，如何懂得行使自己的政治参与权，对中国国民来说也是一个至为棘手的全新的政治课题。严氏在考察中国国民的素质时曾经指出："吾民之德、智、力，经四千年之治化，虽至今日，其短日彰，不可为讳。"[2] 他认为一国国民只有智、德、力三者皆备，"而后可以为真国民"；[3] 认为国民的智、德、力三者与国家政治关系至为密切，"必三者立而后其政治从之"，"合于其智、德、力者存，违于其智、德、力者废"。[4] 反之，则难以建立起真正的宪政政制。因此，为了为建立宪政政制作好准备，严氏对如何提高国民素质特别重视，主张从教育着手，作长期打算，并以提高"民智"作为当务之急。[5] 严氏认为："善治如草木，而民智如土田，民智既开，则下令如流水之源，善政不期举而自举，且一

---

① 严复：《庄子评语·天运第十四》，《严复集》第四册。

② 严复：《社会通诠按语》二二，《严复集》第四册。

③ 严复：《女子教育会章程序》，《严复集》第二册。

④ 严复：《原强修订稿》，《严复集》第一册。

⑤ 严复：《原强》，《严复集》第一册。

举而莫能废。”[①] 如果没有良好的国民素质，在严氏看来，即使建立了宪政政制，只会导致“迁地弗良，淮橘成枳”之结果。[②] 到了晚年，严氏更将“民德”的提高至首要地位来考虑。[③] 这些充分说明了严氏实是将国民智识水平与道德水平的提高当作实行宪政政制的一个重要前提来看待的。在这些前提尚未具备之前，严氏自然不会赞同立即将宪政政制落实到现实中去实行。19 世纪英国著名的自由主义大师约翰·密尔曾经说道：

> 知识的缺乏，对好政府的所有要素方面的不利影响，是不需要作任何说明的。政府管理是由人们的行为组成的，或行为者须对之负责的人们，或其意见产生影响和制约所有这些人的旁观者们，都只是无知的愚蠢的和具有可悲的偏见的群众，则任何政府管理都将搞不好。反过来，按照人们高出于这个水平的比例，政府的性质也将有所改进——直达到卓越的程度（这是可能达到的，但没有一个地方已经达到），那里的政府官员，其本身就是具有卓越的美德和智慧的人，而围绕着他们的是具有道德的和开明的公众舆论的气氛。[④]

密尔将国民的智识与道德水准看作“好政府”存在的必备条件，作为宪政政制来说，当然更不可缺少。严复认为民主政制美则美矣，然而当时之中国尚不可行之，“斯民之智、德、力，尚不逮此制也”。[⑤] 严复的看法与密尔正所谓英雄所见相同。

其三，严氏认为政制的变革应是渐进主义的，他反对人为地进行激进主义的变革。他曾经明确地说道：“万化有渐而无顿”，[⑥]“凡国家法制之变也，必以渐而无顿”。[⑦] 在历史意识里，严氏曾提出一个“运会”观念，认为人类社会历史演化有其自身法则，“运会”所趋，“如岷峨之水，已下三峡，滔滔而流入于荆扬之江，乃欲逆而挽之，使之在山，虽有神禹，亦不

---

① 严复：《天演论》导言八“乌托邦按语”，《严复集》第五册。
② 严复：《天演论》导言八“乌托邦按语”，《严复集》第五册。
③ 严复：《论教育与国家之关系》，《严复集》第一册。
④ 〔英〕约翰·密尔：《代议制政府》，汪暄译，商务印书馆，1984，第 28 页。
⑤ 严复：《法意按语》三九，《严复集》第四册。
⑥ 严复：《政治讲义》第三会，《严复集》第五册。
⑦ 严复：《续论英国宪政两权未尝分立》，《严复集》第一册。

能至”。[①] 在“运会”面前，人类只能“委心任运”，不能人为地改变历史运行的法则。然而严氏又认为在“运会”面前人类又不是完全束手无为的，人类可以通过自己的聪明才智，通过对“运会”的把握促进历史的发展，特别是在“治制更张，文物蜕遭之际”，[②] 人类更能够充分地发挥自己的主观能动性参与世运的演化，发挥积极的作用，他认为此是“人道最贵之见形也，而世运之日蒸由此”。[③] 因此，严氏“天演”与“人功”并重。[④] 然而，人类参与历史的演化，只能在深察历史本身演化的内在逻辑的基础之上进行，不能悬一“至美之物”，人为地去安排历史。从政治角度来说，宪政虽是至美之治，然而在中国历史演化尚未进至实行宪政阶段，便采取激进主义的做法骤然实施宪政，便违背了严氏所谓的历史演化逻辑。晚清之世，宪政思潮澎湃不已，当时新学之徒（包括革命派与立宪派）多欲在中国立即施行宪政政制，严氏对此曾痛下针砭，认为这一急躁心理，只会“生心害政”。[⑤] 严氏认为以激进方式骤然实行宪政，不但不能使中国宪政政制走上正常轨道，反而还会导致政治秩序的混乱，法国革命即是前车之鉴。[⑥]

> 善政如草木，置其地而能发生滋大者，必其天、地、人三者与之合也，否则立槁而已。王介甫之变法，如青苗，如保马，如雇役，皆非其法之不良、意之不美也，其浸淫驯至大乱者，坐不知其时之风俗人心，不足以行其政故也。[⑦]

由于中国没有一个自由主义文化传统为宪政提供基础，由于国民素质不能与实行宪政相应，这些客观原因的存在，使严氏对中国政制的变更一出于谨慎的态度，并对中国政制变革的艰难性给予了足够重视。[⑧] 在严氏看来，在一善政付诸实施之前，吾人必须要作充分的准备，为其开辟道路。

① 严复：《庄子评语·胠箧第十》，《严复集》第四册。
② 严复：《法意按语》六五，《严复集》第四册。
③ 严复：《法意按语》六五，《严复集》第四册。
④ 严复：《政治讲义》第二会，《严复集》第五册。
⑤ 严复：《政治讲义》第一会，《严复集》第五册。
⑥ 严复：《说党》，《严复集》第二册。
⑦ 严复：《原强》，《严复集》第一册。
⑧ 严复：《法意按语》一三，《严复集》第四册。

否则，像王安石变法那样，即使“法良意美”，也只有导致难以收拾的结果，甚至使变政大业夭折。因此，在宪政实施之前，严氏主张设定一个“过渡期”，[①] 在这一过渡时期，宪政应该暂时悬置起来，所努力要做的应是为宪政打好基础，为宪政提供一个自由主义的传统，致力于提高国民的素质，训练国人的政治参与能力。

三 “过渡期”与“权威”政治的规设

自由主义传统的确立与国民素质的提高，两者密切关联。提高国民的素质也即提高国民的知识与道德水平，揆诸严氏的意旨并不是要在中国文化传统的框架内进行，而是要实现中国文化传统的价值转换。在传统中国政教合一、伦理本位的文化格局下，国民一以圣经贤传为依归，主体人格未获独立，缺少“自主”与“自治”精神。严氏曾言词激烈地批评传统旧学为“无用”“无实”，其云：

> 盖学术末流之大患，在于循高论而远事情，尚气矜而忘实祸。……自有制科以来，士之舍干进递荣，则不知焉所事学者，不足道矣。超俗之士，厌制艺则治古文词，恶试律则为古今体，鄙折卷者则争碑版篆隶之上游，薄讲章者则标汉学考据之赤帜。于是，此追秦汉，彼尚八家，归方刘姚，恽魏方龚；唐祖李杜，宋祢苏黄，七子优孟，六家鼓吹。魏碑晋帖，南北派分，东汉刻石，北齐写经。戴阮秦王，直闯许郑，深衣几幅，明堂两个。钟鼎校铭，珪琮著考，秦权汉日，穰穰满家。诸如此伦，不可殚述。然吾得一言以蔽之曰：无用。……其又高者曰：否否，此皆不足为学。学者，所以修己治人之方，以佐国家化民成俗而已。于是，侈陈礼乐，广说性理。周程张朱，关闽濂洛，学案几部，语录百篇。学蔀通辨，晚年定论，关学刻苦，永嘉经制。深宁东发，继者顾黄，明夷待访，日知著录。褒衣大袖，尧行舜趋，訑訑声颜，距人千里。灶上驱虏，折棰笞羌，经营八表，牢笼天地。夫如是，吾又得一言以蔽之曰：无实。[②]

---

① 严复：《政治讲义》第八会，《严复集》第五册。

② 严复：《救亡决论》，《严复集》第一册。

对于传统旧学，严氏认为“皆宜且束高阁”，[1] 主张实现传统旧学的转换，即将学术纳入“至实之途”。[2] 如何实现传统旧学的转换呢？严氏认为在于“明西学格致”。[3] 严氏云：“格致之学不先，偏僻之情未去，束教拘虚，生心害政，固无往而不误人家国者也。”[4] 关于西学次第，严氏则主张从名数质力之学始，继以天地人三学，而以群学终。其云：

> 非为数学、名学，则其心不足以察不遁之理。非为力学、质学，则不知因果功效之相生也。……非为天、地、人之学，则无以尽事理之悠久博大与蕃变也。……群学治，而后能修齐治平，用以持世保民，以日进于郅治馨香于极盛也。[5]

严氏所谓的名数质力、天地人及群学诸学，有一个共同的思维特征，即这些学术的思维模式均是以科学思维为其重要特色。这一思维模式是从“内籀”始，而以“外籀”终。严氏云：

> 夫格物致知之事，……方其始也，必为其察验，继乃有内籀、外籀之功，而其终乃为其印证，此不易之涂术也。“内籀”，东绎谓之“归纳”，乃总散见之事，而纳诸一例之中；……“外籀”，东译谓之“演绎”，外籀者，本诸一例而推散见之事者也。[6]

“内籀”之学又分为“三际”：一曰考订，二曰贯通，三曰试验。严氏云：“考订或谓之观察，或谓之演验。……考订既详，乃会通之以求其所以然之理，于是大法公例生焉。……试验愈周，理愈靠实矣。”[7] 由“内籀”而得“大法之公例”，“则可据已然已知，推求未然未知者”，此即“外籀”之用。严氏认为学至“外籀”，则为“民智最深”之时。[8] 这一科

---

① 严复：《救亡决论》，《严复集》第一册。
② 严复：《救亡决论》，《严复集》第一册。
③ 严复：《救亡决论》，《严复集》第一册。
④ 严复：《原强》，《严复集》第一册。
⑤ 严复：《原强》，《严复集》第一册。
⑥ 严复：《论今日教育应以物理科学为当务之急》，《严复集》第二册。
⑦ 严复：《西学门径功用》，《严复集》第一册。
⑧ 严复：《西学门径功用》，《严复集》第一册。

学思维模式正是中学所疏缺的。正是由于这一科学思维模式的疏缺，导致了国人缺少独立判断能力，“学成而后，尽成奴隶之才，徒事稗贩耳食，而置裁判是非，推籀因果之心能于无所用之地乎?”[①] 因此，严氏在当时高揭“科学”的旗帜，以此来“开民智”，以此来培育国人的“尚实心习”,[②] 从而实现中国传统思维模式的转换。

在中国传统文化中居于主体地位的以“仁”为核心价值的儒学传统里，儒者所追求的最高人生境界是成就所谓的“圣贤人格”，儒学所有关目最后之所寄，似乎即在于“修己治人”这四个字。“修己”，即“个体”通过对“仁”的体认，实现“仁”的自觉；“治人”，即“个体”将其觉悟的“仁”落实到对他人、群体的关怀之中，此即“践仁”与“致仁”。儒者所悬的“圣贤人格”之目标追求，虽然是以挺立“个体”的主体地位始，但却以丧失个体的独立人格终。“个体”生命的价值最后被“群体”所淹没。严氏曾批评过传统儒学的这一“为人之学”，而倡导“为己之学”，拒斥传统儒学的“修己治人”，倡导“自修自治”。通过从“修己治人”到“自修自治”的价值转换，严氏的目的不仅在于要挺立“个体”的主体地位，同时也要成就“个体”的独立人格。由此，对于由传统儒学所界定的“义利观”、“己群观”等，在严氏那儿都发生了深刻变化。关于“义”与“利”的关系，在传统儒学的价值里是重义而轻利，“利”的价值受到拒斥，即使在从荀子到永嘉事功学派的比较注重“利”的价值传统里，“利”也是在“公天下之利”的框架内得到肯定，而“私利”从来在中国文化传统里都是没有一席之地的。严氏认为中国之追求实现富强，“必自民之能自利始”。[③] 与传统相反，他对“私利”的价值给予了充分肯定。与传统的义利观相关联，在己群观上，传统的价值是重群轻己，在传统的价值框架下，“群”（社会、国家）被置于“第一义”的地位来考虑，为了“群”的利益，小己“个体”须牺牲自己的利益。严氏认为这一传统的价值观，“乃往往毁无数众之权利安乐，为一姓一家之权利安乐”。[④] 在严氏看来，国家（群）并非“抽象悬寓之一物”,[⑤] 重群轻己的结果却导

---

① 严复:《论今日教育应以物理科学为当务之急》,《严复集》第二册。

② 严复:《论今日教育应以物理科学为当务之急》,《严复集》第二册。

③ 严复:《原强》,《严复集》第一册。

④ 严复:《天演进化论》,《严复集》第二册。

⑤ 严复:《天演进化论》,《严复集》第二册。

致了对“己”（个体）的践踏。因此，对于传统的己群观，严复也给予了拒斥，认为“谓以谋一国之安全，乃可以牺牲一无罪个人之身家性命以求之，则为违天蔑理之言”。[①] 而主张明确群、己之权界，他认为“社会有社会之天职，个人有个人之天职”，“社会之变相无穷，而一一基于小己之品质”。[②] 可以说，在群、己之间，严氏虽言群、己并重，而实是将“己”置于“第一义”地位来考虑的。在肯定“自利”与“小己”的价值后，严氏自然地对于“自由”的价值也给予了充分肯定。他曾说道：“能自利，自能自由始。”[③] 在严氏那儿，“自由”成为“自利”与“小己”价值确立的基础。为了持护“自由”的价值，严氏主张“小己”不仅可自由为善，也可自由为恶。严氏云：“必善恶由我主张，而后为善有其可赏，为恶有其可诛。”[④] 又云：“以小己独知之地，善恶之辨，至为难明。往往人所谓恶，乃实吾善；人所谓善，反为吾恶，此干涉所以必不可行，非任其自由不可也。”[⑤] 他认为只有“权自我操”，才可称得上是“自由之民”。[⑥] 中文语境的“自由”一词，往往人们将其同放诞恣睢、肆无忌惮等意义相连，对此严氏也作了甄别。严氏云：“我自繇者人亦自繇，使无限制约束，便入强权世界而相冲突。故曰：人得自繇，而必以他人之自繇为界。”[⑦] 严氏认为只有确立这样的自由观，民德方可演进，且“郅治有必成之一日”。[⑧] 严氏阐释的这一“自由”观正是西方古典自由主义的精义。由于严氏在其自由观里确立“小己”的“第一义”地位，肯定“私利”的价值，明“群”、“己”之权界，所以严氏同古典自由主义者一样，特别重视个人“权利”与“义务”的分际，认为“义务者，与权利相对待而有之词也。故民有可据之权利，而后应尽之义务生焉。无权利而责民以义务者，非义务也，直奴分耳”。[⑨] 很显然，严氏所追求的“自由”，所追求的“自修自治”，已经远远地背离了传统中国的价值体系，其所建立的新的自由主义

---

① 严复：《法意按语》一五八，《严复集》第四册。

② 严复：《〈群学肄言〉译余赘语》，《严复集》第一册。

③ 严复：《原强》，《严复集》第一册。

④ 严复：《〈群学肄言〉译凡例》，《严复集》第一册。

⑤ 严复：《〈群学肄言〉译凡例》，《严复集》第一册。

⑥ 严复：《法意按语》六六，《严复集》第四册。

⑦ 严复：《〈群学肄言〉译凡例》，《严复集》第一册。

⑧ 严复：《〈群学肄言〉译凡例》，《严复集》第一册。

⑨ 严复：《法意按语》一二六，《严复集》第四册。

的价值体系，目的即在于使国人实现由“修己治人”向“自修自治”的价值转换，从而培育国人的“自主”与“自立”精神，为最终在中国建立完备之宪政打好基础。

严氏曾提出一个广为人知的“三民说”，即鼓民力、开民智、新民德。关于“民智”，严氏主张确立科学与务实精神，一改国人依傍圣经贤传与务虚之习，培养国人的独立判断能力。关于“民德”，严氏则主张挺立个体的主体地位，明群、己之权界，以自由精神训育国人。

> 伟哉科学，五洲政治之变，基于此矣。……三百数十年之间，欧事之变，平等、自由之说，所以日张而不可遏者，溯其发端，非由此乎?①

严氏标揭“科学”与“自由”两大旗帜，作为改变传统旧俗，奠定民主宪政的基础，可谓是抓住了问题的关键。五四一代学人将自由、科学、民主当作新思潮的要义，对国人进行启蒙，其实，这一启蒙要旨早由严复一代学人开其先河了。

在这一过渡时期，除了如上所说从教育着手对国人进行启蒙，在中国建立起新的自由主义的价值体系，确立牢固的自由主义传统外，训练国人的政治参与能力，也为严氏所重视。因为现代民主政治的本质是“参与”，而国人长期以来在传统专制政制的羁扼之下，一直被排斥在国家的政治生活之外，是以，如何有效地训练国人的政治参与能力，也成为时代的一个重要课题。如何训练国人的政治参与能力呢？严氏主张实行地方自治。他曾说道：“居今而为中国谋自强，议院代表之制，虽不即行，而设地方自治之规，使与中央政府所命之官，和同为治，于以合亿兆之私以为公，安朝廷而奠磐石，则固不容一日缓者也。”② 又云：“地方自治之制，乃刻不容缓者矣，窃计中国即今变法，虽不必遽开议院，然一乡一邑之间，设为乡局，使及格之民，推举代表，以与国之守宰，相助为理，则地方自治之基础矣。使为之得其术，民气不必缘此而遂嚣，而于国家纲举目张之治，

---

① 严复：《政治讲义·自序》，《严复集》第五册。

② 严复：《法意按语》八七，《严复集》第四册。

岂曰小补?”[①] 所谓地方自治，即是在地方设立“乡约工局”[②]（类似于中央的议院），来议决地方大政，从而体现地方上的“公民意志”。孙中山曾将地方自治当作“国之础石”来看待，[③] 康有为也将地方自治当作通向建立宪政政制的基础来看待。[④] 严氏与孙、康二人所见正同。

在过渡时期以训练国人的政治参与能力及培育国人的“科学”与“自由”精神为重要内容，这显示了严氏政治规设的眼光富于理性色彩。然而在这一过渡时期，宪政被悬置，出现了宪政的空缺，那么这段时期的国家政治应以什么形式进行运作呢？严氏主张仍以“权威”政治行之，他不仅不赞成削弱传统的绝对王权，反而主张对之加以扩大。其云：

> 须知民权机关，非经久之过渡时代，民智稍高，或因一时事势会合，未由成立。而当其未立，地广民稠，欲免于豪强之横暴，势欲求治，不得不集最大之权威，以付诸一人之手，使镇抚之。此其为危制，而非长治久安之局，固也。然在当时，则亦不得已而思其次矣。[⑤]

尽管如此，但严氏并不赞成给予他所规设的“集最大之权威”的政治权力等同于传统的绝对王权，而是主张参用传统的申、韩之术，[⑥] 即将这一权威纳入法律体系之中，严格按照法治的轨道进行政治的运作，所以，严氏所规设的这一过渡时代之“权威”，实是一不同于传统绝对王权的“新权威”。

四　“帝制”与“共和”的两难选择

在晚清政治更张的舞台上，致力于为中国建立宪政政制的政治派别主要有两派：一派是以康、梁师弟为代表的立宪党人，他们主张在不变更现有政治秩序即在保存清王朝的前提下，自上而下地进行宪政政制的建设，

---

① 严复：《法意按语》八二，《严复集》第四册。

② 严复：《政治讲义》第四会，《严复集》第五册。

③ 孙中山：《在沪举办茶话会上的演说》，《孙中山全集》卷三，中华书局，1984。

④ 康有为：《公民自治篇》，张枬、王忍之编《辛亥革命前十年间时论选集》卷一，三联书店，1960。

⑤ 严复：《政治讲义》第八会，《严复集》第五册。

⑥ 严复：《与熊纯如书》廿一，《严复集》第三册，中华书局，1986。

致力于在中国建立一个英国式的君宪政制；另一派是以孙中山、宋教仁等为代表的革命党人，他们主张推翻清王朝，由革命党自下而上地推进中国宪政政制的建设，致力于在中国建立一个美、法式的共和政制。这两大政治派别在清末的政治漩涡中曾有过殊死的斗争，均将对方当作中国政治改进的障碍来看待。其实，这两大政治派别，他们所追求的政体形式及其政治变革手段虽异，但他们所追求的结果却是一致的，即均是主张实现由传统绝对王权向近代宪政政制的转换。君宪政制也好，共和政制也好，它们只不过是近代宪政政制的不同存在形态，两者在本质上并无什么差异。严氏在晚清的政治变局中，只在戊戌时期曾一度活跃过，之后便远离政治斗争的舞台，纯粹以一个独立学人的姿态来为中国政制建设进行思考的。他与立宪派及革命派的关系都甚为疏远，即使是在戊戌时期，他与立宪派前身即维新派虽然发生了关系，与维新派的主要成员梁启超、夏曾佑等建立了比较密切的个人交谊，但他实际上同维新派这一政治派别的关系仍是若即若离的，这显示了严氏浓厚的自由主义学者的气质。在政治的更张上，严氏主张渐进主义，有秩序地进行，反对激进主义的变革，在这一点上他与康、梁所持相类，所以，他也主张在保存现有秩序即保留清王朝的基础上进行自上而下的变革，其结果自然也是一个英国式的君宪政制。对革命他则持拒斥的态度，他和伯克一样对法国革命持激烈的批评立场，并对卢梭的富有浪漫气息的政治变革理论作过比较深刻的批评。关于政制的更张，严氏似乎并不太注重外在的形式如何，更注重的则是政制内在精神的更张。从严氏"两个层面"政治变革的规设来看，严氏实是将中国政治变革的大任付托于清王朝，也即在"过渡期"由清王朝原有政治架构中的"君权"来实行"权威"政治，最终实现向近代宪政政治的转换。

从前面所论述的严复宪政思想的"两个层面"来看，严氏思想的内在逻辑是相当严密的。"两个层面"的政制构想本身并无什么龃龉，如果他所付托的权威（清王朝）能够真正地领导中国朝着宪政道路迈进，则严氏思想当有一个圆满的结局。可是，历史的发展与他之所期正好相反，在清王朝的最后统治岁月里，由于清朝贵族之缺乏政治远见，不能顺应潮流，及满汉矛盾之不可化解等诸多因素的作用，清王朝终于被革命风暴淹没了。革命之后，中国迅速宣布建立共和政制，共和政制成了不可回避的现实，作为传统绝对王权象征的"皇帝"也随之成为历史名词，永远退出了中国历史的舞台，严氏所期望的带领中国走向宪政的"权威"失落了。

民国肇造，当人们在为新生共和国的诞生而欢呼雀跃的时候，严氏却表现出完全异样的心境，他不但没有一丝一毫的愉悦，反而，他的心情显得格外的沉重。“灯影回疏棂，风声过檐隙。美人期不来，乌啼蜃窗白。”①严氏在辛亥革命成功之后不久，带着凄苦心境写下的这首小诗，向人们传递出了这样的消息：早到的共和国，并不是他所想要拥抱的“美人”。翩然而至的共和国，虽非严氏之所期，但共和毕竟成了现实，不愿以逊清遗民自居的严氏，当然也只有接受这一现实。民国初年，严氏对新生共和国既不愿认同又不得不默许的心境，体现了严氏思想的内在紧张，这一内在紧张使严氏经常陷入“帝制”与“共和”的两难选择之中。

中华民国建立以后，中国的政治架构发生了很大变化。大总统、国会、政党、约法，一应俱全，从表面上看去，似乎近代宪政政制已经得到了落实，中国实现了从传统绝对王权向近代宪政政制的转换。然而，真正能够理解并愿意忠实地捍卫这一通过革命催化出来的共和宪政的真正共和国“国民”，毕竟只是少数的革命精英，当时不仅存在着庞大的反共和力量，而且这一新的共和政制与广大中国普通国民实际上也是无甚瓜葛的。民初的政坛纵横捭阖，波谲云诡，对其有深刻切肤之痛的鲁迅先生曾经说道：

> 我觉得革命以前，我是做奴隶；革命以后不多久，就受了奴隶的骗，变成他们的奴隶了。
>
> 我觉得有许多民国国民而是民国的敌人。
>
> 我觉得有许多民国国民很像住在德法等国里的犹太人，他们的意中别有一个国度。②

共和政制在当时恐怕只是深入革命精英或一部分新式知识分子之心，它与广大的中国民众实际上是相睽隔的。并且，民初的政坛由于没有一个维系人心的传统王权，政治秩序瓦解，各派政治力量在权力较量中纵横捭阖，政局较之前清时期更加混乱与动荡，真正的共和精神不能得到有效的

---

① 严复：《民国初建，政府未立，严子乃为此诗》，《严复集》第二册。

② 鲁迅：《忽然想到·三》，《华盖集》，《鲁迅全集》（3），人民文学出版社，1981。

落实。严氏所反对的正是这样一个只悬挂共和招牌的假共和，觉得触目皆非，这一共和政制与他所追求的宪政政制相距何止十万八千里？因此，严氏对这一由革命催化出来的新生共和政制颇不以为然，他曾经说道：“自辛亥武汉造功，不半载而变中国数千年之旧法，号曰‘共和’，虽一切外缘内因，举不备具，骤用新制，无异驭电车以行于蚕丛巉嶂之区。”[①] 民国以后在公开或未公开发表的言论中，严氏对新生共和政制颇多讥刺，云：“今何意当此二十世纪之初，吾中国由专制之法，越宪政法君而直成于民主，猗欤盛哉！人间何世，老朽乃幸须臾无死，及见此德化之成也！”[②] 对于民初政局的动荡与混乱，严氏则不胜愤慨，并且将其诿过于“革命”。[③] 其云：“专制末流，固为可痛，则以为共和当佳，而孰知其害乃过于专制。”[④] 在他看来，假共和尚不如真专制，由此他甚至发出“共和之万万无当于中国”的偏激之论。[⑤] 过去，国内学界曾将民国之后严氏所发表的反对或讥刺共和的言论，当作严氏思想是在倒退的“铁证”来看待，其实并不符合他思想的原旨。很显然，严氏所反对或讥刺的是民初徒具近代宪政政制形式而有传统绝对王权之实的假共和，严氏并没有违背他“两个层面”的政治构想，他仍然继续忠实于自己所主张的通过一个“新权威”作为过渡，以建立完备宪政政制的政治更张的大思路，只不过时过境迁，他的“两个层面”的宪政思想逻辑，因清王朝的垮台而失去了依托。他的这些反对或讥刺共和的言论，实际上我们也可将其视为严氏对政治秩序失范之前的一种历史追忆。

清王朝的垮台，对于严氏试图通过一“新权威”渐进地实现宪政政制的过渡，无疑是重锤一击。严氏对中国之最终能够获致富强虽然没有完全绝望，但却常常表现出一种无奈的心情，对自己一生不懈追求宪政的信念也渐趋冷却。下面一首小诗颇能反映严氏当时的心境：

> 四条广路夹高楼，孤愤情怀总似秋。文物岂真随玉马，宪章何日布金牛？莫言天醉人原醉，欲哭声收泪不收。辛苦著书成底用？竖儒

---

① 严复：《说党》，《严复集》第二册。

② 严复：《论国会议员须有士君子之风》，《严复集》第二册。

③ 严复：《与熊纯和书·三十九》，《严复集》第三册。

④ 严复：《与熊纯和书·六十五》，《严复集》第三册。

⑤ 严复：《与熊纯和书·三十一》，《严复集》第三册。

空白五分头。[1]

对于自己辛苦著书，宣说宪政的努力，严氏发出了“无用”的哀叹。严氏又有诗云：“人间处处沸蜩螗，借问何乡是帝乡？……惟有陶潜言可用，北窗一枕到羲皇。”[2] 在民初混乱的政局中，严氏再也不愿与政治发生任何关系了。加以老病，严氏亟欲归隐的心情与日俱增，终于在1920年8月返乡，远远地离开了政治。返乡之后的心境，严氏在给他的学生熊纯和的信中写道：“还乡后，坐卧一小楼舍，看云听雨之外，有兴时稍稍临池遣日。从前所喜哲学、历史诸书，今皆不能看，亦不喜谈时事。槁木死灰，惟不死而已，长此视息人间，亦何用乎？”[3] 严氏祈求“速死”的心境，似乎反映了他连“共和”（假共和）的国民也不愿做了。可以说，不仅他的肉身，连他的心灵也远远地离开了政治。在中国建立真正宪政政制的追求，只成了他梦中的落花，漂浮于他理念世界的云端。

严氏在民初之不愿认同新生共和国，其心迹是很明晰的。在民初他除了发表了许多反对或讥刺共和的言论之外，还发表了一些赞同君主之制的言论，认为“中华国体，则自以君主为宜”。[4] 然而国体既然变更，严氏又不愿再回到前清帝制时代去，其云：“大总统宣誓就职之后，以法律言，于约法有必守之义务。”对于当时掀起的“洪宪帝制”，严氏则明确表示了“宜反抗”的心态。[5] 既不愿认同共和，又默许共和的存在；既赞同君主之制，又不愿再退回到前清时代去。在“帝制”与“共和”之间的这一两难选择，一直困扰着他。如前所论，这是严氏“两个层面”宪政思想在现实中因得不到落实所致的必然结果。这一两难选择的矛盾心态，通过严氏与“洪宪帝制”的关系，我们更可进一步清楚地看出来。

民国初年，各派政治力量纷纷登上历史舞台。以孙中山为核心的南京临时政府，政令不能出南京城，不能有效地控制全国的政局，不能有效地填补清政府瓦解之后出现的权力真空。因此，拥有北洋六镇且在清末新政中有过突出表现的强力人物袁世凯，便成为众望之所归，连革命领袖孙中

① 严复：《赠英华》，《严复集》第二册。
② 严复：《无题》，《严复集》第二册。
③ 严复：《与熊纯和书》一〇六，《严复集》第三册。
④ 严复：《与熊纯和书》廿六，《严复集》第三册。
⑤ 严复：《与熊纯和书》廿六，《严复集》第三册。

山、黄兴、章太炎等都对他寄有厚望，倾向于支持他。由此袁氏由临时大总统而大总统，成为弥补权力真空的政治强人。严氏对袁氏曾有过较高评价，认为袁世凯“雄姿盖世，国人殆无其俦”。[①] 然严氏又云：“大总统固为一时之杰，然极其能事，不过旧日帝制时一才督抚耳，欲与列强君相抗衡，则太乏科哲知识，太无世界眼光，又过欲以人从己，不欲以己从人，其用人行政，使人不满意处甚多，望其转移风俗，奠固邦基，呜呼！非其选尔。”[②] 显然，严氏认为袁世凯由于“太乏科哲知识，太无世界眼光”，让他成为一个带领中国走向宪政的“新权威”，并非合适人选。然而盱衡当时人物，除袁世凯之外，又别无更合适人选，对此，严氏倍感悲哀。所以，他尽管对袁氏表示不满，仍然偏向于支持袁氏，但于袁氏政权他则保持了疏离的立场。他虽先后被袁氏政权聘为约法会议议员、参政员参政、宪法起草委员等职，[③] 但严氏并不热心，仅供职而已，所以袁世凯也说过“严某纵圣人复生，吾亦不敢再用”[④] 的话，同样对他也表示过不满，保持着疏离的立场。对于袁氏政权，严氏基本上是作为一个旁观者出现的。“洪宪帝制”运动掀起后，严氏即明确表示过“宜反抗”的态度，[⑤] 并拒绝为文劝进，[⑥] 这说明严氏对袁世凯之恢复帝制的态度是冷淡的。然而，由于严氏在民初曾发表过一些讥刺共和、赞同君主之制的言论，热衷于为袁氏复辟帝制奔走的杨度遂谋划拉严复入筹安会，以壮大声势与影响，并且在未经严氏同意的情况下，将严复名字列入筹安会成员中（名列第三），并公诸报端，[⑦] 严氏遂陷入筹安会丑闻之中。在整个事件过程中，严复实是受杨度所欺，被动地卷入这一事件的。尽管他并未参加过一次筹安会的会议，与筹安会保持着疏远的距离，然而严氏在自己名字被盗用公诸报端之后，自己并未发表公开声明以自辩，遂遗世人以口实，与杨度、孙毓筠、李燮和、刘师培、胡瑛一道，作为“筹安会六君子”遭世人唾骂。严氏对于自己“无勇怯懦”，未能登报公开声辩曾表示过惭愧，但他扪心自问，无愧于心。长期以来，学界一直将严氏当作“筹安会六君子”之一，

---

① 严复：《与熊纯和书》廿一，《严复集》第三册。

② 严复：《与熊纯和书》廿四，《严复集》第三册。

③ 王蘧常：《严几道年谱》，台湾商务印书馆，1981，第86、88、93页。

④ 王栻：《严复传》，上海人民出版社，1957，第91页。

⑤ 严复：《与熊纯和书》廿六，《严复集》第三册。

⑥ 王蘧常：《严几道年谱》，第99页。

⑦ 严复：《与熊纯和书》三十二，《严复集》第三册。

并以严氏赞同洪宪帝制作为严氏晚年思想倒退的表征，其实有违史实。确切地说，在洪宪帝制中只有“筹安会五君子”，严复并不能划入其列，现在应是我们为严氏正名的时候了。

袁世凯在护国战争节节胜利及各方的压力之下，不得不取消帝制，但仍谋求继续担任大总统之职。当时的形势是各派政治力量均已抛弃了袁氏，对于袁氏的去留，严氏则一反他在帝制过程中的沉默，竭尽全力为袁氏开脱，认为袁氏之帝制自为，袁氏虽然有过，但不能完全归罪于袁氏，并力保袁氏，反对让袁氏退位。[①] 严氏在整个洪宪帝制运动中的心态，似乎让人不可捉摸，大陆学界对于严氏这段历史，基本上是采取谴责的态度，认为他在“洪宪帝制”运动中扮演了不光彩的角色，即使是海外致力于为严氏辩诬的史华慈教授也认为：“假如袁世凯真的成功了，他也许会全力支持那么一个‘袁朝’。”[②] 这些观点，其实都有失偏颇，有违史实，需要吾人进一步加以梳理。

其实，严氏之在拥袁称帝问题上表示冷淡，与他之在袁氏取消帝制后力保袁氏，两者并不矛盾。从严氏“两个层面”的政治构想来看，严氏所真正痛惜的是清王朝的垮台，他认为在清王朝垮台前夕清王朝颁布了实行宪政的“十九信条”，是中国政治改进、进行宪政建设的一个绝好时机，他对于这一时机的丧失感到至为沉痛。[③] 清王朝灭亡后，严氏由于其“两个层面”政治构想失去了依托，他对时局所发表的言论，除了批评讥刺共和与追恋前清之外，少有作积极性的新的政治构想。他虽然倾向于支持袁氏，但他并不认为袁氏能够承担带领中国走向宪政的重任。因此，严氏采取了既不认同共和又默许共和存在的立场，他对袁氏之帝制自为自然要持反对的态度。当袁氏取消帝制之后，中国政治重新回到共和的轨道上，在这一态势下，严氏之力保袁氏，并不能够说明严氏已经改变了他此前认为的袁氏不能带领中国走向宪政的看法，严氏实际上是从政局稳定角度来考虑问题的。因为在严氏看来，如果力去袁氏，“则天下必乱，而必至于覆亡”。[④] 这一心态，与他之在清朝灭亡之际之力保清王朝是迥然不同的。因

---

① 严复：《与熊纯和书》三十，《严复集》第三册。

② 〔美〕本杰明·史华慈：《寻求富强：严复与西方》，叶凤美译，江苏人民出版社，1996，第 209 页。

③ 严复：《与熊纯和书》三十，《严复集》第三册。

④ 严复：《与熊纯和书》三十，《严复集》第三册。

此，认为严氏在袁氏帝制成功后会支持“袁朝”，实是难以成立的。由上我们可以看出，严氏在共和成立之后之不愿认同共和、追恋前清帝制，在袁氏帝制自为时，又不愿认同袁氏帝制、主张维持共和现状，这两种心态，其实其内在思想逻辑是统一的，反映了严氏在“帝制”与“共和”之间选择的两难境地，而这又是他“两个层面”政治构想得不到落实所导致的必然结果。

五 中国式“伯克主义”的困境

爱德蒙·伯克（Edmund Burke，1729－1797）是被公认的政治保守主义的鼻祖。在伯克式保守主义的政治传统中，“自由”与“传统”是其最基本的政治理念。伯克生活的时代，自由主义的政治传统已经在英国深深地扎下了根。伯克本人是位著名的辉格党人，他十分偏爱与珍惜已经在英国深深扎根的自由主义政治传统。伯克式的保守主义，“在相当大的程度上是传统主义加上古典的自由主义”，其实质是自由主义，“是自由主义与传统主义的结合”。① 伯克所要保守的正是在英国已经牢牢确立的自由主义政治传统。关于政制的变革，伯克曾经说道：

> 制度不是发明或制造出来的，它们是活生生的并且是不断发展的，因此，必须以尊敬的态度对待它们，以审慎的态度提到它们。对于进行计划和设计的政治家来说，想以冒险而空想的计划搞什么新制度，可能会轻易毁掉他一时心血来潮想要再建的东西。老制度之所以能顺利运转，是因为已世代为我们所习惯、所熟悉，并为人们所尊崇，没有哪个新创造的制度能够通行，无论它多么合乎逻辑，除非它积累了类似程度的习惯和感情。……一国政府可以改变和改进，但一次只能是小小的，而且总得遵照该国人民的习惯，符合本国历史的精神。②

伯克认为一切制度都是“长成”的。对于政治的变革，他反对人为的

① 刘军宁：《保守主义》，东方出版社，2014，第29页。

② 〔美〕乔治·霍兰·萨拜因：《政治学说史》（下），刘山等译，商务印书馆，1986，第687—688页。

“设计”，他特别尊重“传统”与“习惯”，强调稳定的价值，强调稳定所赖以维系的习惯的威力，[①] 认为“约定俗成是一切权柄中最坚实的”，[②] 并且主张“以变革来维护传统”。[③] 他的政治变革思想有着浓厚的渐进主义色彩，对于法国革命式的激进式政治变革，他则持拒斥态度。伯克式渐进政治变革理论，同其经验主义的思维模式存在着密切的关系，当代著名的自由主义大师海耶克（又被称为新保守主义大师）将其界定为是一种“批判的理性”。这一思维模式承认人类所具有的潜在的“恶”，认为人性是不完善的。由此，人类的理性也是有限的，不可能凭着自己的设计，创造一个至善的社会。

伯克式的保守主义政治话语，在西方社会薪火相传，形成了一个在西方社会影响至为深远的保守主义政治传统，这在当代自由主义大师（新保守主义大师）海耶克的思想里得到更加全面而深刻的阐述。海耶克将睥睨传统，企图凭着决定一切的“思想”来构建一个“理想”、“全新”的社会的“理性”称之为“建构的理性”。海氏将这一“理性”比作“可能将整个人类文明炸毁”的烈性炸药，[④] 并将它视为最不理性的“理性”。海氏同伯克一样，承认人类理性的局限性，人类理性在人类文明的演进中只能扮演一个“有限”的角色。由于思维模式的接近，海氏关于社会制度的变更，也得出与伯克相似的结论，如海氏曾经说道：

> 对于已经自动成长的社会制度，可以加以改进，人类文明乃是在不断地尝试错误中累积发展。吾人的适当态度也是了解理性有意识的产物仅占极小部分，而对成就远大于理性设计的整个社会过程保持谦逊与敬服。[⑤]

同样，他也对“传统”表示了高度的敬意，并主张渐进地进行政治的变革。

反观严复的政治变更思维模式，与伯克、海耶克如出一辙。严氏曾明

① 〔美〕乔治·霍兰·萨拜因：《政治学说史》（下），第691页。
② 〔美〕乔治·霍兰·萨拜因：《政治学说史》（下），第677页。
③ 〔美〕乔治·霍兰·萨拜因：《政治学说史》（下），第682页。
④ 何信全：《海耶克自由理论研究》，（台北）联经出版事业公司，1990，第41页。
⑤ 何信全：《海耶克自由理论研究》，第45—46页。

确指出过君、臣及兵、刑等政治制度的设立即是人性的不完善性所导致的。并且，他也公开地指出："国家生于自然，非制造之物。"① 他虽然对"天演"与"人功"并重，但他主张人类之参与历史的演化，只能在深察历史演化内在逻辑的基础之上因势而利导之。对于卢梭氏的非历史主义的社会变革理论，他则给予了拒斥。他曾专门作《〈民约〉平议》，驳斥卢梭的社会变革思想："卢梭之说，其所以误人者，以其动于感情，悬意虚造，而不详诸人群历史之事实。"又云："卢梭之说，仁则仁矣，而无如其必无是也，则奈何欲乱人国以从之乎？"② 以卢梭为代表的"理性主义"（即海氏所批评的"建构的理性"），在清末民初的中国政治变革过程中曾风行一时，卢梭被时人（特别是主张以激进手段变革政治的革命党人）奉作"圣人"。而严氏在当时可谓是卢梭思想占主流地位的历史背景下，公开地拒斥卢梭，显示了严氏根深蒂固的伯克主义的政治信念及经验主义思维模式对他的影响。

盖严氏所受的西学教育，主要是在英国接受的经验主义的教育，他对这一学派著名大师如培根、洛克、休谟、斯密，以及接近这一学派的孟德斯鸠等表示过高度的敬意。在其向国人宣说的西学中，经验主义者最富表征的思维模式中的"内籀"之学，是严氏反复不停地使用的重要概念，这散布在他大量的论文、按语与著作里。严氏在评论西学时云："然而西学格致，则其道与是适相反。一理之明，一法之立，必验之物物事事而皆然，而后定之为不易。其所验也贵多，故博大；其收效也必恒，故悠久；其究极也，必道通为一，左右逢原，故高明。方其治之也，成见必不可居，饰词必不可用，不敢丝毫主张，不得稍行武断，必勤必耐，必公必虚，而后有以造其至精之域，践其至实之途。"③ 真理的得出基于经验的积累，他将其思维过程分为"考订"、"贯通"、"试验"三际。④ 基于这一思维模式，在中国传统旧学中，严氏尚能尊敬朱子之学，对阳明学则深恶而痛绝。⑤ 即使在晚年严氏对阳明"悲天悯人"之意表示过好感，但仍对阳明之悬置一"心"，认为"吾心即理，而天下无心外之物"之先验主义的

---

① 严复：《政治讲义》第二会，《严复集》第五册。
② 严复：《〈民约〉平议》，《严复集》第二册。
③ 严复：《救亡决论》，《严复集》第一册。
④ 严复：《西学门径功用》，《严复集》第一册。
⑤ 严复：《救亡决论》，《严复集》第一册。

思维模式表示恶感。严氏云：“知者，人心之所同具也；理者，心物对待而后形焉者也。是故吾心之所觉，必证诸物之见象，而后得其符。……故论理者，以对待而后形者也。使六合旷然，无一物以接于吾心，当此之时，心且不可见，安得所谓理者哉？是则不佞所窃愿为阳明诤友者矣。”①

在伯克式保守主义的政治思维模式中，“自由”与“传统”是统一的。伯克要保守的正是当时已经形成并且成熟的英国自由主义的传统。因此，在伯克的思想里，“自由”与“传统”二者之间并无什么紧张，二者是和谐、统一的。严氏在思维模式及政治变革的主张上虽然非常类似伯克，但是，当时中国的政治传统，并无自由主义为之提供根基。且在中国的传统思维模式中，先验主义，也即类似于西方的“建构的理性”，根深蒂固；类似于经验主义，也即海氏所谓的“批判的理性”，并没有真正生根并占据主流地位。即使是在朱子学中，格物致知的最后归宿，实是在为儒家的纲常伦理做注脚。由乾嘉学派所弘扬的考据学传统（类似于西方的经验主义思维模式，也即海氏所谓的“批判的理性”），也只纯粹停留在对于古典文献的考证疏释上，并没有能够转换国人的思维模式，从而延展至对于社会政治变革问题的思考。因此，严氏当时面临着一个颇为棘手的问题：如果从其思维模式出发来进行中国政治的变革，即在尊重中国固有传统的基础之上进行政治的更张，由于中国政治传统里没有自由主义的政治概念，则宪政不可能得到落实，因为中国的政治传统本身是不可能开出宪政政治的，而要建立现代宪政政制，必须要由自由主义为之提供根基。如果要建立现代宪政政制，建立自由主义的政治传统，势必要对中国政治传统作一彻底更张，否则宪政政制是难以得到落实的。由此，在严氏那儿“自由”与“传统”便不像伯克那样的和谐与统一，两者存在着内在的紧张。严氏主张在建立宪政政制之前先解决好两大问题，即确立“科学”与“自由”精神以改变“风俗人心”，也即在中国培育一个经验主义的思维模式与自由主义的传统。这一眼力虽然至为敏锐，但是要做到这一点，又只能暂时悬置宪政，只有通过教育来作长期打算。在政治运作层面，又使他不得不选择一个“新权威”以作过渡。然而，没有建立制度化的权力体系，又怎样能够保证做到“新权威”之真正能够为中国宪政打下基础，怎样能够保证做到“新权威”之不向传统的绝对王权滑落呢？如果严氏所规设的“新

① 严复：《〈阳明先生集要三种〉序》，《严复集》第二册。

权威”滑向传统的绝对王权，则宪政便成为泡影，又怎能保证做到“科学”与“自由”精神的落实呢？这对严氏来说，是一个难以超越的怪圈。在严氏所规设的“新权威”政治架构下，能够约束“权威”的实际上只是抽象的国家法律，这就不可避免地会导致这样一个结果：即国家政治的安危与宪政的落实取决于行使“权威”的政治领袖的个人品质与才干，如果他在行使权威时，能够循法治的轨道进行政治的运作，并且真正地为宪政政治的建立作好准备，则中国将可建立一个新的自由主义的传统，宪政政治终有必成之一日，否则只会向传统的绝对王权滑落。严氏虽然认识到了这一“新权威”政治规设是一“危制”，存在着极大的危险性，但他却仍不得不选择“新权威”政治架构作为过渡。这一方面说明了中国宪政政治建立的复杂性与艰难性，同时也显示了严氏中国式“伯克主义”政治思维模式的困境。严氏晚年陷入“帝制”与“共和”的两难选择之中，带着凄凉心境离开人世，进一步凸显了中国式“伯克主义”所具有的悲剧色彩。这不仅是严氏所面临的棘手问题，也是宪政政治尚未真正落实的今天，我们所遇到的同样的棘手问题。

［注：本文的第一、二部分约一万字曾以《严复政治思想的两个世界》为题发表于《福建论坛》（文史哲版）1999 年第 2 期，今按手稿全文录出，发表于此，以飨读者。］

关天培与粤省海防

鸦片战争之前，清朝政府奉行“闭关”政策，仅开广州一口同外人接触。作为清朝国防力量一个重要组成部分的广东水师，无疑对这一国策的维护，有着重大的责任。历任广东水师提督也都把“缉盗防夷”当作重要职守。鸦片战前，在清朝的历任广东水师提督中，关天培是最杰出，也是最重要的一位，他对广东省的海防做出了杰出贡献，并悲壮地牺牲，长留英名于后世。

关天培（1781—1841），江苏山阳（今淮安）人，字仲因，号滋圃，行伍出身。曾任江苏太湖营水师副将。擢江南苏松镇总兵、署江南提督。律劳卑事件发生后，于1834年被清朝政府任命为广东水师提督，正式担负起广东省海防的任务。本文试图就关天培在主持粤省海防期间的主要防海活动及其防海思想等作一探索，在未探索之前，我们先来看一看他主持其事之前粤省海防的大致情形。

一

鸦片战前，中国的统治者与军事思想家们，均没有经营大海的思想，中国同周边各国打交道，多奉行“来则抚之，贰则绝之”的“不勤远略”[①] 方针，防海力量主要是对着海盗的。康熙年间，清朝政府开始在虎门创设水师副将。嘉庆年间，由于安南国勾串海盗蔡牵经常骚扰东南沿海，为了加强东南沿海的海防力量，清朝政府于嘉庆十五年在虎门正式设立了广东水师提督。[②] “广东为濒海最要之区，外海则洋面广阔，内河则港

---

① 姜宸英：《海防总论拟》，魏源、贺长龄编《皇朝经世文编》卷八十三，沈云龙编《近代中国史料丛刊》第七十四辑，（台北）文海出版社。

② 关天培：《广东历任水师提督题名碑记》，《筹海初集》卷一，沈龙云编《近代中国史料丛刊》第四十三辑，（台北）文海出版社，1969。

汉分歧，劫案素多，兼外来商船往来络绎。”① 因为当时清朝只留广州一口同外人接触，所以广东水师提督便担负着双重任务：一方面要对付海盗的骚扰，另一方面又要对付那些漂洋过海而来的“外夷”。

在关天培主持其事之前，粤省防海力量的部署，大致分为左、中、右三路，计有炮台100座，② 水师34营，额兵25443名，现将其兵力部署情况列表如下。

表1　道光十五年粤省水师表

水师营名称	额设兵弁（人）	水师营名称	额设兵弁（人）
水师提督中营	1081	新会左营	804
水师提督左营	961	新会右营	806
水师提督右营	1137	大鹏营左营	505
水师提督前营	588	大鹏营右营	482
水师提督后营	703	碣石镇中营	866
香山协左营	852	碣石镇左营	799
香山协右营	849	碣石镇右营	841
顺德协左营	981	平海营	692
顺德协右营	901	南澳镇右营	1076
前山营	368	海门营	923
达濠营	375	石匈州营	567
澄海协左营	649	东山营	295
澄海协右营	647	海口营	962
阳江镇左营	915	龙门协左营	807
阳江镇右营	789	龙门协右营	794
广海寨	753	海安营	795
吴川营	612	崖州协水师	268
总计：水师营34个，额设兵25443人			

资料来源：关天培《筹海初集》卷二·《新建炮台筹议抽拨防兵咨商稿》。

从表1所列的数字来看，当时广东水师的规模是相当庞大的。在粤省的海防中，“虎门海口为中路要冲”，③ 它是广东水师提督的驻扎之地，在

① 关天培：《新建炮台筹议抽拨防兵咨商稿》，《筹海初集》卷二。

② 倭什布：《筹办洋匪疏》，魏源、贺长龄编《皇朝经世文编》卷八十五。

③ 关天培：《札饬中右将备示谕各台弁兵稿》，《筹海初集》卷二。

清朝的“闭关”政策下，它又是“外夷”同中国接触的唯一通道，所以，对虎门海口的防御，清朝政府向来便非常重视。按照清朝的“闭关”政策，外国的商船只准停泊在黄埔以外的洋面，外国的护货兵船则只准停泊在沙角以外的洋面。[①] 为了有效地阻止“夷兵船”“擅入口门”，广东水师除了将主要力量集中于此处外，1834 年以前还利用虎门海口复杂的地形与水道，陆续修建了八座炮台（即沙角、大角、南山、镇远、横档、大虎、蕉门、新涌口八座），并配有大炮 191 尊，守台兵弁 324 名，[②] 水师提督中左右前后五营，声势联络，以资控制。就清朝当时的国力来说，仅虎门一口即配置了如许防海力量，不可谓不重视。但在鸦片战前，由于清朝政府的腐败，武备已废弛不堪，清水师也已弊窦重重，“广东风气浮而不实，加以历任废弛，水师尤甚”。[③] 具体表现有以下几点。

第一，水师官兵不任职守，腐化堕落。时广东水师实际上担负着双重任务，特别是鸦片战争前，西方将鸦片贩运至中国，广东水师对缉毒便有着不可推卸的责任。但当时广东的水师不仅不能有效地缉毒，反而受贿，任其进入海口。如道光六年两广总督李鸿宾为了缉毒，曾设立“巡船”，但这种缉毒武装却“每月受规银三万六千两，放私入口”，其后负责其事的水师副将韩肇庆也“专以护私渔利”，“与夷船约，每万许送百箱（指鸦片——笔者）与水师报功，甚或以水师船代运进口”，韩肇庆因此得“擢总兵，赏戴孔雀翎”，参与缉毒的水师兵丁也“人人充橐”。[④] 广东水师对鸦片战前烟毒的泛滥，实起着助纣为虐的作用。

第二，水师官兵疲玩成风，技艺不精。由于水师官兵的腐化堕落，平时于巡防操练均不甚讲求，从而造成“水师各营软弱，技艺欠精”[⑤] 的局面。道光十四年冬，两广总督巡阅水师，广东水师计有十四营（即水师提督中左右前后五营，香山协左右二营，前山营，大鹏营左右二营，顺德协左右二营和新会左右二营），各选送本营的十分之三四兵额参加。按照前列的“水师表”，可知这十四营计有额兵共 11118 人，每营分选十分之三

① 关天培：《外夷巡船到境应分别奸良抚惩稿》，《筹海初集》卷三。

② 关天培：《重勘虎门炮台筹议节略稿》，《筹海初集》卷一。

③ 《关天培事迹汇考·关天培传》手抄本，南开大学图书馆藏。

④ 芍塘居士：《海防纪略》卷上，沈龙云编《近代中国史料丛刊》第十八辑，（台北）文海出版社，1969，第 20—21 页。

⑤ 关天培：《通行训练章程挑选精壮士卒稿》，《筹海初集》卷一。

四参加，则参加之兵弁总数为3300—4400人。但检阅的结果，一枪未中和只中一枪的竟达306人，[①] 约占参加总人数的十分之一，这些都是各营精选出来的，剩下的就更可想而知了。水师素质如此之差，要它有效地担负起“缉盗防夷”的重任，是很难胜任的。

第三，战具落后，武备不整。时清朝水师所用的战船，因督造无方，再加上文武官员的贪污中饱，大多不能保证质量，[②] 所以，用之捕盗，大多不能得力，不得不“雇用民船”，如当时广东水师的捕盗战船，用的即多是“东莞米艇”。[③]

由此看来，当时广东水师的战斗力是相当脆弱的，在关天培肩负着朝廷重任去主持粤省海防时，任务虽然非常艰巨，但他面对的却是一副烂摊子。

二

1833年，英国废除了东印度公司的贸易垄断权，任苏格兰贵族律劳卑为广州商务监督，加快了打开中国大门的步伐。1834年7月25日，律劳卑到达广州，随即便向两广总督卢坤提交了一封信，要求改变广州贸易体制，遭拒绝后随即便率两艘军舰，打入珠江，并抵御清政府的封锁达十七日之久。律劳卑事件的发生，一方面彻底暴露了清朝防海力量的空虚，同时也昭示着粤省的海防已经开始了一个重要的变化，即以后粤省的海防主要面对的已经是强大的西方了。关天培正是在这种变化了的新形势下，去主持粤省海防的。

如前所述，关天培在接任广东水师提督前，广东水师虽然队伍庞大，但却已经完全腐化堕落，战斗力也相当脆弱；并且，他当时面对的又是拥有“坚船利炮”的海上强国大英帝国，以此疲弱之师，显然不能收到干城之效。为此，他一方面花大气力对广东水师进行整顿，一方面又根据当时的实际情况，精心构筑了一道“南海长城”。关天培整顿广东水师的措施主要有以下几个方面。

第一，精选士卒。清制：“挑选披甲时，以弓箭为重”，“步弓限以六力，马弓限以三力”。但关天培考察广东水师的结果，各营弁兵不合格的

① 关天培：《通行训练章程挑选精壮士卒稿》，《筹海初集》卷一。

② 高其倬：《筹画速修战船疏》，魏源、贺长龄编《皇朝经世文编》卷八十三。

③ 吴俊：《请建米艇状》，魏源、贺长龄编《皇朝经世文编》卷八十五。

很多，对此，他严格加以督责，将不合格者“即行革去”。对“兵弁中能有开射八力、十力、十二力者，果能从容有准，立即从优擢拔”。[①] 并且，增加兵弁薪饷，“每兵每日赏给口粮三分”，[②] 以励士气。

第二，“酌定条规，通行各营”，以革疲玩之风，并且做到官兵相亲、上下一气。[③]

第三，督责将士，勤加训练，以提高技艺。他说：“本军门随时亲临阅验，或密差访查，该弁兵等仍前怠玩，或不认真训练，仍前生疏无准，及查有懒惰偷安者，……决不宽贷。”[④] “务使各弁兵已精者精益求精，未精者渐就精强，总令一兵得一兵之用，饷不虚糜，一弁有一弁之能，官不尸位。”[⑤]

此外，他对战具也非常注重，认为：“一应火器总期力能致远”，[⑥] 一方面更换旧有的“不足济用”的大炮，并准备“添铸六千斤大炮二十位、八千斤大炮二十位”，分拨各炮台；[⑦] 另一方面对库存弹药进行检查，对不合格者“汇总补造”，以“出陈易新”[⑧]；等等。

广东水师经过他的大力整顿，面貌一新，“一载以来，官兵积习渐就湔除，操巡亦渐有起色，至出入海口，民夷货船均恪遵法度”。[⑨]

我们知道，关天培率领的广东水师担负着维护朝廷“闭关”政策的重任，它的主要敌手是拥有“坚船利炮”的强大的西方，怎样才能有效地完成这一任务呢？当时清朝水师的兵船、火器均远逊于西方，根本不可能同敌人在外洋“浪战”，因此，关天培根据敌我双方的军事优劣，制定了“以守为战”、“以战求守”的战略方针。又因当时虎门是“外夷”进入广州的唯一通道，处“中路要冲”，清朝政府规定：“外夷”商船只能停泊在黄埔以外之洋，其护货兵船则只能停泊在沙角以外之洋，为此，关天培对粤省海防的经营，重点便也放在中路，着意经营虎门海口。

关天培说：“御之之道，守备为本，以逸待劳，以静制动。”[⑩] 这说明，

---

① 关天培：《上谕札行各营练习弓力稿》，《筹海初集》卷一。
② 关天培：《重勘虎门炮台筹设节略折》，《筹海初集》卷二。
③ 关天培：《分兵训练指地专防折》，《筹海初集》卷二。
④ 关天培：《札饬勤加训练稿》，《筹海初集》卷二。
⑤ 关天培：《通行训练章程挑选精壮士卒稿》，《筹海初集》卷二。
⑥ 关天培：《筹议春秋二季操练炮准师船稿》，《筹海初集》卷三。
⑦ 关天培：《会奏筹议增建炮台添铸炮位折》，《筹海初集》卷二。
⑧ 关天培：《库存炮子锈蚀当出陈易新并赶造火药稿》，《筹海初集》卷一。
⑨ 关天培：《十六年春巡阅西路各营官兵奏稿》，《筹海初集》卷四。
⑩ 关天培：《筹海初集·序》。

他的出发点在于“守”。但他又说：“备御海口，第一以炮火为先，次则以火攻为要。”[①] 这说明，他并不是单纯地防守，其立足点则在“战”。如果敌人兵船能遵守常例，不入沙角以内之洋，则彼此相安无事，一旦进入沙角以内之洋，就要将其驱走或将其消灭。但他最后的目的仍然是“守”，紧紧地守卫中国的南大门，这是由清朝的“闭关”政策所决定的。

敌人优长的地方在船坚、炮利、速度快，如果不能将敌有效地阻于沙角以外之洋，或歼于虎门海口，则敌舰便可很快地攻入珠江。我方的优势在于虎门海口地形、水道复杂，并且炮台林立。为此，关天培以“守”为出发点，精心构筑了三道防线，并增强每道防线的作战能力，以达到歼灭来犯之敌的目的。

第一道防线设在沙角、大角炮台之间。但这两台相距达一千一百一十三丈，“试演三千斤大炮，炮子仅及中流，强弩之末，无济于事”，[②] 防御能力是相当弱的，根本无法将敌舰挡在沙角以外。为此，他将沙角炮台改为“号令”台，“日间分派兵丁登高了望，夜晚轮替支更看守炮位”，倘若“夷船”到口符合向来章程，准其入口，否则，即开炮轰击，并“一面飞报虎门，……一面于望楼高处，日间悬旗一面，夜则集薪燃火，知会大角炮台弁兵，一体开炮下子轰击”，其他炮台闻声也做好战斗准备。[③]

第二道防线设在武山与横档山之间。这儿原有南山、镇远、横档三座炮台，南山炮台“斜对下横档山，中隔水面三百余丈”，“横档炮台斜对镇远炮台，中隔海面二百七十二丈，潮水至此为之一束”。这一带洋面狭窄，“潮汐涨落，流甚湍急”，并且炮子均能击中对面山根，[④] 最能发挥炮火威力，同时，这儿又是“夷船”进入广州的必由之路，所以，他对此便特别注意，这一带实是他筹划的核心防区。其具体措施主要有：第一，增台添炮，加强防区的防御与作战能力。该区原有南山、镇远、横档三座炮台，南山台原设大炮二十位，镇远台原设四十三位，横档台原设四十位。[⑤] 现将南山台扩建成宽大月台，大炮增至四十位。[⑥] 又在横档山背及芦湾山脚

---

① 关天培：《春秋训练筹备一十五款稿》，《筹海初集》卷三。
② 关天培：《查勘虎门扼要筹议增改章程咨稿》，《筹海初集》卷一。
③ 关天培：《分拨采访筹添台兵口粮各件摧督院速覆稿》，《筹海初集》卷一。
④ 关天培：《查勘虎门扼要筹议增改章程咨稿》，《筹海初集》卷一。
⑤ 关天培：《重勘虎门炮台筹议节略稿》，《筹海初集》卷一。
⑥ 关天培：《新建炮台筹添防兵抽拨炮位稿》，《筹海初集》卷二。

新建炮台二座，置炮六十位。①

第二，督责兵弁，勤加训练，“每月两操练炮准，并按三、八日期，操练九五子枪，……专责守台弁委经管”。②

第三，增强后备力量。各台防兵必须要熟练地掌握大炮的运转与施放技术，并且还要达到命中准确，所以一旦出事，就非一般人所能替代。有鉴于此，关天培计划“预练存城兵丁”，“拟将存局旧炮挑出十尊，分置中营参将、右营游击两衙门箭道内，专派千把每月初五、十五、二十五三次齐集，选定枪炮兵五百一十八名，操练装药下子，瞄准点火，一应事宜既免耗费，而各兵手法心思，可期渐就纯熟，以之调配到台，方能得力”。③

此外，他还对炮台的建筑结构进行改造。原有炮台是石墙石地，“一经炮火飞打，以坚击坚，石碎伤人”，所以，他现在改用三合土筑成，“以土易石，柔能克刚”，并且原来的石地，“大炮难以运动”，现改为土地，并在土面上又加一层细沙，“挪移滑溜，四人即可撵回”。④

经他着力经营后，第二道防线防御与作战能力均大大增强。对此，他也很自负，并得意地说：“目下添铸大炮，猛烈无以加矣，增建炮台，周密无以过矣。”⑤

如前所说，敌人的优势在于船坚、炮利、速度快，而炮台是静止的东西，“盖夷船能于迅驶，而炮台则寸步难移”，⑥ 如果不能在很短的时间内将敌舰击沉，则敌舰很有可能会迅速穿过防区，攻入珠江，那么防线也就失去了任何意义。而要想击沉敌舰，就得想办法减弱其速度，弱化敌人的优势。为此，关天培利用武山与横档山洋面狭窄的特点，前后设置了两道木排铁链，用以阻滞敌舰。对此，林则徐曾有详细的记述：

> 所有排链两道，西北皆安根于武山脚下，其东南则第一道安根于饭箩排之巨石，第二道安根于横档山脚，俱各凿深石槽，以八千斤废铁炮横安槽底，炮身外加铁箍四道，上扣铁链四条，由四而并为二，

① 关天培：《新建炮台筹添防兵抽拨炮位稿》，《筹海初集》卷二。

② 关天培：《分兵训练指地专防折》，《筹海初集》卷二。

③ 关天培：《春秋训练筹备一十五款稿》，《筹海初集》卷三。

④ 《关天培事迹汇考·关天培传》手抄本，南开大学图书馆藏。

⑤ 关天培：《咨覆督院必须添制两层排链以资阻截稿》，《筹海初集》卷一。

⑥ 关天培：《咨覆督院必须添制两层排链以资阻截稿》，《筹海初集》卷一。

> 由二而并为一，中间纽合，两头贯以大铁链八条，用大铁锁接扣两边，以便开阖。其木排则以大木截齐，各长四丈五尺，合四根为一小排，穿以横木二道，又以四小排联以一大排，量宽一丈六尺余寸，面底又各夹以横木六道，箍用大小铁箍三十口。第一道安排大排三十六排，大链三百九丈零，第二道安排大排四十四排，大链三百七十二丈，两道排链相去约九十丈。广配铁锚棕缆二百四十副，并设划船四只，水兵一百二十名，管以把总二员。[①]

对此，关天培曾“殚精竭虑，寝食以之”。[②] 这两道排链如果能有效地迟滞敌舰的运动速度，那么建于两边山上五座炮台里的一百八十多门大炮，齐声轰击，则这一防区便很有可能成为敌舰的葬身之地。

第三道防线，设于横档北五里之大虎炮台，“炮火亦甚得力”，距大虎炮台九十八丈以外的洋底即是暗沙，为了防敌“远避炮火”，他决定在暗沙面上，抛石下桩，使敌船不能绕越。[③]

以上三道防线，便是他在中国南大门构筑的“南海长城”，其特点主要是靠发挥炮台炮火的威力，以歼灭敌人。但他并没有完全忽视水师巡船的作用，一方面他命右营游击何骏龙督率中、右两营舟师，“分班出海游巡，日夜防范，随时远远瞭探”，[④] 同时他又积极准备火攻所需一应物件（火船、火箭、火罐、喷筒、钩镰枪、联楷棍、硝磺、柴草等），并“挑派壮勇舵兵、熟谙水性水兵，预备分驾火船”，[⑤] 在敌舰遭到我方炮火猛烈攻击时，顺水施放火船，进行“火攻”，以助炮火之威。

“南海长城”建成后，在当时确也起到了震慑“外夷”的作用：“闻黄埔及十三行夷人行舟过此，皆懔然生严惮心。”[⑥]

三

鸦片战争打响后，在战争初期，“南海长城”确实起到了一定作用，

---

① 林则徐：《覆奏查察虎门排链炮台折》，《林则徐集》中，“奏稿九”，中华书局，1965。

② 林则徐：《覆奏查察虎门排链炮台折》，《林则徐集》中，“奏稿九”。

③ 关天培：《查勘虎门扼要筹议增改章程咨稿》，《筹海初集》卷一。

④ 关天培：《广海将弁不知振作先行摘顶并专员防范夷船稿》，《筹海初集》卷二。

⑤ 关天培：《防夷调派摘要三十三条稿》，《筹海初集》卷三。

⑥ 林则徐：《覆奏查察虎门排链炮台折》，《林则徐集》中，“奏稿九”。

"夷人技无所施"，于是便转攻定海。[①] 但由于清朝政府任命琦善为钦差大臣代替林则徐，琦善到广州后，一意"主和"，在英舰进攻面前，不准号台施放号令，"并木排铁链皆毁弃之"，[②] 使英舰得长驱直入。1941 年 2 月 26 日，关天培与守台将士在孤军无援的情况下，奋然抗击英军，"创痕遍体，血濡衣襟"，英勇战死，[③] 演出了中西第一次大规模武装冲突中最悲壮的一幕。关天培的壮烈牺牲，意味着"南海长城"被彻底摧毁。

"南海长城"之被摧毁，当然同琦善的"主和"政策有较大关系，但由于是琦善自撤藩篱所致，所以它在当时究竟能起到多大作用，我们已无从估价，下面我们只能从关天培防海活动的指导思想这一角度出发，对它加以评价。

在关天培以前，我国东南沿海经常受到海盗（包括倭寇）的骚扰，中国士大夫阶层曾掀起三次防海高潮，特别是乾嘉时，由于安南国之勾串海盗蔡牵经常骚扰东南沿海，怎样防海成了时代的一个焦点，士大夫们争论的结果基本上形成了三种防海策。

其一，主张以"守"为本，著名的军事思想家严如煜在其所著《沿海团练说》一文中提出："致堵贼之方，以固海岸御港口为上"，[④] 主张在沿海地带行团练、碉堡之法，"施团练之法于堡内"，"使富者出资，贫者出力，则一二年间，环海一带，星罗棋布，势成联络"，[⑤] 这样就可抗御海盗了。

其二，主张坚战船、精战具、足战兵，然后与敌决胜于外洋。[⑥]

其三，主张诱敌入港，绝其归路，以消灭敌人，即用岳飞破杨幺之法。[⑦]

纵观关天培的防海主张，可知他实际上主要是吸收了严如煜的防海思想来指导他在粤省的防海活动的。这种想依靠静止的碉堡（炮台）成功地将敌人拒于国门之外的主张，在前面所说的三种防海策中，显然是最笨拙的，也是不可能获得成功的。因为中国自辽讫粤，疆寓万里，漫长的海岸

① 《关天培事迹汇考·关天培传》手抄本，南开大学图书馆藏。
② 《关天培事迹汇考·关天培传》手抄本，南开大学图书馆藏。
③ 《关天培事迹汇考·关天培传》手抄本，南开大学图书馆藏。
④ 严如煜：《沿海团练说》，魏源、贺长龄编《皇朝经世文编》卷八十三。
⑤ 严如煜：《沿海碉堡说》，魏源、贺长龄编《皇朝经世文编》卷八十三。
⑥ 程含章：《上百制军筹办海匪书》，魏源、贺长龄编《皇朝经世文编》卷八十五。
⑦ 周之翼：《海寇策》，魏源、贺长龄编《皇朝经世文编》卷八十五。

线上处处设碉堡，非但中国国力承担不起，也无此必要。即便能做到“星罗棋布，势成联络”，但对运动之敌来说，它也很容易找到我防御的薄弱点，所以这种方式，也许能一口奏效，但未必能处处奏效；也许能奏效一时，但未必终能奏效。即使关天培的“南海长城”不倒，它也不可能成功地抵御住决意要打开中国大门的“外夷”，完成捍卫“闭关”政策的任务。这是其一。其二，当时中国水师所用的火器，同西方相比，差距很大，关天培的“南海长城”能否抵御得住“外夷”利炮的轰击，也是值得怀疑的。英军决意要攻入广州，毫无疑问，它的攻击目标首先应该是这些静止的炮台。即使琦善不自撤藩篱，毁弃排链，在敌人的炮火将水师的炮台一座一座摧毁之后，两道排链也就不撤自撤了。两道排链的被撤除，并不是“南海长城”被摧毁的决定性因素，事实上，英军对广州的进攻，也是将虎门口外清军所设的炮台一座一座地摧毁以后，才逼近广州城下的。

由此看来，这种在以“守”为本的思想指导下建筑起来的“南海长城”如果说用来对付海盗还能奏效的话，那么，用它来对付拥有近代化先进武器装备的“外夷”，就显得不切时宜了。关天培在粤省的防海，并没有比他的前辈们贡献出多少新东西，“南海长城”实是他充分运用其干济之材，以传统思想为质料，精心构作的一件杰出作品。但它无论怎么精致，怎么坚固，也无法挡住那些漂洋过海而来、决意要打开中国大门的强盗的进攻。即使它不被“主和”政策毁弃，也必定要被强盗们的炮火摧毁。可以这样说，“南海长城”之被摧毁，实是传统中国思想在西人进攻面前所遭受的第一个挫折，也是近代中国大舞台上演出的第一幕悲剧。

那么，我们是否就可以完全否定他在粤省的防海活动呢？不可以！如果我们对之进行一番理性考察的话，则可以发现，他在粤省的防海实践，实是历史逻辑发展的一种必然结果。

首先，当时中国的水师孱弱不堪，战船、火器、战法均远逊于西方，不敢也不可能同敌人在外洋接仗，所以，关天培就不可能制定出歼敌于外洋的战略方针。

其次，他当时身负着维护清朝政府“闭关”政策的重要使命，他的职守，即是必须要将敌人拒于沙角以外之洋。所以，他也不可能采取诱敌深入的作战方针，只是在敌人闯入内洋之后，他才能够奋起抗击，“以战求守”，这是由清朝政府的“闭关”政策所决定的。

由上看来，他制定的“以守为本”、“以战求守”的战略方针，实是当时唯一的一种选择。“南海长城”的构筑虽不合时，但却合理，并且在构筑“南海长城”的过程中，关天培充分显示了其干济之材，达到了时代所要求的最高水平。最后，他同他的将士们实际上是用血肉之躯筑起了一道“南海长城”，这是何等的气魄，又是何等的悲壮！所以，对关天培在粤省的防海活动，我们一方面要充分地肯定他的英雄壮举，另一方面又要充分地理解他那种选择的历史合理性。但我们也必须要看到，他在粤省的防海措施及其指导思想，在变化了的新形势下，已不适时宜了。如果说，关天培在当时的这种选择我们还可以理解的话，那么，到了第一次鸦片战争失败之后，魏源已提出“师夷长技以制夷”的口号，在第二次鸦片战争中，清朝政府继续依靠传统的弓马刀矢，继续依靠设置木排铁链以抗御英法联军的进攻，就未免显得滑稽可笑了。

（注：本文原刊于《岭南文史》1993 年第 2 期。）

李鸿章的国防战略思想

第二次鸦片战争中，清王朝再一次屈辱求和，同西方列强达成了一个“和好”局面。但由于“外夷”纷纷闯入我国“外海内江”，李鸿章认为这是中国“数十年后之隐忧”，[①] 对此，他发出了“厝火积薪，可危实甚”[②] 的警告。此后，国防问题，一直成为他关注的重要问题之一，本文试就他的国防战略思想作一探讨。

一

太平天国运动及捻军起义被镇压后，清政府削除了腹心之患，重新恢复了统治秩序。但第二次鸦片战争的结果，造成了“各国洋人，进踞堂奥”的局面，中国的“门户已为洞开”。[③]“西人专恃其枪炮轮船之精利”，“横行于中土”，[④] 在强大的西方列强面前，中国的国防已显得相当空虚。对此，李鸿章忧心忡忡，从 19 世纪 60 年代末到 90 年代初，他的主要精力花在近代中国的国防建设上，并且随着东亚局势的变化，他的国防战略思想也有着前期与后期的明显不同。

19 世纪 60 年代末至 70 年代初，这是他国防战略思想的前期，当时对中国国防构成威胁的主要是俄国及英、法为代表的西方列强。中国历代的国防重点，主要放在西北，对东南沿海则较疏略。因为东南沿海至多不过是一些海盗的骚扰，不构成对国防的根本威胁，而西北少数民族则经常南下中原，严重地威胁着王朝的生存。在英、法等西方强国闯进中国的“外海内江”以后，这一局势便发生了根本的变化，李鸿章说：“今则东南沿

① 《十一月二十九日复乡郎中》，《李文忠公朋僚函稿》卷六。

② 《九月十一日复陈筱舫侍郎》，《李文忠公朋僚函稿》卷六。

③ 《查阅大沽炮台折》，《李肃毅伯奏议》卷四。

④ 《筹议制造轮船未可裁撤折》，《李肃毅伯奏议》卷四。

海，疆寄万余里，各国通商传教，往来自如，麇集京师及各省腹地，阳托和好之名，阴怀吞噬之计，一国生事，诸国构煽，实为数千年未有之变局；轮船电报之速，瞬息千里，军器械事之精，工力百倍，炮弹所到，无坚不摧，水路关隘，不足限制，又为数千年来未有之强敌。”[①] 当时的俄国，虽与中国壤地相接，但它距中国的京师遥远，“其强弱之势，主客之形，皆适相埒，且又有中外界限”，[②] 尚不构成对中国的直接威胁。他认为，当时对中国威胁最大的主要是以英、法为代表的西方列强，所以，这一时期，他的国防战略思想，主要即是针对英法等西方列强而发的。

西方列强进入我国的“外海内江”以后，有力地冲击了王朝体系。当时，中朝士大夫有不少人皆力言“攘夷”，主张将其“驱逐出境”。李鸿章看到中国军队所使用的弓矛小枪土炮、帆篷舟楫、艇船炮划等，远远落后于西人所用的“后门进子来福枪炮”及其“轮机兵船”，[③] 根本不是这“数千年来未有之强敌”的对手，所以他坚决反对这种“攘夷”论，认为那是不切实际的“虚妄之论”。[④] 那么，怎样才能保固中国的国防呢？他认为唯有变法图强，学习西方的长技，才可做到“百数十年后”，“攘夷而自立”。

出于以上的局势分析，他的国防战略思想的重点便放在东南沿海，积极筹划海防。1867 年，丁日昌提出了建立三洋水师的建议。[⑤] 这一时期，李鸿章虽也重视发展水军，但他更注重的是陆军的发展。其理由主要有三：第一，中国之发展水军，“不过以守疆土，保和局”为目的，“本无驰驱域外之意”；第二，“中国大势，陆多于水”，且海口较浅，“外洋大兵船、铁甲船，势难深入”；第三，“即使兵船造精，势难恃轮船可以御侮”。因此，他主张“练陆军视练水军犹亟”，提出了“以守为战”的战略思想。[⑥] 综观他这一时期的国防论，我们可知，他目光的聚焦点是放在“御侮”上，其主要措施即是主张优先发展陆军，将陆军的近代化当作保固国防的利器，水军只不过当作一种辅助的力量。这种以“御侮”为目的、以

---

① 《筹议海防折》，《李肃毅伯奏议》卷四。

② 《筹议海防折》，《李肃毅伯奏议》卷四。

③ 《筹议制造轮船未可裁撤折》，《李肃毅伯奏议》卷四。

④ 《筹议制造轮船未可裁撤折》，《李肃毅伯奏议》卷四。

⑤ 张侠等编《清末海军史料》，海洋出版社，1982，第 1 页。

⑥ 《筹议制造轮船未可裁撤折》，《李肃毅伯奏议》卷四。

“以守为战”为主导思想的国防观，虽然加添了陆军近代化的内容，但就其思想本身来说，与传统的国防思想实无二致，它是传统思想在新形势下的自然延伸。

这一时期，东亚局势还发生了另一个重要变化，即是日本的兴起。1868年明治维新以后，日本“上下一心，皈依西土，机器枪炮，战舰铁路，事事取法英美”，[①] 走上了富国强兵的道路。这一局势变动，引起了李鸿章的高度重视，并加深了他对中国国防的忧虑。他认为：“日本近在肘腋，永为中土之患。”[②] 但当时日本虽积极谋求与中国订约通商，其侵华的野心尚未充分暴露，所以，李鸿章仍抱有一定的幻想，即主张对之“加以笼络，以固近交”。[③]

1874年，日本悍然武装侵略我国台湾，制造了“台湾事件”。“台湾事件”的发生，对中国震动很大，也引起了李鸿章国防战略思想的重要变化，导致了他国防战略思想重心的转移，即主要由对付英、法等西方列强转到对付日本上。他的这种变化，当然主要由东亚局势的变化所致，但也与他对东亚局势的分析密切相关。第二次鸦片战争后，西方列强纷纷南驶，尚能执守成约，这给李鸿章等中国的当政者们造成一种错觉，即认为西人之逼中国开关，主要是为了通商传教。李鸿章说：“洋人图我者利也，势也，非真欲夺我土地也。”[④] 基于这种认识，他对西方列强的戒备心理渐渐减轻。“台湾事件”充分暴露了日本对华的野蛮性，这使李鸿章原来抱有的幻想破灭，并促使李鸿章将国防重心转向防日。从他发表的言论中，我们可看到有以下几点原因，对他国防思想重心的转移起了重要作用。其一，从地理位置上来说，西国距我远，日本离我近，“泰西虽强，尚在七万里外，日本则近在户闼，伺我虚实”，所以，他认为日本是“中国永远大患”。[⑤] 其二，日本明治维新后，改变旧制，改习西法，日新月异，成绩显著。他说：“该国近年改变旧制，……如改习西洋兵法，仿造铁路火车，添制电报煤铁矿，自铸洋钱，于国计民生不无利益，并多派学生赴西国学

---

① 《浴佛日复黄子寿太史》，《李文忠公朋僚函稿》卷十四。

② 《遵议日本通商事宜片》，《李肃毅伯奏议》卷四。

③ 《十二月二十九日论日本副岛种臣来华换约》，《李文忠公朋僚函稿》卷一。

④ 《闰月十一日复曾相》，《李文忠公朋僚函稿》卷十二。

⑤ 《筹办铁甲兼请遣片》，《李肃毅伯奏议》卷四。

习器艺，多借洋债，与英人暗接党援，其势日张，其志不小。”① 时中国风气未开，士大夫尚多沉浸在“时文小楷”② 的故习中，两相比较，从长远来看，不能不使他感到“悚惧”。③ 其三，历史上倭寇给中国留下的沉重民族阴影。李鸿章曾说：“臣伏查日本古倭奴国，在东洋诸岛中，夙称强大，距苏浙闽界，均不过数日程，元世祖以后，与中国不同朝贡，终明之世，倭患甚长，东南各省，屡遭蹂躏，史称倭性桀黠。”④ 在同日本打交道时，想起来这笔历史旧账，便很容易引起他的戒备心。“台湾事件”便也很自然地同历史上的倭寇相比附，“倭性桀黠”，反映了他对日本的不信任心理。以上诸因素对李鸿章国防战略的转变，无疑会有重要影响，但促使他转变的主要原因，仍是日本走上向西方学习的道路之后，将侵略的矛头主要指向了中国，成了威胁中国国防的最主要敌人。“台湾事件”以后，李迅即将国防重点转向对日，反映了他洞察力的敏锐性。

二

从 19 世纪 70 年代中期到 90 年代中期，这是他国防战略思想的后期。这一时期，由于他确立了将日本作为防御的主要对象，他的国防观同前期相比，便发生了深刻的变化，并有着性质上的不同。如果说前期他的国防战略思想仍局限在传统的模式里，那么，这一时期，他的国防战略思想便有了一个飞跃，由传统的“防御”思想开始过渡到近代的“均势”思想。综观他这一期的国防观，我们可发现有以下几个重要内容：第一，将军事与政治、经济、外交密切结合起来，作综合的建设，不作单纯的军事建设；第二，军事上陆海军并重，但主张优先发展海军，并注重交通运输及电信等军事设施的建设；第三，主张经营大海，决胜远洋，以战求守，战略目的由“御侮”转为谋求力量的“均势”。

李鸿章曾云：“洋人论势不论理，彼以兵势相压，我第欲以笔舌胜之，此必不得之数也。”⑤ 所以，自 60 年代以来，他一直在呼吁变法图强，并

① 《筹办铁甲兼请遣片》，《李肃毅伯奏议》卷四。
② 《五月二十六日复郭筠仙星使》，《李文忠公朋僚函稿》卷二十。
③ 《十月五日复曾沅甫宫保》，《李文忠公朋僚函稿》卷二十四。
④ 《遵议日本通商事宜片》，《李肃毅伯奏议》卷四。
⑤ 《筹议海防折》，《李肃毅伯奏议》卷四。

于1871年提出了“内须变法”的口号。[①] 他所说的变法，主要指的是改变成法，向西方学习，学习西人的器艺，尚不是政治体制的变革。通过早期的洋务实践，他深感到中国洋务事业最棘手的一个问题，即是“人才之难得”,[②] 因为，当时中国的士大夫们尚完全沉浸在“时文小楷”的故习之中，务虚之风，掩袭华林，此不但使李鸿章很难罗致懂西学的人才，并且，它本身也成了洋务事业的最大障碍之一。“今日所急，唯在力破成见，以求实际而已。”[③] 他的这种要求改变成法，崇尚实际的呼吁，无疑会对传统的政治机制产生冲击，而首当其冲的便是“科举制度”。70年代以来，他曾多次提议要改变这种制度，以为变成法、崇实际之风开一新局面，但因阻力太大，未被采纳。他的这种谋求政治机制的某些变动的思想，是直接为他的国防战略服务的，如他曾说：“居今日而欲整顿海防，舍变法与用人，别无下手之方。……节省冗费，讲求军实，造成人才，皆不必拘执常例，而尤以人才为亟要，使天下有志之士，无不明于洋务，庶练兵、制器、造船各事，可期逐渐转强。”[④] 将国防力量的强弱与否，同变法及人才结合起来考虑，这是他这一时期国防建设的一个重要特色。此外，他也注意到了经济发展与国防强弱的关系。70年代以后，他大力主张发展民用企业，提出了“先富而后能强”的口号，这已是为人所熟知的事实了。从以后历史的发展来看，他在这两方面的努力，成效并不大，这严重地影响了他领导的国防建设，他经常慨叹有贝之才和无贝之才难得，面对着茫茫大海，他只能望洋兴叹。[⑤]

如果说，这一时期他将谋求政治机制更动与经济的发展，当作他进行国防建设的基础，那么，他的外交方略与他的国防战略思想则互为表里。1871年，他在提出“内须变法”的同时，又提出了“外须和戎”的口号,[⑥]“和戎”成了他以后处理中外交涉的主要指导思想。70年代以后，中国的边疆与属国，危机重重，先后发生了马嘉理事件、琉球事件，西北边疆的动乱，法国侵略越南以及朝鲜政局的动荡等，在处理这些事件时，

① 《十二月二十二日复王壬秋山长》,《李文忠公朋僚函稿》卷二十二。
② 《筹议海防折》,《李肃毅伯奏议》卷四。
③ 《筹议海防折》,《李肃毅伯奏议》卷四。
④ 《筹议海防折》,《李肃毅伯奏议》卷四。
⑤ 《复统领广胜军记名提督李》,《李文忠公尺牍》第一函第一册。
⑥ 《十二月二十二日复王壬秋山长》,《李文忠公朋僚函稿》卷二十二。

他的“和戎”思想表现得十分突出。李鸿章为什么要采取“和戎”外交？“和戎”外交是否正确？这些问题，笔者不打算在此进行讨论，但有以下几个方面值得我们注意。第一，李鸿章曾言“以一中国敌数强国，战备固不易言”，[①] 又说“目下时局艰难，须自治而后治人”，[②] 这说明他在列强骎骎东向，中国国力如此孱弱的情况下，对中国能否控制得住属国，信心不足。第二，他主张“崇实”，极力反对“务虚”，认为中国对属国保有宗主国地位，只不过徒有一虚名，毫无实际意义，这一点，他在处理琉球事件时，表现得最为明显。他说：“中国受琉球朝贡，本无大益，……争小国区区之利，务虚名而勤远略，非惟不暇，亦且无谓。”[③] 第三，关于滇、越之事，他曾说过：“疆埸之间，一彼一此，上策莫如自治，似不在区区尺寸之争也。”[④] 关于西北问题，他则言：“纵能恢复无用之新疆，而腹地脂膏，逼削殆尽。”[⑤] 从以上言论可以看出，他对国家版图的大小，并不很重视，他关注的是国家能否实力自强，能否真正“自治”，中国如果真正实现了实力自强，真正能够“自治”，不但可以收复失去的边疆与属国，还可以改订同西方签订的不平等条约。[⑥] 第四，在处理朝鲜问题时，李鸿章的态度却相当强硬，他认为琉球地处偏隅，对中国来说尚属可有可无，但是日本若“得步进步，援例而及朝鲜”，则中国绝不能默视。[⑦] 在朝鲜发生壬午及甲辰之变时，他果断派兵定乱，这与他的同西方“主和”风格是迥不一样的。由上四个方面，首先，我们可以看出，李鸿章的“和戎”政策有着强烈的实用主义倾向，这是对传统“王朝朝贡体系”的严重背离，虽然它导致了一些属国的丧失，但从这一思想本身来看，因为它已突破了传统的“王朝朝贡体系”，则不能不说是一种进步。其次，他的这种“和戎”思想主要是对英、法、俄等西方列强的，目的是要避免同西方大国的同时对抗，从边疆与属国的危机中解脱出来，进行实力自强，以达到“自

---

① 《筹议天津设防事宜折》，《李肃毅伯奏议》卷四。

② 王芸生：《六十年来中国与日本》卷一，天津大公报社印行，中华民国二十一年四月，第300页。

③ 《复何子峨星使附》，《李文忠公外部函稿》卷十。

④ 《复前湖南抚台李副笺》，《李文忠公尺牍》第一函第一册。

⑤ 《七月二十八日复郭筠仙星使》，《李文忠公朋僚函稿》卷十九。

⑥ 李鸿章曾云：“我与西约，始由威逼而成，各款多违万国通例，正思逐渐挽回。”见《中日战争》，中国史学会编《中国近代史资料丛刊》（二），上海人民出版社，1961，第9页。

⑦ 《五月一日密议日本争琉球事》，《李文忠公外部函稿》卷十。

治”，但对日本却并不主“和”。在外交方略上，他还提出了一个“远交近攻”[①] 的策略，这实是他“和戎”政策的最好注脚。由此可看出，这种外交思想，实际是要力图收缩中国的国防战线，将重点放在对付日本上，这是有力地配合他的国防战略思想的。

这一时期，李鸿章在外交上对西方主“和”，军事上取“防”势与退却的路线，对日本，外交上则显得强硬，军事上主张积极备“战”。在这种思想指导下，他的国防建设便有着以下的一些内容。

首先是着意经营台湾与朝鲜。台湾与朝鲜是防卫日本的最前沿阵地，对此，他特别关注。“台湾事件”以后，他主张开台湾为商埠，对外通商，将列强的利益引进台湾，以牵制日本独占台湾的企图。清政府又于 1885 年在台湾建省，进一步加强了台湾的防务力量。“朝鲜为东三省屏蔽，关系犹巨”。[②] 对朝鲜的经营，他一方主张朝鲜开国，同西方各国订约通商，将列强的利益也引进朝鲜，以遏止日本觊觎朝鲜的企图；又要朝鲜“自强”，并代朝鲜延请西国教练帮助朝鲜练兵，以增加朝鲜本身抗御日本的能力；同时又在朝鲜扶植亲华势力统治朝鲜，使朝鲜能成为中国的“屏蔽”。

“台湾事件”的发生，由于中国没有强有力的海上力量，“徒恃数只轮船，岂能徒手吓贼”，[③] 所以，无力有效地制止日本对台湾的侵略行为。这一事件的发生，充分说明了发展海军的重要性。事后，李鸿章说道：“往不可谏，来犹可追，愿我君臣上下，从此卧薪尝胆，力求自强之策。”[④] 以此为契机，关于军事建设，他便将目光主要转向了建设海军上。台事后，他在一份奏折里说道：“今（日本）虽勉强就范，而其深心积虑，觊觎我物产人民之丰盛，冀幸我兵船利器之未齐，将来稍予间隙，恐仍狡焉思逞，是铁甲船、水炮台等项，不可不赶紧筹备。”[⑤]“时新式铁甲船（相当于战列舰），每艘价银二百余万”，[⑥] 清朝当时财政拮据，无力购买，所以在 1879 年（光绪五年）之前，主要购买的是蚊子船及碰船。蚊子船一名水炮台，碰船一名炮舰，这两种类型的船只，主要是用于防守之用。李鸿

① 《复出使日本国大臣李》，《李文忠公尺牍》第一函第七册。

② 《洋务运动》，中国史学会编《中国近代史资料丛刊》（二），第 498 页。

③ 《五月二日复沈幼丹节帅》，《李文忠公朋僚函稿》卷十六。

④ 《复沈幼丹节帅》，《李文忠公朋僚函稿》卷十六。

⑤ 《筹办铁甲兼请遣使片》，《李肃毅伯奏议》卷四。

⑥ 《与赫总税司议定购办船炮军程》，《李文忠公外部函稿》卷四。

章认为，中国“南北海口甚多，防不胜防，……非拥铁甲船，自成数军，决胜海上，不足臻以战为守之妙”。① 又云：“中国永无购铁甲之日，即永无自强之日。”② 所以，他呼吁“中国须亟购铁甲数船”。③ 时西方各国的海军，除了铁甲船（相当于战列舰）之外，主要战具尚有“快船”（相当于巡洋舰），李鸿章对此也特别注意，认为“我等欲振兴水师，必当致力于快船”。④ 铁甲船与“快船”，都是海上战斗的利器，李鸿章主张首先发展这两种类型的舰只，说明他的思想同前期相比，已发生了深刻的变化。前期他主张优先发展陆军，“以守为战”，现在他则主张优先发展海军，以“铁甲船”与“快船”为核心，“自成数军，决胜海上”，“以战为守”。并且，李鸿章在批评总理衙门时还说过，总理衙门“不但无鞭挞四夷之心，抑无经营海上之志，外强中干，概可知已！”⑤ 由此，我们可看出，他后期的国防战略思想同前期相比，还有着性质上的不同，前期主“以守为战”，目的在于“御侮”，这仍是一种传统的防御思想；后期主“以战为守”，目的在经营大海，鞭挞四夷，则有了近代“海权”思想的内容，这是对传统国防思想的一个重要突破。

李鸿章在当时力主发展“铁甲船”及“快船”，开始时主要是用来对付日本的。其云“日本狡焉思逞，更甚于西洋诸国，今之所以谋创水师不遗余力者，大半为制驭日本起见”，⑥ 并蓄下“东征之志”，⑦ 他希望中国能“追蹑西洋列邦之后”，⑧ 成为海上强国。随着中国海军事业的发展，到1882年（光绪八年），他的思想又有了一个重要变化，是年，他在给京卿黎召民的一封信中说：“海上如练成大枝水军，益以铁舰快舠数艘，南略西贡、印度，东临朝鲜、日本，声威及远，自然觊觎潜消，鄙人窃有志焉，愿执事之力赞其成也。”⑨ 如果仔细分析这句话，我们可发现里面隐含有两层含义：第一，建成几支强大的舰队，控制朝鲜、越南、日本、印

① 《九月十一日条议海防》，《李文忠公外部函稿》卷十二。
② 《二月十一日议请定购铁甲》，《李文忠公外部函稿》卷十三。
③ 《六月九日复李丹崖星使》，《李文忠公外部函稿》卷二十一。
④ 《七月二十一日复船政黎召民》，《李文忠公朋僚函稿》卷二十二。
⑤ 《十一月十七日复丁稚璜宫保》，《李文忠公朋僚函稿》卷二十三。
⑥ 《洋务运动》，中国史学会编《中国近代史资料丛刊》（二），第498页。
⑦ 王芸生：《六十年来中国与日本》卷一，第196—197页。
⑧ 《四月十六日论花鸟山史线》，《李文忠公外部函稿》卷二十二。
⑨ 《九月二十八日复黎召民京卿》，《李文忠公朋僚函稿》卷二十三。

度，确立中国在东亚及南亚的海上强国地位；第二，领袖亚洲与西方对抗，潜消西人对中国的觊觎之志。这里面便含有了“均势”思想，即领袖亚洲，以同西方列强形成力量上的“均势”。由此。我们可看出，李鸿章的后期战略思想虽然对西方取“防”势，对日本取“战”势，将日本作为中国的主要防御对象，并主张中国从边疆及属国的纠纷中解脱出来，专精对付日本，但联系他思想的前后发展来看，他的最后落脚点，并不在于对付日本，而仍然在于对付西方。御西→御日→制日→制西，这便是他国防战略思想的简单轨迹。他是一个强烈的实用主义者，主张放弃对属国的宗主国虚名，进行实力自强，在中国国富兵强之后，再收复失国，控制东亚及南亚，以与西方对抗。由此看来，他之将竞争对手确立为日本，不过是他想实现与西方形成力量“均势”的一种手段罢了。

海军的发展是其重点，“然海口之炮台，内地之陆军，仍不偏废”。[①] 对陆军的发展，这一期他仍非常重视。关于陆军的发展，他的主导思想有二，一是“精兵”，他认为“中国有胜兵六万，便足保固海疆”，[②] 所以，他主张“裁兵”，反对“多增无益之兵”，[③] 将节省出来的饷银，用来推进陆军的近代化。他主要控制的“淮勇”，至 1878 年（光绪四年）已裁去一万一千八百余名，尚留二万八千九百余名，每年可节约饷银约六十余万两。[④] 二是“利器”，即主张用当时最先进的武器装备中国军队，并习西洋操法。其云：“凡行军制胜，海战惟恃炮船，陆战惟恃枪炮，稍有优绌，则利钝悬殊。”[⑤] 所以，他对陆军的武器装备便极为重视。他认为“西洋各国火器，愈出愈精”，[⑥] 而当时中朝的将帅购置洋枪，往往以西洋各国弃置不用之物，“转视为难能可贵”，“欲以自强御夷，岂不戛戛乎难之?”[⑦] 并且，通过各种渠道，他自己对当时世界上三种最先进的后膛步枪（马梯弋、林明登、士乃得）的价格、性能、优劣均了解甚详。[⑧]

---

① 《八月六日复张幼樵侍讲》，《李文忠公朋僚函稿》卷二十二。

② 《复出使俄德和奥大臣洪（文卿）》，《李文忠公尺牍》第一函第六册。

③ 《十二月二十六日论购新式武器》，《李文忠公外部函稿》卷十九。

④ 《淮军裁勇就饷折》，《李肃毅伯奏议》卷五。

⑤ 王芸生：《六十年来中国与日本》卷二，天津大公报社印行，中华民国二十一年四月，第 121—123 页。

⑥ 《八月二十一日论购买西洋枪弹船炮》，《李文忠公外部函稿》卷三。

⑦ 《八月二十一日论购买西洋枪弹船炮》，《李文忠公外部函稿》卷三。

⑧ 《八月二十一日论购买西洋枪弹船炮》，《李文忠公外部函稿》卷二。

交通运输与电信，是近代战争不可缺少的重要军事设施，李鸿章对此也很重视，他曾将铁路与铁舰相提并论，并将其作为国力的象征。他说："火车铁路，利益甚大，……将来欲求富强制敌之策，舍此末由，倘海多铁舰，陆有铁路，此乃真实声威，外人断不敢轻于称兵恫吓。"① 将铁路对于陆军的作用，比之于铁舰对于海军的作用。惜因"浮议"所阻，中国铁路建设，直到甲午战争后才掀起了一个筑路高潮，但那时路权已多为外人攫取，铁路非但未能成为中国国防的强有力武器，反而成了列强侵华的利器了。关于轮船的重要性，他则云："海防非有轮船，不能逐渐布置，必须劝民自置，无事时可运官粮、客货，有事时装载援兵、军火，……中国轮船可期畅行，实为海防洋务一大关键。"②

关于电信事业，李鸿章也着力讲究。1879 年（光绪五年），他于"大沽、北塘海口建筑炮台，始设电线，以通天津，传达号令。六年，遂奏设南北洋电线，自天津循运河，逾江抵镇江，以达上海，计长三千里。……天津设电报总局，上海设分局。……英人并请添设南洋海线，于是始议接办沿海路线，过浙闽抵粤，计长六千里，与粤线相接，以保中国权利。……其后东则自沈阳设线，以达朝鲜仁川；南则滇越边界与越南之法线相接，西联暹罗、印度之英线；北则海兰泡、珲春、恰克图并接俄线。而中国内地电线，自光绪六年以后，经营十余年，布满各行省"。③ 用时十余年，即取得如此赫奕的成绩，这恐怕是他在国防建设中，效果最为显著的。

三

李鸿章是主持晚清防务的领袖，他主持下的国防建设，由上所述，成绩显著，同他以前的时代相比，简直不可同日而语。但甲午一役，中国惨败在日本之手，中国的国防力量，从此更加衰弱不堪，中国的国际地位，从此也一落千丈，成为列强的俎上之肉，李本人则落了个"汉奸"、"卖国贼"的下场。李鸿章为什么会失败？是他的国防战略思想的错误所致？抑别有原因？他的国防战略思想在中国历史上，应该占有一个什么样的地位？这些仍是我们必须要回答的问题。

---

① 《六月二十二日论法兵渐进兼陈铁舰铁路之利》，《李文忠公外部函稿》卷十八。

② 《轮船招商请奖折》，《李肃毅伯奏议》卷五。

③ 吴汝纶编《李文忠公事略、上海专祠事略》，三省印刷部，明治三十五年，第 15 页。

由前述可知，李鸿章主持的国防建设，主要是从 1874 年以后开始的，在他的主持下，中国陆军的近代化及近代电信事业的发展，成绩显著，而海军从无到有，发展则更为惊人。1888 年，北洋舰队正式成军，中国海上力量当时已居亚洲第一，并跻入了世界海上强国之林。但当时中国国防建设的成就，同他的国防规划相比，实在相距太远。首先，他的国防建设是以改变成法及经济的发展为基础的，但这两方面的成绩却很令他失望。关于对“科举制度”变动的要求，因封建顽固派的极力阻挠而未果，他呼吁的“崇实”之风，也迟迟未能掩袭中华大地，中朝士大夫仍沉浸在“时文小楷”的陋习之中。“无事则嗤外国之利器为奇技淫巧，以为不必学；有事则惊外国之利器为变怪神奇，以为不能学。”[①] “中土人才，多空谈学问仕宦”，对洋务大多“漫不究心”。[②] 就是那些有限的、略懂西学的洋务人才，受到这种风气的影响，也并非都是为了中国的“自强”而去学习洋务，大多仍以高官厚禄为目的。如光绪七年（1881），留学归华的一部分海军学生，竟然“致函郑清廉，有创办铁甲，正我辈富贵之日，苟非高官厚禄，切不可究等语”。[③] 在他的主持下，中国近代经济的发展，虽也成绩不小，但由于腐败的管理体制，造成企业的大多经营不善，亏蚀甚多，所以，并未能成为他举办国防事业的支柱。“外侮日增，兵饷日绌，人才日稀”，[④] 这严重地阻碍了他的国防建设。其次，李的规划是要在中国建成几支强大海军，陆上并铁路四达，但铁路建设，由于顽固势力的阻挠，毫无进展，且由于人才、饷力的匮乏，中国最后也只建成北洋一军，就是这北洋一军，其力量的发展，由于人才、饷力的不足，也受到很大的限制。北洋舰队成军后，清政府即将每年的海军饷挪作修建颐和园之用，基本上便没有大的发展了。在北洋舰队成军时，北洋水师共有大小舰只近 25 艘，约 45000 吨，并拥有镇远、定远（均为 7350 吨）这两艘亚洲最大的铁甲船。“当时日本只有十七艘军舰，可以作战的仅五艘，而且其中三艘机器陈旧，速度迟缓，已非海上利器。”[⑤] 同北洋舰队相较，实力相差悬殊。但这之后，日本每年以添一艘“快船”的速度发展海军，到甲午战前，日本海军

① 《筹办夷务始末》（同治朝）卷二十五。

② 《十二月二十一日致曾劼刚通侯》，《李文忠公朋僚函稿》卷十五。

③ 《复黎召民京卿》，《李文忠公朋僚函稿》卷二十三。

④ 《十二月九日复曾劼刚通侯》，《李文忠公朋僚函稿》卷二十四。

⑤ 参阅戚其章《洋务运动与中国近代海军》，《齐鲁学刊》1982 年第 2 期。

的实力已驾北洋海军而上之，且其舰龄轻、速率快，北洋舰队的战斗力，已难望其项背。“海上交战，能否趋避，应以船行之迟速为准，速率快者，胜者易于追逐，败亦易于引避，若迟速悬殊，则利钝立判”。[①] 由此看来，李鸿章所统帅的北洋海军，便很难同日本在远洋决胜，更谈不上领袖亚洲，与西方列强进行对抗了。所以，甲午一战，中国之败于日本，实有一种内在的历史逻辑在里面，我们实不能归咎于他的国防战略思想。

李鸿章对近代中国的国防建设，在其后期将军事与政治、经济及外交密切结合起来进行思考，在注重海军发展的同时，又注重陆军的近代化及近代交通运输、电信事业的发展，作一体化的设计，力求“海权”，以冀与西方列强形成力量上的“均势”，这同他的前辈们相比，实具有全新的内容。“经营大海”及“均势”思想，突破了传统的以“防御”为宗旨的国防观，它是近代国防思想的象征，所以就其思想本身来说，它在中国历史上实具有划时代的意义，标志着中国近代国防战略思想的诞生。并且，他的国防战略，将日本当作主要的敌手，从以后中国历史的发展来看，也算是抓住了问题的关键。李主持的国防建设，虽然是在他国防战略思想的指导下进行的，但二者又存在着巨大的差距，造成这种差距的，归根到底，仍在于清朝政府在“内变成法”的不得力。对于“变法”，李虽曾强力呼吁过，但由于封建思想的濡染过重，使他不敢，也不可能去触动已经弊窦重重的封建政治体制。时中国上下均沉浸在“务虚”的空气里，对此，他只能做一些有限的补苴。他曾说：“臣子之道，无非委曲求全，处人家国之间，遇有疑难，竭忠志身，相机补救。”[②] 抱定这种态度，欲其有为，岂不戛戛乎难之？我们可以说，李鸿章的失败，并不是他的国防战略思想所致，问题的根结，主要即在“内变成法”的不得力，或者我们可以说，他的失败，主要是政治上的失败。日本著名的启蒙思想家福泽谕吉对此曾有一段肯綮之论，他说：“看一下中国今天的情况，可以说，不论怎样，如果满清政府依然如故的话，那么，所谓把中国导向文明开化的地步，实是一场空话。无论如何，若把这个衰老的政府根除之后，另行改组，则人心也许会为之一变。目前的政府，即使出现如何伟大的人物，即使出现了一百个李鸿章，也无济于事。如要使人心更新，国家文明，除推

① 王芸生：《六十年来中国与日本》卷二，第109—110页。

② 《中日战争》，中国史学会编《中国近代史资料丛刊》（二），第44页。

翻中央政府一途之外，恐别无良策。”[1] 李鸿章的老朋友戈登，伊犁危机期间在天津拜访他时，也曾建议他取清而代之。[2] 但抱定“补救”宗旨的李鸿章，根本不可能，也不敢去推翻满清政府，从而亲自来领导中国的自强事业。看来，历史似乎注定了他只能成为一个悲剧性的人物了。

（注：本文原刊于《南开史学》1992 年第 1 期。）

① 《福泽谕吉自传》，马斌译，商务印书馆，1980，第 229—230 页。

② 梁启超：《李鸿章》，《饮冰室合集》（6），“专集之三”，中华书局，1989，第 84 页。

“明是和局，阴为战备”

——李鸿章处理台湾事件的指导思想初探

1874 年 5 月 7 日，东亚新兴之国日本，为了“把国内不稳的形势，导向对外”，[①] 借口“琉球难民事件”逞兵中国台湾，制造了“台湾事件”。“台湾事件”虽归总署处理，但清政府向倚李鸿章为重府，在整个事件处理过程中，李氏积极参与谋划擘议，发挥着积极作用与影响。本文试就李鸿章处理这一事件的指导思想作一探索，以就教于史界同仁。

闽浙总督李鹤年得到日军将要侵台的消息后，未能及时向朝廷报告，李鸿章是从英国驻华公使威妥玛那里得到这一消息的。得到这一消息后，李鸿章认为中日甫经换约，日本国内政局不稳，不大可能会逞兵我台湾，对此消息表示怀疑。尽管这样，他仍对这一消息给予了高度重视，认为：“各国垂涎台湾已久，日本兵政寖强，尤濒海切近之患，早迟正恐不免耳”，[②] 宁信其有，不信其无。为此，他向总署去了一函，要求总署密饬各地“先事筹维”，“勿恃其不来，恃吾有以备之”。[③] 日军将要侵台的消息被证实后，中国震动极大，一时议论纷纭，关于怎样处理这一事件，当时出现了三种倾向：其一认为，“洋炮之利，日出日精，中国仿而行之，势必不及，现在和局已成，与其别起嫌疑，重开边衅，不若相安无事，姑事羁縻”；其二认为，“中外之分，从古以来，划然不易，洋人以势力胜，中国以理义胜，遇万不得已之时，而辄以清议持之，当万难措手之时，而动以常理论之”；其三认为，“庚申之役，神人共愤，往者内寇未平，未遑攘

① 〔日〕东亚同文会编《对华回忆录》，胡锡年译，商务印书馆，1959，第 67 页。

② 孔昭明编《李文忠公选集》（上），《台湾文献史料丛刊》第八辑，台湾大通书局，1987，第 16 页。

③ 《李文忠公选集》（上），第 16 页。

外，现在各省军务，次第肃清，大举之机，宜在今日”。[①] 显然，这三种倾向均是懵于形势、失于理智之谈，前两种因循迂拘，后一种则鲁莽灭裂，丝毫无助于对这一事件的处理。总署确证这一消息后，顿感棘手，主张走以外交途径解决问题的老路，并定下日后处理此事的软弱调子。

李鸿章确证这一消息后，密切地注视着事态的发展，并不时与总署及沿海疆臣函章交驰，积极制订对日之策。在日军还聚于长崎、未达台湾的时候，李即向总署去了一函，建议总署派闽省水师去台，阻止日军在台登陆，并主张：“另调得力陆军数千，即用轮船载往凤山、琅峤附近一带，择要屯扎，为先发制人之计。”[②] 但这一建议未被总署采纳，终使日军在台顺利登陆。

日军在台登陆后，中日交涉势不可免。当时中国在台守军只有两营兵力，防备力量非常薄弱，一时间只能听凭日军在台任意欲为，无如之何。怎样才能使台湾事件得到一个稳妥的解决呢？李鸿章提出了“明是和局，阴为战备”的八字方针，作为处理这一事件的指导思想。这一思想，细究起来，包含着两层意思。其一，积极设防备战，与敌持久消耗，迫敌自退，争取以和局结台案。台湾事件期间，总署主张请外人调停，以“贴费”速了台案，对此，李鸿章甚不赞同，他认为：“若以兵费结局，以后觊觎更多，鱼肉更甚”，[③] 会助长日后日本对我的侵略之志，并且辱国大体。关于请外人出面调停，他则认为“各国虽讯日兵妄动，而实幸其成功”；[④]“各国虽未明帮日人，未始不望日人之收功获利，断无实心帮我者”。[⑤] 即使外人同意出面调停台案，又“必以兵费为收束”，[⑥] 对我也非常不利。基于这种考虑，当法国驻华公使赴津面谒李鸿章，表示进行调停的愿望时，李鸿章便断然地加以拒绝。这次日军扬衅台湾，李鸿章认为它是挟着成算而来，断非口舌之力所能禁止，[⑦] 在这样的情况下，只有设防备战，才会有助于事情的解决。为此，他向朝廷上《派队航海防台折》，

① 《同治甲戌日兵使台始末》，《台湾文献史料丛刊》第七辑，台湾大通书局，1987，第249—250页。

② 《李文忠公选集》（上），第18页。

③ 《李文忠公选集》（上），第53页。

④ 《李文忠公选集》（上），第36页。

⑤ 《李文忠公选集》（上），第52页。

⑥ 《李文忠公选集》（上），第52页。

⑦ 《李文忠公选集》（上），第25—26页。

其中说道：“伏查此次日本构兵生番，焚略牡丹等社，实属显违和约，妄启衅端，……居心殊为叵测，台湾水陆兵备，自可不厚集其势，预为伐谋。”[①] 并函致钦差大臣沈葆桢，欲调其旧部（时驻于徐、宿一带）唐定奎的步队十三营（约六千五百人）进驻台湾，以增强台湾的防备力量。[②] 在日使大久保利通入京之际，朝廷曾一再促请李鸿章进京与之进行谈判，但李始终不肯进京，他认为“事至今日，与日谈判，已属无用，应迅速决定交战，布告全国”，并且他还表示“如果交战的话，他愿自任主帅，指挥三军”。[③] 李鸿章的这种强硬态度，为自己赢得了“主战”的声名。[④] 但是怎样“战”呢？李鸿章并不主张像前文所说的第三种倾向那样要大举进兵，与日决一雌雄，他虽然主“战”，但却并不主张衅自我开。早在唐军出动之初，李即密饬唐定奎，兵到台湾以后，“不可孟浪”，如果日将西乡从道“稍知止足”，即不要“以兵驱逐”。[⑤] 日军在攻入台湾番地后，焚番掠社，势甚汹汹，并且还从国内运来铁器、农具及幼杉、茶花、树木等，[⑥] 企图在番地屯垦，图为久占。得此消息，李认为中日交涉将是一个“持久之局”，[⑦] 中国应以“持久之局”应之。日军在进攻番社时，由于实力相差悬殊，一时甚为得手，但在进攻过程中，日军也遇到了巨大的麻烦，特别是日军深入丛林障地后，山径深险异常，多暴雨飓风，溽暑难当，并且番人于丛林密箐之中，迅若猿猴，矫捷勇猛，时常偷袭日军，日军甚以为苦。以前英、美等国商船曾遭生番劫夺，也曾屡次发兵前往围剿，但皆对生番毫无办法，最后不得不与生番讲和。[⑧] 出于这种考虑，李鸿章主张在中国军队水陆之势大集，做好充分防务准备后，应该利用这种对我的有利形势，与敌旷日持久，静以待之，他的用意是要同日军打一场无声的消耗战，以拖垮日军。在积极增加台湾防备力量的同时，李还主张要作好联络台民的工作，并且，还要招抚生番，使彼不致叛降日军，以造成成城众志。他认为这样一来，日军必不敢妄动，时延日迁，彼见无可觊觎，“或

① 《同治甲戌日兵使台始末》，第 50—51 页。
② 《李文忠公选集》（上），第 30 页。
③ 〔日〕东亚同文会编《对华回忆录》，第 60 页。
④ 《李文忠公选集》（上），第 112 页。
⑤ 《李文忠公选集》（上），第 56 页。
⑥ 《李文忠公选集》（上），第 56 页。
⑦ 《李文忠公选集》（上），第 59 页。
⑧ 《李文忠公选集》（上），第 12—13 页。

者兴尽而返”,[1] 这样，台湾事件便可望获得和平解决。其二，如果势至决裂，和平解决无望，就应以战争手段将日军赶出台湾，他曾致函台湾前线的钦差大臣沈葆桢，要沈作好充分准备，万一事机决裂，衅端一开，就要像“狮子搏象”那样，倾全力“备集而后动，谋定而后战”。[2]

在这种思想指导下，李鸿章积极筹措台湾的防务。首先他上书朝廷，要求调唐定奎的步队十三营星夜兼程赴台布置，这一建议，后终被朝廷采纳，唐军于六月下旬（阴历）从徐州、宿迁一带拔队起营赴瓜州，然后分三批渡海入台。唐定奎原为淮军大将刘铭传的部下，唐军曾随李鸿章镇压太平军与捻军，转战南北，战斗经验丰富，并且“该军向习西洋枪炮，训练有素，步伐整齐，技艺娴熟”,[3] 战斗力较强。但当时唐军的武器装备仍主要是前膛枪炮，这时各西方先进国家的军队，已纷纷使用后膛枪炮，当时日军也全以后膛枪炮武装自己，后膛枪炮“放速而及远”,[4] 较前膛枪炮的战斗力要强得多，显然，唐军的武器装备要逊于日军。对此，李鸿章非常重视，他首先在上海购得士乃得后膛枪五百六十支，先行饬发给唐军,[5] 同时还准备向西方各国急购更多的后膛枪炮。时沈葆桢也在准备购买一万五千支美国制造的林明登后膛枪及十尊飞轮炮,[6] 李得知这一消息后，马上便致函沈葆桢，要求沈酌拨给唐军一些，以改善唐军的装备。除此之外，李鸿章对台湾的军火储存也非常关注，早在五月上旬（阴历），李即答应沈葆桢将调拨宁局仿制的法国小钢炮二十尊于台，并函嘱沈葆桢：此种武器宁局存者尚多，以后尽可陆续调用。同时还答应沈将调拨十万斤火药于台。[7] 五月下旬（阴历），李又令津沪各局将现存炮械军火，陆续解济台湾,[8] 以充实台湾的防务力量。沈葆桢在李鸿章的支持下，在台湾前线发愤为雄，积极设防备战，并派专人联络漳、厦、泉属的台民，组织团练，招抚生番，凡此种种措置，使我台湾的防务力量大增，一时声势颇盛，侵台日军气为之慑。时侵台日军仅有四五千人［一说“实仅两千人”,

---

① 《李文忠公选集》（上），第 55 页。
② 《李文忠公选集》（上），第 36 页。
③ 《同治甲戌日兵使台始末》，第 50—51 页。
④ 《李文忠公选集》（上），第 78 页。
⑤ 《李文忠公选集》（上），第 57 页。
⑥ 《甲戌公牍抄存》，《台湾文献史料丛刊》第七辑，第 64 页。
⑦ 《李文忠公选集》（上），第 34—35 页。
⑧ 《李文忠公选集》（上），第 34—35 页。

见窦宗一《李鸿章年（日）谱》，第 91 页]，并且，由于水土不适，加上医疗卫生条件跟不上，军中疾病流行。自征台军都督西乡从道以下，日军均程度不同地染上了疾病，其副都督川崎保祐、通事官彭城中平及管粮官富田等俱相继染病。先是日死四五人，后来则日死八九人，死亡人数急剧上升。在整个台湾事件期间，日军死六百余人，战死的很少，基本上由疾病而死。到了八九月（阴历），日军皆“涕泣思归”，① 军心紊动。但由于当时的侵台日军已成骑虎之势，无下台之阶，如果李鸿章的指导思想得到彻底贯彻，长此拖延，日军必不战自垮。由此看来，李鸿章所提出的处理台湾事件的指导思想，不但切实可行，其睿智实有洞见之明，较之总署要高明得多。可惜的是，总署慑于日使的外交讹诈，终以“贴费”结台案，也救了在台的日军。

在中国近代史上，李鸿章向以“主和”闻名，为什么在处理台湾事件时他提出“明是和局、阴为战备”的指导思想，表现出了强硬的“主战”立场？笔者认为，对于这一事件的处理，李鸿章之所以表现出强硬的“主战”立场，主要是以下三个方面的原因促成的。

第一，在于争理义。李鸿章认为，日本以琉球事件为借口，逞兵我国台湾，完全违背了中日刚刚签订的《中日修好条规》，纯属侵略行为。其手定的《中日修好条规》第一条云：“嗣后大清国大日本国倍敦和谊与天壤无穷，即两国所属邦土，亦各以礼相待，不可稍有侵越，俾获得永久安全。”第三条云：“两国政事禁令，各有异同，其政事应听己国自主，彼此均不得代谋干预，强请开办。”台湾生番，中国虽视之化外，为朝廷政教法律所不到之地，但完全属于中国版图，这在中美条约中有明确规定，并为美、西各国所认可。并且，台湾生番杀害的是琉球人，琉球是中国属国，这件事本与日本毫不相干。因此，李鸿章认为日兵逞兵台湾，毫无道理之可言，直在我，曲在彼。当日使柳原前光赴津与李鸿章辩难时，李鸿章便理直气壮，对柳原“嘻笑怒骂，厉声斥责”，② 唯恐其翻译郑永宁传话不清，李还取案上纸笔大书曰：“此事如《春秋》所谓侵之袭之者是也，非和好换约之国所应为。”③ 此外，李鸿章还认为自己是《中日修好条规》的手定者，但其手定的《中日修好条规》甫经换约，墨迹未干，日本便

① 《甲戌公牍抄存》，第 133—134、147 页。
② 《李文忠公选集》（上），第 46—47 页。
③ 《李文忠公选集》（上），第 46—47 页。

“兵临我境”，觉得自己对不起“皇上百姓”，[1] 这种深知苛责，化为激励之语，当有助于其态度的贞定。因此，他认为对日本这种违约失和的侵略行为，如果退让，以“贴费”来结局，不但有辱国体，且将遗中国以无穷后患。他曾致函总署，于“贴费”一节，要总署贞定坚持，不为动摇。即使在总署请外人调停的主张占上风后，当法国热使赴津面谒李鸿章时，李鸿章仍对之断断说道：“我有一语紧要，应先声明，此事确是日本大错，始欲强占番地，占地不得，则欲贴兵费，中国颜面如何下得去？将来若请各国公评，难保无暗中偏护日本者，无论如何说法，占番地、贴兵费二者，断不可行，……务请贵使牢记勿忘。”[2]

第二，在于审实力。第二次鸦片战争后，中国的门户洞开，外海内江已完全处于列强武力的威胁之下，“洋人论势不论理，彼以兵势相压，而我第以笔舌胜之，此必不得之数也”，[3] 李鸿章已经看到实力原则在中外交涉中的重要作用，并且，这一理念也深刻影响了李鸿章在处理中外交涉时的立场趋附。在同西方交涉时，李认为以中国如此孱弱的国力，根本不是西洋各国的对手，并且，西方强国英、法在第二次鸦片战争中，虽逼中国签订了城下之盟，但事后英、法纷纷南驶，尚能执守成约，这给李鸿章等造成一种错觉，认为西方之逼中国开关，主要是为了通商、传教，并不利我土地人民。[4] 所以，在第二次鸦片战争之后，他渐渐形成了一条“和戎”的外交路线，一方面呼吁变法，向西方学习，“师其所能，夺其所恃”，[5] 同时又主张同西方各国打交道时，以条约为准，力保和局。以实力原则来衡量日本，情形就大不一样了，日本是东亚新兴之国，明治后虽然也掀起了向西方学习的浪潮，但当时时间尚短，其实力并不比中国强。当时日本陆军装备着后膛枪炮，其海军拥有两艘铁甲船，武器装备略胜中国，但李认为中国举办洋务也历有年所，已积累了相当的军事实力。就海军来说，当时日本海军的兵船不多，中国福州船厂新造的轮船，已足以与其相敌。中日两国就其实力来说，旗鼓相当，一旦开战，胜负之数，殊难逆料。并

---

① 《李文忠公选集》（上），第 50 页。

② 《李文忠公选集》（上），第 75 页。

③ 《李文忠公选集》（上），第 33—34 页。

④ 《闰月十一日复曾相》，《李文忠公朋僚函稿》（线）卷二十一。

⑤ 《筹议制造轮船未可裁撤折》，《李肃毅伯奏议》（线）卷四。

且，当时日本国内的政局不稳，日本敢于逞兵我台湾，实是一种冒险之举。[①] 在这样的情形之下，中国就没理由要对日本退让。“向来办理洋务，皆为和战两议，举棋不定所误，鄙见则谓：明是和局，而必阴为战备，庶和可速成而经久。”[②] 只有凭着实力相抗，才能求得和平。揆诸当时的情势，李鸿章的这一分析是有道理的。在日军深入番地后，中国内部的“主战”言论逐渐占了上风，朝廷在五月十一日（阴历）发出上谕：“日本兴兵，显背条约，固属理曲词穷，若能就我范围，敛兵回国，自然消弭衅端，倘再肆意妄为，悍然不顾，当即声罪致讨，不得迁就因循，转误事机。”[③] 日本也发出了全国动员令，一时中日两国大有一触即发之势，其实，这只是其汹汹之外表，当时中日两国内心都是极为虚弱的，都不敢贸然开战。中国方面固不待论，日本方面，我们可从大久保利通的日记里看出一斑。大久保利通作为特使赴京进行外交讹诈时，曾在其日记里写下这么一段：“经仔细考虑，此次奉命任务，实为极不易之重大事件。如谈判不得终结，就此归朝，则使命完不成，固不待论，而最可忧者，为国内人心，以事情迫切，有战争朝夕可至之势。如人心无法收拾，战端终于不得不开之期，可以立待，若然，不但胜负之数，固然可惧，且我无充分宣战之名义，柳原公使觐见虽遭拒绝，但仅此殊不足以言战，若然，势必至无理开战，届时不但人民有议论，且将受各外国之诽谤，若蒙意外之损害，终而招致损及我独立主权之大祸，亦不能谓其必无。”[④] 由此可看出，当时日本也自知理屈，且在外交上处于不利地位，同中国开战自料无必胜把握，如果贸然大开战端，很有可能还会丧失明治以来所取得的维新成果，可以想见，大久保利通在写这段日记时，心情是极为沉重的。李鸿章基于中日实力的比较，根于对日本局势的考察，持强硬的“主战”立场，在当时中国国内来说，实有洞见之明，很难有人达到他这样的水平。但李氏又认为，如果真的与日本打起来，中国也无必胜的把握，并且战端一开，则兵连祸结，对中国也非常不利。所以，他主张慎于发端，不衅自我开，到万不得已时，才一“应之”。[⑤] 只是积极备战，与敌旷日持久，消耗敌军的

① 《李文忠公选集》（上），第 40 页。

② 《李文忠公选集》（上），第 33—34 页。

③ 《甲戌公牍抄存》，第 79 页。

④ 〔日〕东亚同文会编《对华回忆录》，第 65—66 页。

⑤ 《李文忠公选集》（上），第 112 页。

力量，消磨敌军的锐气，迫敌自行撤退，以求得和平。

第三，在于防后患。第二次鸦片战争后，美、法诸国故能执守成约，中国同它打交道，可恃条约与之折冲樽俎。日本则不然，甫经换约，即兵临我境，视条约若敝屣，从一开始，即暴露了对中国更加凶狠的面目。因此，李鸿章对西方各国印象较好，谓其能守信用，而日本的行为，则给他留下了极坏的印象。他曾说过："日本九年遣使来津求约，厥复岁辄一至，弟与周旋最久，其人外貌呴呴恭谨，性情狙诈深险，变幻百端，与西洋人迥异。"[①] 他还当着日使柳原前光的面怒斥过日本反复无常，不够朋友。[②] 在历史上中国曾遭受过倭寇之患，明时丰臣秀吉曾派大军侵略朝鲜，然其意则在中国，在处理现实问题时，翻开这些历史旧账，使李鸿章对日本存有戒心。他认为在中日最初的对抗中，如果中国委屈退让，对其侵略行径不加制止，"则后将占距逼处，如俄之黑龙江，东界日之虾夷，骎骎焉大肆蚕食"，[③] 后患必更多，只能进一步激发日本对中国的觊觎之志。通过这次生番事件，日人敢于以小谋大，使李鸿章看到日本将成为中国的"切近之患"，[④] 未来对中国威胁最大的，不是西方列强，而是东洋日本。台事后，李鸿章向朝廷上"筹议海防折"，力主变法自强，并将日本确立为中国的主要竞争对手，盖也以此。

台湾事件的结局，中国最终仍是以"贴费"换取日军撤出台湾的，李鸿章的意见未能达到彻底贯彻执行，可以说，李鸿章的企图最后是以破产而告结束的。之所以会出现这样一种结局，一方面在于总署的软弱，另一方面则在于李鸿章本人的动摇。向来处理中日之间的交涉，概由李鸿章负责，[⑤] 这是一条不成文的规定，但在这一问题上，李鸿章表现出了强硬的"主战"立场，所以，日使来华谈判时便绕过李鸿章，直接与总署交涉。总署起初在得到日军将要侵台的消息时也不相信，但它并没有接受李鸿章积极设防备战、迅速派军赴台以阻止日军在台登陆的建议，只是向日本外务省发了一个措辞温和的照会，询问事情是否属实。其后，总署虽然不断

---

① 《李文忠公选集》（上），第25—26页。

② 王芸生：《六十年来中国与日本》卷一，天津大公报社印行，中华民国二十一年四月，第67页。

③ 《李文忠公选集》（上），第25—26页。

④ 《李文忠公选集》（上），第10页。

⑤ 《六十年来中国与日本》卷一，第67页。

向日外务省发出照会，同日使反复驳辩，但其辩论的主要问题则在生番地界版图的归属上，并且措辞软弱，生怕同日本决裂。总署为什么取这样一个软弱的立场？这仍是同总署对形势的分析密切相关的。班领总署的恭亲王奕䜣认为，中国办洋务虽历有年所，但有其名而无其实。当时日本拥有两艘铁甲船，总署深以为忧，并无形中将日本的军事实力夸大了，且其受赫德“中国敌不过日本”① 这一言论的影响，认为“设防恐不足恃”。② 台湾事件后，恭亲王等总署大臣，曾向朝廷上一奏折，其中说道：“窃查日本兵据台湾番社之事，明知彼之理曲，而苦于我之备虚，……一经决裂，滨海沿江，处处皆应设防，各口之防难恃，不得不慎于发端，虽累经奉旨严饬各疆臣实力筹备，而自问殊无把握。”③ 同样，总署对中国防备的空虚也是大大地夸大了。总署以为，一旦决裂，战端一开，中日两国均会同时大举，我沿海边疆必将处处化为战场，不但中国设防不足恃，且中国必靡费不赀，所以，以“贴费”速了台事，于中国仍属胜算。这种分析是相当片面的，他们虽然看到了中国国力的虚弱，但却没有看到日本的国力也同样虚弱。关于战端大开之后，总署及沿海一些疆臣认为会使我沿江沿海处处皆化为战场，李鸿章对此曾形象地斥之为“病汉怕闻鬼叫”，④ 是自己吓唬自己。李认为我沿海沿江，多已辟为通商口岸，日本若纷扰各口，势必会给西方各国经济上造成巨大损失，西方各国必会出面干涉，所以，日本必不敢轻于一试，则此之由，他认为即使中日开战以后，战场仍在台湾，不会波及中国大陆，⑤ 这种分析也是相当有道理的。总署只知己不知彼，并且懵于形势，自己已先自惊慌恐惧，终于为日所乘。虽然总署最后是以“抚恤费”代“兵费”，总算保全了中国的面子，但却承认这次日本兴兵台湾是“保民义举”，遂种下以后中日交涉的祸胎。李鸿章对形势的把握虽较总署正确得多，其对日本的了解也较总署清楚得多，在整个台湾事件的处理过程中，其设防备战的“主战”主张确实给日本以不小的震慑，加速了这一事件的解决。但由于处理这一事件的决定之权付诸总署，总署坚持

① 《李文忠公选集》（上），第 36 页。
② 《李文忠公选集》（上），第 36 页。
③ 《六十年来中国与日本》卷一，第 80 页。
④ 《李文忠公选集》（上），第 59—61 页。
⑤ 《李文忠公选集》（上），第 59—61 页。

己见，李虽然曾斥之为“陷溺西党”，已难于“唤醒迷途”，[1] 但李只有徒唤奈何，毫无办法，致使他的主张难以得到彻底贯彻，最后也只有落个破产的命运了。

除了总署软弱的外交政策外，这一事件之获一个不满意的解决，李鸿章自己也要负一部分责任。李鸿章本人到了最后关头，态度也发生了变化，他并没有坚持己见到底，并凭着自己的资望与地位去影响总署的政策，反而受总署政策的影响。实际上，到最后关头，李氏也赞同了总署的对日政策，这当是由其性格的弱点所导致的。在他给总署的一封信里，曾这样说道：“平心而论，琉球难民之案，已阅三年，闽省并未认真查办，无论如何驳辩，中国亦小有不是，万不得已，或就彼因为人命起见，酌议如何抚恤琉球被难之人，并念彼国兵士远难艰苦，乞恩犒赏饩牵若干，不拘多寡，不作兵费，俾得踊跃四国，且出自我意，不由彼讨价还价，或稍得体，而非城下之盟可比，内不失圣朝包荒之度，外以示羁縻勿绝之心。”[2] 到最后关头，李鸿章丧失了原则，思想动摇了，这无疑对其“主战”主张是一致命打击。李氏坚于发始，却难于持终，这样一来，他的“明为和局，阴为战备”的制日之策，除了破产之外，还有什么别路可走呢？

（注：本文原刊于《安徽史学》1997 年第 4 期，文章发表时编辑作了节略，今依据手稿，全文录出，登载于此。）

① 《李文忠公选集》（上），第63页。

② 《李文忠公选集》（上），第65页。

甲午战前李鸿章的“实力”思想

19世纪60至90年代，中国掀起了洋务运动，这场运动的成毁得失，现在尚难以盖棺论定。李鸿章是这场运动的著名领导者之一，他的观念与思想，曾对这场运动产生过巨大影响。本文试图对李鸿章的“实力”思想作一考察，以揭示他这一观念与思想的意义。

一 “力”的理念与实力扩充

传统中国在处理与周边各国关系的时候，崇尚以文明的优越来使周边各国柔服的原则，即崇尚以“德”服人的原则，并且，也是主要以自己文明的优越来维系中华上国的地位，以“力”服人的原则则往往受到正统儒生们的攻击，这是由于当时的中华文明遥踞在周边各国之上的缘故。鸦片战争以后，国际形势发生了深刻的变化，一个更加富有朝气的西方文明，频频叩击中国的大门，西风东渐，势不可挡，古老的中华文明出现了严重的危机。“西人专恃其枪炮轮船之精利”，“横行于中土”，这是三千年来之一大“变局”。[①] 在这样一个“变局”时代，怎样才能使中国在同列强打交道时立于不败之地呢？显然，传统中国处理国际关系的准则已无济时艰了，这不能不使一部分中国人面对现实，更改自己的观念与思想，李鸿章可谓是他们之中较早觉醒的人物之一。

李鸿章久历戎行，在平定太平天国运动中，较早地与西方人发生了接触，在同西人接触的过程中，他比较清楚地看到了西方的强大及同其打交道时“实力”的重要性。他认为过去中国的外患主要来自西北内陆，所以历代备边多是陆重于水，但是，现在却不同了，现在对中国构成威胁的因素主要来自海上，中国面对的主要敌人将是来自海上的西方列强。“洋人

---

① 《筹议制造轮船未可裁撤折》，《李肃毅伯奏议》卷四。

论势不论理，彼以兵势相压，我第以笔舌胜之，次必不得之数也。”① 今后，中国同西方的较量将是实力的较量，中国只有具备了强大的实力，才能保住自己。因此，这一时期，李鸿章便明确地确立了“力”的理念，并将扩充中国的实力确立为其追求的目标。怎样才能扩充中国的实力呢？他的思想归纳起来主要有下面四个方面。

第一，力保和局。“我与西约，始由协逼而成，各款多违万国公例。”② 但是，由于“各国条约已定，断难更改，江海各口，门户洞开，已为我与敌人公共之地”，③ 在这样的情况下，空言“攘夷”是无济于事的，为了造成中国强大的实力，首先应该要力保与西方达成的和好局面。所谓力保和局，即是：一、尊重与列强已订立的条约，同列强打交道时，严格按照条约所规定的内容去办，他认为“两国和好，全凭条约”，④ 并且，与外维持和好的局面，彼此均会受益。关于此，他曾有过一段精彩的演说，其中有这么一段：“本大臣见泰西各国十分富强，皆从各国交好而来，一国的见识无多，聪明有限，必须集合各国的材力聪明，而后精日益精，强日益强。国与人同，譬如一人的学问有限，必要外出游历，与人交往，择其善者，改其不善者，然后学问愈进，知识愈开。”⑤ 二、超越条约内容之外的，只要不违背国家体制，也可委曲将就、变通处理。如他在同英使威妥玛的一段对话中就说过：“我为中国大臣，凡国家体制所关，我不敢不竭力争论，但凡有可通融之处，亦不坚执成见，致误两国大局。”⑥ 三、不轻言战事，力争以外交途径解决中外纠纷，即使战不可免，也要做到不衅自我开。“自周秦以后，驭外之法，征战者后必不继，羁縻者事必长久，今之各国，又岂有异？”⑦ “五洲各邦，自欧人东来，以兵戎相见，先胜后败，覆辙相寻，可为殷鉴。”⑧ 这种思想，李鸿章后来渐渐形成了一条“和戎”的外交路线，目的是想同西方列强保持一个和平的局面，以为中国学习西方、扩充实力创造条件与争取时间。

---

① 《筹议海防折》，《李肃毅伯奏议》卷四。

② 《十一月二十一日论维持朝鲜》，《李文忠公外部函稿》卷十四。

③ 《筹议海防折》，《李肃毅伯奏议》卷四。

④ 《十二月二十八日倭使森有礼署使郑永宁来署晤谈节略》，《李文忠公外部函稿》卷六。

⑤ 《宴会酬应说话》，《李文忠公外部函稿》卷七。

⑥ 《七月十一日与英国威使问答节略》，《李文忠公外部函稿》卷七。

⑦ 《闰月十一日复曾相》，《李文忠公朋僚函稿》卷十二。

⑧ 《五月四日论海防兵单未可轻言战事》，《李文忠公外部函稿》卷十八。

第二，讲求军实。与列强实力的较量，首要的将是军事实力的较量，然而，当时中国的兵制落后，军力孱弱，“外国利器强兵，百倍中国，内则狎处辇毂之下，外则布满江海之间，实能持我长短，无以扼其气焰”。[①]这种强烈的反差与危急的形势，使李鸿章忧心忡忡：“盱衡当时兵将，靖内患或有余，御外侮则不足，若不及早自强，变易兵制，讲求军实，仍循数百年绿营旧规，厝火积薪，可危实甚。”[②] 因此，他曾多次上疏朝廷，大声疾呼：“国家诸费皆可损，惟养兵设防，练习枪炮，制造兵轮船之费，万不可损。”[③] 怎样“讲求军实”呢？他认为在于“师其所能，夺其所恃”，[④] 并且，他权衡当时的局势，提出了优先发展海军、兼顾陆军及其他辅助军事设施的战略思想。[⑤] 在他的主持下，到甲午战争之前，中国的军事实力同昔相比已有了相当大的扩充，并为中国军事的近代化打下了最初的基础。

第三，浚发财源。“御戎大政，惟兵与财。”[⑥] 军事实力的扩充，需要强大的经济力量为后盾，“先富而后能强”，李鸿章在他的洋务实践中，也渐渐认识到了这个道理。此外，他还认识到中国与列强的实力较量，将不仅仅是军事实力的较量，而是整体国力的较量，如他曾说过：“惟中国积弱，由于患贫，西洋方千里数百里之国，岁入财富以数万万计，无非取资于煤铁五金之矿、铁路电报信局丁口等税，酌度时势，若不早图变计，择其至要者，逐渐仿行，以贫交富，以弱敌强，未有不终受其敝者。”[⑦] 因此，到了 19 世纪 70 年代以后，李鸿章便一再吁请朝廷，设立民用企业，以扩充中国的经济实力，这对充实中国国力，为中国军事的近代化提供了一定的保障。

第四，造就人才。与列强的较量将还有赖于人才的培养，李鸿章认为中国的自强事业“尤以人才为亟要”。[⑧] 为此，他对比分析了中西情状，认

---

① 《九月十一日复陈筱舫侍郎》，《李文忠公朋僚函稿》卷六。
② 《九月十一日复陈筱舫侍郎》，《李文忠公朋僚函稿》卷六。
③ 《筹议制造轮船未可裁撤折》，《李肃毅伯奏议》卷四。
④ 《筹议制造轮船未可裁撤折》，《李肃毅伯奏议》卷四。
⑤ 参阅拙文《李鸿章的国防战略思想》，《南开史学》1992 年第 1 期。
⑥ 《复宁绍道薛》，《李文忠公尺牍》第一函第一册。
⑦ 《八月二十六日复丁稚璜宫保》，《李文忠公朋僚函稿》卷十八。
⑧ 《筹议海防折》，《李肃毅伯奏议》卷四。

为“中土人才，多空谈学问仕宦”，对洋务“漫不究心”，[①] 中国的“有贝之才”与“无贝之才”“均未易与数强敌争较”。[②] 他曾多次吁请朝廷要不拘常例“造就人才”，“使天下有志之士，无不明于洋务，庶练兵制器造船各事，可期逐渐精强”。[③] 为了造就新式人才，他同其他洋务派领袖一道，先后兴办了一些新式学堂，推动派遣留学生等事业。但是，传统的科举制却很不利于新式人才的培养，为了给培养新式人才创造条件，他则上疏朝廷要求对科举制进行变通，惜为浮议所阻而未果。

甲午战前，李鸿章身膺疆臣三十余年，在这三十余年中，举凡清政府一切重大的内政、外交、军事、经济及文化新政，他皆躬于其事。由于他认识到实力的重要性，并将扩充中国的实力确立为自己追求的目标，所以，可以说这一时期他所主持举办的一切新政，都是围绕着扩充中国的实力而展开的，并获得了不小的成绩，为中国的近代化打下了最初的基础。如果说上文所述已经证明了李鸿章把实力的扩充放到了一个至为重要的地位，从中我们已经明显地可以看到他实力思想对洋务新政影响的话，那么，下面所要说的在处理边疆与属国的危机中，我们在在仍可看到“实力”思想在其中所起的作用。

二　属国与边疆危机中的“力”的原则

19 世纪 70—80 年代，中国的边疆与属国在列强的侵略下，发生了严重的危机，先后出现了伊犁危机、台湾事件、马嘉理事件、琉球问题、越南问题与朝鲜问题等，怎样处理这些地区所爆发的危机？李鸿章的态度不尽相同，概括起来，可以说他的态度是“两弃”“两和”与“两战”。

先说“两弃”。1871 年，沙俄出兵伊犁，制造了伊犁危机，中俄两国一时关系紧张，面临着战争的危险。伊犁危机期间，李鸿章始终“不敢轻言战伐”，[④] 对左宗棠之主战，他则詈之为“大言高论，不顾国家安危”。[⑤] 1879 年，崇厚在俄京彼得堡签订了丧权辱国的《里瓦几亚条约》，受到清

① 《十二月二十一日致曾劼刚通侯》，《李文忠公朋僚函稿》卷十五。
② 《五月七日复金眉生》，《李文忠公朋僚函稿》卷十三。
③ 《筹议海防折》，《李肃毅伯奏议》卷四。
④ 《九月二日复张幼樵侍讲》，《李文忠公朋僚函稿》卷二十二。
⑤ 《三月一日复丁稚璜宫保》，《李文忠公朋僚函稿》卷二十二。

廷的斥责，对于这个条约，李鸿章则为之进行了辩护，他认为：“崇厚所定俄约，行之虽有后患，若不允行，后患更亟。”[①] 后来清廷将崇厚开缺候议，另派曾纪泽赴俄议约，“曾约”给中国争回了不少权利，曾纪泽本人则因此而受到清廷的嘉奖及西方各国的尊敬。但李鸿章却认为“曾约”为中国争回的权利“于中国并无实济”，并慨叹“士大夫之愚惑，朝廷之无人”。[②] 他在给郭嵩焘的一封信里甚至还说道：“纵能恢复无用之新疆，而腹地脂膏，逼削殆尽。”[③] 认为中国以通商、赔偿军费换回伊犁，中国得到的实是“有名而无实”。[④] 在此，李鸿章的态度实是要放弃伊犁。

1879 年，日本出兵琉球，制造了琉球事件。琉球是中国属国，事件发生后，朝廷大臣大多以为日本吞并琉球、废琉球为县，触犯了中国的体制，主张对日采取强硬态度。有的从国防需要出发，也主张不能对日本让步，如驻日公使何如璋说道：“琉球迫近台湾，我苟弃之，日人改为郡县，练民兵，球人因我拒绝，甘心从敌，彼皆习劳苦、耐风涛之人，他时日本一强，资以船炮，扰我边陲，台澎之间求一夕之安不可得，是为台湾计，今日争之患犹纡，今日弃之，患更深也。”[⑤] 李鸿章的态度又是如何呢？他虽曾邀请美国前总统格兰特出面调停，但是在他的心灵深处，实是要听任日本所为，放弃琉球。如他曾说道：“琉球以黑子弹丸之地，孤悬海外，远于中国而近于日本，……中国受琉球朝贡，本无大利，……争小国区区之贡，务虚名而勤远略，非惟不暇，亦且无谓。”[⑥] 在这一事件中，日本为了换取进入中国内地通商的权利，曾主张将琉球南部的八重屿、宫古岛分予中国，这就是所谓的“分岛之议”，对于这一动议，李鸿章也持否定态度，他认为“南岛枯瘠，不足自存，不数年，必仍归日本耳，……以内地通商均沾之实惠，易一瓯脱无用之荒岛，于义奚取？”[⑦] ——这是“两弃”。

次说“两和”。1875 年，英驻华使馆翻译官马嘉理在云南边境持枪行凶，被当地居民打死，这就是所谓的马嘉理事件。英国利用这次事件，向清政府提出了广泛的侵略要求，英使威妥玛甚至以下旗绝交，调集军舰来

---

① 《筹议交涉伊犁事宜折》，《李肃毅伯奏议》卷五。
② 《十二月十二日复王壬秋山长》，《李文忠公朋僚函稿》卷二十二。
③ 《七月十八日复郭筠仙星使》，《李文忠公朋僚函稿》卷十九。
④ 《筹议交涉伊犁事宜折》，《李肃毅伯奏议》卷五。
⑤ 《何子峩星使来函附》，《李文忠公外部函稿》卷十。
⑥ 《复何子峩星使附》，《李文忠公外部函稿》卷十。
⑦ 《九月十六日请球案缓结》，《李文忠公外部函稿》卷十四。

华相威胁，一时中英两国也面临着战争的危险。面对这次事件，当时一班中朝士大夫放言高论，欲“藉以报仇血耻”，与英“决一死战”。[①] 对这种论调，李鸿章则给予了严厉斥责，认为中国若与英开战无异于是吞服“大黄芒硝，一剂立毙”。[②] 在处理这一事件时，他自始至终均是主张以和平手段解决，并不惜对英让步，主持签订了《中英烟台条约》。

越南也是中国的属国之一，法国在吞并了南圻之后，于 19 世纪 80 年代初又不断向北圻发动进攻，妄图吞并整个越南，围绕着越南问题，中法之间产生了激烈的冲突，并终于走上了战争的轨道。在中法冲突中，李鸿章自始至终也持主和的立场，他认为中国“兵单饷匮”，“海防空虚”，即便“一时战胜，未必历久不败，一处战胜，未必各口皆守”，主张应“遇险而自退”，力保“和好大局”。[③] 并在中国取得镇南关大捷的胜利后，力主趁胜议和，同法国签订了《中法新约》——这是“两和”。

再说“两战”。1874 年，东亚新兴之国日本追蹑西洋列邦之后，悍然武装侵略我国台湾，制造了台湾事件。台湾事件发生后，驻日公使何如璋没有及时将情况通报国内，总理衙门对这一事件则“视若淡漠”，有人甚至有“彼自寻衅，番界势难禁止”之语。[④] 对于这一事件，李鸿章却一反一贯的对外主和立场，态度趋于强硬，他认为“生番亦中国百姓”，[⑤] 不能放手不管。当时日本海军拥铁甲船两艘，力量强于中国，总理衙门认为“设防恐不足恃”，[⑥] 李鸿章却认为中国水师虽不敌日本，但陆军或可一战，所以他主张“如事不可已，应求良将劲兵以为助”，[⑦] 并且，要以“狮子搏象”之力，“备集而后动，谋定而后战”。[⑧] 此外，他还认为可利用“民气”，驱逐日本。如他曾说道：“台地民气可用，康乾中历经助义杀贼，今岂无人大纛一呼万应，略除重敛暴征，鼓舞以作其气，彼不见得志，或渐思撤退耳。”[⑨] 为了了结台事，中日最后签订了和约，以贴补日本五十万两

---

① 《六月三日复鲍华潭中丞》，《李文忠公朋僚函稿》卷十八。

② 《六月三日复鲍华潭中丞》，《李文忠公朋僚函稿》卷十八。

③ 《中法战争》，中国史学会编《中国近代史资料丛刊》（五），上海人民出版社，1961，第 158、257 页。

④ 《四月十八日复沈幼丹节帅》，《李文忠公朋僚函稿》卷十六。

⑤ 《四月十八日复沈幼丹节帅》，《李文忠公朋僚函稿》卷十六。

⑥ 《四月十八日复沈幼丹节帅》，《李文忠公朋僚函稿》卷十六。

⑦ 《四月十八日复沈幼丹节帅》，《李文忠公朋僚函稿》卷十六。

⑧ 《五月二十四日复沈幼丹节帅》，《李文忠公朋僚函稿》卷十六。

⑨ 《四月十八日复沈幼丹节帅》，《李文忠公朋僚函稿》卷十六。

兵费，换取日军撤出台湾，对此，李鸿章则表示不满，他在给沈葆桢的一封信里说道：“五十万之数，……似援九年津案赔偿法俄各国人命共五十万，先后一律，弟初尚拟议，所害者琉球人，非日本人，又津案戕杀领事教士，情节稍重，碍难比例，今乃以抚恤代兵费，未免稍损国体，渐长寇志。”①

日本在侵台湾、占琉球之后，又将侵略的矛头指向了中国的属国朝鲜，80年代初，日本在朝鲜制造了一系列事件，对于这些事件，李鸿章也与他对待台湾事件时的态度一样，持非常强硬的立场。他曾说过：“琉球地处偏隅，尚属可有可无，设得步进步，援例而及朝鲜，我岂能默然尔耶？”② 当日本在朝鲜挑起壬午与甲辰事变时，李鸿章则毫不犹豫，果断迅速地派兵定乱。为什么要这样？中法战争期间，他在给朋友的一封信里说得清楚：“往昔日人之哄朝鲜，赴机宜速，今者法人之图越南，调发宜缓，盖敌势有强弱，事理有纠葛也。”③ ——这是“两战”。

同样一个李鸿章，为什么对处理属国与边疆所出现的危机，其态度竟然如此不同？为什么他对西方列强英、法、俄采取了退让的立场，对东方的日本除了琉球问题外则采取了强硬的态度？这与我们上文所说的他的“实力”思想是密切相关的。

李鸿章在分析天下大势时说道：“今则东南沿海，疆寄万余里，各国通商传教，往来自如，麇集京师及各省腹地，阳托和好之名，阴怀吞噬之计，一国生事，诸国构煽，实为数千年未有之变局；轮船电报之速，瞬息千里，军器械事之精，工力百倍，炮弹所到，无坚不摧，水路关隘，不足限制，又为数千年来未有之强敌。”④ 以中国如此孱弱的国力，显然不是西洋各国的对手。第二次鸦片战争后，英法侵略者纷纷南驶，尚能执守成约，这给李鸿章等造成一种错觉，认为“洋人图我者利也、势也，非欲真夺我土地也”，⑤ 他认为西方列强之逼中国开关，主要是为了传教、通商。“今之所患，惟俄与倭”，但是，由于中俄壤地相接万余里，处处可以生

---

① 《九月二十日复沈幼丹节帅》，《李文忠公朋僚函稿》卷十六，第29页。

② 《五月一日密议日本争琉球事》，《李文忠公外部函稿》卷十。

③ 《五月五日复张香涛中丞》，《李文忠公朋僚函稿》卷二十四。

④ 《筹议海防折》，《李肃毅伯奏议》卷四。

⑤ 《闰月十一日复曾相》，《李文忠公朋僚函稿》卷十二。

衅，中俄两国的国力相差也很大，“以一中国敌数强国，战备固不易言”，[①]因此，对于西方列强英、法、俄，中国只能委曲将就，隐忍徐图。日本就不一样了，日本是亚洲新崛起的国家，从国力上来说，当时并不比中国强，并且，它距离中国近，从一开始即暴露出了其对中国更加凶狠的面目，因此，李鸿章认为日本“后必为中国肘腋之患”。[②] 从实力强弱的比较出发，从对中国威胁的缓急出发，台湾事件以后，李鸿章便将国防的重点放在对付日本上，将日本确立为中国的竞争对手。他之主张放弃琉球，在台湾、朝鲜问题上则坚不让步，显示了李鸿章实是要收缩国防战线，蓄积力量，专精对付日本的企图，他的意图是要将台湾与朝鲜确立为防卫日本的最前沿阵地，进行实力自强，以与日本争一高低。

三　力量平衡的追求与失落

如前所说，这一时期李鸿章所主持举办的一切新政，都是围绕着扩充中国的实力而展开的，那么，他要扩充到什么程度？最终他要达到一个什么样的目标呢？细究一下，李鸿章的最终目标是要实现与西方列强形成一种力量上的平衡，为了实现这个目标，应分两步来走。

第一步：实现与日本的力量平衡。李鸿章权衡当时中日两国的形势，在其扩充实力时，除了兼顾其他各项外，将重点放在了海军力量的扩充上。台湾事件时，日本拥有两艘铁甲船，中国水师由于没有铁甲船，不能入远洋作战，所以，中国只能听任日军在台作为，无如之何，这给李鸿章以很大刺激。台事后，李马上即上疏朝廷，要求赶紧筹备购买铁甲船，并且渐渐形成了建立以铁甲船、快船为核心的近代海军的思想。如他曾说过：中国“南北海口甚多，防不胜防，……非拥铁甲船，自成数军，决胜海上，不足臻以战为守之妙。”[③]“中国永无购铁甲之日，即永无自强之日”。[④] 并且说：“我等欲振兴水师，必当致力于快船”。[⑤] 铁甲船，相当于战列舰；快船，相当于巡洋舰，它们是近代海军进行远洋作战的利器。在

---

① 《筹议天津设防事宜折》，《李肃毅伯奏议》卷四。

② 《浴佛日复黄子寿太史》，《李文忠公朋僚函稿》卷十四。

③ 《九月十一日条议海防》，《李文忠公外部函稿》卷十二。

④ 《二月十一日议请定购铁甲》，《李文忠公外部函稿》卷十三。

⑤ 《七月二十一日复船政黎召民》，《李文忠公朋僚函稿》卷二十一。

这之前，清朝政府确立了消极防御的国防政策，主要是购买蚊子船（一名水炮台）与碰船（一名炮舰）布置在海口，只能在敌人袭击我海口时，被动反击，根本无进入远洋作战的能力。李鸿章现在致力于建立以铁甲船、快船为核心的新的水师，其目的即是要赋予中国水师进入远洋作战的能力，更确切地说，首要的即是为了能够制驭日本海军。如他曾说过：“今之所以谋创水师不遗余力者，大半为制驭日本起见。”[①] 在李鸿章的呼吁与努力下，1888 年，中国终于建成了北洋水师，拥有大小船只近 25 艘，约 45000 吨，并拥有镇远、定远（均为 7350 吨）这两艘亚洲最大的铁甲船，跨入了世界海军强国之林。“当时日本只有十七艘军舰，可以作战的仅五艘，而且其中三艘机器陈旧，速度迟缓，已非海上利器”，[②] 已远远落在了中国海军之后。所以，在北洋水师成军时，就海军来说，中国已经实现了与日本力量的平衡。正是由于中国海军的力量得到了强有力的扩充，因此，直到甲午战争爆发之前，东亚的洋面一直是比较平静的，东亚地区出现了短暂的和平局面，这同李鸿章对扩充中国实力所付出的努力是分不开的。

第二步：实现同西方列强的力量平衡。与日本形成力量的平衡并不是目的，它只是李鸿章实现他最终目标的一个重要步骤，其最终目标是什么呢？这在他给朋友的一封信里说得非常清楚：“海上如练成大枝水军，益以铁舰快舸数艘，南略西贡、印度，东临朝鲜、日本，声威及远，自然觊觎潜消，鄙人窃有志焉，愿执事之力赞其成也。”[③] 这段话论者往往嗤之为李鸿章在吹牛，说大话，这实在是厚诬古人不浅！李鸿章最后连制日的愿望都未能实现，当然更谈不上与西方列强形成力量上的平衡了，但是从他的思想逻辑的发展来看，这种想法的产生不仅是可能的，而且是一种必然的归宿。他的最终目标实是要在中国建立几支强大的海军，控制越南、印度、朝鲜及日本，确立中国在亚洲的领袖地位，对抗西方，以与西方列强形成一种力量的平衡。

甲午战前，由于李鸿章对力量平衡的不懈追求，中国的国力较昔已有了相当的扩充，特别是海军尤为显著。然而，甲午一战中国却惨败在日本

---

① 《洋务运动》，中国史学会编《中国近代史资料丛刊》（二），上海人民出版社，1961，第 498 页。

② 参阅戚其章《洋务运动与中国近代海军》，《齐鲁学刊》1982 年第 2 期。

③ 《九月二十八日复黎召民京卿》，《李文忠公朋僚函稿》卷二十三。

之手，从此中国的国力不但得不到有效的扩充，反而江河日下，更加孱弱不堪，李鸿章的所有努力与期望，都化成了泡影。为什么会出现这样一种结局？这仍是由李鸿章所倡导的实力扩充未能得到充分展开所造成的。

首先，从纵向比较来看，这一时期中国的国力无疑已有了相当程度的扩充，但从横向比较来看，这一时期，西方列强纷纷完成了工业革命，国势日新月异，国势之强大，中国难以望其项背；日本在这一时期，举国“上下一心，皈依西土”，[①] 国势也蒸蒸日上；而中国的洋务运动，仅由地方上的几个督抚来倡导，并且各自畛域分明，矛盾深重，这严重影响了中国国力的扩充。就海军来说，1888 年北洋水师成军以后，就再也没有多大的发展了，每年四百万两的海军饷则被挪作修建颐和园之用，海军经费拮据，只能处于一种维持状态。同一时期，日本却以每年增加一艘快船的速度发展海军，到甲午战争爆发时，日本海军的实力实已驾北洋而上之。并且，由于其舰龄轻、速率快，北洋舰队的战斗力实已难与其匹敌。“海上交战，能否趋避，应以船行之速率为准，速率快者，胜者易于追逐，败亦易于引避，若迟速悬殊，则利钝立判。”[②] 由此看来，李鸿章所统帅的北洋水师便很难在远洋与日本海军作战，中日之间实力的平衡被打破了，所以，这就更加谈不上领袖亚洲与西方列强对抗了。

第二，前曾说过，李鸿章认为中国与列强的较量，将不仅仅是军事实力的较量，实际上将是整体国力的较量。但是，当时中国的洋务事业举步维艰，中朝士大夫大多尚沉浸在“时文小楷”的务虚空气里，将向西方学习斥之为“用夷变夏”，致使中国的洋务新政成绩有限。相反，日本却掀起了举国一致学西方的浪潮，并取得了赫奕的成绩，两相比较，孰强孰弱，一目了然。特别是传统的科举制度，它成了中朝士大夫空谈学问仕宦的可靠保障，李鸿章虽然曾多次呼吁要求对之加以变通，终因阻力太大而未果。李鸿章曾感慨道：“人才之难得，经费之难筹，畛域之难化，故习之难除，循是不改，虽日事设防，犹画饼也。”[③] 落后的体制，凝滞的风气，严重影响了中国国力的扩充，使李鸿章力量平衡的愿望难以实现。

---

① 《浴佛日复黄子寿太史》，《李文忠公朋僚函稿》卷十四。

② 王芸生：《六十年来中国与日本》卷二，天津大公报社印行，民国二十一年四月，第109—110 页。

③ 《筹议海防折》，《李肃毅伯奏议》卷四。

第三，李鸿章曾说过：“鄙人论事，惟求实求是”，[①] 他可谓是一个务实的政治家。但是他并不像林则徐那样“苟利国家生死以，岂因祸福避趋之”，他的表现往往是趋利而避祸，虽然他的主观愿望是要利国家，但是在遇到重大阻力后，他又往往知难而退。譬如在万寿山工程筹款问题上，虽然他认为此事“工程太大，费用不赀”，[②] 但他并不敢伏阙上疏、痛言利害，并且听任动用海军饷，这对中国海军的发展无疑是致命一击。李鸿章宁可放弃自己孜孜以求的理想，也不愿放弃邀恩固宠的机会。并且，他又不像曾国藩那样讲道学，注重自己的修养与人格，他的一生都是在讲奔竞、讲功利，因此近人高伯雨认为他“是一个典型的官僚”。[③] 这些个人素质上的缺陷，也严重影响了他所举办的事业，使中国难以达到与列强力量上的平衡。

综观李鸿章的“实力”思想，我们可以看出：“力”的理念是他举办洋务新政的出发点，而扩充实力则成为他举办洋务新政的落脚点，在处理边疆与属国的危机时，“实力”思想成了他立场趋附的一根杠杆，其最终目标是想造成一个实力强大的中国，领袖亚洲与西方列强形成力量上的平衡。可是，由于落后体制的限制，由于其个人素质的影响，他所举办的洋务新政并未能使中国的国力得到充分扩充，中国不但未能实现同西方列强形成力量的平衡，反而惨败在日本之手，从此以后，中国的国力更加衰弱不堪，完全走向了他愿望的反面。尽管这样，李鸿章所确立的“实力”思想，却给衰弱、落后的近代中国提供了一种自强自立的精神动力，并一直影响到以后的维新及革命运动。

（注：本文原刊于《安徽史学》1998 年第 2 期，发表时编辑曾作节略，今依手稿全文刊出。）

① 《李文忠公朋僚函稿》卷十九，第 29 页。

② 《致两广制台张（香涛）》，《李文忠公尺牍》第一函第十册。

③ 高伯雨：《中兴名臣曾左胡李》，（香港）波文书局，1977，第 84 页。

学术研究与涵养人生

——以我的“章学”研究为例

报告者：王玉华　教授

报告时间：2017 年 9 月 7 日　19：00—21：00

报告地点：文汇楼 C 段 211 报告厅

报告提纲：

一、韧劲。从“近代海防研究”到“章学”研究；十六年的坚守；博士论文出版事宜。

二、沉潜。以汤、姜为代表的章学研究成绩之综理；下苦功阅读原典，由易而难寻找突破口；研究个案举例：

1. 戊戌时期康章政术之比较（孟、荀之别）；

2. 辛亥时期章氏“权威政治”与“精英民主”学说之发现；

3. 章氏民族主义学说之“文化”与“政治”融通性之发现；

4. 章、严思想之比较；

5. 章氏“多元主义”（庞朴的“文化的民族性与时代性”与汪荣祖的“多元主义”之说）与历史主义（殷海光的“演化论”史观与张汝伦的“历史相对主义”之说）学说之厘定等。

三、博学。小学的功底；中国传统文化（经学、子学、佛学等等）；西学各门学科（尤其是社会学、人类学等等）。

四、低调。学术与生命相融通；古来圣贤皆寂寞；陈年老酒与流行歌曲之喻。

各位同学、程司仪，大家晚上好！

现在受学院的委托，给大家做一个学术性的、引导性的报告。可是我在接到这个任务的时候，不知道应该讲什么好，最后李秉忠院长说，结合我的一些经历给大家谈谈自己研究的体会。因为时间比较仓促，我也没有做什么准备，没有作 PPT，屏幕上这个提纲是给我自己看的。我今天晚上给大家讲的可能是漫谈式的，主要讲的是我这几十年学术研究的经历和体验、体悟，跟大家一起分享一些我觉得比较重要的东西——学术研究中比较重要的东西，我把它拈出来，结合我的一些研究，跟大家讲一下，所以整了这样一个题目“学术研究与涵养人生——以我的‘章学’研究为例”。

关于“章学”，可能有的同学并不清楚什么是“章学”。大家知道什么叫“章学”吗？讲的是什么吗？“章学”的“章”，指的是章太炎，大家对他并不陌生，实际上，我们的中学教材就提到过他。“苏报案”，讲的章炳麟就是章太炎。大家都知道，章太炎是近代的、晚清时候的大学者、大思想家，并且还是一个大教育家、大革命家，他在近代学术的多个领域贡献卓著，都取得了重大成就。“章学”研究的成就也是很丰富的，已经出了很多著名的学者；但是，面临的问题也很多。

我本人是从 1988 年开始涉猎“章学”的，到 2017 年，拈头掐尾，刚好三十年。说实在的，这三十年我一直在“章学”研究中沉浮，当然有很多的感受。因此，我想结合我的一些经验来和大家谈一谈。

一　韧劲

其实我一开始的时候并不很明确要研究“章学”，“章学”进入我的视野是稍微晚一点的。最早我 1987 年到南开大学去读研究生，我的导师是陈振江先生。陈振江老师是研究义和团运动的著名学者。因为在 80 年代，随着中国的改革开放，思想解放，并且发展现代化，学风发生重大变化，学术研究范式发生重大变化，过去很多我们在学术上否定的东西，开始得到肯定。所以，我最早感兴趣的，实际上是近代海防事业。我初入南开的时候，最早涉入的是海防。当时对这个比较感兴趣，所以在研究生一年级的时候，刚好跟大家一样，是新生。但是我当时对自己想干什么比较明确——可能现在有的同学比较明确，有的同学可能还比较迷茫——所以想看什么书，我自己比较清楚。所以当时，在研究生一年级的时候，我一头扎到近代海防研究里面去。当然，当时的条件跟现在是没法比的。过去想借本图书是比较困难的，不像现在，想借什么书就借什么书，现在网络很发达，图书馆藏书也很多，还有很多数字图书馆，网络资源非常丰富。但是因为当时我对海防感兴趣，所以呢，就需了解我们安徽的一个老乡李鸿章的相关史料。李鸿章大家是比较熟悉的。李鸿章是洋务派的领袖，过去是一个被否定的人物。80 年代开始，学术界对洋务运动不再完全否定，而有一些肯定。但是当时李鸿章的东西还没有整理出版，现在我们已经有了《李鸿章全集》了，使用起来也方便了。所以当时首先从李鸿章入手，一开始就读李鸿章的书，当时是线装的，南开大学图书馆《李肃毅伯奏议》、《李文忠公外部函稿》、《李文忠公朋僚函稿》、《李文忠公尺牍》，当时都是线装书，没有标点符号。于是就借回来看。我们过去有记卡片的习惯，就是抄卡片，那是比较辛苦的事情。除此之外，还有像关天培，大家知道，鸦片战争时期，南海长城，关天培，还有林则徐。关天培《筹海初集》，林则徐的奏议、书信，还有像当时魏源编的《皇朝经世文编》里面有涉及海防方面的史料，此外还有《筹办夷务始末》，等等，这是基本的史料。这些基本的书，当时借回来看，是下了不少功夫的，所以第一年基本上是干这个事情。当时也比较辛苦，这些书一本一本地读，并且抄了大量的卡片。这些卡片后来很多年我都舍不得扔，最后还是扔掉了，因为不搞这一块了。后来我到南京大学读博士的时候，实在是带不动了，扔了很多东西，把这些卡片也扔掉了。这些东西很重要，并且也开始进行研究了。自己一边进行研究一边写，后来写了有四篇文章，一篇写关天培的，《关天培与粤省海防》；三篇写李鸿章的，《李鸿章的国防战略思想》、《甲午战前李鸿章的“实力”思想》，还有《“明是和局，阴为战备”——李鸿章处理台湾事件的指导思想初探》。这几篇文章，一年级基本上就是干这些事情。当时从关天培到李鸿章，这个近代海防大致的脉络基本上进行了一个梳理，并且下了不少功夫。

但是到了研二的时候，我后来忽然就变了，忽然转到章学方面去了。这个相差很远，所以当时我找我的导师陈振江教授，我谈了这个想法，陈振江老师是非常反对的。他说你这个海防研究已经有一定基础了，在这个基础上，你的硕士论文基本上可以做出来了。基本上，你稍微加一把力，就可以不太困难地完成了。为什么要转到一个你不太熟悉的领域呢？并且你已经是二年级了。

当时为什么转到这方面，这跟当时 80 年代的情况有关系。我们知道，80 年代，这个话可能不大好讲，我稍微提一下这个“新启蒙”。当时大学校园里面，西学思潮，即西潮、西学是很热的。今天大家无所谓了，今天西方的著作已大量翻译过来。在当时是很稀罕的东西。因为国门初开，就像晚清时候一样，梁启超讲，那个时候有一种知识的饥荒、知识的饥渴，如饥似渴地吸收一些新的东西。所以当时大学校园里面，我记得我在南开的时候，当时大家特别乐谈的一个是马克斯·韦伯，他的《新教伦理与资本主义精神》很有名，还有一个是尼采，所以当时我对他们两位很感兴趣，特别是对尼采，对尼采的个性，对尼采那种充满冲决网罗的精神，特别倾倒。所以当时尼采的书，我见到就买，特别是看了他《悲剧的诞生》、《偶像的黄昏》、《睢！这个人》、《上帝死了》、《查拉图斯特拉如是说》等等这样的书，对他特别倾倒，对他这样的学者，特别崇敬，最后渐渐地就转到了“章学”。

因为章太炎的性格和尼采的性格非常类似。鲁迅当时讲，这样的人是“轨道的破坏者”。所以，当时跟陈老师谈这个事的时候，陈老师极力反对。他生怕做不好，完不成学业。后来我就跟他详细谈。我当时为什么转到“章学”？一个是从喜欢尼采开始到喜欢章太炎，和当时的思潮有关系。一个呢，我觉得自己还是有一定的功底的，可以去研究章太炎。因为研究章太炎比较困难，大家都知道难在什么地方吗？首先大家都知道，章太炎的东西读不懂，特别难。章太炎的东西，文章的一部分，字你都不认识。章太炎的著作，像《訄书》，比《尚书》还难懂。所以，陈老师自然反对，你弄了这样一个东西，将来怎么能完成学业呢？但是我跟他谈了以后，因为我在本科阶段，我学的是古文字，甲骨文、金文，对先秦史钻研比较深。并且像《左传》、《国语》、《尚书》、《诗经》、《周礼》这些书，我都下过比较深的功夫，还有像《说文解字》，段玉裁的《说文解字注》，还有这个像金文、甲骨文的书也读了很多。跟他谈了以后，陈老师后来就同意了。

虽然同意了，但是对我来说，是一个巨大的挑战。因为当时他指导不了我，因为他也不研究“章学”，也不研究思想史，纯粹是靠自己搞。那从什么地方着手呢？兴趣是最好的老师，只要你感兴趣，你做梦都会在里面，沉浸在里面。“朝于斯，夕于斯，醒于斯，梦于斯。”对吧，你做梦都在里面，你当然就能学得好东西。这就是庄子所说的“凝情一致”，所以当时我有这样一种着魔的状态。这是我涉入“章学”时的一种情况。

后来我从南开毕业所写的硕士论文，就是关于“章学”方面的论文。毕业以后，“章学”就一直跟着我。后来我到大学去工作，再读博士，后来再博士毕业再到大学工作，然后再到我们陕西师大，一直坚守在“章学”的领域里面。

后来到了南京大学读博士，还是研究“章学”，博士论文写的还是“章学”。当时我的导师茅家琦教授，他也是满腹狐疑。我说从事这方面的研究，他是满腹狐疑的。因为当时，大家都知道，章学号称“难啃的硬骨头”，是一块难啃的硬骨头，你能不能啃下来。后来他在一次学术会议的时候碰到了南开的陈老师，陈老师跟他讲了我的情况，后来他也支持我了，虽然他不研究“章学”，但是我的两位老师，都有一种宽容的精神，博大的胸怀。他不规定你学生应该干什么不应该干什么，他说你自己去发展，按照你的兴趣自由地发展。所以我非常受惠于这两位老师，虽然他们在“章学”上没有给我什么指导，但是他们对我的宽容，给我创造了一个非常自由的环境，这是非常珍贵的。所以，在茅老师门下，我继续研究“章学”。最后有所成就，在 1997 年通过了论文答辩，获得了博士学位。

后来去了福建师大工作。在福建师大工作期间，因为要评职称的关系，当时我跟很多的人一样，未能免俗，要去评职称，所以当时就投稿给了北京的阮芳纪先生，阮芳纪先生当时是《历史研究》的主编，并且是“东方历史研究丛书”的主编，当时主要是投到“东方历史研究丛书”里面去了。阮芳纪先生很快就给我来信，说愿意由他们出版。当时对我是非常好的消息。但是他当时又提出一个附加条件，就是让我要把这本书压缩，就是博士论文压缩，压缩到二十万字以下。因为考虑到出版成本的问题。当时我写的有三十来万字，所以当时我就颇为踌躇了，如果当时要从评职称的角度衡量，肯定就拿去出版了。这样的话，职称早就解决了。可是呢，我觉得如果压缩之后，可能很多问题是说不清楚的。所以当时很踌躇，后来我就放弃了。

我觉得我应该还要坐下来，很多地方还要继续进一步研究，不是压缩，而是扩充的问题。2002 年，我调到咱们学院来工作，那个时候是比较成熟了。那时我快四十岁了，我觉得思想也比较成熟了，驾驭的能力也比较强了。所以从 1997 年毕业之后，我一直在看书，为自己充电，并且不断地修改、充实，最后是在我们陕西师大这个地方出版了。当时联系的是中华书局，中华书局当时是冯宝志先生，冯宝志先生很感兴趣，当时拉到一个“晚清”丛书里面去了。但是最后是由中国社会科学出版社出版的，为什么呢？因为当时碰到一个情况，就是中华书局的领导换了，刚好碰上这样一个情况，中华书局的新领导对出版的政策发生变化，他们倾向于主要出版古籍，对这些学术著作，暂时冷却。所以冯宝志先生跟我谈了，出不了，但是冯宝志先生非常负责任，他给我推荐中国社会科学出版社，中国社会科学出版社没有再找外审专家审查，因为中华书局已经通过了，所以就直接可以出版了。2004 年，书就出版了。所以从 1988 年我开始涉入章学，整整经历了十六年的时间，这本书最后出版面世了。这是一个简单的过程，当然这里面有很多艰辛，我后面再讲。

这里面，我觉得有一个东西，我时常反省这个东西，就是我们做学问，当然有的学者善变，他很聪明，可以涉猎很多领域，并且几年就有一变，像晚清时候的廖平、康有为这样的人，也是善变的人。梁启超也是“流质善变”的人。这当然是学者的一种风格了。但是我觉得做学问，可能不太适合善变，特别是像章学，研究章学实际上是非常困难的，更不适合常常变化。我有一个朋友，日本东京大学的林少阳先生，我们有一次聊天的时候，他曾经讲过一段话，我觉得讲得很对。他说，一般的研究，当学者研究到一定的程度，会遇到一个瓶颈。就是你研究到一定程度以后，你再想进步很困难了。但是章学研究不一样，你一开始就遇到瓶颈。它是这样的情况。所以这样你要持之以恒，要水滴石穿，一点一滴地把石头滴穿，有这样一种精神长时间坚持才可以。这需要一种韧劲，学术的韧劲，没有这种精神，你可能是做不成学问的。所以，研究章学要取得成就，一般要十到二十年时间，否则不可能出成就的。但是现在有一些学者，我们现在也看到不少的出版是章学著作，很热门，但是你过几年再看章学界，它还在不在。包括我的一些学生，一开始也对章学很感兴趣，但是呢，写了几篇文章就跑了，找不到影子了。这就是他不愿坚守下去。为什么不愿坚守下去呢？他遇到困难了。他开始的时候，可能利用章太炎的一些演讲录，比较好涉入的资料，可以写一些东西，但是真正涉及他的一些核心著作的时候，他很难再深入下去，所以只好放弃、逃跑。但是有时候你真正咬紧牙关，有一种韧劲的话，我想他最后肯定是会冲破一些关口，取得一定的成就的。

这是我给同学们讲的我的第一个感受。我这十六年一直到 2004 年，当然从 2004 年到今天又是十四年时间了。我一直坚守在章学的阵地，当然我还在干另外的一些事情，是和章学有关的研究，这是更艰难了。

二　沉潜

那么，第二个问题，我的一个体验是不仅需要韧劲，而且需要沉潜。

什么叫沉潜？从字面意思讲，是潜水，潜到很深很深的地方去。我们现在每年出版的学术著作、论文的数量是非常之多的，但大家可能也发现了问题，真正好的成果不多。真正值得让人品味的，让人看了还想再看的这种成果不多。为什么呢？就因为他往往涉入不深，就是漂浮在表面，可能跟这个有关系。我们看一些大师的著作，为什么越看越有味道，就是他沉潜得很深。所以学术不仅要韧劲，还要沉潜。在这方面，我也有挺多的感受的。

刚才我讲过，我涉入章学是没有人指导的，没有任何人引导我，完全靠自己自个蒙着眼睛瞎打瞎撞的。就是凭一腔热血，凭自己的兴趣。兴趣才是最好的老师，它给你以动力去做好它。那么，怎么去做？当然首先是将章学界的研究成果，你将它梳理一遍，我们今天叫它学术史追踪。章学界大家也不少，最有代表性的大家，你要下功夫把他的书读懂，读透。这样你把大家的著作读懂，读透了，其他的也就容易读懂了。当时像汤志钧先生、姜义华先生，汤先生是上海社科院的研究员，是老一代的学者，今年九十多了。姜义华先生是复旦大学历史系的教授，是研究章学的著名学者，我们学院有一个老师，张华腾教授，就是姜义华先生的弟子。这两位先生，可以说是老一代的研究章学的具有代表性的人物了，他们的著作，下的功夫是很深的。可以说，下的功夫是非常之深。所以刚开始主要是读汤志钧、姜义华的著作。后来才读其他人的著作和一些论文。说实在的，我一开始读姜义华先生的《章太炎思想研究》那本书比较困难，因为里面涉及的问题太多了。因为章学研究之难不光是文字的问题，实际上还有“问题”，更难的“问题”。因为章太炎是一个博大精深的学者、思想家。他冶诸学为一炉，形成自己的学问。在近代中国大转折的时期，他是最富有个性的一位大思想家，在这里面呢，他又有很浑厚的传统的资源——传统资源，他有中国传统，还有印度传统，还有西方传统，他涉及的领域非常之多，所以这方面研究就更加困难。因此姜义华先生的《章太炎思想研究》那本书，他把它写出来，花了差不多二十年时间。涉及领域这么多，内容这么丰富，我当时读的时候一开始也是比较困难的。但是呢，就是咬紧牙关，读不懂，然后再读别的书，互相映照着读，把书里的主要问题梳理出来。

除了这个之外，就是读原典了。昨天早上王晖老师讲了读原典的问题。其实这个非常重要，我对我的学生也特别强调读原典，所以我开了读原典的课。因为你要有问题，你必须读原典，光读别人的著作是不行的。读别人的著作，是别人的问题。读原典就更加困难。当时读的是汤志钧先生编的《章太炎政论选集》，读得云里雾里，一篇文章你能读懂一两句就算不错了。但是就是反反复复地读，当然开始时是找容易的读。但是你研究的时候你读这个都困难，你还研究什么呢。当然，要由易到难，找到突破口。首先，学术界这些大师们的学术成就，你应该很清楚。所以我也建议同学们，你现在一年级或者二年级就要开题、选题，你现在应该有一个方向了，将来做什么样的问题，当然可能不是一个很确切的问题，但至少应该有一个大致的方向，然后，学术界的整个的研究状况你要搞得很清楚，有多少家，出了多少书，有多少论文，他们有什么观点，解决了什么问题，还存在什么问题，应该了然于心。但是光这样是不够的，应该去读原典。原典你要尽快涉入，不要等到后面才去读原始材料，你时间就不够了。现在就开始，因为你的问题，往往是读原典读出来的。你读了原典才能知道人家研究的缺陷在什么地方，人家做这样的解释可能会是有问题的，甚至是错误的，这就是你将来选题的价值，可能就在这里。这当然就是由易而难了，找比较适合你的，容易一点，太难了驾驭不了。

我当时也是这样，所以开始的时候，从章太炎政治思想入手。章太炎的政治思想问题，是当时人最关注的一个问题，其实研究得很多了，但是这个层面呢，对我们来说，稍微好办一些，因为当时研究章太炎的书，所有的著作，都是主要关注章太炎的政治思想，特别是80年代，当时甚至还有一个关于章太炎的大的史学界的争论，当时《历史研究》、《近代史研究》这些刊物他们全部卷进去了，形成了很多很多的看法。像李泽厚这样的大学者也参与了争论。但是呢，我对这些问题进行了梳理，后来忽然发现了一些问题，看到这样的问题，那时的心情是非常欣喜的。那个时候有一个比较流行的看法，就是章太炎，我们知道，他后来是成了大革命家，但是在戊戌时期他是维新派，他是追随康有为、梁启超进行变法的，并且参加了《时务报》的工作，是维新派的一员。后来戊戌政变发生以后，章太炎先生也是受到通缉的，后来流亡台湾，流亡日本，那么对这一个阶段呢，大家实际上比较忽略，我发现了这个问题。大家很少有人研究，像姜义华先生，他们当然也涉及，但不是重点关注的问题。为什么呢？大家有一个比较流行的看法，就是这个阶段章太炎先生的思想与康有为差不多，是康有为思想的一个翻版，所以价值就不大了。康有为思想的价值就很大，并且章太炎先生自己也讲过，“少时读经，寻求政术”，这个“政术”，我们今天讲的他的政治改革的一些思想。“历览前史，惟荀卿、韩非所说，谓不可易。”他看了前世的历史，认为只有荀子和韩非子的思想是最好的，并且他自己还讲过，他跟康有为之间有很大的区别，区别在什么地方，是学术思想上的区别。“论及学术，辄如冰炭”，是冰和炭的关系，是水火不容的。大家知道，康有为是今文经学大师，章太炎是古文经学大师。但是，政术他没有说，他说学术是辄如冰炭，那么政术呢，是冰炭呢，还是像学术界所流行的是翻版？这个问题我当时发现了以后，就比较关注。后来我就有发现，在戊戌时期康有为是排荀的，排斥荀子的，那么章太炎是历览前史，寻求政术是荀卿、韩非所说为不可易，是最好的，他是尊崇荀子的，政术是很不一样的。康有为是排荀尊孟的，而章太炎恰恰是尊荀子压孟子，他们俩是不一样的。这就是康章差异之所在。发现这一个问题，促使我进一步去思考这个问题。后来我就发现，他根本就不是翻版，并且我发现他在戊戌时期对维新派的批评是非常之厉害的，即维新派内部有不同的声音，章太炎本身对维新派进行批评，当然他的批评不是指名道姓的，你要不注意你看不出来他好像是在批评维新派。他没有指名道姓，后来他写了一篇文章叫《变法箴言》，在这篇文章里，他就说维新派犯了两个错误，一个是猝暴之病，一个是华妙之病。华妙是什么意思，就是理想主义，犯了理想主义的毛病。康有为要用西方的议会、宪政、民权来改造中国，在中国建立一个君主立宪制国家，把西方的一套东西搞过来，这个就是华妙之病啊。章太炎认为这是不可取的。还有一个猝暴之病，用我们今天的话讲，就是激进主义。维新派犯了激进主义的毛病，他想着很快中国就可以用西方的东西来改革中国，中国很快就能富强起来。结果其实不然。激进主义也葬送了戊戌维新。那么，章太炎自己反对这个，他自己主张什么呢？实际上章太炎是主张温和的改革。他当时就反对议会，反对在中国设立议院。议院是好东西，但是到中国来，未必就可行。这种思想后来到了辛亥时期，得到进一步深入。并且他还打了个比喻，他说当时维新派犯了激进主义，等于是一个人一天可以走三十里路，你让他走一百里，最后结果是他不能到达目的地。如果一个人一天只能走三十里路，他慢慢走，最后也能到达他的目的地。这是他对维新派的一些批评。所以，章太炎先生和康有为是非常不一样的。这也和他在学术上尊崇荀子有关系。荀子是一个现实主义的思想家，主张法后王，并且是尊敬传统的。现在（今天）和昨天是有联系的，今天的变法是接着昨天来的。但康有为恰恰不是这样，他是尊孟子的。孟子是新王，我们过去说他是复古，实际上他是带有一种理想主义的色彩，用过去的东西来彻底改变今天，实际上带有非常明显的理想主义、激进主义的色彩，这个是当时康有为、维新派他们的一些特色了。

我当时发现了这样的问题，所以我后来跟我的学生也讲，后来发现近代中国的激进主义，实际我们以前讲是从“五四”开始，其实不是，我们可以追溯到康有为。其实后来的康有为也好，孙中山这些革命党也好，戊戌时期这些思想家也好，他们都有激进主义的倾向。激进主义是一脉衍续下来的，他们没有本质的区别，但是章太炎和他们不一样。所以后来我从这方面入手，在政治方面有很多的发现。我再举个例子。到了辛亥时期，章太炎先生成了民主斗士，主张武装排满革命，成为一名革命大师，但是后来我们看到了辛亥革命时期的章太炎写过一篇非常著名的论文，发在《民报》上面，叫《代议然否论》，这篇文章是批评代议制度的。这实际上跟他戊戌时期的思想是一脉衍续的。他为什么批判代议制度呢？他从各个方面去进行研究，认为在中国行不通。如果实行代议制，中国会更糟糕。所以他不仅反对代议制度，还反对政党政治——这是当时革命派奋斗的，也是过去康有为、梁启超们奋斗的，在这点革命派和康有为、梁启超没有什么差别。只是在对待清政府的态度上他们是不一样的。而章太炎反对这个。我们学术界有一个看法，议会制度是民主政治的象征，是间接民主制度。民主制度的本质是一种参与政治，是国民参与国家的管理，是国家的主人，一般采取间接民主的方式。为什么呢？因为国家庞大，社会复杂，每件事情都要我们去参与的话，那是不可能做到的。大家知道，今天美国选一个总统，劳民伤财，如果天天选总统，美国人活不下去了。不可能每天国家的重大事情都要我们每个人去参与，它们由职业政治家去做。但这些职业政治家是我们选出来的，他们是人民的代表，我们把权力委托给他们，让他们代理我们的权力，参与国家政治。这是现代民主政治的一个特点。这是一种间接民主的方式，通过议会、议员来间接地代理我们人民的主权来参与国家管理。所以，这个观点流传得非常广，有的学者认为章太炎既然反对间接民主，那应该就主张直接民主了。那就像古希腊城邦国家那样，任何事情都是国家公民来表决决定。其实这个也是不对的。当然开始的时候我没有发现这个问题，后来渐渐发现这样的问题。不仅戊戌时期他和维新派的康梁不一样，辛亥时期他和革命派孙中山他们也不一样。所以章太炎和主流是不合拍的，他有这样一个特色。那他到底讲的是什么东西？他讲的是“第三种共和”，不同于美国，也不同于法国。那他讲的是直接民主吗？这是一个让人困惑的问题，到底是什么？当时学术界普遍是这么认为，今天还有很多人这么认为。

后面我们要讲一个博学的问题，我再进一步深化去讲。准确地说，他讲的是一种“精英民主”，也就是他不主张国民普遍地参与政治，而主张国家的少数人接触，这些国家精英接触，因为这些人对国家有判断能力，什么是国家利益之所在，他们才能够判断，一般的人是没有这种能力的。如果让一般的人去参与的话，对国家大政事情来说，是有害处没有好处的。所以他主张“权威政治”，就是政治要有秩序，没有秩序的话，当时中国处于转型期，就会乱，混乱，则中国的改革就无法推进，中国就会失去很多机会。这是我后来的一个发现，它是和学术界的观点不一样的。这个就是从政治层面打开了一个缺口。所以发现这个对自己来说，是非常高兴的一件事情。第二，你就可以作文章了。当然，后来的新发现一个一个接踵而至，你可以发现很多东西，其实虽然我们的学术界已出现了很多大家，出现了很多厚重的著作，但是，其实里面有很多的问题，很多误读。那么，这些新发现从哪里来的？实际上就是你下苦功夫读原典来的。你去直接读章太炎的第一手资料，你才有这样的发现。否则你读姜义华先生的书，读汤志钧先生的书是读不出问题来的，因为你在他们的逻辑里边，你出不来的，你根本就发现不了问题。所以，我希望同学们，一定要沉下心，沉潜下去。沉潜这两个字不是我发明的，它是乾嘉学者戴段二王说的，伟大的乾嘉学者，他们的治学非常严谨，主张沉潜。只有这样，你才能够在学术上有所发现，有所贡献。这就是要下功夫读原典，这是非常重要的。所以才有这样一个突破。当然后面一系列的问题接踵而至了。

像民族主义，后来我发现，学术界的解读也是有问题的。当时有一个非常流行的看法，一直到今天还有很多人信奉的看法，就是认为章太炎在文化上是保守主义者，在政治上是激进主义者，这种二分法。后来我也发现，我在前面发现了，章太炎先生从戊戌时期开始他就是一个温和的改革者，他并不是一个激进主义者。他批评康梁的激进主义。到辛亥时期，他仍然是这样。所以他主张中国建立民主政治的话，不能照搬西方，而是要结合本国的传统进行改革，所以他主张改革的时候，又讲因袭，要继承，所以他搞的第三种共和，是中西会通的一个产物。所以他并不反对传统，而主张在传统之上进行改革。这是一个很温和的改革思想，他跟当时革命派的主流也是不一样的。但是我们后来为什么给他贴上一个激进主义的标签呢？因为我们知道这个时期章太炎是一位排满大师，大家主要是从这个角度，你看他主张革命推翻清廷，暴力革命这不是激进吗！如果从这个角度来说，也可以说是激进。但是我觉得这样理解是比较肤浅的。这和他的民族主义有关。章太炎为什么主张排满？他把满族看成是异族，而异族入主中国是不合法的。中国是汉人的中国，他是这样理解的。我们今天有“中华民族”这个概念，过去是没有的，这个就像日本入主中国、西方侵略中国一样，他是外族人，他没有统治中国的资格，所以我们要光复我们自己的政权，是正当性的，所以我们要排满。排满之后，由革命派自己来掌握政权，进行改革，进行比较温和的改革。所以我们要看到他更本质的更看重的东西是什么，实际上是夺取政权后如何改革的问题。排满只是一个政权归属的问题，是由满族来领导中国的改革呢，还是由革命派领导中国的改革呢？是这样的问题而已。那么更为重要的是如何改革的问题，是激进还是温和的，所以章太炎先生一直还是温和的，在政治上是温和的，所以在政治上他并不是一个激进主义者。那么在文化上是不是一个保守主义者呢？他文化上也不是保守主义者。保守主义者是抱守传统的东西，章太炎先生也不是这样的。他主张国粹，尊重传统文化，但是他要改革的，要做时代性的变革。这些东西因为是比较专门的学问，我在这里就不多花费时间讲了，因为时间是有限的。所以在政治上、文化上他是这样一个具有一种融通性，就是在文化上他也是一种比较温和的变革，在政治上也是一种比较温和的变革思想，他是统一的，并不是在政治上是激进主义，在文化上是保守主义。他在政治上既不是激进主义，文化上也不是保守主义。我又发现了这样的问题。这样的问题实际上和前面的戊戌时期、辛亥时期章太炎政治问题研究就联系上了，就看出了章太炎思想的特色了。因为他和当时的主流思想是不一样的。

往后再去看章太炎，就有了更多的发现。今天我是主张章太炎的思想里面是有三大思想内核：多元主义、历史主义和人文主义。特别是多元主义和历史主义，这是比较晚的时候才发现的，这是一个对章太炎的思想进入一个深层了。从民族主义我们后来就看出来了，章太炎实际上主张每个民族有自己的民族性，和别的民族是不一样的。这是民族性、民族精神，所以他后来倡导的国粹，是一个民族和国家最为宝贵的东西。所以他主张要阐扬国粹，保存国粹，一个民族、一个国家如果被异族征服了并不可怕，可怕的是你的民族精神、民族文化没有了。一个民族被异族征服了，将来还可以复国，如果你的文化没有了，那就万劫不复了。所以他主张要保存国粹，阐扬国粹。每个民族有自己的民族特质，是不一样的。刚好 80 年代也是文化热，当时的文化争论是非常厉害的，所以我后来这方面的书也看了不少。其中对我影响比较大的是这位先生——庞朴先生。

庞先生是山东大学的教授，后来到中国社会科学院作了研究员，在 80 年代是一个非常活跃的、学问做得非常精湛的学者，那时我看了他的一本书《文化的民族性与时代性》，这个对我的启发比较大。我感觉到章太炎特别注重民族性问题。民族性是一个和别人不一样的东西，就是特殊性的东西，而康有为他们比较注重普遍性的东西，他讲三世进化论，全世界都一样的，不论哪个国家都一样按照三世来进化，实际上讲的是普遍性的东西。章太炎更加注重的是特殊性的东西。这就是他们之间的差异。尽管受到庞朴先生的启发，但是这些东西我当时还是只停留在这样的认识层次。

后来我接触到汪荣祖先生的研究成果。汪荣祖先生是美国的一个华裔学者，现在在台湾“中央大学”，后来我还见到了他。他写过一本小书，十来万字的《康章合论》，这本书我对它评价非常高，我觉得他是章学研究的第一功臣。因为他解决了章学研究非常重大的问题：章太炎的思想有一种多元主义的特色，而康有为的思想是一元主义，这是他们两个最大的分歧。当时我看到了康有为主张普遍性，章太炎主张特殊性的不同，但是我还不能上升到这个高度来看问题。所以看了汪荣祖的观点，这个事当然让我很激动、很兴奋。因为人家站得非常之高，一下子就把这个问题解决了。所以这本书的价值非常之高，研究近代思想史的人必须要看，研究章学的人更不可不看。所以，我后来就借用了汪荣祖先生的多元主义，但是汪荣祖先生的书写得比较粗略，比较简单。我对章太炎先生原典下的功夫可能比汪荣祖先生要深一些，所以对史事的梳理、思路的梳理要具体一些。

另外，对于章太炎先生，当时对近代中国影响最大的是进化论思想，从严复翻译的《天演论》，讲社会进化，这个社会进化论，从戊戌时期到辛亥时期，一直到民国到我们今天，影响非常之大。我们大家从小接受的教育就是一个进化论的教育，人类的历史是一个进步的发展，是一个进步史观，进步的历史发展观。但是章太炎先生写了一篇文章叫《俱分进化论》，在这里面他是批评进化论的，他虽然用进化这个词，但是他是批评进化论的。俱分进化论到底是什么，我们今天学术界很多人也是把它看作是一种进化论，很多还是第一流的学者，这样看其实是错误的。后来我读到殷海光先生的《中国文化的展望》，这本书里面，殷海光先生对这个问题的思考，对我有很大的启示。就是认为章太炎先生的《俱分进化论》其实讲的就是演化论，不是进化论。进化论讲的是进步发展，也就是严复所讲的"世道必进，后胜于今"，就是世道是进步的，发展的，今天比昨天好，明天比今天要好。我们今天讲马克思主义的历史观，是螺旋式的上升，从原始社会到奴隶社会、封建社会、资本主义社会、社会主义社会，最后进入共产主义美好的社会，它是进步的，越来越好的，人类社会最后是纯粹上进的方向发展的。这是进化论思想、进步主义。我们今天对比古代社会，要进步，这是这样一种学术。但是殷海光先生主要是受到了英国哲学家罗素的影响，不是法国思想家卢梭，我们翻译成朴素的素，来阐释这个问题。他后来把它分辨出来了，他说进化论进化发展观，它是一种历史哲学，它是一种价值判断，因为它有好坏，今天比昨天好，明天比今天好，有好坏之分，是一种价值判断在里面，但是，价值判断是有问题的。演化论讲的是一种"物理的变化"，而进化论讲的是一种"伦理的变化"，伦理的变化有一种价值判断、好坏的问题、高低优劣的问题，这个物理的变化，就是一种演化，一种东西变成另一个东西，比如说水，水是液体的，但是你在下面加温，它就变成蒸汽，变成气体了。给它降温呢，它就变成冰，变成固体了。这是一种变化，一种演化，由一种形态变成另一种形态。但是呢，如果你做价值判断，有的人说固体比液体好，或者气体比液体好，那就是一种好坏的问题，是一种价值判断的问题。价值判断是没有一个统一的标准的。每个民族都有自己的标准，我们民族认为好的东西，在别的民族看来，不一定是好的东西。我们今天认为好的东西，在古人看来不一定是好的，古人认为好的东西，我们今天不一定认为是好的。它是受到时空的限制的。随着时空的转换，这种价值判断它是会发生变化的。所以说是演化是没有问题的，但是说是进化是有问题的。这个对我有很多的启发。所以，我的博士论文在1997年完成的时候，当时我也就及时地借用了殷海光先生的观点，当然他不是研究章太炎的，他是谈别的问题。但是受到他的启发，后来用这个演化论思想来解读章太炎的俱分进化思想，我觉得是完全可以成立的。这和康有为的进步发展史观是非常不一样的。进步发展史观成为近代中国社会的主流思想，一直到今天，我想同学们从小学开始接受的教育就是这个吧？认为进化论是没有必要证明的“真理”了。大家可能也不去思考这个问题，是不是对的。这就是说，近一百年以来，进化论思想对中国社会的影响，是非常巨大的。但是有没有思考过进化论思想它是不是对的呢？这很少有人去思考。但在西方不一样。我们说西方的思想界跟我们不大一样，我们是一种声音非常巨大，另外一种几乎没有什么声音，或者非常微小，对我们几乎没有什么影响。但西方往往是两种不同的声音同时并存，构成一种张力，所以才有进化论学说，也有反进化论学说，同时存在，并且双方都有大师。我在梳理章太炎先生思想时候，《俱分进化论》反对进化论，恰恰赞赏的是像叔本华这些人的思想，他反对黑格尔这些人的思想。叔本华在西方正是反黑格尔主义的斗士。黑格尔主义是一种进步发展的历史观，叔本华是反对这个的。恰恰章太炎欣赏的是叔本华的思想，再继续研究下去，你可以看出来，康和章的分歧，或者是章太炎和当时的进化论者之间的分歧，实际上可以说就是叔本华和黑格尔之间的分歧。这在当时是出于这样一种认识。这个和姜义华、汤志钧先生他们的看法完全不一样。他们把它看作是一种进步主义，并且正是用进化论思想来整个地研究章太炎思想一生的，所以带来了很多的误读。我感觉我非常幸运，后来我看到了另一位先生，这是一位复旦大学的教授，叫张汝伦先生。张汝伦先生后来写了《中国现代思想研究》这本书，很厚的，这本书是2001年出版的。这本书中有一章是专门研究这个问题的。张汝伦先生他是研究西方哲学史、西方思想史的，对西学非常精通，他对当时西方的“进步历史主义”、进化论，还有一种在对“进步历史主义”进行反思的基础之上形成对“进步历史主义”进行批评的历史主义，叫“历史相对主义”。这恰恰是一种和章太炎思想非常接近的思想，所以，我当时读了他的这种看法，可以说是非常欣喜，解决了自己面临的诸多疑惑，使自己的思想往更高的理论上提升。

到了这样的程度，我基本上可以这样说，非常有信心了，我基本上对过去研究的章太炎彻底解构了。在几乎所有的方面，和那些先生都是不一样的，解释都是不一样的，我觉得他们的解读是有问题的。为什么没有人去反思这个问题？这些大家对章学下的功夫是很深的。我觉得是时代造成的，他们的很多成就是在80年代出的，处在80年代的他们接受了一种正统的教育，他们一开始是戴着一种有色眼镜来看章太炎的，所以这是时代局限性造成的。我们比较幸运，在80年代之后，在思想解放的年代，受这方面的约束少一些，因为是不同年代的人，我们是后一辈的，他们是先辈的学者。所以这方面的约束少一些，这是时代的一种幸运。我是无意中抓住了这种机遇，但是这种无意，实际上和自己的长期沉潜于章太炎的原典学习是有关系的。如果你不长期沉潜在里面，攻读章太炎的原典，当然你就发现不了问题。所以我后来对章太炎的解读这个问题解决以后，实际上在很多的层面可以用四个字来说——势如破竹。在其他方面的问题迎刃而解，很多问题完全迎刃而解。像其他的各个方面，经济方面、语言文字（民族语文发展），还有像法律、礼俗、宗教、道德等方面，他都有这样的特色。章太炎先生他是主张变革，但是变革是不能脱离传统的，变革是不是就比昨天好，并不是。变革，你是没有办法，必须要变革，因为很多问题需要解决，所以他主张要不断地变革。这种不断的变革又要因袭以前的东西，因、革两个方面。明天是不是比今天更好？很难说的，所以章太炎不探讨明天的事情，他只探讨今天，了解昨天。他说明天谁也不知道，圣人也不知道，你知道明天是什么样子吗？康有为他明确告诉你，明天是大同世界，我们准备以后进入美好的世界，但是这是一种理想，永远实现不了的。章太炎他对我们人类社会虽然不悲观，但是也不乐观，所以他说是“跛驴之行”。跛驴之行，就是不完善的，人类社会永远是不完善的，所以要永远去改革。所以章太炎是属于比较温和的永远不断改革的改革家。这是他的一个思想特色。那么在这一点上，后来我和另外一个人进行了比较研究，进一步印证和进一步验证，章太炎和严复之间的比较。

把章太炎和严复的思想进行比较，纯粹是比较偶然的事。我并不研究严复，我从南京大学毕业以后，去了福建师大工作，因为严复的家是在福州，福建师大是在福州，并且福建有条闽江，穿城而过，闽江的这边是台江，那边是仓山，福建师大是在仓山上面，仓山是一个岛屿，严复的家就在仓山，离福建师大很近的，并且福建师大就有严复研究所。是个很出色的研究严复的研讨会、纪念会，并且严复的后代也参加。这和地域有关系，就像我们这里的周秦汉唐研究。我当时因为是他们学校的老师，所以当时这个《福建论坛》就约我写篇关于严复的文章，当时盛情难却，就答应了。我过去也接触了一些严复的著作，但是毕竟没有好好地研究他，对严复的著作没有好好地下功夫，所以一开始的时候也是很茫然。最后我是把当时中华书局出版的五卷本的《严复集》好好地看了，花了一年的时间，还有学术界研究严复的情况。我也发现了问题，学术界对严复的解读也有很多错误。我们过去有一种看法，这种看法是从鲁迅先生开始的，就以讹传讹了。这种看法认为康有为、章太炎、严复先生这样的人，早年激进，晚年保守，是这样来评价他们的。但是我发现，至少在章太炎和严复身上不是这样，他们的思想是一贯的，他们早年是这样，晚年他们的思想并没有多大的变化，可能他们的语言有变化，那是时代造成的，时代的问题不一样，但是他们的思想本身没有什么太大的变化。所以我后来悟出一个道理来，就是真正的思想家，一个非常成熟、非常理性的思想家，他并不随波逐流，他会坚守自己的思想，不因为时代的变化而变化自己的思想。章太炎、严复就是这样的人。但是章和严之间，思想差别非常之大。严复他是宣传进化论的，讲进步、发展，"世道必进，后胜于今"，就是他《天演论》里边的按语，社会达尔文主义，而章太炎恰恰是反对这个的。严复翻译的有一本书叫《社会通诠》，严复翻译的八大名著，有一本是西方著名社会学家甄克思写的《社会通诠》，章太炎和严复之间对此打了一场大的笔墨官司。章太炎批评严复，说《社会通诠》把人类社会看成是一个不分地域、不分空间，是一个单线进化的过程。甄克思说它是一个从图腾社会到宗法社会到军国社会，这样一个三世进化的过程。但是，章太炎认为这是不对的。他认为严复、甄克思主要是运用西方的材料来得出这样一个结论，西方的历史可能是这样，但是东方呢，你要研究历史，找出规律，你必须既要找西方，也要找东方啊，能不能符合东方呢。所以章太炎批评他，说严复犯了一个非常重要的错误，用今天我们的话来说，就是将自然科学的普遍性原理运用到人文、社会学科，所以他们有重大的分歧。这一点发现以后，我就用这个来印证章太炎和康有为及革命派主流之间的区别，更加进一步印证了以前自己的研究。

这就是我的一个经验，不光是一个韧劲的问题、长时间坚守的问题。最终要到达怎样的状态？你一方面要对学术界诸家之说、各种各样的学说，人家提出的观点，你要很熟悉；另一方面就是你要对你研究的对象下苦功夫去阅读原典，沉潜非常重要。所以我也是跟同学们讲，我说我们研究学术，追求的是黑暗，不是光明。为什么这样说呢？我过去有时觉得好玩，写几句歪诗，我有一篇文章是写我的老师茅家琦先生的，我评价茅老师曾经有两句诗来评价他：“鹤鸣夜半万家动，月出海底千山明。”夜半鹤鸣，万家震动；月亮从海底很深的地方升上来，照耀千山万水，它不是像一根蜡烛一样来照亮一个房间。正是因为它沉潜的地方越深，它才能够照耀千山万水，你才有真正的智慧。追求黑暗，就是别人的智慧没有到达的地方，用你自己的智慧去照亮它，这才是我们研究学术的价值之所在。你沉潜得越深，你的学术是越有价值。今天我们有一个不大好的学术风气，也是颇令人担忧的。就是我们的学术数量越来越多，非常庞大，像工厂一样，每天产出很多，出版大量的书，大量的论文，但是我们大家都有一个普遍的看法，就是它们比较肤浅。甚至有的人是“快手”，一年写一本书，一年写几本书。这样他当然不可能沉潜，他只能浮光掠影地进行表面的研究。那么我们学术追求的是数量呢，还是高度和深度呢？我觉得是值得我们思考的问题。是不是数量越多，贡献越大？是不是写十本书的价值就能超过写一本书的价值？其实这是值得我们思考的。我觉得不能一概而论，有的人写的书很多，但是很有价值，有的人写的书未必有价值。我有一个大学同学，他后来留学美国，从哈佛大学毕业，现在香港大学当教授，前一段时间，他写了一本个人传记性的书，现在网上好像很热，大家如果有机会，不妨去看看，叫做《边缘人偶记》，徐国琦先生写的。他就讲，美国有一位学者一辈子写了一百多本书，但是他就平平淡淡的，没有产生什么影响。很多人就问他，你何苦写这么多书呢？但是有的学者他写的东西不多，但是影响很大。我们知道乾嘉学者皓首穷经，一辈子可能就写一本书，但是他钻研得非常之深，反而学术价值大。所以我觉得学术更多的追求是高和深，高度和深度，就像梁启超先生说的，“高高山顶立，深深海底行”。要去追求这个，而不是追求数量。大家可能都熟悉的一句话，就是孔子登东山而小鲁，登泰山而小天下。东山和泰山，高度是不一样的。你登山登上不同的高度，你的眼界是不一样的，胸襟是不一样的。他登上东山只能小鲁，登泰山而小天下，因为他的眼界不一样。所以，我们登一百次的东山，我觉得不如登一次泰山。学术应该有这样的追求，要有沉潜的这样一种学术精神，要追求学术的高度和深度，这样才有真正的学术贡献，而不是浮光掠影般写很多东西，未必就好。所以过去有的学者用诗来叹息，“可怜无益费精神”，你写这个东西干什么？这是我这么多年，三十年的一些体会。当然主要是潜入，写了一本书的体验最深的，所以我后来基本上信心越来越树立起来，我基本上能把汤志钧先生、姜义华先生建立的对研究章太炎先生思想的一种体系给解构掉，确立一种新的解释体系，当然这个能不能让学术界接受，只有让时间去检验，至少是自圆其说，自成一家，别人相信与否，并不是一件容易的事情，他会有很多类似的解构。这是我的这样一种感受。

三　博学

还有一种非常重要的感受就是博学。昨天王晖老师也讲了这个问题。特别是研究近代史，过去我们的一些同学，考我们近代史的研究生，有的老师有时会问他，你为什么要考近代史啊？有的同学是从古代史转来的，他说近代史容易学，因为近代史不用读古文，容易学。其实这完全是误解，其实历史是越到后面越难学，为什么？因为它后面是接续着前面的，它更深沉博大，你要懂得今天，必须要懂得昨天；你要懂得近代，必须要懂得古代，还要懂得西方，所以是更加难的，而不是容易。特别是近代，传统之学，还有西学，涉及很多的方面。特别像章太炎这样的大师，他本来就是一个非常博学的人，他涉及的领域非常非常之多，我们说他是一个古文经学大师，首先在经学领域里面，他的成就卓著，所以他的思想，你不懂经学怎么研究？还有子学，他受荀子、庄子的影响非常之大，不光是荀子和庄子，实际上整个的中国学术史，他都梳理了，对他影响非常之大。特别是他的佛学，还有佛学，佛学就更难了，我们知道后来在中国形成了八大佛学宗派，其中有一派叫作法相唯识宗，又叫识宗、相宗。唯识宗、相宗跟我们西安关系密切，它是玄奘从印度取经回来，主要是法相唯识学的经典的翻译，后来在大雁塔、大慈恩寺翻译。这个在佛学里面是非常难的一个宗派，并且这个宗派是衰落得最早的，为什么，就是因为它太难了，后继无人，三传而绝。后来连经典都找不到了。到了近代以后，我们中国人后来到日本去把它重新找回来，但对近代中国影响非常之大，后来佛学的复兴就是从法相唯识学开始的，对近代所有的大师，几乎都有很多的影响。所以你研究近代思想史，你不懂佛学是不可以的，特别是对章太炎先生。法相唯识学又是非常难懂的。还有就是西学，西学里面的各个方面非常多，特别是西学里面对章太炎影响非常之大的社会学和人类学，这些东西你都必须要涉入。你不一定要成为这方面的专家，但是你至少要懂得它的基本常识，然后在遇到你的问题的时候，你再仔细去钻研它。所以，每一个方面都要花费你的很多功夫和时间，所以我说，研究章学，没有十年以上的功夫是不行的，就是因为这些东西需要花费你很多很多的时间，所以你读章太炎的文章，不光是文字的问题，还有这些“问题”。你不知所云，不知道他讲什么，这就需要你博学。我也经常跟同学们讲，我们学历史的，你千万不要把自己搞得太狭隘了，你把自己关在历史的一个小圈子里，你学古代史就只是古代史，学隋唐史的就是隋唐史，学近代史的就是近代史，就一点点，这是远远不够的。你这样当然将来也能做出一些学问，但是眼界一定是很狭小的。你要做出很好的学问是比较困难的。所以我一直是主张文史哲要会通，至少你要把文史哲打通，这样你的眼界才会扩大，你有所守，守住你的专业，你的隋唐史，或者是近代史，但是你读书一定要很广阔，要博学。这样你的眼界才会宽阔，你才能发现问题，别人看不出来的你能看出来。比如说前面我讲的章太炎反对代议制度、议会政治，学术界讲他不是间接民主，是直接民主。但是我后来为什么能够发现它不对呢？因为章太炎先生他对直接民主也是批评的，他说大国不可以设议会。本来在大国应该设议会，不设议会，你直接民主根本就没法操作。像中国、美国这样的国家，你每件事情都要人民来投票，那人还活不活了。每个人每天都当政治家，国家不乱套了吗？间接民主，这是比较好的选择，这是我们人类智慧的一个重要的成就。章太炎说大国不行，直接民主更加不行了。到底是什么呢，我说是精英民主。后来就是因为我当时读了很多政治学方面的著作，对西方的民主政治方面的著作进行了大量的阅读，其中就读到一位日本学者蒲岛郁夫的著作《精英民主》，受很大的启发。然后再去考察章太炎先生，发现他说的跟精英民主非常类似。这个我就不展开了。

这就是说，你要直接从历史学的角度，你就解读不出来，你必须要从政治学的角度才能发现别人发现不了的问题。所以一定要博学。在座的各位都是学历史的，希望大家能去选一些文学院的课程、哲学院的课程，去听一听，特别是那些比较有名的先生讲得精彩的好的课程，或者你不去上课，你把文学的一些著作、哲学的一些著作，甚至一些小说、诗歌，都要去读。像《红楼梦》我不知道你们读过没有，其实有很多智慧在里面，像

《儒林外史》等这些基本的都应该去读一读。你可以把它当历史书去读，你读多了，它不仅仅增加你的智慧，而且你的写作能力也会得到提高，非常有益。这是讲博学。

四 低调

正好时间还有几分钟，我再讲一个问题——低调。

我们做学问，你追求的是什么？有的人很高调，有的人很狂，当然，高调和狂，它是一种风格，你有这种本钱也是可以的。特别是在年轻的时候，我是主张狂一点，你有这个本钱。但是像我们这个年龄，你就不能再狂了。狂了你就是没长大了。你追求学术就是一种兴趣，就是一种爱智，你就是喜欢它而已。你追求的本身，就是你喜欢的问题你解决它。钱钟书先生曾经讲，学问，什么是学问？他讲“学问是二三素心人荒村野屋中商量的事业”。素心人就是比较单纯，就是没有颜色，就是比较纯粹的，他追求学问的，是两三个素心人在荒村野屋里商量、讨论的问题，这就叫学问。如果按照他这个标准，我们今天大学里面的很多学问，就不叫学问了。因为我们的心不素，它染上的东西太多了，求这个求那个，当然这个和体制有关系，毕竟你在庙堂之上，不是荒村野屋之中。荒村野屋对你没有任何要求，没有约束，你是自由的，纯粹是你自己的兴趣，是追求你的兴趣，解决你的问题的。这样的东西才是学问，只要二三好友在一起就行了。不像我们今天动辄就搞学术会议之类的。学术它追求的不是热闹，不是喧嚣，它是一种寂寞的东西，追求的是寂寞。并且，学术它本身就是一种生活方式，就是你喜欢它，它成了你生活的一部分，你就是这样生活的，它不是成为我们的某一种工具，谋求、达到某种什么目的的一种工具，被工具化了。这是我比较主张的一个看法。我们研究章学的很多学者，也有这种品性——低调。为什么？因为我们在这样一位大师面前，你不得不低调，你还能高调吗？这样的话，你才能看清自己。所以我讲，学术它追求的是寂寞，只有在寂寞寂静中你才能够生智慧，才能够发现一些问题，你沉潜到很深的地方才能够发现问题。“古来圣贤皆寂寞”，古来圣贤皆是如此，无一例外。这也是我的一个体会。所以我讲，这样的常年的坚守，一定会有所成就。而且，你做出的成就，是不会被埋没的。学术乃天下之公器，我以前也经常跟我的学生们讲，要好好地做出扎实的学问，做学问要像酿酒一样，酿好之后把它存放起来，就像是一坛陈年老酒。一坛陈年老酒放的时间越长，越是芬芳醉人，这样的学问才是好学问。它不是流行歌曲，唱一阵子就没了，然后再流行别的歌曲，而是经得起时间的考验。

这是我的一些基本的看法，也是我这么多年研究章学的一些体验。正好时间一个半小时，刚好到时间。因为下面要留点时间跟同学们进行一些互动，我就简单地给同学们讲这么多吧。

（注：本篇由周敏秋博士根据录音整理。）

卷之三

《多元视野与传统的合理化——章太炎思想的阐释》序言

陈振江

晚清时期，中西文化碰撞之激烈、涉及范围之广阔、威胁传统文化之严峻、影响之深远，实为亘古所未有。因此，忧国忧时之士莫不哀黄裔之不竞，惧禹甸之沦胥，甚而惶惶不可终日者大有人在。然而，备受压抑的文化精英，终在沉默中爆发，在暗淡的时空中振臂高呼："重构中国社会文化秩序"，以唤醒国魂，复兴中华。于是乎大半个世纪以来，"文化秩序重构"之言不绝于耳。或倡言全盘西化，或坚守传统文化而闭拒西学，或力主中西文化调和，或宣扬国粹等种种论说，形成五彩纷呈、各行其道之势，令人扑朔迷离，而几近无所适从。

国学大师章太炎在中国社会文化秩序重构的纷争中另辟蹊径，旗帜鲜明地以文化秩序重构为己任，连续发表鸿篇巨制，阐释文化重构的内容和学理，且每出一文一书，皆深入理奥而无闲，论述深刻而精到，其体势之高峻与其内容之博大相表里，形成系统的思想体系和"孤行独见"的学术品格及其鲜明的思想特质，故有"章学"之称。然而，由于章太炎的思想学理深奥幽微，语言文字艰涩难懂，令读者难得其学说之精义，因此，有心研究章学而望而却步者不乏其人，青年研究者更是凤毛麟角。可喜的是，青年学者王玉华博士恒知"章学"之艰深，却以研究章学为职志，从攻读硕士、博士学位到大学任教的漫长岁月里，一直究心于"章学"。他倾注整整十六年之精力和才智，系统研究和阐释章太炎的思想及其文化秩序的重构理论，写出了这部神趣深博、新意迭出的学术著作——《多元视野与传统的合理化——章太炎思想的阐释》。他以新的视角和极其丰富而翔实的资料为依据，深入地剖析了章太炎思想的特质及其理论底蕴。他务实创新，以十年磨一剑的精神，将章太炎思想的千端万绪逐一梳理，明辨其宏微，而极其究竟。故能发前人之所未发，且无浮光掠影之玄谈，更不会填塞似是而非的新名词令人不知所云。

这部著作不拘于就事论事地评陟章太炎的思想，而是以阐释章太炎思想为核心，系统地寻绎中国传统文化演化的历史轨迹及其对于近代中国社会文化的深远影响。当然，它也包含着对于章太炎的思想文化观及其人格的塑造与个性特质的阐释。在研究方法上，作者从考察中国传统文化的特质着手，深入地解析章太炎的思想与学术的渊源；并从近代中西文化的激烈碰撞现象中，阐释章太炎思想产生的社会文化背景。他精心搜集和审慎研究有关传统文化的古今文献和章太炎文献及其相关的研究著作而不遗余力，其搜罗之广、审视之精，阅读与征引之谨慎与精到，似有乾嘉考据学之遗风！因此，作者能以新视角和充分的论据与理念为依据，把章太炎思想研究这一老课题论出新水平，把章太炎精心创制的中国社会文化秩序重构的理论剖析得淋漓尽致，而且论点鲜明，文采奕奕，读后令人回味无穷。

作者从阐释中国传统文化演化的历程及其发展趋向的史实中寻求借鉴，进而判断中西文化碰撞的结局和章太炎的思想文化观的历史定位。作者论说中国传统文化曾经成功地消化了佛学这一域外的异体文化，并在世界上长期地保持着文化的领先地位；近代中国遇到西学的剧烈冲击，是一次挑战性很强的域外文化的冲击，虽然中国消化吸收西学的任务更为艰巨，但却出现了“中国近代新诸子百家的崛起，形成了中国的思想和文化界群星璀璨的局面”，而且“足可与中国文化的轴心时代先秦时期相媲美”。这是作者有根据的评论和坚强信念与豪气的合理渲染，也是作者对于中西文化碰撞的理性定位。作者对章太炎的思想和文化秩序重构的阐释和结论是：章太炎在弘扬中国传统文化和重构文化秩序的同时，并不否认西方文化所具有的积极意义，且明显地崇尚“多元主义”和“相对主义”的价值，并将“无征不信”、“实事求是”的学术品格与文化秩序重构结合起来，使其思想具有浓厚的“历史主义”意识；并且，作者认为章太炎的思维充满了浓厚的“批判的理性”色彩，在其思想的深层透显着浓厚的“人文主义”气息。因此，作者给章太炎的思想及其文化秩序重构理论的定位是：“多元主义、历史主义与人文主义这三者，基本上奠定了章氏对于社会文化秩序进行重构的理论坚核，其思想在社会文化层面的展开，也无不被这三大思想内核所裹挟”；并以这三大理论为基础，形成“章学”体系，“不仅具有前瞻性的眼光，暗合于现代世界的思想潮流”，而且，对于当今我们正在进行的文化重建工作也有着重要的参考价值和借鉴意义。

尤为难能可贵的是，作者在精心寻绎长达数千年的中国传统文化的历史进程中，发现了长期被人们忽略的另一文化现象——“狂人”、“狂气”及其历史作用。这种“狂”，蕴藏着推动传统文化发展变化的动力资源。他发现，每当中国传统文化转型的关键时期，中国思想文化界必然活跃非常，而且必有“狂人”辈出而形成扭转乾坤的“狂气”，淋漓尽致地展示出“狂人”的人生境界和超越凡俗的文化重构的活力。作者认为，“狂人、狂气与中国文化结下了不解之缘”，成为推动传统文化演化的一种动力。所谓“狂”者，是思想、文化界的贤哲们自觉地承担起对于中国文化的“命运担当”的“大丈夫”精神，是“良知的傲慢”，而不是粗鲁无知且惯于蔑视一切的无赖。因此，作者在寻绎传统文化的过程中，非常审慎地阐释中国传统文化的精髓——人类所共有的自尊和自立精神，并得出明确的结论：“无论是先儒还是后儒，几千年来在中国历史上一脉衍续的儒者之‘狂’，似乎都在书写着一部共同的人类精神的历史，他们在张扬人类的自尊和自立精神的同时，均有着强烈的‘承天命’自觉与‘道义担当’之怀”。这一新的发现和精到的论述，把章太炎思想研究推向了新境界。事实上，章太炎本人就是中国近代历史上的第一大“狂人”！这是世人所公认、也是他自己欣然接受的事实。甚至，时人送给他的“章疯子”诨号，他居然爱如至宝，这是何等的倜傥啊！当然，章太炎的“狂气”，是他秉承自孔子以来的传统儒者所坚守的信条，以弘扬光大传统文化为己任，或用先儒的话说“为往圣继绝学”是也。作者的这一发现和论证，为研究章太炎思想辟一新境，这也是前人未曾论列却极有价值的命题。

令人赞叹的是，作者不惜篇幅，在这部大著里，把国学大师章太炎和淹贯中西被誉为“西学第一人”的严复作了分析和比较，审慎地评陟这两位哲人、大师的学理和主张，得出严复持“一元论”、章太炎则张扬“多元主义”的结论。当然，其结论未必无争议，但是，这位年轻的学者能把这两位大哲的深奥学理和艰涩冷僻的字句疏解自如，阐释精到，实属难得！他的古学根基是从他少年时期逐步奠定的，作者在该书的《后记》里作了感人的倾诉，值得一睹为快！事实上，倘若没有数年乃至数十年坐冷板凳的硬功夫是不可能臻至此境的。这种治学精神，和几个月出一本书、一年出数本书、数年之间则“著作”等身的“天才”们相比，臧否自有公论，无须赘言。然而，我愿为玉华的治学精神张扬，愿为扶正学风和维护学术尊严鼓与呼！是为序。

2004年7月23日于南开大学

（注：《多元视野与传统的合理化——章太炎思想的阐释》，王玉华著，中国社会科学出版社，2004。）

附：陈振江师致作者书信一则

玉华：你好！

我很高兴地读了你的大作，虽是粗读，但已略得其究竟。这是一部难得的佳作极品，包括老者在内，能有几人写得出来呢？又有几人能够读懂呢？我向你学到了有价值的学问，我为你而自豪！但因时间仓促，边读边写边思考，写得不成体统，可能对你的观点和有关问题的理解会有不当之处，用词也难免不确切。请你仔细看看，该改就改。

兹将序文放入附件内，如有问题请及时联系。

陈振江（2004.7.23，南开园）

《多元视野与传统的合理化——章太炎思想的阐释》初版后记

十六年前，我在投入南开大学历史系陈振江教授门下求学时，开始接触章太炎的思想。当时我之所以会对章太炎的思想发生兴趣，主要是因为觉得章太炎思想的“殊调”，与众不同。当时，大学校园里正在流行着一股尼采热，我也不免趋附时尚，看了几本尼采的书，对于尼采式的反潮流人物，便心向往之，口乐道之。这样，章太炎便渐渐地进入了我的视野。后来，在业师陈振江教授的悉心指导之下，以章太炎思想为题，撰成一篇硕士论文，完成了硕士学业。从此以后，章太炎在我的心中，便像一尊“尊神”，但也像“鬼魅”一样，紧紧地缠绕着我，跟着我漂流于各大学校园，辗转于南北东西。

回想起自己十六年来走过的研究章太炎思想的并不畅顺的道路，自然也是感慨良多！这其间，既有发现之欢欣，又有临歧之迷茫，时则凄风冷雨，时则烂日春花，如鱼饮水，冷暖自知。昔贤云：独学而无友，则孤陋而寡闻。西窗之下，茕影孑立，对梧沉思，无有友俦，孤陋而寡闻之徒者，我则是矣。虽然，我有良师发其蒙，又有至亲沃其心，幸也！如果说我在研究章太炎的思想上，现在是稍有所成的话，那么，首先令我感激的，便是我的几位师尊了。第一位，是我的启蒙老师陈裕生先生，他最早地引我进入古典世界，激发了我对于古典文献的兴趣，为我之研究章太炎思想，打下了最初的基础；第二位，是安徽师范大学历史系的胡淀咸教授，他曾经教我甲金文及名物训诂之学，为我之研究章太炎思想，打下了“小学”的功底；第三位，是我的硕士导师，南开大学历史系的陈振江教授，他正式地指引我进入研究章太炎思想的巍峨殿堂，并为我之研究章太炎思想，辟出了一条蹊径；第四位，是我的博士导师，南京大学历史系的茅家琦教授，他引导我进入研究章太炎思想的阃奥，并使我最终有所成就；现在要出场的第五位，是远在万里之外的唐德刚教授，我是引他以为师的，然而他却未必引我以为生。1994 年深秋季节的某晚，大概也是前世的宿缘，余小子得与唐德刚教授半夕倾谈于南京大学校园，我引以为师的唐德刚教授，谐语杂出，令人有饮过美酒之后的陶陶然之感，然而时至今日，余小子不敏，竟将其谐语完全忘却了，唯有一则庄语仍萦我怀，久置不弃。我引以为师的唐德刚教授云："昔者，有大和尚洞山氏，一夕，其师问之曰：'师之思，汝肯乎？'对曰：'半肯半不肯。''因何半肯半不肯？'对曰：'师是师，我是我，是以半肯半不肯。'过去，胡适之先生常常以洞山和尚的故事来教我，今天，我也以此来教你，愿你三复斯言，不要成为章太炎的奴隶。"唐德刚教授所云之洞山和尚的"半肯半不肯"精神，令我至今受益。从那以后，我开始走上了对于章太炎思想的祛魅过程，章太炎也开始由一位我的思想导师，变成了一位我的朋友。每当我在披阅章太炎深奥难懂的著作，或者沉思章太炎深邃绵邈的哲思时，总是觉得身边或立或坐着一位留着几根泥鳅须的和蔼老者，时则讥嘲，时则微笑，时则侃侃而语，而我则始则折服，继乃抗争，终则又折服，并获得一种大欢欣。庄子云：无听之以耳，听之以气，不以目遇，但以神交。余小子深有味其言，于心有戚戚焉！当然，在我的师尊之中，令我沾溉的岂止他们几位，其他古往今来我引以为师的哲人，其数又不知凡几，恕我不能在此一一地列出他们的名字。在我人生旅途的未来日子里，我所停留的每一个驿站，一定还将会有更多的师尊，指引我前行，对于他们，我无以为报，在此，我只有向他们鞠躬致敬了。

在我的亲人之中，也有两位我要特别地对他们致以感激的。第一位，是我的养父王福海先生。坦率地说，我和养父的关系，在他的生前是爱怨交加，在他去世以后，则只有爱了。在养父去世之后，我忽然发现对于他的怨完全地消失了，相反，对于养父的思念与愧疚之情，则与日俱增。与日俱增的对于养父的思念，常常令我沉迷在对于童年时代的回忆之中。养父是一个爱书的人，虽然他自己只上过一天学；养父对于书，有着近乎神明一般的敬畏，虽然他并不相信有任何的神明。1987 年 9 月，当我考上陈振江教授的研究生，离开家乡去南开求学时，尚有一担书因来不及托运，滞留在家乡。对于我滞留在家乡的那些书，养父每年都要择日细心地对之进行翻晒，平时，任何人碰一碰，都要遭到他的呵斥，偶尔有爱书者来访，养父也只让其翻阅翻阅，从不让人拿走，他简直成了那些书的守护神。在养父的呵护之下，我滞留在家乡的那些书，一直完好无恙地保留了好些年。养父去世以后，它们或遭霉烂，或遭鼠啮，或则变成手纸进了茅厕，或则悄然地上了别人的书架，总之，是完了，就像我之失去父亲一样，我也永远地失去它们了。现在儿子也写成了一本书，养父泉下有知，一定兴奋不已，并且会更加细心呵护的。说起养父对于我的影响，那也是难以用言语加以形容的。我爱我家乡荒沟边上的凉月。秋天来了，秋风飒飒地掠过渐渐枯黄的苇丛，夜寂无人时，一轮明月，斜斜地倚着天空，把苍凉洒满大地，我和养父就在这沉沉睡去的荒沟边，卸却一天工作的劳累，对月闲语，偶尔也有几只小虫在身旁跳动，这是我们一天之中最轻松愉快的时节了。这时候，养父便给我讲一些家乡学界前辈的故事：陈少平、张小举人、方苞、戴名世，对了，还有汉学，这也是养父经常提到的词汇，尽管他并不了解其中的奥意。他不知道，这些无意中的随便谈语，对于儿子今后的一生，产生了多么大的影响啊！如今，儿子为了生计，辗转于各地，成了无根的漂萍，但是，在我的心中，家乡荒沟边上的那一轮凉月，却仍然在继续地照临着我，直到永远。我伟大而仁慈的地母啊，愿养父在您的怀里安寝！

另一位令我要感激的，便是我的妻子买向东女士了，在我飘蓬辗转于各地，无定地，有时是无助地漂流在生活的泥涂，她一直地在陪伴着我，慰藉我生活中的岑寂，共我渡过难关。在如今金力之魈，猖狂横行，掠取一切的时代，她尚经常地鼓励我坚守在学术的山林，女儿孟衡出世之后，又主要地承担起养育之责，令我得以专心向学。

最后，我还要感谢中国社会科学出版社二编室副主任、策划主管陈彪先生，本书的责任编辑陈振藩先生，中华书局汉学编辑室主任柴剑虹先生及历史哲学编辑室副主任冯宝志先生，陕西师范大学原校长赵世超教授，陕西师范大学副校长萧正洪教授，陕西师范大学历史文化学院院长贾二强教授，院办主任韩旭晖博士，以及陕西师范大学历史文化学院学术委员会的诸位学者专家，由于他们的热忱帮助和辛勤劳动，使得本书得以面世。尤其是业师陈振江教授，对于本书的出版给予了莫大的关怀与帮助，并且还拨冗赐序，令本书增色。

面对着这些我所要感激的师尊、亲人、朋友，我还能说些什么呢？沉默啊，沉默！我只有在沉默中黾勉耕耘，在沉默中继续前行。“记”成续成打油诗七首，附缀于此，以自策励！其词云：

书海迷茫三十年，梯航津渡赖诸贤。

一朝翻为雕龙手，应有豪情更着鞭。（其一）
明月孤悬信可怜，荒沟古水照寒烟。
此中消息何人识，付于流光作纸钱。（其二）
飘蓬展转叹逝华，一泓溪水可安家。
眷心频顾重重急，为有长流漫无涯。（其三）
章门浩荡长风舞，层阪叠障藏豹虎。
搜索隐踪洵踟躅，名山还觅良弓弩。（其四）
沽上白下莳英葩，滋兰九畹声名遐。
负笈一去闻狮吼，便骑黄鹤辞噪鸦。（其五）
南台沉沉夜色张，四十重来访汉唐。
老去不知归何处，剩有鱼书伴痴狂。（其六）
当年相约意如许，蹭蹬风尘焉云苦。
燕燕于飞不觉劳。振衣携手陟高处。（其七）

又作有《咏怀》一首，词曰：

寂寞长安道，长吉怀长卿。
萋萋茂陵草，结意一何深。
著书惊霜落，无忿亦无嗔。
坐对小儿女，还识白鸥心。

2004 年 6 月作者谨识于西安南郊之洗风阁

《多元视野与传统的合理化——章太炎思想的阐释》再版后记

一　本著再版缘起

汤序波海晏先生，乃太炎先生之高足汤炳正教授之嫡孙也，一个偶然机会，在网络上相识。盖吾少时即喜读《楚辞》，且终生喜之，而汤炳正先生乃吾国研究《楚辞》之一大家，其《楚辞今注》一书，实启吾接近楚辞世界之津梁宝筏，是以，对于汤炳正先生，时存感激之心。然吾生性疏懒，虽识海晏先生，其实交流不多。后弟子敏秋与海晏先生交往日密，知海晏先生不仅学问闳通，且侠骨柔肠，于提携后学、惠助同道之事，不遗余力，敏秋得其提携者尤多。盱衡方今吾国之学界，功利之风盛行，一些所谓的学者，往往视利而动，利之所在，趋之若骛，有若海上逐臭之夫。吾尝有诗云“太学隆污地，扫迹蝇矢存”，“学术江湖里，蝇蛆布满地”者是也。是以，吾虽身处太学之中，其心实与学界相去甚远也，甘于衡门之下，亦以此自相磨濯而已。然吾于海晏先生则心甚钦之，其后，则互赠著作，视为契友矣。一日，于上课之暇，敏秋语余曰，海晏先生已与几家出版社联系，欲再版吾之“章书”，问我是否愿意？对此大义之举，焉有不从？于海晏先生，益钦其“侠士”之风矣！时吾方勠力于《香檀记》一书之写作，遂即放下“香书”，转入“章书”之修订工作。

吾之于“章学”研究，始之于1988年，时吾方在南开大学历史系陈振江教授门下求学，其后，历十六年之久，“章书”始成，出版后，颇获学界之好评。太炎先生之嫡孙，亦“章学”研究之著名学者章念驰先生闻之，且索书于余，并以大著《沪上春秋》相赠，又附信相勖。忆吾之研究“章学”，虽独学无友，苦心孤诣，艰难万重，然稍有成绩，便获肯定与鼓励，实一有幸之人也。于兴奋之余，当即写下《咏太炎兼答章念驰先生四首》，以报章先生之垂顾焉。其辞曰：

章学深深深似海，道通今古惠兆垓。浮华嚣竞岂省得，乌雀枝头徒徘徊。

先生嘱志寄草莱，万古扫空气壮哉。千年故鬼咸走却，锦文织就烂云裁。

借得君家金剪刀，屏营却虑剪一毛。承君推许恩意重，助我豪情上碧霄。

聆君话语扫云霾，一片冰心逐玉阶。触世冷肠还自许，十年更上九层台。

于时，颇见吾之心志焉。2009 年，适逢太炎先生诞辰一百四十周年，念驰先生又特邀吾去杭州参加纪念会并作专题讲演，惜先生身体微恙，未能亲临其会。其间，参访太炎先生纪念馆及故居，归来后，作有数联咏太炎先生，以纪其事云。联曰：

朴学盛东南，并世无此大国手；
英魂归故土，又添一段好湖山。
英风薄九州，大好头颅抛不得；
道义贯今古，百年民纪赖撑持。

四夷交相侵，大雅久沦歇，赖斯人恢明黎献，纲维民纪，五色旗开新日月；

倭患浸已炽，群雄方战争，唯先生跋涉尘途，调停危局，一腔血热旧山河。

其后，吾又作有《杂咏太炎先生七首》，其辞曰：

遥遥东国绍遗民，夫子文章轶群伦。大音磅礴震宇内，叹息人间认未真。

清刚简截笔如刀，拍浪惊天大海潮。潇洒风尘无人识，原来世上多僬侥。

高山流水说知音，越世方明旨趣深。蠨雀蚊虻相转去，怅言日月已骎骎。

学蛊猖狂坏时风，品流污下九州同。虞渊沉寂暗无际，何日明鲜朝又东。

徐干文质何彬彬，荀悦温温笔底情。魏晋风流迈万古，两间摩荡风云生。

大陆沉沉春复秋，衣冠最是令人忧。国运茫茫何处寄，莫言壮士惜此头。

思通芴漠接混茫，依依魂魄到炎黄。一世雄文铸侠骨，何人可与论鱼肠。

盖吾之于太炎先生，不仅喜其文章，钦其学问，更慕其风骨，此亦吾长年坚守“章学”营垒之中而不一思别走之精神助力也。

“章书”出版后，迄今已历十四春秋，然尚不失其学术价值者在。现章念驰先生与余杭政府及上海人民出版社相商，欲出版“章学研究论丛”，海晏先生乃致函章先生，大力推荐，欲纳本著于“章学研究论丛”之中，章先生回复云：“玉华先生之著作，尤所欢迎！”于是，乃有是书之再版焉。

二　太炎思想研究的“五个认识误趋”

太炎先生乃吾国近代之大学问家、大思想家，又是一代革命伟人，其学术思想与革命行谊，于吾国近代历史影响甚巨，且迄今未替。是以，太炎先生之学，学界称之曰“章学”。“章学”乃吾国之学由传统向现代转换过程中独有之成就，有若浩瀚之太平洋，广博而深邃。学界勠力于“章学”研究者，虽不乏人，然其真能得“章学”之三昧者，以吾观之，其实寥寥。八十年来，学界研究“章学”之成就，虽然云博，然其中误谬之辞，似是而非之论，舛互错驳，亦可云众矣。余小子虽才识浅陋，敢不一竭其诚，于“章学”研究中存在之问题，钩玄提要，庶有益于后之贤者。虽然，太炎先生之学，含藏万端，包罗众有，非愚钝若余小子者所能窥其一二，在此，亦仅就吾所熟悉之“思想”部分，略抒一己之见而已。

学界关于太炎思想之误读，其最要者，概括说来，约有五端：

其一，认为戊戌时期太炎先生追随康梁，鼓吹变法，其改良主义思想

体系，乃南海之翻版焉。其说甚谬。盖太炎之于南海，为学之道不同，一古文，一今文，“论及学术，辄如冰炭”，发而为政，也表现出明显的“二水分流”之特色。南海从其今文经学出发，托古改制，大张“通三统”、“张三世”之义，且与西方“进化论”学说相结合，以明“三世进化”之旨。南海此一思想旨趣，乃黑格尔、斯宾塞氏“历史进步主义”之翻版，实启吾国近代以来激进主义、理想主义之先河。是以，发而为政，南海主张“尽革旧俗，一意维新”，毫不容情地斩断同传统之联系，一以西方为依归，将“设议院”、“兴民权”，“致宪政”确立为维新派的当下政治奋斗目标。南海忽视“空间”因素的作用，只在“时间”的轴线上审视中西文明之差异，将“中西之别”等同于“古今之异”。而太炎则不然，与南海“激进主义”思想体系相较，太炎思想则表现出明显的“温和主义”的特色，是一个名副其实的“改良主义”思想家，而南海则可谓是一个“思想的革命者”。学界以南海倚清廷而变法，遂定论其为“改良主义思想家”，实为肤廓之论。太炎曾云：“少时治经，不忘经国，历览前史，独于荀卿、韩非所说，谓不可易。”荀韩之学，尤其是“荀学”构成了太炎思想之浓厚底色。这与南海等维新派主流“尊孟抑荀”，推崇孟子理想主义心学思想体系的做法，迥异其趣。是以，当维新派主流“元气淋漓”地掀起“排荀”运动时，太炎却奋起而为荀子辩护，且尊荀卿为“后圣”，奉之为“先师”。戊戌时期维新派内部的孟荀之争，实表现的是康章之争。太炎在戊戌时期虽然列名维新派，且为之付出遭受清廷通缉的代价，其实，从其思想意旨来看，太炎并不入维新派之主流，只可视为维新派之支流而存在。太炎思想一开始由于同荀子渊源甚深，是以，其思维程式亦一如荀子，表现出明显的现实主义的倾向。太炎在关注“时间”因素作用的同时，又特别关注“空间”因素的作用，以激进反传统为不可取，在主张“变”的同时，又主张“因任”，即注重对传统的承继。太炎同荀子一样，在“法后王”时，又“尊先王”，指向未来的变法维新，并不表现为对于传统的断裂，而是在继承传统的基础之上，面对现实的问题，在时间的轴线上不断地“因革损益”。对于西学，尤其西方近代政治学说中的“分权学说”，太炎甚为首肯，对于议院、民权、宪政，太炎亦甚为赞赏，但太炎并不主张立即搬到中国来变法，认为这种拔苗助长的做法，无异于“行未三十里而责其行百里”，一定会招致失败。是以，对于维新派主流激进主义（太炎谥之曰“猝暴之病”）、理想主义（太炎谥之曰“华妙之病”）

的变法主张，太炎并不赞同，且对之痛加针砭。此一时期，太炎亦受到经今文学的影响，但太炎只讲“三统”，并不讲“三世”，且将“三统”与“三世”混为一谈的斥之为“妄人”。可以说，在主张“变”这一根本问题上，太炎是维新派主流的同路人，但在“怎么变”这一问题上，太炎一开始便与以康有为为首的维新派主流分道扬镳了。

其二，认为太炎先生的思想早年“激进”，晚年趋于“保守”。是亦颇为皮相之论。此论盖以鲁迅先生为权舆。1934 年，鲁迅先生在《趋时和复古》一文中，有段话涉及评价康有为、严复及乃师太炎先生，原文是说：康、严、章“原是拉车前进的好身手，腿肚大，臂膊也粗，这回还是请他拉，然而是拉车屁股向后，这里只好用古文‘呜呼哀哉，尚飨’了”。在鲁迅看来，康、严、章诸大师先前是“前进的好身手”，晚年则在滚滚而至的激进的时代潮流面前落伍了，沦为“复古的先贤”了。这里已经露出早年激进、晚年保守，从时序上评价诸人且将之对立二分的端倪。1936 年 6 月 14 日，太炎先生逝于苏州，“久生大病，体力衰惫，不能为文”的鲁迅先生，于是年 10 月 9 日勉力写下《关于太炎先生二三事》一文，在这篇鲁迅先生的最后的名文中，鲁迅先生这样地评价其师太炎先生，其云：“太炎先生虽先也以革命家现身，后来却退居于宁静的学者，用自己所手造的和别人所帮造的墙，和时代隔绝了。”晚年的太炎“既离民众，渐入颓唐”。鲁迅先生的这两篇文字，其后对于吾国史界影响甚巨，学界对康、严、章思想之研究，基本上援引的即是鲁迅先生的这一“二分法”的经典论述。后来学界在论及近代这些大师的思想时用“离异——回归”之说以阐释之，亦未脱其窠臼。至于康有为、严复二先生是否若鲁迅先生之所论，这里暂且不谈，而以此来论太炎，则颇不合事实。以吾观之，太炎先生早年并不“激进”，晚年也不“保守”，太炎先生于近代愈益趋于激进化的时代潮流中，特立独行，其思想具有前后的“一贯性”，并不随时势而变化，显示了一位具有独立批判精神与自由思想的学者及思想家的可贵品格。如果一定要说太炎先生思想前后之变化的话，则我们可以说，以后观前，我们看到的是太炎思想的愈益趋于深邃，并且愈益体系化，最后则形成汇通古今、贯午中西，熔百氏之学为一炉的独特的“章学”思想体系。

在追寻太炎先生一生之思想变化这一问题时，首先须对太炎先生一生之历史分期作一阐释，而这又涉及《訄书》不同版本之关系及其思想属性之界定。吾以为，太炎先生的一生，大致可划分为三个时期。

早年（1869 年 1 月—1897 年 1 月）。汉学传家，少年时期，读书精勤，刻志典籍，打下深厚的汉学功底，并在家庭及其外祖父的影响之下，少年时期的太炎便有了“排满革命”思想。其后入杭州诂经精舍师从曲园先生，学问转益精审，先后著作《膏兰室札记》、《春秋左传读》等，初步成就汉学家之志业。然自甲午之后，民族危机深重，南海康有为奔走国事，号呼变法，忧国匡时之士，莫不发愤。龙蛇起陆，天地翻覆，吾国乃入于政治及思想极度震荡的大变动时代。太炎亦为时势所激，忧怖国命，纳银入强学会，走上与乃师俞樾纯粹经师的不同人生之路。1897 年 1 月，太炎应梁启超之邀，入《时务报》馆任撰述，从此步入改造中国的政治大舞台。虽然，太炎之与南海，一开始由于“古今文经说”之异趣，论及学术，辄如冰炭，其后，论及政术，亦辄如冰炭焉。

中年（1897 年 1 月—1916 年 6 月）。此一时也，乃太炎先生一生当中最富有活力且最为辉煌之时期，学术、政治、思想，综相错杂，丛聚于太炎之一身。其思想亦由初步之构结，到最终形成博大精深之体系。窥其思想发展之轨迹，此一时又大致可分为三个时期，即《訄书》时期、《民报》诸论时期、《齐物论释》时期。

1. 《訄书》时期（约 1897—1903 年）

此一时也，太炎先生投身于维新运动，戊戌政变起，遭清廷通缉，被迫流亡台湾、日本。后则往返于大陆、日本之间，过着东躲西藏的生活。其间，将自己的“逑鞠迫言”，辑成《訄书》（初刻本）出版（1900）。在《訄书》初刻本里，太炎首列《尊荀》之篇，而以《独圣》终。是书系统地反映了太炎的“革政”思想，而其幼年时代即已产生的“排满”（“革命”）思想则贯穿于其中。在“革政”上，太炎主张“随俗雅化”，反对“以殊瑰临民”；主张“傣古”，反对维新派主流之“傣新”，认为“其傣古也，禔以便新也”，而维新派主流之一意“傣新”的变政理路，只能收到“害新”的结果。此一“因”于传统而“革政”之思想，有别于维新派主流一意“傣新”的“激进”改革思路，使太炎思想充满了浓厚的“温和”色彩，且对太炎一生影响巨大。在其大张“傣古革政”思想的同时，太炎的“革命”（“排满”）思想则显得有些“隐晦”：其一，太炎在“目录附识”里以“辛丑后”纪年（辛丑，即南明桂王永历十五年，公元 1661 年，是年，桂王政权为清军所攻灭，太炎以其为中国亡国之始），不戴清廷的“光绪”年号；其二，在其驱逐异族的话语里以“蒙古”代

“满洲”；其三，主张“客帝”、“分镇”，以“借权革命”方式，实现驱逐异族统治、光复汉族政权的目的。其思想表达虽然有些隐晦，然其“革命”意旨则甚为明显。其“借权革命”与其“傣古革政”思想相较，二者虽有隐、显之别，然实相辅而行，双重变奏。在其“尊荀”思想意旨的观照之下，太炎的“革政”思想还充满了浓厚“现实主义”与“历史主义”的特色，而殊少“浪漫主义”与“理想主义”情怀。其极则会归于“史”，“隆礼义而杀诗书”，“庋《颂》与《国风》，而举二《雅》”。初步形成了其“新荀学”思想体系。

《訄书》（初刻本）问世后，太炎很快便觉不满意，并着手删革重订。庚子事变起，唐才常组织自立军，准备发动勤王起义，太炎以其宗旨“一面排满，一面勤王”，“首鼠两端，自失名义”，乃宣言“割辫与绝”，并作《解辫发》一文，公开与“尊清者”决裂，公开揭起“排满革命”大旗。修订后的《訄书》于1902年出版，首揭《客帝匡谬》与《分镇匡谬》，对其前的“借权之谋”躬自检讨，倡言“满洲弗逐，欲士之爱国，民之敌忾，不可得也”。认为“提挈方夏在新圣”。重定后的《訄书》，与初刻本相较，内容改定甚夥。或者以为《訄书》初刻本与重订本分属不同的思想体系，初刻本“尊清”、“宣传社会改良”、是“康有为改良主义的异端理论”，而重订本则变为“反清”、“变为提倡民主革命”、“变为以‘光复旧物’相号召的资产阶级革命理论”。斯则未谛！窃以为《訄书》重订本与初刻本，实一以贯之，其思想虽有变化，然其根本宗旨则并未更改，仍然是“革政”与“革命”思想的双重变奏。只不过其“革命”思想由隐之显，由后台步入了前台，由“借权之谋”，寄望于“客帝”（满洲皇帝）、“方镇”（汉族督抚），变成了寄望于“新圣”（即那些“解辫发”的用暴力方式推翻满洲贵族统治的“革命党”）。而其“革政”思想则一仍荀学之理路，仍然表现出浓厚的“温和主义”的特色，一以贯之的仍然是“新荀学”思想体系的明显表征，其说如下。

首先，从成书体例上来看，初刻本首列《尊荀》之篇，紧接着是《儒墨》、《儒道》、《儒法》、《儒侠》、《儒兵》诸篇，此一系共六篇文字，有若《荀子》所谓之“学”之部分。自《公言上》迄《杂说》，凡四十二篇，太炎由“天道”而及“人事”，有类于《荀子》所谓之“政”（“礼”）之部分。最后《独圣》上、下二篇，则有类于《荀子》所谓之“圣”（“道”）之部分。这种由学—政—圣之编纂体系，可以看出，太炎不仅在思想上“尊荀”，在成书体例上也是刻意模仿《荀子》。《訄书》重订本在篇幅上虽有重大改动，然其成书体例则一仍初刻本，二者一以贯之。《訄书》重订本首列《原学》，探讨影响学说成立的三种因素：地齐、政俗与材性，乃全书之纲领。其后至《学隐》共十三篇，可谓是一部中国的学术思想通史，此一系也，相当于《荀子》的“学”之部分。由《订实知》、《通谶》至《消极》共四十二篇文字，则相当于《荀子》的“政”（“礼”）之部分，这里面内容十分丰富，涉及建立近代“民族国家”的各个方面。从《尊史》至《解辫发》共八篇文字，则相当于《荀子》的“圣”（“道”）的部分。依然是层次井然，两个版本在成书体例上相仍相因的关系是至为明显的。

其次，从思想体系上来看，《訄书》重订本在“革命”思想上确有变化，如前所说，太炎已经完全放弃了“借权之谋”，已经完全放弃了“客帝革命”与“督抚革命”的幻想，而公开地倡导“排满革命”，认为“提挈方夏在新圣”，主张由革命党（“新圣”）推翻清廷统治后来领导中国的“革政”大业。在“排满”问题上，太炎确乎由“温和”走向了“激进”，然关于政治改革方面，太炎却一仍其故。可以说，太炎的“革命”思想仅仅局限在“种族革命”层面，其他若社会、政治、文化诸层面，太炎并不是一位革命者，其思想具有“改良主义”的浓厚特色。在太炎看来未来中国进行“革政”的领导权，应由满清政府手里转移到“革命新圣”手里，应由完成排满大业的革命党来领导未来中国的改革大业。从前太炎是主张“以革政挽革命”，此时则可谓是“以革命挽革政”。但重订本中的“革政”思想与初刻本相较，却无甚变化，仍然是一个温和的“改良主义”的方案，有着“荀学”的明显特征，这从以下几个方面可以得到印证。

第一，“通三统”与“尊史”。毋庸讳言，太炎先生虽是一位古文学家，却受到经今文学的不少影响，但这不能说太炎思想就是康有为思想的一个翻版，因为，太炎在总体上对今文经学是取否定的态度，这是由二者之间为学之道之不同所导致的。或者又认为太炎先生否定经今文学，说明太炎是一个门户之见很深的学者，这就更加令吾人为之捧腹发笑了。此二种论调，其实皆未得太炎思想之真谛。古人云掘地及泉，然掘之不深，仅得地表所涵蕴之“苦涩之水”，指而谓之曰：“吾及泉矣，吾得泉水矣！”可乎？凡此浮泛之论，焉能谓之得“泉水”也。其实，太炎先生不仅对经今文学，还有宋学，还有儒学传统之外的墨家、道家、法家、侠家、兵家等，还有像佛学、西学等，莫不取开放之态度，显示了汉学家“实事求是”的可贵治学精神，何尝有“门户”丝毫之踪影留存于其间呢？太炎先生对经今文学中的“新夷狄”思想、“通三统”学说取肯定之态度，对谶纬并不完全否定，多是出于理性深思之后之所得，恰恰显示了太炎先生博大之情怀，这岂是辁材小慧之徒、小璧苍玑之辈所能与知的。就“通三统”一端而论，可谓贯穿于《訄书》的初刻本与重订本之中，太炎云：“九变复贯，若是曰通三统。”在此，太炎对于人类历史的演化既强调了“变”，同时又强调了“贯”，这就强调了历史演化的连续性问题，而反对康有为侧重于“三世说”的一味的“骛新”，这是康章重大区别之所在。在初刻本中，太炎认为能得这种“三统之复”之理趣的，只有“圣人”，把握了这一点，才是真正的“知”。在太炎看来，孔子之后，能独得其意的是荀子，而荀子之后，大概就只有章子了。在此，太炎隐然是以得儒家之正统自居的，虽然他不像康有为那样有着浓厚的道统意识。关于孔子，在初刻本中太炎对其“绌神怪”、“立人道”之历史功绩，给予了高度的肯定，而荀子继之以“隆礼义而杀诗书”，这就显示了对“史”的高度重视。初刻本最后会归于“史”，重订本“订孔”，太炎以孔子为“良史”而称之，并以六经乃古史之大宗，汉学家之考据能得上世社会污隆之迹，最后则也揭出“尊史”之意旨，也可看出两个版本在思想上的通贯性，这不仅为太炎后来揭出“保存国粹”的宗旨引出了端绪，也奠定了其后太炎“历史主义”（“历史相对主义”）思维模式的始基。

第二，“以不平平”的“平等”学说。戊戌时期，康有为及其私淑弟子谭嗣同大倡“平等”之义。谭嗣同的“仁学”，以“通”为第一义，“通”即“平等”之意。康有为撰有《人类公理》，初步形成自己的“大同”学说，则以自然科学真理的普遍性施之于人类社会。二氏倡导的“平等”，乃无差别的绝对的“平等”，这与二氏接受的佛学义理又大有关系。太炎在《訄书》里有一篇《平等难》，对这种无差别的绝对的平等学说深致诘难，认为：“天地之道，无平不陂”；“有生与之技，有形与之材，官其剂量，则焉可平也？”太炎认为，天地之间根本不存在所谓的绝对的平等，人与人之间的差异，乃是客观的存在，只有承认这种差异性，才能保障人类之间的平等。太炎认为“其平也不平”，也即是说，如果消除人类之间本来存在的差别，追求所谓无差别的绝对的平等，只会带来更大的不平等；故太炎主张“以不平平”，也即只有承认人类之间客观存在的不平等，对殊异性的个体等量视之，这才符合平等的真义。太炎的这种与康谭注重“共性”而别出的注重“殊性”的平等学说，实也成为其后“以齐文野为究极”、“不齐而齐”的“多元主义”的齐物哲学的滥觞。与南海之注重“共性”不同，太炎更注重“殊性”，这不仅形成了太炎自己学说的鲜明特色，成为“章学”的一大显著特征，也使太炎在近代思想家中成为一个最为孤立的思想家，与时代思潮迥异其趣。而这一思想特征，又与太炎对“民族性”的重视，其后大倡“国粹”密不可分，成为太炎倡导“民族主义”、“多元主义”学说的重要理论基石之一。

第三，“累僫之智”。太炎在注重“殊性”，倡导差异性平等的同时，又认为真理是有条件的，这与南海将真理当作超越一切条件之上，是一普遍性存在的思路也大相径庭。这一有趣的发现，首先发之于汪荣祖先生，汪荣祖先生对康章思想差异之界定分别以“一元主义”、“多元主义”论之，可谓得其三昧。可惜的是，吾国研究“章学”的学者多不认同汪先生的这一重大发现，故而被汪先生讥之为大陆学界对于“章学”研究毫无进步之可言，实也平情之论也。太炎在其《訄书》中有《公言》一文，初刻本分为上、中、下三篇，重订本则只保留了其中篇，上下二篇删去。初刻本与重订本在篇目上虽有较大变动，然其重要思想则被保留了下来，这即是太炎在此文中重点所要谈的“累僫之智”是也。何谓“累僫之智”？即“等差之智”是也。譬如说，重学理论是建立在地球绕日运转的基础之上，“夫舍日，而重学不可以为公言。”如果失去了这一前提，则重学理论便也要随之改变了。换句话说，科学家们建立的重学理论，这一真理只适应于地球，如果到了其他星球，因为条件变化了，就不成其为真理了。或者说，如果地球绕日运转变成了围绕其他恒星运转，则科学家们发现的重学理论便也不成立了，便也不成其为真理了。就地球来说，也是这样的，真理也是与特定的条件相关联的。太炎云：“求朝夕于大地，而千岁不定，横赤道之带是也；藉假吾手所左右以期之，而上下于半球者异言矣；是以一方之人以为公也。黄赤、碧涅、修广，以目异；徵角、清商、叫啸、喁于，以耳异；酢熮、甘䃮、苦涩、隽永百旨，以口异；芳苾、腐臭、腥蝼、膻朽，以鼻异；温寒、熙湿、平棘、坚疏、枯泽，以肌骨异；是以人类为公者也。生而乐，死而哀；同类则爱，异类则憎；是以生物之类为公者也。公有大小，而人不营度，公其小者，其去自私，不间以白髦。是故智人谓之累僫之智。”关于“累僫之智”的论述，也成为太炎其后建立相对主义真理观、建立“多元主义”思想体系的源头之一。

第四，“性恶”论与“大独”之旨。1899年，太炎在其所著的《菌说》一文中，对人性问题作了探讨。太炎之论人性，同荀子一样，是从功利主义角度，也即从人的社会属性角度来谈的。太炎主张人性是“善恶兼具”，认为“荀则以善恶皆具，不能纯善，则以恶名之”，较“孟举其善而忘其恶”为长。太炎云：“以符验言，则性恶为长。”很明显，太炎从人的社会属性角度谈人性，走的是荀子的功利主义之路，其结论也同于荀子。在《訄书》里，太炎没有专门谈人性的文章，但这一“善恶兼具”的“人性恶”意旨，太炎其后在《国故论衡·辨性》篇里作了更为详尽的论述，可见太炎关于此问题前后的一贯性见解。在太炎看来，由于人性是善恶兼具，人类凭其理性要创造一个醇善至美的理想社会是不可能的，太炎其后主张“俱分进化”，应与其有类于荀子的人性论学说存在着密切的关联。

在《訄书》的两个版本里，太炎均列有《明独》之篇，倡导“独”的精神，这标志着近代“个”的意识的觉醒，具有非常重要的思想史意义。然而，太炎在其倡导的“大独”精神里，在挺立个体的主体性地位的同时，又将个体生命的价值落实到对于他人、群体的关怀之中，这反映了太炎一方面受到近代西方个性独立、个性解放思想之影响，另一方面，我们又可看出，太炎的这一“大独”意旨，实际上又一脉衍续了传统儒家的“仁学”精神。除此之外，太炎还提倡奔命于天下，“赴汤蹈火，死不旋踵”的墨家精神，以及“除国之大害，捍国之大患”，“引重鼎不程其力，鸷虫攫搏不程勇者”的“儒侠”精神，这皆为太炎其后建立“新人文主义”学说作了很好的铺垫。

由上可以看出，《訄书》的两个版本，虽然改动甚大，但其核心思想却无甚变化。与初刻本相较，重订本不过是删掉了太炎当时并不成熟的一些“鞫迫言”，在体系上更加紧凑、整饬罢了，何尝来两个不同思想体系之说呢？这就好比一个人，开始时，仓促之下做了一件衣服，然却这里长了，那里短了，这里窄了，那里宽了，有的地方逼仄了，有的地方冗坠了，不太合式，后经精心修改，变得差不多更加合体了。初刻本即是那不太合式的衣服，而重订本经过剪裁，就是那变得更为合体的衣服了，然穿衣服的人还是那个人，并无变化。由此也可以说，《訄书》初刻本实奠定了太炎先生一生思想之始基，其后太炎一些重要思想之完成，太炎思考问题的思维模式，莫不从《訄书》初刻本中找到其踪影。并且，太炎在其后形成的具有自己鲜明特色的“多元主义”（“民族主义”）、“历史主义”（“历史相对主义”）与“人文主义”（“新人文主义”）的思想意旨，实际上在《訄书》时代已经初步露出端倪了。

2.《民报》诸论时期（约1903—1910年）

1903年，因“苏报案”，太炎被逮入狱，在上海工部局的提篮桥监狱里度过了三年铁窗生涯。太炎先生一生“七被追捕，三入牢狱”，这一次应是最为凶险的一次。在西人的牢狱里，太炎先生虽然吃尽了苦头，但太炎先生并没有与当时国内的残酷政治斗争完全脱节，在狱中，太炎先生间接地参与了革命组织“光复会”的筹建工作。其实，在近代中国的革命史上，“苏报案”应是一次至为重要的事件，在这之前，孙中山领导的兴中会虽然已经公开地掀起反清武装起义，然其“革命”思想对国内的影响，尤其对于士大夫（或新式知识分子）阶层的影响则甚微。而“苏报案”则不同，在案件的审理过程中，太炎先生将其变成揭露清廷残暴的战场，章、邹二人一时也成为舆论关注的交点，其“两颗头颅争一刀”的革命勇决精神，则被广泛报道，促使更多的人同情革命，并倾向于革命。可以说，对于晚清革命风潮的鼓荡，“苏报案”实起了推波助澜的关键性作用。

在一般的太炎传记或者史论著述里，关于这一段历史，皆语焉不详，史料不足故也。这一段历史似乎成了太炎先生的特殊“人生空白期”，其实不然，这三年的西牢生活，实际上对太炎先生一生来说，也是至关重要的人生阶段，绝不是我们随便可以忽视的。在诂经精舍时期，太炎先生潜心于经学研究，打下了深厚的国学功底，而这一时期，太炎则潜心于佛学研究，打下了深厚的佛学功底，这应是太炎先生一生之中读书治学的第二个辉煌时期，只不过地点有些特别罢了。盖贤者之于读书，无时无地而不可，此其所以异于吾辈常人，而成为非凡杰出之士原因之所在。这之前，太炎先生受其好友夏曾佑、宋恕诸人之影响，虽然也接触过佛学，但却“不能深也”。为了“解三年之忧”，太炎先生在铁窗中潜心研读了《因明入正理论》、《瑜伽师地论》、《成唯实论》等佛家唯识学的著作，这对太炎先生后来的思想产生了重大影响。

在这期间，太炎先生还写过一篇《癸卯狱中自记》的文章。在这篇文章里，太炎先生以中国文化的担当者自任，要将“支那闳硕壮美之学”，“恢明而光大之”。这说明，这三年的狱中生活，太炎先生又对自己此前的思想作了深刻的反思，对自己此后的奋斗已经有了明确的方向。是以，太炎先生甫一出狱，在东京留学生召开的欢迎会上便开始大谈“国粹”与“佛学”了，这实是这三年当中太炎先生苦心研读与思索的结果。

或谓太炎先生出狱后，到日本东京主编革命派的机关报《民报》，在《民报》上发表了大量与佛学相关的论文，这说明太炎先生已经变成一个佛学学者了，太炎先生的思想也由儒家变成了佛家的思想了，是亦颇为皮相之论。如果我们撇开表面的语言，而直窥其思想究里的话，则我们发现太炎先生此一时期仍然是一脉衍续了其前一时期的思想意旨，其思想仍然属于以“荀学”为底色的“新儒学”思想体系。

太炎先生此一时期之所以不取儒学的旧路，而取佛学之路径，其故有三：其一，在太炎看来，儒学在其几千年的历史发展中，已经严重地变了质，造就的大多是“冒没奔竞”的人，已经不能振起末俗沉沦、民德衰颓的危局了，并且，由于康有为的因素，太炎由于诋康，“遂激而诋孔”，这就迫使太炎不得不要另辟蹊径；其二，佛学正好冥契于太炎之思想，一来太炎所选择之佛学，是“以分析名相始，以排遣名相终”的唯识学，此一学也，与太炎平生所治的“汉学”途辙相合，并且，它又合于西方的科学思维模式，可以很好地应对西方“科学”的挑战；其三，太炎思想的一个重要特色即是“始则转俗成真，终乃回真向俗”，对“真实存在”的探求，也即对哲学本体论及认识论的探求，乃是近代哲学不可绕越的一个历史性课题，太炎对此也十分重视。而这一历史性课题，传统儒学是难堪大任的，太炎由此也不得不求助于佛学。佛教唯识学精湛的义理，为太炎提供了广阔的哲学视野与原料。另外，太炎之提倡佛学，并不是简单地复兴旧有的佛学，而是要对之进行改良，造成一个切合时代之需的新佛学。当时，太炎在道德上特别揭出“菩萨行”而大力加以倡导，这实际上又与其前一时期倡导的“大独”精神一以贯之。太炎在这一时期虽然运用的是佛学的话语体系，然其思想的内在精神却与孔子的“仁学”思想体系一脉相承，其详请参阅笔者的《章太炎的道德宗教思想》一文（台北《孔孟月刊》，1998 年第 37 卷第 2 期、第 3 期连载），此不再述。由此，我们将太炎思想视之为“近代新儒学”思想体系，将太炎视之为“近代新儒学大师”，也是一种斠情之论，尽管他是以反儒的面目出现的。

这一时期，太炎先生发表了一系列有影响的论文，因其主要发表于《民报》，是以，以“《民报》诸论时期”称之。其代表者有：《俱分进化论》、《无神论》、《革命之道德》、《建立宗教论》、《人无我论》、《社会通诠商兑》、《中华民国解》、《五无论》、《国家论》、《驳中国用万国新语说》、《四惑论》、《代议然否论》等。当然还有其他大量的文章，此不备述。通过这些文章，太炎系统地阐释了其三个方面的思想意旨，即其"多元主义"（"民族主义"）、"历史主义"（"历史相对主义"）、"人文主义"（"新人文主义"）的思想旨趣，下面分别加以论之。

在晚清的思想文化运动史上，国粹派的出现，有着异乎寻常的意义。国粹派之出现固然与日本的"保存国粹"思潮之影响有关，更为重要的则是对国内欧化思潮反思之产物。作为一国特有之精神的"国粹"，在日本的保存国粹运动中，更为重要的是强调了"文化"（即"保教"）之于一个民族（国家）的重要意义，而在中国则不仅强调了"文化"（即"保教"）的重要性，还强调了"血统"（即"保种"）的重要性，这是由两国国势强弱的不同使然。太炎被奉为"国粹派的灵魂"，"国粹"在太炎的思想里实也具有异乎寻常的意义。太炎且将他们当时所掀起的"保存国粹"（又称之曰"文学复古"、"古学复兴"）运动，与意大利的"文艺复兴"相提并论。太炎从上海西牢甫一出来，即开始大谈"国粹"，在太炎的话语表述里，"国粹"有时即等同于"历史"，它包括语言文字、典章制度、人物事迹，后又加入风俗习惯等，"国粹"构成了这一时期太炎民族主义学说的重要底色。在民族国家层面，太炎则主张"单一民族建国"，建立独立的"皇汉民族国家"。太炎认为每个民族都有其合法的生存空间，任何一个民族都没有统治别的民族的合法性，因此，太炎主张民族"独立"与"平等"，并且确立了牢固的"反帝"意识。太炎当时在日本组织的国际性组织"亚洲和亲会"，在其手订的"亚洲和亲会约章"里，开宗明义即以"反对帝国主义"为宗旨。根据这一思想，太炎对外要反对西方帝国主义（当然也包括日本），在国内则要"排满"。在太炎眼里，满族是"异族"，满族对中国的统治，意味着中国的亡国。满族同西方帝国主义（包括日本）一样，均没有统治中国的合法性。太炎的"排满"思想，实是他"反帝"思想的自然延伸，或将之视之为"狭隘的种族主义"、"大汉族主义"，则未得太炎思想之真意也。既然倡导民族的独立与平等，反对帝国主义对弱小民族的霸权统治，那么，太炎的民族主义学说必然趋向于"多元主义"，其在政治上有然，其在文化上也是如此。这与之前太炎对"殊异性"的强调，实也一以贯之。是以，这一时期，太炎在与严复关于社会演化问题的争论中，在与吴稚晖等关于语言文字的争论中，明确地反对二氏的“一元主义”的思维模式，而凸显其“多元主义”的对于“民族性”的关怀。即便是对于当时新学之徒万口一致的要建立西方式宪政政制的潮流中，太炎也砥柱中流，主张应根据中国的历史与现实，建立一个不同于欧美诸国而符合中国独特国情的“第三种共和”。

如果从“空间”的角度来说，太炎强调了“民族性”；那么，从“时间”的角度来说，太炎则确立了其“历史主义”的“演化论”史观。在前一时期太炎强调历史发展的“一贯性”原则，这仍为此一时期的太炎所承继。太炎在其名文《俱分进化论》里，提出矛盾及其对立面双方是同时俱演的著名论断，一时颇为惊世骇俗。这一著名论断不同于当时流行的线性进化的“进化论”学说，这一线性“进化论”学说将人类的历史看成是朝着“进步”的方向发展变化的，用严复的话就是“世道必进，后胜于今”，其极则是要臻至“醇善尽美”的理想的“大同”之世，是一种“历史进步主义”的社会发展史观。而太炎的“俱分进化”思想则恰恰是对这一“历史进步主义”进行批判、反思的基础之上形成的，与“历史进步主义”有着本质的不同。张汝伦先生将其界定为有若卡尔·波普尔所说的“历史相对主义”，是真能知太炎先生者。太炎认为：“饴豉酒酪，其味不同，而皆可于口。”对于各民族形成的不同的社会文化存在形态，太炎也给予了平等性的地位。在此，太炎不仅拒斥了“我族中心主义”，也拒斥了“现代中心主义”，是以，太炎反对“大同”学说，认为“求进化与求神仙无异”，而“大同”学说则有若“梦呓”。戊戌时期，太炎与其维新派同道在“变”这一根本问题上合流，但在“怎么变”这一更为重要的问题上则分道扬镳；同样，这一时期，太炎与其革命派同志在变革中国的志向上也是一致的，但在“怎么变”的问题上，太炎与其革命派同志也是分道扬镳的。太炎先生确实是当时迥异于时人，最具有独立精神与批判意识的“孤行独见的哲人”。

同其前一时期之主张挺立“个体”的主体性地位相类，这一时期太炎更明确地宣言“个体为真，团体为幻”，在“人”与“国家”的关系上，太炎则确立了“人”的“第一义”地位，对于国家主义者之将“国家”确立为“第一义”的地位，太炎则批评其为“真与崇信上帝，同其昏悖”。太炎的这一人本主义思想，虽然确立了“个体”的主体性地位，但他并没有走西方人文主义者之“个人主义”之路，对于人与人之间的关系，并不像西方的人本主义者那样安立在“原子化”的利己主义的冰水之中，而是强调“个体”对于“群体”的责任，将“个体”生命的价值安立在与群体或他人的对境关系之中来实现，一脉衍续了此前其所主张的“大独”精神。不仅如此，在“人”与“自然”的关系上，太炎也确立了“人”与“自然”的平等地位。太炎在强调人类“理性”作用的同时，又重“情”，建立了一个“情智互摄”的“新人文主义”思想体系，在精神气象上，仍然有类于孔子的“仁学”思想体系。太炎的“新人文主义”学说，实是传统的孔子“仁学”思想与西方的“人本主义”相融相汇的产物。并且，太炎的这一“新人文主义”学说，也符合明末清初以来在反理学思潮中渐渐出现的“重情主义”的思想潮流。

3.《齐物论释》时期（约1910—1916年）

太炎先生在其《自定年谱》宣统二年庚戌（1910）项下有云：“余学虽有师友讲习，然得于忧患者多，自三十九岁亡命日本，提奖光复，未尝废学。……又为《国故论衡》、《齐物论释》，《訄书》亦多所修治矣。”这一年，太炎撰成了其一生之中最为重要的著作《齐物论释》一书，《訄书》也在这一年重新进行修订。《齐物论释》撰成后，太炎又于1914—1915年重新修订，最后形成《齐物论释定本》，而《訄书》则也于1914年重新修订后更名《检论》，收入《章氏丛书》刊行于世。

从太炎思想的发展史来看，《訄书》初刻本与重订本实奠定了太炎一生思想之始基，其后《民报》上的“诸论”则进一步深化发展了其思想，而《齐物论释》的撰著，则是对此前太炎思想的进一步理论上的深化与升华，可谓是集太炎思想大成之著作。《齐物论释》虽是以疏释的形式出现的，然却有类于戴东原的《孟子字义疏证》，实是一部精心结撰的思想体系严密的文化哲学论著。《齐物论释定本》之撰结，实也意味着太炎博大精深之思想体系的最后完成。此书撰成后，太炎也特别自信，以为“一字千金”，“千六百年来未有等匹”。太炎的好友，晚清时期著名的革命和尚乌目山僧（本名黄宗仰，曾任南京栖霞寺住持）在其为该书所作的《后序》中写道：“近人或言，自《世说》出，人心为一变，自《华严》出，人心又为一变，今太炎之书见世，将为二千年来儒墨九流破封执之扃，引未来之的，新震旦众生知见，必有一变以至道者。”同样给予了很高的评价。可见这部著作对于太炎之重要意义，自然也成为我们今天研究太炎思想最为重要的一部文献。

这一时期，太炎在撰著《齐物论释》时，又重新修治《訄书》，且其《国故论衡》也于是年出版，笔者在此为什么要舍却二者而独标是书呢？盖《国故论衡》虽然成书于是年，然收入其中的文章却于此前早已发表，其中的“子学”部分对于研究太炎思想固然重要，特别是其中的《明见》、《辨性》诸篇对于了解太炎的认识论、人性论学说至关重要，然与《民报》诸论相比，只可辅翼，毕竟《俱分进化论》、《建立宗教论》、《人无我论》、《中华民国解》、《五无论》、《国家论》、《四惑论》、《代议然否论》等论文，更能代表这一时期太炎之思想。如果是从研究太炎学术的角度来看，则《国故论衡》的价值则非《民报》诸论可比了。至于《检论》，在此则需要费点笔墨加以讨论。

论者或谓太炎的《检论》是一部消极颓唐之作，这是笔者所不能苟同的。“检”乃检括、总结之意，“检论”乃太炎先生对自己一生思想的总结之论。与《訄书》相较，《检论》虽然在篇章内容及编纂体系上有重大改动，然其基本思想仍然一以贯之地被保存了下来。笔者认为《检论》较之《訄书》主要有以下几个方面的变动。其一，诚如朱维铮先生之所云，从著作的编纂体系上来说，《检论》较之《訄书》要“更具有逻辑性”，即其在著作的编纂体系上显得更加严密了。并且，太炎最后之定稿《检论》，是在民国肇造之后，“排满革命”大业已经完成，因此，太炎在是书中更想凸显的是政治文化方面的内容，显示了太炎对政治文化建设的持续性关注的立场。其二，纠正了《訄书》中的一些错误之论，譬如此前为太炎所称道的“中国人种西来说”，在《检论》中已经删除。其三，对于民国初年混乱政局的思考。其最后一卷对于民初政局的思考，凸显了法家的治国之道，这既是太炎“一以贯之”的思想，也显示了太炎对民初的混乱政局，亟欲振衰起敝，重建秩序的强烈愿望。姜义华先生认为，《检论》“并非遁世消极颓唐之作”，当为有识者所认可。因为《检论》的重订，不过是太炎此前思想的一个系统总结与新的时代“问题”之凸显，较之《齐物论释》之在理论上的更加深入与思想上的进一步升华来说，自然，在笔者看来，《齐物论释》一书更能代表这一时期的太炎。

论者向来认为太炎的《齐物论释》，是“以西来之风，演南华之旨”，其实并不十分确切。诚如太炎所说，这部著作其实包罗甚广，举凡东西哲人之所说，华梵圣哲之义谛，古今政俗之消息，社会都野之情状，莫不俯聚于胸中，驱遣于笔端。在传统浩繁的典籍中，太炎之所以要选择此篇勤加注释，当然更与太炎先生的思想与庄子此篇所论冥然相契极有关系。在这部著作里，太炎大阐庄子的“齐物”学说，其实不过是以他人之酒杯浇自己胸中之块垒，借此来系统阐发其关于社会文化秩序重建的主张罢了。

所谓“齐物”，即“平等 ”之意。太炎先生曾在《訄书》中反对康有为式的绝对的平等 ，而主张“差异性”平等，《齐物论释》亦可谓是将太炎的这一思想进一步深化与系统化了。庄子在其《齐物论》里，循着从“丧我”到“物化”展开其思想，太炎先生此书也是依此而展开其思想的。在其对庄子“丧我”之旨的阐释时，太炎阐释了文化作为“空间”的存在是平等的这一文化要义，因此，太炎特别强调了两个方面的意旨，即主张“休乎天钧”，而反对“博爱大同”。所谓“天钧”，即“自然”之意，太炎主张文化应按照其自然之分，依其自性，因其“贯习”，自然地去发展。存在于不同空间的文化，虽然千差万别，然皆有其存在的合理性，在价值上等无优劣，是以，太炎对于“以今非古，以古非今 ”，或者“以异域非宗国，以宗国非异域”，均认为是“颠倒之见”。对于博爱大同主义者企图以一普适的价值笼罩一切文化，将所有文化纳入一个框架之内，太炎认为这种“齐其不齐”的“一元主义”的做法，虽然它貌似平等，却非“齐物”之旨。近代以来，西方挟其坚船利炮向全世界进行殖民扩张，对全世界进行文化的征服，却是打着“博爱大同”的旗号进行的，甚至被渲染成“白种人的责任”，却给全世界带来了巨大的灾难，太炎对此极为愤慨。太炎认为造成这种灾难的原因就是存有“文野不齐”之见，抱有“博爱大同主义”所导致的可悲结果。太炎认为：“兼爱酷于仁义，仁义憯于法律。”是以，太炎以“齐文野”为究极，最终则要形成“十日并出，万物皆照”的“多元”的世界文化存在格局，使“野者自安其陋，都者得意于娴，两不相伤”，从而建立一个平等的和谐的世界文化秩序。

在其“物化”之旨里，太炎则向世人阐明了文化作为“时间”的存在也是平等的这一文化要义。对此，太炎从“缘生”与“两行”两个方面作了阐释。

所谓“缘生”，太炎从庄子“有待而生”的思想对之作了阐释。太炎认为世间的万事万物皆是“有待”而生，“新”蜕于“故”，但它不同于时人所乐道的“因果律”。在晚清的思想发展史上，与“历史进步主义”相伴随的，是时人还大张“自然规则”之义，认为世界万事万物的发展，是因果相循，有着一条必要遵从的“自然规则”，人类社会历史的发展也是如此。太炎的“缘生”说，来自佛学，却正是为了破“自然规则”而设的。太炎认为持因果律者，执一因一果之说，以为执因即可推其必致之果，其说大谬。太炎以为世界万事万物的生成变化，有一果多因，也有一因多果；有同因异果，也有异因同果，是因果纷然，至为复杂，绝不会像因果律者所说的那样简单。他将世界万事万物生成变化的原因分成“因”与“缘”两个部分，世间的万事万物，莫不是“有待”而生，因缘和合而成。如此论及文化，太炎便认为文化在其演化过程中必是新蜕于故，不能脱离它自身的“传统”。因此，在进行文化秩序的重建时，那种睥睨“传统”，一意规摹他族文化的做法，便为太炎所不取。并且，由于世间万事万物的生成变化，并非是一因一果，有着一条刻板不变的“自然规则”，而是因果纷然，至为复杂，所以，我们不能执“因”而推及必至之“果”。按之文化，则文化的演化，虽属不易之理，但文化演化的未来格局如何，我们却无法知晓，文化的演化不可能有着一条普适的必要遵循的“自然规则”，因此，预设一套文化模式来作为某种文化未来一定要达到的必至目标，便也成为一种“妄执”。

庄子的“两行”思想，历来注庄者多不明了，太炎认为庄子所谓的“两行”，正是其所阐释的“俱分进化”之意。因为世间万事万物皆是“因缘和合”而成，它生生不息，处于永无止境的不断的迁流转徙之中，然而，世间万事万物的变化，太炎认为绝不会像黑格尔所说的是循着“有”（肯定）、“无”（否定）、“成”（否定之否定）三阶而变的，而是事物及其对立面的双方恒处于矛盾的统一体中，矛盾的对立面的双方是同时俱演。太炎批评黑格尔徒“执着空言”，不晓“两行”之道，并不能真正地揭示出世间事物发展的所谓“自然规则”。由此，太炎在20世纪初黑格尔主义受到国人推崇之时，却成为一个坚定的反黑格尔主义的战士，这当是太炎思想与黑格尔理想主义思想体系相歧所致。既然世间事物的变化是矛盾对立面的双方同时俱演，那么，从文化的角度来说，文化在其永不停息的演化过程中，就无所谓“进步”之可言，处于不同“时间”的文化，在价值上也是等无优劣，因此，求“进化”在太炎看来便也成为一种“妄执”。由此，太炎既反对“守旧章者”（“以古非今”）的“不变论”，又反对“顺进化者”（“以今非古”）的“进化论”。由其“缘生”、“两行”之旨，我们可以清楚地看出，太炎实际上仍然是一脉衍续了其反对“历史进步主义”的“历史相对主义”的“一以贯之”的思想意旨。

太炎曾云庄子的“齐物”学说，世人多不明瞭其义，如隋珠夜光，永埋尘翳。同样，在近代激进主义高涨的思想潮流中，太炎的《齐物论释》也被世人所忽略，并没有像乌目山僧所说的那样，是书出，必使人心“一变以至道”的局面，此乃时代之悲哀，并非太炎之不幸。

晚年（1916年6月—1936年6月）。“二次革命”失败后，当孙、黄再次流亡日本之际，太炎先生却“时危挺剑入长安”，以“不入虎穴，焉得虎子”精神，勇赴北京，遂遭袁世凯幽系。直到袁氏“洪宪帝制”失败、身死之后，太炎才重获自由，并于是年的6月25日，在代理大总统黎元洪派卫官的护卫之下，离京南下。从此，太炎先生也步入了其一生的晚年时期。

在太炎先生晚年的最后二十年里，时代思潮可谓是愈益趋于激进化，国政也愈益混乱，棼不可理，内忧外患，纷趁迭至，吾国陷入空前剧烈的变动时代，较之甲午之后，实有过之而无不及。

揆之太炎先生之晚年，其最要者当有以下几个方面，仍然值得一叙：

第一，奔走国事。太炎先生离京南下后，迅速投入到孙中山先生领导的护法运动中，担任南方护法军政府的秘书长。然而，太炎很快便发现“南北军阀如一丘之貉”，是以，在经过跋涉一万四千余里的漫漫长路后，太炎归于上海，而孙中山先生的护法大业在南方地方军阀的破坏之下，也很快以失败而告终。其后，太炎先生针对中国政治乱象之根源，提出了“大改革议”。太炎提出了“弭乱在去三蠹说”，将“约法”、“国会”、“总统”视为祸害民国的“三蠹”，认为“约法偏于集权，国会倾于势力，总统等于帝王，引起战争，无如此三蠹者，三蠹不除，中国不可一日安也。”主张虚置中央政府，实行“联省自治”。太炎的“联省自治”主张，虽然引起一些地方实力派军阀的响应，但自然不会为各派军阀势力所真正奉行，“联省自治”最后成为各派军阀“联督割据”的遮羞布，也只能以失败而告结束。

国民革命爆发后，太炎先生起而反对，组织“反赤救国大同盟”，反俄、反共、反蒋，反对“赤化”，认为孙中山后来的三民主义是联外主义、党治主义、民不聊生主义，且因此而受到国民党上海党部的两次通缉。太炎先生反对“党治主义”，反对“联外主义”，这也与其一贯的思想主张相关，如前所说，太炎主张民族的独立与平等，反对一个民族对于另外一个民族的霸权统治，同样也反对一个民族对于另外一个民族的服从与依赖。

其反俄也如此，其反共、反蒋、反对孙中山的“新三民主义”也是如此。这之后，太炎不认同蒋介石南京政府“青天白日旗”的中华民国，而继续认同经其手创的“五色旗”的中华民国，并以“中华民国遗民”自命。在蒋介石南京国民政府的压制之下，太炎在上海又过着几年的东躲西藏的生活，一时间似乎从历史的视野中消失了。然而，九一八事变之后，太炎先生又奋然而起，奔走游说各方，发表通电，主张全民抗战，甚至建议蒋介石政府划一省之地予中共，令其抗击日寇。太炎先生先前之反俄、反共、反蒋，颇受论者之非议，然从其思想逻辑来说，与其反日，坚决主张抗击日寇侵略的思想，其实是出于一辙，也即，从根本上来说是与其民族主义学说中的民族独立与民族平等思想息息相关的，也可以说，太炎的民族主义学说实际上贯穿于太炎的一生，太炎先生可谓是一位当之无愧的民族主义大师。不仅如此，太炎先生在其留给家人的遗嘱中，留给子孙的也是“设有异族入主中夏，世世子孙毋食其官禄”的遗言，即是郑重地告诫子孙，要像自己的祖先那样，保持民族气节，坚守民族大义。

第二，反对新文化运动，护持传统文化。自清末以来，趋新之徒倡导新道德、新文化，太炎认为新道德、新文化，“拂民之旧贯”，“民不称便”，以其必不可行。太炎在当时所反对的所谓的“新道德”、“新文化”，实际上指的那些欧化主义者企图在中国建立完全不同于传统旧学的西方式的新的道德价值体系。太炎虽然不是一个泥古不变的守旧之徒，但是，太炎反对一意模效他族的做法，特别是对于激进反传统的欧化主义的文化变革主张，也是坚决反对的，这同其注重文化发展的“一贯连续性”的思想相关。与此同时，太炎又积极参与当时由一些军阀发起的“礼制修订”活动，并且倡导“读经”，遂每为论者所不满。鲁迅先生以其师晚年“渐入颓唐”，似乎也于史有征了。

太炎在参与由军阀孙传芳发起的礼制修订活运时，曾明确地表示过其目的在于反对帝国主义（“欧化”），反对“一意形式之文明”，并且，要变革旧礼制中的等级思想（“尊卑之分”），主张礼依时代而立。其所倡导的“读经”，主要指的是《大学》、《孝经》、《丧服》、《儒行》“四经”，这除了与太炎反对激进主义的“欧化”思潮有关外，还与太炎倡导的“大独”精神以及“重情”主义的人道关怀相关，实际上仍然是一脉衍续了太炎的一贯思想。太炎晚年之参与礼制修订，还曾明确地表示过要与“帝制”相区隔，这自然与那些借旧道德、旧文化来维护自己统治的军阀们是异路而趋的。

第三，国学研究与国学教育。如果说前两者尚容易予吾人以困扰的话，那么，太炎在其晚年特别重视国学研究与国学教育，则颇能令吾人看清太炎之本来面目了。太炎一生特别重视“国学”，以“国粹”（“一国特有之精神”）寄寓于“国学”之中，而太炎认为“国粹”乃一国立国之根本，是以，太炎从早年到晚年不但倾注毕生精力研究“国学”，也利用一切有利条件讲说国学，从事国学教育，培养国学人才。太炎的这一卓识远见，在于为民族的存立建立深厚的根底，不至于在外族的侵略之下沦入万劫不复的深渊之中，并为民族的复兴打下坚固的基础。正是由于太炎对国学研究与国学教育的重视，不仅使太炎成为一个了不起的国学大师，也使太炎成为一个了不起的大教育家，其所培养的弟子，遍布于当时国内各大学的讲坛，且其影响至今未替。太炎作为一个教育家，古今实罕有能与其相匹的，而这一点却是至今为“章学”研究者所忽视的领域，不能不说是一大遗憾。国学教育方面的成就，应是太炎晚年最值得称道的为国家所做出的杰出贡献。

通过上面所说，我们可以看出，太炎先生一生最为重要的时期应是其“中年时期”。这一时期，太炎思想由初步构结到最后形成，建立了以“多元主义”（“民族主义”）、“历史主义”（“历史相对主义”）、“人文主义”（“新人文主义”）为“三大思想内核”的博大精深的“章学”思想体系。在其晚年，太炎在思想上其实贡献不多，更多的是在其践履功夫上，并且也是一以贯之地坚守了自己的思想，而不为激进的时代潮流所漂没。自然地，太炎先生早年“激进”，晚年趋于“保守”，这一自鲁迅先生以来将太炎先生思想在时序上断裂二分的观点就很难成立了。

其三，认为太炎先生是一个政治上的激进主义者，文化上的保守主义者。斯论亦不碻。关于“政治”与“文化”，实是太炎思想最为重要之组成部分。太炎曾云“少时治经，不忘经国”，从一开始，太炎即对“政治”抱有浓烈的兴趣，这也可谓是儒家之传统。太炎后来虽然主张政学分途，主张“学以求是，不以致用”，但在政、学二途，太炎都可谓兴趣十足，并做出重大贡献。苏报案发，幽系西牢期间，太炎在其所写的《癸卯狱中自记》中云：“上天以国粹付余，自炳麟之初生，迄于今兹，三十有六岁。凤鸟不至，河不出图，惟余亦不任宅其位，繄素王素臣之迹是践。岂直抱残守阙而已，又将官其财物，恢明而光大之。怀未得遂，累于仇国。惟金火相革欤，则犹有继述者；至于支那闳硕壮美之学，而遂斩其统绪，国故民纪，绝于余手，是则余之罪也。”可以看出，在“政治”（“金火相革”）与“文化”（“国粹”）二者之间，太炎又特别注重于“文化”（“国粹”）。民初被袁世凯幽系期间，太炎在给汤夫人的信中则云：“不死于清廷购捕之日，而死于民国告成之后，又何言哉！吾死之后，中夏文化亦亡矣！”可以见得，太炎实是将中国文化之命运系于己之一身，在太炎身上，我们可以看出儒家传统中强烈的“承天命”的文化担当情怀与“狂者”品性。

晚清之世，正处于新旧递遭的剧烈变动时代，太炎从一开始即自觉地投入中国政治的改进与文化重建工作之中去。但在关于“新”与“旧”的关系上，太炎并不像时人那样将“新”、“旧”对立起来考虑问题，或者泥古守旧，或者一意鹜新，对此二者，太炎曾作过深刻的批评。太炎曾云：“世俗有守旧章，顺进化者。……顺进化者，以今非古，则诬言也。……守旧章者，以古非今，是亦一孔之见矣。”对于“守旧章者”之“以古非今”及“顺进化者”之“以今非古”，太炎都给予了否定。这两种将“新”（“今”）“旧”（“古”）对立二分的思想，太炎不是批评其为“一孔之见”，就是批评其为“诬言”。在太炎的思想里，“变”是一个至为重要的内容，所以他要反对“守旧章者”之泥古不变论；但在“怎么变”的问题上，太炎又反对“顺进化者”之“以今非古”、一意鹜新的做法。太炎认为“变不斗绝”，即他在强调“变”的同时，又强调“因任”，并不将“新”与“旧”看成是对立二分的，是以，在太炎的思想里充满着“道古”与“便新”的双重特色。可以这样说，在近代中国急剧变革的历史年代里，太炎虽然主张“变”，但他并不主张“全变”、追求“全新”，而是主张“渐变”，追求“旧中之新”，在求变、求新的同时，又对“传统”（“古”、“旧章”）抱有敬意。其在文化上有然，其在政治上也是如此。

从政治上来说，太炎在戊戌时期主张“傃古革政”，反对维新派主流一意“傃新”的激进主义的做法，对当时维新派主流所表现出的“猝暴之病”（“激进主义”）与“华妙之病”（“理想主义”），曾痛加箴贬。对于维新派主流之兴民权、设议院、致宪政主张，太炎虽然甚为首肯，但他并不主张立即在当下的中国以此来进行变法，认为这种“行未三十里而责其行百里”的激进主义的做法，不但不能得到“新”，反而还会收到“害新”的结果，其极则会导致维新大业的夭折。太炎在当时虽然反对维新派主流激进主义的政治改良主张，但他并不是一个顽固守旧者，太炎对西学也是大加赞赏，像维新派主流所追求的民权、议院、宪政，太炎十分赞同，并且对于西方政治学说中的“分权”学说尤其是其政治学说中的“司法独立”思想，太炎是特别地欣赏，但他认为要想兴民权、设议院、致宪政，需经过一个漫长的历史发展阶段，中国当时并不具备这样的条件，当务之急应该是建立一个有若法国拿破仑帝制那样的强有力的政治权威来领导推进中国的改革事业。太炎在政治改革过程中，虽然对西学中的民主宪政诸价值十分赞赏，并将其当作中国政治改进的终极追求目标，但在当下的政治改革中，太炎更为注重的是政治改革的“权威”，关注政治改革的“秩序”与“效率”，这使太炎的政治改革主张充满了浓厚的温和主义的特色，而与当时维新派主流追求“全变”、“大变”的激进主义的做法是绝然相歧的。

辛亥时期，太炎虽然摒弃了其“客帝”、“分镇”思想，而公开地主张“排满革命”，这一点确乎由“温和”走向了“激进”，但这只限于“种族革命”之一隅。在政制的更张上，这一时期，太炎的主要贡献是构建了一个独特的“五权分立”的政制架构，并建立了一个“道县制”的政治方案。在其构建的“五权分立”的政制架构及“道县制”方案里，我们仍然可以看出，其实是一脉衍续了其戊戌时期“傃古革政”的思想。在其“五权分立”的政制架构里，太炎有意地削弱立法权，而扩大行政权，赋予以总统为首的行政权以“专制”的权力，从而建立一个不同于美、法，而更加符合中国国情的独特的“第三种共和”。太炎构建的这种独特的“第三种共和”，乃是西方的“分权”学说与传统中国政治相互融汇的产物，充满了浓厚的“精英民主”与“权威”政治的色彩，关于此请参阅笔者的《“精英民主”与“权威”的追求——章太炎政制观析论》一文（台北《孔孟月刊》1998 年第 36 卷第 6 期、第 7 期连载）。太炎的这一在政治上重“权威”、“秩序”、“效率”的思想，与其“历史主义”的思维模式密切相关，很有可能还与其中医世家，自幼受到的中医教育的影响相关。盖太炎在从事政治问题的思考时，每与中医医病相联系，在政治改革上他认为“是时为帝”，在医病上，他认为好的医者应该要对症下药，并且药材也无所谓贵贱，只要能“中其疾”就是“上药”。医病与医国，其理一也。在近代的混乱政局中，太炎在政治改革上主张用重典，推崇法家之学，并为法家正名，当亦与此有关。纵观太炎的一生，除了在“排满”上，太炎思想确有从“温和”走向“激进”的变化外，但在政制的更张上，太炎始终是一个温和的改良主义者，并不像论者所说的那样是一个“政治上的激进主义者”，恰恰相反，太炎在政治上实是反对激进主义的做法，而是主张“稳健”。注重“秩序”与“效率”，追求“权威”，这些成了太炎政治思想的明显特色。

从文化上来说，太炎也是如此，并非如论者所说的那样是一个“文化上的保守主义者”。太炎主张“保存国粹”，重视“国学”，每为论者所曲解。太炎将“国粹”当作一国存立之基础来看待，但太炎之于“国粹”，并不仅仅停留在“保存”上，抱残守缺，泥古而不知变通，太炎曾明确地表示过要将“支那闳硕壮美之学”，“恢明而光大之”。对于西学，太炎也并不深闭固拒，从其青少年时代起，太炎就特别重视汲取异域的知识，就西学一端来说，在太炎的著作里，从古希腊的泰勒斯、赫拉克利特、苏格拉底、柏拉图、亚里士多德，到近代的康德、黑格尔、叔本华、尼采之流，太炎无不加以征引与批评，这使太炎之学充满了恢宏博大之气象，充满了浓厚的批判意识与独立自由的精神。并且，对于西学中的科学、民权、平等、独立、自由诸价值，太炎也是甚为首肯，这也使太炎成为一个近代的启蒙思想家，尤其是近代“个”的意识的觉醒，太炎实起到了前驱先路的作用，其功并不在梁启超、严复诸人之下。此外，太炎对于传统旧学的批评，尤其对于传统儒学之批评，其激烈之程度，与五四一代学人相比，实有过之而无不及，这也使太炎成为近代打孔家店的“一世祖”，对五四激进反传统思潮也影响深远。可以说，五四时期的激进反传统思潮与文化保守思潮，都与太炎关系密切，然此皆未得太炎思想之真谛，偏于一端发展而已。

无论是从“政治”还是从“文化”角度来看，太炎都是一个温和的改良主义者，太炎既反对泥古不变，又反对激进骛新，并且，“政治”与“文化”二端，在太炎的思想里又往往交相错综，我们很难将其绝然区分开来，太炎思想之各个层面，实也有着一贯的内在融通性。

其四，认为太炎先生是一个非理性的思想家。斯乃最为不可解者。此盖出之于太炎先生之好“批评”，且其批评往往是“刚鋑四注，当之者靡”。太炎先生倡导“大独”精神，挺立“个”的价值，在近代思想史上，可谓是一个最具批判意识与独立精神的思想家。太炎先生于古今中外思想家的思想，多所援引，然并非是简单的稗贩，而是先之于“批评”，即便是太炎所敬重的孔墨荀庄、释迦慈氏、苏格拉底、亚里士多德、培根、叔本华之流，亦不可避免。在中国思想家中，太炎又特别欣赏最具批判精神，善于“鑱芒摧陷”，“有所发擿，不避孔氏”的汉代的王充，认为汉得一人，足以振耻。在太炎的教学中，太炎曾发过一段大国手、二国手之宏论，认为大国手门下只能出二国手，二国手门下却能出大国手，其原因即在于“大国手的门生，往往恪遵师意，不敢独立思考，学术怎会发展？二国手的门生，在老师的基础之上，不断前进，故往往青出于蓝，后来居上。”是以，太炎之教学，往往鼓励弟子要敢于“立异”，不必亦步亦趋地“恪遵师意”。对于古往今来的学者，太炎又特别表彰那些“在野”的学者，倡导“草茅”的精神。太炎曾云：“学在官府者，莫不蒸臭腐败，其矫健者常起于民间。”唯有那些在野的“民间”学者，因其具有独立之精神、批判的意识，才能推动学术的发展。并且，在其规设的“五权分立”的政制架构里，太炎先生还特别设立了一个独立的“教育权”，由独立在政府之外与总统敌体的“学官”统领，不仅要培养“知识精明、道行坚厉”的人才，还要承担起监督政府之重任。因为太炎先生之好批评，遂为有的学者曲解太炎先生是一个“否定的思想家”，尤其是太炎先生在中国现代化事业刚刚起步的历史年代里，便对“现代性”进行深刻的反思与批评，这尤其令一些学者认为太炎先生是一个“反现代性的”思想家。然此二者，实是对太炎先生思想最大之曲解。尝记 2010 年 12 月下旬，其时尚供职于香港城市大学的林少阳教授发起召开了“章太炎与东亚学术”的国际学术讨论会，笔者也受邀与会，会中张隆溪教授接到其好友杜赞奇教授的电话，杜氏盛赞太炎先生是一位“世界性的思想家”，其理由正是基于太炎对“现代性”的批评是那个时代思想家中最为深刻的，这与笔者的看法正不谋而合。批评意识与独立精神，不但为太炎所倡导，亦为其所躬身践履，而这不正是一个思想家最为可贵的品格吗？套用一下太炎的表达方式：“以太炎先生为反现代性之思想家者，则诬言也；以太先生为否定的思想家者，是亦一孔之见矣。”在笔者看来，太炎先生不但不是一个非理性的思想家，反而是近代中国最富有理性色彩的思想家，其故如下：

首先，从审美上来说，太炎先生特别倡导“黑铁精神”（此为笔者所拟）。前曾说过，在戊戌时期，太炎对维新派主流所推动的带有“理想主义”（太炎先生批评其为“华妙之病”）、“激进主义”（太炎先生批评其为“猝暴之病”）色彩的改革，曾痛加箴贬，认为这种拔苗助长、一意规摹他国已成之法的做法（太炎谥之曰“仪型”），或者悬一理想之境（太炎谥之曰“成型”）进行变法，只会导致维新大业的失败。太炎主张应根据中国历史发展的特点，根据现实所存在的问题，要向大禹治水那样，脚踏实地地进行变法；且变法者要有“冒白刃、湛九族”，不怕牺牲的英勇气概；还要有“面目黧黑，窍气不通”的埋头苦干、拼命硬干的坚韧不拔的精神，才可以使维新大业获致成功。因为太炎之审美，在颜色上欣赏“黧黑”，在精神上欣赏“坚韧”，无以名之，是以笔者名之曰“黑铁精神”。太炎的这种审美旨趣，对其弟子鲁迅的文学创作产生了深远影响。而大禹治水，高高下下，九川既导，九州既定之后，在治理国政上又“相地而衰征”，这正是中华文化传统中所具有的理性精神的表现。

其次，太炎因其家学渊源，自幼接受的是汉学教育，而汉学家倡导的“无征不信，实事求是”的学术精神，不仅影响了太炎的治学，对其思维模式的模铸也起到了重要作用。汉学家“无征不信，实事求是”的治学方法，曾被梁启超、胡适之赞之为接近“科学的研究法”，充满着浓厚的理性精神。太炎曾主张“以狱法治经”，即是要像法官断案那样去研究学问，为此，太炎还专门归纳出六个信条，要学者必须去遵守，即：“审名实，一也；重左证，二也；戒忘牵，三也；守凡例，四也；断情感，五也；汰华辞，六也。”从这“六条”之中，我们实也看不出太炎有丝毫的“非理性”因素，其重实证实据、价值中立的主张，与马克斯·韦伯相比，也不见得逊色多少。即便是后来太炎推崇佛学，那也是“以分析名相始，以排遣名相终”，“从入之途，与平生朴学相似”的法相唯识学。

不但如此，太炎还对人类认识的过程进行了研究，探究“真实的存在”。太炎云：“夫物各缘天官所合以为言，则又譬称之，以期至于不合，然后为大共名也。”这明显地受到荀子“缘天官”学说的影响，他将人类对于世界的认识看作是在从“感官的知觉”上升到“理智的自觉”过程中实现的。其后，太炎又根据佛学唯识学义理，对之作了进一步的探讨。太炎认为：“凡人之知，必有五遍行境，谓之触、作意、受、想、思。”在太炎看来，人类认识过程是从“五官”对“五境”的“感官的知觉”开始的。在此，太炎实是将人类认识的过程分为三级来完成的。第一级即是“触、作意、受”的阶段，“触”与“作意”，指的是“五官”对于“五境”感觉起现之前的心理准备状态。通过“触”与“作意”，“五官”开始接触“五境”，并通过“受”，完成了对事物的感性认识。第二级即是“想”的阶段，也即通过第一级“五官”对“五境”的感觉所获取的对于事物的“感性的认识”，再通过“知觉”，上升到对于事物的“理性的认识”。第三级即是“思”的阶段，也即在获取对于事物的“理性的认识”之后，再作一番“考察”，证明无误，这样才算真正地完成了“认识的过程”。

在中国的经学传统中，古文经学派崇尚“归纳法”，今文经学派崇尚“演绎法”，两者在方法的运用上是决然相反的。太炎先生同其他古文经学大师们一样，也崇尚“归纳法”，但他并不排斥“演绎法”。譬如，他在主张通过对事物的“感性的认识”上升到“理性的认识”而获得对事物的正确认识之后，即可以此作为基础而推及其他。但总的来看，太炎主要还是主张采用“归纳法”，在他看来，“演绎法”的运用必须要以“归纳法”所获取的正确认识为前提，否则，只会陷入巨大的错误之中。太炎曾经指出：“康德以来，治玄学者以认识论为最要，非此所得，率而立一世界缘起，是为独断。”对于“本体论”（“真实的存在”）的建立，太炎主张应以“认识论”为前提，在他看来只有通过认识过程所确证的才可立为“本体”，如果未经“认识的确证”，率而立一“世界缘起”，便是“独断”。太炎自己则根据法相唯识学的义理，确立了“圆成实自性”的本体论地位，并对唯物、唯我、唯神诸教一一地进行了“判教”工作。从太炎思想的建立过程来看，我们实也看不出有什么非理性运作的痕迹。

正是由于太炎是一个非常理性的思想家，所以他对古今中外思想家的去取也是偏于爱好理性的思想家的一面，而对于非理性的思想家则给予了拒斥。譬如说在中国的思想家中，太炎在孔子之后欣赏的是荀子、刘歆、贾（逵）马（融）许（慎）郑（玄）、程（颐）朱（熹）、顾（炎武）戴（震）等，而对于另外一系孟子、董（仲舒）、何（休）、陆（九渊）王（阳明）、黄宗羲等（此一系恰好为康有为所信奉）则明显地评价不高。西方的思想家中，太炎则欣赏培根、休谟、叔本华等，而对于笛卡尔、黑格尔则给予了否定。以笛卡尔、黑格尔为代表的思想家，在西方建立了一个理想主义的“建构的理性”之传统，而培根、休谟、叔本华等则形成了一个与之针锋相对的“批判的理性”之传统。关于这两大不同的理性传统，哈耶克先生曾作过深入的研究，哈耶克认为，“理性”犹如一个危险的爆炸物，如果我们人类不小心翼翼地进行管理，则有可能将整个人类的文明炸毁，指的就是这种带有理想主义色彩的“建构的理性”，而这正是启蒙时代的理性特征，所以，哈氏又将启蒙时代称之为“不理性的理性时代”。

由上也可以看出，太炎的理性特征，实是比较接近于哈耶克所谓的“批判的理性”，而这正是对于“建构的理性”进行反思基础之上形成的人类文明的重大成果。

其五，认为太炎先生的“俱分进化”思想乃一“进步主义”的历史观。斯论亦甚谬。“进化论”学说传入中国后，特别是在严复、康有为诸子的鼓吹之下，很快便占据了中国思想舞台的中心，并持久地发挥着影响。在近代中国我们很少能看到对“进化论”进行批评反思的思想家，太炎似乎是唯一的一个例外。太炎在《俱分进化论》一文中，提出了“俱分进化”之说，后又在《齐物论释》里进一步申说其意，以“两行”之道名之。太炎的“俱分进化”思想，实是在对“进化论”学说反思的基础之上而提出的，与“进化论”学说有着本质的区别。

“进化论”学说的要义，在于认为人类社会的历史是朝着“进步”的方向发展变化的，不论东西，处于不同“空间”的所有民族的历史都是循着同一条进化线发展变化的，有着一条必要遵循的历史发展的“自然规则”，用康有为的话是“天下万国，一道同风”，用严复的话就是“世道必进，后胜于今”，人类社会历史发展的终局必将进至一个醇善尽美的理想的“大同”之世。世界各国的历史之所以会出现差异，主要是由“时间”的因素造成的，即是它们处于不同的历史发展阶段所致。在这里，我们可以明显地看出“一元主义”的思维特征；在价值上，则是将人类社会的历史置于趋于越来越完美的方向发展的，对于人类社会的未来，充满了极度的乐观与自信，有着“理想主义”的明显特征；并且，人类社会历史的发展有着一个明确的“目的”，我们人类凭其“理性”完全可以认识到人类历史发展的“未来”。在这里，我们又可以看出“进化论”者往往又是“历史目的论”者，且对于人类的“理性”持有着极度的自信，将人类的“理性”夸大至具有“无限性”的功能。而这些，正是“历史进步主义”的显著特征，是以，“进化论”学说之在近代中国，正是最具代表性的“历史进步主义”的理论体系。

然而，太炎的“俱分进化”学说，则恰恰与之相反。太炎的“俱分进化”学说认为，人类社会历史的演化并不表现的是“单线直进”，而是“双方并进”，即事物对立面的双方如影之随形，同时俱演。从道德上来说是“善恶并进”，从生计上来说是“苦乐并进”，从知识上来说是“智愚并进”。太炎云：“进化之实不可非，而进化之用无所取。”在太炎看来，

“进化”虽是一事实，但从价值上来说却没有任何意义，所以，太炎认为“求进化如求神仙”一样，是非常愚蠢可笑的。至于说人类社会的历史是朝着越来越完美的方向演化的，其终局则会进至醇善尽美的理想的“大同”之世，在太炎看来则有若“梦呓”。之所以会如此，太炎认为其一在于人性的缺陷，其二在于人类“理性”的“有限性”所致。太炎对人性问题的探讨曾下过不少工夫，因太炎受荀子影响甚大，在人性上认为是“善恶兼俱”，基本上倾向于认同荀子的“性恶论”，太炎后又根据佛学唯识学的义理，认为人类具有真善美胜四好，具有善、恶、无记（即无善无恶）三性。由于人类“恶性”之存在，所以人类不可能造就一个醇善尽美的社会。另外，在太炎看来我们人类对于世界的认识，要受到其所认识对象的制约，因此，我们人类在参与历史的演化过程中，要受到“传统业力”的巨大制约，其认识能力是十分有限的，而不可能像全能的上帝那样，凭空构筑自己“意想的天堂”。由于人类认识能力的“有限性”，人类凭其“理性”非但不能将人类带入理想的“大同”之世，甚至我们并不知道“明天”会发生什么？太炎认为“圣人固不能测未来”，因此，在太炎的思想里，太炎更多的是关注当下的现实（今天），侧重于了解历史（昨天），而对于未来（明天）则不甚关注。人类社会的历史更不存在所谓的天下万国必要遵循的“自然规则”，太炎在其《四惑论》名文里，曾公开地将“自然规则”当作“四惑”之一而加以拒斥，对“历史目的论”进行否定。太炎认为人类社会的历史不过就是一个自然而然的发展过程，没有“目的”，更无“终局”，永远是“善恶俱演”，太炎曾将这一不完满的社会存在形态，形象地比喻为“跛驴之行”。正是由于这样，太炎在思考进行社会政治问题的改进时，并不追求“完美”，更不追求所谓的理想的“大同”之世，而是在了解历史、研究现实的基础之上，追求“传统的合理化”，即是在了解“历史”（传统）的基础之上，要面对现实的问题，在“时间”的轴线上永远不断地进行改革，而不可能有一个一劳永逸的完美的改革方案，所以，太炎是一个永远的改革家。并且，在改革上，太炎拒斥理想主义、激进主义的做法，而像培根所主张的那样，“变革”最好能够以“时间”作为学习的榜样，“时间”虽然不断地在变更，但却以“安详出之”，并且“其来也渐，几乎不为人所觉察”，这使得太炎的改革思想充满了浓厚的“温和主义”的特色。

黑格尔主义可谓是“历史进步主义”最具代表性的理论，当20世纪初黑格尔学说开始传入中国的时候，受到国人极大的推崇，给予了很高的评价。然而，太炎一开始却对黑格尔的思想体系进行了彻底的否定。叔本华曾批评黑格尔的哲学是一种“神谕哲学”，传播着“瘟疫般的影响”，对人类的精神是有害的，并终生与之进行斗争。太炎虽然没有像叔本华那样对黑格尔的哲学进行过系统的批评，但对于黑格尔哲学的两大核心问题，即黑格尔哲学的“历史主义”与“绝对精神”都有所涉及，并对之作了否定的评价。许纪霖先生曾形象地比喻黑格尔的哲学是一个“巫阵”，一旦进入其中，便很难挣脱，但太炎一开始即能摆脱黑格尔布下的巨大“巫阵”，摆脱黑格尔“历史进步主义”的影响，不能不令吾人钦佩太炎的睿识。

既然太炎的“俱分进化”学说并非像学者所论的那样是一种“进步主义”的历史哲学，那么，太炎的历史哲学究竟属何呢？太炎承认“变化”，主张“改革”，但并不追求所谓的“进步”。关于“变化”与“进步”，罗素与殷海光两位先生曾对之作过研究，认为“变化”是“物理”的，而“进步”则属于“伦理”的范畴，“变化”是“绝对”的，而“进步”则易生疑义，因为“进步”是一种“价值判断”，而“价值判断”则具有“相对性”。殷海光先生将这种承认“变化”而不追求“进步”的历史观称之为“演化论”史观，而与追求“进步”的“进化论”历史哲学划然区分开来。由此，我们可以看出，太炎反对“进化论”的“俱分进化”学说，实是若殷海光先生所说的属于“演化论”史观。张汝伦先生则将太炎的这种追求“殊性”，强调“或然”，注重“多元”的历史观，称之为“历史相对主义”（源之于卡尔·波普尔），而与那种声称已经发现了历史规律，要求“绝对”，要求“必然”，要求放之四海而皆准的“一元主义”的“历史进步主义”决然地对立并且区分开来。

三　“章学”研究需要学术奉献精神

“章学”研究，自太炎先生去世之后即已开始，迄今已有八十余年的历史。通过几代学者的努力，虽然路途并不坦平，有时甚至受到政治因素的巨大干扰而被扭曲，并且存在着许多重大学术问题尚有待进一步的澄清，然无论是资料的出版还是学术的探讨都取得了不少的成绩，打下了初步的基础。然而，由于诸多外在因素以及“章学”本身因素的困扰，八十年来“章学”研究的成绩，又是令吾人极其不满意的。日本东京大学的林少阳教授曾对笔者言：“章学研究，其实刚刚起步。”这一看法，笔者大致也是赞同的。少阳教授的这种判断，既道出了过去“章学”研究中存在的严重问题，又透出了当下的“章学”研究实有着诸多的机遇，学者之研究“章学”存在着广阔的空间。

然而，当今吾国学界之学风与学术管理体制，却对真正的学术研究带来了巨大的困扰，表面上的学术繁荣，掩盖不了真正学术研究的衰退与堕落。这对于艰奥难懂的“章学”研究来说，无异于是雪上加霜。太炎先生在《訄书》里曾收有《学蛊》一文，以“阴羽之鸣”、“翰音登天”、“噫气落山”分别比喻为三种不同的学术境界。“阴羽”指的是“鹤”，“阴羽之鸣，其子和之”，这是学术发展的最好时代了，师生相得，凝情一志，心无旁骛地研究学术，充满着真正的学术精神，太炎以顾（炎武）戴（震）为代表。“翰音”，指的是“鸡”，太炎以程（颐）朱（熹）为代表。“翰音登于天”，这一时代，学术虽不十分精湛，然学者的学术精神尚存。最为可怕的是“噫气落山”的时代了，这正是“学蛊”当道的时代。庄子云“大块噫气，其名为风”，“风”是“空虚”的象征，然而“风”的力量却是可怕的，小之可将山材吹折，大之可将人才凋零。太炎以“不通六艺，正义不习，謏以说经”、善于“发策决科”的欧（阳修）苏（轼）为代表。盖在这一时代，空虚之风，遍布学林，学者之研究学术，并不以追求学术本身为职志，而是以学术为权概，竞名死利，学界充满着钻营奔竞之风，这终将毁掉一代之学术，太炎曾深以为惧。笔者窃认为，太炎此文又不啻为今日吾国之学界而发也。吾尝作有《咏学五首》，其辞云：

断长续短信可哀，自古君王多蔽才。妾妇有泪诉不得，何如抱朴没蒿莱。（其一）

纡青拖紫意气昂，处处蛮触作战场。九州沉沉黑气塞，累累白骨横大荒。（其二）

璱人孤愤至今传，天若有情天也怜。百花零落成泥土，寻芳只在墓墟间。（其三）

西风夕照古冢荒，营营青蝇不住忙。千年意气全萧索，总把斑剥作文章。（其四）

春卿阅士信有方，弃置黄金解龙骧。君看今日儒林传，蛙声一片

下残阳。(其五)

同样也深以为忧也。盖当今吾国之学界，诚如有的学者之所言，江湖习气弥漫，学风中夹着“痞风”，大家为了利益而结成不同的学术团伙，而真正的学术精神则荡然矣。吾尝言平生有“三怕”，即怕开会、怕应酬、怕学术牛人。盖一个真正的学者，学有自得，近之则蔼若春云；而那些以学术为权概的所谓“牛人”学者，看上去著作等身，其实学无所得，近之则往往牛气冲天，甚至凛若严霜，然此不过表面现象，大多不过纸老虎而已。“噫气落山”的“风”的时代的来临，从根本上来说摧折了真正的学术人才，使真正读书治学的人愈来愈少，而使“伪学”盛行，甚至令一些人铤而走险，走上学术造假与剽窃的可悲之路。吾尝作有一首《菩萨蛮》的词，其结句云：“陶醉万千家，盈盈罂粟花。”罂粟乃制造毒品之原料，然罂粟花表面上看去却极其美丽，且种植罂粟之地，地力遭破坏，即使欲复种其他之良种，也变得十分困难了。放眼望去，吾国学界乃成一美丽的“罂粟花学问”之盛景，岂不可惧乎？

而当道之学术管理体制，则又令本已元气大伤的吾国学界雪上加霜。现在若有学者乐谈学风问题，则几成为迂腐之代名词。大大小小的学术单位对于学术人才的所谓“管理”，无不以“功利”为导向，不问其有无“真学问”，而只要有东西发表便是合格，甚至优秀。职位晋升，利益分配，无不与之挂钩。甚至每年拿出大量金钱，奖励那些堆积如山的学术垃圾。此等所谓的“管理”，名为重视学术，推动学术研究，无如其结果每与其愿望相反也，实已沦为真正学术之敌人而不自觉。这种功利主义的管理体制，不仅催生了各种各样的所谓“人才”、“学者”、“名师”，还催生了各种各样的所谓“项目”、“工程”，“学术”成了一块硕大的“肥肉”，大家拼着性命去争夺。每当“肥肉”现前，大家便使尽浑身解数，像苍蝇一样，成群结队地一哄而上，于是乎“学术江湖里，蝇蛆布满地”，导致大量不学而有术的庸劣之才占据学术要津、控制学术资源的可怕局面；不仅严重败坏了学风，也使学者之人格操守为之动摇瓦解。吾尝有联调侃其事云：

项目核心加权威，便成牛气大学者；
金钱名誉与地位，只见满堂卑琐人。

又有联云：

> 大师远去矣，金猳权横，世上已无读书种；
> 学者纷来哉，眉摧腰折，眼前半是逐利夫。

如此恶浊之学风与学术管理体制，是不适合真正读书治学的学者生存的，其极必然是：黄钟毁弃，瓦釜雷鸣；小人得志，君子向隅。斯世也，乃天地闭、贤人隐之世也。对于一个真正读书治学的学者来说，置身于如此恶浊的学术环境之中，真有“珍珠落入猪圈”之感慨！于此学术晦闇、学风腐臭之末法之世，我“章学”研究学者，若无学术奉献之精神，守此一点学术之灵明，一心向学，孜孜矻矻，食苦而攻淡，则恐不能为功也。

吾所有望于未来“章学”研究之学者，尚有四端，谨此披肝沥胆，一掬其诚焉！

其一曰“韧劲”。太炎先生曾主张“革政”要像大禹治水那样，面目黧黑，窍气不通，脚踏实地地埋头苦干，拼命硬干，吾等治“章学”者，也应如是。盖“章学”研究，有二大难关要过，这是做其他研究所不能比拟的。第一，在于太炎的文章，古奥艰涩，索解为难，研究“章学”，须有“小学”的功底。第二，在于太炎的学说，驰骋百家，古今中外，无所不窥，涉及范围极其广阔；此二者，学者绝非旬日之间所能窥其门径，必有长年累月之积学工夫，方可有得。由此，如果学者不能蓄志坚韧，终将难有所获，诚如吾友少阳教授之所言，最后只会乘兴而去，败兴而返，对“章学”研究毫无裨益。而坚守这一点，于当今“功利学术”当令之时代，尤觉其重要。盖自古以来的经验告诉吾等，学者若想在学术上有所成就，无十年磨剑之耐心与毅力，焉能有得？此不独“章学”研究然也。此知之匪艰，而行之维艰也，贵在学者之能够真正践履，而非徒放空言而已。戴东原先生尝言，做十件事做不到地，还不如做一件事做到地。乾嘉学者之所以能在学术上做出伟大成就，在吾国学术史上放一大异彩，形成吾国学术史上的一个难以企及的高峰，正在于乾嘉学者之具有“皓首穷经”，毕生只做“一件事”的“韧劲”，在学术史上留下许多佳话。而当今吾国之学界则佳话绝少，各种可笑可鄙之事，层出而不穷，此真乃吾国学术史上之千古奇观也，一代之学耻也。古人云：“礼义廉耻，国之四维；四维不张，国乃灭亡。”亭林有言：“博学于文，行己有耻。”耻之义大矣哉！夫士大夫之无耻，是为国耻！率人以为兽，人将相食，可不惧乎？林毓生先生曾倡导学者治学要有“比慢精神”，即是要求学者要“知耻”，要十年磨剑，真积力久，真有“自得”，贡献一己之学术精粹，而非轻易地去制造那些粗制滥造的学术垃圾。徐复先生积三十年之力而成《訄书详注》一书，庞俊、郭诚永二先生萃二代学者之力而成《国故论衡疏证》一书，此正吾等治“章学”者之楷范也。

其二曰“博学”。“章学”之特点，在于博大而深邃，驰骋古今，贯午中西，此外，对于印度、日本之学也所窥甚深。可以说，太炎先生实是近代学者当中一个最为博学的学者，是以，吾等治“章学”，如果读书不广，积学不厚，则将无从下手。古人云夏虫不可言冰，蟪蛄不知春秋，喻人之短识而不可以进于道也。

其三曰“沉潜”。“沉潜”一语，最为乾嘉学者所乐道者。吾尝有言：“吾等治学，在于追求黑暗，学者沉潜至幽微之处，方可得学术之三昧也。”吾尝又有诗云：“鹤鸣夜半万家动，月出海底千山明。”其意亦是如此。盖夜半鹤鸣，令万家震动，异于蛙鸣之聒聒者；月出海底，照遍千山，异于温烛之照于一室也。冶百氏之学于一炉的“章学”，不仅博大深邃，而且别具特色，绝非浅尝辄可了解。学者以太炎之主张“排满”，便是一个“狭隘的种族主义者”、“大汉族主义者”；以太炎之著有《五无论》，讲“无政府”、讲“五无”，便是一个“无政府主义者”，甚至是一个“虚无主义者”；以太炎之反对在吾国实行“代议制”，便是主张“直接民权”；以太炎之主张“国粹”，便是“文化上的保守主义者”；以太炎之主张“革命”，便是“政治上的激进主义者”；以太炎之讲佛学，便是一个佛家学者；以太炎之善批评，便是一个“否定的思想家”；以太炎之批评“现代性”，便是一个“反现代性”的思想家……凡此种种，皆未得太炎思想之真谛，而此皆不能沉潜幽微、浅尝辄止之过也，其极必然导致对太炎思想的严重误读，不能掘地及泉，只能得地表所涵蕴之苦涩之水而已。

其四曰“低调”。当今吾国之学界，最不乏高调之学者，此正学风浮薄之表现。高调之学者换了一茬又一茬，然吾国之学术究竟长进了多少？晚清民国之世的学界，我们看到的是“学术大师”的联翩而来，而当今吾国之学界，我等看到的实是一个又一个“学术小丑”的东西跳踉。研究学术，本在于学者一己之兴趣，乃学者所选择之人生生活方式，就像挑水打柴、饥食渴饮，本极寻常之事。研究“章学”尤须要“低调”，盖我等之学问，与太炎先生相较，其距若何？如何高调得起来？当然，“低调”也是一种调，不是没有调，就是要求学者要远离那些空疏浮华，远离那些喧嚣热闹，远离那些势利时髦，做一个独立自由的人，做一个好学深思的人，做一个冷峻理性、头脑清醒的人，不以人蔽己，不以己自蔽，从而成为一个学有“自得”的真正的学者，如此，方于学有益，于己有益。对于“章学”研究者来说，“低调”也许会更有力量，如此积学有年，于“章学”研究当不无小补焉。

以上数端，不过笔者之一孔之见而已，然此亦只能为知者道也。

最后，笔者谨缀以《渔家傲·咏余杭大师》小词一首，结束这篇“后记”：

起陆龙蛇惊四海。千年一遇真人在。挟雨风雷凌九派。鲸浪骇。文章开出新世界。

天地为炉薪泰岱。庄生妙与灵山会。都野两行岂相悖。千万代。能将此义相轻怠。

二〇一八年二月作者写竟于故都长安之洗风阁

（注：本著已纳入“章学研究论丛”，即将由上海人民出版社再版。）

《梅溪存稿》序

臧　振

王玉华老师的《梅溪存稿》即将付梓，邀我作一篇《序》。我用“惶恐”二字尚不足以表达当时的心情。一则因我实在是无名小卒，难担大任；二则因我实在不懂诗词，难做评论。玉华说自己向来不喜拉名人作大旗招摇，也不指望我谈诗论词；他请我作序，一是因我极力鼓动他将诗词作品结集出版，二是从我在网上跟帖中，感觉我能读懂他的心。这样一说，我不能推辞了。

玉华2002年来到陕西师大历史文化学院任教，我们共事已有八年。开始的了解，缘于他送我一册《多元视野与传统的合理化——章太炎思想的阐释》。此书让我认定，玉华是一位真正的学者：一是他敢于深入并且读懂了太炎先生，二是具有高屋建瓴的史家识见。太炎先生的文字艰涩难懂，比如《訄书》，我读大学和研究生时都接触过，很多字都不认识，更别说读懂意思，于是就知难而退。我曾在一篇自我介绍的小文中自称“古汉语已经过关”，被一位先生嗤之以鼻，问我啥叫“过关”？我说就是考研时古汉语能得八九十分。先生笑笑：那就叫“过关”？平心静气想来，我不过就是接触了一些先秦文献，勉强能读《左传》、《国语》、《论语》、《孟子》之类；唐宋诗词，囫囵吞枣；佛学经典，望而生畏。须知越往后来典故越多，清人学识囊括三千年，至于清末国学大师博大精深，像《訄书》这类近代学者的古文，我连看都不敢看，怎敢大言不惭“古汉语过关”？及至浏览玉华大作，庆幸我系引进了一位国学基础扎实的学者。更为值得高兴的是，《章太炎思想的阐释》一书，以“多元视野与传统的合理化”概括章氏思想，令人眼前一亮！这是高屋建瓴的史家才能有的识见。不了解近代东西方文化碰撞的历史大势的人，不清楚中国史学现代担当的人，是不可能独具慧眼，揭示出太炎先生思想的内核、真谛与当代价值的。

浏览该书至《后记》，赫然有诗七首，记《章》书写作过程的豪情与艰辛，及对今后生涯的期许，始知玉华娴于旧诗词。好诗与史论融为一体，出于一人之手，在我所见史学博士论文中，尚属绝无仅有。

2007年元旦，玉华在本院网站"西岳论坛"发表《点绛唇二首》，小序云："江南旧友短信祝岁，成《点绛唇》二首以报之"。几天后，又有《浪淘沙·赠诸同学》发上来，小试牛刀，引来师生一片赞叹。1月10日，玉华又发上来《雷琴引》，其序云："余读曾缄《双雷引》，知蓝桥生与雷氏琴事，诵之再三，怅然久之……"其诗长达50多句，意气纵横，辗转吟唱，缠绵悱恻。其不胜伤感之情，令人心魄为之动摇。几位论坛管理者当即商量，"给王老师开个专栏，不知王师同意否？"玉华答："如果有人看，当然我不会吝啬，当将笥中所藏，悉数倾出。"至于栏目名称，玉华建议就叫"梅溪响唱"，并希望此栏目成为我院师生共同的谈诗论词的园地。于是，2007年1月11日中午，"梅溪响唱"问世了。

玉华以《梅溪诗十首》作为序曲。这十首诗是玉华此前与诗友在网上"斗诗"时所作。每首一、二、四句句尾均为"纱"、"家"、"霞"，且其中均有"梅溪"二字。十首浑然一体，描绘"梅溪"春夏秋冬朝朝暮暮景色，似是自己家乡，惹人无限向往。梅溪之得名，盖由于此。当晚，玉华又发一贴，可谓《梅溪响唱》之开场白：

> 上得梅溪，便是梅溪的朋友。当您书海泛舟，暂觉疲困，来此小憩；或者喜欢梅溪的风月，来此高会，挥洒才情；皆是梅溪的贵客。梅溪既无茶可品，亦无酒可饮，更无烤鸭可啖，唯有一川清气、两袖清风，恭候您的到来！
>
> 呦呦鹿鸣，食野之苹。我有嘉宾，鼓瑟吹笙。
>
> 如切如磋，如琢如磨。既见君子，乐如之何！

玉华知我是成都人，问我是否知道曾缄《双雷引》文中所说"沙堰"、"支机石"之所在，似有前往凭吊之意。我答成都平原以"堰"命名者多不胜数，"沙堰"恐怕不止一处。此语实为搪塞之词。其后又猜测沙堰"似应指都江堰工程中的'飞沙堰'"，更为可笑。又答"支机石"在城内，实为一陨石，民间传说系天上织女支垫织机之石；是否还在原处，不得而知。玉华似有所失。又问我是否知道蓝桥生、雷氏琴及沈氏女的故事，我答不知。再问我是否知曾缄其人，答不知。玉华怅怅然告诉我曾缄是黄季刚的弟子，曾任四川大学中文系主任、教授，“文革”中被迫害致死。玉华告辞，我怔怔多时，大惭愧：缺少知识，如何切磋？谈何高雅？

此后，玉华陆续在“西岳论坛”的《梅溪响唱》栏目发表新作及旧作诗词。至2010年6月，词作哀辑于《梅边吹笛集》者三百多首，诗作归入于《剑胆琴心诗稿》者四百多首。此外，有对联六十余副，系于《蛩室联语》；有新体诗六十余首，题名《零鸿集》；有游学、治学等杂文十余篇，谓之《雪泥丛脞》。最近所作诗词七十余首，则名之曰《集外萃编》，附录于后。共计正编十卷，附录一卷，都为一帙，名之曰《梅溪存稿》。且亲为注释，疏通疑滞。

三年多时间里，读玉华诗，在我，是一个学习的过程。

在这一过程中，知识不断积累，心境得到陶冶，我的史学生涯中也增添了诗意。

首先要说，读玉华诗是我积累知识的过程

坦诚地说，玉华的每一首诗我几乎都有不大明白的地方。要想读懂，要想从玉华的诗文中汲取营养，那就得认真查词典、搜网络、翻古书；如果不愿意弥补知识，不懂装懂，那就欣赏不了蕴藉丰厚的梅溪美景。

事情的开始还要从《雷琴引》说起。玉华告辞之后，我翻出《成都市街道详图》，趴在地图上搜寻，总算有了结果：“支机石街”位于城内西部，距离通惠门（成都老西门）不远。出了老西门，“倒左拐”（向南）是著名道观“青羊宫”，再向西是诗圣杜甫曾流寓数年的“草堂”，溯草堂侧之浣花溪到清水河，西行不过十里，便是“沙堰”之所在。他日得便，当乘锦里春风，寻访蓝桥生遗踪。

《雷琴引》诗中有“风流千古撼人魄，孤山梅鹤岂独尊”句，“孤山梅鹤”所称何许人耶？忽忆及幼时家中有一根拐杖，上刻有“孤山一梅条，手制成鹤杖”，第三句记不清了（臧按：2015年4月2日在杭州孤山寻林逋墓途中忽然记起第三句是“梅鹤常相随”），第四句是“和靖同高尚”。家父曾告知，是他学生时代游杭州时在灵隐附近孤山所得。于是急查“孤山梅鹤”，知北宋初年林逋隐居西湖，不趋荣利，“以梅为妻，以鹤为子”，与高僧、诗友相往还；时贤如范仲淹、梅尧臣等敬其人品，又爱其诗；稍后苏东坡、黄庭坚等对其诗作、书画都有极高评价。林逋去世后朝廷赐谥曰“和靖”；其咏梅名句“疏影横斜水清浅，暗香浮动月黄昏”，当今中学生都有能知道的。查到此，我惭愧万分，然亦庆幸，相见未晚，得识林和靖。可以说，识得和靖是进一步读懂梅溪的阶梯。

此后玉华诗一上论坛，我就积极翻查，力求消化；久之，自觉颇有进步。

试举一例，2009 年 1 月 7 日，玉华发表《赠臧师联一则》：

随穆天子流沙巡幸，谈经山海，赴宴瑶池，王母桃花已开千遍；
从东陵侯青门种瓜，论道终南，问农菜圃，大士座前每振法音。

上联指我的一篇文章《穆王西巡三千年祭》，下联“终南”、“菜圃”指本院唐亦功、袁林二位教授，论道、问农，指我们在网上的往来，皆是乐事。然“从东陵侯青门种瓜”，所指何事？我一时懵了。幸好发在网上，否则捉襟见肘，无地自容呢！于是急查，得知原典出自《史记·萧相国世家》：“召平者，故秦东陵侯。秦破，为布衣，贫，种瓜于长安城东，瓜美，故世俗谓之‘东陵瓜’，从召平以为名也。”萧何既诛淮阴侯，高祖拜其为相国，益封五千户，诸君皆贺；召平独吊，曰：“祸自此始矣……愿君让封勿受，悉以家私财佐军。”萧何从其计，高帝乃大喜。东陵侯青门种瓜，及“诸君皆贺召平独吊”事，遂为后世文人一种楷模。唐人诗歌多用此典，如孟浩然《南山下与老圃期种瓜》：“邵平能就我，开径剪蓬麻”；王维《老将行》：“路旁时卖故侯瓜，门前学种先生柳”；温庭筠《赠郑处士》：“醉收陶令菊，贫卖邵平瓜”。王、温皆将东陵侯与陶靖节相提并论。玉华将东陵侯介绍给我，我竟懵然不知！一时间只有羞愧；所幸者，又结识了一位值得结交的古人。

还有件趣事值得一说。2009 年 1 月 15 日，玉华发表《黄永年先生藏书联一则》：

七十年风雨无间坐书城，风耶雨耶，犹忆永虎留墨印；
千百载精善刻本来眼底，精也善也，一经题记便芬芳。

上联中“永虎”又不知何许人？我当时不在西安，《汉语大词典》、《中国人名大辞典》不在手边，在网上费时两天未得其解，只好发信求教：

玉华兄：你那句“永虎留墨印”可把我累坏了！百度、搜狐翻了个遍，还打算去图书馆查《汉语大词典》……还查不到，就只好发信请教你了。

很快得到回复，原来“永虎”是黄先生家的一只猫。玉华说：

……相信“永虎留墨印”会成为藏书界的佳话，它反映了一部书的不平凡经历与一位老藏书家的辛酸历史。

由于我未注意到寿成兄的文章《父亲黄永年的书趣》，所以闹出到古籍中去找当今猫名的笑话。买个教训：读书要心细。

读懂好诗要靠学识，写出好诗更要靠积学功夫。林和靖通晓经史百家；其诗风高逸，盖皆源于少年时苦读。玉华才思泉涌，令人艳羡，其实也源于多年积累。正如他对学生所说：

当以风、骚、古诗十九首、乐府歌诗植其基，再择与己性情相近之古之大诗人的作品，细细把玩、体味，庶几有得。（《秋日慢吟》，2008.10.1复）

又云：

唐宋风流万古传，追唐攀宋等闲看？胸有风骚相蕴聚，方许，万顷碧水涌波澜。（《定风波》，2009.5.12）

读玉华诗，也是我陶冶心境的过程

与《梅溪响唱》专栏开通几乎同时，我也在《西岳论坛》开了专栏《戈辰随笔》。我以《不妨受一点委屈》为副题，贴上我过去的一篇小文《洗心池的故事》，讲我被冤枉至惊动公安局的一桩往事。我实在弄不懂，心究竟要怎么洗，才能清白？几天后，玉华贴上《洗心池赋》，由“青城天下幽”的神仙意境，感慨“洗心”之虚幻，世道之艰难：

神仙无心岂欲洗，人间有心谁洗得。

纵尔日洗三千遍，焉能若彼圣贤不令一丝一毫利欲宅。

既然我等是凡胎，就会遇到

人间万万千千可悲可哀可愤可恨事，

除非

绝息人间更为猿鹿友，永远断却人间烟火色。

诗之结句云：

洗心池水可已矣，尔本神仙之清泠，非我等之仪型。

想想自己几十年的经历和见闻，有时真想“断却人间烟火”，“更为猿鹿友”。然而我毕竟是凡人，身上担着责任，无计遁入空门，注定要在世上打拼，那就需要经历，需要承受，需要坚强。

得到玉华开导，我想，一帆风顺的人难经受住挫折，没受过委屈的人不善于反思；没有挫折经历和反思精神的人，难以成为优秀的学者，更不能成为秉笔直书的史家。这样的人对老百姓来说是没有多大用处的。

然而，生活中真正的委屈，是可遇而不可求的。

玉华的诗往往有着一种难以排解的忧郁和伤感，例如《促织吟》(2007.10.10)，先是赞誉促织（蟋蟀之类）善鸣，“洪纤纡促咸中节，天籁浑成格自高”。然而秋风如刀，鸣声渐渐转为凄凄、寂寥，却仍不停止：“原君本是多情种，好歌唱尽方自饶。争与容光共憔悴，凝情一意暮复朝”；“朝朝暮暮摧心骨，暮暮朝朝颜色老。”读罢《促织吟》，我感觉玉华以秋后促织自喻，不禁有些担忧。沉思两日，决定撰一小文试做规谏，曰：

欧阳修有《秋声赋》，实亦咏促织之吟……

玉华兄此吟，洪纤中节，天籁浑成；由促织之吟，化为人之吟，进而为诗人自吟……

苏东坡晚年贬在儋州，有一首《倦夜》：

……衰鬓久已白，旅怀空自清。荒园有络纬，虚织竟何成。

……坡翁亦以促织之吟自喻。此诗作于元符二年，时坡翁行年六十有四；虽屡遭贬谪，然豪放之气不改——当时即有“垂天雌霓云端下，快意雄风海上来”之句，令其弟辙叹服曰：“精深华妙，不见老人衰惫之气。”……

文忠公作《秋声赋》，时年五十有三。

玉华兄今年四十岁刚出头。玉华兄其勉之！

玉华答曰：

前几日回母校南开，与阔别已久的往日业师聚谈，论及学界之学风，不免相对唏嘘，颇觉有肃杀之象。然我并未绝望，是以有“待残晓”之念，有“伊人”之盼。谢臧师鼓励！

玉华诗展现的是对于世道及学界的深沉忧虑，而我意会到的却只是怀才不遇的伤感。《促织吟》最后两句是“芜华销歇月华落，更与伊人待残晓”。“与伊人待残晓”，显然不仅仅在讲个人境遇。

相比之下，我的《洗心池的故事》，讲的只是自己的委屈，没有超出个人穷达。

再想想玉华诗中的忧虑，直觉深深地，深不见底！

当我在《西岳论坛》发表了几篇回忆“文革”中老师遭遇的文章之后，玉华随即赋诗《臧师邵郭篇读后》：

,,…………

九州饶风雨，士曰其如晦。

浩荡天门开，临流昭湘累。

多少梦中人，化作千年愧。

逝者长已矣，来者岂无畏。

先生邵郭篇，字字有清泪。

“邵、郭篇”讲的不是个人穷达了，蕴涵的也是深深的忧虑。我得以玉华为知音。

有时，玉华也会直言无忌地批评别人。作为教师，面对某个爱作诗、无意境，只为等待夸奖的学生，情急之下，玉华说：

若能写出好诗，最要者还在己之有真性情，对时代、社会有担负，否则亦是无病学呻而已。

玉华吟诗，既抒发一己之真性情，也有着强烈的社会担当之怀。

2008 年 5 月 11 日，玉华有《漫吟一首》：

吾生不过百年期，革囊盛血作容仪。盘旋便辟还进退，都是造化弄玄机。……待到茫茫白雪漫天下，青山黄冢谁相望。

这样的悲观，这样的感伤、哀鸣，引来学生对生死的议论。玉华解释：

……自忖，实是一种对生存无意义的焦虑。……每每不得不面对那些无聊的事，拒之而不能，而自己想作之事，却又进之而不得，进退失据，趑趄狼狈。唯一能作的便是临毫排遣，然多哀鸣之音，吾实不喜，无可如何而已！

万分的焦虑流露于笔端，是面对那些无聊应酬的烦恼，是对生命价值的清醒和珍惜。因此玉华诗带来的是积极的奋起。

进退失据，无可如何，作为教师，玉华有对联自励：

一腔热血酬知己；
三尺讲台任纵横。

下面这首词，上片指我请玉华为泾阳文庙牌坊对联撰横披事，下片指为一位同学润色文章事。此词恰好可以作为上面《自励》联的一个小注：

赏心乐事知多少，一刻荧屏，八字崩腾，换得葡萄酒二瓶。

人生在世为何事，独立孤行，心底澄明，智用余晖助后生。

《采桑子》(2009. 6. 12)

玉华的自励联最为集中地展示了自己的胸襟，因此我最感兴趣。且看：

弥著坚贞，岩上竹根随云长；
暗摇清浅，溪前梅影一枝横。

我体会，上联指应对世事，下联指吟咏陶醉。再看：

平生最膺章夫子；
胸次欲攀李谪仙。

学问文章，玉华最服章太炎；诗歌境界，玉华最爱李太白。二者相加，便是玉华的追求了。玉华曾说：

严沧浪喻诗道如禅道，学者当悟大乘正法眼藏，方可言诗，方可得诗之第一义，不然，终是野狐外道，不可救药矣。(《定风波》序，2009. 5. 12)

“正法眼藏”：佛学用语，指全体佛法，朗照宇宙，包藏万有的那样一种境界。

作诗需要这样一种“大乘正法眼藏”的境界，做学问何尝不是如此。由此我想，诗道、禅道、史学之道，其实是相通的。

记得两年前我退休的时候，在学校“学人之旅”讲坛做了一个报告，讲我的治学经历。报告结束时，师大音乐学院的一位教西方音乐史的年轻教师提问：“史，能不能诗化？史学能不能成为诗化的史学？”匆忙之中，我回答：“有的人他富于诗意，他才华横溢；有的人十分严谨，十分严肃，你要他来一点诗意，他绝对跟你来不出来。为什么呢？每个人的兴趣、爱好、性格、知识结构不一样，所以不能强求一律。”散会之后，这个问题久久徘徊在我脑际。我觉得，我的回答是不妥的。现在我重新回答（我希望那位老师能够看到）：生活需要诗，做学问、研究历史也需要诗；没有诗意的人生是灰暗的，没有诗意的史学是苍白的；苍白的史学是难以流传的，不能流传，如何能成其为史学？

三年来，我几次说："读玉华诗如饮香醪，如沐春风。"

思绪被陶醉、心境得到升华，那实在是人生最为美好的享受。

是为序。

辛卯年人日

（注：《梅溪存稿》，王玉华著，台湾万卷楼图书股份有限公司，2011。）

《梅溪存稿》跋

子虚子谓无是公曰：月之出矣，屑然而有声，浴于沧波，其色湛然，天下皆照也。然或以炬火之明，盈盈然破暗黑于一室，遂出而言于人曰，我知明矣，其不为天下笑者鲜矣！河伯之见嘲于海若，僬侥之见讥于龙伯，是其自取之也。无是公曰：子之言是矣。虽然，人情之不可不贵也。夫人非物也，九窍之外，又有心窍焉。其始也，恍惚而无象，芴漠而无形，浑浑氲氲，莫知其朕。其成也，虽荧然如一豆，亦足以燃千古之情也。或睹物而惆怅，或对景而欢欣；或触时而悲愤，或临歧而涕零。雷横而魄动，雨暗而思纷；灿灿其颜者，必天朗而气清。世之扰攘变化者，非此人心之迹者乎？而此人心之波澜纵横者，非此人情之骋驰控御者乎？或近或远，或短或长；或显或匿，或低或昂；辟以翕之，翕以辟之；彼去此来，彼来此往。呜呼，人之大，情为贵！虽以吾子察察之明，而不欲易吾身汶汶之情者，以此也。子虚子于是默然而无语。吾尝有惭于子虚子之言矣，然闻无是公之语，则又怦然而心动，会臧振、魏耕原二老先生又从而励之，乃以此十卷，付之剞劂。虽炬火之微，才能烛暗于一室，然一点真情，或可称之于千百也。是为跋。时庚寅孟秋。

《蓝心玉屑集》序之一

徐国琦

我不懂诗，也很少斗胆答应给人作序。但玉华兄嘱我为其第二部诗集写点什么（其第一部诗集名为《梅溪存稿》，万卷楼 2011 年版），则不敢拒绝，原因有二：一是玉华是我多年的老友与安徽同乡，同乡老友的吩咐，很难不从命；二是觉得我可能比许多人更能理解玉华作为诗人的精神世界，知音也。古人云“诗言志”，但诗人的“志”，有时是很难把握的，玉华自己就说：“熙熙攘攘者，岂识诗人事？”（页 105）“茫茫中国，何人解我诗肠？”（页 55）这里虽有不自量力之嫌，但我愿把自己理解的老友之“音”及“志”同读者诸君分享。至于得失与否，或是否过于借题发挥，尚请诗人及读者诸君雅正。

“论语”言，诗“可以兴，可以观，可以群，可以怨”。读玉华诗，深感诗人之“怨”。“怨”，实由不幸生于此一时代造成。这是一个物欲横流、道德沦丧、斯文扫地的时代，用诗人的词句就是：“人似亢龙苦相争，认了钱真，丢了魂真。”（页 16）“寂寞长安里。人来多似水。晚风摇落岁云寒，逝。逝。逝。长日闭门，不知今世，复为何世。”（页 57）诗人感叹，在这个时代，“钦若彼文明，四海相讙应。远方来百珍，舟车如云盛。货物积似山，逢涌永无罄。泛滥横六合，漂流人之性。世界一市场，交易成规定。人情如冰水，利益相争胜”。（页 113）难怪诗人有知音难觅之感：“酒落三杯论世人，世人却少入眼青。”（页 105）

诗人今年尚不到五十岁，昔人云“人生不满百，常怀千岁忧”，诗人之所以“怨”，实因为诗人有更高的追求。“壮心直上青云去，俯看人间却无路。莫言蓬雀笑鹏鸟，世间浮猾知多少。绨绤纹缯岂比得，西施嫫母谁能识。出门荆棘盈路衢，出没狸鼠与狼狐。君不见古来艰难百君子，噫唏尽没蒿莱死。”（页 106）“我岂惯此俗，向慕古贤圣。坦荡归自然，荣辱随分命。”（页 113）因为志向高洁，诗人才有太多的寂寞：“此心只有秋山晓，醒也无聊，醉也无聊，空对秋山感寂寥。”（页16）“君子固寂寞，小人多张皇。”（页102）“孤行特立在长安，世事如烟冷眼看。研笔常怜天地窄，读书每叹学风残。”（页110）“世人皆醉，清醒有时真觉累。”（页83）诗人的症结及悲剧在于太入世而不是出世，因此诗人充满忧愤及失落，忧国、忧民、忧时、忧斯文。关于诗人之忧国，有诗为证：“如此江山如此国，令人驻足费沉吟。”（页94）“官家一片心，千古在黎民。江河浩荡荡，日月照乾坤。今之治民者，此理岂不闻。口中虽宣说，为事却悖伦。缘何成此局，思之费精神。大盗与小偷，盈我室与门。哀哀此黎元，艰难难俱陈。哀哀此黎元，大泽岂无人？”（页101—102）“看神州，几时休。扰扰纷纷，无处可凝眸。躲进小楼成一统，千古事，孰相缪。”（页19）关于诗人之忧民，如有云：“吾民浑噩噩，乡愿数千年。”（页146）诗人之忧斯文，则有云：“学术江湖里，蝇蛆布满地。九州黯黮黮，对此良觉哀。”（页147）诗人同时又为一学者，但诗人与大多数所谓之学者则可谓格格不入。诗人云：“哀哀彼学者，所学竟为何？饰伪与奔竞，慨此亦云多。一二寒孜人，往往情无那。高居坛坫上，素丝结五紽。落日沉渊底，四海布网罗。”在诗人眼中，“吾国文章三千年，未若今之滥斯文。腐鼠冻雀遍地是，书生风骨早已沦”。（页90）

在这样的大环境下，难怪诗人时有无助之感：“漫天黄叶来，寂寞下山河。我也已无歌，我也鬓已皤。我心虽未死，我足已蹉跎。”“黑风天外来，黑雨摧门户。上下交相欺，师道成商贾。逼良为娼妇，岩岩教育部。”“小子岂有识，虚浮盈道路。思此热中肠，此情欲谁诉？”“有心杀贼恨无能，空拳赤手是书生。”（页22）令人高兴的是，诗人虽心存伤感，颇觉无助，但诗人不仅没有放弃其赤子之心，而且常有壮志凌云之作，诗人毕竟是入世的，用诗人自己的语言，就是：“人虽老，心情依旧同年少。”（页14）“男儿志，秋风烈；男儿血，春风热。”“试把风云龙虎笔，驱除世上狼狐穴。”（页18）“兴来弄笔做诗文，横扫千军。”（页43）又云：“来去四方云，岁又翻新。一番风雨一番人。不作桃花源里客，听彻云门。落日欲黄昏，雷鼓声填。波涛汹涌愤人神。瘦骨几斤将析去，重铸新魂。”“怒号袭重闱，漫漫无垠。茫茫亚雨卷欧云。抛掷头颅将换取，是自由魂。满眼尽新人，名利追奔。平生事业竟谁陈。老子风流成绝唱，泪咽声吞。”（页77）

诗人的振作，实源于诗人的师道、师德及教书育人和救国救民之追求："一日忝为师，百年知所赴。国家如广厦，栋材为之树。岂不日兢兢，灌溉朝与暮。""日日读离骚，心随楚国遥。"（页86）"著书要著可留书，作人要作独立人。我有椽笔如刀剑，驱使风雷逐电奔。""我欲因之骑黄鹤，去入蓬山采灵药。灵药采来可疗饥，重铸吾魂炼吾魄。蓬山灵药倚天开，龙伯大人安在哉？蹩踏金鳌波万里，鲲鹏奋起四海水。仙之人兮来如林，散花如雨落纷纷。四大海水作美酿，一醉文章万古春。"（页90）"此生漂泊向天涯，壮士捐身为国家。""零红零叶任飘萧，坐对青釭感寂寥。猎紫夺朱非我意，平生最许霍嫖姚。"（页94）像这样的诗句，在集中可以说俯拾皆是。正是这种以天下为己任的胸怀，我们的诗人是豪迈的："老子平生事业，都在江南江北，来去五湖风。常到古人处，尊酒可吞虹。诗中意，心中地，海之东。少年意气，今世只许逐豪雄。但恨萋萋芳草，岁岁催人向老，此恨有谁同。易水萧萧去，剑气吼如龙。"（页87）"少时爱读谢家诗，太白从来是我师。陶令赋归辟三径，亦有豪气上云霓。"（页95）

诗人之所以没有自暴自弃，还因为诗人是性情中人，对于为数不多的友情极为看重。玉华诗，不少属歌唱友谊之作："长亭去，水云间，相视泪阑干。今生一别几时还，欲言不忍言。天之南，地之北，芳魂思冷魄。年年相忆梦生寒，望中山外山。"（页36）"成书何意，似水人生无处寄。何意成书，不过他年饱蠹鱼。蓝心玉屑，只是当时情思切。玉屑蓝心，一样相怜直到今。"（页45）"如刀椽笔，驱使豪情神鬼泣。椽笔如刀，自是诗心着战袍。世人如许，一世知音难相遇。如许世人，谁重人间情意真。"（页47）"人生得意在相知，知心长相持。"（页74）"长安一片月，千里悬明洁。相约再逢时，新知问旧知。"（页88）"兄弟浮四海，卅年如朝夕。惊闻电话来，俱云发已白。谐语热我肠，笑言同昨日。想象彼容颜，怅然却相失。"（页94）

"诗有别材，非关书也；诗有别趣，非关理也。"诗人与我相识三十余年，遥想"故园三十二年前"，玉华与我由穷乡僻壤来到大学深造，从此仗剑走天涯。在大学时代，玉华少年老成，埋头甲骨文，醉心三代事（页92），我常戏称其为"王老头"。我在大学开始时也汲汲于秦汉历史，成天读《史记》、《汉书》，"躲进小楼成一统"，可能是气息相通，志趣相近，我们常在一起论古谈今，并承玉华不弃，对我兄长视之。诗人写道："我昔少年时，读书慕古人。汉学充吾魄，诗歌洗吾魂。亦有二三子，阔论上霄云。昌林多诙诡，国琦是长兄。”（页 104）我后来很快弃“之乎者也”改向西学，玉华也由三代甲骨转攻近代史，并成为章太炎专家，但我们的人生道路时常交汇，大学毕业后，我们一度天各一方，几年后又在南开聚首，并时相过从。犹忆在南开园时，如有故友来访，辄借机招玉华一起在敝处小聚，把酒言欢。玉华常代我待客，此时的诗人，豪情万丈，对酒当歌，青梅煮酒论英雄，颇有“天下英雄唯使君与操耳”之慨，那时的玉华是登泰山而小天下的。如今二十余年已过，诗人已由青年学生成长为大学教授，成为章太炎学者，当然也成为一代诗人。人世已非，但诗人风华依旧，铁骨还是铮铮。衷心祝愿诗人永葆其赤子之心、闲云野鹤之情，发扬手挥五弦、目送归鸿之潇洒，继续指点江山、激扬文字之豪迈，不断有新诗、新作问世，惠泽世人。是为序。公元二〇一二年九月一日于香港大学。

（注：《蓝心玉屑集》，王玉华著，台湾万卷楼图书股份有限公司，2012。）

《蓝心玉屑集》序之二

林少阳

今年六月，第一次赴西安，忙里偷闲，得以与玉华兄再续前缘，秉烛夜游，抵掌而谈，甚是愉快。回来后忽接玉华兄电邮，邀我为其第二部诗集《蓝心玉屑集》作一篇序，让我又喜又忧。所喜者，玉华兄如此信任我；所忧者，乃本人于诗歌尤其旧体诗词学养有限，实在不堪此任，岂敢为玉华兄的诗集作序？出于这一自知之明，我只好婉拒。后获玉华兄告知，另一位序作者为其大学同窗徐国琦教授，我才敢勉力为之。说来也巧，去年年底读过徐著《中国与大战：寻求新的国家认同与国际化》，获益良多，但孤陋寡闻的我，其时尚对该书作者一无所知。这次在西安偶然谈起这本书，玉华兄告诉我徐教授就是他常说起的那位挚友，令我感觉世界之小。玉华兄将本人与其挚友并列，斯人斯语，此情此意，也就斗胆为序了。也算是一个缘分。

我与玉华兄相知，缘于一次章太炎研究国际学术会议，彼此甚是投缘。因此，此次西安重逢，也是第二次见面。虽见面不多，然自其第一部诗集《梅溪存稿》（二〇一一年台湾万卷楼版）面世，常常得以阅其诗，览其文，亦无异于常相与游。玉华兄与我同年，但于章学研究却为先进，二〇〇四年已经出版专著《多元视野与传统的合理化：章太炎思想的阐释》。太炎著述艰涩，读者多慕其名声，往往乘兴而来，败兴而归，略有耐心者，也多本太炎稍为平易之演讲集，而对其主要著作，多敬而远之。知难而进、锲而不舍者，寥寥无几，玉华兄即为其一。玉华兄大作付梓之时，刚过四十，整个汉语学界，章学专著也不过前辈成果数册，玉华兄的贡献，显而易见。我开始系统阅读章太炎著作之时，恰是玉华兄大作付梓之际，属典型的半路出家，玉华兄大作，于我自然多有启发。后来有缘相识，也是拜其著述所赐，纯然的以文会友。

通常来说，研究者多讳言自己对研究对象的景仰，但玉华兄对章氏风骨、文章的景仰，却频见于其《梅溪存稿》。光阴飞逝，转眼间笔者沉迷于章学亦已八年有余，虽囿于学养，成果乏善可陈，但愈觉太炎思想、学术仰之弥深，钻之弥坚，常有读之恨晚之感。故每每捧读玉华兄诗词文章学术，内心辄引玉华兄为同道。另一方面，虽然太炎先生为大学问家、革命家、思想家，且善于属文，其文博而能约，质而闳雅，学理深邃，然却不敢言其善诗，也算是美中不足。不知是否与此有关，章学研究者中，能作旧体诗词者，笔者所知，亦唯玉华兄而已。

玉华兄第一部诗集《梅溪存稿》，洋洋乎五百七十九页，以旧体诗词为主，兼收杂文、新诗、书信等。与之相比，《蓝心玉屑集》则纯粹是旧体诗词集，篇幅较少。整本《蓝心玉屑集》，多印象深刻作品。其中《采桑子》更是过目难忘。词曰："一年一度秋风劲，风也萧萧，雨也萧萧，涨起秋声似浪潮。○此心只有秋山晓，醒也无聊，醉也无聊，空对秋山感寂寥。"玉华兄用的是清词人纳兰性德《采桑子》的典。纳兰性德的词如下："谁翻乐府凄凉曲，风也萧萧，雨也萧萧，瘦尽灯花又一宵。○不知何事萦怀抱，醒也无聊，醉也无聊，梦里何曾到谢桥。"纳兰漫不经心地以"谁翻乐府凄凉曲"开头，却已是寂寞盈纸。"瘦尽灯花又一宵"乃脍炙人口的名句。一个"瘦"字，乃点睛之笔，虽是"灯花"之拟人化，"灯花"又暗意"黄花"，却全然比直用"黄花"脱俗，"灯花"亦"花"，人比黄花。何为黄花何为人，却亦是黄花亦是人，但黄花却是"灯花"，真是孤灯只影，长夜深宵。与之相较，玉华之"涨起秋声似浪潮"也未尝不是别致之笔。一个"涨"字，为前面"一年一度秋风劲"所兴。因了一个"涨"字，听觉的"秋声"因"浪潮"而赋形，视觉的"浪潮"因"秋声"亦化为寂寥之音。再配以"风也萧萧，雨也萧萧"之音声和意象，何为"秋声"何为"浪潮"，已浑然不可二分，字里行间，满溢秋声如潮。一句"此心只有秋山晓"，更将孤独之情推向极致。此心既然无人晓，只道是秋也萧萧，山也萧萧，还有什么较之更大的寂寥！

玉华兄的《长相思二首》我以为也是佳作。"春梦长，秋梦长，梦里诗情多少行，行行是故乡。○不思量，自思量，暮暮朝朝难相忘，可怜鬓已霜。/旧梦萦，新梦萦，旧梦未除新又成，江波相续生。○吴山青，楚山青，吴楚朝朝暮暮情，千里万里心。"该词语言平明自然，却是句句情深意切。其实该词最是讲声响格式，注重这一声响格式与意义衍生之间的呼应。“春梦长，秋梦长”的声响重复（refrain），因“春”、“秋”声音之不同而显得错落有致，音声重复在时间线性上延伸的同时，语义上亦由春而秋推移。“梦里诗情多少行，行行是故乡”，自然得几近于口语，情真而不露痕迹，其实并非容易为之。此外，第一首词内部的声响格式长短而有致，错落而有序。第二首词声响格式亦忠实重现，以“旧梦萦，新梦萦”开头，声响上呼应“春梦长，秋梦长”，意义上相呼应的同时又推进了一大步，二首词之间因此在声响格式和意义衍生上构成一严格的整体。“吴山青，楚山青，吴楚朝朝暮暮情，千里万里心。”用的则是宋人林逋（和靖）的《长相思》的典。林词曰：“吴山青，越山青。两岸青山相送迎，谁知离别情？君泪盈，妾泪盈。罗带同心结未成，江头潮已平。”林词写的是男女之情，玉华所写，是故乡之情，但后一首作男女之情读，似也无妨。这一意义的含糊性，窃以为也是好诗才可具备。

清末民初最大的文学团体南社，三位发起人中，陈去病（一八七四—一九三三，号巢南）为其一。陈去病为清末诗人，亦是晚清《国粹学报》的编辑，与太炎先生间接也算有一定关系，因太炎为该杂志主要撰稿者。说来也巧，玉华兄本姓陈，名去疾，与陈去病的名字不谋而合，一若兄弟。早年南社成员中，慕太炎之革命精神者甚众，另一发起人柳亚子少年时便受太炎先生革命思想影响。倘若玉华兄生于晚清，说不定也会是南社诗人之一。南社的诗是革命文学的典型，其作品与一般文人趣味迥异，可谓无人不热血，无诗不深情。玉华也并非是玩文弄墨的有闲文人。其诗本情，却对现实之不公不义，横眉冷对，又岂非无处不情？其《梅溪存稿》中部分诗作，更毫不回避吾辈所亲历的八九年大事件，也是他诚实、真实的地方。这一点，也让我想起曾入太炎之室的鲁迅一九三二年十二月书赠郁达夫的诗《答客诮》：

无情未必真豪杰，怜子如何不丈夫。
知否兴风狂啸者，回眸时看小於菟。

吾友玉华，别号“梅溪渔隐”，自然不是“兴风狂啸”之猛虎（此实是鲁迅战斗精神之自况）。但是，玉华为人，却一如其诗集前“题记”自撰挽联之“有情有义有胸襟”者，冷眼面对丑陋现实的同时，又何尝不怀回眸幼虎（“小於菟”）之深情？其别号“梅溪渔隐”，令人联想起宋人林逋先生。玉华兄自然非如和靖先生般梅妻鹤子，却也是梅溪自隐，诗文自娱，思想上则仰慕太炎。隐则为诗，入则为学，然其诗作中却不乏抨击政戾世乖之篇，又可谓隐入难分，一隐一入，并存于玉华之一身。这一点在《梅溪存稿》中最为明显，《蓝心玉屑集》中亦可窥见。于此浊世，余与友梅之玉华兄相往还，观其学，感其人，读其诗，如入芝兰之室，亦吾人之幸也。以上几点感想，聊表我对玉华兄为人为学为诗的敬意。谨以为序。二〇一二年十月十日于香港。

《蓝心玉屑集》跋

吾友知非子，一日忽至长安，与吾竟日相谈于终南。排窗四望，重峦叠翠；涧泉汩汩，清风时来；野香盈室，啼鸟关关。朝日鲜于东，览大邦于渭上；红彩竞于西，阅浑沌于足下。一二野老，宁非商皓；不见游人，终日幽清。于是，知非子曰：妙哉！吾人游心于尘滓，栖身于都市，曲曲如丧家之犬，直直如枯肆之鱼，庄生累于仇国，惠子辩其文言，无非宝此康瓠，望海渡江，何若尽释尘翳，栖心八荒？嘘竹林之清风，拄孤山之竹杖；扶洪柯以玄想，被薜荔以徜徉。弄宝瑟于石上，垂金钩于醴泉；云容容兮而在下，岭澹澹兮而生烟。二三子来，麋鹿为群，是为陶唐上人，吾子以为何如？呜呼，异乎哉，吾子之撰！夫天而生人，在于相亲，文明教化，大阐人伦，先圣先贤，继之以诚，阅五千年，冠带缤纷。人之相构，毒药水火，战斗蜗角，宁非丧我？是以天牖聪明，启之以诗，约之以礼，此而不识，中心溃烂，孰能谓之人？虽然，人之生也，信云其难；内而枷桎，外而暑寒；荆棘盈路，举步维艰；虎豹熊罴，舔舔在侧；狺狺狂吠，中心不悦。吾尝见古仁人之心矣，遇民之陷溺，则欲拯之；见民之待哺，则欲援之；前赴后继，出入中权。范子之忧，顾子之辨，撄情不坠者，岂是空言者哉？呜呼，人而无礼，不如其死；人而无情，其何以生？是以古德先哲之导民，莫不遂其情，乐其生。盖情者，吾人不可须臾而离者也。生死易决，情关难破，古往今来，断脰绝膑，踵武不绝者，莫不以此也。吾尝入周之南、楚之东，流连于山泽，徘徊于大野，仰天而思之：迷迷情字，其义维何？茫茫中国，其谁识之？索隐探赜，思通玄远，一夕忽然而悟之，曰：夫情者，诚也，受之于天，成之于人，卷之而微茫，放之则闳张。八识之中，唯此为真；六合之内，唯此可亲。失之则肉骨为腐，得之则枯木逢春。悠悠万事，唯此为大。贯彻内外，通于百辟者，亦唯此而已。吾子遁乎天，远乎人，亦可谓之仪毫而失墙矣。知非子乃默然若有所失，鸡立而视于东方，良久，喟然叹曰：吾子飘零宇内，游心太玄，栖心寂寞者，亦为一情字所困乎？曰：然也。遂出《蓝心玉屑集》以质之。岂曰人情渺渺，亦言情海茫茫而已！壬辰仲夏梅溪渔隐于故都长安。

重修濡须金牌义门陈氏宗谱序

岁在丁亥，仲春之月，族叔陈裕生师电话语余曰：吾宗出自义门，自亨三公明初渡江以来，宅斯土者几七百年，子孙繁衍，蔚为旺族。历代子孙，于兴修宗谱事，赓续不绝，至民国时，凡六修，用昭祖德，用睦九族。然文革之役，甚于秦火，黎献荡然，子孙之散居四方者，不通音问，渐失联络。今合族长老，欲循旧制，七修宗谱，佥谋于余，事既昭明，合族子孙，踊跃输将，事成有望矣。吾宗自舜帝流衍，胡公立国，江州开派，世代子孙，以孝义闻声者，著于典册，班班可考。今我中华，如日之光于亀，渐有精色，民族复兴，指日可待。我等虽躬逢其盛，然孝义美德，岂可一日或忘哉？斯乃立国之精神，立家之宝训，立人之大节也夫！吾陈立宗之命旨，与现代社会之发展，正可相得而益其彰，相辅以益其成。凡我陈氏子孙，当谨遵祖训，发奋蹈厉，竭其才智，贡献邦国。如此则于收宗合族之外，更可收强国养民之效，此则此次重修宗谱之大义也。事既将成，汝当隐括大义，作序一篇，以光祖德，以励同袍，此又汝不可推脱之责任也。善夫！大音堂嗒，铿然在耳，弥月不散。又闻族中长老正任、贤珍、裕海诸公及裕生师不辞辛劳，奔走四方，入江州，到浮梁，访谒祖迹，搜寻遗献，不遗余力，拳拳之心，昭然可表，亦足以怦然而动人心之思者。吾今虽王姓，然实金牌义门陈氏之裔孙，闻之岂不兴然感会，怀土爱族之念，亦随之风发云涌矣！乃从其命。

子舆氏有言，仲尼作春秋而乱臣贼子惧，又言春秋笔则笔、削则削。盖自古贤圣相传，口耳相命者，修齐治平之事耳。而天下之平、国之治、家之齐，则有赖于身之修，一归于人心之正，风俗之淳。亭林遗老言曰：目击世趋，方知治乱之关，必在人心风俗，而所以转移人心、整顿风俗，则教化纪纲为不可或缺矣。然而教化之资，历代以来，则不外乎圣经贤传耳，史之用，厥功伟哉！是以吾国向重修史，在国有史，在家有牒，史乘谱牒之学，蔚为大观。近代以来，人群进化之旨渐明，学者知有益乎生民之资者，岂仅圣经贤传哉，史之路向，乃渐下探，而至于普通生民，谱牒之学，遂尔愈益昌盛。盖谱牒之所记，于一地之山川人物，最为明晰，今重修谱牒，除董理世系、辨彰昭穆外，于一人，必详其年龄、性别、学历、职业。如此，于一人之情况明，合一家之人则一家之情况明矣；于一家之情况明，合一族百千之家则一族之情况明矣；于一族之情况明，合一国千万之族则一国之情况明矣。吾是以言曰此不独关乎一人一家一族之事，亦关乎一国之事也。明乎此，吾人于修谱之事，能不汲汲乎奔之走之，奖之劝之，力赞其成乎？

或言曰：在昔修谱，必与祠堂、义田相属，此宗法制度之常则也，家乘能收聚宗合族之效者，亦应时之帝王耳。然今宗法制度早已解体，社会亦由土著之农耕社会而变为流动之现代社会，人口迁徙，无时或绝，此必令谱牒之学将成无本之木、无源之水，皮之不存，毛将焉附？此言是矣！然仅得其一，尚遗其二也，何哉？盖人之所以为人，岂在其圆颅方趾哉，在其明理义、笃情感耳，理义蓄乎中，情感孚于外，始可称人。是以得志称情者，必归祖德之厚；羁旅飘零者，常动乡土之思。楚舄越吟之所以恻然动人者，以此也。明乎此，吾人于修谱之事，能不汲汲乎奔之走之，奖之劝之，力赞其成乎？合此观之，是家乘之修，理有不爽，情得其正，况吾陈以孝义立宗，此实中华文化之大本，无论社会如何进化，此二者吾人当无时或缺也。盖孝者，养也；义者，宜也。人行其宜，则是非分明，浩然自得，正气伸，邪气塞，如此，则天下清正矣；人得其养，则老有所安，幼有所怀，男有分，女有归，如此，则社会和谐矣。明乎此，吾人于修谱之事，能不汲汲乎奔之走之，奖之劝之，力赞其成乎？孝义二字，庄严尊重，悬之家乘，以励子孙，昭昭似日月，绵绵无尽期，此岂祖风之可颂，实亦吾人安身立命之大本也欤！噫！微此，吾人其将谁归？濡须金牌义门陈氏第二十一世裔孙陈去疾谨序，时丁亥孟秋。

泾阳先贤序

泾阳之称，始于诗经小雅；厥田上上，禹贡雍州之地。郑渠既凿，润泽宇内，京畿要地，三辅名区，历代以来，贤能大德，踵武而兴，洵为富庶之邦，人文之府。仲山苍苍，泾水泱泱；钟灵毓秀，名闻遐方。先贤后贤，若波之流；贡献邦国，映照千秋。爰为刻石，表以彰之。

（注：本篇现镌于泾阳县文庙前之乡贤石碑。）

周敏秋《章太炎史学教学思想探究》跋

敏秋，桂之玉林人也。身中，微瘦，据云篮球技精。吾尝教其中国近代史，然无甚印象。忽一日言于余，欲随吾之研究生上章学课，允之，自是交往始密。吾始知敏秋好古文辞，又读其所著之《竹刀说》，以文言成之，文理密察，文亦可诵，略嫌其辞冗赘而已，盖好学稽古之士也。敏秋日浸于故籍之中，人恒以为苦，然敏秋恒以为乐，此盖若醯鸡然，久浸于醋中，而不觉其味之酸矣。是以，敏秋读书能得其味。吾尝言于诸生曰："学贵自得也，汝等欲学之成，己之力百之九十九，师之力百之一耳。"然知之者不知有几人，敏秋则甚惬吾怀者也。敏秋既从吾学，乃勤究章学，于太炎先生古奥之文笔、深邃之哲思，不为所惧。此于学术浮华之今日，难能矣。频年积有所思，于太炎先生之教育思想，又多钦羡，乃以此为题，连缀成文，即此篇之作也。敏秋于是文中，以"识大体"、"贵自学"二端析太炎之教学思想，且深究其思想形成之原因，于时代环境、家庭教育、师友影响诸方面尤多致意，此亦原诸太炎先生《原学》文中所云之地齐、政俗、材性者也。吾尝言其乾嘉诸师治学之方，盖敏秋心有所会焉，观此篇之作，则知其意之所趋矣。昔贤云：初生之物，其形必丑。虽然，吾有厚望于敏秋。今虽困于道途，当知处困知亨之义，学问之事，岂可放舍？如此，他年相遇，又当刮目相看矣。皖江王玉华谨识。

闽峤日记

晚饭后，与内子游于师大学生街。莘莘学子，填街堙巷，熙熙然而来，陶陶然而去，咸为一纸文凭，吾见其少书生气，多商贾味，吾以是为天下哀。晚，观内子练三节棍，虎虎然生风，颇能令人提振精神。吾辈书生，多文弱不能自持，先圣乡三物之教，失之久矣。颜习斋尝欲振起之，然天下英雄，尽入彀中，是以愈振愈颓，愈振愈靡也。世之进化，有如此乎。（公元九七年十月二十五日，晴，周六。下略。）

读《陈献章集》。白沙有惩于人之读书徒博记诵，欲人之读书在得其味，不然，虽六籍之文，犹糟粕耳。吾深有味其言，冥然而悟。（十、二六，晴转阴雨，周日。）

读《陈献章集》。白沙有《记梦》二则，其一记梦中一老妪歌曰："法好人莫传，衣好人莫穿。西子蒙不洁，掩鼻过者，疾趋而争先。虽有恶人，斋戒沐浴，被服明鲜。以祀上帝，执侍周旋，与世骈肩。"此白沙之自歌也。盖忧道之不传，悲世之不淑，黄钟毁弃，瓦釜雷鸣也。此世道人心之忧，施之于今之世，不也然乎？今之世，人亦不争骛于"包装"乎？虽质美如"西子"者，若蒙不洁，亦将见弃于今之人矣；虽质恶如"恶人"者，被服明鲜，亦将见羡于今之人矣。古之人秀于中，今之人骛于外，斯风益炽矣。（十、二七，阴，周一。）

读《陈献章集》。其《禽兽说》云：

> 人具七尺之躯，除了此心此理，便无可贵，浑是一包浓血裹一大块骨头。饥能食，渴能饮，能着衣服，能行淫欲，贫贱而思富贵，富贵而贪权势，忿而争，忧而悲，穷则滥，乐则淫，凡百行为，一任血气，老死而后已，则命之曰禽兽可也。

人禽之分，只在此一点子灵明，灵明汩没，人道失，则禽兽道行。昔顾宁人齗齗然亡国亡天下之辨者，以此也，可不慎之哉！（十、二八，阴，周二。）

读《陈献章集》。献章论诗，主自然，尚平淡，因性情，去雕饰，非有颜、庄之工夫者，殊不易至。诵其诗，可以想见其人矣！子曰："古之学者为己，今之学者为人。"若白沙者，可谓为己之学者矣！（十、二九，阴，周三。）

读《陈献章集》。益觉白沙之近乎庄。（十、三十，晴，周四。）

读《陈献章集》。白沙尚乐道之人，仲尼外，于古人则舜、颜、点、庄、渊明，于近人则濂、洛，其爱憎去就，划然可明，于此益可见其精神气象矣！（十、三一，晴，周五。）

与内子漫步于闽江之洲沚，归而对坐聊天，亦人生之一大快事也。吾少时喜交友，三十以后，则厌矣。非厌之也，盖不得其人也。不得其人，宁与古人为友，斯可矣。

蜷蛐榕城，蜗居陋庐，往往与内子联步共话，看淡云度山，微风掠江，笑世人竞名逐利，热衷奔走，于尘世喧嚣中得一点子静寂，浑浑方寸，葆此一点子清明，是矣，吾将与之终古矣。（十一、一，阴，周六。）

读《陈献章集》，头痛不能竟页。忽有湖山之感，乃赋小诗一首，辞云：

此身非吾有，焉供热客逐。喜读古人书，白沙窃私淑。
屈志在海滨，所事唯抱独。心知既不尔，屡空瓶中粟。
渺渺孤飞鸿，长此感寥落。湖山久不遇，我心何由获。
（十一、二，阴，周日。）

上午八点至十点为本科生讲授"中国近代史"，归家后甚觉疲惫。回想起七年前吾第一次在河南某大学讲授此课，真有隔世之叹。彼时见诸同学日光熠熠然生辉，求知之情，溢于颜面。是以吾之讲课亦往往见精彩处，同学戏称之曰"江南才子"。斯时也，则见诸同学之眼神有若木鸡，痛哉！忍为病梅圃中之老圃乎？吾安得不惫？如此大学，尚不及古之书院百之一也，国家求人才于斯，不也难乎？吾甚祷吾国早入自由讲学之期，书院精神之重兴，乃其时乎？

下午参加学校组织之学术研讨会，毫无所获，徒浪费时间而已。归而自誓曰：自今而后，不复参加任何形式之学术研讨会矣，学问之道，吾将孤往矣。

湖山之感愈迫，作《感赋》一首，辞云：

秋风吹天长，秋雨洗山碧。不是热中人，时有秋意结。

迢递去乡路，寻芳无由歇。萋萋芳草洲，岁落空寂歷。

（十一、三，阴，周一。）

读《陈献章集》。迩来庶事缠身，不能专精读书，恨不能觅一清净地，携书五车，饱读十年也。

触眼所见，人皆怪人，事皆怪事，吾不知人之兴味何由而生。吾每缠于琐屑之事，不能脱解，西绪弗斯式之劳作，令人闷闷然不乐。吾虽欲追蹑白沙之后，然苦于无从趋入，望之邈然。流光奔迫，日月不淹，吾将何之？白沙云："行则为在田，止则为在渊。"又云："鸢飞鱼跃，乃见真机。"此是何等工夫！（十一、四，晴，周二。）

今年六月，吾卒业于南京大学，来榕执教席。系主任某始则待吾甚倨，然今见之，则待吾甚恭。渠云：近去苏州开会，遇南大历史系前主任张某，云吾博士论文做得甚好。由此而变倨为恭，真能令人发一笑也。冷眼一笑，热心犹当一笑也。世之取人，有如此乎？作《感赋》之二，辞云：

风飘草寒，沙平水淡。雁列长天，秋远目断。

持渊明杯，接子桑饭。于维一人，思归田园。

潜动飞走，相于开颜。

（十一、五，晴，周三。）

观校庆文艺晚会。内子璇卿于"中国功夫"节目中演练三节棍，气势猛厉，若雷霆之震于野，至侧空翻接前劈叉摔棍，掌声雷动！三十许人，尚能作此高难动作，信不易也。（十一、六，周四，晴。）

上课甚惫，晚早寝。（十一、七，周五，晴。）

作《感赋》之三：

卢梭教吾言，人类本邪恶。巧饰穷变化，真宰日衰薄。

群骛名利死，几人贵自得。江上明月照，照此沽哉客。

山中清风朗，不令一钱掷。无处可投钓，无处可凭阁。

忍此同流亡，寂寞风尘溘。

（十一、八，周六，晴。）

头痛，读书不能竟页。偶见少时所作之诗稿，读之别有生趣。

闲游岭后街，见赵家宗祠，规模廓落，完好无损。下有双凤翱翔之池塘及双眼水井。工作之余，离却尘嚣，来此稍息，别有幽趣。（十一、九，周日，晴。）

天气骤冷，晚备课至十二时，兴奋许久方眠。（十一、一七，周一，晴。）

读《陈献章集》。诵其《行路难》及《月座》诗，益信白沙之近乎庄也，巢由、夷齐辈人也。白沙似颜，是以不喜子胥、屈平、由求辈人也。（十一、一八，周二，晴。）

每日上课，皆觉疲惫不堪，真想觅一清静地方好好休息。无处不在之“体治”（体制专制）较之“人治”（人之专制），令人更少自由。吾等诚若机器之螺丝钉，动弹不得。人类文明每进一步，人类所受之束缚，似又多加一层。庄生弃机缄，太炎反进化，良有以也。（十二、一，周一，阴。）

天气骤冷，北风飘萧，路上行人多蜷缩着身体，窗外的不知名的花，在寒风中却开得正艳。我喜欢凛冽中怒放的花，尤其是大雪纷飞时节怒放的梅花。然而，寻这种情趣，只有去读古人的诗了。即便是金陵梅花山的梅开得是如何烂漫，少了抗拒寒凛的傲骨，在暖风中摇曳，也只好怜其媚妩了。（十二、二，周二，阴冷。）

读毕《陈献章集》，始读《存在与虚无》（萨特著）。

吾人方诞，为一生物，为一“自然之存在”，比于万物。稍长，受熏于吾等所处之文化，由“生物之人”而变为“文化之人”，然吾等亦由“自然之存在”而变为“他为之存在”。献章主致虚，入至无，以为“至无近于神”者，非欲将此“他为之存在”还原为“自然之存在”也，实乃欲超越此“他为之存在”，而驯至“自为之存在”。至此，方可得大自由，仁人、与物、顺事矣，其本在“敬”，其工夫在“静”，鸢飞鱼跃，莫非天理流行。张子曰：“民吾同胞，物吾与也；在吾顺事，没吾宁也。”白沙其同然者乎？（十二、三，周三，雨。）

读《东坡志林》。见东坡有“汤武非圣人论”，且讥孟轲“诛独夫纣”为无识，盖东坡亦昌黎之徒也。夫昌黎岂不曰“天王圣明，臣罪当诛”乎？此即国人根深蒂固之奴性意识耳。圣人者，仁民而安民者也，天下苍生，涂炭陷溺，桀纣之君，暴殄无已，忍坐视不救乎？若此者，焉得谓之圣人？虽然，吾辈处今日之世，当以自由民主为究极，寄望于国人理性能力之发煌可也，寄望于圣人之救世，又不可为训矣！“诛独夫纣”固为孟氏独到之贡献，然吾等处今之世，又不可以此自限也。（十二、四，周四，阴冷。）

晚八时半，往吕振万楼拜谒李华兴教授，温厚长者也。李著《中国近代思想史》，乃吾研习中国近代思想入门著作之一种。言谈之间，李云研究思想史在乎研究者本人之有思想，其浅深高下系乎此也。洵然。吾之研习思想史，非仅在理清历史上之思想，更在欲解决吾本身所面临之思想问题耳。吾喜太炎、白沙、庄周者，以其所论与己之所思，多相契合故也。子曰："古之学者为己，今之学者为人。"以吾观之，今之学者纭纭者，信多"为人之学"也，信多稻粱之学也。（十二、五，周五，转晴。）

读《存在与虚无》。萨特以"自由"为"虚无"之基础，此与白沙恰好相反。白沙以"自由"为究极，而以"致虚无"（即萨特所云之"虚无化"）为获取"自由"之途径。虽然，二子皆以"虚无"为"他为之存在"通向"自为之存在"之津梁，则可谓殊途而同归矣，此亦可见东西方文化之差异。盖西方之人文主义以"个体"为本位，认定人是自由的，而东方之人文主义则是"群体"的，认定人是非自由的。既然人之存在是自由的，则借此自由，由虚无化可致"自为之存在"，而获对"他为之存在"之超越；既然人之存在要受制于群体，是非自由的，则个体之自由，只有通过否定之途径，也即通过对"给予"的"虚无化"过程而获实现，从而由"他为之存在"而入"自为之存在"也。

禅宗也是通过"虚无"而入"自为之存在"，饥来即食，困来即眠，顺事之处，与白沙颇为相似。然白沙之究极乃在于天理之流行，此天理之流行，出乎自然，且不脱乎儒者之人伦日用。禅宗之任乎自然，在白沙看来只是"欲"，是以白沙不是禅，也不喜禅。宗羲云白沙之学似禅非禅者，近乎得之。

白沙云鸢飞鱼跃莫非天理流行者，其关捩在"用臧"。"用臧"则天理流行，否则与禅无别。"用臧"者何？扩其善端而已，惩其不善端而已。此一意念之逻辑起点，乃在"人性善"耳。白沙此之"用臧"说，实开阳明"致良知"说之先河，学者不可不察也。（十二、六，周六，晴。）

组织九六级本科历史专业同学进行一次学术讨论会，其目的有二：其一，通过讨论，使学生弄清近代史上之一些重大问题，并知道如何去准备写学术论文；其二，训练学生之组织与参与能力，使学生知道怎样开会，怎样讨论问题。欲令吾国共和之真精神得以发煌荣滋，应始之于吾人自己之一身，是以，国人之理性精神尚待培育也。大学生乃吾国之精英，窃以为大学教育不但应使学生掌握专门知识，更应使学生懂得如何成为一名合格之共和国公民。吾之用意系于此，惜少同情者，孤行而已。报告人、评论人及报告论题如下：

一、报告人：李展鸿

评论人：包安

论题：论梁启超的新民思想

二、报告人：王安平

评论人：陈平姐

论题：梁启超开明专制思想新探

三、报告人：林山

评论人：吴丽梅

论题：论严复的自由观

四、报告人：李章飞

评论人：沈瑶妹

论题：严复启蒙思想略论

五、报告人：陈凌红

评论人：周秀梅

论题：康有为“开制度局”主张评议

（十二、八，周一，晴转阴。）

愿为一自由学者，而勿愿为宫廷学者。二者奚辨？曰：自由学者，即之而温，望之若春云。宫廷学者则多霸气，若严霜之肃万物，摧残学术者，此辈学者为甚也。

福州虽濒于海，然吾观此地人之思想，却甚保守，学界尤甚，非吾安身立命之所也。（十二、九，周二，晴。）

与内子游高盖山，寻妙峰寺。于都市尘嚣中，别成一世界。两山夹谷中，橘奴千棵，红橙橙压满枝，倦游之时，来此小憩，自由采摘，甚有清趣。橘农皆朴实可爱，山里人家，绝无都市浮薄之风。（十二、十四，周日，晴。）

卷之四

师门受学记

江山代有才人出　各领风骚数百年

十二年前，我在南开大学求学时，业师陈振江先生曾拟订过一个计划，打算带我们几个研究生沿津沪线南下，然后溯长江而至武汉，再由武汉沿京汉线北上返回天津。此行的主要目的在于拜访一些近代史学界的名宿，其中去南京主要即是拜访茅先生。惜因陈先生诸事烦冗，未能成行。虽然，从此以后，茅先生之名便深印在我的脑海里。后来，我阅读了茅先生著作的《太平天国对外关系史》，对于先生的学问、文章便更加钦仰，尤其是对于先生治学的精细、思维的绵密，深为折服。尝以为，若能入茅先生门下求学，当是此生之幸，此愿终于在一九九四年春得遂所偿。记得入学的第一天，当时我正在宿舍里整理行李，胡华军同学递过一张卡片给我，上面写着一首小诗，那是清诗人赵翼的诗句，其中“江山代有才人出，各领风骚数百年”两句传颂至今。入学伊始，先生即以此诗相赠，寄托了先生的无限深意，也算是给我们上了第一堂课。从先生门下卒业，南来福州工作亦已数年，尝将茅先生与南开的陈先生相较，觉得陈先生留给我的印象是仁者形象，而茅先生则表现出智者风范。在先生门下受业三年有半，先生讲授的课程，大多已经忘却了，然而先生熠熠生辉、充满智慧的眼神，却令我记忆犹新。现在，每当这眼神浮现在我的眼前时，又往往成为催我上进、不甘平庸的动力。孔子云“智者乐水”，我不知道先生是否喜欢水，然而我从先生的智慧里，却体验到了这句话的深刻含意。水之性深不可测，浩渺无际，且水波相激，前后浪相逐，日新又日新。古往今来，大抵充满智慧的哲人，亦多爱水，若庄子乃其典型代表。先生之治学，自研究太平天国历史始，即成就斐然，成为海内外公认的史学大家，后以花甲之年研究台湾史及城市近代化史，亦取得赫奕成绩，为学界所景仰，亦可谓日新月异，各领风骚了。先生在我们刚入学时即以赵翼的名诗相赠，大概既是先生不期然而然的真情自然流溢，同时也在于激励我们晚生后学在步入历史这一深邃无际的智慧之门时，一方面要兢兢自守，同时又要善于变换，不可拘泥僵死。先生现在虽已过不逾矩之年，然先生思想之敏锐，思维之活跃，却常常令我们晚生后学矫舌。记得在与先生论学时，先生曾谈及年轻学者茅海建先生所著的《天朝的崩溃》一书，对该书给予了很高的评价，认为海建先生此书所提出的一些新的论点，是否有当，可以暂且不论，然对其可贵的探索精神应该给予充分的肯定，而这正是海建先生此书受到史学界前辈学者的诸多非难之时。先生之治学令我感受到充盈着一股只有年轻人方有的蓬勃朝气，所以，能够客观地对人对己，并且日新又日新，这大概也是一位拥有真正智慧的智者题中应有之义吧！

鹤鸣夜半万家动　月出海底千山明

早在南开大学陈振江先生门下求学时，我即对中国近代思想史产生了浓厚兴趣，大概是个性方面的原因吧，我尤其喜欢研究“有学问的革命家”章太炎先生的思想。由于众所周知的原因，学术界在研究中国近代思想史时，对于章氏思想研究大多退避三舍，这一研究领域一向被学术界视之为一块“难啃的硬骨头”，作此研究乃是一桩出力不讨好的事情。研究章氏思想，除了要具备研究思想史的功底之外，还需要具备“小学”的功底，否则便难以入手。在我将章氏思想确立为硕士论文选题时，陈先生即甚为担心，所以，当时我仅从章氏的“国家学说”入手去切入章氏的思想，并以之为题写成了一篇硕士论文。师从茅先生之后，我打算继续将研究章氏思想作博士论文的选题，意欲对之作全面而系统的研究。茅先生也同样甚为担心。尽管如此，先生在了解了我的一些基本情况后，不但赞同我的选题，还给予了我极大的鼓励，希望我在学界前辈研究的基础之上，向精深的方向开掘。先生在肯定我的博士论文选题的同时，又热情地支持我，赋予我以学术探索的勇气。尝记得先生云：“学问之道在于求真，是什么就是什么，只要自己有坚确的史料依据，就可以大胆立论，不必顾忌其他。在进行学术探索时，沉潜得越深，进入未知的世界越深，学术的价值也就越大。”与此同时，先生又一再叮嘱我，在进行博士论文撰写时，行文立论时一定要谨慎，上下文之间的内在逻辑一定要严密。先生的这些教诲，不仅成为我撰写博士论文的精神支柱，而且还深刻地影响了我以后的治学生涯，令我至今受益。在我完成博士论文初稿送交先生审阅时，虽然有三十多万字的篇幅，但先生却看得非常仔细，先生用红笔在我的稿子上从头到尾作了很多的圈点，有的地方尽管只有寥寥数语，但却能发我深思。如今，先生精心批阅过的那份稿子，我当作一件珍贵文物加以宝藏，有时拿出来展阅，先生的音容笑貌便又浮现在我的眼前。尽管现在我与先生山水远隔，难得再见一次，但每次面对先生的批语，总觉得自己又仿佛置身于先生的书房，聆听先生的教诲一般。尝记得师兄朱庆葆博士说过这样一句话："孔子登东山而小鲁，登泰山而小天下，治学应去夺占学术的制高点。"庆葆师兄的话充满了一位年轻学者敢于攀登学术险峰的勇决精神与蓬勃朝气，令我钦佩不已，他说的话与先生说过的要沉潜至黑暗世界探索的治学精神相映成趣。我想庆葆师兄乃先生的得意弟子，其治学风格与先生逼肖，恐也是深受先生熏染所致吧！正是由于治学途径如此，所以，每当我在阅读先生的著作时，除了在字里行间感受到一股蓬勃朝气之外，往往有仰之弥高、钻之弥坚的感觉。尽管先生著作的数量不算太多，然先生每立一论，则如巅峰耸峙，垒垒岩岢，难以逾越。我曾经给我的朋友写过的一首小诗里有这样两句："鹤鸣夜半万家动，月出海底千山明。"以此来称颂先生的学问，我想也是恰当的。先生的史论真如夜半鹤鸣，令万家震动，异于蛙鸣之聒聒者；先生的智慧，沉潜幽微，恰如月出海底，令千山皆明，异于温烛之照于一室也。在先生门下受学的日子，仔细回想起来，先生对我谈过的话似乎可以偻指数，但每次谈话都能给我以震动，令我奋进。庄子云："大知闲闲，小知间间；大言炎炎，小言詹詹。"这大概也是先生作为一位智者平时所具有的涵养工夫所致吧！

一卷书气藏真意　雪花飘落是章心

大凡一个真正的智者，除了具有超乎常人的智慧外，在人格构成上往往有着浓厚的童真之趣。古往今来有许多哲人且将此童心境界视为人类精神的最高境界。庄子欣赏儿童之乐，卢梭赞美处于童年时代的人类，尼采追寻“孩子的国土”且喜与儿童玩耍，维特根斯坦在成为一代哲学的大宗师之后，居然跑到乡间当小学教师，与儿童相伴过完一生。大概儿童之乐天趣自然，体现了真正的“真”，与智者追求的“真”的境界颇相吻合。这种天趣童心，我在先生身上也时常能感受得到。记得卒业前夕去向先生辞行，当时先生颇为高兴，谈兴也甚高，这是我在先生门下受学数年来从未碰到过的。时至如今，先生谈了些什么，我也全都忘却了，然而先生当时谈话的神情举止，却深印在我的脑海之中，令我永远不能忘怀。记得先生在谈论问题时，每当谈到高兴之处，总是将大腿一拍，同时将大拇指朝前一伸，笑声也同时跟着飞了出来。在先生充溢童心的笑脸上，我看到的是充盈着一股纯真的书卷气，金声玉振，当时我也高兴得差点手舞足蹈起来。另外，还有两件事，亦可与此相映成趣，可见出先生童心之沛然流溢。记得有一天，庆葆师兄突然来宿舍找我，说先生要我为他篆一枚印章，那是先生去台湾进行学术交流时，一位台湾学者送给先生的一枚印材。我当时听了大吃一惊，心想先生怎么知道我乐于此道呢？去了先生家才知道，原来是南开的陈先生在与先生相遇时偶尔谈及。我在南开园求学时，读书之暇，颇事此雕虫之技，然后来诸事蹉跎，疏于凑刀，对于此道已经生疏了。然先生交代的事又不好拒绝，只好硬着头皮勉力去做。记得先生在将印材交给我时，脱口说了这么一句话：“刻坏就算了。”当时我只觉得先生的神情特别好笑，在先生绽开的笑容里，童稚之态可掬，这更促使我要努力去把这枚印材刻好。但是，终因多年不事此道，结果自然是不如人意。先生虽未有丝毫责备之意，但我却甚感愧疚。后来一直想补刻一枚送给先生，但至今仍未能如愿。另外，还有一件事也令我印象至深。那是我在将博士论文初稿送给先生审阅时，先生在细致批阅过程中，对于文中所使用的一些用词提出斟酌意见。其中，我在行文时用了“根深宁极”一词，出自庄子（原文作“深根宁极”），先生在指出此词时说道：“这是你造的吧，我查遍了《辞源》、《辞海》都没查到。”先生说这句话时的神情是严肃的，但先生说话的模样，却令我忍俊不禁。当然，这些只是我印象中较深刻的几件小事，但我处处却能感受到先生智慧之心所带有的童真的一面，这大概也是得益于先生在追求智慧时心无旁骛所致的结果吧！也正是由于这样，先生虽然已过“不逾矩”之年，但却仍然身体清健，这恐怕也是先生以童真之心追求智慧带来的意外收获吧！对此，我也想以自己曾经撰写过的两句诗来概

括先生：一卷书气藏真意，雪花飘落是童心。（二〇〇〇年七月二十七日写竟于榕城之南台）

［注：本文原载于崔之清、董国强编《焚膏补拙——历史学家茅家琦》（南京大学出版社，2001），个别地方文字略有更动。］

唐德刚先生访谈记

唐德刚先生是一位世界文化名人，祖籍安徽肥西，曾任美国哥伦比亚大学及纽约州立大学教授、新加坡政府高级顾问，现定居于美国。一九九四年十二月十八日至二十日，南京大学民国史研究中心组织召开“第三次中华民国史国际学术讨论会”，先生以七十岁的高龄，不辞辛劳，应邀前来参加。我作为先生的同乡后学，向对先生的道德、学问非常景仰，是以于十九日晚八点至十点前往先生下榻的南京大学南苑宾馆拜访先生。为了给后人留下一份珍贵的历史资料，谨将此次访谈的主要内容记述如下。

一　从“中大”到“哥大”

笔者：后学是安徽无为人，现正跟随茅家琦先生攻读博士学位，一九八四年，我在安徽师范大学读书时听过先生的学术报告，至今印象犹新，今天来拜访先生，希望能得到先生的悉心指教，特别是想了解先生的人生经历、先生对治学的看法，以及先生对当今中国社会变革的看法。

唐德刚先生：我从幼时一开始接受的是家塾教育，但因家父比较开明，所以，当时学习的内容除了传统的四书五经外，还学洋文。后来入小学，读了半年，拿了一张毕业证就升入中学了。中学毕业后，考入中央大学，说起来我跟你除了同乡还是同学呢！中大毕业时，原打算继续读研究生，但因抗战，为了谋生，便放弃了这个机会，去立煌（现在的金寨）当了一名中学教员。后来去安徽大学，当时我二十四岁。去安大后，学校安排我教西洋史，因我刚刚大学毕业，猛一接到这个任务，很是惊慌。说起教西洋史，中间还有一段有趣的故事呢！当时在重庆出版了一本厚厚的洋文书，是关于西洋史的，我手里有一本，平时我把这本书看了好几遍，不认得的单词，都查字典写在边上，里面写得密密麻麻的。当时在安徽大学教历史课的有不少是前清的举人、进士，他们对中国史很熟悉，但对西洋史却很陌生，有人看到我有一本厚厚的洋文书，就向学校推荐了我，我这才去了安徽大学。后来我参加了托福考试，打算去美国留学，当时去考的人很多，我考了第六名，但只有一个公费名额，所以，我只能自费去美国留学。当时长教育部的是朱家骅，他曾留学德国，对美国抱有偏见，打算派我们到欧洲留学，当时因为二战刚刚结束不久，欧洲很穷，我们都不愿去欧洲，经我们一闹，政府最后终于同意我们去美国。我借了一千四百美金，于一九四八年去了哥伦比亚大学，主要学的是西洋史。硕士毕业后，继续攻读博士学位，转为研究美国史。获得博士学位后，因为学美国史在美国很难找到工作，为了谋生，我才改为研究中国近代史。去美国刚刚半年，大陆局势发生了深刻变化，国民党军队兵败如山倒，一发不可收拾，我们这些在美国的留学生，当时对大陆的局势非常关注，天天注意看报纸了解大陆的情况。大陆的解放，对我们这些留学生震动很大，有很多想回国工作，因我当时学的是社会科学，不是自然科学，所以我虽有心想回国，却存有疑虑，因为我们在海外学的跟共产党的理论不一样，所以，我打算观察一段时间再作决定，但不久高丽战争便爆发了，美国政府也关闭了我们回国的大门。当时美国政府虽然没有发给我们绿卡，但给了我们在美国找工作的自由，生活上有了着落，但这样一来，也隔断了我同祖国长达几十年的联系。我们这一代人是打天下的，通过我们这代人的努力，华人在美国公民中留下了非常好的印象，并且使华人在美国公众生活中渐渐确立了自己的位置。一九七二年，中美正在酝酿复交，我思乡心切，打算回乡看看，因为当时中美两国还没有正式复交，所以我向加拿大政府提出了申请。当时中加两国已经复交了，加拿大有关部门在得到我的申请后，立即批准了我的请求，给了我六个月的签证，我这才得以回到阔别了二十五年的故乡。回到家乡后，家乡的弟弟、妹妹都已认不得我了。此后，我多次返回大陆探亲，并在国内的十几所大学作学术报告。全世界我已经转了二十多遍了，在我看来，还是美国好。在美国只要不懒、不笨，生活是没有问题的，并且每个人都可以充分发挥自己的最大潜能。但在像美国这样的国家，择业也需要慎重考虑。就拿我儿子来说吧，因为我是搞历史的，他也想继承家学，曾向我提出将来打算搞历史，并说李政道的儿子也打算搞历史。当时我对他说：你是华侨，跟你老子不一样，你老子自幼接受的是传统教育，四书五经非常熟悉，《史记》、《通鉴》随便看，你却不行，你连《人民日报》都看不懂，你要想达到你老子这样的水平是不可能的，你一辈子搞下来，连你老子的十分之一都达不到，搞中国历史，你是不行的。如果搞西洋史，你是黄皮肤，也搞不过白皮肤。并且，你跟李政道的儿子也不一样，李政道能够花二百万美金买一张宋徽宗的画，你老子能买得起吗？李政道有钱，他能让他的儿子享受最好的教育，你老子却不行。所以，我劝他放弃了这个打算，他后来改学了建筑学，现在在美国也是一位有名的高级建筑师，现在说起来，他还非常感激我呢！

二 “半肯半不肯”

笔者：先生刚才谈了您不平凡的经历，听了很受感动，先生您能不能再谈谈您关于治学方面的经验呢？我作为一个晚生后学，很想听听先生这方面见解。另外，后学正在研究章太炎的思想，尤其想听听先生关于章太炎的见解。

唐德刚先生：噢，章疯子！一个“hero”。记得胡适之先生曾对我讲过这样一个故事：过去有个洞山和尚，他的师傅曾经问他说：“师之思，汝肯乎？”洞山回答说：“师之思半肯半不肯。”“因何半肯半不肯？”“师是师，我是我，是以半肯半不肯。”胡适之先生就是以这种“半肯半不肯”的态度治学的。他也常教导我用这种态度治学，我的研究胡适之，也是以这种态度来进行的，对他是半同意半不同意。你研究章太炎也要这样，不要让章太炎牵着鼻子走，不要成为章太炎的奴隶，要让章太炎成为你的奴隶。章太炎、胡适之虽然伟大，但整个世界范围内来看，他们不过是群山中的几个小峰，只有持“半肯半不肯”的态度研究他，你才能够越出藩篱，你才能够超越他。我研究胡适之持这种态度，在台湾曾受到过激烈的攻击，台湾那些研究胡适之的学者，对胡适之的主张全盘肯定，并出了一本厚厚的书，专门批评我，但我才是胡适之真正的学生，他们都不是。除了“半肯半不肯”的治学态度外，还要注重知识的广博性，章太炎的老师黄以周老先生曾说过治学要由约到博，再由博返约。光专不行，光专虽然将来可以成为一名专家，但如果不博，思路就展不开。我有一个美国朋友，是研究黄宗羲的，青年时期，他就开始研究，现在还在研究黄宗羲，当然，他一辈子研究黄宗羲，有关黄宗羲的问题他都搞清楚了，成了研究黄宗羲的专家，但光这样不行，这样研究，学术贡献不会大，你研究章太炎就不要这样，除了研究章太炎本人之外，还要研究章太炎同时代的思想，还要研究当时全世界思想的发展，这样才能站得高、看得远。

三 “穿行历史三峡”

笔者：后学非常同意先生的治学主张，非常感谢先生的谆谆教诲。关于当代中国社会的变革，先生有些什么看法呢？

唐德刚先生：这是“转型”问题。

笔者：是的。中国是一个有着悠久历史的国家，并且有着自成体系的文化传统，“转型”即是要实现从“传统”到“现代”的变革，关于这个问题，海内外学者已经有过很多探讨，可谓仁者见仁，智者见智，意见很纷歧。“传统”与“现代”的价值观念差别非常大，并且，“现代”的价值观念主要是从西方来的，它同“传统”的价值观念有着本质的区别，怎样才能实现这一转型呢？这中间似乎存在着一条不可逾越的鸿沟。

唐德刚先生：我的看法是慢慢来。中国传统里有很多好的东西。举例来说吧，如婚姻制度，中国几千年来一直奉行父母之命、媒妁之言，从我的最早祖先周成王的弟弟唐叔封于唐开始，一直到我的父亲，我们唐姓世世代代都奉行此制。这种制度好坏且不必说，但它能够一直相沿了几千年，这种稳定性，在世界各国是找不到的。再拿如“尊师”来说吧，这是我们国家的一个优良传统，同西方很不一样。我在美国教了成千上万的学生，但西洋人对老师看得无所谓，我们中国人却不是这样。记得有次我在北京师范大学作过一次学术报告，当时去听的有上千人，我一个都不认得，后来其中有一位读了博士研究生，许多年后，他随团到美国访问时，遇见了我，还亲切地称我“唐老师”，这个“尊师”传统，在西方是没有的，所以，对于“传统”我们不能一概否定。胡适之等人虽然激烈反传统，但这些人其实都是很传统的，并且他们的国学功底也很深厚，他们并不是要完全否定传统，只是在那个历史时代，他们不得不采取那种激烈的态度。我的意思是变革要慢慢来，等到一些变革的观念慢慢定型后，再进行新的变革。中国的变革，将是一个漫长的历史过程，照我看来，起码要二百年，才能完成这个变革，欧洲近代历史的变革，也是经过了漫长的时间，这就像穿行三峡一样，我们现在正在穿行一条“历史三峡”，需要在这样一个“历史三峡”里摸索相当长的时间才行。

笔者：章太炎先生关于中国社会变革的理论，主张“随俗雅化”、“积渐行之”，他虽然承认西方有很多好的东西，如代议制度等，但他并不主张立即搬到中国来用，主张中国的变革要基于中国的传统来进行，不能脱离这个传统，这种看法似乎同先生的主张很相似。

唐德刚先生：是的，我也同意章太炎的看法，但章太炎过多地注重了继承，对发展他看得不够，这是他的欠缺。

笔者：看来关于“转型”问题，需要考虑到中国的具体国情，需要把握好一个“度”，过缓、过激均不可取。

谈到这里，时间不知不觉已经到了十一点，但先生的谈兴仍然丝毫未减，笔者虽然还有很多问题要向先生请教，但考虑到先生春秋已高，且身体不适，便起身告辞。握别之际，先生高兴地同笔者合影留念。此次访谈，先生谦恭温和的学者风范、渊博深邃的学识以及诙谐善辩的口才，均给笔者留下了极为深刻的印象。特别是先生对十亿中国人民所抱有的悲悯之情，更使笔者感动不已。先生非常推崇胡适之先生，对美国也推崇备至，然而，关于中国社会的“转型”问题，却持着一种看上去近乎“保守”的看法，这实在是很应令我们深思的一件事。

关于“章学”通信数则

章念驰先生致作者书信一则

玉华先生道鉴：

河出图，洛出书，今世河图洛书问世，我茫无所知也。今得馈赠大作——《多元视野与传统的合理化》，始知大道代有新杰辈出，中华文化传承有继人，不胜欣喜！自愧闭塞陋闻，幸赐鸿论，令大开眼界。

我一直认为，在众多历史人物中，是不需要肆意宣传和任意拔高的，这就是我的先祖父太炎先生。他的价值与文化及政治的贡献是客观存在的，不管政客们如何不喜欢他，不管假文人如何贬低他，都无损他的辉煌。八百年后尚有韩愈出，何况日益开放的今世，他对历史的贡献，他对中国命运与未来的思索，越来越为世所尊。他革命的生涯与学术的造诣，不是吹出来的。在充满泡沫的今天社会，诚实劳动，刻苦钻研，游学书海，敢讲真话，都与太炎先生一样，被世俗认为是耻辱的，是不值得的，是不需要效仿的，但这股风潮毕竟会被人类自我扬弃与净化，人们终会明白什么才是中国人的脊梁。你不就是自寻烦恼，自找苦吃的中国人吗？但你并不为自己，这一点我深深明白，并由衷感到敬佩。

多少人见了章太炎就逃，他代表了博而涩，艰而难，人们躲了他，学者绕开他，但你却不然，实在也够疯了，疯得令人肃敬。我就是躲了先祖父的一个，曾搞过一段对他的研究与著作整理，后逃之夭夭了，实在是畏难，其他理由都是遁辞，惭愧至极。

此番承茜红博士之介，得睹大著，幸甚！我从史学转事两岸关系十六七年了，但心仍挂在近代史上。十多年前在台湾出了一本小册子，实是旧时考证先祖父沪寓的文章，随函邮赠，表示敬意。在我退休后，也许会回来继续整理先人资料，并细细拜读您的宏论。

耑此敬谢并颂

文祺！

不才　章念驰敬书

二〇〇五年八月十五日

作者致章念驰先生

章先生座前：

惠赠《沪上春秋》并华函敬悉，感谢感谢！

信中先生奖誉太过，令我赧颜。其实我也想逃过，周围一片麦当劳的躁竞之声，一种无形的压力，几欲将人窒息，有时不免也想去当逃兵。然而，每当展读尊祖太炎先生的文字，便觉一轮皓月，朗彻玉宇，令人有耳目一振、心脾俱清之感。太炎先生之人格，太炎先生之文字，启人心智，立人之节，我生得遇太炎，幸也！我在致令兄信中曾云："太炎先生，乃五百年一遇之杰士也，太炎先生之学，若汪洋巨浸，余小子曷敢云知，得其一勺而已。"此诚由衷之语。研读尊祖文字，信有钻之弥坚、仰之弥高之感。偶尔形诸文字，布为文章，往往亦有厚诬先贤之惧！此后望能多得先生教正，补我拙陋。

临了，谨续成打油诗四首呈上，聊博一笑。词云：

章学深深深似海，道通今古惠兆垓。

浮华嚣竞岂省得，乌雀枝头徒徘徊。（其一）

先生属志寄草莱，万古扫空气壮哉。

千年故鬼咸走却，锦文织就烂云裁。（其二）

借得君家金剪刀，屏营却虑剪一毛。

承君推许恩意重，助我豪情上碧霄。（其三）

聆君话语扫云霾，一片冰心逐玉阶。

触世冷肠还自许，十年更上九成台。（其四）

即此作结。顺致时绥！

晚后学玉华敬上

二〇〇五年八月二十日

（注：章念驰先生，乃太炎先生之嫡孙，上海市社会科学院研究员，曾任上海市政协常委、上海东亚研究所所长，乃我国著名“章学”及台海问题专家。）

傅正博士致作者书信一则

王师玉华先生文席：

还在去年底，敏秋就通知我，玉华师大著即将再版。今日“国学热”、“传统文化热”甚嚣尘上，不死不休，各地纷纷借机炒作文化名人，以填欲壑，“章太炎研究”遂成显学。我所厌恶者，即在于此。我所欣喜者，玉华师三十年来不问名利，精研文献，大著再版必有助于匡正学风，还章氏以真面目。

至上月，敏秋又发来“再版后记”，不想竟有 26 页，计三万三千多字。虽名为“后记”，实则又一新的研究。以此研究，补充原著，更见王师用功之深，用心之切。文中“太炎思想研究的‘五个认识误趋’”，直指时弊，令我受益匪浅。敏秋不许我偷懒，嘱我提提意见，更令我感动不已。玉华师一贯主张，学术贵在批评。文中援引章太炎“大国手、二国手”之论，指出“太炎之教学，往往鼓励弟子要敢于‘立异’，不必亦步亦趋地‘恪遵师意’”。(页 19)① 这正是当年玉华师教育吾辈之言。言犹在耳，复读此文，体会愈加深刻。

我在北京时，常向朋友谈起，师兄某君因考博走后门不成，而心怀不满，撰写《章太炎与王阳明》妄斥师说。玉华师却不以为意，包容批评，奖掖异见，每每令我称道。想来标举“自由主义”旗号以为谋食之术者，不计其数，又有几人真能做到善待批评，宽容异见？

平心而论，弟子学力不逮，见识浅薄，近年来于章学多有荒废，其实提不出什么意见。是以一拖再拖，未曾回复。我思之良久，觉得一则机会难得，正好与玉华师讨论一二，一则阿谀奉承，非我师门之风，故勉为其难，刻意找些意见。其实除“新荀学”外，多谈不上意见，毋宁是我对当

① 凡文中引用的页码，均依玉华师提供的“再版后记”初稿之 word 文档。

前学术问题的一些思考，供玉华师批评指正。

一　“新荀学体系”？“新子学体系”？

玉华师全文皆称章氏思想为“‘新荀学’体系”。盖因初刻本《訄书》以《尊荀》始，以《独圣》终，发扬荀学之心，殆无可疑。章氏思想既一以贯之，则往后著作皆可以“荀学”名之。为此，玉华师又举例论证荀子“性恶论”与《俱分进化论》、《辨性》的关联：

> 在章氏看来，由于人性是善恶兼具，人类凭其理性要创造一个醇善至美的社会是不可能的，章氏其后主张“俱分进化”，应与其有类于荀子的人性论学说存在着密切的关联。（页 8）

章氏言善既进化，恶亦进化，此诚与荀子“性恶论”有相合之处。然究其全文，似以庄、佛旨归，与荀子“化性”、“礼乐”诸说，相去实远。为此，玉华师后文又有辨正：

> 佛教唯识学精湛的义理，为章氏提供了广阔的哲学视野与原料。……当时，章氏在道德上特别揭出“菩萨行”而大力加以倡导，这实际上又与其前一时期倡导的“大独”精神一以贯之。章氏在这一时期虽然运用的是佛学的话语体系，然其思想的内在精神却与孔子的“仁学”思想体系一脉相承，……由此，我们将章氏思想视之为“近代新儒学”思想体系，将章氏视之为“近代新儒学大师”，也是一种斟情之论，尽管他是以反儒的面目出现的。（页 10）

玉华师指出，章氏阳尊释道，其现实关怀实属于儒家。此说未足使人心安，墨子亦有现实关怀，却不可以儒家概之。倘现实关怀即为儒家，则儒家恐无所不包。

章氏虽然推崇戴东原，深受乾嘉皖学影响，此尽人皆知。玉华师称太炎思想为“新荀学”，亦有将其纳为乾嘉余绪之嫌。然则他所处的时代已是经学走向解体，诸子学复兴的时代。晚清今古文之争的过程，同时也是诸子学代替儒家独大的过程。康、章二水分流，却在此节上殊途同归，惟章太炎、刘师培推重诸子学在明，康、梁之徒则在暗。章氏早年《膏兰室札记》即已证明，他向来关注先秦诸子学。终其一生，儒、墨、道、法皆有所取，不止于荀学，此当异趣于焦循、阮元辈。是否称章氏思想“新子学体系”较之“新荀学体系”更为妥当？

例如玉华师所言：

> 从审美上来说，太炎先生特别倡导“黑铁精神”（此为笔者所拟）。……太炎主张应根据中国历史发展的特点，根据现实所存在的问题，要向大禹治水那样，脚踏实地地进行变法；且变法者要有“冒白刃、湛九族”，不怕牺牲的英勇气概；还要有“面目黧黑，窍气不通”的埋头苦干、拼命硬干的坚韧不拔的精神，才可以使维新大业真正获致成功。因为太炎之审美，在颜色上欣赏“黧黑”，在精神上欣赏“坚韧”，无以名之，是以笔者名之曰“黑铁精神”，而这也深深地影响了其弟子鲁迅诸人。而大禹治水，高高下下，九川既导，九州既定之后，在治理国政上又“相地而衰征”，这正是中华文化传统中所具有的理性精神的表现。（页 19—20）

此说即出于墨家，当受之于孙诒让而发扬光大。后此鲁迅先生撰写《理水》、《非攻》，乃真知其来源。

以我观之，章氏子学之中，于道、法二家最有创见。玉华师详细讨论的“累佩之智”，即可视作为章氏早年用功于老庄的结果。不明章氏老庄之学，则不足以言章氏之佛学。世人皆谓《齐物论释》“以佛解庄”，然而章氏先治老庄，后治佛学，所谓“以佛解庄”岂非“以庄理佛”耶？

又如玉华师所言：“其（《检论》）最后一卷对于民初政局的思考，凸显了法家的治国之道，这既是太炎‘一以贯之’的思想，也显示了太炎对民初的混乱政局，亟欲振衰起敝，重建秩序的强烈愿望。”（页 12—13）我最可惜的是，章太炎的法家思想长期得不到学界认真对待。北京大学历史系的陈苏镇教授有名著《〈春秋〉与汉道》，其中有大量关于秦朝二世而亡的详细考辨，深受学界好评。我尝读此书，发觉许多观点章氏《秦政记》早有明言，更坚信章氏法家学说之独到。

“文革”后期“评法批儒”，学界遂言章氏为“最后一个法家”；“文革”以后反对“四人帮”，学界又讳言章氏法家思想。二者皆流于一偏矣。前者是政治干预学术，后者也是政治干预学术。前者之病，尽人皆知，后者之弊，人所罕言，着实令人可惜。儒法如是，“激进与保守”亦复如是。

改革开放以前，史学研究一味鼓吹“革命”，其疏漏之处，无须赘论。改革开放以后，学界又转而高唱“告别革命”。革命不是人为制造出来的，它有深刻的政治、社会结构原因，岂能说告别就告别？

在此风气下，学者纷纷著书立说，辄言“告别五四”、“告别政治浪漫主义”、“回归保守主义传统”。究其实相，仍与改革开放前史学共享着同样的逻辑：预设一以贯之的激进革命传统，又预设一以贯之的保守改良传统，中国近代史不过就是两条传统二元对立，非此即彼的过程。所异趣者，惟褒贬正相反耳。

然而历史事实终究不可能如此整齐划一，保守与激进有时也断难分开。相较于“激进/保守”二分法，玉华师所言之“传统的合理化”，毋宁更接近于历史实相。所谓“合理化”，便是要根据时局，取舍传统。学者对待需要保留的传统，自然态度温和，取改良主义之道；对待需要舍弃的传统，自然态度激烈，取革命主义之道。评判时人激进还是保守，也许不如追问他们取了何种传统，又舍了何种传统，更为平实科学。玉华师既言章氏“新中有旧，旧中求新”，足矣，似可不必谈论“传统”、“反传统”。

此外，印象中学界主流曾经以民元为章氏前后期之分界，盖因此时章氏主张“革命军起，革命党消”，先拥袁，后反赤，殆属“拉车屁股向后”无疑。玉华师以 1916 年为界，不以外在政治评判为准，而重于章氏思想变化本身，当为一大创见。是否可以进一步强调 1916 年为界的缘由和意义，令读者一目了然？

二　关于章太炎的“批判现代性”

令我眼前一亮，玉华师指出：

> 因为太炎先生之好批评，遂为有的学者曲解太炎先生是一个“否定的思想家”，尤其是太炎先生在中国现代化事业刚刚起步的历史年代里，便对“现代性”进行深刻的反思与批评，这尤其令一些学者认为太炎先生是一个“反现代性的”思想家。然此二者，实是对太炎先生思想最大之曲解。（页 19）

这段话最能引起我的共鸣。后此玉华师又提及，“会中张隆溪教授接到其好友杜赞奇教授的电话，杜氏盛赞太炎先生是一位‘世界性的思想家’，其理由正是基于太炎对‘现代性’的批评是那个时代世界思想家中最为深刻的，这与笔者的看法正不谋而合”。（页19）此话正无意中道出了河田悌一、杜赞奇等先生之初衷，惟在他们眼里，“反现代性的思想家”与“批判现代性的思想家”，其实一也。

在我们看来，爱国主义、民族解放是章太炎最根本的思想和关怀，非如此则不足以论太炎。虽然章氏在日本偶然受无政府主义谬说所惑，乃发“个体为真，团体为幻”之高论，似有一副解构民族国家的派头。但自从他1908年撰写《排满平议》起，就彻底与无政府主义分道扬镳了。然而在上述前辈学者看来，如果不在民族主义、多元主义之上，拔出一个更根本的批判理论，则不足以凸显太炎之“世界性”。如果不抓住章氏“反国家”之论，更不足以与后殖民主义接轨，凸显章氏反资本主义之价值。

诸位先生弘扬章学之心，令人钦佩，然其表彰章氏之举，则未必可从。若是，则孟子也有环保主义思想，庄子也有自由主义思想，墨子可以是个民主派，老子也懂辩证法了。总之，但凡一切儒家、道家、墨家都可以找到充足的反资本主义、批判现代性元素。哲学讨论固然可以截取前人之一面，大加拔高，而赋予其当前意义，然吾辈史学工作者也，似不当如此。

大体除《齐物论释》以外，章太炎于1906—1907年写的文章最受无政府主义影响，也最为今天现代性理论家吹捧。甚至如蔡志栋者将此一阶段文章附会海德格尔甚至存在主义，越拔越高，离太炎本人也越去越远。

例如《俱分进化论》，章太炎便明白指出，“进化之实不可非，进化之用无所取”。换成今之俗语，“人类历史由简单到复杂，由草昧到文明的进化过程，是一个雷打不动的事实，我质疑的只是这个过程是不是一定是件好事”。这个对进化论的批判其实是一个弱批判。假使我们质疑章氏，“不管进化是不是好事，它都是人类历史的必然，你都不能改变这个必然”。章氏将何以应？由此，我们也不难理解，何以章氏会把《原人》、《序种姓》、《原变》列于《检论》首卷。

不管章太炎如何批判现代性，他那一辈的仁人志士都要在政治上富国强兵，求独立求解放；也都要在学术上将上古文献“祛魅”与“合理化”，变经学为科学的古史研究。孙宝瑄称赞："太炎以新理言旧学，精矣。"可证章太炎的一大贡献就是以现代人类学、社会学解释上古经典，以明人类进化蕃变之理。

要之，我感到学者往往惯于以鲁迅倒推章太炎，尤以《狂人日记》倒推章太炎。例如伊藤虎丸撰写《鲁迅与终末论》，就把严复与鲁迅列为两种截然不同的历史观，前者是现代主义进化论式的历史观，后者是批判现代性的终末论式的历史观。前者由严复传之新文化运动之主流，后者为鲁迅《狂人日记》中的历史观，系得之于乃师章太炎。我曾对章太炎研究的几种范式有过粗浅的概括，指出许多前辈学人在这点上颇受伊藤虎丸之影响。

然则章氏之博大，过于鲁迅，安能以小言大？总之，以章氏而言鲁迅则可，以鲁迅而概章氏则非，言鲁迅而溯及太炎则可，言太炎而以鲁迅概之则非。我曾以此质之慕维仁先生，慕先生雅量高致，善容异说，坦承他们十分期待不同的章学研究。

进而言之，尼采式的、《狂人日记》式的历史终末论在欧洲固然与进步主义目的论的历史观相对立，但中西文化有别，鲁迅等人又哪里会区分这样的对立？再者，佛道为体圆之学，经史为体方之学，若如过分揄扬章氏"反进化"之论，以体圆之学压体方之学，则其经史研究便殊不可解了。

以上是我一点浅见，求教于玉华师。我如今读书时，仍常常想起当年玉华师逐段逐段教我们读《訄书》的场景。倘无这段经历，我恐怕一辈子不敢涉猎如此艰深的著作。复如玉华师所言，"五四时期的激进反传统思潮与文化保守思潮，都与太炎关系密切，然此皆未得太炎思想之真谛，偏于一端发展而已"。（页18）北大新文化派、南高学衡派皆受章氏之学，然章氏又不同于二者。如果没有硕士时的章学训练，我又怎么能够深入理解近代两派学人的分殊呢？是故这里不止讨论学术，更在叙师门之谊。倘言语不当，万望玉华师见谅！

另，有一细节，落款处是否当为"栖凤阁"？

傅正　敬上

2018 年 4 月 1 日

致罗志田先生书

罗先生惠鉴：

盛世成钧奏，蜩螗朝市纷。博士堪祭酒，意气虹霓吞。玄言寄麈尾，壮志拱金尊。喁喁牛鼎望，何羡万里云。野老蓬蒿没，雕虫久不闻。萧然抱朴志，文章一缕魂。荒江沧波起，激荡鼍蛟生。赫赫我华夏，宙合标令名。太学隆污地，扫迹蝇矢陈。性本趣江海，碌碌稻粱身。浩歌诚浩荡，龙尾但逡巡。愿言踪是子，从此长隐沦。（《学隐》）

此乃十年之前后学所作之小诗也，以学界丛秽，权力与金力之相姻好，遂开利禄之途，大雅沦歇，难得风人，涕零四望，徒增唏嘘。后得先生之著作读之，驯辞奥衍，茫无涯涘，温温之语，闳达之论，规模廓落，中通理直，不觉手之舞之，足之蹈之，则又感慨莫置也。窃思当此文运颓衰、人心晦暗之际，我中国尚有若斯之学者，老成持重，续吾中华正学之学脉于一线，此诚圣贤之事业，影响将及于方来，吾何觖望之有焉？贞下起元，亦愿步其玉趾，振其清尘矣。

后学历年以来，以“章学”为业，断断然求之于太炎之论著，奔走在中西哲人之间，虽稍有得矣，然以蠡瓢测大海，何其不自量力也。夫太炎之论学，在识大体，贵自得，深心自造，斯为美；学者之读书治学，其若醯鸡然，浸于其中，久而不知其酢，斯语诚为的论。此中消息，吾更于先生之论著中得之，遂益增其歆羡之情矣。

“西部大讲堂”乃我学院受教育部之委托，网罗天下之学人，讨论学术，抉抒胸臆，展布悃诚之道场。频年以来，来此论学之方家耆宿，缡结云构，大雅声光，惠泽学人，何可殚述？然吾以为，我西部大讲堂若无先生之莅临弘道，则徒有其名，未臻其善也。是以学院负责同志诚情相邀，然却遭先生之婉拒。呜呼！我师大学子其无缘于罗先生乎？其正引领企望之全国千百之学子，其无缘于罗先生乎？若罗先生者，其犹畸零之人乎？虽寄身于槛内，然实游心于方外者也。虽然，北大讲学，观者如堵，其精神之所寄，非义宁之精神乎？非太炎之风骨乎？瞩望方来，华山论剑，张皇幽渺，大阐吾学，则甚望先生践迹故都，再登坛坫，熏沐我等，此当快何如也？

此地有崇山峻岭，有茂林修竹；此地有千百好学之学子，有朝夕慕道之同好。岭上云飘，此终南之山遥望先生悠悠之微心也；此地之茂林修竹，其亦可以憩息先生之声光大雅乎？后学受学院负责同志之委托，再次相邀，受命之际，不知从何说起？后学之于先生，虽缘悭于一面，然此一点之诚心，实亦我师大千百之学子、我学院数十教师之诚心也，愿先生躬临大驾，惠然肯下终南，大振铎音于故都，则后学谨此执帚扫尘，展布茵席，焚香以待之，朝夕以祈之。顺便将拙著数部特快专递奉上，聊供一哂，并请指正！溽暑正烦，愿先生善自珍摄玉体。

即颂撰祺！

后学玉华拜时甲午仲夏于故都长安

梁王酬唱集

梁归智　王玉华

读《古瓶集》酬归智先生五首（王玉华 2014.4.11 夜）

自怜诗笔走天涯，驻迹长安气亦奢。
无赖眼前人物盛，纷纷都属利名家。
春风一卷寄辽阳，漫读清宵喜欲狂。
片片红云谁剪出，骚离无限绮萝香。
沉酣黑梦去悠悠，赤地三千是九州。
谁汲西江一瓢水，解人饥渴慰人忧。
香檀国里寄浮身，梦到荼蘼情更真。
老笔纵横缘底事，原来俱是罹忧人。
古瓶新汲沧江水，倾出无声滋九州。
我有好歌歌不得，为君更有好歌喉。

玉华注：梁归智，辽宁师范大学文学院教授，章太炎先生入室弟子姚奠中教授之门人，乃我国当代著名红学家，又与周汝昌先生创“红学”中的“探佚学派”，影响深远。《古瓶集》，乃梁归智先生的诗词集，收入梁先生所著的《箫剑集》一书（山西教育出版社，2000）。

奉和玉华兄赐句原韵绝句五首（梁归智 2014.4.12 夜）

君隐终南我海涯，采星种浪各豪奢。
梅溪玉屑终堪羡，今夜神游会酒家。
谁能横剑醉高阳？侠女相偕梦也狂。
银汉光流吟妙句，回眸红袖又添香。
梦觉北冥千谬悠，有人夜半唱凉州。
古瓶贮泪心花怒，铸剑真能解杞忧？
沧海浮沉自在身，灵犀奇脉韵清真。

江郎彩笔芬芳意，犹是畸零槛外人。
学邃诗萌上绝楼，西京神笔镇雄州。
荒歌敢秀班门斧？酬唱知音愧玉喉。

注："学邃"句，玉华兄"章学"名家，天纵诗才。又"萌"、"秀"用新潮语也。

得归智先先雅和，再奉五首，用原韵也（王玉华 2014. 4. 13）

红楼一去渺无涯，独占风流意气奢。
十二金钗终有托，程高应惭作名家。
姚周大帜举辽阳，学海奔波颠若狂。
为续中华真韵府，诗词国里麝兰香。
谁能铸剑纵情悠，匹马狂歌哭九州。
大雅流声何濩落，古瓶犹自解人忧。
侠士情怀学者身，奇文一脉蕴清真。
三千学界能言大，缘有余杭传学人。
为言寂寞独登楼，一简诗篇寄远州。
望断遥遥鸿雁去，知君正在润清喉。

长安逢梁归智先生夫妇（王玉华 2014. 9. 25）

君从海边来，行踪岂有处。长安恣游览，风流便无数。辱践衡庐下，嚼齿如冰注。园中倚清桂，添得许多趣。我本一微士，网上偶然遇。从此相顾惜，频频赠大著。红楼寄一情，西游凭一心。吾生亦复尔，诗中长短吟。香国今安在，寻之意颇深。试将游心去，朝暮言跻升。亦愿从君后，红楼到几层。

奉和玉华兄五言长韵（梁归智 2014. 9. 29 北京）

长安访佳士，桂香流溢处。网络结因缘，绝唱惊异数。太白愧重生，风骚川百注。导游国子苑，怡悦翰林趣。金童并玉女，邂逅亦良遇。唐诗悟妙赏，章学传鸿著。南山倾忘情，西风漱冰心。明日霞光灿，一篇山水吟。捷才愧难续，玩之味转深。徘徊金乌坠，星斗先后升。秦岭红叶积，辽海浪几层。

玉华注：金童、玉女，指我的学生周敏秋、欧阳清二博士。梁先生来游，二子作陪，一不小心，入了梁先生之诗，何其有幸也！

归智先生馈遗大著“红楼诗解”读后，率成五绝句以报之（王玉华2014.10.10）

独上红楼第几层，金心写出是奇文。
艳桃秾李纷飞去，犹见蓬山张一军。
金钗自古总沉埋，别样芬芳为底开。
证得情根莫人极，翩翩笔下倩谁来。
芹卿大笔最逍遥，一若庄生一楚骚。
赖有鸿文相演续，眼前风景始娇娆。
梦结红楼千万家，魄魂颠倒亦云嗟。
自从探佚奇兵出，便与人间作小鸦。
九十日春方过了，乱红万点尽成埃。
原君本是多情种，敢把明珠寄上才。

玉华注：“红楼诗解”，乃梁先生所著之《红楼梦诗词韵语新赏》（北京师范大学出版社，2010）之略称也。

学者文章歌兼寄梁归智先生（王玉华2014.10.11）

吁嗟乎，吁嗟乎，学者文章盈道途。师云能钓沧海日，大纛高张徒相呼。朝也忙忙碌，暮也碌忙忙。万窍岂云歇，一心却凄惶。昏头黑脑去，总是造文章。才离虎狼地，又到阎魔乡。吁嗟乎，吁嗟乎，大人孜孜小子狂，举国汹汹复煌煌。但言精诚照白日，又言将迈汉与唐。君不见太仓陈粟千万钟，陈陈相因何时穷。天下苍生饥已甚，焉能以此作疗功。吁嗟乎，吁嗟乎，文章自古有高风，胸蕴诗书情自浓。生生大化来笔底，浩荡春风五云中。吁嗟乎，吁嗟乎，中华巍巍数千载，文运何时能相将。如何能起美文肉白骨，如何不令腐笔毒人肠。

奉和玉华兄七绝五首（梁归智2014.10.12大连）

飞身雁塔品乾坤，濡笔银河洒健文。
西北诗坛华熠耀，一株俊影韵将军。
一瓢挂树月云埋，梦觉星流心眼开。
想象玉华张绪柳，昔年红线叩门来。

斥仙甩袖霓云遥，解佩窃香风雅骚。
夜半寻诗君待我，大明宫下鬼妖娆。
红楼真赏即方家，探佚称奇谢玉华。
回首沧桑卅载事，星飞月走乱涂鸦。
反照风流幻镜台，碧排朱染瞬间埃。
共怜情种寻残梦，滴血成珠八斗才。

注：一瓢挂树，典出唐徐夤《闲》：“一瓢挂树傲时代，五柳种门吟落晖。”

斥仙，指在人间之仙，典出宋陆游《书适》：“太平固自多遗老，独往何妨是斥仙。”

梅溪响唱

梅溪渔隐（作者）：

上诗坛七日戏题四句：

一路狂歌到诗坛，成名仲甫两班班。素心洗尽西江水，清风白鸟相与还。

青鸟天空：

哈，两人来接啊！

梅溪渔隐：

梅溪烟水笼轻纱，往来东邻卖饼家。青鸟有意作高会，应向三山借云霞。

青兄勿怪！一笑。

田成名：

谢兄诗，足见高才。

梅溪渔隐：

田兄过誉！

田成名：

凌空青鸟披灵纱，雾海云峰第几家。偶落梅溪观钓曲，知音隐隐一帆霞。

梅溪渔隐：

春到梅溪细如纱，占得风流第几家。蓬莱文章建安骨，送君一气凌紫霞。

田成名：

好！！但当求合律！！

梅溪春意水中纱，渔隐竹湾第一家。好趁天风挥钓手，诗鲸骑向漫江霞。

行李：

两位秀才诗好对！

梅溪渔隐：

“好!! 但当求合律!”——田成名

“如做七绝看，失律处很多。”——仲甫

仲兄所言极是，吾之诗其不合律者多矣，偶尔协律，也是碰巧，所谓魔也。吾向不喜律，自然亦不愿律。吾国之诗，源于三百篇，三百篇穷而有骚，骚穷而有五七言，此诗之正也。五七言穷，乃有律，此诗之变也。律者，诗穷而后之回光返照也，唐人已泄尽地藏，是以唐以后无诗，乃转出词来。尝以为陷溺格律愈深，则诗之生气愈失，江西派笼罩吾国诗坛数百年，消磨天下英雄之精神于无用之一途，此其罪孽深重，不可逭也。吾人今日欲兴诗道，格律运动，万不可倡，当效昌黎之倡古文，倡古诗运动可也。吾人永世于律诗中打滚，则永世为唐人踩在脚下，不得翻身矣。是以吾以为欲吾国之诗得放一大异彩，其出路只有二：其一在新诗；其二若用旧体，则当推翻格律，回归魏晋，所谓以复古求解放是也，否则死路一条也。不知仲兄以为何如？——上帖仲兄未回，不知田兄以为何如？再续一则奉上，田兄一笑：

梅溪水涨千层纱，绿篙撑破采莲家。双手推出西江月，好与田兄裁锦霞。

田成名：

梅兄：适才过累，小憩。迟复而歉！上首是贯顶格。兄之言，略不敢同。其中多有误处。诗以意为主，格律其末，信也。但格律的产生与运用，却是中华诗歌艺术大发展的结果，它标志着诗歌艺术由声韵自然走向了声韵自觉，从此中国韵文学有了声韵音乐美的独立审美范畴和标准。近体格律诗的产生，也标志着我国传统诗词走向了形式相对稳定期。但是，中华文化的包容性，决定了近体与风、骚、歌、行、古律绝、吟、辞的并行状态。非律则风骚也可。格律的意义，就在于使诗歌语言增强了限制，限制越多，则内容越丰富，使传统诗词语言中的一切因素，都产生了意义价值和审美价值。唐诗飞扬异彩的风韵，正是在这一总体限制下实现的。也即因格律而唐更其为唐。宋变唐，则是创新思维的结果。宋与唐诗，一以丰神豪韵胜，一以筋骨思理胜，是并立双峰，是两种文化性格与审美趋向的表现形态。我们不能说唐后无诗。现在，传统诗词艺术复兴，要继承发扬，尽可以风骚雅律庙堂江湖并存，新旧声韵并用，关键还在于意境内涵思想等的创新，不必局于形式探求。无论律与非律，达者即佳。但倘若研习古诗，不通格律，终是难行啊！

烟笼溪梅万缕纱，清香沁入野渔家。横舟几许江南月，只在竹篙弯处霞。

梅溪渔隐：

弟之专业乃中国近代史，于诗则自幼好之，终为门外汉也。窃以为吾国歌诗，虽代有不同，要之，其根本精神则应在仲尼所云之“咏志”也。晚清时倡诗界革命，其主要矛头乃在江西派之毫无生气耳，且下启五四后之新诗运动，使古诗、新诗亦相承于一脉。新诗承晚清之诗界革命而来，外则受西洋歌诗之影响，且终成吾国诗歌之主流，乃在于其内在精神在此不在彼也。其所谓内在精神者何？千言万语总不脱“自由”二字。吾人今日深陷格律，不啻为己制一囚笼，所谓猛兽陷于槛，无所施其能也。吾等既无老杜之才高，所出之品，弟总觉有纤纤弓足、楚楚可怜之感，何若放为天足，既不济，亦有大脚婆之野气，渐有生意也。

再续上一则：

烟笼寒水薄如纱，弯曲深深有人家。一入梅溪从君醉，卧听渔唱送晚霞。

兄多休息，完全康复后再作答不迟。

梅溪渔隐：

上诗“弯曲”应为“湾曲”之误，兴犹未尽，再续几则：

梅溪水暖可漂纱，西施到此思安家。黄发垂龆班班笑，晚风吹动武陵霞。(其一)

亦种田来亦纺纱，梅溪两岸是农家。四时自然任节序，胜似神仙耕烟霞。(其二)

梅溪花发织绫纱，一川清气到谁家。他日骑龙撇波去，江海辽阔满天霞。(其三)

塞北江南：

呵呵呵呵……过瘾！

梅溪渔隐：

青鸟兄、行李兄、江南兄，何不也上梅溪，作一高会，当更热闹也。

田成名：

梅兄好!!

艺术是精神载体。但艺术有形体约束而精神无形迹可勒。艺术自由与精神自由的本质差别，就在于艺术自由总是在相对限制下完成和实现的。“言志”与“缘情”为中华诗歌艺术之两大本质。但二者不可分割。情亦志志亦情也。晚清诗界革命所针对，似乎并非仅是江西余孽，还有桐城谬种。新诗实际是舶来，是文化转型期迷茫无主的选择，也是西风东渐，文化交融的必然结果。它其实是割裂了传统诗歌艺术的产物，别开生面的艺术样式。新诗的产生与发展，是文化融合语境下对民族传统的颠覆性选择。它与中国古典诗歌艺术不是一脉相承的。我们继承古典文学，最重要的是继承它所承载的文化精神、民族精神（所含甚多，不细述）。而近体则恰是这精神的首要载体。如不喜欢近体，则风、骚、乐、歌、曲、行诸体具在。何必弄此不伦类的呢?

梅如香月月如纱，溪畔枫烟落哪家。渔火阑珊舟系处，红巾一角正飞霞。

梅溪渔隐：

田兄身体如何，想已康健也，一丘幽山之功乎?

弟以为吾国歌史数千年，代有变迁，一时代有一时代之诗。风雅息而有骚，骚穷而有五七言，五七言尽乃有律也。变者，常也；不变者，非常也。变则不伦类矣！当风之将息骚之将起之时，岂不曰骚之于风为不伦类乎？当骚之将穷而五七言之将起之时，岂不曰五七言为不伦类乎？当五七言将尽而律之将起之时，岂不曰律为不伦类乎？而皆各领风骚数百年也。吾是以以为变乃常也，不伦类亦常也。自西风东渐，神州陆沉，吾国实撄数千年来未有之变局，整个社会皆处在转型之中，诗歌虽小道，能脱离此大背景而独立发展乎？吾人处此大变动时代，亦当激其波而扬其流，种种尝试不妨一试也，徒抱古人之陈骸，不敢越雷池半步，恐非豪杰之士之所为也。尝忆胡适之先生《尝试集》出时，时人多嗤之以鼻，而新诗终能夺旧诗之席而独大。适之先生之尝试，毋乃亦为不伦类乎？

庄生云“辩无胜”，弟乃今重知之。弟与兄往返驳诘，各竭己诚，徒愈辩愈纷，长此下去，疲精费神，恐无了时，不若效庄生之所为，以不辩辩之。余杭先生曰：“饴豉酒酪，其味不同，而皆可于口。”弟之于兄，见虽不同，亦各由其志，各遵其道而已。

当然，兄若有雅兴，弟则当续奉之，预备掉肉五斤而已。复续几则奉上：

梅溪茫茫雾如纱，尝试新词煮百家。待到漫天雪花下，姹紫嫣红染朝霞。（其一）

漫把清姿写绫纱，来问梅溪种梅家。解释春风无限意，半溪碧水一溪霞。（其二）

曾观暗影浮香纱，又睹扶疏剪梅家。不若梅溪梅花好，凌霜傲骨烂云霞。（其三）

田成名：

呵呵，梅兄以弟不伦类之语为怪乎？我已掉肉七斤矣！

大道渊深，原不在乎口舌之间耳！文以代变，与世推移，信也。然时理同而情势非也。当今之时，古体悉备。即兄所作，可归七古。诗体创新，谈何容易？但选择耳。我并不排斥诗体之创制，然创制不可易中华古典诗词之艺术特质耳，即必须具有诗词作为诗词本身的艺术特征、审美形态，它不能成为新诗或者其他。

哈，见兄又写出这许多纱、霞来，弟却才尽了！凑一个塞责吧！

云写清风雾写纱，梅花谁写在山家。渔歌几曲竹舟小，一块红巾系彩霞。

跋

丙戌季夏，余偶入“中华诗词网”之诗词论坛，得遇“旧体新诗”版主田君成名，乃相与入梅溪，朗吟畅叙，同行者青鸟天空、行李、塞北江南诸君，因将所论，辑为一集，颜之曰《梅溪响唱》云。梅溪渔隐。

（注：仲甫与青鸟天空皆论坛版主，行李、塞北江南二君则论坛词客。）

两人对酌

按：这一组《浣溪沙》词，乃是我与两人对酌先生的网上酬唱之作。两人对酌，本名胡国跃，上海黄浦人，乃吾网上词友。这几年因身体原因，我已很少上网，近来因编辑是书，偶然上网查阅资料，惊闻对酌先生已经仙逝，不胜追怀感悼。谨以此弔对酌先生于九原！

陈去疾（作者）：

李杜诗中度少年，江南风日缔诗缘，诗成意气直无前。
诗国从来多正气，湖山笼去几诗篇，亦能迹圣亦能仙。

两人对酌：

诗国徜徉年复年，妙文奇句结情缘。胸中块垒慨当前。
天地苍茫承雨露，江山妩媚要诗篇。一挥彩笔逸如仙。

陈去疾：

网上飘零又一年，不知结得几诗缘，愧余才减笔难前。
花落重城天欲暮，杯盈浊物腹无篇，那能去学圣与仙。

两人对酌：

觅个清幽享绮年，溪风山月此生缘。自由自在乐无前。
知故人心呼美酒，怜新朋意寄诗篇。或能云雾遇神仙？

陈去疾：

我遇先生值盛年，风流浪漫称奇缘，山珍海错列堂前。
醉罢歌呼夫子笑，醒来驱遣相如篇，一生如此是神仙。

两人对酌：

且尽欢愉有限年，相逢总是一番缘。谈诗论句共屏前。
二月春风天作美，中秋月色思成篇。何如山水学游仙！

陈去疾：

将入苍苍知命年，与君相识有因缘，还言诗债负生前。
窗外春光成憔悴，屏间得意遇奇篇，慰余晚景似神仙。

两人对酌：

归去林泉不计年，与诗结得几生缘？一壶陶醉在花前。
世遇相知终不忘，笔生五色尽佳篇。天花纷乱幻如仙。

陈去疾：

醉入长安梦醒年，江南人物已无缘，柳花飞舞仍从前。
对酒苍茫观落照，有时寂寞写诗篇，世间何处遇天仙。

两人对酌：

飘荡江湖多少年，青云平步却无缘。更休余恨结眉前。
何处清幽祛鄙俗，一分高古入新篇。罗浮梦里忽成仙。

陈去疾：

酒入愁肠忆少年，江梅正好缔诗缘，一枝摇曳绮窗前。
未老春风思故国，漫将余兴铸新篇，萧萧白发已如仙。

两人对酌：

作赋吟诗更几年，但与贤圣一分缘。莹莹明月挂楼前。
仰面云天思得得，凝望山水韵篇篇。他时骑鹤作飞仙。

陈去疾：

不系轻舟系昔年，江湖风雨酿奇缘，纵横潇洒兴无前。
大雅流来千古意，长风吹送月华篇，诗仙队里一诗仙。

两人对酌：

如许轻狂笑昔年，江山指点亦奇缘。纵横侠意傲人前。
刻意犹怜新月好，深情但诵故人篇。几回梦里唤神仙。

陈去疾：

满地零红似昔年，春风吹去几生缘，独留明月照窗前。
花正好时人未觉，花将去也枉遗篇，年年惆怅月中仙。

两人对酌：

惹我相思多少年，春风一别尽了缘。锦笺犹叠短檠前。
明月曾经窥爱恋，芸窗长忆写诗篇。那时人羡一双仙。

陈去疾：

楼上风来送暮年，天云淡荡若无缘，夜来梦到绿衣前。
瘦损容颜成鬼魅，殷勤重读谢娘篇，原君是我梦中仙。

两人对酌：

青鸟传书那一年，蓬山迢递两牵缘。几回风雨梦难前。
痴绝茫然看落絮，愁来忍更读遗篇。此生长叹未能仙。

陈去疾：

飘泊长安又一年，满城华盖却无缘，欲随燕子到堂前。
手把芙蓉君莫问，书来应是定情篇，想君视我亦如仙。

两人对酌：

梦里桃花似旧年，侯门一入再无缘。中宵独倚玉栏前。
长剑飘零踪四海，孤魂落寞愤连篇。安能携手两如仙。

陈去疾：

梦到江南几十年，桃花涨起万千缘，子规声里夕阳前。
大好河山能远目，无聊情绪宠诗篇，人间那得快如仙。

两人对酌：

悟到无嗔迟暮年，悔教多愤负良缘。不堪风雨忆从前。
一片凡思随逝水，三春景物剩残篇。淮南鸡犬自升仙。

陈去疾：

寂寞生来日似年，落花流水也称缘，且将诗兴葬花前。
白发飘来添乱绪，岁华度去缀残篇，人言心静即为仙。

两人对酌：

如此江山如此年，相逢萍水有奇缘。等闲兴致逸于前。
三月春风裁细柳，诗坛佳话和连篇。飘然归作梦中仙。

“丧我”之辩（“菊斋论坛”）

袁简斋诗论（陈去疾）：

天地开张灵性存，千磨万劫总精神。汩没百家终丧我，山中皎月向谁明。白雪不同下里调，巴人岂以阳春高。鲲鹏海运九万里，鷦鷯一枝亦可巢。大雅即息大道分，全凭一点撑乾坤，吾今葆此方为人。

仲甫：“山中皎月向谁明”——此为说性灵妙句。袁氏性灵说对诗歌创作影响深远，但如纯依此论，必流于纤巧。“白雪不同下里调，巴人岂以阳春高。”有合掌之嫌。

陈去疾（作者）：袁氏性灵说，弟以为存乎其人，所谓遇清则清，遇浊则浊者是也，是说固可流于纤巧，然亦可流于豪荡也。

吕败：“汩没百家终丧我”，是啥意思？

陈去疾：明了简斋之性灵说，此当可明。

吕败：正是不才在请教高明，您老这句话跟性灵有甚瓜葛？

陈去疾：这解释起来不大容易，简单地说吧，性灵是真宰，是主宰，人贵自得，诗贵独造，若成为书蠹，为百家所役，自家田地任他人驰马，此即灵明失，主人翁失守，此非“丧我”而何？如此说起来，弟有时亦不免为“百家”所“汩没”，说起来容易，做起来难啊！

吕败：“不践迹，亦无以入室。”百家各有所得，况彼集大成者。不识前言往行，不能蓄其所得。不因时而变通，天地不能造物。为物所役，乃不知性灵的结果。至于“丧我”，乃是知的性灵的结果，同时也是我得以知性的路径。意必固我之不存，则至人无己、神人无功、圣人无名矣。为物所役，是丧一偏之我；而能役物之丧我，却是我的全面复活，是谓性灵。

陈去疾：役物而不役于物，入乎其内，出乎其外，此之谓“存我”，不谓“丧我”。弟并不反对多读书，不多识前言往行，性灵亦无以发抒。盖性灵如稼穑然，无知识为之灌溉，终亦枯萎。

吕败：传统上讲性命之道，孔子说毋意毋必毋固毋我，庄子说吾丧我，释谓色空空色，老子说得一。没有“存我”的说法。我与心之间不能等量齐观，犹如意识与精神之间不能画等号。存心，不同于存我。我是生命个体的抽象思维，心是生命力的发挥，并自然而然地复归于精神的全体。诗云：潜虽伏矣，亦孔之昭。

陈去疾：先生辩才，佩服！敢问何谓“我”？

吕败：佩服就不必了。心为庄周，我是蝴蝶。我是心的影子，假象，是心灵拆阅的封封世网中的来信。我就是我的丧失，通过丧失，我获得我的灵明即心。

陈去疾：如兄所言，则此心是真，此我是幻。如此，则不知此心何以依住？兄又言“我就是我的丧失”，此不合论理。弟以为，心即我，我即心。心者，灵也，我者，质也，灵乃质之灵，质乃灵之质。我之与心，融通为一，毕竟不二。

吕败：我并没有说我是幻。我是我的丧失，意为我是我否定的自身关系，是不断的变化。因此，没必要说“存我”，变化不需要存，也没法保存，不然就成了刻舟求剑。“我”主要表现为“为学日增”，而心灵的过程却是“为道日损”。心与我，本来当然就是同一个东西。但心是以精神实体生生不息而言，我是以“我思”即该实体活动的自相一致性为言，我便是思。如果此思与易简之理吻合，那当然是融通为一，毕竟不二了；但事实上并非如此，日用而不知者多矣。《通书》：“无思，本也；思通，用也。”无思者，心也；思者，我也。

陈去疾：兄言“我是心的影子，假象”，此“我”真耶？幻耶？“存”之与“丧”乃对待之言，有存则有丧，有丧必有存，二者相为依住，相反而实相成。若“我”只有“丧”而无“存”，则为虚无，不成“我”矣！存之与丧，乃我之二种势能，存为凝聚，丧为发散，此类古之哲人所谓之翕与辟，一翕一辟，所以成物；一存一丧，所以成我。我为体，存、丧乃为用。周子言：“无思，本也；思通，用也。”此亦达本末、明体用之言，周子以“无思”为本，以“思通”为用，是矣！“无思”者，何也？即心也、我也，兄以为“心也”，正确，然以“思”为“我”，则谬矣！此乃体用不分之过也。思者，意也，用也，恶得以之为体？

浪漫的鳟鱼：呵呵，陷入玄论了。任何一个命题都是双刃剑，都要两分法。知此，何须争辩？“丧我”是文言的词汇，文言词汇往往有含义混茫不专的毛病，二位再用文言来辩论，就愈加玄虚，几近卖弄。劝二位改用现代语。记得西方国家与清政府签订条约时坚决反对用文言文，就是因为文言的词意没个准，不是精准语言岂可用来签合同？不管是文科理科，只要是学术理论，就必须要精准语言，否则只能是自欺欺人。

吕败：我所谓的“我”也是一个整体或总体，但较心而言，更抽象，常常容易脱离实际。所以我说：“我是心的影子，假象，是心灵拆阅的封封世网中的来信。”我的影子不管有多少个，毕竟也是我的影子。因此在语言上，我只能作为代词使用，就是因为它过于抽象。但不幻，因“我”是心的本质，是心灵的自身普遍性的称谓。它不需要人为地来存，当我思或操心的时候，正是我在如此这般的活动。正确的思维，就是真的我。“我”作为在幻影诸相中持久的东西，是心灵的内容和这个内容转化出来的形式，即理。是真意。

我所谓的心，则是理气合一的自然存在，是生命的中枢。相对于抽象的我而言，它是自在的基础，是生机勃勃的一气之流行，“我”则是此流行的条理。您所说的聚与散，恰恰是在说气的变化和多端，这在王夫子所注的《张子正蒙》中，说得很详细。

“我”是心体的自然发用，乃潭水之内明，灯火之外朗。这比前面的影子说更具体些。心明则我条达，言有物而行有恒。

综观以上，故“我”不必存。并非说“我”不可以存，只是存了只能是人伪，因为“我”本来就存在。人伪则丧心，丧心则病狂，病狂则失我本矣。世无“本我”，只有“我本”。也就是说，真正的“存我”，只能通过“丧我”，如此方能周而不比，保合太和，乃利贞。以至于和而不同，泰而不骄。“存我”只能通过“存心”。存我之我只是骷髅。因其私，也因无可措手。

陈去疾：弟与吕兄所论本来即为形而上之玄学，而非形而下之科学，自然用含混之玄学语言，而不用精确之科学语言。若如兄台所言玄学乃自欺欺人之学，则吾国数千年一脉流衍之道德性命之学，亦可视之为自欺欺人之学矣，此不免武断。

细读吕兄之所言，觉兄所用之概念颇为不齐，吾人虽做不到若鳟鱼兄所言用精确之科学语言来表达，然于每一概念之所指，则大致明确，不能互厕相淆，以下概念兄皆有淆杂处：

心—理—气　　我—思　　火（明）—影

兄言心即我，又言心即一气之流行，我即思，又反对人为，我是内明，又言是心的影子，此皆颇为混乱。又，兄承认我是心，是真宰，不待外求，以存我为人为，即伪，认为如此便不为人，为骷髅，然丧则为兄所肯定，存为人为，丧非人为乎？思非人为乎？此实令人大不解。想兄自有一贯之见，然表达却令人纷然莫辨也。

吕败：“丧我”是庄子的用语，意思在原文本中是明确的。这里只是讨论事情本身。我也力戒卖弄，而且对方即陈兄也看不出有这个迹象。但学术的东西本身是历史性的，文献的文言谁也无法一概抛弃。

陌上：陈去疾所言“丧我”，一睹而能知其所指，不必旁引庄子以相发明。且“不践迹，亦无以入室”此言诗艺；“湝没百家终丧我”（此句恐稍有语病），此言诗心，诗艺必求诸古人而后有进，诗心则贵独造而不得假借也。此本言诗，而张皇至此，流入玄玄，殊觉无谓。

陈去疾：陌版所言甚是，意本一睹可知，然若深究，则大不易，亦恐愈辩愈纷。“湝没”非，乃“汩没”。

吕败：若把迹仅理解为艺，则诗不必存。刘勰说，诗以持心。乃见得诗有心存焉。读人诗，必待获人之心意而后已。观人之如何操心，则不言艺而艺在其中矣。而操心者，思也。思以忘思，然后一己之心存。惟因此，诗才有其价值。盖其为慎独之资也。既思，则不免于辨义；有辨，则貌似谈玄。然玄者何谓也，辨同异耳。老子曰：同出而异名，同谓之玄，玄之又玄，众妙之门。同而异，异而同，川流不息，本来就是心之真相。亦何有于“无谓”？

回陈兄：您读过周濂溪的《太极图说》吧。说心，须兼理气。否则，不是不明就是不备。而且我反问一下，“存我”怎么个存法？

秦月明：丧我，很好的境界啊，庄子《齐物论》讲南郭子綦隐几而坐，无非修到了“今者吾丧我”，也许只有“丧我”之后，人才能突破藩篱。

拂羽雪霅：呵呵，庄子是不可知论，若依着他，恐本不须洋洋洒洒地盖上近三十层楼的。

陈去疾：月明兄所论近于庄子的原意，然与我等所论者意却不同。确切地说庄子是“齐物”论者，求大智而捐小知。

弟同意吕兄“心”是“理气合一”之存在说，然却不能认同吕兄“心”是“一气之流行”说，此盖弟与兄根本分歧之所在。如此，兄之问题便可回答了。心即我，我即心，此亦为弟与兄所共认者，如此，则我者亦理气合一之存在也，既杂有气，则我时时将为外物所染，无操心、集义之工夫，则我终将为之“汩没”，则灵明失、主人翁不在家矣。此工夫者，即存我之法也。是以吾人虽爱护“真宰”，亦不偏废践迹之工夫者，以此也。于诗来说，弟虽尚性灵，然并不反对读书积学者，亦以此也。

吕败：不能认同兄“心”是“一气之流行”说，why？另外，心与我有相同的实体，所指却是不同的。好比经济基础与上层建筑。

陈去疾：心是主宰，气是外物，二者划然有别，岂可相混？

吕败：“我”之于心，也有区别，为什么可以同一？

陈去疾：心即我，我即心，即主宰，即真宰，心之与我，二名而实一相。

吕败：仍然没有实质性的回答。二名即是二相。若为一相，则心不必有我，我不必有心。

陈去疾：苏轼、苏东坡，皆指那老头子。

吕败：莫非苏东坡有气，苏轼无气？

陈去疾：苏东坡与苏轼皆理气合一之存在，无有气，如何挥洒才情？

吕败：心无有气，能成主宰么？

陈去疾：自然不能，心若无气，则成空灵，则为游魂，则精彩失，唯其有气，方能演绎壮阔之人生也。

吕败：那么，气若是外物，则心不成心了，呵呵。

陈去疾：非也，此气非彼气也。彼是外，此则是内，此即操存也、集义也。盖本体与工夫，亦不二也。

Luer2222：二位引经据典，俺看了半天也被说糊涂了，俺倒觉得二位在唯心与唯物之间争论，古人有许多东西其实他们自己也没有弄清楚，只是把自己的感悟写入了自己的文章，后人在他们的文章中断章取义的时候比较多，二位当然不属于此列，但就诗词而论，俺觉得读书与自创并不矛盾，关键是如何读书，如何自创，写出真实的自我才是根本，可以取古人之意而言我事，可以取我之意而用古人之言，亦可写出真我。古人并非事事皆通，他们有许多事情其实也是模棱两可，但好在他们知道书写真我，搞不清楚的问题照实写来，这样的结果是后人并不人人知情，所以总是崇拜古人，拿他们的言论作为自己立论的依据，往往是越辩越糊涂，庄子不知道是蝴蝶还是蝴蝶是自己，其实可能只是庄子对自己梦景的一种真实记录，他可能自己就是分辨不清梦与现实，而后人却从哲学的高度去理解这件事情，于是产生了所谓的虚无主义思想。殊不知庄子可能只是在书写真实的自我罢了。所谓“心”与“我”在诗词中的关系如何，俺觉得并没有实际操作上的意义，只要是真实的感受和事情，这两者并无本质的区别，其最终的落脚点都在一个“真”字上，千古绝唱和应时之作都一样，离开了一个“真”字，就难以成为感人的作品。更不用说传世之作了。评诗就更加难了，在我们不知道作者生活背景的情况下，对作者的作品进行评论，我们是要冒很大的风险的，其中可能会产生不同的理解，甚至会产生对作品的误解也不奇怪。

就像俺刚才看二位的辩论，不知道你们是不是真的在辩论俺说的问题，也可以写这么多自己的感想一样。辩论是好事，但俺不主张谁一定得说服谁，大家讨论，各抒己见，自己从中去领悟为人、为文、为诗之道，不亦乐乎？

所以俺喜欢看这样的辩论，也喜欢瞎掺和。嘿嘿！

吕败：这里本没有一定要使人服的意思。我没有，别人也没有。只不过提出问题，答之。如此而已。至于谁来提谁来答，是不重要的。重要的是疑义相与析。因此我喜欢 Luer 兄的“喜欢瞎掺和”，并表欢迎。

朱熹曾由衷地赞叹庄子真是个大秀才，说他方方面面都说得到，且极精巧。可见在朱子眼里，庄子决非分不清梦与现实的糊涂虫。庄生将“哲学的内容”用“寓言”的形式来配合议论，愚以为是精当的。

诗贵清真，这是定论。但诗是人写的，人是有心灵的，而人和心都是一个成长的过程。因此说诗的原理，根本上就是心的原理。

在长跑比赛中，原来集中的队列，随着时间的推移，慢慢地分裂了，各阵营间拉开的距离越来越大。单个的人同样如此，疾病就是这样的表现（消极的），不管肉体的还是精神的（实际上两者密切相关）。每个人有两只眼睛，虽都是眼睛，但毕竟分彼此，正是这一彼此，人才得以感知空间和距离，时间和速度。然分彼此，就有偏重偏枯的危险，这便是麻木和不仁。必待两两充实，而后太和可葆，春阳可续，乃归于一。在传统学术上，“心”是只知道生生，不作计谋的；而“我”实际上是惯作计谋的。尽管“我”内在于“心”，且作为智，是由心之生生存存凝结而成的。两者互为体用，直接地是同一个东西，间接地又是有区别的。前面的所有讨论，在我而言，就是为了表达这个意思。一切存在都是有差别的统一。你不能把没有刻度的木杆子唤作一杆秤。

陈去疾：Luer 兄的话，可移作拙诗的注释，阳春白雪与下里巴人，鲲鹏万里与鷦鷯一枝，各适其趣，各呈其性，只要是我之真实展现，即是好，无所谓高下优劣。其实拙诗本来意自浅明，因辩而变得复杂起来。庄生云辩无胜，此亦一是非，彼亦一是非，是其所非而非其所是，此皆一曲之士，到后来也不过是各说各话而已。故不若无辩，多些生命体验，多写些自己觉得愉快的诗出来，才是正经——兼回吕兄。

作者注：袁枚，字子才，号简斋，晚号随园老人，钱塘人。承李贽之“童心”说、袁宏道之“贵真”说，而创“性灵”说，云：“自三百篇至今日，凡诗之传者，都是性灵，不关堆垛。”又云：“诗言志，言诗必本乎性情也。”“诗人有终身之志，有一日之志，有诗外之志，有事外之志，有偶然兴到、流连光景、即事成诗之志，志字不可看杀也。”“鸟啼花落，皆与神通；人不能悟，付之飘零。惟我诗人，众妙扶智，但见性情，不见文字。宣尼偶过，童歌沧浪，闻之欣然。”灵性，即性灵，此简斋论诗之主旨。汩没，犹沉没，杜甫《赠陈二补阙》：“世儒多汩没，夫子独声名。”丧我，见于《庄子·齐物论》，言平等之义，破执也。盖庄子以为吾人拘于墟，笃于时，束于教，所得皆一曲之见，非得道之全者，此即“我”之播弄精魂者。本篇之所论，则与此相反，此之所谓“我”，乃即此一点子灵明，人之本真是也。“丧我”则其本真失，主人翁失守，与义宁所谓之“独立之精神，自由之思想”者，邈乎远矣！白雪、下里、巴人、阳春，阳春白雪，下里巴人，雅俗之分也。鲲鹏句，《庄子·逍遥游》：“北溟有鱼，其名为鲲，鲲之大，不知其几千里也。化而为鸟，其名为鹏。鹏之背，不知其几千里也；怒而飞，其翼若垂天之云。是鸟也，海运则将徙于南溟。南溟者，天池也。《齐谐》者，志怪者也。《谐》之言曰：‘鹏之徙于南溟也，水击三千里，抟扶摇而上者九万里，去以六月息者也。’”鹪鹩句，《庄子·逍遥游》：“鹪鹩巢于深林，不过一枝；偃鼠饮河，不过满腹。”大雅，朱熹《诗集传》云：“雅者，正也，正乐之歌也。”息，止也。大道分者，《庄子·天下》云：“天下大乱，贤圣不明，道德不一，天下多得一察焉以自好，譬如耳目口鼻，皆有所明，不能相通。犹百家众技也，皆有所长，时有所用。虽然，不该不遍，一曲之士也。判天地之美，析万物之理，察古人之全，寡能备于天地之美，称神明之容。是故内圣外王之道，闇而不明，郁而不发，天下之人各为其所欲焉以自为方。悲夫，百家往而不返，必不合矣！后世之学者，不幸不见天地之纯，古人之大体，道术将为天下裂。”一点，谓此心也。葆，保也。

卷之五

咏学诗词汇抄

上部（诗之部）

铭志

此生在世欲何求，逐利追名但为羞。拼将百死践主义，雕成小技解民愁。楚客萦然怀忠愤，谪仙零落作狂讴。生平便觉最好处，一把乾坤正气留。

忆昔

尝看邻家埋菊枝，冀闻香气袭来时。登堂入室恒继晷，壮志常存舞荒鸡。料想年年花开处，岂听岁岁叶飘期。尘霜一染双鬓白，无复梁园宴故知。

夜读

春花夜放香几许，缕缕随风暗入家。可怜寂寞人不识，好伴书生咀英华。

少年吟

少年，少年，心如镜，气吐天。最恨桃红柳绿，春风闲袅，枉赚得骚人几多怜。清光渐满，佳人离绪，寄于瑶弦。那人悲西风落木，潇湘洞庭，三江七泽，至今不见吭音传。不知霜风肃肃，剑气泠泠，扫尽人间妩媚，唤回骨中劲气，凛凛意森然。少年，少年，便向九州禹域，袖回轻红翠绿，冥冥葬黄泉。一点浩然气，千载壮思宣。

赠留别意

相逢一杯酒，相去两回首。白云三四行，云中是吾乡。但愿白云常悠悠，莫令行程空迷茫。

与国琦

金铗清霜气吐霓，长歌啸罢白云低。何术治我伤狂病，孤心日日向海西。

注：徐国琦，安徽枞阳人，吾之大学同窗，现为香港大学历史系教授，著名国际史学者。

孟夏雨思

四顾茫茫乳白光，山河敛色泪苍苍。日魄无华千家暗，盆花有骨一楼香。斗室纵横思小谢，玉阶伫立看大荒。题诗鲛帕欲付与，不知何处是他乡。

晚春访客不遇次坡翁韵

一带青山映重门，半溪碧水绕孤村。东风剪得三春瑞，红雨飞来几缕痕。饕餮王孙爱书冷，横行公子喜春温，尊重主人在何处，凭花应赋玉梅魂。

重访赭山师大校园三首

老友相逢不胜言，伤心往往吐辛酸。华发鬖鬖添几许，愁对儿曹说少年。

当年相遇在层楼，一种相思铸百忧。孤帆远远天际鹤，亦有心到三山否。（注：否，在此作平。）

赭山脚下读书声，明月湖边话语情。自从南浦歌声歇，一时人物散纷纷。

获南开大学录取通知书欣作二首

草木繁华总望收，炎炎白日当空流。山风一道随岫出，与人便觉爽清秋。

世人谈说重商贾，我独披书一快哉。卅年男儿苦不立，何患无期遨九陔。

初抵津门游学

三十为功名，远来游直沽。乡音万里隔，风俗迥相殊。逸兴在怀古，豪情寄剑书。微志苦不达，大漠阻前途。

阻雨

涨海风兴起仓狂，天自昏昏地自黄。雷声滚动惊心魄，雨脚横飞撼宫墙。烛光冷冷赋幽室，钟鼓嗬嗬乐未央。古来多少离骚客，见阻方得好文章。

仁学读后二首

湘中有豪士，其名谭复生。侠气横天下，文章大庇秦。变法开新运，抛颅第一人。轰轰历一纪，遗志庶可伸。

拔剑气四塞，碧血溅中华。怜他众生苦，君乃长豪家。摊卷睹遗篇，挥毫写蘖芽。东南有大泽，宁无大音哗。

秋瑾像赞二首

汉家女儿志气雄，手执金刀吐豪风。为起陆沉渡东海，凌轹须眉不让功。层飚红雨遍禹域，萧肃秋风落绍中。侠骨尘香播千载，风雨亭上羞杀侬。

金刀击杀虏儿志，头颅拼得自由旗。文章侠气两奔放，名媛如花古今稀。革命才行别爱子，东瀛初渡典钗衣。仓皇四顾天宇黑，扬子江畔起义师。

读燕子龛诗三首

茫茫烟雨九州沉，托钵行歌一病僧。南朝女儿箫声歇，伤心又惹旧啼痕。

芒鞋破钵作诗僧，岂是天生空相成。碎玉流声著意远，读君诗后泪纷纷。

别有深意咏君诗，一掬同情泪澌澌。江南三月情何限，野寺萧庐寄梦思。

中秋二首

大地风寒秋正肥，寂寥游子怅思归。卅年壮志成寒梦，愁对东山说白眉。

天宇暗云合，微风八月秋。玉殿眉不扫，瑶台宴未休。指马征程远，挥斥意气遒。独然处大块，恋恋刬方舟。

南望

赭山巍巍豪气多，如今空读襄阳诗。长空银泪须须落，边塞寒风幽幽啼。觯酒不解梦蝴蝶，楫棹何须问桃溪。高台日暮乡关远，负了殷勤国人期。

赠中村达雄君

东海苍茫一派通，天教唇齿两依哉。晁卿归去涛风恶，谪仙歌哭白云哀。西来络绎寻礼法，东渡奔忙求道荄。兵霜已作尘埃梦，和平次第筑楼台。

作者注：中村君乃日本国名古屋大学文学部教师，于一九八八年至八九年在南开大学留学时识之。

送阿雄归日本

阿雄本是扶桑人，乘槎万里别慈亲。不畏风涛涉险阻，伴之唯有囊一身。中州亦有一书生，面容憔悴若鹄形。相逢一见辄欢喜，从此便觉情愈增。唐时衣裳汉时骨，蹭蹬风尘勤搜索。他年得志扬麈尾，声名一时显东国。今欲返兮春满陌，忆君来时秋时节。难波津水连东海，援笔沉吟意不绝。

夜望

春水池塘蛙相呼，轻绡薄雾罩鸿都。沉沉街火随隐约，拂拂清风若有无。兴摇荡时思鲈脍，目望断处是乡居。凭临觉有缥渺意，卜舟便欲向姑苏。

晨览武汉大学校园

晨起朝光淡，树深鸟雀喧。连冈披绿绮，隐隐响流泉。楼阁开山隈，邈入青云端。时见二三子，疑是蓬岛仙。

别沽上诸兄二首

人生飘忽百年内，到处相逢是偶然。纵有欢肠应似水，斜风细雨冷眼看。

壮士横刀嗔大荒，长歌吹断离人肠。无情有泪何人识，满天星斗落苍凉。

哀学

秋容改尽霜风起，终日无言对镜看。崔嵬释尽心渐老，学问不成鬓先斑。月下频呼乡关远，无钱何处买青山。二十年来浑似梦，逢人便说读书寒。

赠古谷浩一

王子志屈逃江滨，得遇扶桑古谷君。一夕倾谈生意气，几朝话语开胸襟。古君携箧游大秦，学成归去报慈亲。鹤鸣夜半万家动，月出海底千山明。东海一派水滔滔，千年相传归国谣。古君古君从此去，剩有余情随浪高。

注：古谷君乃日本《朝日新闻》社记者，于一九九五年在南京大学留学时识之。

文章诔

文章自古日月尊，著道开蒙起性真。一言了悟终生事，数卷流传万古情。尔来圣宇闹纷纷，神火不起鸦雀鸣。纵横咸是稻粱客，著作皆为浮浪名。朝偷王母盘中玉，暮窃玉皇袖底香。玉清香臭遍天下，从此文章道大伤。烟迷大地失魂主，雨暗九州叹国殇。仙鹤遗踪今安在，恨不嫁与五车郎。

谴虚名

卅年立志志未酬，赢得虚名反增忧。老父肝肠慈母泪，对此那不赴清流。纷纷天下孔方弟，耿耿我心独曙秋。江湖风雨几时歇。天涯海角一扁舟。

江上吟

十年江海路，孑孑成孤旅。漂身旧京华，所遇与肝忤。非是性高清，满城恣征逐。南方不可去，北方不可去。西方不可去，东方不可去。念此意彷徨，徘徊江之浒。芊芊江树深，漠漠江中渚。不见王孙至，涕下如注雨。忽见江上鸿，低昂似失侣。嘹唳声转哀，飚至折翮羽。归来享一梦，与鸿心相许。金光巉崿上，翩翩江之曲。

赠倪仙生先生

金陵有客倪先生，浪漫诗情三十春。风雨敲门等闲度，明月过庭留丹青。为国苦吟风流债，作人犹见壮士行。一卷书气藏真意，雪花飘落是童心。

注：倪宣生先生乃南京师专附中教师，喜吟诗作画，三十余年未尝中断云。著有《两栖集》（香港天马图书有限公司，2001）。

须歌

须兮，须兮，尔之名与丈夫之名相齐兮，尔之美与智慧之称相若。我既援五千年文化之壤植尔之基兮，复又引一万里长江之水灌尔之魄。遵大道以即行兮，又何惧夫众不可以户说。指神明以为誓兮，继之夫黾勉乎求索。须兮，须兮，学问之山崔嵬兮，学问之海阔阔。赖尔为予之津渡兮，愿尔为予之大辂。众皆弃尔如弊屣兮，相竞进以剃削。捐高尚而不顾兮，咸相煽夫浅说。其面固光然灿灿兮，其心乃愈益流乎粗俗。须兮，须兮，吾不知尔之名何时被恶兮，吾不知谁之子首唱而剃落。今予既为尔正名兮，愿尔雄心其大发。既扫荡乎轻佻之俗兮，返吾人以沉着。庶精进诚美之光兮，重照临夫九域。

作者注：吾之博士论文，以研究章太炎先生之思想为论题，“章学”研究，难度甚大，学界称之为“难啃的硬骨头”，青年学者避之唯恐不及，然吾之性，向不畏难，是以决然作此选题，业师茅家琦先生亦相鼓励。是时，吾且蓄须以明志，尝自誓曰：“不作好论文，无剃须也。”是篇即作于是时也。

伤世

年来无事不关愁，侪辈纷纷赴浊流。梅姿摇曳清野外，桃花开满高士楼。鸡鸣不已人如寐，风雨萧萧满神州。伤心世事催人老，一片青山可安留。

买书乐

买书归来囊如洗，数数角儿去换米。世人不识余心乐，余也岂欲世人喜。三十过后友日稀，因余无才逐经济。痴也罢，呆也罢，交个古人亦足矣。

章书写竟作七首

书海迷茫三十年，梯航津渡赖诸贤。一朝翻为雕龙手，应有豪情更著鞭。

明月孤悬信可怜，荒沟古水照寒烟。此中消息何人识，付于流光作纸钱。

飘蓬展转叹逝华，一泓溪水可安家。眷心频顾重重急，为有长流漫无涯。

章门浩荡长风舞，层阪叠障藏豹虎。搜索隐踪洵踟躅，名山还觅良弓弩。

沽上白下莳英葩，滋兰九畹声名遐。负笈一去闻狮吼，便骑黄鹤辞噪鸦。

南台沉沉夜色张，四十重来访汉唐。老去不知归何处，剩有鱼书伴痴狂。

当年相约意如许，蹭蹬风尘焉云苦。燕燕于飞不觉劳。振衣携手陟高处。

偶成

咏诗百遍灵犀开，万水千山次第来。嗟我齐州信多士，纷事雕琢巧安排。

忆故乡七首

少年心事可拏云，去国远游长精神。南北东西咸历遍，始知月是故乡明。

故乡四面遶青山，良田万顷白水间。鱼芦自饶民自乐，儿童也要学耕田。

先生放学栽秧忙，日没西山始收场。半部西游勤补葺，满村尽听蔡中郎。

六月炎炎稻禾熟，稚子嫠妇早治场。半年劳苦天不负，晚风习习汗也香。

溪头菱角又闻香，村边古柳说蟹黄。最是一年好风景，家家治酒趁时忙。

我家白屋两三间，亦能读书亦庇寒。黄龆白叟常聚笑，别有风趣出天然。

少时吟咏抱青山，濯足长流意自闲。行人莫问桃源路，鸥鹭禽鸟相与还。

咏学五首

断长续短信可哀，自古君王多蔽才。妾妇有泪诉不得，何如抱朴没蒿莱。

纡青拖紫意气昂，处处蛮触作战场。九州沉沉黑气塞，累累白骨横大荒。

瑕人孤愤至今传，天若有情天也怜。百花零落成泥土，寻芳只在墓墟间。

西风夕照古冢荒，营营青蝇不住忙。千年意气全萧索，总把斑剥作文章。

春卿阅士信有方，弃置黄金解龙骧。君看今日儒林传，蛙声一片下残阳。

研究生扩招杂咏五首

颇怪英雄入彀中，风光到处乐融融。一纸文凭悬高价，此是君王南面功。

八比魂归又擅场，千年腐索转名缰。适之豫才俱已矣，焉得斯人话短长。

我亦浮沉世浪中，左旋右折与人同。览镜常言面可恶，翻书每觉意难容。

雪压寒柯意气遒，残山野水最自由。疏欹曲屈阿娜姿，不是吾家真风流。

文坛有厄劫灰飞，还与定盦说病梅。培花不为名士赏，扶枝岂在酌轻肥。

阅微草堂笔记读后六首

退食自公说鬼狐，原是稗官不是儒。济济多士俨妆甚，洗尽铅华始见吾。

讲学从来多误身，白头经叟费精神。四海困穷浑不顾，名士风流亦可怜。

家藏小璧悬苍玑，正是吾人得意时。瓶有余粟厨有肉，高可鼻息干虹霓。

红氍毹上百媚生，回复申夭载飞鸣。一朝君王弃不顾，落英坠溷剧可憎。

先生有酒独自饮，闲来时亦逐幽冥。衣冠不入爱阒寂，谈笑往往鬼一城。

菽水杯茗倾胸襟，千年老鬼信可亲。鸡鸣一声天下白，乱云飞过远山新。

赠诸生

诸生携笈游长安，长安大道通九天。园林百顷容徜徉，筑馆千箱读书闲。中秘图书庋两庑，中有老儒似蠹鱼。终南巍巍人气盛，灞水依依柳风舒。君不见周秦汉唐奠邦维，长安文物自古传。黄钟激越扬四海，万国衣冠争趋观。当今宰衡起豪俊，开轩招士无遗贤。嗟尔济济多士，能不趋风趁势竟嘽咺。一别慈严三千里，函关酸风射眸子。少年蓄志抗层云，青春无计如飞矢。秋来促织壁上鸣，冬至霜寒晓色侵。沉沉学海勤搜稽，漠漠书山探迷津。天生我才自有用，他年得志报双亲。噫吁嚱，时风兴矣。但愿长安一片月，伴尔少年不作白头吟。

咏怀

寂寞长安道，长吉怀长卿。萋萋茂陵草，结意一何深。著书惊霜落，无忿亦无嗔。坐对小儿女，还识白鸥心。

无题

向晚柳花静，坐食拥书城。羸马菽水盟，江湖久沉沦。嗟尔谁家子，何不计上征。英雄一聚会，风云四海生。

诗说

我诗学陶李，庄骚匣中陈。春云澹荡起，秋坟鬼夜吟。缴绕岩柯乱，霜重木萧森。凄凄迷目处，月下自崟嶔。

艾如张并序

昔唐人李长吉、近人章枚叔皆有《艾如张》之作，悲时之不淑、己之不遇也。吾自十有五始志于学，更历诸师，寒寒孜孜，遂以为业。然天下滔滔，抱独任真之徒安在哉，既思古之鸿文大儒邈焉而不可得矣，乃效二君之所为，敷衍成篇，以志吾觖。

阛阓砰喧豗，天华临高台。迢迢水碧倚，魌黯狸狌来。当路横豺虎，侧身崖坠哉。河水何洋洋，吞舟巨鲸埋。四国不可去，茫然纷歧路。墨杨骨成尘，我乃踵其步。曝尸蔽千野，独立涕沾裳。春风云浩荡，何处是吾乡。我生遇好景，游走若仓皇。谁是怜君者，孤酒对残阳。已矣勿复道，已矣孰为觞。

网上见同窗某君事，慨然作四首

学海波翻惊士心，龙蛇逐阵自分明。青春逝去诚不惜，为谁辛苦为谁名。

守道勉行困学间，此理至今久不传。终南捷径究何在，白头回首应怃然。

指穷于薪赖火传，一线相牵五千年。涓埃不辞成河岳，端在吾人一点间。

君子忧道不忧贫，发冢小儒岂足论。容甫次仲今已矣，安得斯人作师尊。

咏朱季海、赵恩语先生事三首

不系轻舟信自由，鸢飞鱼跃任风流。夜残高照红蜡泪，于无声处续春秋。

博士西京争上游，升斗难厌志气疏。蚊虻蝇蚋相呼唤，王官散后始有儒。

迤迤荒岭隐孤村，颜子箪瓢陋巷清。邻家阿大浑不识，此是当朝郑康成。

作者注：朱、赵二子，真儒也，一隐于苏门，一隐于九华，世谓之民间学者云。

学隐

盛世成钧奏，蜩螗朝市纷。博士堪祭酒，意气虹霓吞。玄言寄麈尾，壮志拱金尊。喁喁牛鼎望，何羡万里云。野老蓬蒿没，雕虫久不闻。萧然抱朴志，文章一缕魂。荒江沧波起，激荡鼍蛟生。赫赫我华夏，宙合标令名。太学隆污地，扫迹蝇矢陈。性本趣江海，碌碌稻粱身。浩歌诚浩荡，龙尾但逡巡。愿言踪是子，从此长隐沦。

盛世修史箴二首并序

□先生□、□先生□□，倡修清史，媚戴盛世，协大酋之心腑，遂名利而双收。又主编《中国通史》，以《三国演义》、《说岳全传》、《杨家将》诸小说敷衍史事，丑播天下。二先生者，尝以学界祭酒自任，人亦以此戴之。烨烨华林，竟为利薮，谁其导之？吾慨然良久，乃作二首以记之。

王官煊赫干霄云，百姓膏脂鸿毛轻。马班文章播万古，修史由来靠逸民。

主编大名四海传，激扬文字任稗官。留得人间秽史在，先生豪气笔如椽。

夏商周断代工程箴并序

□先生□□，断代工程之首席科学家也，盛世之洪业，及我身而躬之，岂不曰流之千古而不朽哉。虽然，任裁断而不求是，阴抄袭而掩名家，《简本》出而疑义起，饬貂尾而秽愈闻。太炎先生曰："学在官府者，莫不蒸臭腐败，其矫健者常起于民间。"信然，信然！因作一首以记之。

聚资兆亿效伟勋，岂不千秋万世名。料比百家囊中没，踵武博士彰华声。沉沉槁骨难起质，煌煌椽笔任意行。磬柷悠悠坛坫颂，珠胎玉结是幻城。

儒藏箴并序

汤公一介，汤用彤先生之贵公子也，学问宏通，淹贯三教，踵武二藏，欲纂成《儒藏》，庶遗献芳流，三藏辉映，诚不世之洪业也，学界襄之，不亦宜乎？昔清世有《四库全书》之纂，保存文献之功岂浅鲜也哉，然犹有焚坑之诮。赫赫汤公，声震域中，系出名门，允执厥中，余有厚望焉。忧之怀之，中心悄之，因缀比成章，作一首以记之。

册龟奕奕锁金縢，万壑千溪若割筝。一派讨流归东海，巉巇突兀各为尊。缉熙古德起废萎，绍续华章灌巨瀛。劳劳谁是怜君者，不愧侃如昭代人。

国学殇三首并序

台湾亲民党主席宋公楚瑜演讲于清华大学，辞毕，清华大学校长顾某赠宋公以小篆条幅，上书黄公度赠梁任公诗一首，顾某有"瓜离"（本字

“侉离”，实为“华离”）之丑。寻，清华著名教授某人文研究所所长，作客中央电视台，又有“小隶”之说，四海惊诧。众人咸言，如此遢茸，乃国学凋零有以致之。又，中国人民大学校长纪宝成先生誓欲振兴国学，乃于该校创设国学院，云其宗旨在于“脊续文脉，重振国学”。“脊续”当为“绩续”之误，袁伟时先生正之以“赓续”并讥之。此数事也，均与当代中国之国学潮流相低昂，余故记之，亦史家之一掌故而已。国学非不可倡，要在得其人而已。因之作三首。

瓜离小隶酬大宾，脊续方显雅郑分。国学深深深几许，衡文夫子竟谁陈。

父子耘瓜腰带书，西风一洗饱蠹鱼。高山滚石还撑距，只怕裂地肝脑涂。

大师身后秋坟冷，小丑跳梁岂自尊。学沿一线寂寞事，还向沉沉荒斋论。

教育殇并序

去夏以来，北大□□□教授招博事，复旦□□□教授嫖娼事，震荡杏坛。今夏则北交大□□□教授泄题性交易事，与之相颉颃矣。烨烨太学，竟成利薮丛秽之地。太史公曰：“天下熙熙，皆为利来；天下攘攘，皆为利往。”此真当今吾国教育界活脱之白描也。自保氏设教，至我夫子以四科教授，道德仁艺，岂可或缺？康成紫阳，千秋炳光，太炎遗老，万世流芳，洵讲学之楷则，众人之模范矣！然自标准考试教育既行，天下英雄尽入彀中，老八股乃借新八股之躯而还阳，大学堂遂为病梅馆之张，劣胜优败，逆向淘汰，于是清华陈丹青教授愤然曰：我不跟你们玩了。呜呼，教育，教育，多少罪恶，假汝之名而行？斯诚祖国之陆沉，小雅之诗人，能不抱冤禽之哀痛乎？斯世也，乃天地闭、贤人隐之世也。凡我学者，于焉何处？曰：不为紫阳，则为衡阳。王子独学，无有友朋，悠悠我口，其谁诉之，亦曰遣于毫端，施于汗青而已。辞曰：

秋气既升兮霜露降，萧萧木叶兮零四方，大地黯黯兮游魂唱，安得兰蕙兮构吾堂。曰：西方有人兮山之阿，濯足长流兮发凌波，聚徒一千兮信云多，飞来飞去兮宰相窝。南方有人兮水之央，薜荔女萝兮贯于床，纭纭三千兮氤奇香，期于堙堵兮走仓皇。东方有人兮不可望，金殿银庑兮射斗光，中有好女兮云阿芳，玉骨冰肌兮奂文章。北方有人兮严中垒，一去三年兮腰眉摧，西方美人兮涕泪垂，徒唤奈何兮蓄空悲。中原大路兮遭迍车，辚辚轧轧兮钓鱼绯，黄金万镒兮信可羡，愿为金雀兮笼中肥。游魂遁走兮水之湄，揽衣自照兮孰与归，云蒸霞蔚兮衡山隈，有姚二女兮不可追。乱曰：已矣夫，山中兮芳菲，麋鹿兮夕晖，相容与兮徜徉，拥幼艾兮聊相忘。

学术会议箴三首并序

有一种学者，动辄以参加学术会议相夸耀。年年岁岁，岁岁年年，学术会议之多，几于更仆而难数。无非吃吃玩玩，拉拉关系。学问因之而益乎？曰：不然也，徒虚糜国帑而已。尝记九四年秋，吾在南京大学参加中华民国史国际学术讨论会，非但毫无益处，直可云吾生之灾难耳，吾徒见学者之面目可憎，万民之膏脂可惜也。会议之名，盖起之于近代，岂不曰三占从二，以隆吾民之主权，彰显民主之真义哉，此政治事耳，于学术则何与？学问之道，终得之自求者多，得二三好友从而论之足矣，又何必亟亟于参加学术会议为？因之作三首。

独在荒村抱遗编，灵明一点启微言。但得知心二三子，黄鸡煮酒酌先贤。

学问从来自得多，纷纷会议竟如何。表面风光掩伧陋，万民膏脂付侏儸。

烹龙炮凤泣凝脂，先生归来气吐霓。名山事业究何在，终日昏沉豢小厮。

学术箴

九流纷当世，逞说不著书。著书贵自得，焉为势所驱。博士循禄利，放声效巫蛊。子云太玄经，用为覆酱瓿。此风更千年，至今有余羡。炎炎名利场，学术渺难见。岩岩七宝楼，绚烂空中现。或效儒发冢，或效剪碎钱。济济尔多士，魇魇弃中涓。我今一喝之，破尔苟且梦。长歌向江海，风悬帆影重。

自嘲

少无适世韵，栖心五湖水。常怀一卷书，高卧云之尾。迤逦入中年，居然执师礼。人言斯可羡，不过谋升米。薪尽膏华歇，光芒赖火传。往往如扶醉，期期不忍观。敷衽问重华，何以慰我怀。悠悠终南山，摩诘安在哉。

六月五章

我从草野走四方，夜来幽梦忽还乡。儿童扑萤湿禾径，丈夫把酒话鱼粮。

江南清早水凝烟，绰约风姿在稻田。儿童嬉戏鸭歌舞，一片蛙声庆丰年。

远山沉沉抱水眠，柳风吹拂浪如烟。一村人声齐鼎沸，声声唤上载粮船。

闻道官家免税钱，今年应是有余年。白鹭飞来四山翠，偷闲还去学钓烟。

竹园悠悠竹风起，方塘半亩种菱丝。日午无声鸡犬恹，循闻棋枰到村西。

接老友国琦电话欣作一首

隐居长安里，世人莫我知。镂肝雕蠹鱼，凝脂漉新诗。君言洗我耳，长忆少年时。马蹄湖边柳，赭山脚下泥。君今赴远国，音信几稀微。东方一眺望，重籀少陵辞。何日更聚首，煮酒烹黄鸡。

忆少年四首

春雨萧萧气自饶，远游此别弄轻舠。邻家阿伯更寄语，莫负韶华等鸿毛。

少年蓄志深似海，几卷粉编入抱怀。观堂礼毕展素心，却慕金华吕东莱。

长弓射虎意偏骄，一曲渔阳气自豪。竹帛宣名垂万古，太华标际故昭昭。

拥书满地寄草庐，西风吹瘦万树枯。不信人间无劲节，种花偏上旧梅墟。

咏士衡四首

才倾江海命如丝，应悔凄凄赴洛时。宦海沉沉那可渡，狂风愁杀三吴儿。

华亭鹤唳虽可闻，无奈国破动悲音。招隐有诗何处觅，长歌短歌泪沾襟。

男儿当吟猛虎行，去国十年风云生。百万军中齐落泪，青史亦为长悲鸣。

赋文堪称百世师，缘情绮靡信离离。斯人已作千年鬼，空有江南云雨飞。

游南普陀寺二首并序

七月底八月初，代学院购台版图书于厦门，既蒇事，游于南普陀寺，至海天一色亭，忽见太虚大师造像碑铭，乃摄影留真，归而记之。

海天接混茫，青山依旧装。世事如云狗，人心若太皇。江东闻狮吼，岭表礼和尚。清音振辽阔，应有嗣绝响。

拾级探重幽，岩柯纷纵横。香氤梵呗起，悟入海潮生。大师登临处，至今展素尘。迤逦攀援者，应为一洗心。

咏杨翁二首

万里归来一衰翁，语惊宇内甚从容，个里真情浑不识，总把秋肃当春风。

世人都说杨翁好，一片丹霞慰寂寥。大师金声震千里，萧风偏起上林梢。

杨翁叹二首并序

杨翁中国大学教育成功论出，网上一片叫骂之声，皤皤老翁，可以休矣！续作二首以记之。

杨翁大名宇宙垂，骇世功勋彩云追。装点江山敷余绮，残红一道坠山隈。

芳草萋萋侍妾心，春台着意画眉频。为报君恩折杨柳，那管水白与风清。

师生诔三首

教师千载亮高风，今日沉沦学打工。讲章数部换升米，时文百篇幻彩虹。

小生纷忙鲫过江，岂有豪情向汪洋。一纸文凭他年就，便是吾家好时光。

千年文脉斩于斯，欲哭无声泪澌澌。何处秋风拭吾眼，临毫还续外史诗。

半生吟三首

吾生寒孜苦不文，四十男儿长秋茔。引领江海望风起，排空浪击大音生。

少年孤恃失名家，经所流离感物华。醉倒章门意气甚，从此一去淘金沙。

吴云楚水接天垂，万里长风洗落晖。百尺高台凭望眼，愿为鸥鸟逐空飞。

重读小谢诗有感四首

十年江海从隐沦，倚君清诗翻新声。沙平水冷秋宜直，高鼓一片下寒城。

泪花静绿映晚明，寒山一带遶重城。笔底惊风凭寄语，与君同赴九疑盟。

霜锁残阳照荒江，形容憔悴报君王。两岐歌风宿愿重，为君漫吟艾如张。

北山草长莺乱飞，金箭银壶日相催。宫里深沉谁晓得，长使英雄泪沾帏。

促织吟

一声初诵清若啸，万声和鸣起江潮。洪纤纡促咸中节，天籁浑成格自高。秋风漫吟转如刀，三转凄凄徧寂寥。原君本是多情种，好歌唱尽方自饶。争与容光共憔悴，凝情一意暮复朝。朝朝暮暮摧心骨，暮暮朝朝颜色老。芜华销歇月华落，更与伊人待残晓。

四十二岁生日作三首

读破万卷志经天，世间瞀儒岂足言。贞士最推陶靖节，狂生却数章太炎。萧洒文章山里客，风流蕴藉酒中仙。管鲍千载擅名甚，诸葛未遇学耕田。学耕田，为卧龙。一旦风云感会起，愁杀天下英雄尽敛容。

辛勤辗转寓西京，四十二岁弱病身。阙里常寻杰士迹，兴来会歌梁甫吟。梁甫吟，空凌云，乐游原上麦色青。长安古道埋荒草，古人一去月空明。沉滞帝乡飘零客，欲向江南折羽翼，但见长夜漫漫徧沉寂。

护怜亲小走长安，壮士浩歌执教鞭。病梅馆里作老圃，令人长忆龚定盦。楚国山水遥且远，几程清梦到乡关。月落关河帝都冷，醒来四顾心茫然。心茫然，多歧途。一扬眉，向江海，君看古人名显骨已枯。

思凡

王母桃花死，仙人邈难求。茫茫天堂路，壮夫去不留。释子多枯寂，慧种原难收。千古两杰士，鲁叟与庄周。我骨并我血，清浊共一斗。洒在草莽间，焉能无秽垢。愿为歌风人，临河咏折柳。

病梅吟

昔人尝作病梅记，我今重来记病梅。盆里乾坤醉青眼，山中岁月付劫灰。才看离离抽萌蘖，将为幂幂斗雪霏。几番梳弄腰肢软，翩翩樽前舞一回。

茅广军博士诔

洪堡才人壮思飞，家住红阳那一边。检点行装归万里，愿洒热血赋千篇。英风初发倾四座，墨云高卷倒九天。梦里乡关何处是，冷泉台下泪双涟。

悲迴风

访学长安里，言适少时愿。明明一斛珠，泻落无人羡。霜下万树空，雾沉千阁暗。鲁阳戈不挥，欻然时已晚。登我剑琴楼，遥望华阴县。氤氲古气生，即之却纷散。亭林与山史，邈焉不可见。餐此留朱颜，终南青精饭。方山怀阿堵，每蓄青云念。廻风振林薄，衰草连天畔。摇鞭蹇驴嘶，思远南征雁。迟迟归栖乌，孑孑守长夜。春流一浩荡，激水奔若箭。

读船山有感

大隐南天是遗民，悠悠古木转逢春。败叶庐中风吹雨，潇湘浦畔雷奔云。一气絪缊化广漠，两间摩荡起沉沦。我今重寻孤诣处，坐对短檠黯销魂。

太白吟

太白风卷天下云，黄河万里泻胸襟。又似山中藤萝攀古木，月照苍茫莽森森。汪洋莫辨天水亲，浑浑昊气化氤氲。才看白云舒高鸟，忽见苍狗冒虎群。骚为衣裳风为骨，行在深宫岫云出。玉笙金铮鸾凤鸣，仙女洒落洗头盆。紫阳真人丹丘生，迷离恍惚龙隐身。长揖清芬徒浩叹，大贤无踪何处寻。我今重挐五湖月，分明又见山阴雪。太白精气铸诗魂，放浪江海咏不绝。

冬日漫吟

去年筑兰室，寂寞城边住。今年对空樽，霜飞千万树。嗟我浮游人，梦绕江南路。江南一何远，梦回一何苦。少年呈意气，四方志何蛊。欲待说从头，日月岂回溯。振衣万仞冈，挥别棘门去。扪天与天语，招摇云漂絮。岂若淹机缄，终日为所拘。岩廊作神蚨，何如曳于涂。林芜日已暮，四十何所图。会逢骑羊子，携手凌太虚。

君子有所思行

青青松柏枝，挺挺斗霜雪。夭夭桃李花，盈盈秀可拮。松柏千年终不死，桃李烂发一时歇。谁怜怀中宝，荆山空啼血。路旁轻薄儿，夸美骄颜色。飞鸿目送宣父去，若个书生能随欲。不如早还乡，吟咏绿萝月。但贞松柏心，勿为桃李劫。

浪歌行

弦苇不相值，岁华遽奔迫。青春应纵酒，高歌洒寥落。胆气逸四海，豪荡催兰楫。旋乘万里游，兴会邓陵客。如何千夫子，曲屈似蠖蛰。灼灼桃李花，煦煦供颜色。妾意相得深，君恩三顾频。不知一朝天霜至，千红万绿俱成尘。我今一曲浪歌行，愿招鹓鸾青桐鸣。朋飞竞从遮云起，风生六合振雄声。死道边，信可怜，古来多少离骚人，留此一线铸芳魂。

燕赵行

燕赵有佳人，遗世而独立。所以倾我心，坎坎言寻觅。山水遥且远，经路鸦雀集。熙熙攘攘者，尽逐子母息。严霜既已逝，春波看转绿。春云颓不流，春芳竞相续。窈窕容冶姿，展然秀可撷。艳阳凝春晖，煦煦失幽洁。慰我悲凄意，中夜临孤月。月色何清泠，月影何茕孑。佳人虽可尚，佳人不可得。

城中答问

去去不复顾，茫然城中住。辘轳机缄心，奔忙人无数。君本蓬蒿士，如何循失路。尝试李侯答，难以说从容。鸥鸟知我意，斗米宁折躬。山中渌水一浩荡，千红万紫娇春风。君不见山阴溪转王子猷，风流光彩一千秋。君不见羲之黄庭换白鹅，放浪形骸凌沧洲。人生飘忽百年内，岂能终日昏昏事王侯。归去来，泻烦忧。今日奉君一杯酒，明朝挂席弄扁舟。

螽斯

多少铮铮铁骨生，河山壮阔禹迹陈。凤鸣青桐相呼唤，鸡鹜啄粟声已吞。蕙风千里转晴光，一片残红沐晚妆。螽斯趯趯舞绮翼，云作衣衫霓为裳。去年螽子产螽孙，绵绵瓜瓞绳复绳。今年螽孙生螽子，羡杀秦王宫里人。

茅师八十寿诞并序

明年之四月，乃茅师八十寿诞，石城诸子，正积极筹备，闻而欣然。想浮云高会，诚人生之一大快事也，因作一首以记之。

长江万里卷地来，百转千回奔若雷。汪洋恣肆繁星出，烂漫文章绮云裁。白门寂寂蒋山青，大儒鸿传学脉深。金陵自古人物盛，莽莽苍苍铸昆仑。君不见先生崛起罗公后，英风搅动天国云。小心假设小心证，一线相牵胡学魂。玉震金声振宇内，潇洒胸襟谁与伦。嗟予小子何幸哉，亲叨庭对侍兰台。踵武诸子探骊玉，绍续华彩理道荄。遥想容颜犹在目，謦咳之声浑如昨。斗室纵横议论生，杯茗漱口齿颊存。长相忆，追芳馨，十年山水隔荒程。待到春风拂遍浩浩秦淮水，凤凰台上又听胶胶老凤声。吴会浮云一相会，满堂高座惊四邻。

袁简斋诗论

天地开张灵性存，千磨万劫总精神。汩没百家终丧我，山中皎月向谁明。白雪不同下里调，巴人岂以阳春高。鲲鹏海运九万里，鷦鷯一枝亦可巢。大雅即息大道分，全凭一点撑乾坤，吾今葆此方为人。

元旦前一日作

劝君莫要作诗人，诗人从来命乖误。昼掩柴门白屋冷，此情只向沅湘诉。乌台落日蔽玄都，李郎发薄不胜梳。老去江城何所道，空留明月江心住。

元日重读曼殊诗杂吟五首

江南云水万里长，雪尽梅开淡淡香。故国不堪重回首，深倚幽梦坐禅床。

江南三月水拍天，罗浮高隐锁夙缘。讯遍东风难有信，无那醉后梦婵娟。

春雨楼台学吹箫，芒鞋破钵石城桥。江南知己零落尽，无量心思逐绫绡。

烟花三月看扬州，手把卿卿醉倚楼。且喜二分春色在，江天寥阔月似钩。

醉在青门终不醒，江南红粉枉相怜。一篇断鸿零雁记，拭却人间几泪痕。

寄陈裕生师

先生扶我上龙骧，别去乡音渺茫茫。素心常教四宇阔，衣袖犹余十年香。得字疯狂起病骨，报诗喷涌出膏肓。南天云随山野没，望断征鸿一行行。

赠陈根远三首

刀飞琥珀电光红，玉脂神驰斤运风。满空花雨天女下，疑是瑶台始相逢。

君家烟草复烟树，西泠桥边群芳妒。青桐鹓鸾相和鸣，声声逗破长安路。

我似疯癫君似狂，笑他名利任他忙。方寸之中乾坤大，碧山春水浩茫茫。

注：陈根远，篆刻家，终南印社社长。

新年漫吟

吾生不过百年期，革囊盛血作容仪。盘旋便辟还进退，都是造化弄玄机。或求声华势煊赫，或随澹荡啖藜藿。春风得意过云眼，悲凄苦辛终漠漠。大道从来大盗栖，细民岂能细智依。纷纷皆是逆旅客，抢攘一阵终归寂。君不见古来多少烂文章，红粉佳人枉断肠。夜乌沉吟暗林月，公子才情徒高张。待到茫茫白雪漫天下，青山黄冢谁相望。

居中吟

居中无友师，独学何岑寂。古往今来哲，藏我书上壁。瓢饮西江水，会意笑一得。秦山何巍巍，秦水比玉液。不见秦中人，肝胆转相益。茫茫长安路，多逐子母客。吾生渺一粟，能留蚁子迹。唯有一寸心，利剑断金锡。蓬门荆棘生，此心应惕惕。长将勤供养，容为四海策。

城中学者行

每日城市里，衣洁食复鲜。楼高四围窄，若观井中天。诗学两相失，魄留灵光歇。如此百年过，游尸岂相别。昨夜东风起，春溪又涨渌。灿灿柳条新，正可涤烦溽。此生焉无意，能饫口与体。宁弃阳春奏，陶然为下里。大块载文章，洒然脱尘鄙。

凤歌

凤翔于千仞之上兮，德孤伶而无侣。下视夫埃尘迷漫兮，众鸟噪鸣以相妒。不过抢攘于榆枋之间兮，焉知鹏鹍之高举。我心既不获众晓兮，愿遥迁于苍梧。遵湘水以既行兮，访帝子之旧居。九疑之山翠绿兮，冷烟相将兮啼竹。于有一人，形容枯槁；行吟泽畔，乃赋离骚。其心虽动人于千载之下兮，夫复谁效其神劳。既流离不返以沉滞兮，众皆劝吾暂婾娱而求名高。曰：吾诚欲仲夸大娥眉以从俗好兮，奈吾心之难挠。吾以竹实以为食兮，岂珍馐之可饱。涕淋浪以洒于苍梧之野兮，吾得孰道以相招。乃掉吾翼，北征大江。帝子翠盖兮若可望，雷鼓填兮锵锵。仙之人兮不见，我之心兮怳怳。乱曰：已矣夫，望前路兮凄凄，聊抱夫吾独兮回故乡。

长歌行

百年渺一瞬，吾生将何为。驰驱竞粱肉，锦帛终成灰。平生有微尚，万古称湘累。沉浊非我意，目送鸿鹄飞。振翅千仞冈，嘹唳彻八维。感此长太息，辘轲潜辛悲。我本农家子，但思梨与栗。野水快我意，更伴野月歇。误坠尘网中，遂作四海客。弹剑鸣如龙，抚琴响林绝。众皆暴弃之，突如见疠疫。我今值途歧，涕泣竟何适。愿学扬子云，临老却投阁。岂不发清商，散发凌丘壑。

评建叹并序

“评建”者何也，曰：以评促建是也。何谓评也，曰：教学评估是也。自大学扩招以来，吾国之大学教育已然成大跃进之势，然却孔方当道，官僚横行，象牙塔内，媚俗成风，各种可气可笑之事，诚不可以屈指数，而大学之精神则荡然无存矣。教育部又定下各种指标检视各大学，美其名曰“评建”，而各大学则不得不群起造假，好不热闹也。然烧钱百亿，所得为何，败革其中，金玉其表而已。且使人心弊坏，莫可推挽。大学之中，骗子多多，无耻一词，直可从大学字典中却去。奔竞者逞志，靳守者沉沦，后学小生，竞相效之，此实吾国绝大之隐忧也，而其祸首，教育部能逃其咎乎。此而可忍，孰不可忍，吾固不忍，乃作一首以记之。

吾国文明五千年，保氏设教续其炎。真心一点为支柱，贤贤相传彰华篇。迩来洞庭大风起，教育之波涌连山。教学大楼倚天立，莘莘学子满校园。森森气象谁可敌，直可倾倒美利坚。长空惊电烂人眼，祖国腾飞指顾间。然而此皆表面文章事，深入相知徒浩叹。君不见今日吾国之大学，金权相结势摩天。群鸡逐粟声霍霍，已成不可疗治之痼偏。师生竞相成贾客，焉知独立人格、自由精神接续传。美丽校园不复在，大师謦咳声已阑。唯有群丑争跳掷，视此吾岂能安然。读书之种断欲绝，文明之脉能相沿。吾闻欧美之学久独立，故而荣华光彩射霄汉。学术煌煌动人心，每令吾人矫舌相惊羡。我今思此涕泪涟，吾国何日可追攀。教学评估可已矣，还吾师生一片净心田。凤凰兮归来，欲重铸吾学之魂兮，愿尔浴火重生欣涅槃。

忆君子

忆君子兮水一方，虽欲逝兮限河梁，安得相随兮永相将。君子之佩兮出昆冈，声轻清兮叫凤凰，令我相思兮不能忘。君子之裳兮苏沉香，天孙织就兮焕文章，世之人兮竞相尚。君子之颜兮美孟姜，展然相得兮信难状，云获吾心兮泠然畅。君子一去兮不可望，徒遗芳泽兮德吾堂，长使吾心兮恨怅怅。

君子操四首

春泥初暖候物华，万岁枯心动蘖芽。收尽残红归地府，好奉绿长润新葩。

夏云舒卷诞八荒，接地天垂炎气凉。不是东风送消息，无声流水日悠长。

秋月沉沉出汪茫，万山皆照鬼遁藏。数尽绿华住客梦，可怜清寂寄幽窗。

霜飞万树转头空，瑟瑟穹庐瑟瑟风。一从君向梅心住，自在寒天自在容。

马诗

君不见古来多少追风马，战死白骨无人收。啮雪凌霜葱河道，踏沙飞碛青海头。君不见君王厩中多肥马，金鞍玉勒骄春风。绣鞯银蹄从扈驾，美人用来寄芳踪。古今一气同感慨，沟垄骏骨日摧埋。秦王骑虎八极去，燕昭空筑黄金台。枥下争为玉食竞，堦前植仗送迎来。长安城中健儿死，桓公不猎长悲哀。噫吁嚱，秦山落照莽苍苍，渭水咽波浩汤汤。壮士身须沙场没，摇鞭直上腾龙骧。

茅师八十寿诞筵上作二首

风吹柳花满城香，楚水吴山情意长。老凤清声传千里，四海浮云齐一觞。

弦歌白下奏成钧，雄光宝矿动春卿。请君试问东海水，师恩与之谁浅深。

江上送友人

吾兄肝胆照云霓，十年江上重逢时。五月飞尽杨柳花，坐看石城斟玉卮。君家住在芒砀里，古来雄豪竞驱驰。壮心能断金鳌足，云飞扬兮大风起。君今隐沦叹失路，五十星光成虚度。吾闻冯唐八十方见用，丈夫焉能叹迟暮。我有宝刀欲送君，愿君试将淬更新。今日江边一分袂，他年得志上青云。

答《唐潮》杂志马东博、吴焕良诸编辑问后作二首

锦瑟弦翻五十声，声声上彻动行云。沉沉四野林塞黑，笑杀湘东旧领军。

隐在南天何处寻，荒江野老旧曾盟。乱鸦千点成寒阵，子规叫断月三更。

教育部评建专家周一志先生聚谈后作三首

手提三尺出帝都，四海翻腾逐龙鱼。一线相牵傀儡子，焉能得步任徐舒。

云断秦山晚照凉，风尘万里报君王。一封书上千钧重，换却人间几泪行。

从来立国恃英才，千缠万络费详猜。裁出并刀霜似雪，只今空筑黄金台。

赠行二首

朝市繁管弦，骋驰纷纵横。汪茫淼无涘，森然鱼龙鸣。迷不知西东，飘如陌上尘。身向云间没，心随缺月沉。鸱夷信可叹，鲁连竟隐沦。功成拂衣去，植杖履松岑。芜华易消息，何如味道真。会逢丹邱子，风期虚豁生。

江风送客去，江潮卷暮鸦。客行不可住，挂席向长沙。长沙不道远，念此意颇赊。萧湘浦畔月，洞庭水边家。心从云水逐，焉用效屈贾。衡阳败叶庐，时闻风雨下。靳抱苍生望，著书满厨架。徒令饱蠹鱼，翩然失潇洒。

雷琴引并序

余读曾缄《双雷引》，知蓝桥生与雷氏琴事，诵之再三，怅然久之。夫雷氏琴之遇生，其幸也，其不幸也；生之遇雷氏琴，其幸也，其不幸也。生，乃痴生也；琴，乃情琴也。生之痴而遇琴之情，其痴乃愈笃；琴之情而遇生之痴，其情亦愈张矣。雷氏之制琴，千载而下，微生则谁归。生之得琴，岂不曰葆之以崇明，漱之以凝脂，引之以清徽也哉，然既不能保之，忍其坠涂泥、堕厕溷乎，身与琴殉，不也宜乎。生之与琴，虽没而存；琴之与生，虽死犹生也。千古风流，发于蜀，流于秦，余更引之，以广其传也。

蜀桐削出雷氏琴，蜀水茫茫蜀山青。大雷小雷传千载，讵闻鹤唳声清清。世事倏然云走马，蓝生生在蜀山下。素女抱出雷琴鸣，风声雨声成嘲哑。从来神鬼弄新声，深潭月下古龙吟。匡庐飞泉一千丈，万壑奔来气象森。急弦哀柱错杂弹，咽声歘起渌波间。可怜十指一时发，天地为之倒为轻。手把青琴付与卿，金徽玉轸寄浮生。沙堰桥边长流水，支机石旁野草新。时时弹出古时月，山苍苍兮云冥冥。云是谪仙人未识，泠然岂欲世人听。哀弦拨出鬼母哭，江娥啼破潇湘竹。长吉才情不能写，青莲意气直萧索。忽闻国变惊心魂，蜀山风雨秋复春。本是抚云御风士，顿觉没路难为行。晚来鬼唱门前树，明月不照庭中人。忽然中夜起悲声，大雷小雷齐雷奔。共工怒触天柱折，五岳崩颓天河倾。溃甲百万胆气裂，红旗不翻塞土吟。屋瓦流华何寂寂，沉沉四野临孤月。寒星摇落泪如铅，天地无声失消息。我今重翻雷氏琴，一掬同情何深深。风流千古撼人魄，孤山梅鹤岂独尊。遥想当时生之心，生心本是琴叠成。生心琴心相支柱，有如云水合一处。琴生一去不复返，世事茫茫烟雨住。

废学二首

人世纷机巧，大化纵时迁。储书满屋架，岂若学陶潜。固穷不可惧，所惧失衷涓。芸芸天下士，身殉名与钱。战斗生蛮触，烽烟四海延。此实吾所鄙，敢为天下先。悲悯苍生志，一效竟亡缘。欲将薪火续，赖无可与言。孑然寡相得，何不赴林泉。林泉长活活，能专鹿与猿。

驰驱万里志，晚来归平素。嗟尔四方士，趋吾少时步。窗下寒蛩鸣，庭前皎月除。读书穷至妙，鉥肝雕蠹鱼。不知人间世，所贵在纵舒。大化发机缄，流转无键枢。花开还自落，水流且徐徐。老尽春草心，化作湿萤躯。当阳悟有道，原是醉金芙。追踪羲皇上，且复一陶如。

道兄李亚平教授嘱赠并序

余，皖之挽辂氓也，少蓄高志，走于四方，困而多阻，乃流寓西京，作终老计。不期而遇李亚平教授于陕西师大，一见相倾。盖吾于世事迷惘之中，复见人类之一点真灵明在也，此正动人心魄处。先生既究中国现代史有年，以史观世，复以世观史，萦民胞物与之怀，抱悯人济世之念，于文化大革命史、三年大饥荒史，尤多思考，笃厚霜节之君子也。吾乡安徽无为，于三年大饥荒时，受难最巨，乡里野老，至今思之，尚隐隐作痛，亦可谓之创巨痛深矣。吾家罹难尤重，外家户绝，吾兄吾姊，八人毕命，吾母靓重疾，生吾百日，即相弃捐。磷磷白骨，累累荒冢，每每对之，椎心伤怀。道兄李亚平教授尝欲吾记之，义不能却，然每捉刀，辄情不能已，零散断片，不能成章，乃以小诗一首报之，聊以塞其望耳。

霹雳一声起惊雷，九州处处墨云堆。紫垣摧落伤心雨，多少人间涕泪垂。云是康庄大道真，共产主义可追奔。一心叠起黄金路，人间可建太阳城。砸破小锅共大锅，吃饭劳动随自如。自古唯有太平时，昙花一现复其初。天诏初下万民欢，黄发垂髫乐班班。红旗漫卷天地阔，沥心剖胆输忠肝。然而好景倏然变，食堂存米无余羡。国库不给可奈何，只好减量对付过。一日两日复三日，不见上边好消息。阴霾渐重日色寒，始知将欲临大难。百姓性命鸿毛轻，官仓铁锁锁沉沉。糟糠野菜与树皮，便是一天好光阴。三物亦自有尽时，漫漫长夜待长饥。娇儿啼断肠已直，老父呻吟谁可活。田间地头红旗多，偶尔有人行出没。屋前蒿草比人长，万户寂寂无气出。苍天有意动哀怜，生出大人张恺帆。满眼死亡心似铁，相问吞声泪如铅。打开官仓纾民困，一身担当勇无前。活人无算德何量，大闹无为二十天。我今书此泪涕零，每到清明总伤神。但愿吾人长记取，断断还要传子孙。

游子吟二首

游子来高会，书香满关中。秦云留芳树，渭水送绿风。乡月随人远，原花带露红。慰尔寂寥意，向晚度疏锺。

去家三千里，草篋一身随。锵锵玉佩鸣，栖栖将何为。蓄志在四海，焉用逐轻肥。长歌凌白日，掷向五云飞。

无题

蚁行若井底，四围危楼起。路旁两行树，瑟瑟秋风里。嗟尔路上人，凝情如霜纸。忽忽何为者，为谋三升米。秋雨飞来白，冷冷转暗紫。街灯照昏黄，蜿蜿去无已。容华既消歇，群动渐欲止。阳乌逝不返，冰结地火死。昔有精卫氏，将堙沧海水。衔芦德虽薄，沛流孙复子。赖有一点存，乃延此方趾。纭纭我华士，能不履斯理。

臧师邵郭篇读后

师道何其远，师尊却云坠。中原有翻覆，嗟尔九流辈。云水怒才情，风雷荡智慧。九州饶风雨，士曰其如晦。浩荡天门开，临流昭湘累。多少梦中人，化作千年愧。逝者长已矣，来者岂无畏。先生邵郭篇，字字有清泪。

注：邵郭篇，指臧振教授回忆北大邵循正、郭蕊两先生的文章。

岁将暮杂题三则

枕首坟丘理旧篇，频添白发送华年。横开笔阵天地阔，断去尘缘耳目鲜。思入高云通广漠，薪传故鬼接新贤。劝君莫怨蓬门浅，论道谈狐可深眠。

长随寂寞爱登楼，群动争喧二百州。触世方知肠肚嫩，称情每念水云浮。壶里乾坤能远大，胸中日月自风流。一天星露茅檐小，醉把黄花乱插头。

读书恰似陷重囚，破阵攻城得自由。矢羽纷陈壮士死，旌旗横偃鼓声收。前营战没后师困，大将凋零故垒秋。如此惨容堪一恸，令人长忆黄蕲州。

注：黄蕲州，太炎弟子黄侃也，侃尝言治学如当大敌。

洗心池赋并序

读臧师“洗心池”文，感而赋此。

洗心池水清且洌，洗心池边倚绝壁。茫茫天地造化力，一水滴穿亿年石。尔来八万四千岁，不与人间通气息。往来唯有神仙侣，不见人间匆匆客。神仙无心岂欲洗，人间有心谁洗得。古来圣贤皆寂寞，岂不勤将此心涤。夕惕若厉常惺惺，太阿断去将发未发之邪慝。一心洗得万古清，愚夫愚妇焉能识。太庙馨香何沉寂，太牢泠泠岂可食。昔有神人女娲氏，炼成彩石补天裂。更将浊泥抟人形，决江导河开禹穴。教化文明东方立，三时大兴震霹雳。大汉皇唐扬其风，声威远播来夷狄。煌煌洪业谁为者，岂非此身此心所造之王绩。然而此身既是泥作成，此心能无泥土迹。纵尔日洗三千遍，焉能若彼圣贤不令一丝一毫利欲宅。除非绝息人间更为猿鹿友，永远断却人间烟火色。不然徒将造成人间万万千千可悲可哀可愤可恨事，以理杀人更惨刻。今读臧师华妙文，我心欲洗未洗乱纷纭。洗心池水可已矣，尔本神仙之清泠，非我等之仪型。

网刊线读后戏题三则

九州风物眼中开，遍地浮华逐人来。网中一线真情出，令人驻足细量裁。

绿玉琅玕十丈开，都是纤纤细笋来。虚心能作凌云想，任凭东风为剪裁。

年华如水月华开，一大因缘我今来。梦里家山网上客，般般都用并刀裁。

都门留别中央党校哲社二十期诸君子四首

自古幽燕地，仗义轻死生。与君一相遇，春色动京城。

蜀国山水远，一襟连楚吴。潇湘寻帝子，南海拮明珠。

不与驽马伍，掉头辞汉关。长风起瀚海，明月满天山。

君从四海来，还归五湖去。今夕一杯酒，明朝江东路。

读菊斋戏题一首

纤纤笋足来波底，依是洛水洛神子。蕙带离披何纷然，夜残红烛照夜紫。苏小坟前春草长，燕子双飞雕画梁。沉沉暮蔼人去后，至今相忆泪满裳。君不见长爪李郎二十七，酒酣欲将天割裂。猛志固能逸四海，五柳门前称靖节。君不见岑嘉州，长歌万里觅封侯。燕山雪花大如斗，快刀斩却匈奴头。古来俊杰皆如此，独标孤高意无已。销骨毁形何足道，敢为苍生效一死。

读臧师郁闷说、袁师耍猴说，感而赋二首

露侵夜色融冷光，几树西风带梦长。待到月向三更歇，家家褪尽绮罗裳。

鲲鹏学鸠两分张，寘彼周行岂相妨。大块噫气谁鼓动，万窍怒号自浑茫。

无题

秋雨连天去，霜风忽到秦。黄花渐觉瘦，疲薾颓精神。有梦迷欲醒，无梦迷似尘。檐前滴清响，无憀怅倚门。轩盖岂所羡，愿言原宪贫。山中多高士，衮衮亢龙群。呜呜非楚奏，艳若何披纷。驱车上古原，落叶满黄昏。昔嘲扬子哭，今乃踵其人。区区将何适，四顾但逡巡。

无题

人生本微末，太仓一粟米。所以称可贵，在有虮虱志。黾勉一寸心，绵绵其若蛭。太行盐阪上，十驾成骐骥。秋气既登隆，众芳零已秽。阴羽失其和，山材尽噫气。虞渊停以蓄，赫赫炎光坠。昔有章夫子，对此每叹喟。日月徂以迈，往往不能寐。颇觉胤东京，岂识朝与市。长忆阮公吟，洪波扬渌水。

蛋蛋歌并序

吾尝任各种委员之职，所职者何，画圈而已，俗又谓之“画蛋”。现因研究生扩招，每年毕业之生甚众，学术委员议学位之事，生一蛋，嫌其太烦，乃画一大蛋，囊其所有，此非以“扯蛋”状之，不能尽其妙。画蛋之后，或饭局，或发钱，此诸委员之酬劳也。乃作《蛋蛋歌》二则以记之。

画蛋，吃饭。干不干。干是聪明蛋，不干是傻蛋。曰：干，干。

扯蛋，发钱。扯一次，一百圆。你说极不情愿，他说皇恩如天。曰：如天，如天。

绝句二首

蛰虫初醒夜何其，重读离骚感素丝。心底红尘揩未了，忍听鱼笃过墙篱。

夜半风来清似水，月华照影独徘徊。凭窗无语凝情思，欲到灵山未许违。

听萧延中教授讲座

万籁无声天地间，平流漫漫没前川。神驰茫茫六合外，濠上庄生意态闲。忽然海雨天风来，巉崖突兀当面开。洄流暗洑奔雷起，深入溪山已百里。山中云气郁森森，激湍跳波壮士心。转石砰訇神鬼怒，蓦如一叶猿猱苦。君不见公孙剑器行，动如山岳欲崩倾，静如江海凝清光；又不见颖师指上语，低似恩恩相尔汝，昂如猛士赴敌场。

桥上吟二首

垂虹桥畔雨如丝，碧水金堤戏鸭儿。伞盖团团团作阵，行人到此早忘机。

隔岸钟声入水寒，湖光溅碧渺漫漫。远方楼影凌空立，拂面风来心自宽。

注：漫，此作平声，读若馒。

夜来风雨，虫声细碎，久不能寐，乃作二首以记之

呼灯灌穴短墙边，旧梦才寻却惘然。只有清空骚雅句，伴人一夜不能眠。

连宵风雨吹寒寂，细碎虫声吟正悲。写罢世间肠断句，诗情到此已迷离。

蒲聊斋《梦狼》读后作二首

狼吏虎官自古然，催租逋赋势熏天。盛朝不作鱼鳞册，一样秦人难种田。

风雨萧萧暗故园，百年扰攘令人叹。开明专制诚无那，民主由来奠国磐。

注：叹，此作平声，读若摊。

无题

梦到三生色已平，湘灵依约定浮身。莫言世上蚕丛路，步步行来都可珍。

秋雨方过，天地一新，步于阶前，怡然自得，乃作一首以记之

阶前洗去旧埃尘，一夜风来草木蕃。冷冷秋光花底滑，令人珍惜到黄昏。

注：蕃，十三元，此读若纷。

杂吟四首

唐时明月汉时心，游子他乡泪满襟。山寺钟声来欲断，野风如絮岭云深。

云山雾海两茫茫，梦在苍梧帝子乡。无奈秋风吹梦去，只遗蜗角血玄黄。

皓首辛勤注一经，不如逐利九江城。商妇那晓商人恨，翻作琵琶肠断声。

几声寒寂逝虫哀，秋草秋花映满阶。秋草随风清自碧，秋花零落土中埋。

有玉华兄这片云在，做泥也很美。此志胜兄赞吾之语也。定盦有诗云：落红不是无情物，化作春泥更护花。此志胜兄之心乎？乃缘其意而歌之

诸趣流来别有天，泥肥土美可耕田。好将诗国定盦句，化作人间一段缘。

只为一块此生中，梦里庄生蝶意浓。四大未齐何有我，烘炉炭火正熊熊。

写意

读书无意走官衙，四海漂来此是家。宁在闺中人莫识，不将幽趣写桃花。

絮语

晚来风细细如纱，天月溶溶叶底花。散淡聊来无定语，虫声唧唧亦忘家。

夜学

月光灭尽烛光寒，煎罢兰膏泪未干。驱得虫鱼归地府，直骑黄鹤上青天。

出门

出门无计久彷徨，满眼人来车若狂。一寸心田荒废了，菩提有树在何方。

贵戴

繁难直欲轶东京，析理尤能张一军。三百年中新日月，疗饥起废赖斯文。

尊袁

大观园里喜逢迎，笑尽人间浮浪名。一道清泉山底出，长留活活是平生。

哀谭

神州如絮沉波底，跳厉张皇敢作声。无奈夜长人已寐，照碑荒月亦无情。

隆章

豺奸狼狴满中原，浩荡英风铸国魂。一世雄文成九鼎，此心可以报轩辕。

注：原、魂、辕，旧属十三元。

敏秋毕业后，困顿于道途，迄无归所。昨语余曰：才去云南观竹，计日又将在杭矣。乃作二首以励之

云到天南竹子乡，闻风斯悦坐幽篁。蹭蹬万里关山路，写下人生第一章。

苕溪水去清晖发，万里游来是梦乡。追步先贤肠应热，乘风一夜到余杭。

悦苏四首

不施铅粉不描红，羸马吟鞭诗自浓。转入溪山人不见，禅心流水各西东。

诗情如水水如蓝，一叶轻舟万叠山。故国常萦千里梦，不知鸿影几时还。

初到江南惜相逢，青楼酒肆漾诗风。春锄欲破梨花雨，又入云山第几重。

独吊拜伦江上客，师梨一曲亦阑珊。只遗半幅清新景，教我到今思惘然。

秋来饮酒

秋声竞晨夕，一夜地底来。草木惊颜色，山河浩荡开。云从天外黑，雨过掠阳台。欲将诗心扫，衷肠有余哀。焚琴并煮鹤，千古已沉埋。治酒辄思白，对景且徘徊。世无参寥子，我心良独悲。君不见李将军，百战功名若尘埃。君不见屈大夫，形容枯槁成湘累。人生在世孰为乐，一日须倾三百杯。纵浪浮生大化里，莫令生人作陈骸。

思陈王歌

陈王宴平乐，坐中尽豪英。吐辞倾万古，文章万古倾。昔有李太白，胸气最难平。对此亦兴叹，诗情为纵横。我今千载后，颇欲追前行。既携太白手，复与陈王盟。湘灵来浩荡，洛浦袜尘生。更有骑羊子，邈邈辞玉京。日落苍山静，水蕴玉珠明。泠风起天末，吹送月华清。君不见谢家池塘秋色老，春来犹自发新荣。

注：荣，旧属八庚，读若迎。

都督山西九华寺弘法上人

都督山前九华开，善作莲花诚作台。凌空阁道慈云路，迤逦人间香客来。上人昔是九华种，目不识丁真懵懂。一朝选作侍钟儿，朝云暮雨禅心共。朝云原自来三江，暮雨三江何茫茫。愿将菩萨一片心，送去三江万里香。都督山成卓锡地，九华烟霭来苍苍。菩萨精神道义重，天王殿阁日月长。忽然山外黑云摧，摧破山中壶中天。煌煌殿阁一夕颓，惊心花鸟别是缘。暗夜沉沉沉似铁，慈心一点岂可灭。辛苦艰难百病身，此是菩萨劳行人。地狱重重岂可扫，只此一心最可宝。一心能将四海连，关山无限在眼前。可惜天下尽滔滔，谁说上人年已高。禅心寂寞人不识，付与狸鼠与野蒿。风雨飘摇三十年，枯花新发更明鲜。凤鸟有情自天外，百兽率舞何翩翩。君不见上人之心即君心，宜知君心重黄金。

赠傅正同学

大智从天外，撞破帝释网。莫言此心微，能至非非想。古来无由津，迷蒙暗林莽。海底月华出，照耀千山广。君不见神州浩荡天门开，潼潼巨舰海上来。国士争呼彤墀日，从此康章是霸才。东风漫卷西风狂，章是麒麟康是羊。纷纷天下何扰攘，一时大兴开电光。并世谁称医国手，龙蛇起陆狼虎走。茫茫欧雨来帝京，夏风不到雅典城。呜呼汉家白日曀将昏，不知其命何由新。百年倏然去，今也始分明。康是太阳城，章是黄河清。然而康章之魂随其魄偕逝矣，吾人徒觉金令司天、钱神卓地令人憎。学者纷纷成贾客，来去忙忙九江侧。吾子之心何淡然，令我之心何欣然。愿子淡然一片心，勤将供养为紫金。东西学问聚眼底，探赜索隐搜复寻。潜至幽微深暗处，疏通疑滞乃骎骎。君不见东原真是吾人师，蔽人自蔽宜重知。淹通精审岂易到，不为名高只是非。君不见余杭先生一片石，精光盛气星斗横。世上岂无读书种，二十年后定有声。

郑渠歌并序

九月二十九日，泾阳文庙并郑国广场落成典礼，邀臧师、旭晖院长及余参加。礼既毕，乃游于郑国渠首，文管所宗兆安所长亲为讲解。九嵕山、北仲山夹谷中，泾水出焉，历代以来，凿渠引水，灌溉关中。然因河水涮沙下切，下游河床渐低，是以历代之引水渠口渐往上移，其遗迹尚存。今则于两山峡谷中筑坝拦水，凿泾干渠，引水以去，然下距郑渠已五里矣。昔人之颂郑渠云："举臿为云，决渠为雨。衣食京师，亿万之口。"郑渠之功，及于万代，吾是以歌之。

秦王之师吞八极，骇破东方合纵国。妙思东国君与臣，郑工此去为疲秦。疲秦岂能阻秦王，铁骑河山两苍苍。君不见仲山翠壁倚天开，嵕山上与浮云平。峡束泾流无日夜，冲波逆折喧豗声。郑工何为争，欲与天争名。岂惧蛟龙怒，敢将蛟龙缚。举臿为云，天公犹以为苦；决渠为雨，长流活活向三辅。君不见郑渠终为秦王用，衣食京师亿万众。润泽宇内万斯年，令人到此仰前贤。

师大校园晨听鸟声作

黯黯天初破，忽然鸟声喧。一林曙色动，翠羽渐光鲜。始闻三两脆，继似漠无边。长天何寥寂，终南醒若眠。我岂知音者，千万能相诠。婉转参差中，但觉皆自然。渊明杯中酒，庄生濠上观。鸣者忘其言，听者忘其还。行人惊问起，日上已三竿。

与诸生讲洪王后作

洪王剪胡胡亟亟，欲将爷声遍中国。爷哥旧是西洋种，万里归心凭一梦。誓将妖魔扫以清，建国人间号太平。君不见江南金粉帝王州，无限风光北固楼。滚滚长江东复东，英雄有恨古今同。嗟爷既付尔王旗与除魔之剑兮，又何令尔志之终不穷。百姓膏血盈野丘，战死百万貔与貅。吁嗟乎洪王，生而荣华，死而荣光。吁嗟乎洪王，江干腐骨冷人肠。

唐二陵行并序

十一月六至七日，学院诸师游于唐昭、桥二陵，学院诸领导悉寓焉。贾院长谓余曰：既游，岂能无诗记之哉？然归而终无感觉，不能得一字。又数日，遇小华博士于第四教学楼之教师休息室，亦曰：王老师无诗记二陵之行乎？又以毫无感觉对。盖吾之所作，有不可不作者方作之也。方之至也，若地底之泉，冲而上出，莫知其所自来，莫可扼抑。是以纵笔所之，泛滥纵横，人也每以少蕴藉圆润而几谏之，然率性如此，无可如何也。又数日，读书不能竟页，坐卧难安，知其将至矣，乃援笔以为此。

关中浮云万古平，七十三帝振雄声。七十二冢萦荒草，徒遗累累映帝京。帝京庶矣广乐张，颂歌太平邀紫皇。胪传竞相称盛世，大言将迈汉与唐。汉也长逝矣，唐也亦茫茫。千钟小邑遗献没，冠盖意气何轩昂。太学竟成贾客地，但见金权为强梁。我今临此目远极，胸襟浩荡思远国。远国不知在何方，思绪黯黯神又伤。人言尔何不降心厌志随流水，水流去去无已时。君不见桥陵石马空对日，九嵕山冷霜月低。

不经意歌

尧舜其名兮，桀纣其行；流嘶为好兮，黄钟喑声。氍毹之上兮，阿娜作态；夏姬不美兮，戚施是蔡。嗟尔君子兮，其思何极；九州黯黯兮，思彼远国。远国茫茫兮，其路遥遥；榛薄雾塞兮，伐其枚条。瞻彼神阙兮，我心何悲；愿随君子兮，中心难违。吾祖之坟兮，累累离离；吾祖之田兮，荒秽不时。

魅之影

魅之影兮山之阿，临风恍兮浩欲歌，劳行人兮来蹉跎。魅之影兮水之滨，目曼眇兮启朱唇，浑欲醉兮是良人。魅之影兮在乡村，古风暧暧已无存，颠之倒之失清淳。魅之影兮在都市，招遥无度陟赫戏，朝暮之间不遑计。魅之影兮入太学，蛮氏触氏战蜗角，流血漂骴竟不觉。魅之影兮入人心，其势炎炎将烁金，我何悚惧作此吟。

祖德颂

吾祖轩辕兮肇自东方，大启文明兮厥耀煌煌。桀刘百辟兮奠此禹甸，振肸上帝兮郁烈芬芳。封禅岱宗兮七十有二，扬灵大江兮浩浩汤汤。既立嫥人兮以平宇内，乃修德义兮而来远方。大文三增兮四海欢应，大武三偃兮括彼牛羊。式驱式膾，式膴式匡。其源星宿海兮，其流万里长。其声竞于六合，其命同乎三光。百年之扰攘兮，赖群贤之赞襄。诚流血以漂骴兮，维新命于旧邦。正启导于方来兮，厥胡祈向而用臧。吾乃思之，若掉楫于汪洋。吾乃思之，若入乎芴莫之乡。吾乃思之，甚血脉而偾张。吾祖之教兮，仁以乎，耻以乎，何若今之荒堂。吾乃思之，将焉何执而不永伤。吾乃思之，羌遵祖德于大康。擐甲而介马兮，恭陈桃列以遮乎条狼。

耆艾颂

度彼大野兮钩棘丛生，蚁虫漫漫兮曲曲蜈行。三光未开兮黝黯无际，况有飘风兮号呼纵横。我思耆艾兮意正茫茫，西方之人兮卓彼高冈。魁特独立兮敦蒙俊庞，被服陆离兮炳炳文章。水精之魂兮迁固之魄，董氏之笔兮秉直清刚。割制大理兮孚尹旁达，长卿之才兮浩浩洋洋。曰：是之为耆艾。我所思兮，斯之人兮。我所思兮，西方之人兮。

过年二首

寒风生渭水，漫漫袭重城。爆竹催年熟，冰花映晚明。异乡为旅客，陌路是人生。今夜思魂动，又将千里行。

有酒无人饮，新年似旧年。孤蓬千里外，大雪腊梅天。对镜情无那，思乡意可怜。江南音信断，极目阻山川。

白发吟

白发来浩荡，一夕惊衰颓。五十会有时，知命诚无畏。弱龄慕帝子，欲赴湘流会。荪桡与兰旌，内美修能备。帝子眇曼目，皓齿流清媚。既与余目成，求之以寤寐。忽焉飘风起，大梦从天坠。林林总总者，总不异魑魅。庄周氏有言，万窍作噫气。渊明亦有言，有酒斯为贵。人生归有道，挥杯且适意。

闲来读书，忽闻窗前群鸦乱啼，躁鸣过后，天愈寒寂，乃作一首以记之

鸦啼我窗侧，恶声动九霄。乱耳何处洗，颍水浊滔滔。昔有无怀人，见让亦奔逃。奔之岂不速，逃之岂云复。何如今日我，蜷曲此陋屋。充耳不欲闻，能如尔所欲。奔逃不欲返，何处可容足。羡尔无怀人，邈焉不可逐。羡尔无怀人，曾焉居此陆。

江南八首

忆惜少年时，望断长安月。今作长安人，空自怜白发。诗到荼蘼未成欢，落花残梦两依然。年来经历多风雨，夜读江南只自苦。江南风雨梦中生，词笔氤氲自有情。江南佳丽地，是我桃花源。绿鬓风前立，千古意相牵。江之南，长别离；天之涯，长相思。

人家烟树里，村郭临水开。日没山影丽，潮平鸟飞回。南朝山寺动，隐隐钟声来。浣沙溪上月，犹照西施归。

南朝暮色里，芙蕖寂寞红。高柳蝉初歇，晚云响寺钟。水平沙岸静，邻浦宿渔翁。野吹敲新火，语言暂未通。

水映晴空碧，行行鹭鸶归。野老笑声里，苍苍横翠微。煎火茶初试，卷帘看落晖。闲邀陶公饮，相与赋采薇。

细风湿轻雨，新莺流清媚。晚花映日明，感此佳期会。

巷窄行人少，街平石板青。相逢存古意，相视尽一生。

南朝一片月，清辉流千古。喜读谢公诗，岂知谢公苦。春草生池塘，历历多风雨。六代声华歇，思之摧肺腑。

春来天地阔，江水如挼蓝。白帆归极浦，青鸟日边还。

感赋三首

飙风忽焉天边起，覆压乌云三千里。阎兵呼号满中原，狼狐丛聚踞长关。君不见莽莽长河冰塞川，又不见巍巍昆仑雪满山。九州浩气沉渊潭，壮士欲行行路难。吾国茫茫欲何之，停马垂鞭一问之。宦者弄权深宫里，屠狗横行又谁知。力拔山兮气盖世，谁是中华真男儿。长安明月万里明，曾照司马李将军。今夜长安明月在，空照将军司马坟。

浩荡天风海上来，千年变局国门开。崛起一时真豪杰，其中多少霸王才。未期学运兴复衰，金权相结令人哀。竞名死利盈望眼，海上逐臭夫在哉。蝇矢陈庭营苟苟，蜣螂转丸声若雷。君不见顾戴章黄横千古，身虽没焉风流在。只此一点独立心，岂遇金权便出卖。我今胸气郁难解，恐惧小生为堕坏。呜呼，吾学今也将何之，思此中夜不能寐。

著书要着可留书，作人要作独立人。我有椽笔如刀剑，驱使风雷逐电奔。高深莫测龙与虎，氤氲变化风与云。吾国文章三千年，未若今之滥斯文。腐鼠冻雀遍地是，书生风骨早已沦。我欲因之骑黄鹤，去入蓬山采灵药。灵药采来可疗饥，重铸吾魂炼吾魄。蓬山灵药倚天开，龙伯大人安在哉。蹩踏金鳌波万里，鲲鹏奋起四海水。仙之人兮来如林，散花如雨落纷纷。四大海水作美酿，一醉文章万古春。

抒意兼答敏秋

人生多阅历，诗意自然浓。读书知往古，励事与今通。骋志藉玄览，游心归太鸿。天边云阵阔，山穷水未穷。情到平淡处，方是君子风。

与诸生讲学后感而有作二首

讲肆沉霾日，诗心或可扫。江东支愍度，岂识如来好。终南浮晚翠，翠色连天杪。孤怀绝世人，对此良可宝。

大雅久衰歇，竟欲向谁陈。重华何处觅，云在湘水滨。湘流去浩浩，木叶荣纷纷。极目芳洲路，暮色已吞人。

百姓厨房三人对酌，三人者谁，臧师、旭晖院长、余小子也

厨房之号名百姓，却有大厨制百珍。春光渐向杯底活，江海相逢闻道人。我似青云坠崖壑，十年踯躅长安陌。岂识春花烂漫开，但见秋窗风雨夕。相随风雨独沉吟，风雨能知万里心。白发飘来知将老，世上风尘已满襟。孤心栖居人不知，二三子来得意时。终南山色可饮酒，东方风来可吟诗。感君酒深情亦深，感君重义胜黄金。一杯一杯殷勤劝，酒到浓时尽好音。好似古风吹汉月，好似春山对鸣禽。

漫吟九章

纷纷落叶又惊秋，四望河山暮色收。禅寺钟声来欲断，故乡不见使人愁。

此生漂泊向天涯，壮士捐身为国家。无奈世多无赖子，换来烦恼令人嗟。

零红零叶任飘萧，坐对青釭感寂寥。猎紫夺朱非我意，平生最许霍嫖姚。

秦山秋色郁苍苍，襟带长安帝子乡。百万学人齐聚首，欲将功业迈皇唐。

秋风秋雨袭重城，枯柳残枝尚自尊。一片冰心荃不察，原君亦是离骚人。

世无李杜可为师，但见横空盘硬辞。寄语西江诸君子，诗人原是自然儿。

菊花盈把酒盈尊，诗到荼蘼意始平。冷冷秋光归去也，遗余翰墨似云生。

少时爱读谢家诗，太白从来是我师。陶令赋归辟三径，亦有豪气上云霓。

秋风染上白髭须，感慨三生怅梦余。重理诗书归寂寞，茫茫大地一真儒。

绝句四首

读书一夜听风雨，淡淡情怀深酒杯。遥寄天南芳草梦，笔花如锦字如苔。

我自冲龄始学诗，纵横泛滥任由之。聱牙佶屈尚书字，馥郁氤氲屈子辞。

池塘春草可怜生，明月高楼别有情。诗到荼蘼终恨少，人前潦倒不能名。

一曲新词慰眼眸，谁知排遣反增忧。思心日日催人老，恰似长江万里流。

白云歌四首

诗阵长随鹭阵飞，白云高举意无违。邻家见有偷书客，片锦寻来夜补衣。

嗟余十五学雕虫，老去芸窗志气疏。笔底观堂沉碧落，美言不信是焚书。

琼山玉阁筑瑶台，仙草灵葩满眼栽。随意采来岂著力，长空鸟迹倚天开。

咬文嚼字几时休，天自苍苍水自流。句句诗从心底出，常言平淡居前头。

梅之歌四首

长天万里寂无声，暧暧冬云雪色昏。一阵清香红艳出，横枝照水倚檐门。

雪落无声似有声，花开朵朵忆冰魂。茫茫夜色无穷尽，淡淡香来几缕痕。

孤倚清寒似玉人，东风无限意无垠。青青芳草从抒志，一片冰心四海春。

云轻水碧净无尘，无际天蓝品入神。老干虬枝垂万古，送来香气满乾坤。

梅之歌元部昏、门、魂、痕、坤五韵，复以七律咏之二首

枝横疏影月黄昏，缕缕幽香暗入门。梦里瑶台原是客，园中屐齿却无痕。遗诗千古先生志，扫迹尘埃处士魂。三径就荒岂足道，清寒独倚自乾坤。

又入瑶池洗玉魂，送来春色满乾坤。飘零故土为冰魄，染上青衫是泪痕。疏影长随姜白石，暗香留在月黄昏。虽然此意无人会，犹立清姿处士门。

又二首

玉为胎魄雪为魂，自幼生成处士门。学步歌诗情漠漠，驰心魏晋日昏昏。长空雁去原无迹，笔底花开岂有痕。待到春来颜色好，一身清气满乾坤。

梦里依依君子魂，欲言寻觅却无痕。天长水远故人老，云去山横日色昏。芳草无情成岁暮，真心一点是乾坤。春来到处风光好，万紫千红乱入门。

咏杜二首

老杜横刀立阵前，万人退避莫能先。挟持五岳雷奔地，搅动三江浪接天。笔下才惊石壕吏，江南又逢李龟年。心中一片长安月，不作神仙作圣贤。

老杜诗成泣鬼神，森森武库一将军。新开日月悬中国，无限江山照夕曛。心底波涛多壮阔，眼中世事却纷纭。可怜溪上浣花客，又下潇湘礼白云。

哀师者

一日忝为师，百年知所赴。国家如广厦，栋材为之树。岂不日兢兢，灌溉朝与暮。列队若连云，弦歌达昏曙。此心良可喜，好景如朝露。黑风天外来，黑雨摧门户。上下交相欺，师道成商贾。逼良为娼妇，岩岩教育部。小子岂有识，虚浮盈道路。思此热中肠，此情欲谁诉。理我旧时书，寻我来时途。江东日已晚，故园亦已芜。何不归去来，林下鸟相呼。陶然羲皇上，南亩一农夫。

哀学者

哀哀彼学者，所学竟为何。饰伪与奔竞，慨此亦云多。一二寒孜人，往往情无那。高居坛坫上，素丝结五紽。落日沉渊底，四海布网罗。漫天黄叶来，寂寞下山河。我也已无歌，我也鬓已皤。我心虽未死，我足已蹉跎。

寒来二首

寒来吟白发，岁月已枯黄。门外萧疏景，袭我旧时裳。渭南水云空，渭北朔风狂。我游极四海，驰驱控大邦。谁言志可夺，默默送炎凉。君子固寂寞，小人多张皇。（其一）

西风号，北风号，西风北风长安道。太白敛眉工部逃，寒来彻骨谁相招。招也无所事，逃也无所至。千山木叶落纷纷，落在他乡无故人。天幕无穷寒无际，煮酒惟有长闭门。长闭门，避风尘，寂寞生来酒自斟。古来多少离骚客，唯有寂寞伴一身。寂寞与寒心，铸为诗之魂。潇湘斑竹枝，江南素罗裙。（其二）

西风

西风凋碧树，零落为尘埃。呼号穿空去，行人为之哀。万象无生意，春也良可怀。亦有寂寞生，置酒高阳台。感此西风烈，意气生酒杯。古来悲壮士，剑气漫蒿莱。西风嘶瘦骨，燕市志无违。叹彼今之人，重利不重心。悲歌为谁发，白发日相侵。荆卿已死公子老，一片金心埋荒草。落日楼台无情碧，山色苍茫去杳杳。

忆少年

我昔少年时，读书慕古人。汉学充吾魄，诗歌洗吾魂。亦有二三子，阔论上霄云。昌林多诙诡，国琦是长兄。兴发涓涓志，沐我颜色清。赭山听我吟，镜湖照我行。天云淡淡去，春草池塘生。大江万里流，可以动诗情。长歌凌太白，短歌欺屈平。一朝遇君子，玉立何亭亭。青眸展我志，笑意何盈盈。扫却世间态，至今令我倾。虽无通一语，念君情愈深。虽无携君手，千岁万岁心。

注：兄，旧属庚部。

答陈肖囡学诗问

肖囡昨相问，学诗应有路。师也诗纵横，泛滥从天注。请为子陈之，亦言莫相许。人各有灵魂，能学邯郸步。吾昔少年时，乡里前贤慕。捏管效咿唔，颇能得其趣。至今卅五年，沉浸在朝暮。思之热中肠，亲切自可诉。十五学太白，五十学杜甫。中间纷纭者，风骚魏晋古。长吉沉波底，相如凌云赋。小谢清歌发，神也为之住。诗歌贵自然，雕绘多胶柱。诗心盈天地，诗也在处处。

遣兴

酒落三杯论世人，世人却少入眼青。流离天末谁可识，云在水底天在瓶。终南山色琉璃碧，夜入长安纤纤月。作诗未成空自嗟，只见白墙映白发。老妻有事出远门，娇儿上网似断魂。独对长安五年春，夜光照室还自斟。一壶暖酒入胸怀，胸襟忽然浩荡开。天外飞来青鸟使，十万仙人下瑶台。云车络绎来无际，金茎玉露初醱醅。馨香弥玉宇，落花满尘埃。四海青碧去，鳌拜逿蓬莱。三千诗人列阵至，一时宣言下人世。人世非汉世，亦非唐之世。熙熙攘攘者，岂识诗人事。蜣螂转丸势可呼，蚁声雷震真豪气。我心对此岂欲言，诗人从来不是仙。身前寂寞知多少，身后几人能相怜。

噫唏歌

长夜茫茫照寒月，我欲歌兮悲白发。窗外零飞树叶残，流在天北思天南。天南芳草望中生，楚水吴山自有情。白鸥浩荡没江海，千年相遇真人在。我作长歌写百忧，江山为我亦生愁。壮心直上青云去，俯看人间却无路。莫言蓬雀笑鹏鸟，世间浮猾知多少。絺绤纹缯岂比得，西施嫫母谁能识。出门荆棘盈路衢，出没狸鼠与狼狐。君不见古来艰难百君子，噫唏尽没蒿莱死。

教女

稚子遗书气未平，箸前不食颓精神。才通文墨胸襟小，初识忧愁世界新。万事随缘多自在，千年聚讼贵清真。将来此意如能会，便是羲皇以上人。

答唐亦功教授依其原韵敬和之

大道从来认未真，几人磨濯几人行。灵犀一点诚微末，拂去埃尘见自明。漠北天云随路远，江南芳草望中生。世间亦有友朋在，此是嘤鸣幽谷情。

赠唐亦功教授

西子捧心愈可亲，效颦嫫母令人憎。无盐岂是张皮骨，陋貌何如温飞卿。才倾三江四海水，情动五湖六合英。翠翘盈头谁人羡，水底莲花淡淡生。手执莲花赠美人，美人原在自然门。人造美人岂是美，塑肝胶肺人成鬼。纷纷禹域尚铅华，侈言奢阔总是夸。但愿此风早衰歇，风流归于自然家。

岁暮感赋二首

孤行特立在长安，世事如烟冷眼看。研笔常怜天地窄，读书每叹学风残。几茎白发催衰老，一卷诗歌遗后贤。欲问此心何处寄，埃尘拭却是桃源。

注：看，平声。

天涯原是寻芳路，芳草天涯何处寻。处事难同朋辈远，生寒无际岁华侵。红灯绿酒人间世，紫电清霜壮士心。又到一年将欲暮，飘零满眼坠衣襟。

日月

日月相辉耀，递为天帝使。永远无变改，思之情无已。人也有一心，翻覆难为治。一心无恒德，对此良觉耻。我观世上人，来去如流水。相亲相爱者，多是愚夫子。但愿一片心，长如日月明。荣华有代谢，不变是爱情。

岁寒

岁寒松柏心，古来明节气。今日纷纭者，岂以为可事。面谀而背憎，无非名与利。人生诚微末，亦云国之器。世运隆与杀，昂藏一心里。国之有四维，礼义与廉耻。泱泱我中华，应有四海志。盛德来远人，一心最可贵。

岁末作五首

漂泊长安又一年，无边寥寂住心间。吟鞭莫指江南道，指向江南泪欲潸。

愁情欲说已无际，不说愁时愁更多。我欲诗心长似水，缘愁个里本如歌。

残阳一抹逝天边，岁月新来又一年。但愿诗中新岁月，伴人日日到渠前。

诗里花开谁是主，梅兰莲菊尽平生。常来风雨侵门户，赖有四君伴我行。

人情如水又如刀，赖有孤灯伴寂寥。中夜扪心还相许，诗中岁月鼓如潮。

四君

冷香先返玉人魂，雪压寒柯大地春。处士常来相悦赏，无言终日到黄昏。

幽香深谷无人识，几度临风拭泪痕。写入诗歌怜寂寞，他年相遇是幽人。

淡香冉冉出清波，对此当然欲浩歌。世上几家能比得，只因佛国庶缘多。

清香隐隐著东篱，贞士陶然酒一卮。说到今生愁绝处，诗情画意总迷离。

行歌

天风吹我衣与襟，飘飘洒落多埃尘。王母园中桃花死，海内知己已无存。我欲行歌长安道，长安道上人纷纭。只是中情难为寄，东西漂去为浮云。浮云何处去，栖栖一世身。茫茫人海里，更著茫茫人。长安大道朝与暮，东西南北通天路。车来车往似鬼呼，奔忙不知去何处。夜来灯火照通衢，天上银河人间住。人间好景望无际，人间美富天上妒。天上仙子兴长叹，纷纷欲嫁到人间。岂知人间人心苦，岂知人间行路难。行路难，路漫漫；长安道，向天边。掉头不顾向前方，前方夜色更茫茫。

注：叹、漫，皆作平声读。

莲心

浩气苍茫连海雾，蒸腾氤氲心中住。寻常辨别不分明，到时如金又若玉。外着莲花淡淡装，内有莲心青若许。莲心清淡似君子，品之味永暂时苦。谁知莲子一片心，清心养目醒世人。清声传遍三千界，污淖之中出清纯。我亦有心似莲心，清清淡淡过一生。清淡之中苦是底，苦中清淡处世情。视之若微末，触之却坚刚。莲心可以纳须弥，鱼龙无数任徜徉。君不见世上风尘飘天末，一心可以清四方。

默

默默无声胜有声，人间几人识真情。乌雀枝头终日闹，不及夜鹤一声鸣。长天无际来古今，几许歌声动地吟。趋炎附势没埃尘，能知寂寞是诗人。默也岂是默，乃是大之声。大声如雷隐天际，忽然一出四海惊。高宗三年无一语，一飞冲天是谅暗。鲲鹏抟遥九万里，抢攘榆枋是凡禽。呜呼，世上鷃鹑斥鴳辈，焉识鹏鲲万里心。

嗤

世人嗤我迂，我笑世人滑。滑重人之皮，迂重人之骨。人之有皮颜面好，人之无骨气郁阏。古来人物知多少，长如流水去汩汩。君子重骨不重皮，小人重皮不重骨。飘零天地间，岁月来天末。莫言此生微，一生能苟活。苟活一生不如死，壮夫志气能为夺。怜我少时心，放声歌屈平。岂是文章丽，人间更有情。君不见李侯落魄江湖间，秋风衰草多苦颜。蓬蒿何意作蓬莱，把酒临风且开怀。一朝大笑出门去，九重宫阙生光辉。

读鲁

鲁公郁气沉笔底，茫茫九州风云起。当代文章魏晋心，月光泠泠照万里。我读公文骨生寒，九州生气难为看。九十年来岁月侵，九州依旧黯沉沉。启蒙大业成遗业，世上几人识古今。阿贵精神传不绝，乡愿又换一世人。世世人物旧，年年日月新。吾国吾民长已矣，对酒雄谈孰与论。只愿公文流不灭，长作吾人之魄魂。

注：看、论，皆作平声读。

友朋

去年友朋多，今年友朋少。友少心自闲，友多恐自扰。茫茫宇宙中，友朋难寻找。明独抱一趣，世人谁可晓。我愿终此生，长与古人好。夜读古人书，寄情诚缥缈。诗心横六合，知我在远道。相逢任自然，相视只一笑。

无题

不到情深处，焉能说识诗。诗人本寂寞，越世或可知。我诗似明月，长与白云齐。变化岂可测，一心任由驰。春烟霭林树，淡淡洒光晖。谢阁丝丝雨，春情无限时。

春风

春风驱寒寂，朝日动林标。大地春潮涌，人群感寂寥。欲与陶公饮，陶公岂见招。林泉有知音，日日相游遨。我心长廓落，岂在渔与樵。我芳只自赏，对酒百愁消。李侯宝刀谁可识，竞酒三杯意气豪。仰天大笑出门去，焉能终世没蓬蒿。

出国

此也言出国，彼也言出国，出国欲为何。或云去学习，或云去考察，国帑何其多。出国之潮神州涌，一人沾溉一家共。仍是当年奴隶心，只是虚荣为操弄。国是人家国，视为神之国。一到神之国，身价便增值。呜呼，对此无言意怅然，神州将死难为欢。昔我神州有英豪，东走西去路迢遥。西去欧美求大道，东起扶桑救国潮。求道辛勤似佛子，流沙万里艰难至。救国更抛头与血，浩气盈天长不灭。今之人兮是何人，奔竞钻营聚一身。国民之血神州泪，我欲诉之向谁陈。神州黯黯失精华，大言瓠落竞相夸。沦落百年振欲起，雄视五洲志何奢。禹之氓兮今何在，神州崛起当为赖。茫茫九域为招魂，九域茫茫正沉沦。表面风华中覈蛀，飘摇一至将何存。君不见精卫微茫一片心，微心可成动地吟。但愿长存精卫志，日月逝矣宜骎骎。

精卫

精卫微茫志，衔木堙沧海，事虽不可成，千古风流在。古来世运迁，道存常暧昧。赖有二三子，精卫风流沛。卅年现代化，人情如冰块。相逐利名中，世情亦为坏。我似老僧入禅定，闭目不欲言变改。横溃心堤决，人情岂可赖。萦萦一寸心，相系诚微茫。脓疮破溃日，世人或惊惶。呜呼，世人岂我知，我只独立倚苍茫。虽一人哉吾往矣，炼吾魂魄日康强。

末世

二〇一二年，人言是末世。末世岂足畏，人心乃足畏。人心一旦返素朴，末世即可转初世。上帝与人一片心，岂是欲人相欺与相侵。吾祖光辉争日月，吾人至今庇其荫。诈欺横行世，诚然是末世。吾人今欲离末世，亦言相救以一诚。一诚能令末世改，一诚能俾世人生。

人生

人生似一叶，飘落岂有缘。或坠茵席上，或坠厕溷前。世上多愁怨，绿女与红男。馨香驱寂寞，快乐便是禅。

春梦二首

年来春梦新，年去春梦远。梦远犹相寻，梦新更难遣。春梦意云何，青春岁月多。青春在何处，梦里认眼波。

梦到江水边，江云万里长。江花红似火，江风淡淡香。江上参差燕，言住君之乡。引我魂魄去，相倚在幽窗。

诗人

我笔若有魔，泛滥天河注。我诗若奔骥，不知向何处。我意诚欲挽，赖无挽勒术。锱铢积盈寸，我心何其苦。苦也无奈何，此是前生负。诗人本是多情种，世间谁愿相与共。屈平诗成日月悬，孰知屈平意可怜。世间窒塞气，郁积成诗人。日月炼精华，铸成诗之魂。世间万事如流水，只是诗人认太真。世情无限诗情牵，笔底龙蛇来纷纷。诗是无花果，自由是魂灵。诗人神之子，本为苦难生。人生苦难无边际，诗人有泪难为倾。何时世间无诗人，世间方能称太平。郁气重重似缚茧，一朝破去诗之情。但愿诗人早灭绝，郁气散尽清气行。

白云

白云欲远举，西北望长安。少时一片心，今也荡荡还。十年风尘多苦颜，身在长安心江南。如在沙漠绝域地，放声高唱无相欢。人影纷纷来如水，思绪纷纷积如山。积如山，多烦难，世情于我岂为观。呜呼，安得茅屋两三间，种蔬锄地归自然。

大音

高处不胜寒，大音知者稀。况是末法世，言欲与谁期。独立宇宙中，一心莫已违。苍苍暮色里，煮酒作新诗。

起蛰

春来驱寒寂，万类一时新。青宁与野马，群动起蛰身。光风澹荡荡，岭上白云屯。人流长安道，众水赴荆门。经冬伏处雪与霜，意气凌风却收藏。寻常平淡人不识，往往见欺村野郎。大贤垂钓天地间，谁能载去相与还。宝剑锋芒徒射壁，冯唐已老孰为欢。无欢岂沦没，一心当起蛰。诗里有乾坤，亦可相与立。无可奈何作诗人，太白酒气来相亲。纵横捭阖三千界，世间大人谁可陈。遥望崦嵫日将迫，重华黯黯思漠漠。屈平枯槁湘水滨，栖心故国赋如云。我亦愿如此，一生长安里。起而为民行，没而为民鸣。万里春风回，春山淡淡开。春来诗浩荡，诗中且徘徊。

春叶

春叶漾春风，绿心自舒卷。自由春风里，绿意何荏苒。莫言此心微，莫言此意浅。一朝得时势，风流岂能掩。

风流

风流意云何，风流何处逢。人生无处不风流，风流只在一心中。百年霜风兼雪雨，古来圣贤多忧苦。一心浪漫风尘里，自然自得风流住。或似白云高欲举，或似鸥鸟逐浪浮。或似春花红烂漫，或似秋叶坠林丘。君不见天地万物本相齐，各尽其性便风流。世间风流原如此，安能舍此他处求。

任公子

风吹四海水，白波涌若山。会稽任公子，垂缁心自闲。揭竿累累者，辁才干县官。灌渎守鲵鲋，大达亦已难。吾国之太学，小慧之徒多。能知公子心，门可鸟雀罗。虚誉夺实辈，曲屈盈庭柯。端居衡皋下，目才可瞻马。众芳哀芜秽，美人叹迟暮。踵武及前修，微茫信难求。愿从大夫志，初服作楚囚。亦愿学公子，钓鳌万里流。

自然

春来草自青，春去花自落。大化岂有心，自然无厚薄。人能循自然，自然心自闲。自然一心中，守之良独难。守之焉有道，还是自然好。孔言吾与点，庄生濠上观。千古两典型，千古两自然。

鬼仙

东家欲祷鬼，西家欲求仙。祷鬼人似鬼，求仙千万难。君不见鬼仙原是一心变，一心之中别有天。求之鬼仙何如己，求之于心心自安。从来仙鬼弄精魂，聚敛万亿只是人。世上之风尘，等闲若浮云。山中岁月度老僧，云在水底天在瓶。

惊春

长安夜来雨，惊开满目春。置酒长安陌，天地一何新。芙蓉苑里石榴裙，曲江水边多丽人。丽人相映百花红，燕子轻飞天气融。人来人往心意惬，写真竞留世运中。古来游人知多少，心如黄鹄去渺渺。老杜诗篇万古传，留诗万古今人观。君不见东方春来寒寂逝，世间谁识春之意。江天寥阔正茫茫，江头花树满目香。远看长天蓝无际，春风浩荡入帝乡，令人思心无限长。

心潮

春山连云平，春色渐欲深。独立苍茫里，春潮接远侵。春景萧散处，寒气动枯吟。谁知春世界，亦有寂寞心。寒生笔底如冰裂，寂寞心来似铁沉。万里寒风齐呼号，三千世界忽森森。世上春踪灭，心中春潮生。心潮虽寂寞，可以裂层冰。心潮奔向春天去，春入心潮春始成。人间春色难长住，心中春色却长青。我歌春潮春得意，古云世上无难事。只要心中一片春，岂惧春风黯然逝。

春景

挺挺门前竹，飘飘岭上云。竹生自高洁，云生淡淡春。柳烟浮似玉，澹荡溪水平。红花随意放，燕子飞来轻。春意如诗春色青，踏青人在春中行。儿童得意柳哨鸣，远处春山如黛屏。鸡虫跳跃来相迎，猫狗无心去相争。野老忙忙欲早耕，小姑围看卖花声。君不见春景无边天地新，万物欣欣争自荣。

注：荣，旧属八庚。

竞争

苍天不言争，孰能与之右。大地不言争，孰能与之厚。日月不言争，孰能与之明。我怜今之人，动辄言竞争。所竞者为何，衣食与住行。蜣螂势转丸，蚊争雷动声。亦有邻家子，立志标人世。今哲与往贤，笔下为驱使。相争于日月，相争于天地。岂若世之人，累累小家气。斯人我所喜，斯人我之友。亦愿与之争，争为人之秀。茫茫百年中，学问相与就。渺渺一微躬，文章遗后胄。

浏阳

浏阳之水千里流，浏阳之子雄九州。浏阳之泪和以血，浏阳之志难为酬。吾人一夜情高张，醉心倾倒谭浏阳。侠气横空世间少，文章万古流芬芳。九州雾塞正茫茫，风雨玄黄几沧桑。荒城古月接远道，千里冰封万里霜。世上英雄知多少，浏阳之恨何窈窈。夕阳欲下啼鸦多，残碑照月萦荒草。

明镜

明镜可清心，明镜可照影。清心理新装，照影叹衰景。荣华有兴替，容颜难驻永。朝暮红颜老，世上谁人省。苍茫天地间，万里人未还。天上分明镜，人间相遇难。河汉迢递路，各在水一边。独立明镜前，浩然兴长叹。凤台何处觅，几回忆孤鸾。春来春去如流水，人间万事诚无已。拂去埃尘镜自明，何如长住明镜里。

注：永，旧属二十三梗。叹，平声。

人世

人世似冰霜，冷冷照斜阳。鸦啼声渺渺，寒寂正茫茫。长安春来风若刀，春情无限黯然消。无朋独自度寥寂，自在兰台对浊醪。兰台昔有柳条春，李白桃红醉行人。宋玉才倾三江水，陶谢风流万古存。屈平辞赋悬日月，太白诗来天地新。长安茕孑意沉沦，渺渺寒空坠暮云。兰台公子今安在，烟水茫茫难问津。

大野

大野多辽阔，云山淡淡远。一朝离都市，清心自舒卷。忙忙都市中，相争似无穷。人生岂有味，眼色灰蒙蒙。亦有欢笑声，干如冬日风。亦有互爱意，焉能盐水溶。我本是野人，住在山水间。误入城市里，从此难为欢。栖心在大野，大野难相容。野人已难觅，势利气若虹。势利若洪水，心堤溃决中。九州势高张，城市闹蓬蓬。

明独

明独抱一趣，微心已难改。茫茫都市中，满眼人似海。黾勉一寸心，夕惕磨勿殆。冬去寒风逝，花落春天在。野云映窗前，野月悬门外。

咏竹

冬不能摧其心，春不能媚其态。清清挺其身，节节高其迈。清心留青史，节迈凌云志。荫啭黄鹂鸟，林深可长啸。竹风动人心，明月来相照。弯弓射天狼，直矢凛若霜。君不见子鱼之心万古香，孤臣高咏文天祥。

登山

登山若登天，高下景不同。真正登山者，登览在高峰。高峰一登览，低下岂欲逢。登高入九重，重重艰难功。一旦登临至，意趣会无穷。治学亦如此，宣圣训应通。百上东山客，何如一岱宗。群山聚眼底，俯首为低容。

惊梦

盈我门庭者，偷窃何其多。呵责声若厉，诚莫奈之何。我庭并我室，笑声人窒息。惟有掩耳走，遁出偷儿国。吾国在何方，惊梦感墨扬。作诗留万古，亦以寄衷肠。

心中

心中千千结，孰能为之解。抑郁至九地，叹此日月迈。春风浩荡来，春光却难再。毒药浸壤中，花草为之败。虫亡歌声歇，寂寞无聊赖。我本是园丁，九畹滋兰蕙。亦愿尽微劳，共此江山丽。毒风遍九州，我立诚无地。但拭一寸心，勿令蔽尘翳。

阅卷

天子开科来考试，可怜天下学子意。一分能定尔前途，阅卷大人岂不识。一题一题认真改，无赖卷多时难待。改到头昏眼花心也空，此时已与机器类。一心把握岂有准，笔下有错亦难怪。无心错杀几多人，他日去祭尔冤魂。今年不中运气乖，顶香礼佛明年来。亦有一时心豪迈，大笔一挥人情卖。虽不知尔姓与名，但喜清徐娟娟字。春卿为国拾人才，只凭一试究可哀。君不见会稽愚妇轻买臣，当年缘是卖薪人。又不见冯唐八十方见用，持节云中千古颂。天生我才自多难，沟壑累累白骨寒。一朝能从桓公猎，垄上云飞岂等闲。仲尼教人信有方，弟子三千来远邦。学成经纶天下志，教泽绵绵万古香。

画眉

画眉深浅逐时风，红氍毹上意态浓。赢得君王多恩幸，昭阳殿里爱无穷。孰知君王原是龙，变化莫测风云中。一朝沦落长门冷，秋风秋雨袭重重。有心欲买千金赋，不知相如在何处。飘萧满眼入华林，美文雄辞谁可铸。君不见从来英雄自为主，一生只有情相许。媚人之态世间稀，荣华岂能长为住。珍重真情一片心，胜似画眉千万金。朱家小子浑不识，我今重来为之吟。

鹦鹉

我家蓝鹦鹉，身轻声巧乖。朝夕勤饲养，寂寞为之排。门外人如水，人心却伶仃。亦言遇时世，感此漂泊生。叹息彼鹦鹉，笼中日月长。只能媚清音，岂知我心伤。欲放自然中，又恐罹不祥。迟疑莫决意，日月黯然逝。心如大毒蛇，重重为梏桎。春风一夜迫门外，我欲携之向吴会。山中日月自由身，与尔俱为自由人。自由国里流好音，自由国里自由吟。自由朝复暮，一如山中花与树。花开花落岂有主，叶枯叶荣自然趣。霞峰隐隐赤城标，暮去朝来海国潮。一年三百六十日，与尔自由相游遨。

战国

战国百家分，茫茫流九派。家自意趣邈，声名传域外。赫赫我中华，魂魄斯云在。秦皇与汉武，专制学风坏。思想大一统，学术成点缀。近世运会改，欧风美雨来。康章胡鲁辈，诚是霸王才。其学如日月，光芒彻八维。后先相辉映，国运为之开。未若今之世，家自言势利。学术江湖里，蝇蛆布满地。九州黯黮黮，对此良觉哀。亦言长已矣，酌吾深酒杯。

东京

东京学何盛，大师连翩来。弟子递相受，巍巍绛帐开。讲学闻四海，黄巾亦相避。言而必有征，实事求其是。此风流千古，至今难云弃。瘖言瘏我口，此意谁人会。小生竞机巧，令人长太息。世风竟相逐浮华，惊羡肤浅令人嗟。秽文亦能钓名利，一时浪得岂能家。我为东京一浩歌，微心不灭常为磨。贾马许郑谁可侔，顾戴章黄孰能过。

注：过，平声。

死海

从天空坠落者，乃败溃魔兵之毙体。一色无精之天空，灰蒙而无际。海之蓝兮湛湛，渐为黑气兮所掩。飘风起兮天末，血污之腥兮塞寥阔。茫茫兮大地，蠕动之群兮谁须。百物兮枯槁，濒死之须臾。大地乃吾之乡兮，曾有清泉之汪汪，曾有青山之绵长，曾有白云之徜徉，曾有诗人之情兮为之低昂。百鸟争啼兮，百花其馨香。滋人之心腑兮，浸人之肺肠。日精与月魄，与夫情人兮相芳。今乃将死矣，日月沦矣，大地沉矣。吾乃乘舟，将觅彼新土，缘死海之角，曲曲而行。黑暗如幕，层层相张。远方之影，似魅幢幢。肤触之感，冰凉似铁。漂尸满眼，照彼星河明灭。呜呼，吾行诚难矣。吾既哀吾心之黾勉兮，又叹吾力之微茫。何独守此茕孑兮，影只而不双。帝子兮何在，大夫之情兮聊以为赖。重华兮梦里，蕙兰兮芳芷。然而彼皆去矣，吾之新土，其在何处。吾乃跪敷衽以陈之，曰：榛塞莽莽兮，虺蛇与豹虎。攫人以为食兮，茹毛血以为娱。荆丛雾薄，白骨盈原。百兽当前，行之惟艰。吾祖兮何惧，开疆界兮进取。左搏虎兮右折猱，辟荆莽兮意气豪。为衣裳兮定百秩，通婚姻兮理宫室。文明大启兮凤凰来，百兽率舞兮开新日。人道愈隆兮天道愈长，风雨时兴兮和协万邦。交通贸易兮天下共享，迁流不息兮百物其昌。婉转其情兮风流豪荡，弦歌不绝兮涣涣文章。虽亦相争兮，终乃其迈。天人相亲兮，大地蒸泰。感此之百年兮，盛容仪以机器。家自相争以智巧兮，争之乃无已。虽肥饫吾之口与体兮，吾心其溃疡。大地之血管兮，日塞满臭秽而肮脏。天黝黯其雨腥兮，人情其若冰霜。呜呼，吾土何土兮，吾乡何乡。舞蹈跳厉兮，尽归之于魔王。重华乃垂而言曰：上帝之国兮，郁郁苍苍。清泉好音兮，纳百吉祥。人皆佳丽兮，心智为良。魔兵欲攘夺斯土兮，其心何狂。帝乃愤怒兮，驱此魔兵而溃乎下方。嗟尔人类兮，与魔何似。亦言自受兮，宁不尔弃。今尔人国兮，死海茫茫。瞻彼星河兮，明灭星光。尔之心诚能脱魔王之羁兮，岂无尔所适之沧浪。吾乃拜而受之曰：蕲吾旌兮飘摇，扬吾楫兮迢迢。愿灵葆兮相招，渐暗黑兮相消。吾乃泛死海之浮尸，奋力以赴之。

沧洲

濯足万里流，自由沧洲趣。明月生素波，海天蓝如幕。冷寂无纤尘，云薄玻璃絮。星辰时明灭，晶晶似相慕。迢迢天汉广，辉辉牛奶路。良宵得之难，永愿离人间。离之得自由，离之心始闲。明月是吾妻，诗词是吾子。岂学林处士，浪漫一何似。

吟诗

吟诗山水间，襄阳孟浩然。鸟飞山增寂，云凝人物闲。有时逢野老，相得意甚欢。偶然友朋至，谈笑酌醴泉。当窗邀明月，绿萝淡淡烟。轩冕岂可近，抚琴归自然。诗成陶令喜，醉酒怡若仙。平生若可寄，吟诗年复年。

谋生

谋生漂四海，城市间相逐。一朝离家乡，从此难回复。陌路多彷徨，家乡岂故乡。心中萦萦者，那堪论沧桑。刘郎无归路，只有感凄凉。梦中故乡远，令人哀衷肠。故乡虽相失，故乡情难忘。故乡水何美，故乡土何香。我今在远道，飘零岂有依。斯土亦云美，中心却相违。日日望故乡，令人长相思。日日思故乡，无泪只有诗。故乡在何处，故乡在诗里。思之何怅然，亦言不得已。

梦

无梦多忧戚，有梦常欣欣。梦中万般好，梦醒却怅然。我来何却曲，我去何处边。茫茫前方路，荆棘连远天。偶尔蝴蝶来，诱人行路难。亦有野蔷薇，颓败惨白颜。行路岂有已，不知何处止。唯有行复行，直到身之死。昔闻裴氏言，好梦如娼妓。世界如转蓬，人生其若寄。虽然知其理，无奈心易逝。盈盈罂粟花，亦如梦之意。世界本如此，有梦暂云慰。只此一片心，长愿在梦里。

注：裴氏，指匈牙利诗人裴多菲。

冷雨

冷雨春路滑，凄凄春草萌。春心将欲吐，烈烈犹北风。林枝惊瑟瑟，枯条覆荆丛。萧萧仲春景，遥映远山空。游子在歧途，感春春难苏。寂寞谁可诉，常常怀故庐。故庐人欲老，旧心良可宝。长令人相忆，回眸在一笑。今也在何处，伫望心如捣。每言归相觅，愁怅在远道。

相问

街前偶相遇，峙立相问好。枝头惊扑簌，红尘茫渺渺。街上往来人，谁惜青春好。匆匆如过客，在求一饭饱。青春绽丽颜，世事却艰难。花开无人赏，花落徒怅怅。何以慰君忧，惟有诗相酬。愿言人间世，青春长相留。

九歌

天长长兮水荡荡，春容盛兮媚流光。江浸蓝兮白鸟飞，朝日晖兮花树芳。帝子凭风兮下翠微，骖玉虬兮载云旗。迤逦窈窕兮天之南，云相从兮何容容。朝发苍梧兮百兽舞，夕宿江沚兮裛露浓。俟夫君子兮不可见，心恍惚兮意忡忡。览江沚之草莽兮，望远山之迷濛。聊逍遥于江上兮，期夫丽日之又东。

灵均浩荡兮欲浩歌，形容枯槁兮带女萝。被薜荔兮纫兰佩，眺夫帝子兮山之阿。云融融兮而在上，水湛湛兮激素波。渺空目兮袭重愁，望不见兮心烦苛。乃扬楫兮江之流，下洞庭兮泻烦忧。望江渚兮萋萋，行不进兮夷犹。江树兮雁行，江头兮茫茫。帝子兮安在，百鸟兮啼芳。寻夫人兮不见，暂憩息以徜徉。

暾兮出之东方，零露溥兮水茫茫。独立江头兮怅望，远山淡淡兮百鸟翔。刈彼草茅兮葺吾盖，折彼桂树兮构吾堂。杂辛夷兮蜜由房，申椒糈兮陈酒浆。待夫人兮夕至，共夜话兮沧桑。

缘洞庭之浩淼兮，览月下之潇湘。闻山鬼之夜吟兮，惊杜鴂之送芳。感向来之蹇蹇兮，屯诧傺余忧伤。忽萧瑟兮秋叶下，乃扬灵夫大江。前波汹涌兮流洑，后流相激兮洄长。

远山之重嶂兮，连嵎以向东。神灵之赫怒兮，哀生民之多凶。叹四海之流离兮，似陌上之转蓬。吾诚欲赴以前期兮，奈吾心之难从。听箫鼓之隐隐兮，瞰淡淡之江枫。吾神乃以驰远兮，就重华以剖衷。

天外竞相以传言兮，重华在瀛海之东。望夫瀛海之深广兮，鲸波遥接夫长风。栗前途之莫测兮，信一时而为之变容。然吾心之戚戚兮，吾乃黾勉以相从。理吾意之惶乱兮，奋吾楫以接夫无穷。

洪波滔天兮天色昏昏，一叶若蚁兮大地迷尘。日光惨惨兮风雷震怒，鲸呿鳌掷兮褫人魄魂。波山浪谷兮岂有艺极，冲波迅驶兮电逐云奔。忽三岛之在前兮，乃夫仙人之所居。似乎舜阙之峨峨兮，迷离缥缈以招予。

览长流之泱漭兮，伫兰室之芬芳。唯夫人之不见兮，空独守此暗夜之何长。乃令羲和以相讯兮，言在乎无尽之汪茫。人不返兮坠云车，仙之人兮竞相嗟。哀生民之赤心兮，乃相传乎天之涯。

哀灵均之浩荡兮，泪涔涔其何极。斯人既已相去兮，世之人兮其谁能相识。临长流以为赋兮，思遥接乎东方。朝椒糈以为设兮，夕酒浆以为张。乃耿耿以为祷兮，愿尔魂魄其宴享乎馨香。

乱曰：日魄无精兮，昏彼四方。莽莽神州兮，哀此三良。览此下土兮，心也何伤。漫漫长夜兮，俟彼晨光。岂劫波之可畏兮，相言勖旃以度彼玄黄。

杂咏太炎先生七首

遥遥东国绍遗民，夫子文章轶群伦。大音磅礴震宇内，叹息人间认未真。

清刚简截笔如刀，拍浪惊天大海潮。潇洒风尘无人识，原来世上多僬侥。

高山流水说知音，越世方明旨趣深。蠸雀蚊虻相转去，怅言日月已骎骎。

学蛊猖狂坏时风，品流污下九州同。虞渊沉寂暗无际，何日明鲜朝又东。

徐干文质何彬彬，荀悦温温笔底情。魏晋风流迈万古，两间摩荡风云生。

大陆沉沉春复秋，衣冠最是令人忧。国运茫茫何处寄，莫言壮士惜此头。

思通芴漠接混茫，依依魂魄到炎黄。一世雄文铸侠骨，何人可与论鱼肠。

春游并序

三月二十五日，学院教工并家属游于终南，历草堂寺、大秦寺、延生观、楼观台诸胜境，归乃以此记之。

终南山似翠屏开，七十二峪春风来。乱山如海诚难识，好风如诗怡人怀。游春人在春天里，车行一刹数百里。车外春光何历历，车里游人歌未已。春光软媚何明鲜，访古直到古人前。谈论古今心相得，偶尔写真意畅然。古今相遇一何深，何人可以辨古今。今人能到古人处，古人能为今人吟。今人议论多古人，仰慕古人何精纯。草堂寺里参罗什，玉真观前拜玉真。草堂烟雾井何奇，大秦寺下麦满畦。造化无心留胜迹，桑田沧海是几时。凭空一望远茫茫，人家烟树霭苍苍。古人如水争逝去，今人似蚁来何忙。君不见上山磴道一何难，下临万仞愁攀援。炼丹峰上炼紫气，说经台下说楼观。竭屈艰难朝玉京，玉京本在人之心。心有金丹能莫失，迷途知返重黄金。

壬辰之春杂吟六十三首

校园像幅画，人是画中景。天地为画师，自然成画境。
盈盈谁家女，笑笑花前立。春光何灿然，天地为增色。
少学终南客，仗剑去国游。今来终南下，磴道挠人头。
窗外紫藤花，窗里人思遐。春来诗风暖，不觉在天涯。
煮茶小火炉，尖新谷雨初。但愿长如此，相伴一床书。
为学怜孤寂，岂能逐世风。世风多势利，此义古今同。
群狐何骚然，不如一师子。谁能师子吼，磅礴大音起。
人世如走马，红尘万丈开。日日红尘里，惟俟故人来。
故人在何处，言在玉之山。玉山弱水西，望之何邈然。
诗意滞且涩，心情密以卷。眷眷相忆处，云在天之远。
栖心岩壑间，猿鹿与为友。偶尔故人来，倾杯相叙旧。
为人作嫁衣，诗书渐荒废。滋兰九畹中，慨然叹芜秽。
渺渺望中国，独立山之阿。美人在何处，风雨正婆娑。
江河万里去，丽日九重开。斯美乃吾土，孰言不可怀。
飘零三十载，无日不言归。吾家在何处，思之念已灰。
鸟声时唧唧，淑气振庭柯。薰风东方来，诗人意兴多。
杂吟无宗旨，随缘度一生。天地为家室，东西南北行。
遥遥千里外，或有知音在。岂欲青人眼，贵能心相会。
人到平淡处，孰能与之争。诗到平淡处，方是诗之成。
诗人盈天地，谁是真诗人。诗到情深处，乃显诗之真。
万里乘云去，逍遥天地间。一心彻宇宙，星芒耀人寰。
闲读庄生书，醉饮渊明酒。谁能怜白发，怆然一回首。

我歌声流嘶，我舞无定秩。本是一蚁子，能作大人事。

世人岂相识，微心寄寒芒。遥遥千万里，明明暗夜光。

大野虫声号，天风地底来。孰能昭万物，南岳一声雷。

世上人如许，相逢何偶然。意气一相得，便成今生缘。

大树诚可风，小草亦云好。各从己性出，乃能尽其妙。

平凡度一生，淡淡流光景。平淡栖心处，便是圣之境。

圣学本平常，岂作疑玄解。只是后世人，毒药相亏害。

桔槔不可用，灌园宁抱瓮。非是不可用，人心自不同。

机械盈天地，复杂难为论。愿言返太朴，去作无怀民。（注：论，平声。）

同事一室中，相遇如关市。上班似战场，戈矛日相峙。

日在斗室中，无聊自写诗。诗成更无聊，世人那得知。

吐属如珠玉，琳琅满目陈。谁是识君者，遥望远方人。

柔条芳春发，春水浩浩流。远山淡淡去，直至天尽头。

白云映白水，青山分外明。白鸟天边没，孤客万里情。

窗外薰风来，庭中栋树香。儿童三四个，游戏到陶唐。

读书穷至妙，何如出遨游。人生百年内，空白腐儒头。

九州何辽阔，我却难容趾。鸿鹄欲高举，焉能逐势利。

愿从渊明去，南山理荒苗。村姑与野老，兴会开浊醪。

柏树何森森，下有陈死人。非是陈死人，乃古之贞臣。

我面岂欲修，我心岂欲洗。一任形骸去，放浪大化里。

人言曰可畏，我岂畏人言。敢与人言争，道义方可存。

春树荫荫春草深，春风淡淡隐鸣禽。一年好景时相遇，宜有行人振铎音。

我欲凭风一浩歌，江山从此更婆娑。新开日月悬中国，五十年间识者多。

亦浓亦淡是吾诗，笔走龙蛇天马驰。云起风生岂有迹，迷离徜恍屈家辞。

万里悲行客，江海久沉沦。与君一握手，便觉四海春。

相视一笑言，淡淡春云起。遭逢江海客，落落皆君子。

嘴上谈正气，行为却庸气。腹中多邪气，此即是官气。

人之贵也在知群，设官分职为黎民。孰知进化千载后，天下纷纷成仆臣。

墙角篱边野草生，中有疗人灵药存。惠心能理岐黄术，今日始知枕边人。

滴露垂珠叶叶新，天机造化岂可论。毒花苦草皆有致，惭愧吾人识未真。

注：论，平声。

大道茫茫孰能求，眼前草木可淹留。中有生生机理在，何必空言天尽头。

洪波之上一叶舟，颠狂簸荡夜色稠。前路茫茫无尽处，女妖终日媚莺喉。

少时仆仆敝貂裘，壮岁经营志未休。最是伤心老将至，一无所获坠幽求。

得意马蹄快，归心雁阵迟。世情如流水，迷不知东西。

欲上太行阪，笃笃鸣长饥。西风照瘦骨，蹭蹬夕阳低。

汉苑多龙种，家在大宛西。踏风金络脑，万马顿成泥。

叹息桓公死，垄云日日飞。夕阳残照下，茫茫秋正肥。

野老共我话，野风吹我衣。野草藉我枕，野云逗我诗。

野树森森碧，野水漫自流。野山款款去，野鸟天尽头。

读书凌万古，家有智慧生。文章满天地，窒塞却难行。

不到古人处，焉能论古人。谵语金精贵，笑杀火头军。

圭峰

削壁临荒野，苍茫接太鸿。群山如乱阵，灏气薄空濛。势压皇州胜，霸同禹甸风。山河良可表，挺此一峰雄。

草堂寺

清樾草堂寺，来游不欲回。逍遥园里客，般若智中才。世上经难灭，人间舌尽灰。默然三揖首，良久独徘徊。

大秦寺

山上尖尖塔，坡前荠菜花。老僧缘客问，弱柳遇风斜。鸣犊惊相扰，顽童笑语哗。苍茫烟树里，百里野人家。

注：顽，平声。

上炼丹峰

我欲随黄鹤，苍苍入翠微。树深留晚照，径窄遇人归。紫气凝丹顶，烟霞散碧辉。山家杳然去，相顾音已稀。

灞上

春到长安陌，繁花零落开。城中多局促，郊外且徘徊。灞水悠悠去，南山淡淡来。二三鸥鹭起，极目远尘埃。

重游曲江

花枝相映媚流莺，江上柔条又放青。天气清明游客盛，心情怡悦水边停。波间鹜鸭惊飞起，沙里鸡鹡睡未醒。岁自新添风景好，重来不觉昔曾经。

注：醒，平声。

闻海兵续随许纪霖先生攻读博士学位，甚喜，且作此励之

春来何事足相萦，沪上传来讯息声。万丈龙门堆雪浪，千重识海掣长鲸。书生意气盈天地，笔底风流醒世情。愿接余杭真学脉，著文岂欲为人鸣。

注：相，平声。

戴安澜将军殉国七十年祭并序

戴将军安澜，乃吾乡无为洪巷之旗杆戴人，距吾家不过十余里。少时，每听家大人言其事，辄生景仰之情。后吾入芜湖之安徽师范大学求学，将军之墓即在赭山之麓，与师大为邻，尝往凭吊，以乡有斯贤而为荣耀。今乃将军殉国七十周年，国人多颂其抗日之功，爰作此以祭之。壬辰清明。

将军何处人，将军无为人。无为西南乡，有曰旗杆村。山水钟其美，秀逸出群伦。大江流浩浩，蕴蓄文章新。一朝投笔去，百战彪册勋。长城驱倭寇，扬我中华声。昆仑关血战，号泣鬼神惊。家国何黯黯，暴寇何横行。同盟抗拒之，缅战复扬名。东瓜棠吉守，英雄浩气存。毛蒋皆钦之，颂辞难具陈。忽忽七十载，战云散已平。思今追往昔，国泪为之倾。君不见岳将军，气吞万里慑虏庭。君不见文丞相，一片丹心照汗青。

咏戴安澜将军四首

大将远征人未还，比肩武穆及文山。英风豪气迈千古，碧血丹心颂百蛮。

儒风浩荡战旗开，武略文韬上上才。一卷遗书光史册，莫将英气葬蒿莱。

将军百战古今稀，蒿目时艰涕泪垂。不忮不求与不惧，立身只在国人期。

血战南荒神鬼愁，动人事迹至今留。赭山何幸埋忠骨，不尽长江万古流。

读东野诗二首并序

东野，寒士也，人生之苦况百味，体之也深。发而为诗，多寒苦之语，然语语亲切。情之真，心之贞，理之微，出之以平，非亲历其境者，不能知也。此盖风骚之流亚。世以其偶作奇语，目之为险怪，岂识东野者哉。东坡小鱼、空螯、虫号之喻，未为的论。

谁识寒士心，寒士多苦吟。人生多况味，寒士体之深。人世艰难路，恐惧日月侵。观世多寒苦，涕下盈衣襟。奇崛转平淡，虫鸣尽好音。宇宙相重者，真心贯古今。东坡论东野，比拟何失伦。高朗与平淡，亦各任其人。人生各有态，焉能强相绳。诗风各有趣，所贵在情真。风骚流万古，郁志难为伸。春来百花朝，秋至万木凋。天地本无心，人情为飘摇。漫漫人生路，遭遇相长消。诗人多感会，诗成气也骄。或如黄钟鸣，或如鸡虫号。要在发本心，万类任逍遥。（注：号，平声。）

世无潮阳笔，谁是识君者。人生未五十，不能读东野。高华俊朗辈，讥之若寒虫。己亦为人讥，缺少烹炼功。我昔误东坡，避之如寇仇。今也始相得，遭遇经百忧。茫茫天地间，渺渺一蜉蝣。亦愿效东野，搜索作诗囚。

辕固生

利剑可刺豕，磊磊辕固生。廉直明主重，意气千古横。正学以导世，曲学阿世情。分明泾与渭，今也更分明。辕固今安在，吾学何沉沦。芸芸公孙辈，虹霓势可吞。松桧有本心，愿言竭其诚。世若有辕固，执鞭为之行。

阅诸生毕业论文初稿，几欲崩溃。自清末以来，识者恒言，文言文乃吾国国民进步之障碍，学者寒窗十年，书信尚不能通，是以倡导白话文。行之百年，白话文大昌。然今之学者，从小学至硕士研究生，寒窗几二十年，为文仍不能通者，又孰之过哉？

美哉斯文，盛欤猗欤。黄河之崑仑，大江之岷峨。瞽蒙诵，行人歌。郁郁乎，洋洋乎。诗三百，百宝书。噫吁嚱，浩浩之风天上来，吾国文明为之开。群山似马走于海，万壑奔流猿啸哀。一生事业藏名山，册府群玉何森然。屈平辞赋悬日月，司马文章日月悬。老杜笔力太白魂，风流千古孰与伦。昌黎巖巖称奇崛，东坡历历难尽陈。呜呼，此吾国之文章，日异而月新。关山莽莽海云深，日月照耀古与今。不知何日张制艺，西风一至沉复沉。横天跨海白话文，一朝决起何精神。文言岂有回天术，无可奈何沦复沦。共工怒触不周山，胡鲁大旗复班班。未期百年匆匆过，窒塞不通又复然。呜呼，吾甚惑焉，吾将质之，孰能起胡鲁于九原。

敏秋下第感而赋此

才人自古多沉郁，往往携志蒿莱没。天将降任于斯人，苦其心志劳其骨。秦岭茫茫横中国，海底新出纤纤月。谁怜壮士一片心，千山万山难相越。春卿拾才弃龙马，九州沉沉沉似铁。

愰言

周道如砥，其形如何。坦荡君子，其心如磨。茫茫人世，振彼洪柯。高下左右，罹此网罗。人世茫茫，小人实多。饕餮无厌，得志峨峨。玉琮八方，礼之将将。谁知矛戟，犯自远邦。封土为禅，先王之志。草木不伤，正彼疆场。为人如此，亦可云器。呜呼哀哉，岁云其逝。嗟尔小生，何不奋厉。人自有命，当知其止。举世滔滔，能为其窒。噫吁嚱哉，愿言不寐。

侃言

古之士风，刚铗四注。今之士风，靡靡如絮。上焉若水，下焉若杵。漂流毙体，横直相遇。斯特林堡，言之何喻。星海茫茫，我思断肠。遥遥万里，岂无能光。其肠也直，其言也刚。愿言君子，莫也永伤。

下部（词之部）

采桑子

湖山看遍兴意浓，莺啭东风，莺啭东风，更起化雨度疏钟。〇斜阳草长醉乱红，暮卷帘空，暮卷帘空，无限河山夕照中。

浣溪沙·乡里记事六首

春到江南天气新。少年得得去踏青。小姑初试石榴裙。〇笑语声声随风小，燕子衔泥飞来轻。满圩开遍紫云英。（踏青）

山居人家数椽斜。不知汉魏度年华。东风又发棘篱花。〇布谷声声催好雨，一村碌碌炒新茶。晚来风细咕青蛙。（山家）

东风识得打鱼船。浪迹烟波五十年。苍颜此老似铜仙。〇可怜世上鲈鱼脍，骚人汲汲称张翰。不知个里胜钓磻。（渔夫）

三月三日天气清。小街攒破八方人。吴歌楚语不胜听。○野老苍颜卖箩篁，山行百里戴晓星。换取家什作计生。（三月三）

千年龙窟吐涎清。汲取可与酿老春。青光千管绕寮行。○山里不知春深浅，钟声常送卅里闻。悠悠岁月古时心。（双泉寺）

钟声隐隐起翠微。居士还家缓缓归。鸡栖于埕小柴扉。○邻里不解陶令度，时开春瓮弄碧辉。拥书锄地渐雨肥。（居士）

满庭芳·游歙县太白楼

砚墨新华，石梁旧坝，独寻谪子仙楼。宣平遗事，盛代更风流。人物几朝仿效，秋叶下、练水悠悠。烟霞晚，邀翁兴赋，渺渺棹歌收。○楼头，江那曲，人家十万，话语温柔。竞风彩文葩，谁适同游。酒肆当年应是，题壁处、屋漏痕留。吴姬更，小槽压酒，滴滴玉杯浮。

诉衷情

不知何事总关情，无寐到深更。静听四处蛙鼓，起看月华明。○天似水，水如冰，黯神凝。万家沉睡，独醒一人，倍觉凄清。

西江月

小院更深人静，依稀故国情留。迷胧月色总关愁，因何失去华秀。○立言庶存不朽，读书岂为封侯。李郎才气壮千秋，看把关山收就。

鹧鸪天

阊阖秋风下碧霄。游人觉冷检絮袍。当年酿却三春恨，应有深情把剪刀。○水漫漫，路迢迢。关山万里隔断遥。南园一夜落花尽，别意凄凄满蓬蒿。

满江红

暗许壮心，望长川、一派秋色。叶飘零、海天寂寥，高楼崟岌。鹧鸪声哀雁门远，宝剑锋寒挂尘壁。甚凄切、独立斜阳里，悲凉袭。○西入秦，征程急。南去楚，苍梧泣。道桐溪更好，严光栖寂。心底不知容华改，槛外清光自消息。渐霜起、何处寄孤踪，空凝立。

江城子·赠璇卿

布被秋风送年华。暮云斜。道途赊。冷雨过后，君舍见菊花。虽无疏篱似陶家，风流地，不减他。○每云大泽藏龙蛇。浪浮槎。长咨嗟。冠盖拥城，人道是鳖虾。练成浩气若丹霞，报君意，向天涯。

卜算子·咏梅

大雪落无声，寒压一枝颤。寂寞坚心暗淡开，玉宇香弥漫。○此意已难回，此骨更难换。赢得群芳尽风流，都把春来唤。

浣溪沙

西出函关底事忙，闽东君子弄蜂芒，千仞高山万仞墙。〇才拙不堪供庙器，吾家自有小清凉，何惧他人论短长。

浪淘沙·赠诸同学

万里出乡关，莽莽秦山。常随孤馆送冬残。只有一轮西江月，记得流年。〇且莫说辛酸，换取鬓斑。三更灯火五更寒。待到学成书事了，应觉心宽。

永遇乐·侠颂

丁守伟同学硕士论文《论晚清尚侠思潮》初稿阅后作，并以此赠之。

剑气横空，剑光凝碧，英雄如许。是儒家心，是佛家愿，是墨家出处。千千鬼蜮，惊魂梦里，血洒神州似雨。起沉陆、巍巍铸像，还与大块同腐。〇鉴湖豪荡，浏阳肝胆，更有余杭疯语。萧萧京门，沈生悬首，江海知所取。堂前母老，闺中子弱，谁解其中甘苦。但留得、遗书一纸，浩然万古。

青玉案

少年欲向长安去，但见得、茫茫路。梦里寻它千百度，满怀都是，秦云陇树，猎猎旌旗舞。〇而今却到长安住，绿鬓少年在何处。诗入愁肠成碎句，啼螿吟罢，孤檠谁诉，寂寞江南雨。

八声甘州·岁末聚会感而有作

是三山五岳过来人，文章竞风流。渐华灯开放，满堂彩气，楚语秦讴。数盏几杯之后，但觉犹软休。更将百年计，聚首绸缪。〇不绝灯传如缕，念派分南北，一道同遊。叹杈桠肝肺，究竟等蜉蝣。想人间、白云苍狗，怎比它、天地太悠悠。千古事、指穷火续，只此堪忧。

菩萨蛮·归

一月二十六日，最后一场考试既毕，诸同学归乡心切，似鸟兽散，平日喧闹之校园，顿觉清冷。因种种原因，留守学校之少数同学，欲归而不得，其心其情，信可悯也。想自己学生时代之此刻心情，原诸诸同学此刻之心情，其心其情，又从而可知矣。

南来北往东西路，车轮滚滚知何处。此日最关情，天涯游学生。〇归心何太急，无数关山逼。魂在梦中飞，思归不得归。

水龙吟

年来事事堪惊，世情流转终难味。满街但见，行尸木偶，塑胶肝肺。笑脸飞开，愁肠纠结，为钱与位。把高楼住了，奔驰宝马，人道是、神仙贵。○江海平生烟雨，惯西风、霜侵雪被。敝衣破帽，萧萧书剑，此心谁会。可恨韶华，暗催金箭，消残豪气。试吹霓三尺，鸣龙却在，坠英雄泪。

踏莎行

暗转东风，明催漏箭，一年又到年轮换。流光逝去淡愁添，平生不改书生愿。○著作身齐，乌纱目眩，邻家教授真堪羡。文章搏得满盆金，人前牛气冲人面。

贺新郎

南国飘零客。更那堪、江湖雨冷，海天风疾。辜负韶华青丝白，默默此情谁识。漫赢得、梅花三拍。梦里群芳都凋歇，算只有、寂寞桥边驿。渐霜起，弄长笛。○寒蟾孤倚姮娥泣。早催来、瘦蛟起舞，老鱼屏立。司马青衫泪将湿，鲛室停梭断织。又恐是、魂销无迹。应向人间寻消息，争一番、浊酒浇肠热。多少事，从头拾。

满江红并序

老友昌林自尼加拉瓜来，聚谈半日又匆匆别去，想起杜工部赠卫八处士“明日隔山岳，世事两茫茫”诗句，不禁怃然，因成一阕以寄之。

瀛海乘槎，似黄鹤、杳无消息。但听说、萍踪偶在，岭南江北。合浦采珠蛮舞好，骊宫寻秘鲛人泣。逢几番、急雨打孤城，心头寂。○藏关市，居夷邑。今暂作，长安客。恨东风难挽，羁云行迹。记得当年慷慨日，赢来须发清霜色。才三叠、人已在天涯，沧洲侧。

望海潮

二分春色，十分花气，满城烟柳参差。朝雨暮云，平沙细草，一年好景钟斯。凉热正相宜。况春衫初试，画蝶翻飞。煦煦熙熙，多情年少竞成痴。○时时梦向天涯。见吴山凝翠，楚水方滋。残月坠时，骊歌歇处，依稀重锁娥眉。白浪打江矶。送楼船渐远，离恨依依。此去年年，无情流水到关西。

减字木兰花并序

闻焕良考上复旦大学研究生，欣然而作，并以此赠之。

少年意气，应似江东云万里。又见时风，吹遍桃花满陌红。○精诚相许，以额叩阊阖者拒。吾道何归，要作春天一阵雷。

临江仙·怀昌林作

二十年前兄弟义，如今只剩鬓斑。海南天北万重山。三年通一问，相劝唯加餐。○春雨飞来星又换，依稀梦里江南。大江日夜逝波翻。吴山千叠翠，微雨燕莺还。

西江月·答余闯同学

昨夜东风暗转，今朝犁雨初寒。一时红绿遍长安，便觉清明无限。○老子腹中诗句，八成霁月光烟。诗情欲到武陵源，赖我才非陶潜。

青玉案并序

刘生疆辉，好学深思之士也，尝欲从余游，然以一分之差见拒于有司，余甚以为憾。乃之甬东，与吾通邮未绝也，且自称私淑。生尝致诗于余，述其志焉。会以贵阳彭先生书信来，读之，益见其才情，乃作《青玉案》一则以报之。

甬东一夜猿声起，似在诉、游人意。千里行来谁识你，满床书籍，一窗烟雨，寂寞流年逝。○吴云冉冉越山翠，望断长安却无计。欲问此情何处寄，关西耆学，浙东诸老，料是今生事。

八声甘州

望长江万里接天来，银潮逐沙鸥。忆少年时节，江城初至，最爱登楼。想象王郎当日，极目散离忧。更喜东坡老，气欲吞牛。○思量平生事业，似辘轳流转，半事无酬。念故人老大，何事足风流。向崦嵫，日将临迫，梦儿回身已在沧洲。看窗外，一番新绿，又上枝头。

水调歌头·答化成博士

齐鲁青云士，名与岱宗浮。袖中五石光彩，双手把吴钩。广布银纶万缕，钓起金鳌六只，雷鞭大火流。还有一腔血，和泪洒神州。○梦耶觉，觉耶梦，是罹忧。庄生蝴蝶，何事长在此淹留。千古连环谁解，但见北邙蒿里，垒垒枕坟丘。季子凌烟志，应在醉中求。

鹧鸪天·赠商国君教授

北地初来意趣浓，放歌一醉尽千钟。窗前风雨无虚日，陌上桃花几遍红。○家远近，路西东，不如归作种田翁。南园万竿龙文竹，好为修持到碧空。

渔家傲·咏余杭大师

起陆龙蛇惊四海，千年一遇真人在。挟雨风雷凌九派。鲸浪骇，文章开出新世界。○天地为炉薪泰岱，庄生妙与灵山会。都野两行岂相悖。千万代，能将此义相轻怠。

定风波

半夜风来四海春，桃红李白醉行人。闻道长安年少客，争识，一身豪气干霄云。○煮酒持螯吹万古，如数，家藏太史秘中珍。瘦硬盘空仓颉字，陶醉，满天风雨泣鬼神。

蓦山溪·石门

冰绡才剪，寒浥重衣透。衮雪自天来，向人间、恩波依旧。翠环一鉴，千丈坝堤平，却盈盈，似褒女，袅袅腰肢瘦。○乍来风起，应有鱼龙吼。拍岸浪层层，又好似、哀情奔凑。石门千古，功在五丁前，栈阁悬，烟阁暗，景在黄昏后。

风入松·游留侯祠

溪前流水日喧闻，啼鸟对朝暾。沧波洗尽英雄气，理纶巾、别样精神。博浪沙中年少，此时记得鸿门。○古来凭吊最销魂，勾引到仙源。长空流月无情甚，却三分、照此二分。紫柏峰前过客，能知虎变风云。

最高楼·登观江楼并序

汉中勉县之武侯祠，后有观江楼焉。台基之上，二层小阁，远山相映，近则旷土俨然。当春之时，油菜花开，金黄满眼，临之骋目兴怀，陶情怡性。于斯时也，学院组织春游，垂髫白叟，黄婆红女，络绎而上，竞留写真。余方兴阑，缘阶而下，适遇贾院长二强教授于阶侧，曰："登观江楼不可无诗。"忽发奇想：月明之夜，独临此楼，于二层阁上，拾掇一几，席地而坐，窗皆四达，月光下泻，对月品茗，此何如也？不幸而遇一仙女飘然而至，相对品茗，谈诗论文，此又何如也？又不幸此仙女忽然变身夜叉，利爪獠牙，熊皮睒目，惊骇而走，此又何如也？如此，真可入蒲留仙之"聊斋续录"矣。我佛尝以不净观教人，明平等之义，今视此想，又不觉哑然失笑矣。归而记之，且调寄《最高楼》以歌之。

层阁上，百里菜花开。千里嶂青来。巴云不到山头立，秦风只在岭阴回。汉之涯，多战骨，令人哀。○怀高祖、大风摧猛士，怀诸葛、未酬身已死。今相视，尽成埃。汉家一片秦楼月，今宵还照汉家台。丑和妍，成及败，孰能裁。

如梦令三首并序

四月四日至六日，陕西师大历史文化学院教工并家属游于汉中，探访先贤遗踪，兴怀吊古，戏题三首以记之。

汉上风来柔煦，一路菜花相娱。师大众行人，行向白云深处。知否，知否，中有卧龙藏虎。

诸葛祠中联句，诸葛坟前谈语。莫作大音声，恐扰山人清趣。归去，归去，将废南阳耕亩。

叹罢留侯烟雨，更叹石门清贮。欲到此安家，欲共溪山长住。如许，如许，笑杀黄婆红女。

唐多令

四月二十五日晨，候校车于鑫泰园小区之南侧，见数老翁遛鸟于此，笼中之物，向为我所不喜，因思己之境遇，不也笼中之一鸟乎，乃感而赋此。

春色遍神州，犹然作楚囚。纵一枝，也是难求。我有好歌歌不得，直恁地，空凝眸。〇忆昔浪浮鸥，萋萋芳草洲。棘林间，自在优游。拍岸潮来千里白，宁知夏，不知秋。

定风波·赠黄婉丽同学

黄生婉丽，闽之泉人也。游学长安七载，从余游亦已三年，今将归矣。吾睹其所作之《学衡派思想研究》毕业论文，才气纵横，论议精湛，学业初成，甚感欣慰，乃作此赠之。想高怀雅志，兢兢赴之，他年当更有所成也。

夹路垂杨似玉浮，遥天芳草望中收。五色长安尘走马，今夜，梦魂直到海西头。〇满涨才情文似泼，真切，纵横挥洒自风流。惊罢同窗与学长，心想，还家可慰老人眸。

定风波

有同学某，酷爱古诗词，日有所作，成筐累箧，用功不可谓不勤也。尝作《粉伞女郎》，道其怨慕。然吾视其所作，既少才情，又鲜学植，徒生拼硬凑字句而已。是以有罗姓同学讥之曰："厕所正缺手纸，愿兄早出文集。"语虽不驯，然规过之心，尚可称也。严沧浪喻诗道如禅道，学者当悟大乘正法眼藏，方可言诗，方可得诗之第一义，不然，终是野狐外道，不可救药矣。吾悯其爱诗之情，乃作此规之。此之不识，将惑以终身，岂不可哀也哉！

唐宋风流万古传，追唐攀宋等闲看。胸有风骚相蕴聚，方许，万顷碧水涌波澜。〇天矫神龙岂有迹，当识，真情雕刻到自然。粉伞女郎归去矣，如此，不如归去苦参禅。

临江仙

有同学名褚思华者，爱雨成痴，尝作有《式微，式微，胡不归》一文，其中有云：“我只想嫁给雨师，不为别的，只为此后今生，日日有雨作伴。”观雨、听雨、嗅雨、思雨、梦雨者，吾尝闻之矣，然为一生有雨作伴，至欲嫁雨师者，则未之前闻也。奇矣，至矣，蔑以加矣。吾感其诚，乃作此歌之。

漠漠初来如晓雾，千山万水迷茫。银瓶乍裂响回廊。寒窗灯影里，犹有魄魂香。〇一别江南成契阔，唯余梦到银潢。眉山千叠似萧娘。雨师何处在，嫁与伴淋浪。

望海潮

新栽桃李，刘郎去后，盈盈阵列宫墙。争艳斗奇，翻新弄巧，宛然金马玉堂。轻手试眉妆。待君王重顾，无限思量。写尽芳心，三春风雨太匆忙。〇遥思前路茫茫。想玉环尘土，飞燕凄凉。西子在否，苧萝向晚，声声杜宇惊肠。不若学疏狂。向渔村酒市，灯火辉煌。唤起儿童沽取，一醉到天荒。

鹧鸪天

芳草萋萋绿意浓，差池燕羽晚来风。门前过客匆忙去，树底繁花零落红。〇云万里，水千重，归心早到谢池东。芭蕉滴尽三更雨，最是伤情别梦中。

鹧鸪天

夏日迟迟绿若歌，窗前一阵雨轻过。树深老鸹凌云唱，院窄钢琴乱耳多。〇车笃笃，意苛苛，复窗重户也无何。几回欲向山阴去，写取黄庭换白鹅。

菩萨蛮·泾阳道中

六月十三日，应泾阳县之邀，与庞慧博士随臧师助其重修文庙事，同行者，尚有庞慧博士之千金及稚子阿衡二小友，一路乐事颇可记，归而作此。

一车老少长安北，风光迤逦长安陌。老者乐熙熙，儿童抢答题。〇人生多乐事，在到初心地。一旦蔽埃尘，凭空翻急云。

蝶恋花

高又明先生，乃陕省同盟会先贤，辛亥光复之役，厥功甚伟。其哲嗣启绩、启纶、启维、启宏诸兄弟，尽十年之力，成《高又明先生纪念集》一书，于先生遗墨广为搜罗，有功于史学研究岂浅鲜也哉！今陕西省民革及高氏兄弟，组织本书赠送并纪念会，邀余参加，乃感而赋此。

遗墨编成书一帙。最是伤心，赤子深情忆。驱遣鸿文光史册，已然秃尽十年笔。〇白日昏昏西欲暱。江上功成，岂惧枪林逼。德业煌煌旗五色，九州浩荡开新国。

破阵子

我有好歌千首，真情出诸天然。花落鸟啼鱼潜底，山峙水流云在天。苦吟更恻绵。〇大海潮来魄动，梅花开后魂迁。壮放可吞云梦泽，婉娩能随珠玉圆。浔阳江月阑。

太常引

少时学剑访名山，论剑到长安。无奈祖家船，却驶向、沅湘岸边。〇万篙巨浸，一天明月，千古浪漫漫。京国玉炉烟，都付与、颠狂罥绵。

太常引

十年磨剑到沧桑，默默送炎凉。疏影过篱墙，夜漏永、清华似霜。〇寻常巷陌，箪瓢食饮，虚室止吉祥。胆气任开张，重楼外，云天正长。

菩萨蛮

长安道上人行急，南来北往多估客。辜负九江船，琵琶江月天。〇浮梁迢递路，学者连云去。泥滑马蹄风，雨烟暗几重。

画堂春

六月二十九日监考，一大学官率众小学官驾临巡视，其气昂昂然若钦差，动辄训人，指手划脚，令人生厌，归乃作此。

春风满面学官来，气横一路如雷。吹天鼻息仰崔嵬，威重若钦差。〇太学沈沈自古，尊师重道培才，而今只为学官开，霜下柳先摧。

水调歌头

雁塔层标际，阴岭翠屏开。豫章嘉木千顷，潏水相萦廻。暮霭沉沉凝碧，更有一天明月，共我好徘徊。清景胥时灭，及时满吾梧。〇一千年，帝子窟，映苍苔。人间万事，都是野马逐尘埃。纵使匣中三尺，能斩龙潭龙子，未必与时谐。千古英雄愤，往往葬蒿莱。

江城子

东来紫气到函关。蹑群贤，默无言。大道渊闳，唯有苦钻研。莫逆于心还一笑，今与古，意绵绵。〇未期城压黑云翻。若妖仙，舞翩跹。一孔新钱，占据旧江山。城上旌旗倏已换，龙须动，早招安。

临江仙

一曲新词星汉烂，此生别出新天。敢驱辛李到毫前。丈夫千古事，要在立真言。〇风雨飘摇天晦暗，覆巢之下难全。明珠一斛孰流连。妃匹成怨侣，鉥臆泪阑干。

江城子

昏昏白日照阶前。柳飞绵，落花天。醉酒扶头，眠向古藤边。嘱咐儿童无惊觉，享一梦，到轩辕。〇年来学问兴阑珊。见群贤，尽为钱。与世无求，自去苦参禅。一曲新词还记取，浮世相，镜花缘。

菩萨蛮·教儿古诗词

玉珠迸落声浏亮，金弦拨动黄莺唱。星子落平湖，大江涌月初。〇放歌诗圣地，一室融融意。唐宋最风流，风流万古浮。

谢池春

乘兴而来，雪满山阴溪路。有几多、狂朋怪侣。高山流水，正天心无语。看濠梁、惠庄鱼趣。〇风流万古，尽在越溪深处。笑功名、儒冠自误。纷纭满眼，助无聊情绪。叹流年、更流年度。

鹧鸪天

绿满长安云万重，白头鸳侣各西东。当时意气歌别调，赢得桃花几遍红。〇萧玉去，已难逢。高天寥落肃青桐。兰台一夜秋风起，梦断巫阳十二峰。

临江仙

教授大言惊四海，如椽大笔煌煌。敢教变幻赖诪张。一朝春得意，萧史也为狂。〇且乐生前一斗酒，管它死后茫茫。坛坫高据屁都香。纵横三万里，卷起浪千行。

鹧鸪天·赋招外国留学生事

上国衣冠四海歌，沧波重阻也无何。长安道上匆行色，白马驮经是达摩。〇千载后，叹蹉跎。东风更喜白韦陀，太平天子真慷慨，碧眼金须估客多。

定风波

茶过帘栊小篆香，清心自在读书忙。野草花开三四点，微显，窗前无日不徜徉。〇万类从来自有定，缘性，风来明灭相低昂。六合茫茫谁是主，当许，自由自在自为王。

更漏子

闻季羡林、任继愈二先生同日逝而作。

惊乌啼，残月坠，露滴霜华似泪。更鼓歇，寂无声，夜长天未明。○星汉烂，玉绳转，想遍故园心眼。长相忆，在青衿，依依牵我心。

洞仙歌

晚凉天净，月色浮千里。蛙鼓声中稻香起。暂放下，白日劳动精神，望远处，莽莽苍苍无际。○神飞驰已远，桂阙银潢，幽咽清泠洗双耳。海底织绡人，今在何处，剩只有、茫茫烟水。会催动、兰楫向潇湘，访帝子萍踪，杜皋兰沚。

望江南

春尽后，晚鹭浴轻红。稻浪千重分白水，菱歌一道漾清风。景色比春浓。○如此地，最是醉诗翁。可惜年年思彻骨，翻成岁岁作飘蓬。梦里也难逢。

望江南

江南晚，落日似灯笼。山似融融尖半吐，云铺千里鲤鳞红。相见画图中。○天水静，阵阵鹭鸶风。点点飞来清肺腑，行行没去豁精瞳。但愿再相逢。

望江南

江南好，最好是芜湖。天际飘来一白练，鉴开十顷漾清徐。赭岭梦初舒。○层楼上，倩影迹留无。一片深情秋水阔，两行眉黛蹙青裾。泪湿几行书。

望江南

江南忆，细雨湿青红。花气侵人香到骨，差池燕子柳丝风。天阔水千重。○人未老，人老忆朦胧。收拾童心还记取，青松影里小楼东。书气劲如松。

南歌子·双泉禅寺

寺路清如扫，泉声彻底寒。一行白鹭出深山，露压千枝龙竹绕青檀。○野菜丝丝碧，青苔寂寞禅。往来人物似云闲，时有东林虎啸到溪前。

诉衷情

诗思蕴蓄似青铜，山气石宠炊。庄生梦里蝴蝶，千古醉濛濛。○一片月，挂疏桐，缈孤鸿。多情岂是，红遍江南，绿满江东。

浪淘沙

溪路隔香风，正是春浓。波摇红掌任从容。记得当年游冶处，醉饮千钟。〇此去学雕虫，流转西东。欲寻一醉却难逢。刘阮归来城郭变，世路难通。

南乡子

杯酒莫频停，世路崎岖太不平。且学青莲归廓落，盈盈，明月扶头最有情。〇一醉不须醒，醒后还须诵酒铭。席地幕天随意去，刘伶，酒到坟前可解酲。

浪淘沙

盛世爱求新，有女如云。挥金万亿视如尘。妆得东施新似玉，沐尽君恩。〇西女却含颦，吴苑荆榛。五湖烟水渺难寻。曾照吴王宫里月，今照何人。

浪淘沙·香积寺怀善导大师

翠柳映朝暾，几个沙门。梵音高唱响行云。杖锡西来遗圣迹，东海昆仑。〇弥勒是前身，胸阔无垠。飘然潇洒出红尘。只有一轮山上月，相对如宾。

南歌子·栖霞寺怀乌目山僧

沪渎鲸波起，东南革命军。楚虽三户可亡秦，步武欧西故辙赖斯文。〇南海音声亚，余杭始获麟。吾家自有大音存，一卷庄生齐物济沉沦。

南歌子

空话连天白，深文结网丝。锈陈斑驳并干尸，赢得世人啧啧大称奇。〇太白良难得，花间是我师。苏辛豪气入云霓，的是真心一片任驱驰。

南歌子·杜陵兴教寺

皎皎樊川月，沉沉响暮钟。寺前花草自青红，来往原前多半是商农。〇八识谁能识，赖耶寂寞功。新开天地大洋通，引得江山日丽到无穷。

菩萨蛮

少时爱把闲书读，零钱积攒捐书簏。进书最贪婪，年年三月三。〇正当花放季，百里溢香气。静静柳风摇，门前石板桥。

江城子

东西南北寄浮生。苦含情，似诗僧。一卷青山，伴我孑然行。春雨楼台箫尺八，空漫漫，没人听。〇明珠一斛向谁明。夜深横，寂无声。断碣残碑，冷冷映山青，多少才人埋骨地，今已被，古人平。

江城子

卅年困学感炎凉。礼观堂，揖余杭。三聚氰胺，能令世人狂。大令垂青多半是，鸡的屁，好还香。〇沉沉暗夜意茫茫。未家庄，也彷徨。阿贵归来，赢得众心芳。文命不知何处去，睛似铁，脸如霜。

水龙吟·大禹颂

汤汤鸿水怀山，天潢横决鱼龙怒。面容黧黑，不通窍气，积芦攸聚。下下高高，九山既导，九川奔注。到九原既牧，九途既贡，也还要、分田赋。〇此意古来谁许，赖九州、行踪处处。可堪凭吊，可堪回味，可堪记取。黑铁精神，辉前映后，风流千古。望秦山莽莽，沉沉压地，天公犹妒。

浣溪沙·赠敏秋同学

照水蟾光滟滟波，窗前习习竹风和，萧萧木叶下山河。〇长笛吹来清漏永，五弦挥去岁华多，年年续写竹枝歌。

浣溪沙

明月斜斜照小窗，窗前有个读书郎，江山助得好文章。〇书似盲肠心似洗，眼如流电鬓如霜，萧萧白发可怜相。

注：相，作平。

浣溪沙

读书忙忙四十年，天天还续读书缘，不知何处是天边。〇书读一生情似铁，心驰驷马意如猿，椎轮欲到古人前。

浣溪沙

北地飘零七载余，夜来梦到昔时庐，穷愁时节恨无书。〇得意当然天地阔，萦情只在岁华徂，茫茫今古几鸿儒。

浣溪沙

弹铗长歌意气舒，梦魂往往到当涂，青山有幸古来无。〇天地苍茫留正气，江湖浩荡蕴诗书，人生岂在出无车。

浣溪沙

李杜诗中度少年，江南风日缔诗缘，诗成意气直无前。〇诗国从来多正气，湖山笼去几诗篇，亦能迹圣亦能仙。

千秋岁

梦回千里，谁解乡思意。三十载，空相忆。露蝉嘶蝉柳，促织吟阶砌。风声细，静听叙述前朝事。〇天井浑如醉，笔架沉沉睡。明月在，音容逝。塘中莲子老，园里香瓜脆。总不似，当年偷摘时滋味。

千秋岁

蛩声细碎，夜静人无寐。树影动，金风起。窗前人似月，楼上天如水。蟾宫里，姮娥今夜思何事。〇南北东西地，鱼雁沉沉逝。人渐老，心难已。当时明月照，清影吴江丽。今何在，兰舟一去成永忆。

太常引

潇湘云水漫牵肠，雁去向衡阳。若到九疑旁，为我问、兰衣蕙裳。〇当年曾约，修吾初服，到死也难忘。九派正茫茫，况萧瑟、菁英又霜。

八声甘州・赠海兵同学

探骊珠蛟窟几时回，三尺洗清霜。看巉崖刀削，渊源水冷，雷怒浑茫。云涌天心如墨，奔电啸林冈。更有千年鬼，郁气盘肠。〇倒挂枯藤似铁，坠悬空裂石，牙角森碴。震砰訇地鼓，黑帝也惊惶。渺茫茫、涡旋无底，暗沉沉、流洑甚瞿塘。归来也、行人到此，直欲魂僵。

鹧鸪天

云去天长晚日红，秋声一阵雁排空。楼头望尽乡关路，水上飘来禅底钟。〇心寂寂，意忡忡，繁华零落岁时同。一编书籍常经眼，谁是当年太史公。

鹧鸪天

绮食珍盘面润红，华堂宴上醉春风。文章河海真堪羡，会议江湖又相逢。〇从骥尾，步琼宫。焉能寂寞学雕虫。荒村野屋檐前月，没入幽冥黑暗中。

鹧鸪天

教授翻成叫兽身，网民怒气上霄云。昂藏世相喧鸡狗，项目科研造宦人。〇班马去，孔方亲，画眉深浅斗时新。君王望断太平策，换得年年抄袭门。

小重山

漫读渊明傍菊花。九江烟树远，在天涯。南山已是暮云斜。千里碧，无路到陶家。〇归去种桑麻。鸡虫与野老，最堪夸。天心一片令人嗟。浑不似，高鼓响沉衙。

浣溪沙

散淡溪头野菜花，水车汩汩细风斜，南歌一曲似陶家。〇廊庙深沉天地暗，狼狐丛聚雨云遮，一生能得几回暇。

浣溪沙

学海官山五色开，金权相结令人哀，腥风黑雨漫蒿莱。〇多病文园空有酒，豪情武穆已成埃，萧萧班马几时回。

浣溪沙

大雪遮天响暮钟，横枝照水且从容，山河万里几心同。〇书读卅年情似酒，肠回九曲赋如龙，萧萧白发一放翁。

浣溪沙·过香积寺

雨过天晴草木新，南山如洗净无尘，清寒薄暮袭归人。〇一卷诗歌泥上迹，三间公寓梦中身，几时香国受移民。

清平乐

清霜紫电，醉拍阑干遍。烟阁云台曾相见，盛世风熏华殿。〇莺喉百啭宫商，最能感动君王。花落红茵莫扫，萝裙舞破霓裳。

浣溪沙

教学都门寂寞身，长安风物眼中沦，萦情最是古诗人。〇悲莫悲兮新相识，笑还笑也旧朋伦，九州腐气蚀斯文。

浣溪沙

浪迹天涯我未伤，少时立志学观堂，迤迤赢得鬓微霜。〇学界层张多黑幕，学人面目尽如商，令人叹息转凄凉。

浣溪沙

五斗腰身折似弓，长歌茵席气如虹，生平自许是真龙。〇未识承平多赝物，那知板荡有石公，苍天无泪哭英雄。

浣溪沙

梦里稼轩溪上行，天云倒碧四山青，春花烂漫子规鸣。〇妙笔神来如水汩，洪纤浓淡尽平生，也宜风雨也宜晴。

浣溪沙

舒纵能随壑水奔，轻清还似细泉吟，古来国手是苏辛。〇胸有江天诗路阔，情缘文彩壮思新，那如片锦缀殷勤。

诉衷情

九州学府起高楼，攒动万人头。学官胜似商贾，贪腐竞风流。〇行若鼠，气如牛，嘴如油。当年明月，曾照繁华，心在沧洲。

诉衷情

三间寓所似棺材，活活把人埋。纷纭百变窗外，与我总难谐。〇沅浦月，照苍苔，付尘埃。飘零游子，到处神州，寂寞难排。

诉衷情·忆德刚师

风生齿颊口生春，妙语贯珠珍。卮言重寓横出，三峡倒辞源。○江上月，几番新，照崑仑。洞山学问，园吏文章，布在斯民。

菩萨蛮

高楼丛聚连霄汉，校园风景年年换。学子涌如潮，学官多似毛。○难寻清静地，伪学争相起。陶醉万千家，盈盈罂粟花。

江城子

雪融千里暖初回。翠屏开，送青来。大好河山，助我兴诗怀。歌罢长安清绝地，明月下，独徘徊。○诗思轻举到瑶台。云为媒，玉为胎。写尽人间，多少苦与悲。原是诗心常戚戚，凭放去，作湘累。

临江仙

涌起长鲸波万里，纵横四海豪英。新开知识启文明。欧风吹亚雨，莽莽到龙城。○绛帐重临堪祭酒，满腔意气难平。一枝秃笔鬼神惊。幢幢灯影里，柝击已三更。

临江仙

盛世薰风天际起，一时桃李鲜明。弦歌不绝响重城。最为春得意，稷下老先生。○回首苍茫云乱处，野山野水深横。白鸥无意也多情。一江春水去，洗尽怨烦声。

鹧鸪天

环佩叮当鸣玉珂，芙蓉国里丽人多。寂寥虚白天边月，舞破霓裳夜又过。○千里梦，阻关河。一针一线织蹉跎。忆君昔是贫家女，未识人间有绮罗。

临江仙·赠海兵

落叶纷来如雪雁，霜风掩袭神州。男儿尘满敝貂裘。心随天地远，放眼上层楼。○独见孤行称国士，赴渊莫让夷由。茫茫天际月如钩。能因关塞黑，不敢到中流。

采桑子

年来渐觉人情薄，锣鼓咚锵，粉墨登场，阅尽人间浓淡妆。○沉沉碧落星明灭，所谓伊行，在水一方，纵不相思也断肠。

临江仙

远接斜阳天欲暮，冰霜千里层封。残鸦几点邈寒空。凄声其若厉，没向阵云中。〇梦里春光如逝水，迤逦流到江东。江南江北旧相逢。莺歌杨柳绿，燕舞杏花红。

临江仙

瘦骨铜声能伏虎，驱除万古豪情。方皋一去向谁鸣。千山纷木叶，落日下层城。〇世上英雄谁是主，从来未有依凭。斥鴳大可笑鹏腾。不知沧海阔，万里任横行。

蝶恋花

花落重城繁绿树。莺老儿肥，自在怜飞絮。最喜残红天欲暮，声声啼鴂啼不住。〇江上风来穿万户。软软吴侬，闲淡庭前语。乐事阊门知若许，春风得意钱塘路。

蝶恋花

幽独生来思嘉树。南国遥遥，何日能移住。长啸扶枝歌激楚，玲珑明月成三户。〇孰可擎天为砥柱。莽莽乾坤，唯有离骚句。宣室不闻瑶瑟语，怀沙但见鱼龙怒。

蝶恋花・送臧师之南海

冬至长安重闭户。天外飞来，翻乱银鳞舞。呵手儿童争相语，春天遥在琼州路。〇琼海茫茫谁可渡。问遍行人，道是常春树。飘洒天花纷似雨，慈心一点人间住。

蝶恋花

寂寞生来无一语。坐对荧屏，胡乱敲诗句。三十余年纷意绪，一时涌到胸前住。〇姹紫嫣红江国路。年少青春，欲上青云去。捧出金心还相许，天南地北无相遇。

浣溪沙

却上长天揽玉钩，新磨如水汉津头，好风送我向瀛洲。〇帝子清歌何处觅，群芳零落岁中秋，黯然无际渺予愁。

阮郎归

多情多感更多愁，愁来也没由。物华冉冉岁华休，迤逦双鬓秋。〇忙两地，作重囚，何时是尽头。欲将心事付沧洲，沧洲何处求。

阮郎归

秦山莽莽乱云横，晚霞夕照明。重寒无际压重城，行人寂寞生。〇千里路，一时鸣，儒人多浪名。不如归去赴鸥盟，野人相娱情。

蝶恋花

春到先生筇竹杖。万事都休，唯作湖山想。揖别高楼天地旷，长歌一曲春潮放。〇落日湖山烟渺莽。不似城中，扑面翻红浪。游走无心随意向，天然一片生机漾。

南乡子

苏博士小华先生，邀余为诸生讲诗词格律，既蒇事，令诸生作《浣溪沙》词一首，今有王静、陈肖囡诸同学如命交上作业，稍感欣慰，乃作《南乡子》一则以壮之。

声调自铿锵，激起诗情十四行。唐宋风流成绝响，惶惶。妙笔神来鬼也忙。〇胆气正开张，斲虎擒蛟射豹狼。携取长风归廓落，茫茫。留与人间一瓣香。

南乡子

把酒看山河，诗酒年华侠气多。磊落不平江海路，蹉跎。唱彻荆卿易上歌。〇岁月逝如波，去学浏阳决网罗。借取要离腰下剑，新磨。斩却人间众怪魔。

渔家傲

自古绵绵浮正气，诛鉏暴虐人间世。侠影剑光明似彗。盈天地，一腔热血浇青史。〇荆聂之徒今已矣，士人竞作商人态。吾国吾民啼血泪。谁人会，昏昏落日禁城闭。

南乡子

举世尽滔滔，独伴青钉度寂寥。门外车来车又往，烦嚣。都是为钱去折腰。〇班马已遥遥，到处残尸白骨漂。往往不知何处去，无聊。日日关门苦读陶。

南乡子

白日轧央央，冷寂玻璃暗自伤。窗外已无飘叶落，行行。老树桠杈欲死相。〇无处可彷徨，大地沉沉似网张。日在地心难脱逸，茫茫。者网之边在那方。

渡江云

诗成情未已，飘然一叶，漂泊向谁家。诗到情深处，诗也情耶，缥缈俱无涯。浔阳水冷，鱼龙敛、静听琵琶。犹记得、吴宫花草，荏苒映朝霞。〇堪嗟。荒台废苑，阵阵啼鸦，似怜他屈贾。又好似、红牙拍板，数尽繁华。云烟满眼东流水，人间世、不驻昙花。归去也，秋声又动鸣笳。

夺锦标·和陈肖图同学嵇康词

天外飘来，仙音法曲，渺渺孤鸿飞绝。拨断琵琶凝立，烟冷九江，空怀遗玦。叹茫茫人世，有多少、死离生别。唯天边，莽莽长流，千古波涛如雪。〇谁是人间豪杰。如许英雄，神州喋尽鲜血。平淡渊明应识，尊酒琴诗，卷舒随节。纵长门买赋，万金重、如歌莺舌。又谁知、万窍庄生，怒号天风犹烈。

渔家傲

五色长安迷目乱，行人孑孑枯池畔。照水无声冬日浅。催玉管，楼台歌舞谁家院。〇阅遍秦楼和汉苑，勾心斗角岂堪羡。衰飒连天将欲晚。思绪翦，依然落在江南岸。

蝶恋花

江国遥遥冰始泮。梦里梅花，映照溪深浅。月下初开谁可眷，一声长笛抒清远。〇泊到长安伶路断。宝剑锋寒，寒压沉沉怨。日魄无华天黯黯，不知何日光芒见。

一剪梅

千里冰封行路难，诗里乡关，梦里乡关。归心隔断万重山，倚遍阑干，拍遍阑干。〇浊酒一杯泪自弹，哭也无端，笑也无端。暗随寂寞度流年，灯火阑珊，薪火阑珊。

一剪梅

射眼酸风岁又阑，凋尽朱颜，白发鬖鬖。茫茫积雪照山川，照夜更残，照晓清寒。〇万里长天人未还，有限时间，无限关山。梅花开后梦魂迁，身在长安，心在江南。

鹧鸪天

红似桃花白似霜，清如明月俭梳妆。篱边春到原无意，溪上风来暗自香。〇描翠黛，贴宫黄，纭纭扰扰一何忙。楚王爱惜蜂腰体，多少娥眉饥断肠。

生查子

闭户苦吟诗，不觉髭须白。遥接古人心，精气横魂魄。〇内子笑予痴，稚子嘲予癖。原是此中人，但惧年华逼。

蝶恋花

如水流光春欲破。半夜飘来，雪意重重裹。冷寂幽寒香气过，绽开枝上盈盈朵。〇坚白长安谁似我。坐对窗前，思绪纷纷堕。欲许平生知未可，宁标清独与人左。

瑞鹧鸪

复堂先生谓“莲生乃古之伤心人”，且媲美《忆云》于《饮水》、《水云》。然吾读莲生词，竟无影响，仅记其“我似春风无管束”、“玉箫吹破古今愁”二句，乃以此足成一曲云。

天末同云暗自收，玉箫吹破古今愁。等闲玉屑纷飞舞，舞到瑶池犹未休。○我似春风无管束，君如春水自横流。一生好似孤飞鹤，飞去飞来空白头。

生查子·岁晚乐游原二首

千古几诗人，从聚诗魂处。一去邈难寻，叹息原中树。○原上去来云，应记黄昏句。岁月似青铜，斑驳长如故。

落日下长安，黄叶纷千树。皎皎月轮斜，寂寂寒光吐。○学道在诚心，道在艰难路。密意迩东海，散漫人间住。

鹧鸪天·听书并序

吾少时无甚娱乐，村中每于农闲时节请先生说书，今乃忆而记之。

村里人来笑相迎，中郎理鼓作先生。金槌敲碎梨花月，檀板催来肺腑声。○山泼黛，水含情，乌骓不逝已三更。项王未渡江东去，最是苍颜泪纵横。

江城子·读国琦《浮生三记》后作

新开湖畔总难忘。柳丝长，月如霜。潇洒风尘，纵论齿生香。一别廿年成契阔，今只有，梦千行。○浮生浪得几平章。劫忙忙，尽荒堂。但见年年，度却甚栖惶。读罢浮生三记后，浮生觉，更茫茫。

南歌子

望断江南月，鸡人报晓筹。长河莽莽漱清秋，最是无情日日水东流。○不到江南地，此生意未休。不知何日买轻舟，一夜乘风好去帝王州。

虞美人

虫声啼断三更夜，寂寂蟾光射。茫茫大地已无声，只有眼前山水苦含情。○滋兰种蕙人皆笑，此事多烦恼。秋风渐渐自天涯，惊起寒生波底逝繁华。

蝶恋花

窗外虫声吟似线。断续风来，断续风前断。月色招人光未满，怜他寂寂飞琼霰。○世事无心谁可眷。闻道天南，旧有儿时伴。一简书来言语短，飘零似我增重叹。

阳关曲·中秋前作

珠宫玉树照瑶池，不照人间古别离。此情只有离人晓，离却离人那得知。

南乡子并序

夜读稼轩词，至清平乐“溪上青青草”章，乃作此。

夜半未成眠，静听虫声过屋檐。更喜清清风送月，娟娟。树影摇摇到眼前。○兴会读稼轩，读至稼轩得意篇。白发蛮音相媚好，绵绵。暗淡诗心八百年。

注：听，此读去声，二十五径。

南歌子

诗至人如月，人来月似诗。诗成漱玉吐珠玑，长是姮娥万古照人时。○得句多哀怨，撄情若网丝。此心只有故山知，一似溪山照月幻迷离。

乌夜啼

东风约住西风，且从容。无奈繁英零落岁时同。○虫声碎，难成寐，泣残红。可惜月华如水水如空。

如梦令二首

人在广寒深处，银汉迢迢难渡。风雨暗千家，暗却天津遥浦。无路，无路，脉脉此情谁诉。

窗外虫声如诵，激起诗情潮涌。月色正迷离，况有清风相共。风动，风动，吹散落花残梦。

荷叶杯

一夜虫声如诉，如慕，万里意相通。嫦娥舒袖广寒宫，寂寞转增浓。○记得那年相识，相忆，轻快马蹄风。桂花丛里说相逢，世上几人同。

水龙吟·中秋

高楼一夕惊寒，天空漠漠寒无际。湛蓝深处，盈盈如玉，中秋帝子。望断星河，星河难渡，人间迢递。便萝衣蕙带，随风舞起，情寂寂、谁人会。○梦里乡关何在，尽平芜、苍苍森翠。煦然花发，绵蛮音好，行云流水。应觉当年，误吞灵药，至今犹悔。但年年此夜，清晖洒遍，是人间意。

调笑令

明月，明月，最是伤心离别。今宵不照离人，劳我无端梦频。频梦，频梦，梦到江南情重。

水调歌头·忆江南作

千里隋堤绿，落日下平沙。江南江北如玉，人物尽繁华。我似浮空鸥鹭，来去云烟无住，到此欲安家。只是中情怯，往事乱如麻。○想当年，年正少，气豪奢。豪情万丈，图把鸿愿凤池夸。可惜年年芳草，空自风中衰老，今也每长嗟。白鹭洲边月，照人在天涯。

注：奢，读若沙；嗟，读若差；六麻。

蝶恋花·溢香楼与臧师对酌聊天

云淡风轻天去远。眼底圭峰，势欲横天半。清酒一杯随目断，溢香楼上盈香满。○闲淡聊来杯底浅。聊到衷肠，直似嵇中散。世事关心多觉乱，令人叹息人间换。

南乡子并序

小女阿衡，近得一羽白鸽，怜其孤，置于镜前。每对镜相视，其姿清丽，意甚骄矜。吾谓之仙女萼绿华，因为赋一阙，调寄南乡子。

仙女萼绿华，何事因缘到我家。王母叫来都不应，长嗟。去作人间美丽花。○世事却纷拏，学样宫腔竞相夸。怜我栖心多寂寞，天涯。一样相怜寂寞她。

定风波并序

十二月二十日晚宴，识参加“东亚学术与章太炎”第一届国际学术讨论会诸先生，城大林少阳、王小林、郭鹏飞、陈学然诸博士及日本静冈文化艺术大学孙江教授，尤称莫逆，因作此。香港帝京酒店。

万里乘风四海来，八方杰士会瑶台。一点灵明从此后，无垢。不知何处染尘埃。○齿颊风生如冰雪，清绝。袭人肺腑沁人怀。明日飘然归去矣，欢喜。蓬门日日为君开。

踏莎行

露湿征衣，云遥芳信，凄凉山水来相问。一程山水一程凉，迢迢无际随天尽。○梦里江南，眼前鸿阵，一年又到重阳近。行吟犹自在长安，褐衣瘦骨怜双鬓。

采桑子

一年一度秋风劲，风也萧萧，雨也萧萧，涨起秋声似浪潮。○此心只有秋山晓，醒也无聊，醉也无聊，空对秋山感寂寥。

一剪梅

读破千灯传一灯，书里乾坤，梦里乾坤。醒来四顾费精神，街上行人，村上行人。〇人似亢龙苦相争，认了钱真，丢了魂真。不知何处是家园，这处飘零，那处飘零。

长相思二首

春梦长，秋梦长，梦里诗情多少行，行行是故乡。〇不思量，自思量，暮暮朝朝难相忘，可怜鬓已霜。

旧梦萦，新梦萦，旧梦未除新又成，江波相续生。〇吴山青，楚山青，吴楚朝朝暮暮情，千里万里心。

注：此以侵部与庚、青部叶，从方言也。

满江红

渭北寒来，满目是、纷飞黄叶。望远处、长流无际，青青天末。白发唤回鸡塞梦，横舟泊断江南月。归去也，千里下孤舟，辞金阙。〇男儿志，秋风烈；男儿血，春风热。似这般情思，却与谁说。试把风云龙虎笔，驱除世上狼狐穴。听蛩声、一夜意难平，空悲切。

注：思、听，皆读去声。

鹧鸪天

我似飘蓬东复西，满腔热血是男儿。卅年拼得髭皆白，一梦醒来世已非。〇陶令菊，谢公诗，此心只有故山知。明朝一笛梅溪月，纵是无情莫相违。

注：醒，此作平声读。

江城子·和斫琴斋主陈肖图

栖心寂寞故书楼。旧尘浮，卷如丘。无计前程，何必细谋筹。一任天心随意去，平淡处，是优游。〇诗成可以傲王侯。看神州，几时休。扰扰纷纷，无处可凝眸。躲进小楼成一统，千古事，孰相缪。

江城子

自将心事锁重楼。雨烟浮，理坟丘。多少年来，只此乐悠悠。不是春来窗外燕，焉识得，此风流。〇三生花草是江州。梦难收，任遨游。一点真情，日日在心头。情到巫阳烟雨冷，三峡暮，听猿愁。

注：听，此读去声。

风入松·答陈肖图

才怜故国梦中巡，情系玉梅魂。天涯芳草无穷碧，叹平生、襟满风尘。又是秋来雁去，眼前落叶纷纷。〇诗成一卷是清真，世事总芸芸。三千里外家乡远，一腔血、多少经纶。一二知音相伴，莫言瘦骨嶙峋。

浣溪沙五首

冬至万家似死灰，高楼直欲刺天开，水泥钢骨沐残晖。〇胶塑人心岂可羡，赚钱头脑却多哀，新人卷地漫天来。

电话铃声促人惊，原来又是贩商声，动我肝怒似雷霆。〇着意栽人岂有赖，有心杀贼恨无能，空拳赤手是书生。

亦有豪情似旧时，蕙兰九畹待人滋，东风讯息杳无期。〇无可奈何春意去，岂能想象燕莺回，忍将白发唱黄鸡。

万里河山草木凋，且将心事寄南朝，青春意气等闲招。〇不是故人难入梦，原来世事太无聊，容华渐觉可怜销。

梦里家山水国遥，芳心自许是南朝，暗将红泪写鲛绡。〇几度春风劳梦想，一行热血向谁抛，岁华割我似铅刀。

少年游

东南形胜眼前浮，忆遍少年游。夕阳欲下，江流无际，词笔放难收。〇卅年逝去无踪迹，只剩许多愁。下课来时，槐花影里，长记是回眸。

昭君怨二首

莫要金尊常把，莫要愁情满架。风雨是人生，向前行。〇雨后笼烟淡远，水落平沙石浅。世上几多人，认来新。

长是诗心探至，不似人间境致。岚气动青山，惹人怜。〇烟树迷离深远，渐渐分明双眼。山里有行人，是桃源。

注：源，旧属元部，与真部通。

天仙子

诗剑飘零天地远，胸有古今人自勉。放怀望去是江南，草似染，花似霰，触目愁来肠又断。〇诗到江南才愈减，梦到江南情愈乱。江南处处是伤心，高飞雁，低飞燕，只是今生难相伴。

画堂春

读书日日自关门，不关世上清真。往来都是性情人，诗酒精神。〇心似零鸿孤雁，尊前潦倒浮尘。兴来弄笔做诗文，横扫千军。

采桑子·聚会二首

岁云度过春将至，梦里诗魂，司马精神，都是眼前相遇人。〇红橙黄绿青蓝紫，万象缤纷，佳会良辰，又是一番天地新。

江湖风雨平生志，身似转蓬，诗酒相逢，竹外桃花一两丛。○阳关唱罢天如水，月色玲珑，山水重重，到得重逢情更浓。

减字木兰花

含愁不语，寂寞长安无处去。多少情怀，一盏孤灯伴鬓衰。○青春梦里，无际长天蓝似海。辜负韶华，惆怅年年看落花。

减字木兰花

成书何意，似水人生无处寄。何意成书，不过他年饱蠹鱼。○蓝心玉屑，只是当时情思切。玉屑蓝心，一样相怜直到今。

注：思，去声。

减字木兰花

人生何处，十字街头飘乱絮。何处人生，能副青春梦里情。○江南芳草，记忆时新时又杳。芳草江南，燕子还时人未还。

减字木兰花

寒流滚滚，知是冬残春已近。滚滚寒流，阵阵寒来阵阵愁。○春心荡漾，一世才情劳梦想。荡漾春心，笔底花开泪已涔。

减字木兰花

无边落叶，漠漠眼前飞似雪。落叶无边，瑟瑟飘来响半天。○人生苦旅，旅到中年谁相许。苦旅人生，好似秋风落叶情。

减字木兰花

冰霜万里，泊到长安心已死。万里冰霜，冷淡心情荡旧肠。○诗心时发，梦里青春真岁月。时发诗心，只是当年记忆深。

减字木兰花

飞来燕子，人影娉婷槐影里。燕子飞来，落照残红深酒杯。○天涯漂泊，长在诗中怜落魄。漂泊天涯，世上难寻解语花。

减字木兰花

无朋无友，独在长安舒广袖。无友无朋，山自青青水自横。○花开花落，一岁诗心何处托。花落花开，且把诗心沉碧苔。

减字木兰花

如刀椽笔，驱使豪情神鬼泣。椽笔如刀，自是诗心着战袍。○世人如许，一世知音难相遇。如许世人，谁重人间情意真。

减字木兰花

江山无限，浩荡诗情来漫漫。无限江山，共我一生亦可观。○天长地久，平淡是诗情是酒。地久天长，留与人间淡淡香。

菩萨蛮

青藤月下春如画，儿童游戏春花下。相悦是童心，可怜岁月侵。○童心岂有价，岁月重重饪。莫道鬓毛衰，诗中岁月回。

品令

夕阳无际。春归在、杜鹃声里。重重愁绪随流水。暮云卷去，多少风流事。○一片残碑千古泪。是羊公情意。倒着接篱花下醉。树犹如此。又有谁能会。

孤馆深沉

梅花似雪吐清香。孤馆又斜阳。漂泊在天涯，独倚芳心，暗送流光。○驿路远、一枝何处，寄到白云乡。怅然立，茫茫中国，何人解我诗肠。

临江仙

气急声哀情意转，笔中似有清狂。江南云水过潇湘。风前惊落叶，世事感苍茫。○记得南朝清淡月，文章恣肆江乡。老来庾信鬓苍苍。诗心沉潜处，挥豁向汪洋。

醉春风

寂寞长安里。人来多似水。晚风摇落岁云寒，逝。逝。逝。长日闭门，不知今世，复为何世。○诗里陶公意。学心萦太史。无聊工作是平生，悔。悔。悔。惟有一杯，浊醪相伴，可称知己。

平湖乐

窗前春到响春鞭。红艳春如染。蜂蝶纷飞白云浅。看春山。○云山只在诗中卷。稼轩笔健。坡翁行懒。孤寂在长安。

柳含烟

三江雨，五湖风。一岁光阴又度，行囊背起作诗翁。自然中。○自在生涯原有定。敢误东风花信。诗心无处不相逢。古今同。

太常引

人生何处是家乡。漂泊在四方。梦里想爷娘。泪如涌、青春梦长。○青春好似，行云流水，一世好时光。搏在浪前郎。他年得、青春报偿。

春天里并序

有打工仔曰旭日、阳刚者，善歌唱，以一曲《春天里》，上中央电视台春节联欢晚会，而闻于天下，其声悲怆，道尽打工仔之炎凉。今乃以之为名，自度一曲云。

一朝辞去别爷娘。流浪在他乡。街头伫立意茫茫，人流无尽长。○弟兄相视热与凉，旭日遇阳刚。吉他一把立街旁，歌声送夕阳。

春天里

飘零四海孰为家。中夜相思遐。年年岁岁在天涯。风前看落花。○一壶浊酒对余霞。诗意酿清佳。诗肠酒满笔生葩。诗成气自华。

卜算子

千里去家乡，默默将工打。一岁辛勤意不平，心志难潇洒。○苦恨世间人，岂有相知者。独在长安街上行，淡淡夕阳下。

临江仙

春到书斋人应好，去年相约春风。栽花种柳长安东。闲邀陶令醉，煮酒火炉红。○只是人间春尚早，雪花漫卷空濛。层层冰魄仍相封。梅花寒影里，依旧笑天公。

清平乐

珠帘轻卷。飞雪窗前满。夜里不知来似箭。无限风光被占。○清风阆苑奇葩。暗香隐隐清嘉。一地琼瑶玉碎，春回无数梅花。

清平乐

人声鼎沸。喧动天与地。街上归来知物贵。谁识穷人滋味。○富人心比天高。千金一掷鸿毛。酒绿灯红影里，多言金屋藏娇。

西江月

清晓漫天飞雪，眼前万顷琼瑶。笑来踏雪女郎娇。春到梅花枝俏。○我欲乘风归去，愿随帝子兰桡。江南春雨又潇潇。窗映池塘芳草。

注：教，平声。

南歌子

春到诗人笔，春愁淡淡哀。春波江上晚云开，映照天边日落雁归来。○独立苍茫里，诗情似碧苔。随心吟咏胜安排，万里长天一任自徘徊。

菩萨蛮六首

窗前瑟瑟胭脂冷，一帘幽梦惊初醒。风雨满长安，百花零又残。○思人何处是，梦里胭脂泪。冷月伴花魂，年年相忆深。

落红簌簌惊无数，狂风骤雨何相妒。雨后看花枝，此情谁得知。○怜君深有意，长恨青春逝。岁岁又春归，青春难再回。

少年壮志三更月，读书未就头先雪。岁月感蹉跎，忆君青眼多。○人生皆过客，千岁如朝夕。镇日却为何，青春作挽歌。

春来淡淡天空碧，春回雨送愁如织。岁月又重磨，新添白发多。○人生多意思，总是少年事。谈论话中题，友朋相会时。（注：思，去声。）

多情最是春花发，一生记取家乡月。常梦到从前，更求增上缘。○缘缘岂有尽，欲觅还无朕。问讯寄新词，愁随雁去低。

一枝梨雪窗前映，一行啼鸟何薄幸。终日叫喳喳，惊残梨雪花。○别来音信绝，梦里梨花雪。映月脸边明，落花点点声。

阮郎归并序

陕西师大上林音乐咖啡厅与臧师聊天，同聊者，拙荆及臧师之小千金臧小佳博士也。

薰风如酒又如诗，门前芳草齐。青青芳树望迷离，南山静静时。○聊远近，说东西，由缰信马驰。人生得意在相知，知心长相持。

一剪梅二首

春去无声暗自伤，笺字长长，雁字长长。三千里外是家乡，朝也思量，暮也思量。○诗兴来时一阵狂，心底春光，笔底春光。楼头伫立看夕阳，车海茫茫，人海茫茫。

人世如烟哀复伤，散也无常，聚也无常。回锅肉里酒真香，文论煌煌，诗论煌煌。○绿水青山自主张，云淡天长，语淡心长。诗情万里卷空茫，不是初唐，不是中唐。

鹧鸪天

青气濛濛朝又东，金轮跃出万山红。心随芳草年年绿，诗到穷时处处工。○梅子雨，杏花风，人生得意在相逢。长沟流月天边去，最是风流吹笛翁。

菩萨蛮三首

夜来一阵清寒雨，谁人识得离情苦。独自未成欢，伤心春已残。○江南常有梦，梦里谁相共。流浪在天涯，人生何处家。（注：相，平声。）

青山一带凝寒碧，春风消失长安陌。树茂可藏鸦，招人情思遐。○青春何处觅，逝去无踪迹。寂寞向三更，人生梦几程。（注：思，去声。）

寒风冷冷飘江国，重愁漫漫谁相忆。羸马立斜阳，迢迢是故乡。○飘零天地末，壮志蒿莱没。叹息有情人，当时认未真。

浪淘沙二首

来去四方云，岁又翻新。一番风雨一番人。不作桃花源里客，听彻云门。○落日欲黄昏，雷鼓声填。波涛汹涌愤人神。瘦骨几斤将析去，重铸新魂。

怒号袭重阍，漫漫无垠。茫茫亚雨卷欧云。抛掷头颅将换取，是自由魂。○满眼尽新人，名利追奔。平生事业竟谁陈。老子风流成绝唱，泪咽声吞。

水龙吟并序

易安云："世人作梅词，下笔便俗。"吾读《梅苑》，都四百余阙，然多无取，洵知斯言之不虚。盖梅之品，甚高、甚洁，无处士之襟抱者，难为其咏也。陆放翁之《卜算子》，一空万古之凡马矣。尝试咏之，亦愿效处士与放翁，自相磨濯而已。

春归千里江南，一枝凝雪谁人会。桥边驿外，冰澌溶泄，红阳欲坠。燕子楼前，佳人难遇，此情长记。待东风醒后，莺啼绿映，魂魄去、风流在。○吾土信云斯美，倩招回、云中鹤子。瑶池绛草，蓬壶琪树，都无留意。檀板金尊，孤山空寂，长存诗里。但暗香浮动，枝横月影，凭韶华逝。

注：凭，去声。

减兰十品并序

昔李子正作《减兰十品》，咏梅之什也。孤抱非常之标格，别有一种之风情。锦囊佳句，皓齿清歌；香欺青女，冷压霜娥。洵姑射之仙姿，玉真之丽质。爰步玉趾，试缀芜辞。

东风未至，冷冷清香怜雪意。暗送华年，摇曳一枝向小园。○蟾光欲吐，驿外桥边谁可语。江北江南，蛱蝶轻飞密意传。

飞阡度陌，栖上枝头魂共魄。半蕊轻开，淡淡香红越女腮。○朔风难老，阵阵寒来天渺渺。旧梦新成，携去江东万里行。

音尘相绝，漠漠雨来愁似织。渺渺江天，独立一枝最可怜。○东风呼起，淡淡轻寒标格在。莺损柔肠，袅袅心炉小篆香。

陇头飘彻，寂寞寒来香愈洁。雪里娇红，数尽风流俱已空。○清姿标骨，凛凛人间谁可轶。处士清狂，孑孑孤山对夕阳。

怜她疏影，最是春风初梦醒。月下婆娑，无那孤窗情若何。○江南江北，逝去春光难再复。江北江南，清丽如诗孰相看。（注：那，上声；看，平声。）

朝光初旭，红碧枝头绽似玉。寂寞窗前，浓淡诗篇并蒂莲。○清香缕缕，一任群芳争相妒。不欲人知，无尽风流只自持。

明明明月，入户穿林清似雪。疏影迷离，赖有骚人与相知。〇虬须铁骨，映照晓窗情可悦。标格风流，此意难从世上求。

清清淡墨，曲屈龙蛇惊起蛰。铁骨柔肠，一点思心万里长。〇愁情无数，冷淡世人相伴住。日暮高唐，望断巫云无主张。（注：相，平声。）

弥天雪浪，莽莽河山成一样。玉带飞龙，绽出枝头萼萼红。〇催春欲早，此去人间情意好。梦里瑶台，才下心头却上眉。

百花争艳，春满人间谁相羡。片片飞残，风雨无声遍北南。〇东风不识，君是人间惆怅客。寂寞心怀，离却嚣尘复入埃。

蝶恋花

戛玉敲金终日事。若解风流，邀去梅溪里。世上纷纭东流水，残棋一局同君醉。〇潇洒孤山林处士。鹤子梅妻，其意谁人会。华盖如云如海市，江山千古羊公泪。

减字木兰花二首

黄黄白白，淡淡花开盈野陌。山映红阳，远向天边玉带长。〇心随天去，万里前途能相遇。地末飘零，浪迹萍踪点点青。

春光憔悴，无限诗心成梦寐。袅袅东风，化尽人间鱼并龙。〇思心长远，世上何人堪欲选。一去江南，黯黯情怀三十年。

菩萨蛮二首

连天雨至寒生寂，重愁漫漫听淅沥。孤负是平生，读书学未成。〇阳关岂欲唱，天地何芒砀。垒落决胸襟，江湖情意深。

草茅掩映青山远，未开三径谁堪剪。贞士正陶陶，窗前对浊醪。〇鸡虫相搏跃，自有村夫乐。相问是秦人，桃花何处源。

汉宫春

地暗天昏，況雷奔电逐，墨卷群山。茫茫雨线如织，蓦到跟前。浇消炎气，令人觉、肘腋凉寒。遥望去，潢流乱注，引人笔走龙川。〇诗兴却来草草，似风云惨淡，波底生澜。能将一厢情愿，付与谁看。书中意趣，是他人、饭后闲谈。人世事，从来如此，岂云与我相干。

青玉案

鼓琴常是思师旷，据梧者、今安往。濠上风流成绝响。西园清景，南园明月，无有知音赏。〇江山处处能狂放，山水之情笔中漾。平生诗兴，只余一醉，付与陶唐上。

凤栖梧二首并序

余尝作《雷琴引》，记蓝桥生与雷氏琴事。蓝桥生者，乃蜀中著名琴家，本名裴铁侠，曾留学日本，入同盟会，光复后，长川省法司。然性耽琴，终以操缦为业。家畜名琴二十余张，唐雷威、雷霄所斫者，俗称大雷、小雷，最为贵。国变后，一日，忽毁双雷，身与琴殉，其事隐曲，至今难明。四川大学教授曾圣言先生，尝赋《双雷引》以记其事，然诗中亦仅言“岂必交通房次律，偶然误结董庭兰。”讳莫深焉。“文革”中，圣言亦以诗贾祸，被迫害致死。余尝询之臧师，以臧师成都人也。今年五月，臧师高中同学毕业五十周年聚会，遂返成都，之沙堰，寻蓝桥生旧踪。生之沙堰别业，今已荡然；一抔黄土，亦已无存。四处皆高楼耸立，风景迥殊于昔，乡人知其名者，并亦无之。臧师怅然而归，为文记之。余感其情，爰作《凤栖梧》二首以报之。

家有神仙相伴侣。煮鹤捶琴，一日仙飞去。虽有双雷诗一曲，庭兰误结迷千古。〇沙堰依依郊外路。六十年来，阅尽风和雨。世事茫茫谁可诉，一抔黄土今何处。

清水悠悠流碧去。沙堰桥边，旧是抚琴处。四面高楼林立住，蓝桥踪迹今难遇。〇遥问乡人皆无语。隐隐双雷，似把哀情诉。送别随从牡丹曲，令人愁绝蓝桥路。

注：臧师方惆怅时，忽闻远处放音机中传来《牡丹之歌》，继又传来《驼铃》之曲。

减字木兰花四首

征鞍未歇，渺渺前程天际月。欲上灵山，只是中心情未阑。〇真情一点，点点相连如漏箭。滴滴明珠，往昔来今世已殊。

世人皆醉，清醒有时真觉累。欲鼓渔舟，濯足沧江万里流。〇二三子在，槭桟兰皋云可会。自倚西窗，默默无声看夕阳。

东西南北，梦里小窗春已绿。四处飘零，谁是知君梦里人。〇云遥天远，世事如流不复返。泪浥双腮，旧日情怀时相回。

遥遥征辔，遥向东方山更水。指点吟鞭，长记今生今世缘。〇落花时节，谁识江南风并月。重到江南，云淡天边白浪连。

西江月

博带峩峩侧注，矫情节节高张。为他人作嫁衣裳，令我中心怅怅。〇梦里江南芳草，一帘明月潇湘。幽幽淡淡耐平章，世界竟成别样。

西江月

屋外红阳似火，室中闲话如禅。空调自转簟纹寒，不觉星光已变。〇老友相逢今日，新声又落跟前。浮瓜沉李列时鲜，难得推杯换盏。

西江月

夏日炎炎高挂，树颠嘶断鸣蝉。无声万籁绿荫间，大地沉沉辽远。〇南亩低昂稻浪，西畴平淡炊烟。农人相遇祝丰年，鹅鸭塘中肥满。

西江月

日落天蓝似幕，夜凉月静如盘。绿荫浓密隐鸣蝉，数点星星乍现。〇树下儿童游戏，人前牵手相欢。浑然忘却是何年，最是令人称羡。

菩萨蛮

年华如水嚣然逝，华年一去难重至。心事几重多，月华如镜磨。〇当窗思万里，寄意心中使。日日读离骚，心随楚国遥。

菩萨蛮

江南亦有清辉月，何人能识诗人节。诗意寄江南，伤心别梦寒。〇江南萦梦里，此意无人会。但恐岁华侵，年年明月心。

水调歌头

明月照江国，冀我作诗翁。千山万水清丽，一望渺空濛。老子平生事业，都在江南江北，来去五湖风。常到古人处，尊酒可吞虹。〇诗中意，心中地，海之东。少年意气，今世只许逐豪雄。但恨萋萋芳草，岁岁催人向老，此恨有谁同。易水萧萧去，剑气吼如龙。

菩萨蛮·寄少阳二首

学成瀛海平生志，栖心章学人钦佩。出入在三坟，乾嘉队里人。〇声名播远国，遍解疑与惑。岂惧困重城，辨章学术情。

岭风一夜生南国，飘飘直入长安陌。相聚羡情多，谈心夜已蹉。〇长安一片月，千里悬明洁。相约再逢时，新知问旧知。

注：林少阳，东京大学研究生院综合文化研究科教授、博士生导师。章学，乃太炎先生之学也。

附录

网友语粹

陈逸卿（文学教授、诗人、当代辞赋大家）：

梅溪先生，恕我大著未读完就发信给您，先生卓然大家，且有国士之风骨，诗人之情怀，古风犹其令我钦敬仰慕之至。读到梅溪传略及跋文，令人扼腕者三。君为史学家且诗作等身，何其当行，何其壮哉！

先生是真正能够解读与践行诗道者，且以生命为诗，以史家识见为诗，悟人多矣。深深的敬意。逸卿谨致。

梅溪好！在当代诗词中，先生之作品是我尤为欣赏的，以意境胜出，是非常难于做到的。其中既有深厚之学养，又不乏自然妙悟与率真。你于学界现状，于诗词格律，于网络诗词之风，于家国之忧愤，皆与余同。我比你稍长几岁，离开学校已四年。但我深知学校现状，可悲可叹。君之诗给我诸多启迪，我受明七子影响较大，意象不免空泛，后又效法清诸家，也不甚佳。诗词应该本于自我，过于雕刻，适得其反。君之五古，是我尤为喜欢的，所谓当代名家是难以望其项背的。我高兴与你相识，在学术上我没有自己之专业，深感羞愧。诗乃余事，唯寄情已矣。逸卿再拜。

读陈去疾先生《梅溪存稿》、《蓝心玉屑集》感赋

陈去疾先生别号梅溪渔隐，现为陕西师范大学历史文化学院教授，先生博洽渊通，诗词犹见空灵幽邈，合正气于天籁，激颓波于流俗。余读先生《梅溪存稿》、《蓝心玉屑集》，每情动于中而不能自已，谨赋五律五首以寄慨。

词家诚国手，独辟一山梅。白雪香成骨，清华玉作胎。
性真情自笃，忧重调犹哀。吟好非关苦，天生吐凤才。（其一）
丰神谁与似，约略谪仙同。剑带兰花气，辞生太古风。
长安凭走马，大漠任张弓。卧醉知何处，云深问牧童。（其二）
孤标尘外儿，谁复语同侪？古道原相契，时风每与乖。
才高持左券，气正养中怀。万有堪穷目，居身本峻崖。（其三）

学人何谓者？白首看青山。峻立无衰骨，深藏有浩篇。

道明千古月，珠取九重渊。大命终归朴，风云一钓船。（其四）

学界三千大，风骚独擅名。金针聊补衮，坛坫许悬旌。

格贵难还价，天高可度衡。孤芳深几许，但看老梅横。（其五）

梅溪好！先生诗文，原有一种真气直抵灵府，此为当今最为或缺者。我原也去过菊斋等论坛，诚无真气可言，论巧思我们或许弗如，而这巧思原非袁简斋之流亚，小巧尖新罢了。青年偶一为之尚可，若成习气，最不可取。诗须于家国有益，其他无论。逸卿再拜

履霜（贵州大学文学院教师、诗人）：

王先生尊右：大著厚重深沉，语语蕴藉有致，而于诸体之外，别具高古一格，最是难得。想当下浅薄诸人，满纸俗言，难以卒读。尔来网游无际，得遇诗词名士，或守正格，或求新变，最是可喜。先生诗语，又自出抒外。盖今世求速效，不求沉潜；求俱进，不返高古。故作新诗语易，作守正语难；作风流语鲜，作高古者难且鲜矣！或谓先生好太炎之学，得太炎古朴之诗旨。后学粗拜一过，敢置拙喙？其或商量诗学，而于诸体之中，七绝最上，高古流转，有六朝并唐孟东野之致；又五古并佳，用入声语，用古拙语，有腾挪变化之姿；又七言次之，歌行次之。综言之，守正而染高古可矣。惟《九歌》一篇，可尊其体，更见深沉情性，未知尊意如何？长短一涂，某所不知，惟缄其口；新诗之句，向已捐弃，故勿弗道尔。秋气渐近，萧寒染人，尔来俗事匆匆，唯嘱珍重雅安云云。后学履霜顿首谨再拜。即日。

方今畛域既分，人皆据衢路而售学，德性不古，乃媚新声以求名。先生史学名家作手，不期旁染诗文，竟至若斯。小子不敏，亦知文史贯通之道之不易。斯文扫地之世，有声光之持大雅，斯亦不幸之幸，敬问大安。后学履霜再拜。

董就雄：

少阳教授，谢谢赐寄王玉华先生之大作《蓝心玉屑集》，略读一过，感觉王先生濡古甚深，不愧古人，其涉及面亦广，各体俱工，似乎对词更偏好一些。晚学喜其《流云》（页139）“流云岂有定，流浪是生涯”，写出吾辈共鸣；又《春梦二首》（页147）“青春在何处，梦里认眼波”，情

韵生动。至于词，确如教授序中所言，其词好用纳兰性德典，事实上，其词颇有受纳兰影响处，此意经您拈出，实深中肯綮，阅其词即得其门而入矣。要上课了，有空再向您请教。再谢并敬请文安！晚学就雄敬上。

注：林少阳，东京大学文学博士，汉字圈文学与哲学研究者，诗人，现为东京大学研究生院综合文化科教授，博士生导师；董就雄，香港大学哲学博士，中国古典文学研究者与旧体诗作者，现任香港城市大学中国文化中心一级导师。

两人对酌（诗人）：

我道先生集中之诗多为古体，其意不受束缚，挥洒自如；其势行气如虹，横绝万里；其字感慨百端，发于内心；足以称得上高古劲健！

先生之诗，狂放不羁，势如高屋建瓴，一泻千里。先生之词，格调清丽，意蕴温婉有余，缠绵凄美。一言以蔽之：诗如剑胆，词似琴心。

仲印（诗人、楹联家、诗刊编辑）：

陈兄您好：近来忙于工作及装修，无暇顾此。今已有暇，细读大作，感佩良多。君诗词俱妙，才气逼人，自是一流作手。诗学魏晋而得其神。词近花间北宋，格调甚高。君有与田成名君之对话，于诗实有卓见。但我更倾向田君。我十年前即与田君有数面之缘。当时鄙人正在中华诗词论坛，网名秦楼月，惜未与兄相遇耳。

湖滨园主（语文教师、诗人）：

蒙陈去疾先生赠《梅溪存稿》感赋

一寸丹心大道藏，程门烛火化春光。含情雨露催桃李，济世诗文续汉唐。曲少欢声因国病，句多忧患为麟伤。风追司马长安客，漱玉梅溪古韵香。

金缕曲——读陈去疾先生《梅溪存稿》有感

叹半生行迹。自江南、急流扬棹，惜光阴迫。书剑飘零缘底事，一念牵怀家国。更踏遍、吴山楚泽。烛火高擎苍茫夜，唤春风春雨滋椽笔。鸣大道、抱饥溺。

堪怜憔悴行吟客。正西风、咸阳古道，销魂时刻。百二秦关归眼底，无奈山河沉寂。车马倦、嗣宗犹泣。把酒长安邀明月，照梅溪渔隐吹横笛。香染袖、鬓飞白。

注：嗣宗，阮籍。竹林七贤之一。

先生您好：吾闻诗分“才子之诗，学者之诗，诗人之诗”。先生身为学者，而诗无学者之古板，乃“诗人之诗”也。故百读而不厌。细品先生《梅溪存稿》首页的两首绝句（题记），让人想起太史公之“盖心有所郁积，不得通其道，故述往事，思来者也”之慨叹。

词话一则：

陕西师范大学历史文化学院教授陈去疾（王玉华）者，皖江人也，自号梅溪渔隐。先生专历史，精章学，通诗词，业余著《梅溪存稿》、《蓝心玉屑集》诗词二部。其为诗也，假托古风，纵情挥洒，尤善五古，陈逸卿教授称其五古“即使所谓当代名家，亦难以望其项背”，似不为过。梅溪先生不喜为律，吾尝奇而问之，答曰：“律诗，乃诗中之八股，我总觉得不太合诗道，我曾有‘笋足’之喻，以其失却自然之美也。”又曰：“知律未必要守律，否则买椟还珠，容易变成一种高级游戏。”吾闻之默思良久，先生实乃又一格律缚不住者也。梅溪之词以意境取胜，幽婉浩渺，自然率真。尝定李叔同《长亭》一调，并度数阕以成定格。又感于街头卖艺之打工仔，而自度《春天里》调，令人耳目一新。试录《长亭》、《春天里》于后：

长亭并序：

昔弘一上人自度曲曰：“长亭外，古道边，芳草碧连天。晚风拂柳笛声残，夕阳山外山。天之涯，地之角，知交半零落。一壶浊酒尽余欢，今宵别梦寒。”送别之意也。其式则颇近于张元干之《喜迁莺》。吾爱其凄美，今乃以《长亭》名之，为度一曲云：

江南路，送君归，执手更相期。莫言今世聚无时，古今多别离。吴之山，楚之水，行人多少泪。关关啼鸟夕阳垂，梦中长思惟。

后又续度四曲云：

长亭去，水云间，相视泪阑干。今生一别几时还，欲言不忍言。天之南，地之北，芳魂思冷魄。年年相忆梦生寒，望中山外山。

云万里，岭层遮，漂泊是生涯。长安路上夕阳斜，门前看落花。江东路，江南树，梦中常相遇。诗心摇曳似蒹葭，苍苍映晚霞。

长亭路，夕阳中，满目是零红。从君一去再难逢，思情无限浓。君之心，我之泪，相思成梦寐。醒来时节总成空，只能想旧容。

天风静，水云寒，相隔万重山。秋来雁去到天边，天边衔梦还。长亭泪，谁能会，常期锦书至。暮云摇落岁将阑，长长碧幕天。

春天里并序：

有打工仔曰旭日、阳刚者，善歌唱，以一曲《春天里》，上中央电视台春节联欢晚会，而闻于天下，其声悲怆，道尽打工仔之炎凉。今乃以之为名，自度一曲云：

一朝辞去别爹娘，流浪在他乡。街头伫立意茫茫，人流无尽长。弟兄相视热与凉，旭日遇阳刚。吉他一把立街旁，歌声送夕阳。

后又续填一阕，以定其格，其辞云：

飘零四海孰为家，中夜相思遐。年年岁岁在天涯，风前看落花。一壶浊酒对余霞，诗意酿清佳。诗肠酒满笔生葩，诗成气自华。

——以上所引均见《蓝心玉屑集》

自两宋以降，词风日衰，后之词学者，亦步亦趋，诚无创意。梅溪先生不囿于古，重传承，贵创新，曲定二调，增益词谱，别开生面。其精神、其举措，弥足珍贵，于文化岂曰小补哉！余故辑录于此，以俟后之学者传承光大也。

丁伯刚（小说家、文学副刊编辑）：

昨夜又读了下陈去疾的诗，仍很喜欢。诗艺方面我不懂，但能看出他的诗视野开阔，最难得的是从整体看，有气贯通。那种情怀，那种郁积与忧愤，在当今的旧体诗界比较少见，因少见而宝贵。总觉一种诗，诗艺方面是可以慢慢提高、成熟的，诗谁都能写，但属于气韵性的东西，那种情怀，却不是靠诗本身能获得。

烟雨楼台（书香世家、诗人）：

疏帘淡月・读陈去疾先生《梅溪存稿》有寄：

梅边铁裂，正齿嚼冰霜，一笛清骨。陇树秦云怎若，故园棠樾。扁舟江海磻溪客，觅桃源、笑它池物！阮途长哭，祢衡怒骂，纵横开豁。似孤鹤、飞来帝阙。叹残照西风，苔墀飘叶。大雅颓衰有泪，恨无弹铗。梅溪一片长安月，鉴平生痴魄如雪。满腔忧愤，百年孤独，却与谁说？

臧振（历史学教授、随笔作家）：

玉华好！《网评》一一读过，甚喜。我预测你的诗集迟早会得到广泛认可，不止文人雅士。当此文运衰颓时代，其意义会更大。如陈逸卿先生所说："以意境胜出，是非常难于做到的。诗须于家国有益，其他无论。"

你的诗集既有文人艺术意境，又富史家眼光笔触，其价值不亚于学术论著。

顺问春安！

臧振

甲午春分前四日

长安一片月

夏花微尘

你在桥上看风景，看风景的人在楼上看你。明月装饰了你的窗子，你装饰了别人的梦。——卞之琳《断章》

我们生活在一个快餐化、碎片化阅读的时代，拜金主义狂潮下，文化巨人似乎已经远去，喜爱深度阅读者犹自难觅，而能有古典诗词雅趣者则更少了。自从在网络上结识了子羽、流云和对酌这些朋友后，我常常自愧，作为一个语文教师，真真弗如远甚！他们的诗词，风神各异，或深婉，或逸放，然而皆令人叹赏不置！行走于茫茫人海，能够遇见如此赏心悦目、令人驻足流连的风景，实在是人生一种难得的际遇啊！

结识王玉华教授（博名陈去疾），是在欣赏他和对酌小兄弟的来往"酬唱集"中。词有格律，又需步韵，宛如赵飞燕之舞于掌上金盘，既要工稳，又须合意，一阕已自不易，两人竟至往返十余阙，着实才气非凡。高手华山论剑，但见天花乱坠，我只在一旁拍手叫好。承蒙先生青眼，不吝鼓励之外，又以《梅溪存稿》、《蓝心玉屑集》相赠。守候几天后，我收到这两部台湾万卷楼版的繁体字诗词集，沉甸甸的分量，令我大开眼界，当代竟有如此痴迷于创作古典诗词的学者，真当以"先生"师之！

我在先生任教于福建期间，恰好就学于长安山下，高盖山亦曾是游历之所，虽未曾谋面，仍感亲切。对诗词亦如晤先生，寒冬里一沐春风，幸何如哉！

故园魂梦里

先生的家乡安徽无为，鱼米之乡，莲花满荡，写来笔笔是故园情深，有康乐"池塘生春草"之自然轻灵，又有渊明"鸡鸣桑树颠"之质朴亲切。读先生的田园诗词，真是“状难描之景于目前，含不尽之意于言外”，令人入陶然之境。

《凤凰台上忆吹箫》里描绘的故乡，甚至比陶渊明笔下的桃花源还要美：

碧水侵堤，柳丝堆浪，春来潇洒江南。催桂舟兰桨，摊破熏天。出岫云心无意，远山翠、湖面如烟。寻归处、谁家短笛、暗度花前。翩翩，怎留得住，这莺歌燕语中，好景三千。纵武陵人至，也应留连。当侍殷勤彩笔，描摹尽、万种娇妍。笙歌歇，光风似洗，付与婵娟。

春天随着上涨的碧水，悄悄地步上堤岸，在杨柳上拂出层层波澜，云绕远岫，烟雾迷蒙，小舟荡开温暖的湖面，短笛在柳下花前信口横吹，引得莺莺燕燕，争相和鸣。而在渐渐静寂下去的夜色里，一轮皎洁的月亮，仿佛少女美丽的脸庞，温柔了乡村的夜晚。记忆里故乡的春天，是褪去了所有生活苦涩的天堂，流转的全是眷恋之情。

再读《破阵子·三十年前之乡村夏日晚景》：

波映满天鳞甲，山横一带深青。咸菜脆香新米粥，土屋人家笑语声。躁蛙静稻城。老少聚来谈说，雷公劈死蛇精。天上鹭鸶归晚阵，红掌池塘自在行。儿童柳哨鸣。

一幅三十年前中国乡村的淳朴欢乐画面，由远及近铺展开来，水天一色，波光粼粼的水面上倒映着青山白云，稻香袭人，蛙声欲起，岸边人家虽是土墙陋屋，却是一家子和乐。老人家有一肚子的神仙鬼怪传说，乡人都听得入了神，空气是那么的清朗，鹭鸶在纯净的水乡依依逗留，鸭儿鹅儿自由自在地拨刺着红掌，孩子们的童年在柳哨中吹奏出清亮而欢快的乐曲。

那时的先生，还是一个体贴懂事的少年，在酷爱诗书之外，常常是随着养父到田间、水边辛勤劳动：

一篙撑破縠纹多，日出东方唤鸭鹅。

山阴道士羞相见，川川风雨识阿哥。

这一首《放鸭郎》，一派洗练淳朴的民歌风格，没有对艰苦生活的抱怨，而充满了自然之子的自得，于风雨中体会着与天地同在的逍遥。当今生活于都市水泥丛林里的人，纵然挥金如土，能够体会得到这样本真自然的快乐吗？

先生诗词集中此类作品甚多，想来对于异乡游子，乡愁便是永恒的情人，甜蜜而又备感折磨罢？鲁迅先生作《朝花夕拾》，不也同样有此温热的情怀在心头么？先生的田园诗词，清真自然，令人觉神思摇荡，可谓有情境；形象鲜明可感，令人如耳闻目睹，可谓有画境；气韵生动，令人反复涵泳，把玩不尽，可谓有意境。我以为在诗词的发展历程中，这样的田园作品，还是不多见的。

万象入眼中

古人云，“诗庄词媚”，然而有才气者不拘一格，能够驱遣万象于笔端，如东坡之豪放壮阔与清婉深情，稼轩之纵横奔逸与流丽自然，并行而不悖。这与作者的胸襟气魄息息相关，能入“有我之境”者固佳，能入“无我之境”者则更难得，盖其幽微处在能体“小我”而又能存“大我”，孟子所谓“他人有心，予忖度之”，正是诗心之至为难得处。

先生所存的最早词作《采桑子》，写于1980年初上大学时：

湖山看遍兴意浓，莺啭东风，莺啭东风，更起化雨度疏钟。
斜阳草长醉乱红，暮卷帘空，暮卷帘空，无限河山夕照中。

我以为先生诗词恢弘壮丽的气象格局，于此已然可见一般。年方十六七岁的少年，在水乡成长，平日里苦读自悟，竟然能写出如此灵动而又深沉的词句，真是诗有别才，非关教也。而如今汲汲于名利之场的过客，又何尝肯用心于此“屠龙之技”？此之为得，彼之为失，夏虫不可与语冰，学问、文章之乐，只可与同道者语乎？

《浣溪沙·乡里记事六首》，作于先生大学一二年级时，难得之处在其能够入“无我之境”：

春到江南天气新，少年得得去踏青，小姑初试石榴裙。
笑语声声随风小，燕子衔泥飞来轻，满圩开遍紫云英。（踏青）

想来这位兴致勃勃去踏青的少年，满眼是新奇景象，对裙装少女观之不足，走在紫云英的原野里，沉醉于自然之美中，忘记了自己。

山居人家数椽斜，不知汉魏度年华，东风又发棘篱花。
布谷声声催好雨，一村碌碌炒新茶，晚来风细咕青蛙。（山家）

上片仿佛写意的山水画，寥寥数笔，勾勒出数椽人家、棘篱前几丛野花，全景毕现。下片则是热闹的风俗画，布谷声声、一村碌碌，播种炒茶的繁忙农家生活场景如在眼前，而风细蛙咕的黄昏，仿佛正安谧地抚慰着山村一天的疲惫。

三月三日天气清，小街攒破八方人，吴歌楚语不胜听。
野老苍颜卖箩篳，山行百里戴晓星，换取家什作计生。（三月三）

以小令的形式来描绘街市上的繁忙，既有整体嘈杂情状，又能够勾出“吴歌楚语”的地方特征，可见作者对生活的敏锐观察，而特写镜头中缓缓走来的老山农，又穿越了百里的披星戴月路程，虚实相生，相当有艺术感染力。

先生后期在城市中生活，对世相的描绘则充满了社会忧患感，如《农民工叹》：

灰头土脸最辛劳，绘却城中壮丽天。腰肢折断为弱老，换来张张血汗钱。中国制造遍宇内，四海生存赖尔辈。可怜辗转流道途，东家挥斥西家驱。为求一职愁断肠，遥思前路总茫茫。三餐果腹已自足，更住低暗阴湿屋。屋外天堂岂可赏，那是城中人之福。尔自出身印农记，虽有才华亦不器。同是蒸蒸炎汉子，缘何如此相悬异。嗟尔是农却为工，身份难认命不同。何日春风拂面起，令尔心豁展愁容。

我不知道所谓的社会精英，除了花天酒地、颐指气使之外，还有几人能够深切感受农民工这样底层人民的苦楚，为众生平等的生存权，发出不平之鸣？先生的这一颗悲悯之心，是当代知识分子的社会良心！

同样映现了先生高贵灵魂的，还有一篇《秦妇吟》：

垄高沟邃地无毛，腊月雪花飞如刀。翁子无怙倚撑柱，乃向城中觅生道。城中生意岂云好，早起五更暮色老。两头一片黑茫茫，思亲不见断人肠。治安相遇似豹虎，城管猝来如豺狼。世人相视不相识，城中之人多冷漠。复有谁家无赖子，笑骂阵阵何轻薄。对此只欲涕泪垂，街灯照影徒伤悲。我今出路在何方，弱质实难为栋梁。衰翁稚子何为活，吁天不应但彷徨。

我以为先生的这一篇作品感染力极强，艺术性和思想性俱佳，人物心理剖析之细腻深刻，可与老杜的《石壕吏》媲美。这位做小生意的秦妇悲苦无告的情状历历在目，而她遭遇的治安城管、城中冷漠和无赖之徒，又是何等鲜明地针砭了我们这个时代的弊病！

神龙岂有迹

我读古人，每感文化对其精神哺育之深，一个人的境界，往往与他所景仰的人物相关。对孔子而言，是上古三代的圣人贤君，所以毕生孜孜成就的是社会伦理的理想秩序；对庄子而言，是逍遥物外的神人至人，所以重言寓言卮言谈论的都是独立自由的个体生命。儒道之所以相异而相谐者，便因为二者同样是吾人不可或缺的追求。

先生的诗集题作《剑胆琴心诗稿》，可见入世之志，亦可见出世之心。而先生的精神哺育者，是以浪漫主义为宗的屈原、李白，1980 年初上大学时作的《铭志》一诗，便可见之：

此生在世欲何求，逐利追名但为羞。
拼将百死践主义，雕成小技解民愁。
楚客萦然怀忠愤，谪仙零落作狂讴。
生平便觉最好处，一把乾坤正气留。

此际少年书生的意气光芒，如阳光灿烂，浩然正气，高歌而行。若不是在学问上志向远大，先生怎会入大学就如王国维般潜心研究甲骨文？而先生研究的章炳麟，既是改造社会之革命先驱，又是学问精深的国学大师，特立独行，孤怀高绝，“喜独行赴渊之士，而病乎华妙之斗方名士”，“崇民间之学，而贱王官之学”，濡染之下，气格自是不同流俗。

“诗言志”，先生的“古风”作品，最可见其襟怀意气了。一曲《行役歌》中“独立之丈夫，自由之长风，何日起关中？噫吁嚱，陶公胸次李侯气，子建文章谢家诗”，便足见五四文化精神。禁锢已久的社会，独立之人格，自由之思想，是难有立足之地的，而理想主义者的道路，也注定不会是一帆风顺的。先生忧虑的是学术堕落、抄袭成风的现状：“大师远去矣，金獗权横，世上已无读书种；学者纷来哉，眉摧腰折，眼前半是逐利夫。”站在精神高处的象牙塔，也不免同流合污于疯狂逐利的现实浪潮：“大学亦不过一大买卖场，士人尽作商人态，爱智之学者，已难一遇矣！”人是不由自主的，也许一番雄心壮志献身于社会，感受的却是如屈原般“以身之察察，受物之汶汶”；然而，洁身自好，置身物外，又有几人有颜回“居陋巷，一箪食，一瓢饮，人不堪其忧，回也不改其乐”的旷达？

“燕赵有佳人，遗世而独立。所以倾我心，坎坎言寻觅。山水遥且远，经路鸦鹊集。熙熙攘攘者，尽逐子母息……”这一首《燕赵行》，先生以“虽千万人吾往矣”的侠气，追踪远去的大师，然而，这一历程需要艰苦卓绝的努力，更是孤独寂寞的路途。我们不能超脱于现实，不可否认的是，物欲之累，也许只有五十步笑百步之别，然而坚守自我的精神追求，并不是任何人都可以做到的。“莫见利而忘义，应从心头打叠起；植涵养于读书，还与许郑相浮沉。”与许慎、郑玄这般先贤对晤的学问之乐，只有从静心处来，用禅宗语，便是“少年一段风流事，只许佳人独自知”。看透自己的局限性，选择的就是进即为儒之担当进取，退即为道之自在洒脱，随时皆可自如，便少了内心的许多冲突。

如果这尚算是人道的话，更有超越性生存智慧的应该是老子的天道，以天地为师，以造化为道。“天地不仁，以万物为刍狗”，万物都只是应时序而生灭，何尝有例外？佛家之思想，旨在解脱烦恼，在无常中看待人生，冷眼也好，热肠也罢，帝王将相又何尝不归一抔黄土？不过是方生方死，方死方生，于己于人，都只应生悲悯之心罢？徜徉于有限之人生，于弱水三千中，独取我一瓢饮，此中应体会恬淡之至乐。

碧水涌波澜

王国维在《人间词话》中论词曰：“有境界方成高格”，我深以为然。诗人者，乃深于情者之谓也，诗词自胸臆间沛然而生，故“情境”乃诗词之第一义。然而人皆有情，而语言有雅俗深浅之分，能妙笔勾勒描摹人世之风貌者，方见得真功力，故“画境”乃第二义。有文字素养者未必有思想，诗思有寄托，能发人心幽微处者方佳，故“意境”乃第三义。形神超越，不囿于一己之私，见天地大精神，横亘万古之心，乃最上等之神境。

先生伉俪相得，女儿阿衡承欢膝下，家庭和乐，故诗思泉涌，佳作迭出。阿衡豢养的一只乌龟深夜长鸣，其声呜呜，先生便作有一阕《浣溪沙》：

坚甲披身胤古龙，冲霜斗雪五湖中，昂昂意气似曹公。
深夜长鸣惊怪目，三山曾见旧游踪，一天风雨渺蒙蒙。

古人每咏一细物，便足其见精神，此词亦可见先生风骨。生活本身是平淡无奇的，只有思想与情感的波澜涌动时，才会壮阔澎湃。正如这只原本籍籍无名的小生物，在先生眼里，却披上了古龙的坚甲战盔，有了冲霜斗雪的豪情，罩上了曹操意气昂昂的英雄光环。它已经不是拘束于屋宇下浅缸里的宠物，而是在风雨蒙蒙中遨游三山、撑柱五洲的神龟了！

司空图《诗品》云：“空潭写春，古镜照神”，文字不过是一潭清水、一面古镜，能够照见的是诗人的才情、见识、胸襟、气度。先生的联语亦颇见心志：“平生最膺章夫子，胸次欲攀李谪仙”，高山安可仰，登顶我为峰，矢志攀登者必有大视野；“心高可听天人语，胸阔能生大海潮”，立身在高处，振衣万仞岗，心胸开阔者能立大事业；“人言刚易折，我愿因刚折，能为楚楚妇妾态；无欲大则生，用臧令大生，要立堂堂丈夫身”，不随波逐流，不苟求富贵，大丈夫立身，自是正大光明气象！

先生当年以章太炎研究为博士论文，然太炎之文章哲思，艰深奥衍，索解为难，故蓄须铭志，“不作好论文，无剃须也”，乃作《须歌》：“须兮，须兮，尔之名与丈夫之名相齐兮，尔之美与智慧之称相若。我既援五千年文化之壤植尔之基兮，复又引一万里长江之水灌尔之魄。遵大道以即行兮，又何惧夫众不可以户说。指神明以为誓兮，继之夫黾勉乎求索。须兮，须兮，学问之山崔巍兮，学问之海阔阔。赖尔为予之津渡兮，愿尔为予之大辂……”先生的诗词，不拘束于格律，古风尤佳，而此骚体诗，于汪洋恣肆中更见古雅，境界阔大，气韵浩荡，浪漫主义之想象直追太白，令人赞叹！

清代词人陈维崧，一生填词一千六百余阙，有清一代无人能过之。王玉华教授的诗词，洋洋乎一千八百余首，亦可谓卓然成家了！作为陕西师范大学治中国近代史的教授，先生不但研究过上古史、甲骨文，更悉心钻研民国学术大师章炳麟，其学养之深厚，光读诗词后的笺注，便令人大长见识：举凡先秦诸子、史传典故、魏晋风流、唐宋名家、高校学者、海外巨擘，犹似风流云集，笔端气象万千。先生的生平经历、思想轨迹，亦如芳草摇曳，见于词章。

“胸有风骚相蕴蓄，方许，万顷碧水涌波澜”，坐得板凳十年冷，集毕生之学养，先生故有如此深厚的国学功底，诗词文赋游刃有余，知命之年已然卓荦大端。“夭矫神龙岂有迹，当识，真情雕刻到自然。”真人者，真性情、真学问，心地澄明，行事磊落，俯仰无愧于天地，湛湛然与素月同光，使人仰望。

注：作者夏花微尘，本名阮莉萍，系厦门大学附属实验中学语文教师，研究《世说新语》及女性文学学者，出版著作有《乌衣巷口夕阳斜——〈世说新语〉人物漫笔》（厦门大学出版社，2015）。

跋

聚集在这部书里的文字，像一个大塚，将作者的过去深深地埋藏着。编辑这些文字的时候，时令正值隆冬。这几日，故都长安的上空，覆压着浓厚的雾霾，天气沉沉的，树木凋零，万象毫无生意。这是令人沉寂得几欲窒息的日子！但面对着这些自己最为熟悉的文字，心底却不由得暗暗滋生起淡淡的绿来，这予我以希望。但愿在春天到来的时候，一切还会变得好起来，在这塚上还能开放出几朵淡淡的白色的小花，让后来的人有所凭藉，这于作者应是件大欣慰的事！

集名“挥戈”，其意云何？其典出于《淮南子·览冥训》，源于鲁阳公“援戈㧑日”之故事。爰为集名，其意有三：其一，在于一鼓作气，而蒇其事；其二，在于效鲁阳之意，于此文运颓衰、学问晦暗之末法之世，留一线光明于不坠也；其三，本集中最早之文字，始于20世纪80年代，日返三舍，正其时矣，于此亦可寄托作者追怀感悼之情焉。

作者尝作有《悲回风》一首，颇能见作者此时之心志，谨附于此。其辞曰：

访学长安里，言适少时愿。明明一斛珠，泻落无人羡。
霜下万树空，雾沉千阁暗。鲁阳戈不挥，欻然时已晚。
登我剑琴楼，遥望华阴县。氤氲古气生，即之却纷散。
亭林与山史，邈焉不可见。餐此留朱颜，终南青精饭。
方山怀阿堵，每蓄青云念。回风振林薄，衰草连天畔。
摇鞭蹇驴嘶，思远南征雁。迟迟归栖乌，孑孑守长夜。
春流一浩荡，激水奔若箭。

周敏秋、陈愷、王旭琴、张思宁诸同学帮我将这些文字输入电脑，转换成“我的文档”；周敏秋同学还牺牲自己宝贵的撰写毕业论文时间，于文中征引的史料一一作了校对。对这些同学所惠予的帮助，在此致以深深的谢意！

贾二强教授在百忙中为本著作序，令本著增色；李秉忠教授热心地为本著联系出版事宜；责编仇扬、李从坤二先生为本著的出版，付出了辛勤劳动；在此一并致以深深的谢意！

二〇一八年元月作者谨识于故都长安之洗风阁

图书在版编目（CIP）数据

挥戈集 / 王玉华著. -- 北京：社会科学文献出版社，2019.4
（陕西师范大学史学丛书）
ISBN 978 - 7 - 5201 - 3345 - 6

Ⅰ.①挥… Ⅱ.①王… Ⅲ.①社会科学 - 文集 Ⅳ.①C53

中国版本图书馆 CIP 数据核字（2018）第 199947 号

陕西师范大学史学丛书
挥戈集

著　　者 / 王玉华

出 版 人 / 谢寿光
责任编辑 / 仇　扬　李从坤

出　　版 / 社会科学文献出版社 · 当代世界出版分社（010）59367004
地址：北京市北三环中路甲 29 号院华龙大厦　邮编：100029
网址：www. ssap. com. cn
发　　行 / 市场营销中心（010）59367081　59367083
印　　装 / 三河市尚艺印装有限公司

规　　格 / 开 本：787mm × 1092mm　1/16
印 张：38.25　字 数：633 千字
版　　次 / 2019 年 4 月第 1 版　2019 年 4 月第 1 次印刷
书　　号 / ISBN 978 - 7 - 5201 - 3345 - 6
定　　价 / 178.00 元